Das
Preußische Besoldungsgesetz

vom 17. Dezember 1927

nebst den Ausführungsbestimmungen und den dazu ergangenen Notverordnungen.

Herausgegeben und erläutert von

Otto König

Ministerialrat im Preußischen Finanzministerium.

Fünfte Auflage

des von

Dr. Hermann Erythropel

weiland Ministerialdirektor im Preußischen Finanzministerium

erstmalig herausgegebenen Kommentars.

1 9 3 2

Verlag von H. W. Müller

Berlin.

Druck von Dr. F. P. Datterer & Cie. Freising-München

Vorwort.

Die Veränderungen, die die Besoldung der preußischen Beamten durch die Gehaltskürzungsverordnungen und die Preußischen Sparverordnungen erfahren hat, haben zu mehrfachen Anregungen an den Herausgeber geführt, den Kommentar zum Preußischen Besoldungsgesetz einer Neubearbeitung zu unterziehen. Um den Umfang der neuen Auflage nicht allzu groß werden zu lassen, ist der Inhalt auf das Beamtenbesoldungsgesetz und die mit diesem zusammenhängenden sonstigen gesetzlichen Vorschriften und Ausführungsbestimmungen beschränkt. Die Lehrerbesoldungsgesetze sind nicht mehr mit abgedruckt. Zu dieser Spezialmaterie sind ausführliche Kommentare von berufenerer Seite erschienen; für Interessenten sei hier hingewiesen auf Jaekel-Schneider, Die Besoldungsgesetze für Volksschul- und Mittelschullehrer und Dr. Günther, Das Gewerbe- und Handelslehrerbesoldungsgesetz. Dafür ist besonderer Wert darauf gelegt, die für die Gemeindebeamten wichtigen Vorschriften der Besoldungsgesetzgebung, insbesondere den 4. Teil der Sparverordnung vom 12. Sept. 1931, der das Besoldungsrecht der Gemeindebeamten auf eine völlig neue Grundlage stellt, eingehend zu erläutern. Wieder mit abgedruckt sind die Texte des Zivilruhegehaltsgesetzes und der Wartegeldverordnung.

Die Anordnung des Stoffes ist gegenüber den bisherigen Auflagen geändert. Die zum Besoldungsgesetz und den Gehaltskürzungsverordnungen erschienenen Ausführungsvorschriften sind jeweilig hinter den Gesetzesabschnitten, zu denen sie gehören, abgedruckt und durch besondere Schriftart kenntlich gemacht.

Bei der Bearbeitung der neuen Auflage haben mich die Herren Oberregierungsrat Dr. Warnack vom Preußischen Statistischen Landesamt und Finanzrat Weber vom Preußischen Finanzministerium unterstützt. Ihnen sei auch an dieser Stelle mein Dank ausgesprochen.

Berlin, den 31. März 1932.

König.

Inhaltsübersicht.

Abkürzungen.

a. a. O. = am angeführten Orte.
Abs. = Absatz.
Abschn. = Abschnitt.
AnstG. = Anstellungsgrundsätze vom 26. Juli 1922 in der Fassung vom 16. Juli 1930 (RGBl. I S. 234).
AnwDA. = Anwärterdienstalter.
a. E. = am Ende.
a. F. = alter Fassung.
AGO. = Allgemeine Gerichtsordnung.
a. M. = anderer Meinung.
AlGG. = Gesetz betr. Einführung einer Altersgrenze v. 15. Dez. 1920 (GS. S. 621).
Anl. = Anlage.
Anm. = Anmerkung.
AOrder = Allerhöchste Order.
BARG. = Gesetz über die anderweitige Regelung der Versorgungsbezüge der zum 1. April 1920 oder zu einem früheren Zeitpunkt in den Ruhestand versetzten unmittelbaren Staatsbeamten, deren Hinterbliebenen und der Hinterbliebenen der vor dem 1. April 1920 verstorbenen Beamten (Beamten-Altruhegehaltsgesetz) vom 17. Dezember 1920 (GS. 1921 S. 214).
BDA. = Besoldungsdienstalter.
BDEG. = Gesetz betreffend das Diensteinkommen der unmittelbaren Staatsbeamten (Beamten-Diensteinkommensgesetz) vom $\frac{\text{17. Dez. 1920}}{\text{1. April 1924}}$ (GS. 1924 S. 487).
BesGr. = Besoldungsgruppe.
BGB. = Bürgerliches Gesetzbuch vom 18. August 1896 (RGBl. S. 195).
BO. = Besoldungsordnung für die planmäßigen unmittelbaren Staatsbeamten (GS. 1927 S. 235ff.).
Brand, Beamtenrecht = Dr. A. Brand, Das Beamtenrecht. 3. Auflage. Berlin 1928.
BUFG. = Gesetz betreffend die Fürsorge für Beamte infolge von Betriebsunfällen (Betriebsunfall-Fürsorgegesetz) vom 18. Juni 1887/2. Juni 1902 (GS. S. 282 und 153).

DB.	= Durchführungsbestimmungen.
EG. BGB.	= Einführungsgesetz zum Bürgerlichen Gesetzbuch vom 18. August 1896 (RGBl. S. 604).
Entw.	= Entwurf.
Erl.	= Erlaß.
FinMin.	= Finanzminister.
FinMinBl.	= Finanzministerialblatt.
GBG.	= Gesetz über die Dienstbezüge der Lehrpersonen an den Berufsschulen (Gewerbe- und Handelslehrerbesoldungsgesetz) vom 16. April 1928 (GS. S. 89).
Ges.	= Gesetz.
GKV.	= Gehaltskürzungsverordnung.
GS.	= Preußische Gesetzsammlung.
GV.	= Vorschriften für die Festsetzung der nach Dienstaltersstufen geregelten Gehälter der unmittelbaren Staatsbeamten. (Gehaltsvorschriften) (MinBliV. 1911 S. 219ff.).
HMBl.	= Ministerialblatt der Handels- und Gewerbeverwaltung.
Heinemann	= Heinemann, Die Preußische Staatsbeamtengesetzgebung 1909.
HFG.	= Gesetz betreffend die Fürsorge für die Witwen und Waisen der unmittelbaren Staatsbeamten (Hinterbliebenen-Fürsorgegesetz) vom 20. Mai 1882 und 27. Mai 1907 (GS. S. 298 und 299).
JMBl.	= Justizministerialblatt.
KabO.	= Kabinettsorder.
LandwMin.	= Minister für Landwirtschaft, Domänen und Forsten.
MBG.	= Gesetz über die Dienstbezüge der Lehrer und Lehrerinnen an den öffentlichen nichtstaatlichen mittleren Schulen (Mittelschullehrer-Besoldungsgesetz) v. 30. April 1928 (GS. S. 149).
MDZ.	= Militär- und Marinedienstzeit.
MinBliV.	= Ministerialblatt für die gesamte innere Verwaltung.
MindJ.	= Minister des Innern.
PAT.	= Preußischer Angestellten-Tarifvertrag vom 30. Juni 1924.
PBG.	= Polizeibeamtengesetz vom 31. Juli 1927 (GS. S. 151).
PBV.	= Ausführungsbestimmungen zum Preußischen Besoldungsgesetz vom 17. Dezember 1927 (Preuß. Besoldungsvorschriften) vom 30. März 1928/31. Dezember 1930 (PrBesBl. 1931 S. 17ff.).
PrBesBl.	= Preußisches Besoldungsblatt.
PrBesG.	= Gesetz über die Dienstbezüge der unmittelbaren Staatsbeamten (Preußisches Besoldungsgesetz) vom 17. Dezember 1927 (GS. S. 223).
RBesBl.	= Reichsbesoldungsblatt.
RdErl.	= Runderlaß.

Die Entwicklung der Besoldungsgesetzgebung in Preußen seit 1920.

A. Die Besoldung der Staatsbeamten.

1. Bis zur Neuregelung im Jahre 1927.

Schon bald nach der Verabschiedung des BDEG. vom 17. Dez. 1920 machten sich Bestrebungen bemerkbar, die auf Abänderung einzelner Bestimmungen dieses Gesetzes abzielten. Dabei waren es nicht nur die Höhe der verschiedenen Gehälter, die den Gegenstand ständiger Angriffe der Beamten bildete, sondern insbesondere auch die durch das gewählte Besoldungssystem bedingten Unzulänglichkeiten im Aufbau der BO. Man war 1920 nicht so vorgegangen, daß man für die einzelnen Beamtengruppen passende Gehaltssätze zu finden suchte und dann die einzelnen Gruppen so weit zusammenfaßte, als gleichartige Verhältnisse dies möglich machten, sondern man hatte zunächst ein Schema von 13 Gruppen gebildet, zu jeder Gruppe besondere „Einstufungsrichtlinien" aufgestellt und dann die Beamten in dieses Schema hineingepreßt. Nach kurzer Zeit bereits kamen Eingaben an die Regierungen und an den Landtag um Beseitigung der „Härten" der Besoldungsordnung und jeder Versuch, diese Härten zu beseitigen, rief eine Flut neuer Eingaben hervor. In diesen Eingaben wurden häufig gerade diejenigen Punkte bemängelt, die ursprünglich von großen Teilen der Beamtenschaft als Forderungen für den Aufbau des Systems aufgestellt waren. Ob die Bemängelungen im einzelnen immer zutreffend waren, ob die zahlreichen Korrekturen, die nach 1920 am BDEG. vorgenommen worden sind, immer eine Verbesserung bedeuteten, kann ganz dahingestellt bleiben. Sicher ist das eine, das System der ursprünglich klar voneinander geschiedenen 13 Gruppen hat nur eine sehr kurze Lebensdauer gehabt. Lediglich das äußere Gerüst hat 7 Jahre gehalten, aber die Aufrückungsstellen, die Schlüsselungsgrundsätze, die Sonderbestimmungen für Beamte, die am 31. März 1920 im Dienst waren und anderes mehr haben vielfach zu Verbindungen der einzelnen Gruppen für bestimmte Kategorien von Beamten geführt und damit indirekt zu einer Vermehrung der Gesamtzahl der Gruppen. Als ein besonderer Nachteil für die Beamten hat es sich auch herausgestellt, daß Preußen sich im Jahre 1920 im Aufbau seiner Besoldungsordnung völlig der Reichsbesoldungsordnung angepaßt hatte. Es war damals von den Befürwortern dieser Maßregel ganz übersehen worden, daß in den Ländern viel mannigfachere und im einzelnen viel stärker unterschiedene Gruppen von Beamten vorhanden sind, als im Reich, in dem im wesentlichen nur die Beamten der Bahn-, Post- und Finanzverwaltung beim Aufbau der Besoldungsordnung zu berücksichtigen waren. In Preußen wie auch in allen anderen Ländern dagegen bestehen die an Zahl weit überwiegenden Gruppen aus Beamten (Justizbeamte, Polizeibeamte, Lehrer), die im Reich überhaupt nicht vorhanden sind. Hierzu treten noch zahlreiche kleinere Gruppen mit besonderen Eigenarten, z. B. bei den Museen, bei Forschungsinstituten, staatlichen Theatern, Kunsthochschulen usw., die einem allgemeinen Schema ganz besonders schwierig anzupassen sind. Durch das sogenannte Sperrgesetz*) aber war Preußen gezwungen worden, auch diese Spezialbeamten mit Ausnahme der Hochschullehrer und eines kleinen Teils der Theaterbeamten in die 13 Gruppen des BDEG. einzufügen.

Eine weitere Auswirkung des Sperrgesetzes war, daß Preußen auch die sogenannten Besoldungsgrundsätze des Reiches, die vielfach lediglich auf die Verhältnisse der Reichsbeamten zugeschnitten waren, übernehmen mußte, ohne Rücksicht darauf, ob sie dem dienstlichen Bedürfnis seiner Verwaltungen entsprachen oder nicht. So hatte es z. B. die „Einstufungsrichtlinien" und die „Schlüsselung" übernehmen müssen, wodurch es in der sachgemäßen Einstufung seiner Beamten weiter beschränkt wurde. Die Einstufungsrichtlinien wiesen die Beamten lediglich mit Rücksicht auf ihre Vorbildung unter Außerachtlassung sonstiger, insbesondere für die Bemessung des Anfangsgehaltes wesentlicher Momente bestimmten Gruppen zu. Durch die Schlüsselung aber wurden die Stellen einheitlicher Beamtenlaufbahnen auf sogenannte Eingangsstellen, Aufrückungsstellen und Beförderungsstellen verteilt, wobei die Beförderungsstellen einer Laufbahn das gleiche Gehalt beziehen sollten wie die Beamten in den Anfangsstellungen der nächsthöheren Laufbahn. Das alles hatte dazu geführt, daß in denselben

---

*) Gesetz zur Sicherung einer einheitlichen Regelung der Beamtenbesoldung vom 21. 12. 20 (RGBl. S. 2117). Außer Kraft getreten am 31. 3. 1926.

Besoldungsgruppen ganz verschieden geartete Beamte zusammentrafen. Beamte, die jung in die Verwaltung eingetreten waren und dort erst ausgebildet wurden, standen neben anderen, die außerhalb des Staatsdienstes ihre Ausbildung erhalten hatten und daher erst im höheren Lebensalter eingetreten waren. Dieselben Gruppen enthielten jüngere Beamte, die noch eine lange Dienstlaufbahn vor sich hatten und alte Beamte, die in der Beförderungsstelle ihrer Laufbahn waren. Beide Gruppen aber mußten dieselben Gehaltsstufen durchlaufen, während richtigerweise die einen nach längerer, die andern aber schon nach kurzer Zeit das Endgehalt hätten erreichen müssen.

Die Schlüsselung, welche gleichgeartete und mit im wesentlichen gleichen Dienstverrichtungen betraute Beamte auf zwei oder drei Besoldungsgruppen verteilte, führte dauernd zu den größten Schwierigkeiten. Sie brachte zwar, rein zahlenmäßig gesehen, den Beamten aller Verwaltungen die gleichen Beförderungsaussichten, führte aber in ihrer Auswirkung insofern zu Ungleichheiten, als bei denjenigen Verwaltungen, deren Beamte im allgemeinen jung waren oder die ihren Personalbestand stark vergrößern mußten, auch jüngere Beamte sehr rasch in die höheren Gruppen aufstiegen, während bei anderen Verwaltungen noch alte Beamte lange in den niederen Gruppen verbleiben mußten. Ausgleichsversuche schufen wiederum neue Ungleichheiten, so daß die Beamtenschaft nie zur Ruhe kam.

Alle diese Mängel in dem Aufbau der Besoldungsordnung von 1920 machten eine Reform dringend erforderlich. Hierzu kam, daß das stetige Steigen aller Preise in den Jahren 1924—1927 auch die Höhe der Gehälter nicht als ausreichend erscheinen ließ. Obwohl seit der Umstellung der Währung im Herbst 1923 die zunächst allerdings nur äußerst gering bemessenen Goldmarkgehälter in den Jahren 1924 und 1925 dreimal erhöht worden sind (durch die Verordnung vom 17. April 1924 — GS. S. 469 —, die Verordnung vom 9. Okt. 1924 — GS. S. 621 — und das Gesetz vom 6. Juni 1925 — GS. S. 61 —), waren die Bezüge aller Besoldungsgruppen im Frühjahr 1927 im Verhältnis zum Lebenshaltungsindex doch so knapp geworden, daß sie den Beamten nur eine bescheidene Lebensführung gewährleisteten und ihnen kaum die Möglichkeit gaben, Rücklagen für unvorhergesehene Ereignisse zu machen. Traten an die Beamten besondere Ausgaben irgendwelcher Art heran, so gerieten sie in Not und mußten Notstandsbeihilfen oder Unterstützungen in Anspruch nehmen, da sie infolge der Inflation nicht mehr auf Sparbeträge oder eigenes Vermögen zurückgreifen konnten. Die Klagen über zunehmende Verschuldung der Beamtenschaft wuchsen ständig und so erschien eine Aufbesserung der Gehälter unerläßlich.

2. Die Neuregelung im Jahre 1927.

a) für die Beamten.

Aus den vorstehend erörterten Gründen hatte die Regierung im Einvernehmen mit dem Reich im Sommer 1927 eine Neuregelung der Beamtenbesoldung angekündigt. Diese Ankündigung rief in der Beamtenschaft lebhafte Auseinandersetzungen über das der Reform zugrunde zu legende System hervor. „Gruppensystem oder Laufbahnsystem", so lautete die in allen Fachzeitungen der Beamtenschaft und in zahlreichen Versammlungen erörterte Frage, die vielfach leider ohne die erforderliche Sachlichkeit lediglich nach agitatorischen Gesichtspunkten behandelt wurde, so daß Gefahr drohte, daß wieder wie im Jahre 1920 unter dem Einfluß der Beamtenschaft ein Gesetz entstand, das den Bedürfnissen der Staatsverwaltung, die doch in erster Linie maßgebend sein müssen, nicht entsprach und damit letzten Endes auch für die Beamten schädliche Folgen haben mußte.

Der dem Landtag vorgelegte Gesetzentwurf entschied sich für das Laufbahnsystem, indem er die Aufrückungsstellen und „unechten" Beförderungsstellen beseitigte, die mit im wesentlichen gleichen Dienstobliegenheiten betrauten Beamten derselben Laufbahn in einer Besoldungsgruppe vereinigte und für die Dienstposten mit gehobener Tätigkeit Stellenzulagen einführte. Mit dem Wegfall der Aufrückungsstellen mußte auch die Schlüsselung wegfallen. Die Zahl der Stellenzulagen sollte in den einzelnen Verwaltungen nicht mehr nach einem gleichen Prozentsatz, sondern lediglich nach dem sachlichen Bedürfnis festgesetzt werden; da dieses Bedürfnis wechseln kann, war die Zahl der Stellenzulagen alljährlich durch den Haushaltsplan zu bestimmen. Die Einführung der Stellenzulagen ist von einem Teil der Beamtenschaft lebhaft bekämpft und auch bei den Landtagsverhandlungen stark umstritten worden. Schließlich hat sich der Landtag jedoch dem Vorschlag der Regierung angeschlossen, da dieses System für den Beamten wesentliche Vorteile bietet. Er wird bei der Verleihung einer Stellenzulage nicht wie bei der Überführung in eine höhere Besoldungsgruppe in seinem Besoldungsdienstalter verkürzt und der geldliche Vorteil, der ihm zuteil wird, wirkt sich sofort voll aus.

Durch den Wegfall der Aufrückungsstellen und unechten Beförderungsstellen wird die Mehrzahl der Beamten einheitlicher Laufbahnen sich in Zukunft während ihrer ganzen Dienstzeit nur in einer Besoldungsgruppe befinden (z. B. die Obersekretäre in der Gruppe 4b, die Akademiker in der Gruppe 2b usw.). Da diese Besoldungsgruppen mehrere Gruppen des BDEG. zusammenfassen, konnte die Gesamtaufrückungszeit für das Durchlaufen der neuen Besoldungsgruppen erhöht werden; sie ist durchschnittlich auf 20 Jahre festgesetzt. Für die Beamten mit den niedrigsten Gehältern ist die Aufrückungszeit auf 16 und 18 Jahre verkürzt; ebenso ist sie in den Beförderungsgruppen verkürzt, weil der Beamte in diese nur gelangt, nachdem er sich bereits in einer anderen Dienststelle längere Zeit bewährt hat.

Die Zusammensetzung der Dienstbezüge ist im PrBesG. die gleiche geblieben wie im BDEG. bis auf die Frauenhilfe, die in Wegfall gekommen ist. Die Frage der Differenzierung der verheirateten und der ledigen Beamten ist im neuen Besoldungsgesetz derart gelöst, daß grundsätzlich für alle ledigen Beamten ein niedrigerer Wohnungsgeldzuschuß als für die verheirateten festgesetzt ist. Dies rechtfertigt sich dadurch, daß der Unterschied zwischen den Aufwendungen, die der verheiratete Beamte im Gegensatz zum ledigen machen muß, am stärksten im Wohnungsaufwand zum Ausdruck kommt.

Den Hauptbestandteil der Dienstbezüge bildet das Grundgehalt, das gleichzeitig auch die Besoldungsgruppe bestimmt, zu welcher der Beamte gehört. Die Zahl der Besoldungsgruppen ist gegenüber dem BDEG. anscheinend um eine verringert; durch die Bildung von Untergruppen ist sie tatsächlich vermehrt, wie es bei dem hervorgetretenen sachlichen Bedürfnis auch nicht zu umgehen war. Es wäre vielleicht richtiger gewesen, die Gruppen der neuen Besoldungsordnung durchlaufend zu beziffern und nicht einzelne in mehrere Untergruppen aufzuteilen, da hierdurch dem ungesunden Bestreben der Beamtenschaft aus der Besoldungsordnung eine Rangordnung zu machen, nur Vorschub geleistet wird. Charakteristisch in dieser Hinsicht waren mehrere während der Beratung des Gesetzes im Landtage an diesen gerichtete Eingaben, die nicht darauf abzielten, höhere Gehälter zu erreichen, sondern in eine höhere Gruppe zu kommen, d. h. der vorangehenden Gruppe als Untergruppe — wenn auch mit geringerem Gehalt — angegliedert zu werden. Leider haben diese Bestrebungen teilweise Erfolg gehabt. Bei der Bemessung der Grundgehälter, bei der die Höhe der Friedensgehälter und des Lebenshaltungsindex wesentlich in Betracht gezogen wurde, ist jedoch auch darauf Rücksicht genommen, daß insbesondere für die unteren Gruppen der Beamten die Gehälter schon vor dem Kriege unzureichend geworden waren. Es sind deshalb im Durchschnitt die Gehälter der unteren Gruppen prozentual stärker als die der mittleren Gruppen und diese wieder etwas stärker als die der höheren Gruppen aufgebessert worden.

Die Grundbeträge des Wohnungsgeldzuschusses sind bei der Neuregelung unverändert geblieben, wie sie bereits seit dem 1. Nov. 1924 bestanden. Die Staffelung des Wohnungsgeldzuschusses nach Gehaltsgrenzen, wie sie im BDEG. erfolgte, konnte infolge der innerhalb der einzelnen Gruppen vorgenommenen Verschiebungen und der ungleichen Erhöhungen der Gruppen nicht beibehalten werden. Es ist deshalb unter grundsätzlicher Wahrung des Besitzstandes nach dem BDEG. bei den einzelnen Besoldungsgruppen angegeben, welcher Tarifklasse die Beamten in den einzelnen Gehaltsstufen jeder Gruppe zuzuteilen sind. Richtiger wäre es vielleicht gewesen, die Höhe des Wohnungsgeldzuschusses nach den verschiedenen Laufbahnen abzugrenzen.

Die Kinderbeihilfen sind beibehalten, doch ist die im BDEG. vorgesehene Staffelung nach dem Alter der Kinder in Fortfall gekommen. Um den kinderreichen Familien eine besondere Hilfe zu gewähren, ist eine Erhöhung der Kinderbeihilfe für das 3. und 4. Kind sowie eine weitere Erhöhung für das 5. und jedes folgende Kind vorgesehen.

Die Vorschriften über Zulagen, Aufwandentschädigung und Nebenbezüge sind im wesentlichen die gleichen geblieben wie im BDEG. An Neuerungen sind hervorzuheben die in den Schlußbemerkungen zur BO. Abschnitt B Ziff. 9 vorgesehenen, nicht ruhegehaltsfähigen Stellenzulagen, die zum Ausgleich besonderer wirtschaftlicher Nachteile einzelner Dienststellen (große Entfernung vom nächsten Wohnort, der nächsten Schule, dem Arzt usw.) den Forstbeamten gewährt werden können und die Vorschriften über die Nebenbezüge, die einzelnen Beamten aus der Tätigkeit in Organen wirtschaftlicher Unternehmungen, an denen der Staat beteiligt ist, zufließen (vgl. die Anm. 9 zu § 13).

Eine grundsätzliche Änderung hat die Regelung der Vergütung der nichtplanmäßigen Beamten erfahren. Während diese in den ersten 5 (als Versorgungsanwärter in den ersten 4) Jahren ihrer Dienstzeit Vergütungen von 95—100 v. H. des Anfangsgrundgehalts der Besoldungsgruppe, in der sie bei normalem Verlauf ihrer Dienstlaufbahn zuerst planmäßig angestellt wurden und dazu Wohnungsgeldzuschuß und Zulagen wie die planmäßigen Beamten erhielten und nach Ablauf von 5 bzw. 4 Jahren in das Anfangsgehalt der planmäßigen Beamten aufstiegen und in diesem von 2 zu 2 Jahren weiter aufrückten, sieht die neue Vergütungsordnung feste, von 2 zu 2 Jahren steigende Beträge vor, die einen angemessenen Abstand von dem Anfangsgrundgehalt der planmäßigen Beamten haben. Ein Steigen über das Anfangsgrundgehalt hinaus findet bei den nach dem 1. Okt. 1927 eintretenden nichtplanmäßigen Beamten nicht mehr statt, für die an diesem Tage vorhandenen sind Übergangsbestimmungen getroffen, die ein weiteres Aufrücken im Gehalt der planmäßigen Beamten vorsehen und die Kürzung der Bezüge durch eine Verbesserung des Anwärterdienstalters ausgleichen. Die bisherige Gleichstellung der planmäßigen Assistenten an den wissenschaftlichen Hochschulen mit den nichtplanmäßigen Beamten ist beseitigt. Für die wissenschaftlichen Assistenten sind entsprechend den Eigenarten des Hochschulbetriebes Sonderbestimmungen getroffen.

Von besonderer Bedeutung ist noch die in § 32 des Ges. vorgesehene Verbesserung des BDA. der zur Zeit des Inkrafttretens des Gesetzes im Amt befindlichen Beamten aus dem Stande der Versorgungsanwärter. Eine ähnlich weitgehende Anrechnung der Militärdienstzeit enthielt bereits der § 3 BDEG. vom 17. Dez. 1920, die Bestimmung war damals im Interesse der durch den Krieg über die pflichtmäßige Kapitulantendienstzeit hinaus im Heere zurückgehaltenen Versorgungsanwärter geschaffen worden, konnte aber infolge des Sperrgesetzes nicht zur Durchführung gelangen, da das Reich gleiche Vorschriften nicht getroffen hatte. Die im § 32 vorgesehene Regelung ist in das Reichsbesoldungsgesetz übernommen.

Der Aufbau der Besoldungsordnung hat sich durch den Wegfall der Aufrückungsstellen und die Einführung der Stellenzulagen wesentlich geändert. Ein Vergleich der neuen Besoldungsgruppen mit denen des BDEG. ist daher schwierig. Es entsprechen im wesentlichen die Gruppe 1a der bisherigen Gruppe 13, die Gruppe 2b den bisherigen Gruppen 10 und 11, die Gruppe 4b den bisherigen Gruppen 7 und 8, die Gruppe 10a den bisherigen Gruppen 3 und 4, die Gruppe 11 den bisherigen Gruppen 2 und 3. Der größte Teil der in den alten Gruppen 9 und 12 aufgeführten Beamten ist in die Gruppen 4b und 2b überführt, aber durch Stellenzulagen herausgehoben. In den verschiedenen Untergruppen der neuen Gruppe 3 befindet sich die Mehrzahl der Beamten, die bisher die Gruppen 9 und 10 durchliefen und die Spitzenstellung der Beamten des gehobenen mittleren Dienstes. Die Gruppe 4d umfaßt die am 31. März 1920 vorhanden gewesenen Beamten, die auf Grund der abgelegten Sonderprüfung oder, soweit ihnen diese durch die Entscheidung des Reichsschiedsgerichts vom 2. Juni 1922 erlassen war, ohne die Sonderprüfung für ihre Person in die alte Gruppe 7 aufgenommen waren. Die Gruppe 4e enthält die Förster, die Gruppe 7b die nach zwölfjähriger Dienstzeit in der Schutzpolizei lebenslänglich angestellten Polizeivollzugsbeamten. Nicht konsequent durchgeführt ist das der BO. zugrunde liegende System der Zusammenfassung einheitlicher Laufbahnen bei den Beamten des einfacheren Bürodienstes (Sekretäre und Assistenten). Während bei einzelnen Verwaltungen diese Beamten einheitlich in der neuen Besoldungsgruppe 6 stehen, beginnen sie in anderen ihre Laufbahn in der Besoldungsgruppe 8 und treten nach einer Reihe von Jahren in die Besoldungsgruppe 6 über. Hier hat sich ein Rest des alten Systems der Aufrückungsstellen erhalten.

Bei den festen Gehältern (bisher Einzelgehälter genannt) ist gleichfalls eine Vermehrung der Gruppen eingetreten. Einzelne leitende politische Beamte (Oberpräsidenten, Regierungspräsidenten) sind hier etwas stärker gehoben als andere Beamte, mit denen sie bisher in der gleichen Gruppe standen.

Von dem neuen Reichsbesoldungsgesetz weicht das PrBesG. vielfach ab. Die gleich zu bewertenden typischen Beamtengruppen sind zwar im allgemeinen mit den gleichen Gehältern ausgestattet, doch ist ein Unterschied insofern vorhanden, als im Reich für die gehobenen Dienstposten vielfach besondere Aufbaugruppen geschaffen sind, während die preußische BO. grundsätzlich Stellenzulagen vorsieht. Trotzdem weist die preußische BO. mehr Gruppen auf, sie hat zwar auch nur 12 Hauptgruppen, aber die Zahl der Untergruppen und der Stellenzulagen ist größer als in der RBO. Dadurch ist in Preußen die Möglichkeit einer gerechteren Bewertung der verschiedenen Beamtengruppen gegeben. Besonders stark tritt der Unterschied bei den Beamten der alten Gruppe 12 in die Erscheinung. Im PrBesG. sind diese auf die Gruppen 1b, 1c, 2a und 2b verteilt, wobei die in der letzten Gruppe befindlichen Zulagen von 1200 und 600 RM. erhalten. In der RBO. dagegen sind für diese Beamten nur die Gruppen 2a und 2b mit einer Zulage vorgesehen.

Im Gesetz selbst besteht der hauptsächlichste Unterschied in der Behandlung der am 1. Okt. 1927 vorhandenen Wartegeldempfänger. Diese sind in Preußen wie die im dauernden Ruhestand befindlichen Beamten abgefunden, während das Reich ihre Bezüge nach den Vorschriften des neuen Gesetzes neu festsetzt.

b) für die Pensionäre.

In seinem III. Abschnitt bringt das Gesetz eine Neuregelung der Versorgungsbezüge der zu oder vor dem 1. Okt. 1927 mit Versorgung aus dem aktiven Dienst ausgeschiedenen Beamten und Lehrpersonen und deren Hinterbliebenen. Die Einbeziehung der versorgungsberechtigten Lehrpersonen ist deshalb geschehen, weil auch die Bezüge der aktiven Lehrer im Anhang zur Besoldungsordnung für die planmäßigen unmittelbaren Staatsbeamten ihre Neuregelung gefunden haben und die gleichzeitige Verabschiedung des neuen Volksschullehrerbesoldungsgesetzes sich nicht bewerkstelligen ließ.

Wie sich aus der Begründung zur Gesetzesvorlage ergibt und auch durch die in ihren Grundsätzen unveränderte Annahme der Vorlage als Auffassung der gesetzgebenden Körperschaften anzusehen ist, besteht kein Anspruch der vor dem Inkrafttreten des Gesetzes ausgeschiedenen Beamten und ihrer Hinterbliebenen auf Teilnahme an der Aufbesserung der Bezüge der aktiven Beamten. Die Gesetzesbegründung sagt ausdrücklich: „Eine rechtliche Verpflichtung, die Bezüge dieser Versorgungsberechtigten aus Anlaß der Aufbesserung der Bezüge der noch im Dienst befindlichen Beamten zu erhöhen, besteht nicht. Die Rechtsauffassung ist stets von der Staatsregierung bei den früheren Besoldungsreformen betont worden (vgl. Begründung zum BARG. — Drucks. Nr. 2435 — der Verfassunggebenden Preußischen Landesversammlung). Auch ein wohlerworbenes Recht auf Mitnahme bei späteren Diensteinkommensverbesserungen auf Grund des BARG. besteht nicht, da dieses an sich lediglich ein Übergangsgesetz für die am 1. April 1920 vorhanden gewesenen Versorgungsberechtigten darstellt.“ Gleichwohl hat im Hinblick darauf, daß seit der letzten Erhöhung der Pensionen usw. im Dezember 1924 die Kosten der Lebenshaltung weiter gestiegen sind, das Gesetz eine Erhöhung der Bezüge der bereits vorhandenen Versorgungsberechtigten im Zusammenhange mit der Aufbesserung der Gehälter gebracht. Bei objektiver Beurteilung der wirtschaftlichen Verhältnisse, in der sich weite Kreise der Pensionäre befinden, wird man sich auch der Berechtigung dieser Erhöhung nicht verschließen können. Insoweit schließt sich das Gesetz der Besoldungsregelung von 1920 an, die zum ersten Male angesichts der schweren Notlage, in der sich mehr oder minder alle Pensionäre infolge der Kriegs- und Nachkriegsverhältnisse befanden, mit dem bisherigen Grundsatz brach, daß die Pensionäre durch die einmal erfolgte Festsetzung ihrer Versorgungsbezüge auf Grund des tatsächlich bezogenen letzten Beamtendiensteinkommens mit ihren Ansprüchen gegen den Staat als ein für allemal abgefunden zu gelten haben. Im Gegensatz zu der damaligen Regelung durch das BARG., das die Überleitung der vorhandenen Versorgungsberechtigten in das neue Besoldungsschema brachte, sieht das neue Gesetz eine Erhöhung der Versorgungsbezüge durch Gewährung prozentualer Zuschläge zum alten Grundgehalt vor. Der Gesetzgeber wählte diesen Weg, weil sich nach Auffassung der Staatsregierung die Überleitung der Versorgungsberechtigten in die Besoldungsordnung von 1920 keineswegs bewährt, sondern in der Praxis als wenig zufriedenstellend erwiesen hatte. Wegen der Einzelheiten der Neuregelung wird auf die Vorbemerkungen zum III. Abschnitt des Gesetzes verwiesen.

3. Die Entwicklung seit 1927.

Als im Jahre 1929 die günstige wirtschaftliche Konjunktur der vorangegangenen Jahre abzuflauen begann und damit die Eingänge an Steuern geringer wurden, während andererseits die Ausgaben auf vielen Gebieten, insbesondere auf dem der Erwerbslosenfürsorge stark in die Höhe gingen, so daß alle öffentlichen Haushalte nur schwer zum Ausgleich zu bringen waren, begannen Stimmen laut zu werden, die die Besoldungserhöhung des Jahres 1927 als zu weitgehend oder unzweckmäßig bezeichneten. Wenn dieser Ansicht auch nicht beigepflichtet werden kann, da, bei dem seit Stabilisierung der Währung stetig steigenden Preisstande eine Erhöhung der Beamtengehälter unbedingt notwendig erschienen war, so zeigte sich doch sehr bald, daß weder das Reich, noch die Länder und Gemeinden, den mit der Erhöhung verbundenen Aufwand auf die Dauer zu tragen vermochten. Bei der immer stärker hervortretenden Notwendigkeit, die Ausgaben aller öffentlichen Haushalte soweit als möglich einzuschränken, konnte an einer Kürzung der Bezüge der Beamten nicht vorbeigegangen werden. Die erste Kürzung der Bezüge erfolgte durch die Verordnung des Reichspräsidenten zur Behebung finanzieller, wirtschaftlicher und sozialer Notstände vom 26. Juli 1930 (RGBl. I S. 311), in deren erstem Abschnitt, §§ 2ff. allen Festbesoldeten eine Sondersteuer von 2% ihrer Bezüge auferlegt wurde. Diese bescheidene, für die Beamten noch durchaus erträgliche Kürzung, die überdies bis zum 31. März 1931 befristet war, fiel bereits mit Ablauf des 31. Jan. 1931 fort, weil am 1. Febr. 1931 die erste Gehaltskürzung in Kraft trat. Durch die Verordnung des Reichspräsidenten zur Sicherung von Wirtschaft und Finanzen vom 1. Dez. 1930 (RGBl. I S. 517) wurden die Dienst- und Versorgungsbezüge der Reichsbeamten um 6% gekürzt; Einkommen bis zu 1500 RM. einschließlich blieben kürzungsfrei, die Bezüge der Reichsminister erfuhren eine Kürzung um 20%, gewisse Gehaltsteile, wie z. B. Kinderbeihilfen und Aufwandsentschädigungen unterlagen der Kürzung nicht. § 4 der Verordnung ermächtigte und verpflichtete die Länder, die Bezüge ihrer Beamten und der Beamten der Gemeinden sowie der sonstigen Körperschaften des öffentlichen Rechts entsprechend zu kürzen. Demgemäß erging die Preußische Verordnung über Gehaltskürzung vom 13. Dez. 1930 (GS. S. 291) nebst den vorläufigen Ausführungsbestimmungen vom 22. Dez. 1930 (PrBesBl. S. 167). Bei der stets wachsenden Finanznot aller öffentlichen Körperschaften genügte diese Kürzung sehr bald nicht mehr, um die Haushalte im Gleichgewicht zu erhalten, und in der zweiten Verordnung des Reichspräsidenten zur Sicherung von Wirtschaft und Finanzen vom 5. Juni 1931 (RGBl. I S. 279) wurde für die Reichsbeamten eine zweite Gehaltskürzung vorgeschrieben, diesmal sogleich mit bindender Kraft für die Beamten der Länder und Gemeinden, so daß vom Preußischen Staatsministerium nur eine Durchführungsverordnung vom 13. Juni 1931 erlassen zu werden brauchte (PrBesBl. S. 181). Die zweite Gehaltskürzungsverordnung staffelte die den Beamten auferlegten Abzüge nach der Höhe der Gehälter und nach Ortsklassen zwischen 4 und 8%, eine untere Freigrenze war nicht darin vorgesehen, ferner änderte sie die Beträge der Kinderbeihilfen. Eine dritte Gehaltskürzungsverordnung, die mit Wirkung vom 1. Jan. 1932 in Kraft getreten ist, enthielt die Vierte Verordnung des Reichspräsidenten zur Sicherung von Wirtschaft und Finanzen vom 8. Dez. 1931 (RGBl. I S. 699), die ebenfalls wie die zweite unmittelbar geltendes Recht für die Beamten der Länder und Gemeinden schuf, so daß die Preußische Regierung wiederum nur Durchführungsbestimmungen unter dem 16. Dez. 1931 erließ (PrBesBl. S. 317). Durch diese Verordnung wurde eine weitere Kürzung aller Dienst- und Versorgungsbezüge um 9% vorgenommen. Wegen des näheren Inhaltes der Gehaltskürzungsverordnungen siehe die Vorbemerkungen auf S. 264, 285 und 345.

Zwischen der zweiten und dritten Gehaltskürzungsverordnung des Reiches erließ Preußen noch die sogenannte Sparverordnung vom 12. Sept. 1931 (GS. S. 179), welche neben anderen Vorschriften zahlreiche Änderungen des Preußischen Besoldungsgesetzes, des Volksschullehrerbesoldungsgesetzes, des Mittelschullehrerbesoldungsgesetzes, des Berufsschullehrerbesoldungsgesetzes und der Besoldungsvorschriften enthielt. Näheres hierüber siehe S. 370. Endlich brachten auch die 2. u. 3. preußische Sparverordnung vom

23. Dez. 1931 und 14. März 1932 einige das Besoldungsgesetz abändernde Bestimmungen, die auf S. 487 u. 495 abgedruckt sind.

Neben den Gehaltskürzungsverordnungen, deren Kürzungsbestimmungen auch die Empfänger von Versorgungs- und Hinterbliebenenbezügen erfassen, wurde in der dritten Verordnung des Reichspräsidenten zur Sicherung von Wirtschaft und Finanzen vom 6. Okt. 1931 (RGBl. I S. 537) noch eine Pensionskürzung zugleich mit bindender Kraft für Länder und Gemeinden vorgeschrieben, die neben anderen Bestimmungen insbesondere die generelle Beschränkung der dem Beamten nach Erreichung der Altersgrenze zu zahlenden Pension auf höchstens 75 v. H. (statt bisher 80 v. H.) des ruhegehaltsfähigen Diensteinkommens brachte. Näheres siehe S. 324 unter Nr. 3.

Während die drei Gehaltskürzungsverordnungen bis zum 31. Jan. 1934 befristet sind und somit, wenn nicht inzwischen andere gesetzliche Regelungen getroffen werden, vom 1. Febr. 1934 ab wiederum die nach dem PrBesG. zuständigen Gehälter zu zahlen sind, sind die besoldungsrechtlichen Bestimmungen der beiden Sparverordnungen nicht befristet. Ein Teil dieser Bestimmungen ist jedoch offenbar als Dauerregelung gedacht. Da die Sparverordnungen auf Grund von Ermächtigungen erlassen sind, die gemäß § 48 RV. ergangene Notverordnungen des Reichspräsidenten enthalten, so würden, wenn diese Notverordnungen aufgehoben werden, die Bestimmungen der Sparverordnungen der gesetzlichen Grundlage entbehren. Diejenigen Vorschriften der Sparverordnungen, die das PrBesG. abgeändert haben und dauernd in Geltung bleiben sollen, werden daher später im Wege der ordentlichen Gesetzgebung in das PrBesG. zu überführen sein. In dem nachstehenden Text sind sowohl die durch die Sparverordnungen neu eingefügten, wie die vorläufig außer Kraft gesetzten Vorschriften des BesG. abgedruckt, beide sind durch besondere Schriftarten kenntlich gemacht; vgl. die Bem. auf S. 15.

Die Rechtsgültigkeit der Sparverordnungen ist vielfach, insbesondere auch wegen der in ihr enthaltenen Neuregelung des Besoldungsrechts der Gemeindebeamten bestritten. Da bereits mehrere Klagen sowohl vor den ordentlichen Gerichten wie vor dem Staatsgerichtshof angestrengt sind, dürfte die Frage der Rechtsgültigkeit alsbald höchstrichterlich entschieden sein. Von besonderer Bedeutung für diese Prozesse ist die Auslegung, die dem Art. 129 RV., der die „wohlerworbenen" Rechte der Beamten schützt, zu geben ist; vgl. hierzu die Vorbem. 6 S. 18.

B. Die Besoldung der Gemeindebeamten.

Von besonderer Bedeutung ist das PrBesG. auch für die Gemeindebeamten. Während vor dem Kriege der Staat den Gemeinden in der Regelung der Bezüge ihrer Beamten nahezu völlig freie Hand ließ, hatte er nach dem Kriege der Selbstverwaltung in dieser Hinsicht bestimmte Grenzen gezogen. Während das preußische Ges. betr. die Regelung verschiedener Punkte des Gemeindebeamtenrechts vom 8. Juli 1920 (GS. S. 383) in erster Linie zur Erhaltung eines leistungsfähigen und arbeitswilligen Gemeindebeamtentums eine alsbaldige allgemeine durchgreifende Aufbesserung der Gemeindebeamtenbezüge vorsah, setzte das Reichsgesetz zur Sicherung einer einheitlichen Regelung der Beamtenbesoldung vom 20. Dez. 1920 (RGBl. S. 2117), das sogenannte Sperrgesetz, bindend fest, daß Länder und Gemeinden ihren Beamten nicht höhere Bezüge gewähren dürften, als sie für gleichzubewertende Reichsbeamte im Reichsbesoldungsgesetz vorgesehen waren. Nachdem das Sperrgesetz am 31. März 1926 außer Kraft getreten war, setzte bei der Vorbereitung des PrBesG. erneut ein Streit darüber ein, ob wiederum wie im Jahre 1920 ein Zwang auf die Gemeinden ausgeübt werden sollte, anläßlich der Neuregelung der Bezüge der Staatsbeamten, auch die Besoldung ihrer Beamten neu festzusetzen; insbesondere gingen die Meinungen auch darüber auseinander, ob es nicht richtig sei, bindend vorzuschreiben, daß die Gemeindebeamten nicht höher als gleichzubewertende Staatsbeamte eingestuft werden dürfen, und daß alle Beschlüsse der Gemeinden über die Besoldung ihrer Beamten der Bestätigung durch die Aufsichtsbehörde bedürfen, so daß die Gemeindebeamten aus einer zu hohen Einstufung im Falle der Beanstandung wohlerworbene Rechte nicht herleiten können. Begründet wurde eine möglichst starke Beschränkung der Gemeinden in der selbständigen Festsetzung der Besoldung ihrer Beamten damit, daß aus den Kreisen der Staatsbeamten, aber auch aus anderen Kreisen vielfach Klagen darüber laut geworden waren, daß die Gemeinden bei der Besoldung ihrer Beamten trotz der allgemein angespannten Finanzlage häufig weit über ein angemessenes Maß hinausgegangen wären. Obwohl diese Klagen durchaus nicht immer der Berechtigung entbehrten, hat der Landtag sich 1927 leider nicht dazu entschließen können, Vorschriften in das Gesetz aufzunehmen, die eine wirksame Kontrolle der Gemeinde unbedingt sicherstellten. Der § 43 hat jedenfalls diese Wirkung nicht gehabt; weder haben die Gemeinden die Bezüge ihrer Beamten denen der Staatsbeamten angepaßt, noch haben die Aufsichtsbehörden von der ihnen gegebenen Möglichkeit bei erheblicher Verletzung einzugreifen, nennenswerten Gebrauch gemacht. Eine durch das Gesetz vom 24. März 1931 (GS. S. 25) angebahnte verschärfte Anwendung des § 43 ist infolge der im Sommer 1931 plötzlich einsetzenden krisenhaften Ereignisse nicht mehr in Wirksamkeit getreten. Die vom Reich zur Beseitigung des Notzustandes erlassenen Verordnungen (zweite Verordnung des Reichspräsidenten zur Sicherung von Wirtschaft und Finanzen vom 5. Juni 1931 [RGBl. I S. 279] und Verordnung des Reichspräsidenten zur Sicherung der Haushalte von Ländern und Gemeinden vom 24. August 1931 [RGBl. I S. 453]) setzten die grundlegende Bestimmung des alten Sperrgesetzes erneut in Kraft, daß kein Beamter der Länder und Gemeinden in seinen Bezügen günstiger gestellt sein dürfe, als ein gleichzubewertender Reichsbeamter und ermächtigten die Landesregierungen, alle Maßnahmen, die zum Ausgleich der Haushalte der Gemeinden erforderlich sind, im Verordnungswege vorzuschreiben, insbesondere auch zu bestimmen, daß und in welcher Weise die Personalausgaben der Gemeinden herabgesetzt werden. Durch diese Verordnungen der Reichsregierung wurde die preußische Regierung veranlaßt, unter Aufhebung des § 43 des PrBesG. und des zu seiner Ergänzung ergangenen Art. VI des Ges. vom 24. März 1931 in der Sparverordnung vom 14. Sept. 1931 eine eingehende neue Regelung der Besoldung der Gemeindebeamten vorzunehmen. Näheres siehe die Vorbem. S. 370.

Gesetz

über die Dienstbezüge der unmittelbaren Staatsbeamten

(Preuß. Besoldungsgesetz).

Vom 17. Dezember 1927.

(Gesetzsammlung 1927 Seite 223)

in der Fassung der Sparverordnungen vom 12. Sept. 1931 (GS. S. 179), vom 23. Dez. 1931 (GS. S. 293) und vom 14. März 1932 (GS. S. 123).

Ausführungsbestimmungen

zum Preußischen Besoldungsgesetz

(Preuß. Besoldungsvorschriften — PBV. —).

vom $\frac{\text{30. März 1928.}}{\text{31. Dez. 1930.}}$

(Preußisches Besoldungsblatt 1931 S. 17.)

Richtlinien

für die Neuregelung der Versorgungsbezüge auf Grund des Preußischen Besoldungsgesetzes.

Vom 21. Januar 1928.

(Preußisches Besoldungsblatt 1928 S. 5 und 1931 S. 63.)

Zur Beachtung. Die einzelnen Nummern der Ausführungsbestimmungen (PBV.) und der Richtlinien sind nachstehend unter die Paragraphen des Gesetzestextes, zu denen sie gehören, gesetzt worden. Die Anmerkungen des Herausgebers folgen jeweils hinter den Ausführungsbestimmungen bzw. den Richtlinien.

Bei den §§ 3, 11 und 17 des Ges. sind wegen des besonders großen Umfanges Anmerkungen hinter den Paragraphen und hinter den PBV. eingefügt.

Der besseren Übersichtlichkeit halber sind gedruckt:

die Ausführungsbestimmungen kursiv,

die durch die Sparverordnungen vom 12. Sept. 1931, vom 23. Dez. 1931 und vom 14. März 1932 außer Kraft gesetzten Teile des Ges. (z. B. § 17 Abs. 3) in Antiqua,

die durch die Sparverordnung vom 12. Sept. 1931 neu gefaßten Gesetzesteile (z. B. § 7 Abs. 2) sind gesperrt.

1. Das mit Wirkung vom 1. Oktober 1927 in Kraft getretene Preußische Besoldungsgesetz vom 17. Dezember 1927 regelt die **Dienstbezüge** aller bei Beginn des 1. Oktober 1927 im Staatsdienst befindlich gewesenen oder nach Beginn des 1. Oktober 1927 in den Staatsdienst eingetretenen unmittelbaren Staatsbeamten aus dem Hauptamt; seine Besoldungssätze sind auch maßgebend für die Berechnung der **Versorgungsbezüge** der zu einem späteren Zeitpunkte als dem 1. Oktober 1927 einstweilen oder dauernd in den Ruhestand versetzten unmittelbaren Staatsbeamten, sowie der Versorgungsbezüge der Hinterbliebenen dieser Beamten und der Hinterbliebenen der seit dem Beginn des 1. Oktober 1927 im Amt verstorbenen Beamten.

Ansprüche aus der Zeit vor dem 1. Oktober 1927 können aus dem PrBesG. nicht hergeleitet werden. Das Gehalt der Staatsbeamten war in der Zeit vom 1. April 1920 bis zum 30. September 1927 durch das Beamtendiensteinkommensgesetz vom 17. Dezember 1920 und die zahlreichen zu diesem Gesetz ergangenen Abänderungsgesetze geregelt. Vor dem 1. April 1920 erfolgte die Gewährung des Gehalts an die planmäßigen unmittelbaren Staatsbeamten auf Grund des Gesetzes betreffend die Bereitstellung von Mitteln zu Diensteinkommensverbesserungen vom 26. Mai 1909 (GS. S. 85) in der Fassung des Ges. vom 29. Juni 1914 (GS. S. 121) und der dazu gehörigen Besoldungsordnung. Die Dienstbezüge der als Stellenanwärter (Diätare) beschäftigten Beamten waren vor dem 1. April 1920 nicht gesetzlich geregelt; vgl. dazu die (bei Heinemann S. 97—105 abgedruckte) „Nachweisung über die bisherigen und künftigen Dienstbezüge der diätarisch beschäftigten Beamten vom Jahre 1908".

Auch die Versorgungsbezüge der zum 1. Oktober 1927 oder einem früheren Zeitpunkt einstweilen oder dauernd in den Ruhestand getretenen Beamten, ihrer Hinterbliebenen und der Hinterbliebenen der bis zum 30. September 1927 einschließlich im Amt verstorbenen Beamten haben durch das PrBesG. eine Verbesserung erfahren. Eine Überleitung der Versorgungsberechtigten in die neue Besoldungsordnung ist jedoch nicht erfolgt. Näheres hierzu vgl. Einführung S. 9.

2. Die Dienstbezüge des im Staatsdienst befindlichen (aktiven) Beamten sind nach dem PrBesG.:

I. Das **Diensteinkommen** (§§ 1—18 PrBesG.).

Das Diensteinkommen setzt sich zusammen aus:

1. dem Grundgehalt und der etwa verliehenen Stellenzulage bei den planmäßigen, der Grundvergütung bei den nichtplanmäßigen Beamten (§§ 1, 2 und 15 PrBesG.) und
2. dem Wohnungsgeldzuschuß (§§ 6—10 und 15 PrBesG.).

Das Diensteinkommen umfaßt außerdem die mit dem Hauptamt sonst verbundenen Zulagen, Sondervergütungen und Nebenbezüge (§§ 12—15 PrBesG.).

Nicht zum Diensteinkommen gehören die Dienstaufwandentschädigungen und die Reisekosten. Erstere bleiben durch den Staatshaushaltsplan, letztere durch das Ges. betreffend die Reisekosten der Staatsbeamten vom 3. Jan. 1923 (GS. S. 3) geregelt.

II. Hat der Beamte Kinder zu unterhalten, so erhält er neben dem Diensteinkommen

Kinderbeihilfen (§§ 11 und 15 PrBesG.).

Eine Frauenbeihilfe wird den aktiven Beamten nicht mehr gewährt.

3. Die Versorgungsbezüge der Ruhestandsbeamten und Hinterbliebenen sind:

I. **Wartegeld, Ruhegehalt** oder **Witwen-** und **Waisengeld** (§§ 1ff. WartegeldVO., §§ 8ff. ZRGG., §§ 8ff. HFG., §§ 2—9ff. StaatsmVG.).

II. **Kinderbeihilfen** und für die beim Inkrafttreten des PrBesG. vorhandenen Versorgungsberechtigten g. F. auch **Frauenbeihilfe** (§§ 24 und 25 PrBesG.).

4. Ausführungsbestimmungen. Die vom FinMin. gemäß § 42 des PrBesG. zu erlassenden Ausführungsbestimmungen sind als Preußische Besoldungsvorschriften — PBV. — am 19. Mai 1928 (PrBesBl. S. 157) ergangen. Sie sind alsdann Gegenstand eingehender Beratungen im Beamtenausschuß des Preußischen Landtages gewesen, der zahlreiche, z. T. finanziell stark ins Gewicht fallende Änderungen vorschlug. Nach sehr langwierigen Verhandlungen, die sich über zwei Jahre hinzogen, ist eine Neufassung der PBV. vom 31. Dez. 1930 erschienen (PrBesBl. 1931 S. 17), in der ein Teil der vom Landtag ausgesprochenen Wünsche berücksichtigt worden ist. Änderungen gegen die ursprüngliche, im zweiten Band der 4. Aufl. dieses Buches abgedruckte Fassung haben insbesondere erfahren die Nr. 6 Abs. 2, Nr. 14 Abs. 1 und 3, Nr. 18 Abs. 2, Nr. 24 Abs. 1, Nr. 27 a, Nr. 27 b, Nr. 28 Abs. 2, Nr. 29, Nr. 31 Abs. 3, Nr. 39, Nr. 44 Abs. 1, 2, 3 und 4, Nr. 45a, Nr. 46 Abs. 4, Nr. 50, Nr. 52 Abs. 1, Nr. 54 Abs. 1, 9 und 10, Nr. 55 Abs. 1, Nr. 56 Abs. 2, Nr. 58 Abs. 2, Nr. 59 Abs. 1 und 2, Nr. 61, Nr. 62 Abs. 1, 2, 3, 5, 6 und 7, Nr. 63 Abs. 2, 4 und 6, Nr. 64, Nr. 71 Abs. 3, Nr. 72 Abs. 1a, 2 und 3, Nr. 73 Abs. 1, Nr. 74 Abs. 1 und 2, Nr. 76 Abs. 1 und 3, Nr. 80, Nr. 82 Abs. 1, Nr. 82a, Nr. 83 Abs. 2, Nr. 87 Abs. 3, Nr. 90, Nr. 90a, Nr. 91 Abs. 2, Nr. 96 Abs. 1, Nr. 97 Abs. 1, Nr. 99, Nr. 104, Nr. 105 Abs. 2a, Nr. 108, Nr. 109 Abs. 1, 1a, 2 und 4, Nr. 110, Nr. 112, Nr. 114 Abs. 2, Nr. 115 Abs. 4 und Nr. 117.

Nachstehend sind die PBV. so abgedruckt, daß den einzelnen Paragraphen des BesG. die dazu gehörenden Nummern der PBV. unmittelbar angefügt sind. Zu den §§ 19—29 sind neue Ausführungsbestimmungen nicht ergangen. Für sie gelten noch die am 21. Jan. 1928 erlassenen Richtlinien (PrBesBl. 1928 S. 5 und 1931 S. 63). Sie sind entsprechend diesen Paragraphen angefügt.

Der Neufassung der PBV. ist ein Anhang beigegeben, (abgedruckt S. 229 ff.), der die aus älteren Vorschriften noch geltenden Bestimmungen, sowie einzelne ergänzende Erlasse enthält.

5. Für die Beamtenbesoldung wichtige Vorschriften außerhalb des PrBesG. und der PBV.

Die **Abtretung** oder **Verpfändung** von Besoldungen, Wartegeldern, Ruhegehältern oder Hinterbliebenenbezügen ist für **preußische** Beamte und deren Hinterbliebene unzulässig. Ist die Abtretung oder Verpfändung trotzdem erfolgt, so ist sie nichtig (Art. 81 EGBGB. in Verbindung mit Publikandum vom 18. Nov. 1802 und Anhang § 163 zu § 108 Teil I Tit. 24 AGO., § 26 Abs. 1 ZRGG., § 17 HFG., Näheres s. bei Brand, Beamtenrecht S. 147ff., 348ff., 405ff.).

Eine Ausnahme von diesen Vorschriften hat das Ges. über die Abtretung von Beamtenbezügen zum Heimstättenbau vom 30. Juni 1927 (RGBl. I S. 133) gebracht.

Die **Pfändung** der vorstehend genannten Bezüge ist nur in beschränktem Umfang möglich (§§ 811 Nr. 8, 850 Abs. 1 Nr. 7 u. 8, Abs. 2 u. 4 ZPO., § 26 Abs. 2 ZRGG.). Die Beschränkung greift nicht Platz bei Einziehung von Dienststrafen (Verord. vom 16. März 1926 [GS. S. 103]).

Der Anspruch auf Dienst- und Versorgungsbezüge **verjährt** in vier Jahren. Die Verjährung beginnt mit dem Schluß des Kalenderjahres, in dem der Anspruch entstanden ist (§§ 197, 198, 201 BGB.).

Eine **Einbehaltung** oder **Kürzung** des Gehalts tritt ein, wenn der Beamte aus anderen Gründen als Krankheit über 1½ Monate hinaus beurlaubt wird, und zwar wird für weitere 4½ Monate das Gehalt zur Hälfte gekürzt, bei noch längerem Urlaub wird das ganze Gehalt einbehalten. (A. Order vom 15. Juni 1863, MinBliV. S. 137.)

Ein Beamter, der sich ohne vorschriftsmäßigen Urlaub von seinem Amt entfernt, geht für die Dauer der unerlaubten Entfernung seines Diensteinkommens verlustig (§ 8 VerwDiszGes., § 7 RDiszGes.).

Eine Kürzung des Gehalts kann angeordnet werden, wenn gegen den Beamten ein förmliches Dienststrafverfahren mit dem Ziele auf Dienstentlassung eingeleitet wird (§ 49 VerwDiszGes., § 44 RDiszGes.).

Ferner kann auch eine Kürzung des Gehalts als Dienststrafe im förmlichen Dienststrafverfahren verhängt werden (§ 14 VerwDiszGes., § 14a RDiszGes.).

Das **Gehaltsabzugsverfahren**, das zur Vermeidung gerichtlicher Pfändungen zur Tilgung der Schulden eingeleitet werden kann, ist geregelt durch Nr. 10 der ursprünglich nur für den Bereich der Justizverwaltung erlassenen Verfügung vom 24. Jan. 1843 (JMBl. S. 22).

Die Möglichkeit der **Aufrechnung** und der **Zurückbehaltung** auch des **unpfändbaren Teils des Diensteinkommens** durch die Verwaltung wegen staatlicher Forderungen ist geregelt durch die Verfügung des JustMin. vom 19. April 1928 — I 9738 (veröffentlicht in der Zeitschr. d. Verb. preuß. Just.-Amtm. S. 212).

Wegen der Zahlung des sogenannten **Sterbe-** und **Gnadenmonats** vgl. KabO. vom 15. Nov. 1819 (GS. 1820 S. 45) und KabO. vom 18. April 1855 (JMBl. S. 166), wegen der Zahlung des **Gnadenvierteljahrs** vgl. §§ 2 u. 3 des Ges. vom 7. März 1908 (GS. S. 35) u. § 31 ZRGG.

6. Wohlerworbene Rechte. Die Bedeutung des Art. 129 Abs. 1 RV., der die wohlerworbenen Rechte der Beamten für unverletzlich erklärt, ist anläßlich der Gehaltskürzungsverordnungen wieder lebhaft erörtert worden.

Im Zusammenhang damit ist die Rechtsgültigkeit der Vorschrift des § 39 Abs. 1 des PrBesG., nach welcher Änderungen der durch dieses Gesetz geregelten Dienstbezüge jeder Zeit durch einfaches — nicht verfassungsänderndes — Gesetz vorgenommen werden können, in Zweifel gezogen worden. Diese Vorschrift, die seit dem BDEG. von 1920 in jede Neufassung des Besoldungsgesetzes wieder aufgenommen worden ist, war ursprünglich, zur Zeit der Inflation, dazu bestimmt, die Möglichkeit eines Herabsetzens der Bezüge für den Fall zu geben, daß ein Steigen des Geldwertes eine solche Herabsetzung angemessen erscheinen ließ. Später hat man sie aus dem Gedanken heraus beibehalten, daß eine solche Herabsetzung auch bei einem Notstand des Staates erforderlich werden könne. In der Literatur ist die Vorschrift vielfach als mit Art. 129 der RV. im Widerspruch stehend bezeichnet worden (so z. B. Brand in der Deutschen Richterzeitung 1928 S. 328), insbesondere hat sich auf diesen Standpunkt auch ein Gutachten des Bayerischen Obersten Landesgerichtes vom 11. Sept. 1929 gestellt (Deutsche Juristenzeitung 1930 S. 414).

Jetzt hat das Reichsgericht in einem Urteil vom 10. Juli 1931 — III. 149/1930 — (RGZ. 134, S. 1) zu der Frage der wohlerworbenen Rechte der Beamten und der Rechtsgültigkeit einer Vorbehaltsklausel, wie sie der § 39 enthält, ausführlich Stellung genommen. Es führt dazu folgendes aus:

„Für die Frage, ob die Vorbehaltsklausel in der ihr vom Berufungsrichter gegebenen Tragweite die Bestimmung des Art. 129 Abs. 1 S. 3 RV. verletzt, ist zunächst klarzustellen, welche Bedeutung und welchen Umfang diese verfassungsrechtliche Bestimmung hat. Daß sie keine Richtschnur, sondern unmittelbar geltendes Recht enthält, wird allgemein anerkannt (RGZ. Bd. 99 S. 262). Dagegen ist sowohl umstritten, welchen Inhalt die durch sie geschützten wohlerworbenen Rechte haben, als auch, ob die Bestimmung selbst den Beamten Rechte als unverletzlich geschützte verleiht. Die letztere Ansicht, also daß Art. 129 selbst gewisse Beamtenrechte als wohlerworbene gewähre, ist, wie schon erwähnt, abzulehnen. Sie findet weder im Wortlaut noch in der Geschichte der Bestimmung eine Stütze.

Der Rechtszustand vor 1919 ging dahin, daß wohlerworbene Rechte auf Gehalt in bestimmter Höhe verfassungsrechtlich nicht besonders geschützt waren, vielmehr war an sich ihre Änderung im Wege der einfachen Gesetzgebung möglich. Eine reichsgesetzliche Sicherung gegen die Kürzung gewährter Gehälter gab es nicht. Es bestand nur die allgemeine Staatspraxis, daß die den Beamten einmal gewährten Besoldungsbezüge gesichert bleiben sollten.

Die Beamtenschaft war nach der Umwälzung durch Gerüchte, das Berufsbeamtentum soll beseitigt oder in seinen Rechten erheblich geschmälert werden, in große Erregung geraten. Nach den Äußerungen, wie sie sich aus den Vorberatungen des Art. 129 RV. ergeben, sollte deshalb in der Verfassung eine Zusicherung gewährt werden, daß es bei dem Berufsbeamtentum und dessen wohlerworbenen Rechten sein Bewenden haben sollte. (Protokolle (Anlagen z. d. stenogr. Berichten) Bd. 33 S. 382, 508, Sten.-Berichte 59. Sitzung Bd. 328 S. 1632.) Man wollte also nicht nur einen Schutz gegen die Verletzung subjektiver Rechte der einzelnen

Beamten geben, sondern auch eine Garantie für das Bestehen der Beamtenschaft als solcher, als einer bestimmten Einrichtung des Staates, schaffen. Es sollten deshalb zum Zweck der Aufrechterhaltung und Sicherung des Berufsbeamtentums diejenigen Rechte, welche als wohlerworbene zu betrachten waren, verfassungsrechtlich gegen eine Schmälerung durch Landesgesetz oder durch einfaches Reichsgesetz geschützt werden. Dieser erstrebte Schutz konnte aber nur erreicht werden, wenn auch diejenigen Rechte, welche die Beamten in Zukunft als wohlerworbene erwerben würden, unter den gleichen verfassungsrechtlichen Schutz gestellt wurden. Es ist deshalb mit der herrschenden Lehre anzunehmen, daß auch die zukünftigen wohlerworbenen Rechte der Beamten geschützt werden sollten. Dagegen lag keine Veranlassung vor, neue Rechte den Beamten durch die Verfassung selbst als wohlerworbene zu verleihen, und insbesondere den Rechtsstand der Beamten inhaltlich zu verbessern. Nur der vorhandene und zukünftige Rechtsstand sollte gegen die Verletzung durch einfaches Gesetz gesichert werden (RGUrt. 18. Februar 1927 III 140/26; 28. Juni 1927 III 431/26, abgedruckt DRZ. 1927 Nr. 641).

Was nun den Kreis der geschützten wohlerworbenen Rechte anbetrifft, so sind außer denjenigen auf Titel und Rang die subjektiven Rechte auf die gesetzlich festgelegten Gehaltsbezüge stets zu diesen gerechnet worden. Diese Rechte wurden aber von jeher nur nach Maßgabe der Besoldungsgesetze (vgl. § 6 des preuß. Gesetzes vom 24. Mai 1861, § 149 RBG.) erworben. Auch nach Inkrafttreten der Reichsverfassung ist stets angenommen worden, daß die Regelung des Beamtengehalts nur durch ausdrückliche Vorschriften erfolgt (RGZ. Bd. 104 S. 61; Bd. 107 S. 329; Bd. 110 S. 268; Bd. 112 S. 106; Bd. 122 S. 9; RGUrt. vom 8. November 1927 III 157/27; vom 15. Mai 1928 III 385/27 abgedr. JW. 1928 S. 1935 Nr. 6). Die auf Grund der Besoldungsregelungen erwachsenen Gehaltsansprüche stellen somit wohlerworbene Beamtenrechte dar, welche durch Art. 129 Abs. 1 RV. in dem einmal gegebenen Bestande geschützt werden. Es ist demnach sowohl die Ansicht abzulehnen, daß wohlerworben nur diejenigen subjektiven Rechte seien, welche auf einem besonderen Rechtstitel beruhten (RGZ. Bd. 104 S. 58), als auch die gegenteilige von dem Regierungsvertreter bei der Beratung des RBesG. vom 16. Dezember 1927 vor dem Reichsrat (Sitzung des Reichsrats vom 13. Oktober 1927, „Reichsanzeiger" Nr. 241 vom 14. Oktober 1927 S. 2) allgemein geäußerte Ansicht, der Beamte habe zwar Anspruch auf Gehalt, aber die Höhe bleibe der Abänderung durch Gesetze vorbehalten. Auch dem vom Reichsfinanzhof in seiner Entscheidung vom 25. März 1931 VI A 2253/30 (RFH. Bd. 28 S. 208; vgl. auch den Vorbescheid vom 25. Januar 1931, RFH. Bd. 27 S. 321) eingenommenen Standpunkt, nur solche subjektiven Rechte der Beamten seien geschützt, welche dem Beamtenverhältnis wesentlich seien, und es sei deshalb eine unwesentliche Schmälerung dem Gesetzgeber ohne weiteres gestattet und nur die Gewährung eines standesgemäßen Unterhalts verfassungsrechtlich geschützt, kann nicht beigetreten werden. Das uneingeschränkt gewährte Gehalt muß als einmal erworbener, subjektiver, öffentlich-rechtlicher Anspruch in voller Höhe ein wohlerworbenes Recht darstellen. Eine Pflicht der Beamtenschaft in Rücksicht auf die Staatsnotwendigkeit, eine gewisse Schmälerung der uneingeschränkt zugesicherten Beamtenbesoldung zu tragen, kann dem geltenden Recht nicht entnommen werden. Hiermit würde dem Staat das Recht gegeben werden, die in seiner Verfassung gesetzlich verankerte Garantie selbst zu mißachten. Ebensowenig kann der Umstand, daß die Verfassung in Art. 129 RV. das Berufsbeamtentum als solches schützen, mithin eine sogenannte institutionelle Garantie schaffen wollte, dazu herangezogen werden, um den Kreis und Inhalt der einzelnen, jedem Beamten als unverletzlich verliehenen Rechte enger zu ziehen. Daß auch ein besonderer Staatsnotstand dem Staat kein Recht zu „übergesetzlichen" und zu „überverfassungsrechtlichen" Eingriffen gewähren kann, bedarf im Rahmen dieser Entscheidung keiner besonderen Erörterung. Für die Berücksichtigung des Staatsnotstandes können an sich, abgesehen von der Ermächtigung durch verfassungsänderndes Gesetz (Art. 76 RV.), nur die Maßnahmen getroffen werden, welche in Art. 48 Abs. 2 RV. verfassungsrechtlich vorgesehen sind. Unter die dort aufgeführten Grundrechte, welche vorübergehend bei erheblicher Störung oder Gefährdung der öffentlichen Sicherheit und Ordnung außer Kraft gesetzt werden können, hat allerdings der Gesetzgeber den Art. 129 RV. nicht aufgenommen.

Wie bereits ausgeführt, erwachsen aber die Besoldungsansprüche, welche nur mit einer ihnen innewohnenden Beschränkung vom Gesetz gewährt werden, auch nur mit dieser Beschränkung als wohlerworbene. Die Rechte aus dem maßgebenden Oldenb. Beamten-Diensteinkommengesetz sind daher nur mit der aus § 33 d. G.[1]) sich ergebenden Beschränkbarkeit wohlerworbene Rechte geworden. Die durch das neue old. Besoldungsgesetz später eingetretene Schmälerung bedeutete somit an sich noch keinen Verstoß gegen wohlerworbene Besoldungsansprüche.

Dagegen ist dem Berufungsrichter darin beizutreten, daß die durch die Vorbehaltsklausel dem späteren Gesetzgeber verliehene Befugnis keine unbegrenzte sein kann. Gewisse Grenzen müssen hier gerade im Sinne des Art. 129 RV. gezogen sein."

Das Reichsgericht führt dann weiter aus, daß zu den unter allen Umständen verfassungsmäßig geschützten Rechten das Recht des Beamten auf die einmal erworbene Beamteneigenschaft gehöre. Dieses Recht werde aber verletzt, wenn die Grundlage des Rechtes entzogen werde. Dies würde der Fall sein, „wenn die Vorbehaltsklausel der Besoldungsgesetze zu einer Herabsetzung der Bezüge in einer Art und in einem Umfange führen würde,

[1]) Diese Vorschrift entspricht inhaltlich dem § 39 Abs. 1 PrBesG.

welche dem einzelnen Beamten die Aufrechterhaltung einer seiner Stellung entsprechenden Lebensführung unmöglich macht".

Bei diesem „standesgemäßen Unterhalt" könne naturgemäß „dem allgemeinen Lebenszuschnitt, der Kaufkraft des Geldes und anderen volkswirtschaftlichen Momenten" Rechnung getragen werden. Das Reichsgericht sieht also die Vorbehaltsklausel insoweit für rechtsgültig an, als die Herabsetzung der Bezüge durch ein einfaches Gesetz ohne Beeinträchtigung des standesgemäßen Unterhalts erfolgt.

Der Landtag hat folgendes Gesetz beschlossen;

I. Planmäßige Beamte.

1. Allgemeine Vorschriften.

§ 1.

(1) Die planmäßig angestellten[1] unmittelbaren[2] Staatsbeamten[3] erhalten ein Grundgehalt[4] und einen Wohnungsgeldzuschuß.[5] Daneben erhalten sie, soweit es in diesem Gesetz bestimmt oder zugelassen ist, Kinderbeihilfen,[6] Zulagen,[7] Aufwandentschädigungen,[8] Sondervergütungen[9] und Nebenbezüge.[10]

(2) Als Diensteinkommen im Sinne dieses Gesetzes gelten die gesamten auf Grund dieses Gesetzes gewährten Dienstbezüge mit Ausnahme der Kinderbeihilfen und solcher Bezüge, die zur Bestreitung eines dienstlichen Aufwandes gewährt werden.

(3) Beamte, die gleichzeitig mehrere in der Besoldungsordnung vorgesehene Stellen hauptamtlich bekleiden, erhalten das Diensteinkommen derjenigen Stelle, für die das höhere Grundgehalt vorgesehen ist.[11]

Besoldungsvorschriften.

Zu § 1.

Nr. 1. Beamte, die ihren dienstlichen Wohnsitz[12] nicht im Deutschen Reiche haben, erhalten neben dem Grundgehalt, den Kinderbeihilfen sowie den im Gesetz vorgesehenen Zulagen, Aufwandentschädigungen, Sondervergütungen und Nebenbezügen eine Auslandzulage, die der Finanzminister im Einvernehmen mit den beteiligten Fachministern festsetzt.

Nr. 2. Beamte des Reichs, eines Landes, einer Gemeinde oder einer sonstigen Körperschaft des öffentlichen Rechts, die im preu-

ßischen Staatsdienst kommissarisch beschäftigt werden, erhalten die ihnen nach den Besoldungsbestimmungen des Reichs usw. zustehenden Dienstbezüge.

Nr. 3. (1) Die Gnadenvierteljahresbezüge — vgl. Gesetz vom 7. März 1908 (GS. S. 35) — sind als eine Weiterzahlung des für den Verstorbenen am Todestage zuständigen (oder des etwa rückwirkend zuständig werdenden) Diensteinkommens an Grundgehalt[13], Wohnungsgeldzuschuß, Kinderbeihilfen und ruhegehaltsfähigen Zulagen[13] anzusehen. Bei ihrer Bemessung sind Erhöhungen dieser Bezüge, die sich für die auf den Sterbemonat folgenden drei Monate (Gnadenvierteljahr) ergeben[14], nicht zu berücksichtigen (vgl. jedoch Nr. 64, betr. Kinderbeihilfe).

(2) Sind vor dem Ableben des Beamten fällig gewordene Gehaltsbezüge[15], nicht rechtzeitig angewiesen, so ist der Mehrbetrag den Erben[16] nachzuzahlen. Eine hiernach sich ergebende Änderung der am Todestage des Verstorbenen zuständigen Bezüge ist auch bei der Bemessung der Gnadenvierteljahresbezüge zu berücksichtigen.

(3) Eine nachträgliche Kürzung der Gesamtsumme der Gnadenbezüge findet nicht statt[17].

Anmerkungen.

1. Anstellung. Der Anspruch auf Gewährung der im PrBesG. vorgesehenen Dienstbezüge setzt voraus, daß der Beamte vom Staat in einem bestimmten Amt angestellt ist. Über die rechtliche Natur der Anstellung vgl. Brand, Beamtenrecht S. 60ff.

Wegen des Anstellungstages s. § 3 Abs. 1 Satz 3.

Planmäßig angestellt sind diejenigen — widerruflich oder unwiderruflich — angestellten Beamten, die eine im Staatshaushaltsplan vorgesehene Stelle bekleiden.

Planmäßige Beamte, die in einer anderen Dienststelle nichtplanmäßig beschäftigt werden, gelten nicht als nichtplanmäßige Beamte. Sie erhalten neben den Bezügen ihrer planmäßigen Stelle die ihnen etwa gesetz- oder verordnungsmäßig zustehenden Tagegelder und sonstigen Bezüge.

2. Unmittelbare Staatsbeamte im Sinne des PrBesG. sind diejenigen Beamten, die ihr Amt unmittelbar und allein vom Staat erhalten haben und auch im Dienst des Staates ausüben (vgl. v. Rheinbaben, Disziplinargesetze S. 24, 26, 27; Brand, Beamtenrecht S. 29ff.). Nicht erforderlich ist, daß diese Beamten ihre Dienstbezüge unter allen Umständen auch unmittelbar aus der Staatskasse erhalten. So trägt z. B. die Gehälter, Ruhegehälter und Hinterbliebenenbezüge der Beamten der Preußischen Zentralgenossenschaftskasse die Anstalt und nicht der Staat. Letzterer hat nur die Aufsicht und Leitung (Ges. betreffend die Errichtung einer Zentralanstalt zur Förderung des genossenschaftlichen Personalkredits vom 31. Juli 1895, GS. S. 310, Verordnung über die Rechtsverhältnisse der Beamten der Preußischen Zentralgenossenschaftskasse vom 2. Aug. 1899, GS. S. 397).

Nicht zu den unmittelbaren Staatsbeamten im Sinne des PrBesG. gehören die Volksschullehrer und -lehrerinnen. Ihre Dienstbezüge sind im BBG. vom 1. Mai 1928 (GS. S. 125) geregelt, dessen Gehaltssätze mit Wirkung vom 1. Oktober 1931 durch die SparVO. z. T. abgeändert sind. Vgl. S. 369 ff.

3. Mittelbare Staatsbeamte. Wegen der Festsetzung der Dienstbezüge der Gemeindebeamten vgl. Einführung S. 13.

4. Grundgehalt. Das Grundgehalt ist der wichtigste Bestandteil der Dienstbezüge, in dem sich die Verteilung der Beamten auf die Besoldungsgruppen und die Berücksichtigung des BDA. auswirkt.

Die Grundgehälter sind entweder:

a) nach Dienstaltersstufen aufsteigende Gehälter. Diese sind wiederum Gehälter mit festen Grundgehaltssätzen (BO. A) oder Gehälter mit Mindestgrundgehaltssätzen (Durchschnittsgehälter) (BO. C) oder

b) Feste Gehälter (BO. B), bisher Einzelgehälter genannt.

Eine Zusammenstellung der Grundgehaltssätze enthält die Tafel auf S. 224.

5. Wohnungsgeldzuschuß vgl. §§ 6—10 und die Anm. dazu.

6. Kinderbeihilfen vgl. § 11 und die Anm. dazu.

7., 8., 9., 10. vgl. §§ 12—14 und die Anm. dazu.

11. Beispiel: Ein Ministerialrat in einem Ministerium mit 12600 RM Endgrundgehalt ist gleichzeitig außerordentlicher Hochschulprofessor und würde in letzterer Eigenschaft ein Endgrundgehalt von 9000 RM. bekommen. Er erhält dann nur das Gehalt des Ministerialrats.

12. Dienstlicher Wohnsitz. Vgl. Nr. 53 PBV. S. 58.

13. Gegebenenfalls auch an örtlichen Sonderzuschlägen.

14. Nicht zu berücksichtigen ist z. B. der Umstand, daß der Verstorbene innerhalb des Gnadenvierteljahrs in eine höhere Dienstaltersstufe aufgerückt wäre oder eine vor dem Tode ausgesprochene Beförderung, die auf einen nach dem Tode eingetretenen Kalendertag abgestellt war.

15. Z. B. eine Dienstalterszulage.

16. Also nicht den gnadenvierteljahrsberechtigten Hinterbliebenen, wenn sie nicht mit den Erben identisch sind.

17. Eine nach dem Todestage in Kraft tretende Gehaltskürzung hat auf die Höhe der Gnadenbezüge keinen Einfluß.

2. Grundgehalt.

§ 2.

(1) Das Grundgehalt wird den planmäßigen Beamten nach der beigefügten Besoldungsordnung[1] (Anlage 1) gewährt. Es steigt,[2] soweit es nicht ein festes Gehalt[3] ist, nach Dienstaltersstufen[4] von zwei zu zwei Jahren[5] bis zur Erreichung des Endgrundgehalts.[6] Die Dienstalterszulagen werden vom

Ersten des Kalendermonats an gezahlt, in den der Eintritt in die neue Dienstaltersstufe fällt.[7]

(2) Auf das Aufrücken im Grundgehalt haben die planmäßigen Beamten einen Rechtsanspruch.[8] Der Anspruch ruht,[9] solange ein förmliches Disziplinarverfahren[10] oder wegen eines Verbrechens oder eines Vergehens ein Hauptverfahren[11] oder eine Voruntersuchung[12] schwebt. Führt ein strafgerichtliches Verfahren zur Verurteilung wegen eines Verbrechens oder Vergehens und wird binnen eines Monats nach Abschluß des strafgerichtlichen Verfahrens[13] wegen der nämlichen Tatsachen[14] ein förmliches Disziplinarverfahren eingeleitet, so ruht der Anspruch auch während der Zwischenzeit.[15] Führt das Verfahren zum Verluste des Amtes,[16] so erlischt der Anspruch auch für die Zeit des Ruhens.[17]

(3) Professoren bei den wissenschaftlichen Hochschulen,[18] die mit ihrem Einverständnis oder kraft Gesetzes[19] von ihren amtlichen Verpflichtungen entbunden sind oder bei denen nach Entscheidung des zuständigen Ministers die Voraussetzungen vorliegen, unter denen nichtrichterliche Beamte in den Ruhestand versetzt werden können, haben keinen Anspruch auf weiteres Aufrücken im Grundgehalt.[20]

Besoldungsvorschriften.

Zu § 2 Abs. 1.

Nr. 4. Eine Zusammenstellung der Grundgehaltssätze nach Jahres- und Monatsbeträgen enthält die Übersicht S. 224ff.

Nr. 5. Die Zahlung des Grundgehalts beginnt mit dem Zeitpunkte der planmäßigen Anstellung (vgl. § 3 Abs. 1 Satz 3).

Anmerkungen.

1. Besoldungsordnung. Die BO. gliedert sich in drei Teile und endet mit ergänzenden „Schlußbemerkungen", die sich auf alle Teile beziehen. Teil A enthält zwölf Besoldungsgruppen, die z. T. in mehrere Untergruppen zerfallen, mit aufsteigenden Gehältern mit festen Grundgehaltssätzen. In diesen Gruppen befindet sich die große Menge der planmäßigen unmittelbaren Staatsbeamten. Teil B umfaßt fünf Besoldungsgruppen mit aufsteigenden Gehältern mit Mindestgrundgehaltssätzen; er regelt die Gehälter der wissenschaftlichen Beamten an den Hochschulen und des beamteten künstlerischen Personals der Staatstheater. Teil C umfaßt zwölf Besoldungsgruppen mit festen Gehältern, in denen sich im wesentlichen die leitenden Beamten der Zentral- und Provinzialbehörden, sowie größerer wissenschaftlicher Institute befinden. Die besonderen Abschnitte des BDEG. für die Beamten des Landtags, die Hofbeamten und die Beamten der staatlichen Bankinstitute sind in Fortfall gekommen. Die Gehälter der Beamten des Landtags und der in den Staatsdienst übernommenen ehemaligen Hofbeamten sind im Teil A des PrBesG. geregelt; soweit für die ehemaligen Hofbeamten eine Regelung noch nicht erfolgt ist, ist sie gemäß § 36 PrBesG. vorzunehmen. Die Gehälter der Beamten der staatlichen Bankinstitute werden auf Grund des Ges. vom 31. Juli 1922 (GS. S. 219) durch das Staatsministerium festgesetzt.

Gänzlich weggefallen sind in der BO. die durch das BDEG. geschaffenen Aufrückungsstellen und mit Ausnahme der Beamten der Besoldungsgruppe 10 c 3 die Möglichkeit des automatischen Aufrückens aus einer Besoldungsgruppe in die nächst höhere. Eine Sonderregelung besteht für die Beamten des einfacheren Bürodienstes. Diese steigen auf Grund von Haushaltsvermerken, sobald sie in BesGr. A 8 ein BDA. von 5 Jahren erreicht haben, von BesGr. A 8 in die BesGr. A 6 auf. Es handelt sich aber hier um eine Einheitslaufbahn. Im übrigen erfolgt der Übertritt in die höheren Besoldungsgruppen nur noch im Wege der Beförderung. Näheres hierzu s. Einführung S. 4 ff.

Die Amtsbezeichnungen der BO. sind z. T. nur vorläufige, es ist beabsichtigt, sie demnächst neu zu regeln. Die Neuregelung ist durch die Zusammenfassung einheitlicher Beamtengruppen, die bisher unter verschiedenen Amtsbezeichnungen auf mehrere Besoldungsgruppen des BDEG. verteilt waren, in eine neue Besoldungsgruppe des PrBesG. notwendig geworden (vgl. z. B. die Vorbem. zur Besoldungsgruppe A 4 b).

2. Dienstalterszulagen. Das Steigen im Grundgehalt geschieht durch Gewährung von Dienstalterszulagen. Die Dienstalterszulage ist der Unterschied zwischen zwei aufeinander folgenden Dienstaltersstufen, u. U. erhöht um einen Mehrbetrag an Wohnungsgeldzuschuß. Die Zuwachsbeträge sind in fast allen Besoldungsgruppen so bemessen, daß sie in den ersten Dienstaltersstufen höher sind als in den folgenden.

3. Feste Gehälter, d. h. nicht mehr nach Dienstaltersstufen aufsteigende Gehälter, im BDEG. richtiger Einzelgehälter genannt.

4. Dienstaltersstufen. Ein Aufsteigen nach Dienstaltersstufen findet nicht nur bei den Gehältern mit festen Grundgehaltssätzen, sondern auch bei den Gehältern mit Mindestgrundgehaltssätzen statt.

5. Aufrückungsfrist. Das Verweilen auf den einzelnen Dienstaltersstufen betrug bis zum 1. April 1920 durchgängig drei Jahre (GB. Nr. 1). Eine Abkürzung der Aufrückungsfrist aus irgendwelchen besonderen Gründen im Einzelfalle ist nicht zulässig.

6. Gesamtaufrückungszeit. Das Höchstgehalt wird erreicht:

in den Besoldungsgruppen A 1a und 1b nach 8 Jahren,

in den Besoldungsgruppen A 1 c, 3 b und 4 d, sowie C 1 nach 12 Jahren,

in den Besoldungsgruppen A 4a 2 und 7a, sowie C 2 und 3 nach 14 Jahren,

in den Besoldungsgruppen A 2a, 8, 10b, 11 und 12, sowie C 4a, 4b, 5a und 5b nach 16 Jahren,

in den Besoldungsgruppen A 4e, 5, 9 und 10a nach 18 Jahren,

in den Besoldungsgruppen A 2b, 2d, 3a, 3c, 4a 1, 4b, 4c und 7b nach 20 Jahren,

in der Besoldungsgruppe A 6 nach 22 Jahren.

7. Anweisung der Dienstalterszulagen. Der Grundsatz der Zahlung vom Ersten des laufenden Kalendermonats an bezieht sich nur auf Dienstalterszulagen, nicht auch auf den Beginn der Bezüge bei der ersten planmäßigen Anstellung oder beim Übertritt in eine neue Besoldungsgruppe.

§ 2 Abs. 1 Satz 3 gilt auch für die nichtplanmäßigen Beamten.

8. Rechtsanspruch auf das Aufrücken im Grundgehalt. Auf das Aufrücken im Grundgehalt durch die Gewährung von Dienstalterszulagen hatten vor dem 1. April 1920 nur die richterlichen Beamten einen Rechtsanspruch (§ 1 des Richterbesoldungsges. vom 29. Mai 1907), die übrigen Beamten nicht. Eine der Zeit nach fällige Gehaltszulage konnte dem Beamten versagt werden, wenn eine erhebliche Ausstellung gegen sein dienstliches oder außerdienstliches Verhalten vorlag, wobei die einstweilige Versagung der Zulage allerdings für sich allein nicht die Wirkung hatte, daß dadurch der Zeitpunkt für das Aufsteigen in die nächstfolgende Gehaltsstufe hinausgeschoben wurde (GV. Nr. 2—4).

Jetzt kann nur noch den nichtplanmäßigen Beamten das Aufrücken in der Grundvergütung versagt werden (vgl. § 16 PrBesG.).

Wegen des fehlenden Rechtsanspruchs bei den emeritierten Hochschulprofessoren s. Anm. 20.

Ebenso wie bei der Verfolgung anderer vermögensrechtlicher Ansprüche aus dem Dienstverhältnis ist formelle Voraussetzung für die Erhebung des Klageanspruchs auf Auszahlung einer Dienstalterszulage, daß der Beamte den Anspruch zunächst im Verwaltungswege bis zur höchsten Dienststelle hinauf vergeblich geltend gemacht hat. Es muß also die Entscheidung des Verwaltungschefs auch hier der Klage vorhergehen (vgl. § 2 des Ges. betreffend die Erweiterung des Rechtswegs vom 24. Mai 1861, GS. S. 241). Insbesondere muß auch, wenn nachträglich Umstände hervorgetreten sind, die eine Vorrückung des BDA. bedingen, erst diese auf dem Verwaltungswege beantragt werden (vgl. Anm. 2 zu § 4 PrBesG.), ehe auf eine Nachzahlung der vorenthaltenen Dienstalterszulagen geklagt werden kann.

Materielle Voraussetzung für die Erhebung des Klageanspruchs auf Auszahlung einer Dienstalterszulage ist, daß der Beamte den Tag der Fälligkeit der Zulage als Beamter im Dienst erlebt hat.

Bei der nachträglichen Zahlung der vor dem Ableben eines Beamten oder vor seinem Eintritt in den Ruhestand fällig gewordenen Dienstalterszulagen muß — auch bei Berechnung der Gnadenbezüge nach §§ 2, 3 des Ges. betreffend die Zahlung der Beamtenbesoldung und des Gnadenvierteljahrs vom 7. März 1908 (GS. S. 35) — der Betrag nachgezahlt werden, den der Beamte an Grundgehalt und Wohnungsgeldzuschuß mehr erhalten hätte, wenn die Dienstalterszulage rechtzeitig angewiesen worden wäre.

Bei der Kürzung des Diensteinkommens im Wege des Disziplinarverfahrens nach § 14 VerwDiszGes. und § 14a RDiszGes. ist der Bruchteil, um den das Diensteinkommen gekürzt werden soll, in dem Urteil bestimmt zu bezeichnen. Die Kürzung darf höchstens ein Fünftel des jeweiligen Diensteinkommens betragen und auf höchstens fünf Jahre verhängt werden (§ 15 bzw. 15a a. a. O.).

9. Ruhen des Anspruchs auf Dienstalterszulagen vgl. § 27 ZRGG., § 10 WartegeldVO., § 19 HFG.

10. Nur ein **förmliches** Disziplinarverfahren (§§ 22ff. VerwDisz.-Ges. und §§ 17ff. RDiszGes.) hat die Wirkung, daß der Anspruch ruht.

11. Hauptverfahren. §§ 196ff. StPO.

12. Voruntersuchung. §§ 176ff. StPO.

13. Das Verfahren ist abgeschlossen, wenn das verurteilende Erkenntnis rechtskräftig geworden ist.

14. Wegen der **nämlichen Tatsachen,** die zur Verurteilung geführt haben, nicht auch wegen anderer Tatsachen, die Gegenstand des Verfahrens gewesen sind.

15. Die Vorschrift, daß der Anspruch auch in der Zwischenzeit zwischen der Beendigung eines durch Verurteilung abgeschlossenen strafgerichtlichen Verfahrens und der Eröffnung des förmlichen Disziplinarverfahrens, das wegen der nämlichen Tatsachen eingeleitet wird, ruht, sofern diese Zeit einen Monat nicht überschreitet, ist aus den PBV. vom 15. Juli 1925 in das Gesetz übernommen.

16. Verlust des Amtes. Das Verfahren führt zum Verlust des Amtes, wenn auf Dienstentlassung erkannt wird.

17. Vorenthaltene Beträge sind jedoch nachzuzahlen, wenn das Verfahren eingestellt oder der Beamte freigesprochen wird (vgl. § 51 VerwDisz.-Ges., § 47 RDiszGes.).

18. Wissenschaftliche Hochschulen im Sinne dieses Paragraphen sind die in § 15 Abs. 2 PrBesG. aufgeführten Lehrinstitute.

19. AlGG. vom 15. Dez. 1920 GS. S. 621.

20. Emeritierte Hochschullehrer können, obwohl sie noch planmäßige Beamte sind, im Grundgehalt nicht weiter aufsteigen, da sie den Staatsdienst dauernd verlassen haben.

§ 3.

(1) Das Besoldungsdienstalter[1] der planmäßigen Beamten[2] mit aufsteigenden Gehältern[3] beginnt mit dem Ersten des Monats,[4] in dem der Beamte erstmalig planmäßig angestellt wird, soweit in diesem Gesetz[5] oder in den Ausführungsbestimmungen[6] dazu nichts Abweichendes bestimmt oder zugelassen[7] ist. Von diesem Zeitpunkt[8] an sind die Zeitabschnitte[9] für das Verbleiben im Anfangsgrundgehalt und für das Aufsteigen in die höheren Grundgehaltsstufen zu rechnen. Als Zeitpunkt der planmäßigen Anstellung gilt der

Tag, von dem an dem Beamten eine planmäßige Stelle dauernd — sei es unwiderruflich, sei es widerruflich oder auf Kündigung — mit dem damit verbundenen Diensteinkommen verliehen worden ist.[10] Durch den Staatshaushalt neugeschaffene[11] Stellen können, auch wenn die Besetzung später ausgesprochen wird, bereits mit Wirkung vom Beginne des Rechnungsjahres an verliehen werden, sofern der Beamte die Geschäfte der neugeschaffenen oder einer anderen gleichartigen Stelle bereits von diesem Zeitpunkt an versehen hat. Das Besoldungsdienstalter der Polizeivollzugsbeamten wird vom Minister des Innern im Einvernehmen mit dem Finanzminister geregelt;[12] die Bestimmungen hierüber sind dem Landtag vorzulegen.

(2) Bei der Festsetzung des Besoldungsdienstalters[13] ist von der Zeit zwischen dem Beginn des Anwärterdienstalters[14] und der ersten planmäßigen Anstellung,[15] falls diese in derselben Dienstlaufbahn[16] erfolgt, der Teil auf das Besoldungsdienstalter anzurechnen,[17] der fünf Jahre, bei Versorgungsanwärtern[18] vier[19] Jahre übersteigt.

(3) Den Versorgungsanwärtern[18] wird bei der ersten planmäßigen Anstellung, wenn sie im Heere, in der Marine, in der Schutzpolizei oder beim Reichswasserschutz[20]

a) acht Jahre oder weniger gedient haben, die tatsächlich abgeleistete Dienstzeit bis zu einem Jahre,

b) über acht Jahre gedient haben, außerdem die nachfolgende Dienstzeit im Heere, in der Marine, in der Schutzpolizei oder beim Reichswasserschutz und die nachfolgende Zivildienstzeit[21] mit höchstens weiteren fünf Jahren[22] auf das Besoldungsdienstalter angerechnet.[23]

Außerdem wird nach Abs. 2 die vier Jahre übersteigende Anwärterdienstzeit angerechnet, soweit nicht schon eine Anrechnung nach b) erfolgt ist.[24]

(4) Treten Versorgungsanwärter in eine andere Dienstlaufbahn[25] über, so wird ihr Besoldungsdienstalter in der neuen Besoldungsgruppe nach Abs. 3 festgesetzt, wenn nicht die Anwendung der Abs. 5 und 6 günstiger wirkt. Die vor dem vollendeten 17. Lebensjahre liegende Heeres- oder

Marinedienstzeit bleibt außer Betracht, soweit es sich nicht um eine tatsächlich geleistete Kriegsdienstzeit[26] handelt.

(5)[27] Der Beamte erhält beim Übertritt aus einer Besoldungsgruppe in eine andere[28] mit gleichem oder höherem Endgrundgehalt in der neuen Besoldungsgruppe stets den gegenüber seinem bisherigen Grundgehaltssatz nächsthöheren Satz,[29] soweit in diesem Gesetz oder in den Ausführungsbestimmungen dazu nichts Abweichendes bestimmt oder zugelassen ist. Diesen nächsthöheren Grundgehaltssatz bezieht er zwei Jahre lang.[30] Wäre er jedoch in der früheren Besoldungsgruppe bereits vor Ablauf dieser Zeit in die nächsthöhere Dienstaltersstufe aufgestiegen und damit zu einem Grundgehaltssatz gelangt, der über den ihm in der neuen Besoldungsgruppe gewährten hinausgeht oder ihm gleichkommt, so steigt er auch in der neuen Besoldungsgruppe zu derselben Zeit in die folgende Dienstaltersstufe.[31] Hierbei sind die ruhegehaltsfähigen und unwiderruflichen Stellenzulagen, die der Beamte in der bisherigen Besoldungsgruppe bezogen hat oder in der neuen Besoldungsgruppe beziehen wird, dem Grundgehaltssatze hinzuzurechnen.[32] Bei Verleihung einer Stellenzulage ohne Wechsel der Besoldungsgruppe wird das Besoldungsdienstalter nicht geändert.[33] Beim Übertritt aus einer Stelle der Besoldungsgruppe A 2 b ohne die ruhegehaltsfähige und unwiderrufliche Stellenzulage von 1200 RM. in eine Stelle der Besoldungsgruppe A 1 wird das Besoldungsdienstalter so festgesetzt, wie wenn dem Beamten zunächst diese Stellenzulage verliehen worden wäre.[34] Beim Übertritt aus einer Stelle der Besoldungsgruppe A 4 b ohne die ruhegehaltsfähige und unwiderrufliche Stellenzulage von 700 RM. in eine Stelle der Besoldungsgruppe A 3 c oder einer höheren Besoldungsgruppe wird das Besoldungsdienstalter so festgesetzt, wie wenn dem Beamten zunächst diese Stellenzulage verliehen worden wäre.[35] Beim Übertritt aus der Besoldungsgruppe A 3 b in die Besoldungsgruppe A 2 c wird das Besoldungsdienstalter nicht geändert.[36] Tritt ein Beamter in eine Besoldungsgruppe mit niedrigerem Endgrundgehalt[37] über, so wird das neue Besoldungsdienstalter von dem zuständigen Minister in Gemeinschaft mit dem Finanzminister festgesetzt.[38]

Die Bestimmungen in den Sätzen 1 bis 4 und im letzten Satze des vorstehenden Absatzes gelten sinngemäß beim Übertritt aus einer Untergruppe[39] in eine andere Untergruppe.

(6) Beim Übertritt aus der Besoldungsgruppe A 7 b in die Besoldungsgruppe A 6 wird das Besoldungsdienstalter um höchstens 4 Jahre gekürzt.[40] Beim Übertritt aus der Besoldungsgruppe A 8 in die Besoldungsgruppe A 6 wird das Besoldungsdienstalter nicht gekürzt.[41] [42]

(7) Ist ein Beamter aus einer planmäßigen Stelle im Staatsdienste freiwillig ausgeschieden oder ist sein früheres Beamtenverhältnis durch Dienstentlassung[43] gelöst worden, so wird im Falle seiner Wiederanstellung bei der Festsetzung des Besoldungsdienstalters und des Diensteinkommens der neuen Stelle auf das frühere Besoldungsdienstalter und das frühere Diensteinkommen in der Regel keine Rücksicht genommen.[44] Beamte, die ihre Stelle freiwillig aufgeben, sind hierauf ausdrücklich hinzuweisen. Beamten, die wegen mangelnder Dienstfähigkeit[45] in den Ruhestand versetzt worden sind, muß im Falle ihrer späteren Wiederanstellung die frühere Dienstzeit auf das Besoldungsdienstalter angerechnet werden.[46]

(8) Wieweit sonst[47] in einzelnen Fällen die Dienstzeit in einem anderen Zweige des Staatsdienstes die Zeit im Dienste des Reiches,[48] der Länder,[48] im Gemeinde-, Kirchen- oder Schuldienst, die Tätigkeit eines Offiziers[49] oder Deckoffiziers oder die Zeit praktischer Beschäftigung außerhalb des Staatsbeamtenverhältnisses[50] zur Vermeidung von Härten auf das Besoldungsdienstalter angerechnet werden kann, wird durch die zuständigen Minister in Gemeinschaft mit dem Finanzminister geregelt.

(9) Bei der Anstellung im Amte eines Richters oder Staatsanwalts steht die Dienstzeit, die im Justizdienst bei einem für preußische Gebietsteile und für Gebiete anderer Länder gebildeten gemeinschaftlichen Gericht oder bei der Staatsanwaltschaft eines solchen zurückgelegt ist, einer in der entsprechenden Stellung bei einer preußischen Justizbehörde zurückgelegten Dienstzeit gleich.

(10) Das Besoldungsdienstalter der auf Grund des Beamtenscheins[51] [52] angestellten schwerkriegsbeschädigten Be-

amten ist angemessen zu verbessern. Eine entsprechende Verbesserung kann auch anderen schwerkriegsbeschädigten[53] Beamten gewährt werden. Das Nähere regeln die Ausführungsbestimmungen.[54]

Anmerkungen.

1. **Besoldungsdienstalter.** Als BDA. wird bei den planmäßigen Beamten, die sich in BesGr. mit aufsteigenden Gehältern befinden, diejenige Zeitspanne bezeichnet, die seit dem Tage verflossen ist, der für die Berechnung der dem Beamten in seiner BesGr. zukommenden Dienstaltersstufe maßgebend ist. Dieser Tag soll nach § 3 Abs. 1 Satz 1 in der Regel der Erste des Monats sein, in dem der Beamte erstmalig planmäßig angestellt wird. Diese Regel erfährt jedoch so viele Ausnahmen, daß in zahlreichen Laufbahnen kaum ein Beamter bei seiner Anstellung das Anfangsgrundgehalt erhält oder es volle zwei Jahre behält. In diesen Ausnahmefällen wird das BDA. vordatiert, d. h. es wird als Beginn des BDA. der Tag angenommen, bei dessen Unterstellung als Anstellungstag der Beamte sogleich in die Dienstaltersstufe einrückt, die er beziehen soll. Wenn z. B. ein Privatgelehrter zum 1. 10. 28 als Kustos an einem Museum (BesGr. 2b — Anfangsgrundgehalt 4400 RM.) angestellt werden soll, und es ist ihm aus irgendwelchen Gründen ein Anfangsgehalt von 7000 RM. zugesichert worden, mit der weiteren Maßgabe, daß er dieses Gehalt nur ein halbes Jahr beziehen soll, so erhält er ein BDA. vom 1. 4. 15, d. h. es wird für die Besoldungsberechnung unterstellt, daß der Beamte an diesem Tage angestellt worden sei. Bei dieser Unterstellung würde der Beamte am Tage seiner Anstellung ein Grundgehalt von 7000 RM. zu beziehen haben und am 1. 4. 29 also bereits ein halbes Jahr später in die nächsthöhere Dienstaltersstufe aufrücken.

Das BDA. ist also nichts als ein kassentechnisches Hilfsmittel, das ermöglicht, jederzeit schnell feststellen zu können, nach welcher Dienstaltersstufe seiner Gruppe der Beamte sein Grundgehalt zu erhalten hat. In Verbindung mit § 3 Abs. 5 Satz 1 PrBesG. ergibt sich daraus ohne weiteres, daß bei einer Beförderung das BDA. sich ändern muß.

2. **Planmäßige Beamte.** Vgl. Anm. 1 zu § 1.

3. **Aufsteigende Gehälter** enthalten die in den Abschnitten A und C der BO. aufgeführten BesGr.; Beamte mit festen Gehältern (Abschn. B der BO.) erhalten kein BDA.

4. Bisher (vgl. § 3 Abs. 1 BDEG.) und auch jetzt noch im Reichsbesoldungsgesetz (§ 5 Abs. 1) „mit dem Tage der planmäßigen Anstellung".

5. § 3 Abs. 3—10, §§ 31 und 32.

6. Nr. 7—44 PBV.

7. Hier ist also ausdrücklich die Ermächtigung gegeben, in den Ausführungsbestimmungen vom Gesetze Abweichendes zu bestimmen oder zuzulassen. Es muß sich aber um Ausnahmeregelungen handeln, die Ausführungsbestimmungen dürfen nicht eine Gesetzesvorschrift völlig aufheben,

sondern nur für besondere Einzelfälle oder für eine Übergangszeit die allgemein gültige Vorschrift durchbrechen.

8. D. h. von dem Ersten des Monats ab, in dem die planmäßige Anstellung erfolgt oder von dem nach den abweichenden Vorschriften des Ges. oder der PBV. anderweit festgesetzten Beginn des BDA.

9. Von je zwei Jahren § 2 Abs. 1.

10. Die Übertragung der **Verwaltung** einer planmäßigen Stelle auf Probe oder Widerruf bleibt für die Bemessung des BDA. außer Betracht, und zwar auch dann, wenn der Beamte während dieser Zeit das volle Stelleneinkommen bezogen hat. Jedoch gilt für den mit Vorbehalt einer Probezeit angestellten Beamten der erste Tag des Monats seiner Bestätigung in der Stelle als Tag der planmäßigen Anstellung.

11. Rückwirkende Besetzung neuer Stellen. Diese Bestimmung, die mit Rücksicht auf die öfter verspätet erfolgende Feststellung des Staatshaushaltsplanes aufgenommen ist, gilt ausdrücklich nur für neugeschaffene Stellen, d. h. für solche Stellen, die erstmalig zu besetzen sind. Andere freie Stellen können mit Rückwirkung von höchstens 3 Monaten verliehen werden.

12. Vgl. die RdErl. vom 20. Juni 1928 (PrBesBl. S. 239) und vom 28. Aug. 1928 (PrBesBl. S. 264); wegen der kommunalen Polizeibeamten den RdErl. des MindJ. vom 11. Dez. 1928 (MinBliV. S. 1203).

13. Bei der ersten planmäßigen Anstellung.

14. Vgl. § 17 und Anm. 1 zu § 17.

15. Wenn die Anstellung im Laufe eines Monats erfolgt, so ist nur die Zeit bis zum Ersten des Monats zu berücksichtigen, da nach § 3 Abs. 1 das BDA. bei der ersten planmäßigen Anstellung stets auf den Ersten des Monats festzusetzen ist.

16. Dieselbe Dienstlaufbahn, vgl. Nr. 15 PBV.

17. Soweit nicht schon eine Anrechnung nach § 3 Abs. 3 b erfolgt ist.

18. Versorgungsanwärter; Begriff vgl. Nr. 18 PBV.

19. Diese Bestimmung hat keine rückwirkende Kraft für die bereits vor dem 1. Okt. 1927 planmäßig angestellten Versorgungsanwärter, denen gemäß § 3 Abs. 3 BDEG. nur die fünf Jahre übersteigende Zeit angerechnet worden ist.

20. Vgl. hierzu die Nr. 19 u. 22 PBV., welche nähere Bestimmungen darüber treffen, welche andern Dienstzweige dem Dienst im Heere und in der Marine gleichzuachten sind.

21. Zivildienstzeit. Vgl. Nr. 21 PBV.

22. Hiernach werden vom 1. Okt. 1927 ab auf das BDA. bei einer Gesamtdienstzeit von 13 Jahren angerechnet das erste, neunte, zehnte, elfte, zwölfte und dreizehnte Jahr. Im günstigsten Falle also 6 Jahre. Die bisher geltenden Vorschriften hatten sich so ausgewirkt, daß den Versorgungsanwärtern von ihrer Dienstzeit im Heere usw. das erste, zehnte, elfte, zwölfte und dreizehnte Jahr, im günstigsten Falle also insgesamt

5 Jahre, auf das Besoldungsdienstalter angerechnet wurden. Das neue PrBesG. fügt diesen Jahren noch das neunte Dienstjahr hinzu und erhöht dadurch die Anrechnung von insgesamt fünf auf insgesamt sechs Jahre. Diese weitergehende Verbesserung des BDA. der Versorgungsanwärter hat jedoch, wie bereits in Anm. 19 ausgeführt ist, keine rückwirkende Kraft. Das BDA. der am 30. Sept. 1927 bereits planmäßig angestellten Beamten aus dem Stande der Versorgungsanwärter darf daher auf Grund der Bestimmungen § 3 Abs. 2—4 u. 10 nicht verbessert werden. Wegen dieser Beamten vgl. §§ 31 Abs. 1 und 32 Abs. 1 des Ges.

Beispiel: Ein Versorgungsanwärter mit 14 Militärdienstjahren, der vom 1. April 1924 bis zum 30. Sept. 1924 seine Probedienstzeit abgeleistet hat, wird am 1. Okt. 1924 endgültig als Regierungsbürodiätar übernommen und am 1. Okt. 1927 als Regierungsobersekretär planmäßig angestellt. Sein BDA. ist auf den 1. Okt. 1921 festzusetzen.

23. Für die Anrechnung macht es keinen Unterschied, ob die Anstellung des Versorgungsanwärters in einer den Versorgungsanwärtern vorbehaltenen oder in einer anderen Stelle erfolgt.

24. Hiermit ist die ursprüngliche Fassung der entsprechenden Bestimmung des BDEG. vom 17. Dez. 1920 wieder hergestellt worden.

Beispiel: Ein Versorgungsanwärter mit 10½ Militärdienstjahren, der vom 1. Okt. 1920 bis 31. März 1921 seine Probedienstzeit abgeleistet hat, wird am 1. April 1921 endgültig als Regierungsbürodiätar übernommen und am 1. Okt. 1927 als Regierungsobersekretär planmäßig angestellt. Sein BDA. ist auf den 1. Okt. 1919 festzusetzen. Angerechnet sind das erste, neunte, zehnte und das halbe elfte Militärjahr, sowie von der nachfolgenden Zivildienstzeit die Probedienstzeit und die folgenden 2 Jahre Anwärterdienstzeit. Außerdem ist nach § 3 Abs. 3 letzter Satz des Gesetzes die 4 Jahre übersteigende Anwärterdienstzeit (als Anwärterdienstzeit gilt die Zeit vom 1. Okt. 1921 bis 1. Okt. 1927) mit 2 Jahren anzurechnen.

25. Die Bestimmung gilt nur für den erstmaligen Übertritt. Sie ist in Nr. 24 PBV. (hier S. 42) insofern erweitert, daß die Vorschrift auch dann anzuwenden ist, wenn mit dem erstmaligen Übertritt in eine andere BesGr., sofern er innerhalb der BesGr. A 12 bis A 4 b erfolgt, ein Wechsel in der Dienstlaufbahn nicht verbunden ist.

26. Tatsächlich geleistete Kriegsdienstzeit, vgl. Nr. 25 PBV.

27. Die in den folgenden Absätzen geregelte Festsetzung des BDA. beim Übertritt aus einer BesGr. in eine andere unterscheidet sich von den entsprechenden Bestimmungen des BDEG. wesentlich dadurch, daß die im letzteren Ges. vorgesehene Beschränkung des Verlustes am BDA. weggefallen ist. Von wenigen Ausnahmen (z. B. § 3 Abs. 6) abgesehen, kann also der Beamte jetzt beim Wechsel der BesGr. sein BDA. unbeschränkt gekürzt erhalten.

28. Der Übertritt aus einer Besoldungsgruppe in eine andere mit gleichem oder höherem Endgrundgehalt ist nur noch im Wege der Beförderung möglich. Aufrückungsstellen (die sogenannten Punktstellen der alten BO.) kennt die neue BO. nicht mehr.

29. Mit der Beförderung soll grundsätzlich eine Gehaltsverbesserung verbunden sein.

30. Beispiel: Ein Kanzlist in BesGr. A 9 mit einem BDA. vom 1. Okt. 1915 und einem Grundgehalt von 2300 RM. wird zum 1. Dez. 1927 zum Ministerialkanzleisekretär (BesGr. A 5) befördert. Er erhält in dieser Stelle ein Grundgehalt von 2550 RM. (BDA. vom 1. Dez. 1925) und steigt am 1. Dez. 1929 auf 2800 RM.

31. Beispiel: Ein Ministerialkanzleisekretär in BesGr. A 5 mit einem BDA. vom 1. Okt. 1918 und einem Grundgehalt von 3200 RM. wird zum 1. Dez. 1927 zum Ministerialregistrator (BesGr. A 4 c) befördert. Er erhält in der neuen Stelle ein Grundgehalt von 3400 RM. und da er in der früheren BesGr. A 5 bereits am 1. Okt. 1928 im Grundgehalt auf 3400 RM. gestiegen wäre, vom 1. Okt. 1928 ab ein Grundgehalt von 3600 RM. Sein BDA. in der Gr. A 4 c ist also auf den 1. Okt. 1920 festzusetzen.

32. Beispiel: Ein Oberrentmeister einer Staatlichen Kreiskasse in Bes.-Gr. A 4 b mit einem BDA. vom 1. Nov. 1911 und einem Grundgehalt von 4600 RM. + 700 RM. Zulage, zusammen 5300 RM., wird zum 1. Jan. 1928 zum Landrentmeister (BesGr. A 3 b) befördert. Er erhält in der neuen BesGr. ein Grundgehalt von 5600 RM. und ein BDA. vom 1. Jan. 1924.

33. Beispiel: Ein Regierungsrat in BesGr. A 2 b mit einem BDA. vom 1. April 1914 und einem Grundgehalt von 7000 RM. wird zum 1. Febr. 1928 zum Oberregierungsrat (BesGr. A 2 b mit 1200 RM. Zulage) befördert. Er erhält auch als Oberregierungsrat sein bisheriges BDA. vom 1. April 1914.

34. Beispiel: Ein Regierungs- und Forstrat in BesGr. A 2 b mit einem BDA. vom 1. Nov. 1907 und einem Grundgehalt von 8400 RM. + 600 RM. Zulage wird zum 1. Febr. 1928 zum Oberforstmeister (BesGr. A 1 c) befördert. Zur Ermittlung des nächsthöheren Gehaltssatzes in der neuen Besoldungsgruppe ist zunächst zu dem bisherigen Grundgehalt in BesGr. A 2 b von 8400 RM. eine Zulage von 1200 RM. hinzuzurechnen. Dies ergibt einen Betrag von 9600 RM. Der Beamte erhält also in Bes.-Gr. A 1 c als nächsthöheren Gehaltssatz ein Grundgehalt von 9900 RM. und ein BDA. vom 1. Febr. 1918.

Die Bestimmung des Abs. 5 Satz 6 ist durch die SparBO. nicht geändert. Auch dem Reg.- und Forstrat, der jetzt nur eine Zulage von 400 RM. bezieht und als Oberreg.- und Forstrat nur eine solche von 800 RM. beziehen würde, werden bei der Beförderung zum Oberforstmeister dennoch 1200 (nicht nur 800) RM. zu seinem Grundgehalt hinzugerechnet.

35. Beispiel: Ein Regierungsobersekretär in BesGr. A 4 b mit einem Grundgehalt von 4200 RM., ohne Stellenzulage, und mit einem BDA. vom 1. April 1915 wird zum 1. Jan. 1928 zum Amtsrat (BesGr. A 2 c) befördert. Zur Ermittelung des nächsthöheren Gehaltssatzes in der neuen Besoldungsgruppe ist zunächst zu dem bisherigen Grundgehalt in Bes.-Gr. A 4 b von 4200 RM. eine Zulage von 700 RM. hinzuzurechnen. Dies ergibt einen Betrag von 4900 RM. Der Beamte erhält also in BesGr. A 2 c als nächsthöheren Gehaltssatz ein Grundgehalt von 5200 RM. und ein BDA. vom 1. Jan. 1926.

36. Beispiel: Ein Amtmann in BesGr. A 3 b mit einem Grundgehalt von 5600 RM. und einem BDA. vom 1. Jan. 1924 wird zum 1. Febr. 1928 zum Amtsrat (BesGr. A 2 c) befördert. Er behält als Amtsrat sein BDA. vom 1. Jan. 1924 und ein Grundgehalt von 5600 RM.

Auch beim Übertritt aus der BesGr. A 3 a in die BesGr. A 2 d wird das BDA. nicht geändert (Nr. 27 a PBV.). Ebenso beim Übertritt aus der BesGr. A 4 d in die BesGr. A 4 b während der ersten 14 BDA.-Jahre.

37. Der Übertritt eines Beamten in eine Besoldungsgruppe mit niedrigerem Endgrundgehalt kann immer nur ein freiwilliger sein. Gegen seinen Willen kann der Beamte in eine Besoldungsgruppe mit niedrigerem Gehalt nicht versetzt werden, auch nicht im Wege des Disziplinarverfahrens.

38. Da die PBV. nähere Bestimmungen hierzu bisher nicht getroffen haben, wird bis auf weiteres noch nach Ziff. 40 Abs. 3—5 der PBV. vom 15. Juli 1925 (PrBesBl. S. 237) zu verfahren sein.

39. Die **Untergruppen** sind bei den einzelnen Besoldungsgruppen mit a, b, c usw. (z. B. 1 a, 1 b, 1 c in der Besoldungsordnung A) bezeichnet. Die oben erwähnten Bestimmungen finden daher z. B. Anwendung bei Beförderung eines Regierungsdirektors (BesGr. A 1 c) zum Ministerialrat (BesGr. A 1 a), bei Beförderung eines Katasterdirektors (BesGr. A 2 d) zum Regierungs- und Steuerrat (BesGr. A 2 b).

40. Beispiel: Ein Schiffahrtskontrolleur in BesGr. A 7 b mit einem Grundgehalt von 2900 RM. und einem BDA. vom 1. Dez. 1909 wird zum 1. Dez. 1927 zum Schiffahrtsmeister (BesGr. A 6) befördert. Er erhält in der neuen BesGr. ein Grundgehalt von 3100 RM. und ein BDA. vom 1. Dez. 1913.

41. Beispiel: Ein Justizbüroassistent in BesGr. A 8 mit einem Grundgehalt von 2360 RM. und einem BDA. vom 1. Okt. 1919 wird zum 1. Okt. 1927 zum Justizsekretär (BesGr. A 6) befördert. Er erhält in der Bes.-Gr. A 6 ein Grundgehalt von 2650 RM. und behält sein ungekürztes BDA. vom 1. Okt. 1919.

42. Vgl. auch Anm. 36.

43. Dienstentlassung erfolgt im Wege des Disziplinarverfahrens (§ 14 VerwDiszGes., § 14 a RDiszGes.) und bei Beamten, die auf Probe, auf Kündigung oder sonst auf Widerruf angestellt sind, ohne förmliches Disziplinarverfahren (§ 83 VerwDiszGes.).

44. Bei Versorgungsanwärtern, die gemäß Abs. 7 Satz 1 ausgeschieden sind, ist jedoch, wenn die Wiederanstellung auf Grund des Versorgungsscheins erfolgt, die Heeresdienstzeit nach Maßgabe des § 3 Abs. 3 anzurechnen. Ziff. 35 PBV. vom 15. Juli 1925 (PrBesBl. S. 235).

45. Z. B. wegen eines Dienstunfalls, vgl. § 1 Abs. 2 ZRGG., § 1 BUFG.

46. Vgl. Nr. 30 und 31 PBV., die das Nähere regeln.

47. Also in den nicht im PrBesG. oder in den PBV. geregelten Fällen.

48. Vgl. Nr. 32 PBV.

49. Hier gilt noch Ziff. 36 der PBV. von 1925, abgedruckt im Anhang zu den PBV. S. 230.

50. Vgl. Nr. 41 und 42 PBV.

51. Inhaber des Beamtenscheins. Vgl. § 33 des Reichsversorgungsges. vom 12. Mai 1920 in der Fassung vom 31. Juli 1925 (RGBl. I S. 165). „Versorgungsberechtigte, deren Erwerbsfähigkeit infolge Dienstbeschädigung um mindestens 50 v. H. gemindert ist (Schwerbeschädigte), erhalten auf besonderen Antrag neben der Rente einen Beamtenschein, wenn sie

1. infolge ihrer Beschädigung und unter Berücksichtigung der nach § 21 zu gewährenden beruflichen Ausbildung nachweislich außerstande sind, ihren vor dem Eintritt zum Militärdienst zuletzt ausgeübten oder einen anderen Beruf, der ihnen unter Berücksichtigung ihrer Lebensverhältnisse, Kenntnisse und Fähigkeiten billigerweise zugemutet werden kann, in wettbewerbsfähiger Weise aufzunehmen, und
2. nach ihrem gesamten Verhalten zum Beamten geeignet erscheinen."

52. Den Inhabern des Beamtenscheins sind die Inhaber des Anstellungsscheins gleichgestellt (Nr. 44 PBV.).

53. Schwerkriegsbeschädigte. Begriff vgl. Nr. 44 Abs. 1 PBV. Hierunter fallen nicht nur solche Beamte, die am Krieg 1914—18 teilgenommen haben, sondern auch diejenigen Beamten, die vor dem Weltkrieg an militärischen Unternehmungen teilgenommen haben, die als Krieg im Sinne des § 17 Abs. 2 ZRGG. angesehen werden können. (RdErl. des FinMin. vom 30. März 1929 — PrBesBl. S. 59.)

54. Vgl. Nr. 44 PBV.

Besoldungsvorschriften.

Zu § 3 im allgemeinen.

Nr. 6. (1) Der Tag, auf den das Besoldungsdienstalter[1] (BDA.) eines planmäßigen Beamten festgesetzt wird, bezeichnet den Zeitpunkt, welcher der Berechnung der dem Beamten in seiner Besoldungsgruppe zukommenden Dienstaltersstufe zugrunde gelegt wird.

(2) Das BDA. kommt — soweit nicht etwas anderes bestimmt ist — nur für die Regelung der Dienstbezüge in Betracht[2] und hat auf die sonstigen Verhältnisse des Beamten, insbesondere auf die Festsetzung des allgemeinen Dienstalters[3], auf die Berechnung der ruhegehaltsfähigen Dienstzeit[4], auf die Reihenfolge der Beförderung usw. keinen Einfluß.

Nr. 7. Ist eine Zeit auf das BDA. anzurechnen[5], so wird dessen Beginn entsprechend vorgerückt, also auf einen früheren Tag festgesetzt. Ist eine nach dem Beginn des BDA. zurückgelegte Zeit von der

Anrechnung auf das BDA. ausgeschlossen[6], *so wird dessen Beginn auf den entsprechenden späteren Tag festgesetzt.*

Nr. 8. Bei Anrechnung[7] *von Dienstzeiten auf das BDA. sind zunächst die vollen Jahre und vollen Monate zu berücksichtigen. Überschießende Tage sind auf einen Monat aufzurunden. Bei Anrechnung getrennter Zeiten sind diese zunächst nach Jahren, Monaten und Tagen festzustellen und zusammenzuzählen. Von der Summe der Tage sind je 30 Tage als ein Monat zu rechnen. Überschießende Tage sind wie oben auf einen Monat aufzurunden. Hat bereits eine Anrechnung stattgefunden, so sind etwa weiter anzurechnende Zeiten der bisherigen anrechnungsfähigen nichtaufgerundeten Zeit hinzuzurechnen. Dabei sind Besoldungsdienstalter, die bei Bekanntmachung dieser PBV. nach der bisherigen Berechnungsart festgesetzt sind, nicht umzurechnen.*

Beispiel: Anstellungstag 1. Juli 1926.
Es sind folgende Zeiten anzurechnen:

1. April 1923 bis 15. Okt. 1923	=	*6 Monate 15 Tage*
12. Nov. 1923 bis 29. Febr. 1924	=	*3 Monate 18 Tage*
13. März 1925 bis 10. Jan. 1926	=	*9 Monate 29 Tage*
		18 Monate 62 Tage.

Es würden also anzurechnen sein 20 Monate 2 Tage = rd. 21 Monate, so daß das BDA. auf den 1. Okt. 1924 festzusetzen wäre.

Nr. 9. Jede Festsetzung des BDA. ist durch das zuständige Rechnungsamt (Rechnungsprüfungsstelle) oder einen dazu bestimmten Beamten alsbald nicht nur rechnerisch, sondern auch auf die Beachtung der für die Berechnung maßgebenden Vorschriften nachzuprüfen, soweit die Festsetzung nicht durch die oberste Verwaltungsbehörde erfolgt.

Nr. 10. Hat sich die Verleihung einer planmäßigen Stelle infolge eines Versehens der Verwaltung verzögert und sind dadurch Härten[8] *entstanden, so verfügt der Fachminister oder die von ihm bestimmte Stelle die entsprechende*[9] *Vorrückung des BDA.*[10]

Nr. 11. Das BDA. der Beamten, die mit Wirkung vom 1. Okt. 1927 ab eine Stelle erhalten haben, die nach dem neuen PrBesG. einer anderen BesGr. angehört als ihre bisherige Stelle, ist so festzusetzen, als ob sie am 1. Okt. 1927 in die ihrer bisherigen Besoldungsgruppe entsprechende Besoldungsgruppe des neuen PrBesG. übergetreten und an demselben Tage in die andere Gruppe dieses Gesetzes überführt worden sind.

Nr. 12. Festsetzungen des BDA., die auf Grund von nach dem 30. Sept. 1927 wirksam gewordenen Ernennungen (Anstellungen, Beförderungen usw.) nach alten Vorschriften bereits vorgenommen worden sind, sind nach den Vorschriften des neuen PrBesG. und dieser PBV. abzuändern.

Zu § 3 Abs. 1.

Nr. 13. Bei Anstellung auf Probe[11] *gilt als Tag der planmäßigen Anstellung*[12] *der erste Tag des Monats, in dem der Beamte in seiner Planstelle bestätigt wird.*

Nr. 14. (1) Eine durch den Staatshaushalt neu geschaffene Stelle[13] *kann mit Rückwirkung bis zu dem Tage, von dem an die Stelle neu geschaffen worden ist, eine andere freie*[14] *Stelle mit Rückwirkung von höchstens drei Monaten (genau zu rechnen) verliehen werden, wenn der betreffende Beamte die für die Verleihung der Stelle erforderlichen Voraussetzungen*[15] *erfüllt hat, und solange er die Obliegenheiten der ihm übertragenen oder einer gleichartigen Stelle tatsächlich wahrgenommen hat.*[16]

(2) Auch ohne diese Voraussetzung[17] *kann eine freie Stelle mit Wirkung vom ersten oder einem anderen Tage des Kalendermonats an verliehen werden, in dem die Verleihung verfügt wird.*

(3) Durch die Verleihung einer Stelle mit rückwirkender Kraft werden dem Beamten die Dienstbezüge der Stelle, nicht aber die Eigenschaft eines Beamten dieser Gruppe für die zurückliegende Zeit zuerkannt.[18] *Die Verleihung hat z. B. nicht die Bedeutung, daß die nach der Dienststellung abgestuften Tagegelder, Wohnungsbeihilfen und ähnliche Bezüge nachträglich anders festzusetzen wären.*

Zu § 3 Abs. 2.

Nr. 15. Der Begriff „in derselben Dienstlaufbahn" ist dahin auszulegen, daß lediglich die gleiche Beschäftigungsart (Amtsgehilfen-, Kanzlei-, einfacherer Büro- und Kassendienst, schwieriger Büro- und Kassendienst usw.), dagegen nicht die Beschäftigung im gleichen Verwaltungszweige, in dem die spätere Anstellung tatsächlich erfolgt, erforderlich ist.

Nr. 16.[19] *(1) Eine Anrechnung der nichtplanmäßigen Dienstzeit auf das BDA. ist insoweit ausgeschlossen, als sich die planmäßige Anstellung auf eigenen Wunsch des Beamten, wegen unzureichender Befähigung oder aus einem sonstigen in der Person des Beamten liegenden Grund — ausgenommen Krankheit — verzögert hat.*[20]

(2) Hat sich die erste planmäßige Anstellung nach bestandener Prüfung wegen unzureichender Befähigung oder mangelhafter Führung des Beamten verzögert, so kann nach einer Bewährungsfrist von mindestens zwei Jahren — gerechnet vom Tage der planmäßigen Anstellung ab — das BDA. so festgesetzt werden, als ob die planmäßige Anstellung rechtzeitig erfolgt wäre. Eine Nachzahlung von Dienstbezügen findet aus diesem Anlaß nicht statt; die nach dem neu errechneten BDA. zustehenden Bezüge sind frühestens vom Ersten des Monats ab zu zahlen, in dem die Genehmigung ausgesprochen wird.

Nr. 17. Bei der ersten planmäßigen Anstellung eines Beamten, der nicht Stellenanwärter war, wird zunächst das Anwärterdienstalter — AnwDA. — (§ 17 Abs. 1) festgesetzt. Sodann ist zu ermitteln, welche Zeitabschnitte nach den für die nichtplanmäßigen Beamten geltenden Bestimmungen (vgl. Nr. 87ff.) auf das AnwDA. anzurechnen wären, wenn der Beamte als nichtplanmäßiger Beamter derselben Besoldungsgruppe angestellt wäre. Nach diesem AnwDA. ist gemäß § 3 Abs. 2 das BDA. festzusetzen.

Zu § 3 Abs. 3.

Nr. 18.[21] *(1) Als Versorgungsanwärter im Sinne des PrBesG. und dieser PBV. gelten nur die Inhaber*

a) des Zivilversorgungsscheins gemäß § 75 des Militärpensionsgesetzes vom 27. Juni 1871 (RGBl. S. 275), § 10 des Ergänzungsgesetzes vom 4. April 1874 (RGBl. S. 25), §§ 15, 16 des Mannschaftsversorgungsgesetzes vom 31. Mai 1906 (RGBl. S. 593) und § 30 des Wehrmachtversorgungsgesetzes vom 4. Aug. 1921 in der Fassung des Gesetzes vom 19. Sept. 1925 (RGBl. I S. 349);

b) des Zivilversorgungsscheins gemäß § 1 Abs. 4, 5, 7 und 8 der Anstellungsgrundsätze für den Reichs- und Staatsdienst vom 20. Juni 1907 (ZBlfDR. S. 309);

c) des Zivildienstscheins gemäß § 10 des Wehrmachtversorgungsgesetzes vom 4. Aug. 1921 in der Fassung des Gesetzes vom 19. Sept. 1925 (RGBl. I S. 349);

d) des Polizeiversorgungsscheins gemäß § 2 des Reichsgesetzes über die Schutzpolizei der Länder vom 17. Juli 1922 (RGBl. I S. 597) und § 2 des Gesetzes über die Versorgung der Polizeibeamten beim Reichswasserschutz vom 26. Febr. 1926 (RGBl. I S. 149).

(2) Zu ihnen gehören nicht die Inhaber des Anstellungsscheins, des Beamtenscheins, des Zivildienstscheins gemäß § 61 des Wehrmachtversorgungsgesetzes (ehemalige Offiziere) und des Forstversorgungsscheins (vgl. jedoch Nr. 44 Abs. 2).

Nr. 19. Unter „Dienstzeit beim Reichswasserschutz" ist nur der Dienst der Polizeibeamten beim Reichswasserschutz (vgl. die Anlage zur Besoldungsordnung A zum Reichsbesoldungsgesetz vom 16. Dez. 1927 — RGBl. I S. 349 —) zu verstehen.

Nr. 20.[22] *Den Versorgungsanwärtern wird nach § 3 Abs. 3 bei der ersten planmäßigen Anstellung auf das BDA. angerechnet*

a) von der Dienstzeit im Heere, in der Marine, in der Schutzpolizei oder als Polizeibeamter beim Reichswasserschutz das erste Jahr,

b) von denselben Dienstzeiten unter Hinzurechnung der nachfolgenden Zivildienstzeit (vgl. Nr. 21), außerdem das 9., 10., 11., 12. und 13. Jahr,

im günstigsten Falle also eine Zeit von insgesamt 6 Jahren.

Nr. 21. (1) Als nachfolgende Zivildienstzeit im Sinne des § 3 Abs. 3 gilt die Zeit einer praktischen Beschäftigung,[23] *die Zeit eines Probe- und Vorbereitungsdienstes und die nichtplanmäßige Dienstzeit. In allen diesen Fällen ist Voraussetzung, daß die Dienstzeiten in derselben Dienstlaufbahn (vgl. Nr. 15), in der der Beamte erstmalig planmäßig angestellt wird, zurückgelegt sind. Inwieweit auch andere Dienstzeiten als nachfolgende Zivildienstzeit zu berücksichtigen sind, bestimmt der Fachminister.*

(2) Eine Anrechnung der nachfolgenden Zivildienstzeit ist insoweit ausgeschlossen, als sich die planmäßige Anstellung auf eigenen Wunsch des Versorgungsanwärters, wegen unzureichender Befähigung oder aus einem sonstigen in der Person des Versorgungsanwärters liegenden

Grund — ausgenommen Krankheit — verzögert hat. Nr. 16 Abs. 2 gilt sinngemäß.

Nr. 22. (1) Dem Dienst im Heere oder in der Marine steht der Dienst bei den Schutztruppen, bei den Polizeitruppen in den früheren Schutzgebieten und als Grenz- und Zollaufsichtsbeamter in den früheren Schutzgebieten gleich.

(2) Ausgeschlossen bleibt die Zeit einer verschuldeten Kriegsgefangenschaft oder Internierung.

(3) Ob und wieweit der Dienst in einem verbündeten oder befreundeten Heere dem Dienst im Heere usw. gleichsteht, bestimmt im einzelnen Falle der Fachminister im Einvernehmen mit dem Finanzminister.

(4) Dem Dienst in der Schutzpolizei oder als Polizeibeamter beim Reichswasserschutz steht gleich der Vollzugsdienst[24] in einem anderen Teile der Polizei oder in der Landjägerei (Gendarmerie) sowie in einer anderen Körperschaft, in der der Zivilversorgungsschein, der Zivildienstschein oder der Polizeiversorgungsschein erdient werden kann und erdient worden ist.

Nr. 23. Beispiel 1: Wird ein Versorgungsanwärter nach zwölf Dienstjahren im Heere, einer Vorbereitungszeit von sechs Monaten und einer nichtplanmäßigen Dienstzeit von fünf Jahren planmäßig angestellt, so ist ihm das erste, neunte, zehnte, elfte und zwölfte Heeresdienstjahr und das erste Jahr der „nachfolgenden Zivildienstzeit", d. h. das halbe Jahr Vorbereitungsdienst und das erste halbe Jahr der nichtplanmäßigen Dienstzeit, insgesamt also eine Zeit von sechs Jahren, nach § 3 Abs. 3 auf das BDA. anzurechnen. Dazu kommt nach § 3 Abs. 2 die vier Jahre übersteigende nichtplanmäßige Dienstzeit — wobei das nach § 3 Abs. 3 als nachfolgende Zivildienstzeit bereits angerechnete halbe Jahr nicht abzuziehen ist —, also ein weiteres (siebentes) Jahr.

Beispiel 2: Ein Versorgungsanwärter mit einer Militärdienstzeit vom 1. Jan. 1913 bis 31. März 1921, einer Probedienstzeit vom 1. April 1921 bis 30. Sept. 1921, einer nichtplanmäßigen Dienstzeit vom 1. Okt. 1921 bis 31. Dez. 1927 wird am 1. Jan. 1928 planmäßig angestellt.

Es sind anzurechnen:

nach Nr. 20 Abs. a die Zeit vom
1. Jan. 1913 bis 31. Dez. 1913 . . . . = 1 Jahr,
nach Nr. 20 Abs. b die Zeit vom
1. Jan. 1921 bis 31. Dez. 1925 . . . . = 5 Jahre,
insgesamt 6 Jahre.

Außerdem ist nach § 3 Abs. 2 von der nichtplanmäßigen Dienstzeit vom 1. Okt. 1921 bis 31. Dez. 1927 der Teil, der 4 Jahre übersteigt, d. i. die Zeit vom 1. Okt. 1925 bis 31. Dez. 1927, auf das BDA. anzurechnen. Da aber die Zeit vom 1. Okt. 1925 bis 31. Dez. 1925 bereits angerechnet ist, kann nur noch die Zeit vom 1. Jan. 1926 bis 31. Dez. 1927 = 2 Jahre zur Anrechnung gelangen.

Zu § 3 Abs. 4 Satz 1.

Nr. 24. (1)[25] *Die Vorschrift des § 3 Abs. 4 ist auch dann anzuwenden, wenn mit dem erstmaligen Übertritt in eine andere Besoldungsgruppe, sofern er innerhalb der Besoldungsgruppen A 12 bis A 4 b erfolgt, ein Wechsel der Dienstlaufbahn nicht verbunden ist. In allen übrigen Fällen ist § 3 Abs. 4 nur anzuwenden, beim erstmaligen Übertritt in eine andere Dienstlaufbahn unter Wechsel der Besoldungsgruppe. Die in der Eingangsstellung zurückgelegte Dienstzeit*[26] *gilt als „nachfolgende Zivildienstzeit" im Sinne des § 3 Abs. 3.*

(2) § 3 Abs. 4 gilt sinngemäß auch für Versorgungsanwärter, die als Beamte der Besoldungsgruppe ihrer ersten planmäßigen Anstellung in den einstweiligen oder dauernden Ruhestand versetzt worden sind und in einer anderen Besoldungsgruppe wieder angestellt werden.

Zu § 3 Abs. 4 Satz 2.

Nr. 25. Unter einer tatsächlich geleisteten Kriegsdienstzeit ist die Dienstzeit auf einem Kriegsschauplatze bei einem planmäßigen Truppen- oder Marineteil der Wehrmacht zu verstehen.

Zu § 3 Abs. 5.

Nr. 26. (1) Beispiel zu Satz 1 und 2: Justizsekretär X. (BesGr. A 6) mit einem BDA. vom 10. Okt. 1913 wird mit Wirkung vom 1. April 1928 ab zum Justizobersekretär (BesGr. A 4 b) befördert. Da er am 31. März 1928 in BesGr. A 6 einen Grundgehaltssatz von 3100 RM. erhält, steht ihm vom 1. April 1928 ab der nächsthöhere Grundgehaltssatz der BesGr. A 4 b von 3300 RM. zu. Diesen bezieht er zwei Jahre lang. Der Beginn seines BDA. ist auf den 1. April 1924 festzusetzen.

(2) Beispiel zu Satz 3: Justizsekretär Y. (BesGr. A 6) mit einem BDA. vom 1. Okt. 1911 wird mit Wirkung vom 1. April 1928 ab zum Justizobersekretär (BesGr. A 4 b) befördert. Da er am 31. März 1928 in BesGr. A 6 einen Grundgehaltssatz von 3200 RM. erhält, steht ihm vom 1. April 1928 ab der nächsthöhere Grundgehaltssatz der BesGr. A 4b von 3300 RM. zu. Da er aber denselben Grundgehaltssatz von 3300 RM. vom 1. Okt. 1929 ab auch in der verlassenen BesGr. A 6 bezogen haben würde, bezieht er von diesem Tage ab in der BesGr. A 4 b den nächsthöheren Grundgehaltssatz von 3550 RM. Der Beginn seines BDA. ist auf den 1. Okt. 1923 festzusetzen.

Nr. 27. (1) Die in Stellen des Zivildienstes übertretenden Soldaten erhalten die ihrer neuen Stelle entsprechenden Dienstbezüge ohne Rücksicht auf die Höhe der Besoldung, die sie als Soldaten der Wehrmacht bezogen haben.

(2) Sind sie Versorgungsanwärter, so ist ihnen bei der planmäßigen Anstellung die nach § 3 Abs. 3 und 4 sich ergebende Zeit auf das BDA. anzurechnen.

(3) Sind sie nicht Versorgungsanwärter, so kann eine Anrechnung von Heeres- oder Marinedienstzeit nach § 3 Abs. 8 erfolgen. Der Um-

stand, daß beim Übertritt in den Zivildienst etwa eine Verschlechterung in den gesamten Dienstbezügen eintritt, ist in der Regel nicht als eine ausgleichsbedürftige Härte im Sinne der PBV. anzusehen.

Nr. 27a. Beim Übertritt aus der Besoldungsgruppe A 3 a in die Besoldungsgruppe A 2 d wird das BDA. nicht geändert.

Nr. 27 b. Beim Übertritt aus der Besoldungsgruppe A 4 d in die Besoldungsgruppe A 4 b während der ersten 14 Besoldungsdienstjahre wird das BDA. nicht geändert. Dagegen ist bei einem Beamten mit mehr als 14 Besoldungsdienstjahren nach § 3 Abs. 5 zu verfahren.

Zu § 3 Abs. 6.

Nr. 28. (1) Beim Übertritt aus der Besoldungsgruppe A 6 in die Besoldungsgruppe A 4 d auf Grund der Ablegung der Sonderprüfung wird das BDA. höchstens um 8 Jahre verkürzt.

(2) Abs. 1 gilt auch für Beamte, die nach den bestehenden Bestimmungen bei Erfüllung der sonstigen Voraussetzungen auf Grund besonderer Anweisung des Fachministers ohne Ablegung einer Sonderprüfung in Besoldungsgruppe A 4 d aufsteigen können (z. B. Regierungsbausekretäre, Obergerichtsvollzieher). Soweit Beamte aus der Besoldungsgruppe A 5 in die Besoldungsgruppe A 4 d übertreten, darf ihr BDA. in dieser Gruppe gegenüber dem für den 30. Sept. 1927 berechneten oder neu zu berechnenden BDA. in der alten Besoldungsgruppe A 6 nicht um mehr als 4 Jahre zurückbleiben.

Zu § 3 Abs. 7 Satz 1.

Nr. 29. Sollten im Einzelfalle besondere Gründe vorliegen, ausnahmsweise von den im § 3 Abs. 7 Satz 1 getroffenen Grundsätzen abzuweichen, so ist vor der Wiederanstellung des Beamten die Entscheidung des Fachministers einzuholen. Sie ergeht im Einverständnis mit dem Finanzminister. Der Fachminister kann von der vor dem Ausscheiden abgeleisteten planmäßigen Dienstzeit bis zu zwei Jahren ohne Beteiligung des Finanzministers auf das BDA. anrechnen.

Zu § 3 Abs. 7 Satz 3.

Nr. 30. Die Vorschriften in Nr. 31 Abs. 1 bis 3 sind auch bei der Wiederanstellung von Beamten anzuwenden, die in den dauernden Ruhestand versetzt worden sind.

Festsetzung des BDA. in besonderen Fällen.

Nr. 31. (1)[27] Wird ein mit Wirkung von einem späteren Tage als dem 1. Okt. 1927 ab in den einstweiligen Ruhestand versetzter Beamter in seiner früheren Besoldungsgruppe wiederangestellt, so wird das BDA., das er beim Eintritt in den einstweiligen Ruhestand hatte, um die Zeit des einstweiligen Ruhestandes gekürzt, soweit er nicht während dieser Zeit als nichtplanmäßiger Beamter im Staatsdienst voll beschäftigt war. Die volle Beschäftigung im Staatsdienst als nichtplanmäßiger Beamter muß bei Beschäftigungen, die nach dem 26. März 1926 begonnen haben, in einer schriftlichen Eröffnung der Verwaltung ausgesprochen sein. Die übrige Zeit seit der Versetzung in den einstweiligen Ruhestand, insbesondere eine im privatrechtlichen Vertragsverhältnis zurückgelegte Beschäftigungszeit, kann nur in sinngemäßer Anwendung des § 3 Abs. 8 angerechnet werden.

(2)[28] Dasselbe gilt, wenn ein mit Wirkung vom 1. Okt. 1927 oder einem früheren Tage in den einstweiligen Ruhestand versetzter Beamter in der seiner früheren Besoldungsgruppe entsprechenden Besoldungsgruppe des neuen PrBesG. wiederangestellt wird. Dabei sind gegebenenfalls die Bestimmungen des PrBesG., insbesondere die bei den einzelnen Besoldungsgruppen vorgesehenen Überleitungsbestimmungen anzuwenden. Als Stichtag gilt nicht der 30. Sept. 1927, sondern der Tag der Wiederanstellung.

(3) Wird der Beamte in einer anderen Besoldungsgruppe wiederangestellt, so wird sein BDA. so berechnet, wie wenn er in der früheren oder der ihr entsprechenden Besoldungsgruppe wiederangestellt und an demselben Tage in die andere Besoldungsgruppe übergetreten wäre. Wegen der Dienstbezüge der Wartestandsbeamten, die in Stellen von geringerem Diensteinkommen planmäßig wiederangestellt werden, vgl. das jeweilige Gesetz über die Feststellung des Haushaltsplans (z. B. § 4 Abs. 3 des Gesetzes vom 28. April 1928 — GS. S. 109 —, § 5 Abs. 3 des Gesetzes vom 31. Mai 1929 — GS. S. 55 —).

Nr. 32. Beim Übertritt eines planmäßigen Beamten des Reichs, der Deutschen Reichsbahngesellschaft oder eines planmäßigen (unmittelbaren) Beamten eines der Länder in den Staatsdienst wird das BDA. vom Fachminister im Einvernehmen mit dem Finanzminister besonders festgesetzt.

Nr. 33. Bei Festsetzung des BDA. der ehemaligen aktiven Offiziere ist weiterhin nach Ziff. 36 der PBV. in der Fassung der Bekanntmachung vom 15. Juli 1925 (PrBesBl. S. 227)[29] unter Berücksichtigung der neuen Besoldungsordnung zu verfahren.

Nr. 34. Ist die planmäßige Anstellung eines Beamten durch Kriegsdienst oder durch den vor dem Kriege in Erfüllung der gesetzlichen Dienstpflicht abgeleisteten Heeres- und Marinedienst verzögert worden, so ist weiterhin nach Ziff. 65 bis 73 der PBV. in der Fassung der Bekanntmachung vom 15. Juli 1925 (PrBesBl. S. 227)[30] zu verfahren.

Nr. 35. Erfolgt die erste planmäßige Anstellung eines Beamten nicht in der Besoldungsgruppe, in der sie bei regelmäßig verlaufender Dienstlaufbahn erfolgen würde, sondern in einer Besoldungsgruppe mit höherem Endgrundgehalt, so ist das BDA. so zu berechnen, wie wenn der Beamte in seiner Eingangsgruppe (z. B. bei den hochschulmäßig vorgebildeten Beamten in der Besoldungsgruppe A 2 b) angestellt und noch an demselben Tage in seine wirkliche Anstellungsgruppe befördert worden wäre.

Nr. 36.[31] Die Zeit eines durch die Annahme- oder Prüfungsbedingungen vorgeschriebenen Besuches einer staatlichen oder staatlich anerkannten technischen Fachschule[32] oder eines diesen ersetzenden Hoch-

schulbesuches sowie die neben diesem Fach- oder Hochschulbesuch vorgeschriebene Zeit einer praktischen Beschäftigung wird auf das BDA.[33] *angerechnet, soweit dadurch der Beginn des BDA. gegenüber den nichttechnisch vorgebildeten Beamten, die mit gleichzubewertenden Dienstaufgaben betraut sind, hinausgeschoben wird.*

Nr. 37. Wird ein Beamter ohne Dienstbezüge beurlaubt, so ist das BDA. um die volle Zeit des Urlaubs zu kürzen. Dies gilt nicht, wenn die Beurlaubung zur Beschäftigung im öffentlichen Dienst erfolgt. Ferner sind Ausnahmen zulässig, wenn der Beamte im dienstlichen Interesse beurlaubt wird; in diesen Fällen entscheidet der Fachminister oder die von ihm bestimmte Stelle.

Nr. 38. Ergeben sich bei der Regelung des BDA. Härten, so kann der Fachminister im Einvernehmen mit dem Finanzminister ausnahmsweise das BDA. anderweit festsetzen.

Nr. 39. Als eine Härte, die eines außerordentlichen Ausgleichs bedarf, ist in der Regel nicht anzusehen:

a) wenn eine Stelle nicht mit rückwirkender Kraft verliehen worden ist, obwohl es nach Nr. 14 zulässig gewesen wäre,
b) wenn ein dienstjüngerer Amtsgenosse — auch bei derselben Behörde — ein höheres Grundehalt bezieht,
c) wenn in einer früher bekleideten Stelle oder in einer verlassenen Dienstlaufbahn eine günstigere Beförderung oder sonstige Vorteile hätten erreicht werden können.

Nr. 40.[34] *In allen im PrBesG. und in den PBV. nicht geregelten Fällen, die sich zu einer allgemeinen Regelung eignen, erfolgt diese durch den Fachminister im Einvernehmen mit dem Finanzminister.*

Zu § 3 Abs. 8.

Nr. 41. Für die Anrechnung kommt grundsätzlich nur eine Tätigkeit in Frage, die der Tätigkeit des Beamten in der Stelle, in der die Anstellung erfolgt, gleichwertig und förderlich[35] *gewesen ist.*

Nr. 42. Dienstzeiten, die nicht im Beamtenverhältnis verbracht sind, dürfen in der Regel nicht in vollem Umfange,[36] *sondern nur mit einem angemessenen Teil berücksichtigt werden. Insbesondere ist die Zeit abzuziehen, die Beamte mit regelmäßiger Dienstlaufbahn im Vorbereitungsdienst oder als nichtplanmäßige Beamte zuzubringen haben.*[37]

Nr. 43. Eine Anrechnung nach § 3 Abs. 8 darf nicht erfolgen, soweit sich dadurch für den betreffenden Beamten ein günstigeres BDA. ergeben würde, als es ein Beamter der regelmäßigen Laufbahn bei gleichem Alter und regelrechtem Aufstieg besitzt. Unter einem gleichen Alter ist hierbei ein gleiches Prüfungsdienstalter, von der letzten gleichen oder vergleichbaren vorgeschriebenen Dienstprüfung an gerechnet, oder, wenn dieser Vergleichsmaßstab versagt, ein gleiches Lebensalter zu verstehen. Der Fachminister kann nach vorstehenden Bestimmungen bis zu zwei Jahren ohne Beteiligung des Finanzministers anrechnen.

Zu § 3 Abs. 10.

Nr. 44. (1) Schwerkriegsbeschädigte sind Schwerbeschädigte, deren Beschädigung auf den Krieg zurückzuführen und deren Erwerbsfähigkeit infolge Beschädigung um mindestens 50 v. H. gemindert ist. Den auf Grund des Beamtenscheins oder des Anstellungsscheins angestellten schwerkriegsbeschädigten Beamten[38] *wird bei der ersten planmäßigen Anstellung das BDA.*[39] *um vier Jahre verbessert, jedoch wird es im günstigsten Falle festgesetzt — sofern die planmäßige Anstellung nicht früher erfolgt*[40] *—*

a) bei planmäßiger Anstellung in den Besoldungsgruppen A 10 bis A 12 auf den Ersten des Monats, in dem der Beamte das neunundzwanzigste[41] *Lebensjahr vollendet,*

b) bei planmäßiger Anstellung in den Besoldungsgruppen A 9 und aufwärts auf den Ersten des Monats, in dem der Beamte das zweiunddreißigste[41] *Lebensjahr vollendet.*

(2) Wenn die Anwendung des § 3 Abs. 3 und 4 günstiger wirkt, ist hiernach zu verfahren; dabei findet die Vorschrift des § 3 Abs. 3 Satz 2 keine Anwendung.[42]

(3) Der Fachminister kann im Einvernehmen mit dem Finanzminister auch das BDA. eines schwerkriegsbeschädigten Beamten, der nicht auf Grund des Beamtenscheins oder des Anstellungsscheins angestellt worden ist, nach Abs. 1 und 2 festsetzen, wenn die Beschädigung vor Aufnahme ins Beamtenverhältnis eingetreten ist.[43]

(4) Bei der ersten planmäßigen Anstellung schwerkriegsbeschädigter Versorgungsanwärter (vgl. Nr. 18 Abs. 1), die nicht im Besitze des Beamtenscheins oder des Anstellungsscheins sind, ist nach Abs. 1 zu verfahren, wenn dies günstiger wirkt als die Anwendung des § 3 Abs. 3 und 4.[44]

(5) Scheidet ein schwerkriegsbeschädigter Beamter lediglich zum Zwecke des Übertritts in eine andere planmäßige Stelle aus, so ist bei der Wiederanstellung nach Abs. 1 bis 4 zu verfahren, wenn nicht die Anwendung des § 3 Abs. 5 günstiger wirkt.

(6) Abs. 1 bis 3 und 5 gelten auch für die am 30. September 1927 bereits planmäßig angestellten Beamten, Abs. 2 jedoch mit der Maßgabe, daß die Anrechnung höchstens ein Jahr (§ 3 Abs. 3a) beträgt.

(7) Soweit schon bisher in Ausnahmefällen[45] *eine Verbesserung des BDA. von schwerkriegsbeschädigten Beamten stattgefunden hat, ist sie auf die nach vorstehenden Bestimmungen vorzunehmende Verbesserung anzurechnen.*[46]

Anmerkungen.

1. Besoldungsdienstalter. Vgl. Anm. 1 zu § 3.

2. Vgl. Anm. 2 zu § 4.

3. Das allgemeine Dienstalter richtet sich in der Regel nach dem Tage der Ernennung.

4. Die Berechnung der ruhegehaltsfähigen Dienstzeit ist geregelt in den §§ 13—19a des ZRGG.

5. „Eine Zeit auf das BDA. anrechnen" heißt die Zeitspanne, die der Beamte von seiner planmäßigen Anstellung an bis zum Einrücken in die einzelnen Dienstaltersstufen zurückzulegen hat, um die anzurechnende Zeit zu verkürzen. Dies geschieht, indem der Beginn des BDA. „vorgerückt", d. h. auf einen früheren Zeitpunkt vorverlegt wird.

6. Z. B. Nr. 31 PBV.

7. Das Gleiche gilt auch bei Kürzungen.

8. Ob eine Härte vorliegt, entscheidet allein die Verwaltungsbehörde; vgl. Anm. 2 zu § 4.

9. D. h. auf den Zeitpunkt, auf den das BDA. festzusetzen gewesen wäre, wenn die Stelle dem Beamten rechtzeitig verliehen wäre.

10. Gegebenenfalls verfügt sie auch die Nachzahlung.

11. Die Anstellung auf Probe kann Versorgungs- und Zivilanwärter betreffen. Im allgemeinen wird es sich um Versorgungsanwärter handeln, für die das Nähere in den §§ 47—50 der AnstG. geregelt ist.

12. D. h. auf diesen Tag ist das BDA. festzusetzen, soweit nicht im PrBesG. oder in den PBV. etwas anderes bestimmt oder zugelassen ist.

13. Dazu werden auch Stellen zu rechnen sein, die in solche mit höheren Grundgehaltssätzen umgewandelt oder mit Stellenzulagen ausgestattet sind.

14. Solange aus einer Stelle das Gnadenvierteljahr gezahlt wird, ist sie nicht frei.

15. Also z. B. die Befähigung für das Amt erlangt hat.

16. Z. B. kommissarisch oder als Angestellter.

17. Nämlich, daß der Beamte die Obliegenheiten der ihm übertragenen Stelle oder einer gleichartigen wahrgenommen hat.

18. Vgl. Entscheidung des Reichsgerichts vom 21. Nov. 1924 — III/831. 23, abgedruckt im Reichsbesoldungsblatt 1925 S. 3.

19. Vgl. hierzu auch Nr. 102 PBV.

20. Die in Nr. 16 Abs. 1 erwähnten Verzögerungen werden gemäß Nr. 102 PBV. auch auf das AnwDA. nicht angerechnet. Soweit das AnwDA. auf Grund dieser Vorschrift schon gekürzt ist, kommt natürlich, wenn der Berechnung der auf das BDA. anzurechnenden Zeit das gekürzte AnwDA. zugrunde gelegt wird, eine Kürzung auf Grund der Nr. 16 nicht in Frage.

21. Der durch die Ziff. 18 geschaffene Begriff des „Versorgungsanwärters" deckt sich nicht mit dem Begriff „Versorgungsanwärter" in den AnstG. Näheres hierüber s. in „Adam, die Anstellungsgrundsätze".

22. Nr. 20 PBV. enthält nur eine Umschreibung des § 3 Abs. 3 des Ges.

23. Vgl. Nr. 96 PBV.

24. Nicht auch im Verwaltungsdienst.

25. Zu Nr. 24 Abs. 1 hat der FinMin. in dem Begleiterlaß zur Neufassung der PBV. (PrBesBl. 1931 S. 17) bestimmt:

Eine Berechnung des BDA. gemäß § 3 Abs. 4 PrBesG. darf bei

jedem Beamten nur einmal erfolgen. Es ist deshalb beim erstmaligen Wechsel der Dienstlaufbahn (vgl. Nr. 24 Abs. 1 Satz 2) diese Vorschrift nicht anzuwenden, wenn der Beamte innerhalb seiner bisherigen Dienstlaufbahn bereits einmal die Bes.Gruppe gewechselt hat und damals bei der Neufestsetzung des BDA. nach § 3 Abs. 4 PrBesG. oder BDEG. verfahren worden ist.

Der Übertritt aus der BesGr. A 8 in die BesGr. A 6 gilt nicht als erstmaliger Übertritt in eine andere Bes.Gr. im Sinne der Nr. 24 PBV.

26. Die Probe- oder Vorbereitungszeit, die Anwärterdienstzeit und die Zeit seit der planmäßigen Anstellung.

27. Abs. 1 betrifft Beamte, die zur Zeit des Inkrafttretens des PrBesG. noch im Dienst waren.

28. Abs. 2 betrifft Beamte, die beim Inkrafttreten des PrBesG. bereits Wartegeldempfänger waren.

29. Abgedruckt im Anhang zu den PBV. S. 230.

30. Abgedruckt im Anhang zu den PBV. S. 234 ff.

31. Die Vorschrift bezweckt zu verhindern, daß Beamte mit technischer Fachbildung, die im allgemeinen eine längere Vorbildungszeit aufzuweisen haben als die nicht technisch vorgebildeten Beamten, dadurch schlechter gestellt werden als die nicht technischen Beamten, die mit gleichzubewertenden Dienstaufgaben betraut sind.

32. Ein Verzeichnis der staatlichen und staatlich anerkannten Fachschulen ist in einem RdErl. des FinMin. vom 22. Juli 1929 (PrBesBl. S. 149) veröffentlicht.

33. Eine Anrechnung auf das AnwDA. kann nicht erfolgen.

34. In dem RdErl. des FinMin. vom 19. Mai 1928 (PrBesBl. S. 151) ist darauf hingewiesen, daß ein großer Teil der BDA. Vorschriften der PBV. von 1925 (PrBesBl. S. 227) zur Verringerung des Umfanges nicht wieder in die neuen Vorschriften aufgenommen, sachlich aber nicht außer Kraft gesetzt sei. Es handele sich dabei hauptsächlich um Sonderbestimmungen, die nur für Beamte bestimmter Verwaltungen in Frage kommen und deren Anwendung künftig der selbständigen Entscheidung der Fachminister ohne Beteiligung des FinMin. unterliege.

35. „Gleichwertig und förderlich", beide Voraussetzungen müssen erfüllt sein, um die Anrechnung möglich zu machen. Eine der beiden Voraussetzungen genügt nicht.

36. Die Beschränkung der Anrechnung im Höchstmaß auf die Hälfte der Aufrückungszeit in der BesGr., wie sie nach dem BDEG. vorgeschrieben war, ist aufgegeben.

37. Im Höchstmaß also 5, bei Versorgungsanwärtern 4 Jahre.

38. Vgl. Anm. 53 zu § 3.

39. D. h. das nach den Bestimmungen des § 3 Abs. 1 und 2 festgesetzte BDA.

40. Die Anwendung anderer Vorschriften (z. B. die Anrechnung der 5 Jahre übersteigenden nichtplanmäßigen Dienstzeit) kann zu einem früheren Beginn des BDA. führen, als für den günstigsten Fall vorgesehen ist.

41. Durch die Einschaltung dieser Altersgrenzen soll die Überholung von Beamten mit regelmäßiger Laufbahn vermieden werden.

42. Das BDA. ist also, wenn es für den Inhaber des Beamtenscheins (Anstellungsscheins) günstiger wirkt, nach den Bestimmungen für Versorgungsanwärter festzusetzen.

43. Wer z. Zt., als er die Kriegsbeschädigung erlitt, schon planmäßiger oder nichtplanmäßiger Beamter war, fällt nicht unter diese Vorschrift.

44. Der schwerkriegsbeschädigte Versorgungsanwärter soll also wie der Inhaber eines Beamtenscheins behandelt werden, wenn dies für ihn günstiger ist.

45. Aus Anlaß der Kriegsdienstbeschädigung.

46. Ist in einem solchen Ausnahmefall vor dem Inkrafttreten dieser Vorschrift mehr angerechnet, als es nach Nr. 44 PBV. zulässig ist, so verbleibt es bei der vorgenommenen Anrechnung.

§ 4.

(1) Der Beamte ist von der Festsetzung seines Besoldungsdienstalters schriftlich zu benachrichtigen.

(2) Die Entscheidung der Verwaltungsbehörden[1] über die Festsetzung des Besoldungsdienstalters ist für die Beurteilung der vor den Gerichten geltend gemachten vermögensrechtlichen Ansprüche maßgebend.[2]

Besoldungsvorschriften.

Zu § 4 Abs. 1.

Nr. 45. (1) Der Benachrichtigung über die Festsetzung des BDA. ist unter Hinweis auf § 39 Abs. 3 PrBesG.[3] eine genaue Berechnung beizufügen. Je eine beglaubigte Abschrift dieser Berechnung ist zu den Personalakten des Beamten zu nehmen und der zahlenden Kasse als Rechnungsbeleg zuzufertigen.

(2) Diese Bestimmung tritt mit der Bekanntmachung der PBV. in Kraft.

Anmerkungen.

1. Da nach § 2 des Ges. betr. die Erweiterung des Rechtswegs vom 24. Mai 1861 (GS. S. 241) die Entscheidung des Verwaltungschefs jeder Klage vorangehen muß, kommen als maßgebend gemäß § 4 Abs. 2 nur dessen Festsetzungen in Frage.

2. Keine Nachprüfung des BDA. durch die ordentlichen Gerichte. Die Festsetzung des BDA. ist eine Verwaltungsmaßnahme, die im Rechtsweg nicht angefochten und vom ordentlichen Richter nicht abgeändert werden kann (RGZ. 103, S. 291; 119, S. 240). Die Entscheidung kann auch von der Behörde selbst jeder Zeit zu Ungunsten des Beamten abgeändert werden, sofern ein Versehen oder ein Irrtum bei der Festsetzung stattgefunden hat (RGZ. 110 S. 266). Die Prüfung, ob ein Irrtum oder ein Versehen unterlaufen ist, welches zu einer Änderung des zunächst festgesetzten BDA. berechtigte, ist Sache der Verwaltungsbehörde und steht dem Gerichte nicht zu, welches in das pflichtmäßige Ermessen anderer Behörden auf dem ihnen zugewiesenen Gebiete einzugreifen nicht berechtigt ist. Ein Abweichen von diesem Grundsatz könnte nur in Frage kommen, wenn nachgewiesen wäre, daß die Behörde nicht ein pflichtmäßiges Ermessen hätte walten lassen, sondern in offenbarer Willkür gehandelt hätte. Eine derartige Pflichtwidrigkeit ist jedoch nicht zu vermuten, sondern muß von dem, der Ansprüche aus ihr herleitet, bewiesen werden (Entscheidung des Reichsgerichts vom 10. Jan. 1928 — III 252/27, in der amtl. Sammlung nicht veröffentlicht). Auch da, wo der Beamte auf Grund des PrBesG. oder der PBV. einen Rechtsanspruch auf Anrechnung bestimmter Zeitabschnitte auf sein BDA. hat (wie z. B. die Versorgungsanwärter nach § 3 Abs. 3 PrBesG.), wird einer Klage auf ein nach einer bestimmten Dienstaltersstufe bemessenes Grundgehalt nicht etwa der Einwand entgegengesetzt werden können, daß mit einer Entscheidung dieser Klage sachlich zugleich auch eine Festsetzung des BDA. erfolge.

3. Durch diesen Hinweis soll der Beamte zu einer Prüfung veranlaßt werden, ob das ihm gezahlte Gehalt dem festgesetzten BDA. entspricht.

§ 5.

Die Versetzung[1] in ein Amt, das mit einem niedrigeren Endgrundgehalt ausgestattet ist als das bisher bekleidete Amt, gilt gleichwohl als Versetzung in ein Amt von nicht geringerem planmäßigen Diensteinkommen im Sinne des § 53 des Gesetzes, betreffend die Dienstvergehen der Richter, vom 7. Mai 1851 (Gesetzsamml. S. 218) und des § 87 Nr. 1 des Gesetzes, betreffend die Dienstvergehen der nichtrichterlichen Beamten, vom 21. Juli 1852 (Gesetzsamml. S. 465), wenn das Endgrundgehalt der bisherigen Besoldungsgruppe zuzüglich der dem Beamten verliehenen ruhegehaltsfähigen und unwiderruflichen Stellenzulage nicht höher ist als das Endgrundgehalt der neuen Besoldungsgruppe zuzüglich der dem Beamten in der neuen Besoldungsgruppe verliehenen ruhegehaltsfähigen und unwiderruflichen Stellenzulage.[2] Das gleiche gilt, wenn ein Richter oder sonstiger Beamter aus einer Stelle, die mit einer widerruflichen Zulage ausgestattet war, in eine solche versetzt wird, in der diese nicht gewährt wird.[3]

Anmerkungen.

1. Über die **Voraussetzungen einer Versetzung** vgl. v. Rheinhaben, Disziplinargesetze S. 365ff. und Brand, Beamtenrecht S. 642ff.

2. **Beispiel.** Ein Gerichtskassenkurator (BesGr. 4 a 1. Abt.) mit einem Endgehalt von 5700 RM. muß sich also die Versetzung in ein Amt der BesGr. 4 b (Endgehalt 5000 RM.) gefallen lassen, wenn ihm eine der mit einer ruhegehaltsfähigen Zulage von 700 RM. versehenen Stellen verliehen wird.

3. **Beispiel.** Ein Oberregierungsrat in einem Ministerium, der gemäß den Schlußbemerkungen zur BO. B Abs. 1 neben der ruhegehaltsfähigen Zulage von 1200 RM. eine Ministerialzulage erhält, kann jederzeit an eine Provinzial- oder Lokalbehörde, bei welcher Ministerialzulagen nicht gezahlt werden, versetzt werden.

3. Wohnungsgeldzuschuß.

§ 6.

(1) Die planmäßigen Beamten erhalten, wenn sie ihren dienstlichen Wohnsitz[1] im Deutschen Reich haben, einen Wohnungsgeldzuschuß[2] nach der als Anlage 2 beigefügten Aufstellung.

(2) Der Finanzminister kann den Hundertsatz des auszuzahlenden Wohnungsgeldzuschusses erhöhen.[2]

(3) Verheiratete Beamtinnen[3] erhalten den Wohnungsgeldzuschuß zur Hälfte.[4] Sie erhalten keinen Wohnungsgeldzuschuß, wenn der Ehemann als Beamter oder Angestellter des Reiches, eines Landes, einer Gemeinde oder einer sonstigen Körperschaft des öffentlichen Rechts[5] einen Wohnungsgeldzuschuß bezieht.

(4) Den unverheirateten Beamten der Bereitschaftspolizei[6] wird ein Wohnungsgeldzuschuß nicht gewährt, soweit in den Ausführungsbestimmungen zu diesem Gesetz nichts Abweichendes bestimmt oder zugelassen ist.[7]

(5) Beamte, die im Staatsdienst nur ein Nebenamt[8] bekleiden, erhalten keinen Wohnungsgeldzuschuß.[9]

(6) Beamten, die gleichzeitig auch eine Stelle im Dienste des Reichs, eines der Länder oder einer Körperschaft des öffentlichen Rechts bekleiden,[10] wird von dem Wohnungsgeldzuschuß nur der Teilbetrag gewährt, der dem Anteil des aus der Staatskasse gezahlten Grundgehalts an dem Gesamtgrundgehalt entspricht.[11] Die Höhe des Wohnungsgeldzuschusses richtet sich nach dem höchsten Grundgehalt.

Besoldungsvorschriften.

Zu § 6 im allgemeinen.

Nr. 45 a. Auf den RdErl. vom 10. April 1926 — Bes. 5069b — (PrBesBl. S. 45), betr. das Reichsgesetz zur einheitlichen Regelung des Wohnungsgeldzuschusses vom 27. März 1926 (RGBl. I S. 180), wird hingewiesen.

Zu § 6 Abs. 1 und 2.

Nr. 46. (1) Die Jahres- und Monatsbeträge des vom 1. Okt. 1927 ab zuständigen Wohnungsgeldzuschusses enthält die Übersicht 2 (S. 220).

(2) Nach welcher von den sieben Tarifklassen der Wohnungsgeldzuschuß — vorbehaltlich der Bestimmung im § 7 Abs. 1 — jeweils zu gewähren ist, ist bei den einzelnen Besoldungsgruppen der Besoldungsordnung vermerkt. Die Einreihung in die Tarifklassen richtet sich lediglich nach der Zugehörigkeit zu einer bestimmten Besoldungsgruppe und Dienstaltersstufe, in den in der Besoldungsordnung vorgesehenen Fällen auch nach der Gewährung einer ruhegehaltsfähigen Zulage. Alle sonstigen Bezüge bleiben hierbei außer Betracht. Die in der Vorbemerkung zur Besoldungsordnung vorgesehene Kürzung der Grundgehaltssätze der Beamtinnen ist — abgesehen von der Bestimmung im § 7 Abs. 2[12] — auf die Höhe des Wohnungsgeldzuschusses ohne Einfluß.

(3) Würde ein Beamter beim Übertritt in eine Besoldungsgruppe mit höherem oder gleichem Endgrundgehalt den Wohnungsgeldzuschuß nach einer niedrigeren Tarifklasse als bisher zu beziehen haben, so wird ihm der Wohnungsgeldzuschuß nach der bisherigen Tarifklasse weiter gewährt.

(4) Würde ein Beamter nach dem Übertritt in eine Besoldungsgruppe mit höherem oder gleichem Endgrundgehalt den Wohnungsgeldzuschuß nach einer höheren Tarifklasse später zu beziehen haben, als er ihn in der verlassenen Besoldungsgruppe erhalten hätte, so wird ihm der höhere Wohnungsgeldzuschuß von dem Zeitpunkt ab gewährt, von dem ab er ihn in der verlassenen Besoldungsgruppe bezogen hätte.

Nr. 47. Auf das Aufrücken in die höhere Tarifklasse des Wohnungsgeldzuschusses nach Maßgabe der Vermerke am Kopf jeder Besoldungsgruppe haben die planmäßigen Beamten einen Rechtsanspruch.

Nr. 48. Tritt ein Beamter in eine Besoldungsgruppe mit niedrigerem Endgrundgehalt über und vermindert sich der Wohnungsgeldzuschuß, so erhält er den der neuen Besoldungsgruppe entsprechenden Wohnungsgeldzuschuß von dem Zeitpunkt an, mit dem der Bezug des Gehalts der bisherigen Dienststelle aufhört.

Zu § 6 Abs. 3.

Nr. 49. (1) Hat eine verheiratete Beamtin wegen völliger Erwerbsunfähigkeit des Ehemannes allein[13] für den Unterhalt der Familie zu sorgen oder ist sie zur ehelichen Gemeinschaft nicht verpflichtet,[14] so kann ihr von dem zuständigen Fachminister der volle Wohnungsgeldzuschuß bewilligt werden.

(2) Verwitwete und geschiedene Beamtinnen sowie Beamtinnen, deren Ehe für nichtig erklärt ist, erhalten den vollen Wohnungsgeldzuschuß.

(3) Ist der Wohnungsgeldzuschuß nach § 6 Abs. 3 auf die Hälfte herabzusetzen oder fällt er völlig fort, so wird die Änderung vom Ersten des Monats an wirksam, der auf das für die Herabsetzung oder für den Fortfall maßgebende Ereignis (z. B. die Verheiratung) folgt. Hat sich das Ereignis am ersten Tage eines Monats zugetragen, so wird die Herabsetzung oder der Fortfall von diesem Tage an wirksam. Eine nach § 6 und Nr. 49 gebotene Gewährung oder Erhöhung des Wohnungsgeldzuschusses wird vom Ersten des Monats an wirksam, in den das maßgebende Ereignis (z. B. der Tod des Ehemannes) fällt.

(4) Die Vorschrift im § 6 Abs. 3 Satz 2 gilt nicht, wenn der Ehemann Ruhegehaltsempfänger, Wartegeldempfänger oder mit Versorgung entlassener Angestellter des Reichs, eines Landes, einer Gemeinde oder einer sonstigen Körperschaft des öffentlichen Rechts ist.

Zu § 6 Abs. 4.

Nr. 50. (1) Den Wohnungsgeldzuschuß erhalten die zur Bereitschaftspolizei gehörenden Polizeioberwachtmeister, Polizeihauptwachtmeister und Polizeioffiziere, und zwar gegebenenfalls unter Berücksichtigung des § 7 Abs. 1.

(2) Unverheirateten Beamten der Bereitschaftspolizei, die an sich einen Wohnungsgeldzuschuß nicht erhalten, wird dieser gewährt:

a) wenn sie aus dienstlichen Gründen außerhalb der Polizeiunterkunft wohnen müssen,

b) wenn ihnen der Aufenthalt in der Polizeiunterkunft auf Grund der §§ 25 und 57 des PBG. vom 31. Juli 1927 (GS. S. 151) verboten wird.

Werden Beamte auf Grund der Ziff. 2 der Ausführungsbestimmungen zu § 7 PBG. aus persönlichen Gründen von der Verpflichtung zum Wohnen in der Polizeiunterkunft befreit, so erhalten sie keinen Wohnungsgeldzuschuß. Nur in ganz besonders begründeten Ausnahmefällen, in denen wegen der vorliegenden besonderen Verhältnisse die Gewährung des Wohnungsgeldzuschusses dringend notwendig erscheint, kann mit Genehmigung des Fachministers, die im Einvernehmen mit dem Finanzminister ergeht, die Zahlung erfolgen.

(3) Ein zur Bereitschaftspolizei gehörender Beamter, der den Wohnungsgeldzuschuß nicht erhielt, erhält ihn bei einer Versetzung in den Einzeldienst vom Ersten des Monats, in dem er versetzt wird.

(4) Wenn ein Beamter des Einzeldienstes in die Bereitschaftspolizei versetzt wird und als solcher den Wohnungsgeldzuschuß nicht erhalten würde, so behält er ihn bis zum Ende des Monats, in dem er versetzt wird. Tritt der Wechsel mit dem Ersten eines Monats ein, so wird der Wohnungsgeldzuschuß für diesen Monat nicht mehr gewährt.

(5) Wenn sich Beamte der Bereitschaftspolizei verheiraten, ist der Wohnungsgeldzuschuß vom Ersten des Monats ab zu zahlen, in dem die Ehe geschlossen wird (vgl. Nr. 49 Abs. 3 Satz 3).

(6) Für die Benutzung von Quartier in der Polizeiunterkunft sind für die Zeit, für die Wohnungsgeldzuschuß gezahlt wird, die bestimmungsmäßigen Anrechnungsbeträge einzubehalten.

(7) Der Wert der den unverheirateten Beamten der Bereitschaftspolizei gewährten freien Unterkunft wird zur Erfassung bei der Einkommensteuer durch den Fachminister im Einvernehmen mit dem Finanzminister festgesetzt.

Anmerkungen.

1. Dienstlicher Wohnsitz. Vgl. Nr. 53 PBV. S. 58.

2. Bis zum 31. März 1920 wurde den Beamten ein Wohnungsgeldzuschuß gezahlt nach einem Ortsklassenverzeichnis, das die Wohnungsmieten zur Grundlage hatte. Das BDEG. hatte an Stelle des WGZ. den Ortszuschlag gesetzt, dessen Höhe und Abstufung nicht nur der Verschiedenheit der Wohnungsmieten, sondern auch den sonstigen örtlichen Teuerungsverhältnissen Rechnung tragen sollte. Das hat sich nicht bewährt, weil praktisch die Teuerungsunterschiede zwischen den einzelnen Orten nicht mit Sicherheit zu erfassen sind. Seit dem 1. Nov. 1924 wird wieder ein Wohnungsgeldzuschuß gewährt. Maßgebend ist jetzt das Ortsklassenverzeichnis vom 17. Aug. 1929 (RBesBl. S. 111ff. und S. 169) und die dazu erschienenen Nachträge. Die Sätze des WGZ. sind seit der durch das Ges. vom 6. Juni 1925 (GS. S. 61) erfolgten Festsetzung unverändert geblieben. Der auszuzahlende Hundertsatz, der am 1. Nov. 1924 85% betrug, hat sich mehrfach geändert. Die Anlage 2 zum PrBesG. enthält die Sätze des WGZ. in Höhe von 100%. Mit Wirkung vom 1. Okt. 1927 ab ist der Hundertsatz bis auf weiteres auf 120% festgesetzt. (Abschn. I Ziff. 4 des RdErl. vom 10. Dez. 1927, PrBesBl. S. 159.)

Für die Tarifklassen beim Wohnungsgeldzuschuß sind nicht mehr wie bisher die Gehaltsgrenzen maßgebend. In der BO. ist am Kopf jeder Besoldungsgruppe angegeben, welcher Tarifklasse die Beamten der betreffenden Gruppe zuzuteilen sind.

Nach § 1 des Reichsges. vom 27. März 1926 (RGBl. I S. 180) dürfen die Länder den Wohnungsgeldzuschuß und die Ortsklasseneinteilung für ihre Beamten nicht günstiger regeln, als es für die Reichsbeamten gleicher Besoldungsgruppe und gleicher Dienstaltersstufe an demselben Orte geschieht.

Der Wohnungsgeldzuschuß ist nach § 1 Abs. 1 des Ges. ein Bestandteil des Diensteinkommens. Dies ist von Bedeutung z. B. für die Ruhegehaltsfähigkeit, für die Pfändung, für die Höhe des Gnadenvierteljahrs usw. Bei Verminderung des Diensteinkommens im Dienststrafverfahren (§ 15 a des VerwDiszGes., § 15 des RDiszGes.) um einen Bruchteil muß auch der Wohnungsgeldzuschuß entsprechend gekürzt werden.

3. Wegen der verwitweten und geschiedenen Beamtinnen vgl. Nr. 49 Abs. 2 PBV.

4. Weil der Ehemann nach bürgerlichem Recht in erster Linie den Wohnungsaufwand zu tragen verpflichtet ist. In Ausnahmefällen kann der volle WGZ. bewilligt werden, vgl. Nr. 49 Abs. 1 PBV.

5. Körperschaften des öffentlichen Rechts. Über den Begriff vgl. Kommentar der Reichsgerichtsräte zum BGB. 6. Aufl. Bd. I S. 37. Zu ihnen gehören z. B. die Provinzen, Kreise, Gemeindeverbände, Armenverbände, Schulverbände, die Reichsbank, die nach preußischem Recht errichteten Jagd-, Wasser- und Waldgenossenschaften, die Deichverbände, Handelskammern, die ausdrücklich aufgenommenen Religionsgesellschaften, sowie diejenigen Religionsgesellschaften, denen die Rechte einer öffentlichrechtlichen Körperschaft nach Art. 137 RV. gewährt sind u. a. m.

6. Zur Bereitschaftspolizei gehören die Beamten der Polizeibereitschaften sowie das Lehrpersonal der Polizeischulen und Provinzialreitlehrgänge. Durch Abordnung eines Beamten aus einer Haushaltsstelle der Bereitschaftspolizei zur Wahrnehmung eines anderen Dienstes (z. B. des Einzeldienstes) wird die Zugehörigkeit zur Bereitschaftspolizei nicht aufgehoben.

Diejenigen Polizeibeamten der Bereitschaftspolizei und Polizeianwärter, denen ein Wohnungsgeldzuschuß nicht gewährt wird, erhalten unentgeltliche Unterkunft in Natur. Vgl. RdErl. d. MdJ. vom 13. Dez. 1927, II L. I Hh Allg. 88. 27. PrBesBl. S. 265.

7. Vgl. Nr. 50 PBV.

8. Nebenamt. Eine Tätigkeit, die nicht die ganze Tätigkeit, nicht die ganze Persönlichkeit des Inhabers in Anspruch nimmt, sondern von ihm neben seinem Hauptberuf oder seiner sonstigen Tätigkeit verwaltet wird (RGZ. 127 S. 329). Ein Beamter, der ein Nebenamt innehat, muß nicht auch ein Hauptamt in einem öffentlichrechtlichen Dienstverhältnis haben, sondern kann einen beliebigen sonstigen Beruf, z. B. den eines Rechtsanwalts, ausüben.

9. Die Bezüge der Beamten, die nur ein Nebenamt ausüben, sind im PrBesG. nicht geregelt; wegen der Personen, die neben einem Hauptamt noch ein Nebenamt im Staatsdienst bekleiden, vgl. § 13 Abs. 2.

10. Abs. 6 handelt von Beamten, die gleichzeitig zwei Hauptämter bekleiden, davon eines im preußischen Staatsdienst.

11. Vgl. § 11 Abs. 10.

12. Die hier angezogene Bestimmung ist durch die SparVO. in Wegfall gekommen.

13. Der Ehemann darf also keinerlei Einkommen, auch nicht aus Vermögen oder durch den Bezug einer Rente haben.

14. §§ 1353, 1575 BGB. Wenn die verheiratete Beamtin einen vom Wohnsitz des Ehemanns verschiedenen dienstlichen Wohnsitz hat, so ist dadurch die Verpflichtung zur ehelichen Gemeinschaft nicht aufgehoben, in diesem Falle kann also der volle WGZ. nicht bewilligt werden.

§ 7.

(1) Ledige Beamte erhalten an Stelle des Wohnungsgeldzuschusses, der sich nach § 6 ergeben würde, den der nächstniedrigeren Tarifklasse.[1] An Stelle des Wohnungsgeldzuschusses VII treten hierbei die um 40 v. H. gekürzten Sätze. Verwitwete und geschiedene[2] Beamte gelten nicht als ledige Beamte.[3]

(2) Die Kürzung des Wohnungsgeldzuschusses findet nicht statt bei Geistlichen[4] sowie bei den Beamtinnen[5], deren Grundgehaltssätze nach der Besoldungsordnung gekürzt werden.[6]

(2) Die einschränkende Bestimmung im Abs. 1 gilt nicht für Geistliche,[4] die planmäßige Stellen als solche innehaben und Seelsorge ausüben.

Besoldungsvorschriften.

Zu § 7.

Nr. 51. (1) Die Vorschrift umfaßt nur ledige Beamte; verwitwete und geschiedene Beamte sowie Beamte, deren Ehe für nichtig erklärt ist, erhalten den Wohnungsgeldzuschuß für verheiratete Beamte, und zwar erhalten Beamtinnen in diesem Falle den vollen Wohnungsgeldzuschuß (vgl. Nr. 49 Abs. 2).

(2) Schwerkriegsbeschädigten[7] ledigen Beamten, die infolge ihrer Beschädigung eine Person ständig in ihren Hausstand aufnehmen müssen,[8] oder die aus einem anderen, in ihrer Beschädigung liegenden Grunde eine größere Wohnung nehmen müssen, als sie ledige Beamte in der Regel innehaben, kann der Fachminister den Wohnungsgeldzuschuß der verheirateten Beamten bewilligen[9]. Die Bewilligung ist widerruflich.[10]

(3) Nr. 49 Abs. 3 Satz 3 gilt sinngemäß.

Anmerkungen.

1. Durch den Einbau der Frauenbeihilfe in das Grundgehalt ist jede gehaltliche Unterscheidung zwischen den ledigen und jenen verheirateten Beamten, die keine Kinderbeihilfen erhalten, verwischt. Da der Unterschied zwischen den Kosten der Lebenshaltung des Ledigen und des Verheirateten am stärksten im Aufwand für die Wohnung hervortritt, erschien es angemessen, den für den Wohnungsaufwand besonders gewährten Besoldungsbestandteil, den Wohnungsgeldzuschuß, für Ledige und Verheiratete verschieden zu bemessen. Im Gegensatz zum § 10 des Reichsbesoldungsgesetzes vom 16. Dez. 1927 (RGBl. I S. 349) enthält das PrBesG. nicht die Beschränkung, daß die Kürzung des Wohnungsgeldzuschusses nur bei ledigen Beamten bis zum vollendeten 45. Lebensjahr erfolgt.

2. Es ist dabei ohne Bedeutung, ob der Beamte die Schuld an der Scheidung trägt oder nicht.

3. Durch **Aufhebung der ehelichen Gemeinschaft** (§ 1575 BGB.) wird der rechtliche Bestand der Ehe nicht berührt. Ein Beamter, dessen eheliche Gemeinschaft durch gerichtliches Urteil aufgehoben ist, erhält also den ungekürzten Wohnungsgeldzuschuß nach § 6 des Ges.

4. **Geistliche.** Durch die in der SparVO. erfolgte Neufassung des Abs. 2 ist die vom FinMin. in mehreren Entscheidungen getroffene Auslegung der ursprünglichen Fassung, daß nämlich ledige Beamte, die zwar die für Geistliche vorgeschriebenen Prüfungen abgelegt und die Weihen erhalten haben, den Beruf als Geistliche aber nicht oder nicht ständig ausüben, sondern eine andere Beamtenstelle z. B. als Universitätsprofessor innehaben, nur den gekürzten Wohnungsgeldzuschuß erhalten, nunmehr gesetzlich festgelegt. Die alte Fassung hatte zu Rechtsstreitigkeiten geführt; soweit gerichtliche Entscheidungen ergangen sind, ist die Auffassung des FinMin. gebilligt; vgl. Urteil des Reichsgerichts vom 10. März 1931 — III. 187/1930.

5. Galt nur für ledige Beamtinnen. Wegen der verheirateten Beamtinnen vgl. § 6 Abs. 3. Jetzt erhalten alle ledigen Beamtinnen nur den gekürzten Wohnungsgeldzuschuß.

6. Vgl. Vorbemerkung zur BO. (S. 146).

7. **Schwerkriegsbeschädigte.** Vgl. Anm. 53 zu § 3.

8. Die in den Hausstand des Beamten aufgenommene Person, die eine Verwandte oder auch eine Hausangestellte sein kann, muß die Wohnung des Beamten teilen.

9. Der höhere Satz kann vom Ersten des Monats an bewilligt werden, in dem die Voraussetzungen für die Bewilligung eingetreten sind.

10. Die Bewilligung wird unwiderruflich, sobald der höhere Satz der Berechnung des Wartegeldes oder des Ruhegehaltes zugrunde gelegt worden ist.

§ 8.

(1) Die Einreihung der Orte oder von Ortsteilen[1] in die verschiedenen Ortsklassen bestimmt sich nach dem Ortsklassenverzeichnisse, wie es nach reichsgesetzlicher Regelung für die Gewährung von Wohnungsgeldzuschüssen an die Reichsbeamten maßgebend ist.[2]

(2) Der Finanzminister bestimmt, welcher Ortsklasse ein außerhalb Deutschlands gelegener, in diesem Ortsklassenverzeichnis nicht enthaltener Ort, an dem preußische Beamte ihren dienstlichen Wohnsitz haben, zuzuweisen ist.[3]

Besoldungsvorschriften.

Zu § 8 Abs. 1.

Nr. 52. (1) Maßgebend ist das im Reichsbesoldungsblatt 1929 S. 111ff. bekanntgegebene Ortsklassenverzeichnis mit den inzwischen ergangenen Berichtigungen.

(2) Wegen der Ortsklasseneinteilung bei Eingemeindungen vgl. RdErl. vom 9. Febr. 1927 — I. C. 2 1476 b — (PrBesBl. S. 20).

Anmerkungen.

1. **Ortsteile.** Teile desselben Ortes können verschiedenen Ortsklassen zugeteilt sein.

2. **Ortsklassenverzeichnis.** Vgl. Nr. 52 PBV. Bisher sind dazu folgende Berichtigungen und Nachträge ergangen: vom 5. Sept. 1929 (RBes.-Bl. S. 169), vom 14. April 1930 (RBesBl. S. 47 — PrBesBl. S. 48), vom 31. Mai 1930 (RBesBl. S. 61 — PrBesBl. S. 70), vom 31. Okt. 1930 (RBesBl. S. 123 — PrBesBl. S. 155), vom 19. Mai 1931 (RBesBl. S. 54 — PrBesBl. S. 205) und vom 26. Nov. 1931 (RBesBl. S. 155 — PrBesBl. S. 372).

Die Ortsklasseneinteilung des Reiches ist für Preußen, die Gemeinden und die Körperschaften des öffentlichen Rechts bindend.

3. Die Bestimmung ist gegenstandslos.

§ 9.

(1) Der Wohnungsgeldzuschuß wird nach der Ortsklasse des dienstlichen Wohnsitzes[1] gewährt.

(2) Bei Versetzungen[1a] sowie bei Dienstleistungen, die eine Verlegung des dienstlichen Wohnsitzes zur Folge haben,[2] wird der Wohnungsgeldzuschuß vom Ersten des auf die Änderung des dienstlichen Wohnsitzes folgenden Monats nach dem Satze des Wohnungsgeldzuschusses für den Versetzungsort[3] gezahlt. Findet die Änderung des dienstlichen Wohnsitzes am ersten Werktag eines Monats statt, so tritt der Wechsel im Satz des Wohnungsgeldzuschusses schon mit diesem Monat ein.

(3) Die bei der Versetzung an den Ort einer niedrigeren Ortsklasse eintretende Verminderung des Wohnungsgeldzuschusses wird als eine Verkürzung des Diensteinkommens im Sinne des § 53 des Gesetzes, betreffend die Dienstvergehen der Richter, vom 7. Mai 1851 (Gesetzsamml. S. 218) und des § 87 Nr. 1 des Gesetzes, betreffend die Dienstvergehen der nichtrichterlichen Beamten, vom 21. Juli 1852 (Gesetzsamml. S. 465) nicht angesehen.[4]

Besoldungsvorschriften.

Zu § 9 Abs. 1 und 2.

Nr. 53. (1) Dienstlicher Wohnsitz im Sinne der §§ 6 und 9 ist in der Regel der Amtssitz, d. h. der Sitz der Behörde oder Dienststelle, bei der der Beamte angestellt ist, also nicht etwa der davon abweichende tatsächliche Wohnort.

(2) Statt dessen kann in Ausnahmefällen der Fachminister einzelnen Beamten oder Beamtengattungen den Ort, der den Mittelpunkt ihrer dienstlichen Obliegenheiten bildet, als dienstlichen Wohnsitz im Sinne des Abs. 1 anweisen.

(3) Ebenso kann der Fachminister widerruflich einzelnen Beamten den tatsächlichen Wohnort als dienstlichen Wohnsitz anweisen, sofern der Beamte ihn auf Anordnung seiner vorgesetzten Dienststelle innehat.

(4) Den im Ausland an der deutschen Grenze beschäftigten Beamten kann der Fachminister einen im Deutschen Reich in der Nähe des Beschäftigungsortes gelegenen Ort als dienstlichen Wohnsitz anweisen.

(5) Der Fachminister kann diese Befugnisse auf andere Behörden übertragen.

Nr. 54. (1) Wenn versetzte Beamte, und Beamte, denen gemäß Nr. 55 die Ermächtigung zum Umzug erteilt ist, ihren Hausstand am Versetzungsort oder Ort der Dienstleistung wegen Wohnungsmangels nicht einrichten können und auch von der vorgesetzten Behörde anerkannt wird, daß tatsächlich die Erlangung einer ihren Verhältnissen entsprechenden Wohnung unmöglich ist, gilt bis zum Letzten des Monats, in dem die Fortführung des Hausstandes am bisherigen Wohnort aufhört, dieser (also der bisherige tatsächliche bürgerliche Wohnsitz) als dienstlicher Wohnsitz im Sinne der §§ 6 und 9.[5]

(2) Zieht ein versetzter Beamter mit eigenem Hausstand vor dem festgesetzten Dienstantrittstage mit Genehmigung seiner vorgesetzten Behörde nach dem Versetzungsort um, so wird der Wohnungsgeldzuschuß vom Ersten des auf die Verlegung des Hausstandes folgenden Monats ab nach dem Satze des Versetzungsortes gezahlt.

(3) Erfolgt der Umzug in den Fällen des Abs. 1 und 2 am ersten Werktag eines Monats, so tritt der Wechsel im Wohnungsgeldzuschuß schon mit diesem Monat ein.

(4) Ein „eigener Hausstand" ist dann anzunehmen, wenn der Beamte eine Wohnung mit eigener oder selbstbeschaffter Geräteausstattung und Kochgelegenheit besitzt (nicht etwa in einem „möblierten" Zimmer wohnt), in seiner Wohnung die zum Lebensunterhalt notwendigen Speisen (wenigstens eine Hauptmahlzeit) durch einen Haushaltsgehilfen (auch Familienangehörigen) für eigene Rechnung herstellen läßt und für dessen Beköstigung auch während seiner Abwesenheit ganz oder doch überwiegend aufzukommen hat.

(5) Als „versetzt" können auch solche Beamte behandelt werden, die in den Dienst der Behörde einer anderen Verwaltung — sei es in gleicher Eigenschaft, unter planmäßiger Anstellung oder unter Beförderung — endgültig übertreten.

(6) Der gleiche Grundsatz wie in Abs. 5 ist beim Vorliegen der sonstigen Voraussetzungen sinnentsprechend anzuwenden, wenn

a) Beamte erstmalig — auch auf Probe angestellt,

b) Beamtenanwärter unter Gewährung von Vergütung zur Probedienstleistung oder Vorbereitung einberufen oder während derartiger Dienstleistung einer anderen Behörde überwiesen,

c) Beamte des Reichs, der Länder, Gemeinden und anderer Körperschaften des öffentlichen Rechts in den Staatsdienst übernommen werden.

(7) Die Bestimmung in Abs. 1 trifft auf die Beamten nicht zu, für die trotz der Versetzung ein Umzug nicht erforderlich wird. Dies ist der Fall, wenn die Lage des bisherigen Wohnorts sowie die dienstlichen Verhältnisse die Erledigung der Amtsgeschäfte vom bisherigen Wohnort aus gestatten und dessen Beibehaltung dem Beamten auf Antrag von der vorgesetzten Dienstbehörde genehmigt wird. Eine derartige Genehmigung mit der Wirkung, daß als dienstlicher Wohnsitz gemäß Nr. 53 Abs. 1 der Amtssitz der Behörde gilt, und daß später ein Anspruch auf Gewährung von Umzugskostenvergütung nicht fällig wird, kann auf Antrag des Beamten erteilt werden. Ebenso ist es zulässig, daß Beamte, die nicht versetzt sind, statt am dienstlichen Wohnsitz mit Genehmigung ihrer vorgesetzten Dienstbehörde an einem benachbarten Orte Wohnung nehmen, ohne dadurch den Anspruch auf den Bezug des Wohnungsgeldzuschusses nach dem Satze des dienstlichen Wohnsitzes zu verlieren.

(8) Sofern ein Beamter infolge seiner Versetzung von seinem bisherigen Wohnort fortzieht, aber an einem dritten Ort Wohnung nimmt, weil er an seinem neuen dienstlichen Wohnsitz keine Wohnung erlangen kann, findet Abs. 1 keine Anwendung, da der Hausstand nicht am bisherigen Wohnort fortgeführt wird. Dieser Beamte ist gemäß Nr. 53 Abs. 1 mit dem Wohnungsgeldzuschuß nach seinem neuen dienstlichen Wohnsitz abzufinden.

(9) Diese Bestimmungen sind sowohl bei Versetzungen nach Orten anzuwenden, die einer niedrigeren Ortsklasse als der bisherige Wohnort angehören, wie auch bei Versetzungen nach Orten einer höheren Ortsklasse, also gleichviel, ob die Bestimmungen im einzelnen Falle zugunsten oder zuungunsten des versetzten Beamten wirken.

(10) Die Anwendung der Nr. 54 setzt voraus, daß der bisherige Wohnort des Beamten innerhalb des Deutschen Reichsgebiets liegt und einer Ortsklasse zugeteilt ist. Z. B. ist für Beamte aus den abgetretenen Gebieten, die ihren Hausstand noch nicht in das Reichsgebiet verlegt haben, der regelmäßige dienstliche Wohnsitz (Nr. 53) maßgebend.

Nr. 55. (1) Eine Dienstleistung, die eine Verlegung des dienstlichen Wohnsitzes zur Folge hat, liegt dann vor, wenn von der vorgesetzten Behörde wegen der voraussichtlichen längeren Dauer der Dienstleistung die Ermächtigung zum Umzug des Beamten erteilt ist.

(2) Durch § 9 Abs. 2 wird die Bestimmung in Nr. 54 nicht berührt.

Anmerkungen.

1. **Dienstlicher Wohnsitz.** Vgl. Nr. 53 PBV. Für emeritierte Professoren ist der Wohnungsgeldzuschuß nach dem für den Hochschulort, an dem die Emeritierung erfolgt ist, zuständigen Satze fortzuzahlen.

1a. Als Versetzung gilt auch ein mit der ersten planmäßigen Anstellung verbundener Wechsel des dienstlichen Wohnsitzes.

2. Dienstleistungen, die eine Verlegung des dienstlichen Wohnsitzes zur Folge haben, vgl. Nr. 55 PBV.

3. **Versetzungsort,** d. h. der Ort, an den der Beamte versetzt wird.

4. **Minderung des WGZ. bei Versetzungen.** Wenn der Versetzungsort einer niedrigeren Ortsklasse angehört, so verringert sich der Wohnungsgeldzuschuß, den der Beamte erhält. Da die Ortsklasseneinteilung nach dem durchschnittlichen Mietsaufwand der Beamten erfolgt ist, wird diese Minderung in der Regel dadurch ausgeglichen werden, daß der Beamte an seinem neuen Wohnsitz eine geringere Miete als an dem alten zu zahlen hat, so daß eine wirtschaftliche Schädigung nicht eintritt. Aus dieser Erwägung rechtfertigt sich die Bestimmung des Abs. 3 des § 9.

5. **Wohnungsbeihilfe.** Nr. 54 Abs. 1 ist auch für den Zeitpunkt von Bedeutung, bis zu welchem dem Beamten die sogenannte Wohnungsbeihilfe gewährt werden kann. Der RdErl. vom 17. März 1925 (PrBesBl. S. 47) bestimmt nämlich, daß den Beamten, die aus dienstlichen Gründen versetzt sind, an dem neuen Wohnort aber infolge der Wohnungsnot eine neue Wohnung nicht sofort finden, zur Erleichterung der Mehraufwendungen, die durch die Führung eines doppelten Haushalts entstehen, eine Wohnungsbeihilfe nach Maßgabe der in dem Erl. angeführten Bestimmungen gewährt werden kann. Diese Bestimmungen sind später mehrfach ergänzt und geändert (vgl. die RdErl. vom 4. März 1926 [PrBesBl. S. 28], 29. März 1926 [PrBesBl. S. 38], 29. Jan. 1927 [PrBesBl. S. 17], 23. Juni 1927 [PrBesBl. S. 98], 30. Aug. 1928 [PrBesBl. S. 260], 16. März 1929 [PrBesBl. S. 71], 14. Juni 1930 [PrBesBl. S. 63], 13. Okt. 1930 [PrBesBl. S. 141], 2. April 1931 [PrBesBl. S. 131] und 28. Okt. 1931 [PrBesBl. S. 314]).

§ 10.

Wird eine Dienstwohnung[1] zugewiesen,[2] so ist sie dem Beamten mit einem Betrage,[3] den die zuständige Behörde unter Mitwirkung der örtlichen Beamtenvertretung[4] und unter Berücksichtigung des örtlichen Mietwertes[5] festsetzt, auf seine Dienstbezüge bis zur Höhe des Wohnungsgeldzuschusses[6] anzurechnen.[7]

Besoldungsvorschriften.

Zu § 10.

Nr. 56. (1) Als Dienstwohnung im Sinne des PrBesG. gelten solche Wohnungen oder einzelne Zimmer, die einem Beamten im Interesse des Dienstes im Zusammenhange mit den Dienstobliegenheiten auf Grund des Staatshaushalts zugewiesen werden.

(2) Räume, die vorwiegend dienstlichen Zwecken dienen oder die vorwiegend dienstlicher Repräsentation gewidmet sind, gelten nicht als Zubehör der Dienstwohnung.

Nr. 57. (1) Für die Dienstwohnung wird dem Beamten eine angemessene Vergütung in Reichsmark auf seine Dienstbezüge angerechnet (Anrechnungsbetrag). Dieser Anrechnungsbetrag[8] *darf den Wohnungsgeldzuschuß des Beamten nicht übersteigen (höchster Anrechnungsbetrag).*

(2) Die unentgeltliche Einräumung einer Dienstwohnung ist unzulässig.[9] [10]

Nr. 58. (1) Durch den Anrechnungsbetrag werden alle Leistungen abgegolten, deren Kosten die Staatskasse nach dem Regulativ über die Dienstwohnungen der Staatsbeamten vom $\frac{\text{26. Juli 1880}}{\text{20. April 1898}}$ *vor dem 1. Juli 1914 getragen hat. Bis auf weiteres verzichtet der Staat ferner auf folgende, dem Dienstwohnungsinhaber durch § 14 des Dienstwohnungsregulativs auferlegte Leistungen, sofern diese nicht durch Verschulden (Vorsatz oder Fahrlässigkeit) des Dienstwohnungsinhabers, seiner Angehörigen, seiner Hausangestellten, seiner Gäste oder der von ihm Beauftragten nötig geworden sind:*

a) die Erhaltung der Verglasung in den Fenstern, Glastüren, Glaswänden und Oberlichten (§ 14 a a. a. O.),

b) das Fegen der Schornsteine (§ 14 b a. a. O.),[11]

c) die Unterhaltung der staatseigenen Öfen, Kochherde, Bratöfen, Kesselfeuerungen, Koch- und Backapparate bezüglich der durch den fortgesetzten Gebrauch nötig gewordenen Reparaturen (§ 14 c a. a. O.),

d) die Unterhaltung der Beschläge und Schlösser an Türen und Fenstern sowie für die Unterhaltung vorhandener Glockenzüge oder ähnlicher Vorrichtungen zum Herbeirufen der Hausangestellten (§ 14 d a. a. O.),

e) den Anstrich der inneren Türen und Fenster, der Paneele, hölzernen Verschläge und Wandschränke, soweit einzelne, durch den Gebrauch abgenutzte Stellen eine Wiederherstellung der Farbendecke erfordern (§ 14 e a. a. O.),

f) die Unterhaltung der inneren Wände und Decken in betreff ihrer Tünche, Färbung und Malerei oder Tapezierung, das hierbei etwa erforderliche Abreiben des Abputzes sowie für die Beseitigung unwesentlicher Verletzungen des Putzes und das Abreiben unrein gewordener Tapetenwände und Decken (§ 14 g a. a. O.),

g) kleine Ausbesserungen des Anstrichs der Fußbodendielung (§ 14 f a. a. O.).

(2) Neben der Zahlung des Anrechnungsbetrages liegt dem Dienstwohnungsinhaber die Beseitigung der Abwässer, der Asche, des Mülls und der Auswurfstoffe, die Straßenreinigung, die Beleuchtung der Zugänge und Treppen zu seiner Wohnung im bisherigen Umfange ob. Auch ist er über den höchsten Anrechnungsbetrag (Nr. 57 Abs. 1) hinaus zur Leistung von Abgaben, Lasten oder Umlagen verpflichtet,

die auch sonst der Mieter gesetzlich oder ortsüblich zu leisten hat.[12]

(3) Für Zentralheizung, Warmwasserversorgung, Fahrstuhlbenutzung und Brennstoffentnahme hat der Beamte die besonderen Vergütungen nach den hierfür ergangenen Bestimmungen zu entrichten.

Nr. 59. (1) Der Anrechnungsbetrag soll den örtlichen Mietwert der Wohnungen gleicher Art und Lage berücksichtigen sowie die besonderen Umstände, die den Wert der Wohnung beeinflussen. Er geht von dem Mietwert der Dienstwohnung nach dem Vorkriegsstande, also vom 1. Juli 1914 (Friedensmietwert) aus und wird durch einen bestimmten Hundertsatz dieses Friedensmietwertes gebildet.

(2) Den Friedensmietwert ermitteln die Ortsbaubeamten der Staatshochbauverwaltung, in Berlin die Preuß. Bau- und Finanzdirektion. Dabei ist auch den besonderen Umständen, die den Wert der Wohnung beeinflussen, Rechnung zu tragen. Unter Berücksichtigung dieser Ermittlungen setzen die zuständigen Verwaltungsbehörden unter Mitwirkung der örtlichen Beamtenvertretung den Friedensmietwert fest. Dabei sind die Pflichten des Dienstwohnungsinhabers aus Nr. 58 Abs. 2 Satz 1, sofern sie von den ortsüblichen Leistungen der Mieter abweichen, zu berücksichtigen.

(3) Der Hundertsatz (Abs. 1), der vom Friedensmietwert (Abs. 2) als Anrechnungsbetrag (Nr. 57 Abs. 1) zu erheben ist, ist für alle Dienstwohnungen der gleiche. Er wird vom Finanzminister im Einvernehmen mit dem Minister für Volkswohlfahrt bestimmt.[13] *Welche Verwaltungsbehörde (Abs. 2) für die Festsetzung des Friedensmietwertes zuständig ist, bestimmt der Fachminister.*

Nr. 60. (1) Im Sinne des PrBesG. gelten als Wirtschaftsland, dessen Nutzung staatsseitig gewährt wird, Weide-, Acker-, Wiesen- und Nutzgartenflächen, die einem Beamten im Interesse des Dienstes zugewiesen werden. Die Vergütung für solche Nutzung setzt die zuständige Verwaltungsbehörde (Nr. 59 Abs. 3) unter Mitwirkung der Beamtenvertretung fest. Die Vergütung soll grundsätzlich dem ortsüblichen Pachtwert unter Berücksichtigung einer nichtfachmännischen Bewirtschaftung entsprechen. Sie ist neben und unabhängig von dem Anrechnungsbetrage für die Dienstwohnung zu zahlen.

(2) Ziergärten, die im Zusammenhang mit einer Dienstwohnung einem Beamten überwiesen werden, gelten nicht als Wirtschaftsland (Abs. 1).

*Nr. 61. (1) Auf Bereitschafts*w o h n u n g e n *der geschlossen untergebrachten Schutzpolizei finden die Vorschriften über Dienstwohnungen und Wirtschaftsland sinngemäß Anwendung.*

(2) Für staatlich bereitgestellten Unterkunftsraum der geschlossen untergebrachten Schutzpolizei wird dem Schutzpolizeibeamten, der Wohnungsgeldzuschuß erhält, eine angemessene Vergütung auf seine Dienstbezüge angerechnet (Anrechnungsbetrag). Die Höhe dieses Anrechnungsbetrages bestimmt der Minister des Innern im Einvernehmen mit dem Finanzminister.

Anmerkungen.

1. Dienstwohnung. Begriff vgl. Nr. 56 PBV.

2. Zuweisung der Dienstwohnung. Die Überlassung von Dienstwohnungen erfolgt nach Maßgabe des Staatshaushaltsplans. Die Annahme einer vom Staat angewiesenen Dienstwohnung kann nicht verweigert werden. Aus der Zuweisung einer Dienstwohnung erwirbt der Beamte keinen Anspruch auf dauernde Belassung derselben (zu vgl. Regulativ über die Dienstwohnungen der Staatsbeamten vom 26. Juli 1880 / 20. April 1898).

3. Anrechnungsbetrag. Vgl. Nr. 57, 58 u. 59 PBV.

4. Das Gesetz über die Zusammensetzung und die Aufgaben der Beamtenvertretungen ist bisher nicht ergangen. G. F. wird daher der Beamtenausschuß mitzuwirken haben; vgl. Bestimmungen der Preußischen Staatsregierung über Bildung und Aufgaben der Beamtenausschüsse vom 24. März 1919 (Reichs- und Staatsanzeiger Nr. 71) nebst Ausführungsbestimmungen vom 9. Aug. 1919 (MinBliV. S. 382).

5. Örtlicher Mietwert. Er ist durch Vergleich mit den Mieten, die in der Gemeinde für Wohnungen gleicher Art in derselben Wohngegend gezahlt werden, zu ermitteln.

6. Höchster Anrechnungsbetrag. Dieser ergibt sich aus dem Betrag des WGZ., den der Dienstwohnungsinhaber nach der für ihn in Betracht kommenden Tarifklasse und Ortsklasse zu beziehen hat. Der Höchstbetrag der Anrechnung kann also sehr verschieden sein, unter Umständen gleich Null, wenn nämlich einer Beamtin, die mit einem Beamten verheiratet ist und daher gemäß § 6 Abs. 3 keinen WGZ. erhält, eine Dienstwohnung zugewiesen wird.

7. Der Betrag wird also in Teilbeträgen bei den Gehaltszahlungen für die gleichen Zeitabschnitte, für welche diese gewährt werden, einbehalten.

8. Der Anrechnungsbetrag ist ohne Rücksicht auf den vom jeweiligen Wohnungsinhaber bezogenen WGZ. gemäß Nr. 59 PBV. festzusetzen; ist er höher als der zulässige „höchste Anrechnungsbetrag", so ist nur dieser einzubehalten.

9. Vgl. jedoch die Ausführungen in Anm. 6.

10. Wegen der **Räumung der Dienstwohnung** im Falle des Todes des Beamten durch die Hinterbliebenen oder Erben vgl. § 4 des Ges. vom 7. März 1908 (GS. S. 35).

11. Hierzu ist eine Bekanntmachung des FinMin. vom 17. April 1930 ergangen (PrBesBl. S. 51).

12. Über den Umfang der von Dienstwohnungsinhabern zu tragenden Nebenleistungen vgl. RdErl. des FinMin. vom 30. Juni 1928 (PrBesBl. S. 228).

13. Der Hundertsatz ist mit Wirkung vom 1. Jan. 1932 auf 110 v. H. festgesetzt. (RdErl. des FinMin. vom 28. Dez. 1931 — PrBesBl. S. 375 und vom 29. Febr. 1932 — III. 2 Nr. 56 HG. — (B) 1 nicht veröffentlicht.)

4. Kinderbeihilfen.[1]

§ 11.

(1) Die Beamten[2] erhalten für jedes eheliche[3] Kind bis zum vollendeten 21. Lebensjahre eine Kinderbeihilfe.

(2) Die Kinderbeihilfe beträgt monatlich für die ersten beiden Kinder je 20 RM.,[4] für das dritte und vierte Kind je 25 RM., für das fünfte und jedes weitere Kind je 30 RM. Die Höhe des jeweils zu zahlenden Satzes bemißt sich nach der Zahl der kinderbeihilfefähigen Kinder.[5]

(3) Den ehelichen Kindern stehen gleich:

a) für ehelich erklärte Kinder,[6]
b) an Kindesstatt angenommene Kinder,[7]
c) Stiefkinder,[8] die in den Hausstand des Beamten aufgenommen[9] sind,
d) uneheliche Kinder.[10] Ein Beamter erhält als Erzeuger eines unehelichen Kindes die Kinderbeihilfe nur, wenn seine Vaterschaft festgestellt[11] ist und wenn er das Kind in seinen Hausstand aufgenommen[12] hat oder auf andere Weise nachweislich für seinen vollen Unterhalt[13] aufkommt. Eine Beamtin erhält die Kinderbeihilfe nur, wenn der volle Unterhalt von ihr als Mutter gewährt werden muß.[14]

(4) Für Kinder vom vollendeten 16. bis zum vollendeten 21. Lebensjahre wird die Kinderbeihilfe nur gewährt,[15] wenn sie

a) sich in der Schulausbildung[16] oder in der Ausbildung für einen künftig gegen Entgelt auszuübenden Lebensberuf[16] befinden, und
b) nicht ein eigenes Einkommen[16] von mindestens monatlich 30 RM.[17] haben.

(5) Die Kinderbeihilfe wird für jedes Kind nur einmal gewährt.

(6) Die Kinderbeihilfe fällt fort mit dem Ablaufe des Monats, der auf den Monat folgt, in dem das für den Wegfall der Beihilfe maßgebende Ereignis[18] sich zugetragen hat. Eine einmal fortgefallene Kinderbeihilfe lebt nicht wieder auf, wenn die Vorbedingungen für ihre Gewährung nur vorübergehend wieder eintreten.[19]

(7) Für Kinder, die wegen körperlicher oder geistiger Gebrechen[20] dauernd erwerbsunfähig sind, und die nicht ein eigenes Einkommen[16] von mindestens monatlich 30 RM.[17] haben, wird die Kinderbeihilfe ohne Rücksicht auf das Lebensalter weitergewährt.[21]

(8) Verheiratete Beamtinnen erhalten Kinderbeihilfen für gemeinsame Kinder nur, wenn der Ehemann bei Berücksichtigung seiner sonstigen Verpflichtungen außerstande ist, ohne Gefährdung des standesgemäßen Unterhalts der Familie diese zu unterhalten. Entsprechendes gilt für die geschiedenen Beamtinnen.[22]

(9) Beamte, die im Staatsdienst nur ein Nebenamt bekleiden, erhalten keine Kinderbeihilfe.

(10) Beamten, die gleichzeitig auch eine Stelle im Dienste des Reichs, eines der Länder oder einer Körperschaft des öffentlichen Rechts bekleiden, wird von der Kinderbeihilfe nur der Teilbetrag gewährt, der dem Anteil des aus der Staatskasse gezahlten Grundgehalts an dem Gesamtgrundgehalt entspricht.[23]

Anmerkungen.

1. Kinderbeihilfen. Nach Art. 119 Abs. 2 RV. haben kinderreiche Familien Anspruch auf ausgleichende Fürsorge. In Verfolg dieses Grundsatzes hatte das Ges. vom 7. Mai 1920 (GS. S. 191) erstmalig die Kinderbeihilfen eingeführt, deren Höhe im **Verhältnis zum Grundgehalt** seitdem ständig gestiegen ist. Die Kinderbeihilfen sollen nur einen Beitrag zu den Kosten des Auferziehens der Kinder darstellen, in erster Linie ist die Erziehung des Nachwuchses sittliche Pflicht der Eltern, nicht des Staates (vgl. Nr. 63 Abs. 3 PBV.). Die Kinderbeihilfe, auf deren Zahlung die Beamten beim Vorliegen der erforderlichen Voraussetzungen einen Rechtsanspruch haben, ist kein Bestandteil des Diensteinkommens im engeren Sinn wie Grundgehalt und Wohnungsgeldzuschuß. Sie bildet einen selbständigen, nicht ruhegehaltsfähigen Teil der Dienstbezüge. Die Kinderbeihilfe ist nicht pfändbar (§ 850 ZPO.) und nicht abtretbar. Beamte, die im Disziplinarverfahren oder aus Anlaß eines Strafverfahrens vorläufig vom Dienst enthoben sind sowie Beamte, deren Diensteinkommen auf Grund eines Disziplinarurteils zu kürzen ist, erhalten die Kinderbeihilfe in voller Höhe.

2. Der Anspruch auf die Kinderbeihilfe steht also nicht dem Kinde, sondern dem Beamten als Vater oder Stiefvater oder der Beamtin als Mutter oder Stiefmutter zu.

3. Eheliche Kinder. Durch eheliche Abstammung (§§ 1591 ff. BGB.) oder infolge Legitimation durch nachfolgende Ehe (§ 1719 BGB.: „Ein uneheliches Kind erlangt dadurch, daß sich der Vater mit der Mutter verheiratet, mit der Eheschließung die rechtliche Stellung eines ehelichen Kindes.")

4. Gemäß der 2. GKV. ist mit Wirkung vom 1. Juli 1931 die Kinderbeihilfe für das erste Kind auf 10 RM. monatlich herabgesetzt. Die Herabsetzung ist bis zum 31. Jan. 1934 befristet.

5. Die Kinderbeihilfe war im BDEG. nach dem Lebensalter des Kindes abgestuft. Jetzt ist sie für alle Altersstufen gleich hoch, erhöht sich jedoch mit der Zahl der beihilfefähigen Kinder. Zu den beihilfefähigen Kindern sind auch die Kinder im Alter von 21 bis 24 Jahren zu rechnen, für die eine Kinder**zulage** auf Grund des RdErl. des FinMin. vom 21. Mai 1928 (PrBesBl. S. 193) gewährt wird.

Beispiel. Ein Beamter hat 6 Kinder im Alter von 12, 15, 17 (i. d. Schulausbildung), 22 (für das er Kinderzulage erhält), 23 und 24 Jahren. Er erhält an Kinderbeihilfe und Kinderzulage 20 + 20 + 25 + 25 zusammen 90 RM. (In der Zeit vom 1. Juli 1931 bis zum 31. Jan. 1934 jedoch nur 10 + 20 + 25 + 25 zusammen 80 RM.; vgl. Anm. 4.)

6. § 1723 BGB. „Ein uneheliches Kind kann auf Antrag seines Vaters durch Verfügung der Staatsgewalt für ehelich erklärt werden."

7., 8. Vgl. Nr. 65 Abs. 1 u. 2 PBV.

9. Die Aufnahme in den Hausstand des Beamten bedeutet nicht notwendig Aufnahme in die Wohnungsgemeinschaft. Sie ist daher auch in den Fällen anzunehmen, in denen der Beamte auf seine Kosten das Kind, für das die Kinderbeihilfe beansprucht wird, zum Zwecke der Erziehung oder Ausbildung in einer Erziehungsanstalt (Internat, Alumnat) oder bei Verwandten oder bei anderen Familien unterbringt, ohne daß der familiäre Zusammenhang mit dem Hausstand des Beamten dauernd aufgehoben sein soll (z. B. bei regelmäßiger Rückkehr des Kindes während der Ferien).

10. Uneheliche Kinder §§ 1705ff. BGB.

11. Feststellung der Vaterschaft. Die Vaterschaft muß durch Urteil festgestellt oder in einer öffentlichen Urkunde anerkannt sein (§§ 1717, 1718 BGB.).

12. Siehe Anm. 9.

13. Gewährung des vollen Unterhalts, vgl. Nr. 65 Abs. 5 PBV.

14. Eine Beamtin erhält danach z. B. für ihr uneheliches Kind keine Kinderbeihilfe, wenn der volle Unterhalt vom Erzeuger gewährt wird.

15. Für Kinder vom vollendeten 16. bis zum vollendeten 21. Lebensjahr wird die Kinderbeihilfe nur gewährt, wenn eine der beiden Voraussetzungen zu a (Schulausbildung oder Berufsausbildung) und zugleich die Voraussetzung zu b vorliegen.

16. Schulausbildung Nr. 66, Berufsausbildung Nr. 67, eigenes Einkommen des Kindes Nr. 69 PBV.

17. Der Betrag 30 RM. ist durch die SparVO. eingefügt zwecks Angleichung an die entsprechende Bestimmung des Reichsbesoldungsgesetzes. Ursprünglich stand hier und im Abs. 7 „40 RM.".

18. Den Wegfall der Beihilfe haben z. B. zur Folge: Tod des Kindes, Beendigung der Schul- oder Berufsausbildung, Verheiratung des Kindes, Vollendung des 21. Lebensjahrs, wenn nicht der Fall des § 11 Abs. 7 gegeben ist. **Wegen des Wegfalls der Kinderbeihilfe beim Tod des Beamten als des Erzeugers eines unehelichen Kindes vgl. Nr. 72 PBV. Abs. 1 a.**

19. Beispiel: Der 17 Jahre alte Sohn eines Beamten hat die Schulausbildung am 28. Febr. 1928 beendet. Die Zahlung der Kinderbeihilfe ist mit Ablauf des Monats März eingestellt. Am 15. April 1928 tritt der Sohn eine Lehrstelle in einem Bankgeschäft an, die er am 30. April 1928 wieder aufgibt. Eine weitere Berufsausbildung erfolgt zunächst nicht. Da die Voraussetzungen für die Gewährung der bereits fortgefallenen Kinderbeihilfe nur vorübergehend wieder eingetreten sind, ist die Kinderbeihilfe für den Monat April 1928 nicht zu zahlen.

20. Unter körperlichen oder geistigen Gebrechen im Sinne dieser Bestimmung sind alle angeborenen oder erworbenen körperlichen oder geistigen Fehler und Leiden nicht vorübergehender Natur zu verstehen, durch die dem Kinde die volle Erwerbsfähigkeit genommen wird. (Z. B. Blindheit, Taubheit, Krüppelhaftigkeit, Lungentuberkulose, Geisteskrankheit.)

21. Die Kinderbeihilfe wird ohne Rücksicht auf das Lebensalter weitergewährt. Sie kann also für ein Kind, dessen Erwerbsunfähigkeit erst nach dem vollendeten 21. Lebensjahr eingetreten ist, nicht neu gewährt werden, wenn sie bereits fortgefallen war. Sie fällt demnach auch dauernd fort, wenn das Einkommen des erwerbsunfähigen Kindes auf 30 RM. steigt.

22. Entsprechendes gilt auch für weibliche Beamte, deren Ehe für nichtig erklärt ist.

23. Beispiel. Ein Beamter bezieht an Grundgehalt aus Staatsmitteln 7500 RM., aus Mitteln einer Körperschaft des öffentlichen Rechts 5000 RM.; er hat zwei Kinder, beihilfefähige Kinder, für die ihm, wenn er nur eine Stelle im Staatsdienst hätte, 30 RM. (vgl. Anm. 4) Kinderbeihilfe zu zahlen wären. Er erhält an Kinderbeihilfe 7500 : 12 500 = x : 30, also 18 RM. monatlich.

Besoldungsvorschriften.

Zu § 11 im allgemeinen.

Nr. 62. (1) Die Kinderbeihilfen werden vom Ersten[1] des Monats an gezahlt, in den das für die Gewährung maßgebende Ereignis[2] fällt. Wegen der Zahlung für eine rückliegende Zeit s. Ziff. 1 des RdErl. vom 11. März 1927 — Bes. 2669 b — (PrBesBl. S. 43).[3]

(2) Eine Herabsetzung der Kinderbeihilfe infolge Verringerung der Zahl der kinderbeihilfefähigen Kinder wird vom Ersten des zweiten Monats an wirksam, der auf das maßgebende Ereignis folgt.[4] Im Falle der Nr. 63 Abs. 3 tritt die Herabsetzung vom Ersten des Monats ein, der auf das maßgebende Ereignis folgt. Hat sich im letzteren Falle das Ereignis am ersten Tage eines Monats zugetragen, so wird die Herabsetzung bereits von diesem Tage an wirksam.

(3) Bis zum 15. März jedes Jahres hat der Beamte der für die Anweisung der Kinderbeihilfe zuständigen Stelle eine Erklärung abzugeben, daß die für den Bezug und die Höhe der angewiesenen Kinderbeihilfe maßgebenden Verhältnisse im abgelaufenen Rechnungsjahr unverändert fortbestanden haben und weiterhin fortbestehen.[5] Scheidet ein Beamter vor dem 15. März im Laufe eines Rechnungsjahres aus, so hat er die vorgeschriebene Erklärung rechtzeitig vor dem Ausscheiden abzugeben; im Falle des Todes eines Beamten hat der gesetzliche Vertreter der Kinder die Erklärung zu erbringen.

(4) Jede Tatsache, die eine Herabsetzung oder die Einstellung der Zahlung der Kinderbeihilfe zur Folge hat, ist von dem Beamten unverzüglich schriftlich anzuzeigen.

(5) Auf die Vorschriften des Abs. 3 und 4 ist der Beamte bei der erstmaligen Anweisung einer Kinderbeihilfe ausdrücklich hinzuweisen. Der Hinweis ist aktenkundig zu machen.

(6) Entscheidungen über die Gewährung, Herabsetzung oder den Wegfall von Kinderbeihilfen haben die für die Bewilligung von Kinderbeihilfen zuständigen Stellen selbständig zu treffen. Die Unterlagen müssen aktenkundig sein. Die Entscheidungen sind von dem zuständigen Rechnungsamt oder einer Rechnungsprüfungsstelle, soweit die Bewilligung nicht durch die oberste Verwaltungsbehörde erfolgt, alsbald nicht nur rechnerisch, sondern auch sachlich nachzuprüfen.

(7) Soweit im PrBesG. und in diesen PBV. nicht abweichende Bestimmungen über die Gewährung von Kinderbeihilfen getroffen sind, ist auch künftig nach den in den bisherigen Vorschriften (z. B. in Ziff. 113 c und 113 e PBV. vom 15. Juli 1925)[6] niedergelegten Richtlinien, die als Erfahrungsgrundsätze zu gelten haben, zu verfahren.

Zu § 11 Abs. 1, 2 u. 3.

Nr. 63. (1) Ein am ersten Tage eines Monats geborenes Kind vollendet ein Lebensjahr nach § 187 Abs. 2, § 188 Abs. 2 des Bürgerlichen Gesetzbuches mit Ablauf des letzten Tages des vorhergehenden Monats.

(2) Die Reihenfolge der Kinder für die Bemessung der Kinderbeihilfen bestimmt sich nach dem Lebensalter der Kinder.[7] Zu den beihilfefähigen Kindern im Sinne des § 11 Abs. 2 Satz 2 sind auch die Kinder zu rechnen, für die nach Nr. 76 eine Kinderbeihilfe oder auf Grund der Richtlinien über die Gewährung von Kinderzulagen (PrBesBl. 1928 S. 193[8]) eine Kinderzulage gezahlt wird. Werden für Kinder Kinderbeihilfen oder Kinderzulagen nach einer dem § 11 oder den Richtlinien über die Gewährung von Kinderzulagen (PrBesBl. 1928 S. 193[8]) entsprechenden Vorschrift aus Mitteln des Reichs, eines Landes, einer Gemeinde oder einer sonstigen Körperschaft des öffentlichen Rechtes gezahlt, so bleiben diese Kinder bei der Feststellung der Zahl und der Reihenfolge der kinderbeihilfefähigen Kinder im Sinne dieser Vorschrift außer Betracht.

(3) Kommt der Beamte seiner Unterhaltspflicht für ein eheliches, für ehelich erklärtes oder an Kindes Statt angenommenes Kind nicht

oder nur teilweise nach, so wird die Kinderbeihilfe nicht oder nur bis zur Höhe seiner Aufwendungen gewährt. Das gleiche gilt sinngemäß für Stiefkinder. Für Stiefkinder wird die Kinderbeihilfe nur gezahlt, sofern nicht eine andere, zum Unterhalt verpflichtete Person den Unterhalt gewährt.[9]

(4) Für ein verheiratetes Kind wird keine Kinderbeihilfe gewährt, es sei denn, daß der Ehegatte es nicht unterhalten kann und die sonstigen Voraussetzungen für die Gewährung der Kinderbeihilfe erfüllt sind.[10]

(5) Ist für ein eheliches, für ehelich erklärtes, an Kindes Statt angenommenes Kind oder für ein Stiefkind ein Vormund oder Pfleger bestellt, so kann die vorgesetzte Behörde auf Antrag des Vormundschaftsgerichts bestimmen, daß die Kinderbeihilfe nicht an den Beamten, sondern an den Vormund oder Pfleger oder an das Vormundschaftsgericht zu zahlen ist.[11] *Wegen des unehelichen Kindes vgl. Nr. 65 Abs. 7.*

(6) Beamten kann die Kinderbeihilfe entzogen werden, wenn das Kind im Ausland lebt und dabei seine deutsche Erziehung nicht gewährleistet ist.

Nr. 64. Bei Berechnung der den Hinterbliebenen von Beamten, Wartegeldempfängern und Ruhegehaltsempfängern für das auf den Sterbemonat folgende Vierteljahr zustehenden Gnadenbezüge sind alle für den Sterbemonat zustehenden Kinderbeihilfen — einschl. der Kinderbeihilfen für uneheliche Kinder, gegebenenfalls unter sinngemäßer Anwendung der Nr. 65 Abs. 7 — mitzuberücksichtigen,[12] *und zwar auch Kinderbeihilfen für solche Kinder, für die die Voraussetzungen zum Bezuge erst während des Vierteljahres eintreten oder wieder eintreten.*

Nr. 65. (1) Unter an Kindes Statt angenommenen Kindern sind nur solche zu verstehen, die nach § 1741 des Bürgerlichen Gesetzbuches angenommen sind. Für die Gewährung der Kinderbeihilfe ist der Tag der Bestätigung des Annahmevertrags durch das zuständige Gericht maßgebend (§ 1754 BGB.).

(2) Stiefkinder sind die ehelichen, für ehelich erklärten oder an Kindes Statt angenommenen Kinder des anderen Ehegatten, die nicht zugleich eigene Kinder sind, sowie die unehelichen Kinder der Ehefrau, nicht aber die unehelichen Kinder des Ehemannes.

(3) Auch für uneheliche Kinder wird die Kinderbeihilfe, wenn die sonstigen Voraussetzungen gegeben sind, bis zum vollendeten einundzwanzigsten Lebensjahre, nicht nur für die Dauer der gesetzlichen Unterhaltspflicht des Vaters, gewährt. Wenn jedoch das uneheliche Kind die deutsche Staatsangehörigkeit nicht besitzt, so wird die Kinderbeihilfe nur solange gewährt, als der Beamte zur Zahlung einer Unterhaltsrente verpflichtet ist.

(4) Die Vaterschaft des Beamten für ein uneheliches Kind kann nur durch Urteil oder durch Anerkennung in einer öffentlichen Urkunde festgestellt werden.

(5) Die Gewährung des vollen Unterhalts für ein uneheliches Kind ist nur anzunehmen, wenn der Beamte für den Unterhalt des Kindes

einen Betrag tatsächlich aufwendet, der die Kinderbeihilfe um wenigstens ein Viertel übersteigt,[13] *auch wenn die Unterhaltsrente, zu deren Zahlung der Beamte verpflichtet ist, niedriger ist; ist die Unterhaltsrente, zu deren Entrichtung der Beamte verpflichtet ist, höher,* so muß *der Beamte mindestens den Betrag der Unterhaltsrente aufwenden.*[13] *Hat der Beamte das Kind durch eine einmalige Zuwendung oder in ähnlicher Weise abgefunden, so erhält er die Kinderbeihilfe, wenn der der Berechnung der Abfindungssumme zugrunde liegende Monatsbetrag einen Betrag erreicht, der die Kinderbeihilfe um wenisgtens ein Viertel übersteigt oder der Unterschiedsbetrag hinzugezahlt wird.*

(6) Eine Beamtin als Mutter eines unehelichen Kindes erhält keine Kinderbeihilfe, solange der Vater des unehelichen Kindes den Unterhalt gewährt.

(7) Die vorgesetzte Dienstbehörde kann bestimmen, daß die Kinderbeihilfe für ein uneheliches Kind nicht an den Beamten, sondern an den Vormund des Kindes oder an das *Vormundschaftsgericht zu zahlen ist.*

(8) Die Aufnahme von Stiefkindern und unehelichen Kindern in den Hausstand des Beamten ist auch in den Fällen anzunehmen, in denen der Beamte das Kind auf seine Kosten zum Zwecke der Erziehung oder Ausbildung in einer Erziehungs- oder Lehranstalt oder bei Verwandten oder bei einer anderen Familie unterbringt, ohne daß der Familienzusammenhang mit dem Hausstand des Beamten dauernd aufgehoben sein soll (z. B. bei regelmäßiger Rückkehr des Kindes während der Ferien).[14]

Zu § 11 Abs. 4.

Nr. 66. (1) Als Schulausbildung[15] *gilt auch die weitere Ausbildung an Lehrerbildungsanstalten, höheren Lehranstalten (z. B. Realschulen, Gymnasien, Lyzeen), Hochschulen, Fachschulen z. B. Handelsschulen, Haushaltsschulen, Baugewerkschulen) und ähnlichen Anstalten, wenn die Ausbildung nach einem staatlich genehmigten Lehrplan erfolgt und der Unterricht von staatlich zugelassenen Lehrern erteilt wird.*

(2) Es ist nicht erforderlich, daß der Schulbesuch die Ausbildung für einen künftig gegen Entgelt auszuübenden Lebensberuf[15] *bezweckt, wohl aber, daß er die Zeit und Arbeitskraft des Kindes ausschließlich oder ganz überwiegend in Anspruch nimmt. Der Besuch von Handarbeits-, Musikschulen (Konservatorien) oder Fortbildungsschulen gilt hiernach in der Regel nicht als Schulausbildung im Sinne dieser Vorschriften; soweit der Besuch von Schulen die Gewährung einer Kinderbeihilfe hiernach nicht begründet, kann unter Umständen die Gewährung einer solchen nach Nr. 67 in Frage kommen.*

Nr. 67. (1) Eine Berufsausbildung[15] *liegt nur dann vor, wenn die Ausbildung für einen später gegen Entgelt auszuübenden Lebensberuf erfolgt, wenn es sich um eine ernsthafte Berufsausbildung handelt, und wenn die Ausbildung nach der zeitlichen Ausdehnung der Unterweisung und etwaiger häuslicher Übungen die Arbeitskraft des Kindes ausschließlich oder ganz überwiegend in Anspruch nimmt.*

Als Berufsausbildung gilt z. B. die Beschäftigung als Lehrling oder Volontär, als Anwärter für den Reichs-, Staats- oder sonstigen öffentlichen Dienst (z. B. als Referendar, Zivilsupernumerar, sowie die übliche Beschäftigung bei einem Landratsamt vor der Einberufung als Zivilsupernumerar), die für das Hochschulstudium vorgeschriebene praktische Beschäftigung, die Ausbildung als Kindergärtnerin, Haushalts- oder Krankenpflegerin. Zum Nachweis der Berufsausbildung, z. B. als Lehrling, ist in der Regel die Vorlegung des Lehrvertrags zu fordern.

(2) Eine Ausbildung, die nach Art und Umfang lediglich zur eigenen Vervollkommnung dienen kann, ohne daß sie die Grundlage einer späteren entgeltlichen Berufsausbildung bilden soll, z. B. der Besuch von Koch-, Plätt-, Näh-, Stick- oder Zuschneidekursen, sowie die Teilnahme an Musik-, Gesang- und Malstunden, ist nicht als Berufsausbildung anzusehen.[15] *Das gleiche gilt für eine Ausbildung im Hause, im Geschäfts- oder Gewerbebetrieb, sowie in der Landwirtschaft der Eltern. Nicht förmliche Ausbildungen (z. B. die Tätigkeit als Dienstmädchen, Laufbursche, Hütejunge sowie die Ausbildung für die Tätigkeit als Hausfrau) gelten ebenfalls nicht als Berufsausbildung. Als nicht förmliche Ausbildung ist in der Regel auch anzusehen, wenn die Ausbildung bei einer Person erfolgt, die zur Ausbildung von Lehrlingen in dem betreffenden Fach nicht befugt ist. Soweit in diesen Vorschriften nichts anderes bestimmt ist, ist eine Tätigkeit, die für die Berufsausbildung zwar wertvoll, aber nicht notwendig und vorgeschrieben ist, nicht zu berüchsichtigen.*

(3) Ein Berufswechsel nach[16] *erfolgter Ausbildung in dem anfänglich ergriffenen Beruf zieht den Verlust des Anspruchs auf die Kinderbeihilfe nicht nach sich.*

Nr. 68. Regelmäßige Ferien, regelmäßiger Erholungsurlaub, vorübergehende Erkrankung,[17] [18] *sowie die üblichen Übergangszeiten zwischen Schul- und Berufsausbildung unterbrechen die Schul- und Berufsausbildung nicht.*

Nr. 69. (1) Eigenes Einkommen des Kindes ist nicht nur das Einkommen, mit dem das Kind selbständig veranlagt wird, sondern auch das Einkommen, das bei der Veranlagung mit dem eines anderen Steuerpflichtigen zusammengerechnet wird. Als eigenes Einkommen des Kindes gilt auch das aus dem Vermögen des Kindes fließende Einkommen, an dem dem Vater oder der Mutter die Nutznießung kraft der elterlichen Gewalt — nicht aus eigenem Recht, z. B. weil dem Beamten der lebenslängliche Nießbrauch testamentarisch vermacht ist — zusteht, ferner Krankengeld und etwaige Verletztenrenten. Zum eigenen Einkommen des Kindes zählen auch Sachbezüge jeder Art;[19] *bezieht ein Kind ein Einkommen, das teilweise oder ganz aus Sachbezügen besteht, so sind für die Ermittelung des Gesamteinkommens die Sachbezüge mit den Ortspreisen zu veranschlagen, wie sie von den Finanzämtern im Vollzuge des Einkommensteuergesetzes festgesetzt sind. Mildtätige Zuwendungen, z. B. Stipendien, Freitische, gelten nicht als Einkommen.*

(2) Eigenes Einkommen des Kindes ist nicht dessen steuerpflichtiges Einkommen, sondern dasjenige, welches das Kind tatsächlich bezieht, z. B. bei Einkommen aus barem Lohn usw.[20] *der Rohbetrag nach Abzug der Sozialversicherungsbeiträge, bei Einkommen aus Kapitalvermögen die Zinsen nach Abzug der Kapitalertragsteuer. Andere Ausgaben, die reichsrechtlich zu den sogenannten Werbungskosten zählen, dürfen vom Einkommen nicht abgezogen werden.*

(3) Einnahmen, die — wie Zinsen, Dividenden, Mieten, Pachtbeträge usw. — nicht monatlich, sondern für längere Zeiträume gezahlt werden, sind auf die einzelnen Monate zu verteilen.

(4) Wird für ein Kind, für das eine Kinderbeihilfe zu zahlen ist, auf Grund eines Beamtenhinterbliebenengesetzes ein Waisengeld oder auf Grund eines sonstigen Versorgungsgesetzes eine Waisenrente — gleichgültig an wen — aus Mitteln des Reichs, eines Landes, einer Gemeinde oder einer sonstigen Körperschaft des öffentlichen Rechts oder wird auf Grund der §§ 30 und 87 des Reichsversorgungsgesetzes eine Kinderzulage gewährt, so gelten diese Bezüge nicht als eigenes Einkommen des Kindes.

Nr. 70. Vollendet[21] *ein Kind, für das eine Kinderbeihilfe bezogen wird, das sechzehnte Lebensjahr, so ist die Zahlung der Kinderbeihilfe einzustellen,*[22] *wenn nicht der zum Bezuge berechtigte Beamte schriftlich der zur Anweisung zuständigen Behörde die für den Weiterbezug der Kinderbeihilfe maßgebenden Verhältnisse darlegt und diese Angaben auf Verlangen glaubhaft macht.*

Zu § 11 Abs. 5.

Nr. 71. (1) Sind beide Eltern eines ehelichen, für ehelich erklärten oder an Kindes Statt angenommenen Kindes Beamte, so erhält nur der Vater die Kinderbeihilfe.

(2) Wäre für ein Kind eine Kinderbeihilfe einerseits nach § 11, andererseits nach § 25 zu zahlen, so wird nur die Kinderbeihilfe nach § 25 gezahlt. Die Kinderbeihilfe nach § 25 wird auch dann gezahlt, wenn für das Kind auf Grund einer dem § 11 entsprechenden Vorschrift des Reichs, eines Landes, einer Gemeinde oder einer sonstigen Körperschaft des öffentlichen Rechts eine Kinderbeihilfe zu zahlen wäre. Eine Kinderbeihilfe nach § 11 wird nicht gezahlt, wenn für das Kind eine Kinderbeihilfe aus Mitteln des Reichs, eines Landes, einer Gemeinde oder einer sonstigen Körperschaft des öffentlichen Rechts auf Grund einer dem § 25 entsprechenden Vorschrift zu zahlen ist (vgl. aber Abs. 3). Hat z. B. ein Beamter die Witwe eines Reichsbeamten mit Kindern unter 21 Jahren geheiratet, so hat das Reich die Verpflichtung, die Kinderbeihilfen nebst dem Waisengeld weiterzuzahlen, da die Verpflichtung, für die eigenen Kinder des verstorbenen Beamten zu sorgen, die ältere und nähere ist. Die Kinderbeihilfe ist für diese Kinder als Kinder ihres leiblichen Vaters zu zahlen.

(3) Wird ein preußischer Ruhegehaltsempfänger oder ein preußischer Wartegeldempfänger oder die Witwe eines preußischen Beamten

im Staatsdienst angestellt, so sind neben den Bezügen aus der neuen Stelle gegebenenfalls die Kinderbeihilfen zu gewähren.[23] Die neben den Versorgungsbezügen an sich zustehenden Kinderbeihilfen ruhen.

Zu § 11 Abs. 6.

Nr. 72. (1) Die Zahlung der Kinderbeihilfen an den Beamten ist in jedem Falle mit dem Zeitpunkt einzustellen, mit dem der Bezug des Grundgehalts[24] aufhört; vgl. jedoch § 25.

(1 a) Die Zahlung einer Kinderbeihilfe für uneheliche Kinder an einen Beamten als Erzeuger ist in jedem Falle bereits mit Ablauf des Monats einzustellen, mit dem die Gewährung des vollen Unterhalts seitens des Beamten (vgl. Nr. 65 Abs. 5) aufhört.

(2) Im Falle des Todes eines Beamten ist wie folgt zu verfahren:

a) Die Kinderbeihilfen für Stiefkinder (vgl. Nr. 65 Abs. 2) und für uneheliche Kinder des Beamten sowie für Pflegekinder und Enkel (vgl. Nr. 76) fallen fort.[25]

b) Die Zahlung der Kinderbeihilfen für eheliche, für ehelich erklärte und von dem Beamten an Kindes Statt angenommene Kinder ist bei den Besoldungsfonds einzustellen. Die Weitergewährung regelt sich nach § 25.

(3) Nr. 64 bleibt unberührt.

Zu § 11 Abs. 6 Satz 2.

Nr. 73. (1) Ist von vornherein zu übersehen, daß die Voraussetzungen für die Gewährung der Kinderbeihilfe nur vorübergehend wieder eingetreten sind, d. h. voraussichtlich innerhalb von drei Monaten wieder wegfallen werden, so ist von einer Anweisung der Kinderbeihilfe abzusehen.

(2) Ist demgemäß von der Anweisung abgesehen, stellt sich aber nachträglich heraus, daß die Vorbedingungen längere Zeit als drei Monate bestehen, so ist die Zahlung nachzuholen.

(3) Ist die Kinderbeihilfe in der Annahme angewiesen, daß die Voraussetzungen ununterbrochen länger als drei Monate fortbestehen werden, und stellt sich nachträglich heraus, daß sie tatsächlich nur drei Monate oder kürzere Zeit bestehen, so ist die Zahlung gemäß § 11 Abs. 6 Satz 1 einzustellen. Die gezahlten Beträge sind in Ausgabe zu belassen.

Zu § 11 Abs. 7.

Nr. 74. (1) Das Bestehen einer dauernden Erwerbsunfähigkeit ist durch ein amtsärztliches Zeugnis nachzuweisen. Von der Beibringung eines amtsärztlichen Zeugnisses kann in Fällen, in denen Kinder wegen körperlicher oder geistiger Gebrechen in Erziehungs-, Pflege- oder Heilanstalten untergebracht sind, abgesehen werden, wenn von dem Anstaltsarzt ein entsprechendes Zeugnis erteilt wird. Auf Führung des Nachweises der dauernden Erwerbsunfähigkeit durch amtsärztliches Zeugnis kann jedoch nicht verzichtet werden, wenn das Kind im Elternhaus oder bei Verwandten usw. untergebracht ist. Das Zeugnis des

Amtsarztes oder des Anstaltsarztes ist spätestens alle drei Jahre neu einzufordern.

(2) Besteht der Zustand der dauernden Erwerbsunfähigkeit im Zeitpunkt der Vollendung des einundzwanzigsten Lebensjahres, so wird die Kinderbeihilfe weitergewährt, solange dieser Zustand fortbesteht.[26 27] *Besteht die Erwerbsunfähigkeit nicht mehr, so erlischt der Anspruch auf die Kinderbeihilfe endgültig; er lebt nicht wieder auf, wenn die Erwerbsunfähigkeit später wieder eintritt.*

(3) Wären für ein Kind, das am 1. Okt. 1927, nicht aber bereits am 1. April 1920 das einundzwanzigste Lebensjahr überschritten hatte, alle Voraussetzungen für den ununterbrochenen Bezug der Kinderbeihilfe seit dem Zeitpunkt der Vollendung des einundzwanzigsten Lebensjahres gegeben gewesen, wenn § 11 Abs. 7 bereits gegolten hätte, so ist die Kinderbeihilfe mit Wirkung vom 1. Okt. 1927 ab anzuweisen.

(4) Nr. 69 findet Anwendung.

Zu § 11 Abs. 8.

Nr. 75. (1) Als gemeinsame Kinder gelten auch Stiefkinder der verheirateten Beamtin, zu deren Unterhalt der Ehemann gesetzlich verpflichtet ist.[28]

(2) Einer geschiedenen Beamtin ist eine Beamtin gleichzuachten, deren Ehe für nichtig erklärt worden ist.

Gewährung der Kinderbeihilfe in besonderen Fällen.

Nr. 76.[29] *(1) Der Fachminister kann im Rahmen der Vorschriften des § 11 Abs. 1, 4 a und 7 Kinderbeihilfen zum Satze von 20 RM.*[30] *monatlich auch für Pflegekinder*[31] *und Enkel gewähren, wenn der Beamte diese in seinen Hausstand aufgenommen hat und für ihren Unterhalt keine Vergütung oder sonstige Zuwendung erhält.*[32] *Nr. 65 Abs. 8 gilt sinngemäß.*[33]

(2) Die Kinderbeihilfe für Pflegekinder und Enkel wird nur gewährt, wenn nicht eine andere Person vorhanden ist, die zum Unterhalt des Kindes gesetzlich verpflichtet und hierzu imstande ist.

(3) Wegen Einstellung der Zahlung der Kinderbeihilfe für Pflegekinder und Enkel gilt § 11 Abs. 6 (vgl. auch Nr. 72 Abs. 1 und 2 a).

Nr. 77. Beamte, die im Disziplinarverfahren oder aus Anlaß eines Strafverfahrens vorläufig vom Dienste enthoben sind, sowie Beamte, deren Diensteinkommen auf Grund eines Disziplinarurteils zu kürzen ist, erhalten die Kinderbeihilfen ungekürzt.

Anmerkungen.

1. Voraussetzung ist jedoch dabei, daß der Beamte am Ersten dieses Monats bereits Dienstbezüge aus der Staatskasse erhielt. Wie die Zahlung der Kinderbeihilfe nach Nr. 72 PBV. mit dem Tage einzustellen ist, an dem der Bezug des Grundgehalts aufhört, so kann sie auch frühestens an dem Tage beginnen, von welchem ab dem Beamten ein Grundgehalt oder eine Grundvergütung gezahlt wird.

2. Z. B. Geburt, Bestätigung des Vertrages über die Annahme an Kindes Statt, Tag der Heirat eines Beamten mit einer Witwe, die aus ihrer ersten Ehe Kinder mitbringt, für die nicht eine andere zum Unterhalt verpflichtete Person den Unterhalt gewährt.

3. Der Erlaß bestimmt, daß die Kinderbeihilfe auch bei verspätetem Antrag auf Bewilligung mit Rückwirkung vom Ersten des Monats an gezahlt werden kann, in den das für die Gewährung maßgebende Ereignis fällt, wenn die sonstigen Vorbedingungen auch für die rückliegende Zeit erfüllt sind, daß aber über die im § 197 BGB. festgesetzte Frist von 4 Jahren hinaus Nachzahlungen in keinem Falle geleistet werden dürfen. Vgl. Anhang zu den PBV. S. 244.

4. Beispiel. Ein Beamter hat 3 kinderbeihilfefähige Kinder, für die er 10 + 20 + 25 = 55 RM. monatliche Kinderbeihilfe erhält. Das älteste Kind beendet am 31. März 1932 die Berufsausbildung. Vom 1. Mai 1932 ab erhält der Beamte nur noch 10 + 20 = 30 RM. monatliche Kinderbeihilfe.

5. Für diese Erklärung ist ein bestimmtes Formular zu verwenden, das im PrBesBl. 1931 S. 79 abgedruckt und nach dem RdErl. vom 16. Febr. 1932 (PrBesBl. S. 48) abzuändern ist.

6. Abgedruckt im Anhang zu den PBV. S. 236 ff.

7. Reihenfolge der Kinder. Erstes Kind ist das älteste Kind. Beispiele: a) Ein Beamter hat 5 kinderbeihilfefähige Kinder im Alter von 3, 5, 7, 9 und 11 Jahren. Er erhält für das 11 Jahr alte Kind 10 RM. (vgl. Anm. 4 zu § 11), für das 9 Jahr alte Kind 20 RM., für die 7 und 5 Jahre alten Kinder je 25 RM., für das 3 Jahr alte Kind 30 RM. monatliche Kinderbeihilfe.

b) Ein Beamter bezieht Kinderbeihilfe gemäß § 11 Abs. 7 für ein 26 Jahre altes Kind und Kinderzulagen für zwei 22 und 23 Jahre alte Kinder. Er erhält 10 RM. Kinderbeihilfe und 20 + 25 RM. Kinderzulagen, vgl. hierzu Nr. 25 der Durchführungsbestimmungen zur 2. GKV.

8. Abgedruckt im Anhang zu den PBV. S. 247.

9. Beispiel. Ein Beamter heiratet eine geschiedene Frau, die aus der geschiedenen Ehe zwei Kinder im Alter von 5 und 7 Jahren mitbringt, für welche der geschiedene Ehemann in Erfüllung seiner Unterhaltspflicht monatlich je 30 RM. zahlt. Der Beamte erhält keine Kinderbeihilfe, obwohl er die Kinder in seinen Hausstand aufgenommen hat.

10. Den verheirateten Kindern sind Kinder gleichzustellen, die verwitwet oder geschieden sind oder deren Ehe für nichtig erklärt ist.

11. Nur auf Antrag des Vormundschaftsgerichts, nicht auch von Amts wegen wie im Falle der Nr. 65 Abs. 7. Doch wird die Behörde die Stellung des Antrags anzuregen haben, wenn dies im Interesse des Kindes geboten erscheint.

12. Die für den Sterbemonat zustehenden Kinderbeihilfen sind also auch dann zu berücksichtigen, wenn sie sonst im folgenden Vierteljahr weggefallen wären.

13. Ein Beamter, der schon ein kinderbeihilfefähiges Kind hat, ist als Vater eines unehelichen Kindes zur Zahlung einer Unterhaltsrente von monatlich 20 RM. verurteilt. Er erhält die Kinderbeihilfe für das uneheliche Kind (20 RM.) nur, wenn er für dessen Unterhalt nachweislich mindestens 25 RM. monatlich aufwendet; ist derselbe Beamte zur Zahlung einer Unterhaltsrente von 30 RM. verurteilt, so erhält er die Kinderbeihilfe nur, wenn er nachweislich mindestens 30 RM. zahlt.

Hat der Beamte das uneheliche Kind in seinen Hausstand aufgenommen, so ist der Nachweis, daß er für seinen vollen Unterhalt aufkommt, nicht erforderlich.

14. Auch bei Unterbringung eines Kindes in einer Heil- oder Pflegeanstalt wird Aufnahme in den Hausstand des Beamten anzunehmen sein.

15. Bei der großen Mannigfaltigkeit der hier in Betracht kommenden Verhältnisse sind bindende Richtlinien, nach denen in jedem Falle entschieden werden kann, nicht aufzustellen. Es wird in jedem Falle Pflicht der dem Beamten unmittelbar vorgesetzten Dienstbehörde sein, alle Umstände sorgfältig zu prüfen und danach die Entscheidung zu treffen. Einen gewissen Anhalt hierfür gibt die Ziff. 113 c der PBV. von 1925, die im Anhang zu den PBV. S. 236 abgedruckt ist.

16. Ein Berufswechsel vor vollendeter Ausbildung schließt die Gewährung von Kinderbeihilfen auch nicht aus, sofern es sich um einen durch die Verhältnisse gebotenen Wechsel und um eine ernsthafte neue Ausbildung handelt.

17. Als „vorübergehend" wird man eine Krankheit nur ansehen können, wenn sie höchstens 3 Monate dauert (vgl. Nr. 73 PBV.).

18. Die Erkrankung muß jedoch während der Ausbildung eingetreten sein, tritt sie erst nach beendeter Ausbildung ein, so wird Kinderbeihilfe nicht gezahlt.

19. Z. B. freie Station, die von einem Lehrherrn gewährt wird.

20. Hierzu rechnen z. B. auch die vom Staat an Beamte im Vorbereitungsdienste gezahlten Unterhaltszuschüsse.

21. Zeitpunkt der Vollendung, vgl. Nr. 63 Abs. 1 PBV.

22. Die Einstellung der Zahlung bei nicht rechtzeitigem Antrag des Beamten beseitigt den Anspruch des Beamten nicht. Stellt er nachträglich den Antrag unter Beibringung der erforderlichen Nachweise, so muß Nachzahlung erfolgen.

23. Wenn also z. B. die Witwe eines Beamten mit Kindern, die waisengeldberechtigt sind, im Staatsdienst angestellt wird, so sind die Kinderbeihilfen bei den Besoldungsbezügen, die Waisenrenten bei den Versorgungsbezügen zu verrechnen.

24. Also unter Umständen früher als § 11 Abs. 6 vorschreibt.

25. Dies gilt auch dann, wenn der Beamte eine Witwe hinterlassen hat, die Witwengeld bezieht. Bei der Bemessung der Gnadenvierteljahrsbezüge sind sie jedoch zu berücksichtigen.

26. Beispiel. Für ein Kind, das sich in der Berufsausbildung befand, ist bis zur Vollendung des 18. Lebensjahres Kinderbeihilfe gezahlt worden. Im 20. Lebensjahre wird das Kind durch Erblindung dauernd erwerbsunfähig. Die Kinderbeihilfe ist auch über das 21. Lebensjahr zu zahlen. Würde dasselbe Kind erst im 25. Lebensjahre erblinden, so könnte die Beihilfe nicht gezahlt werden.

27. Ist für ein Kind nach dem vollendeten 21. Lebensjahre auf Grund des RdErl. des FinMin. vom 21. Mai 1928 (vgl. Anhang S. 247) eine Kinderzulage gezahlt worden und ist das Kind vor dem vollendeten 24. Lebensjahre dauernd erwerbsunfähig geworden, so kann die Kinderzulage weitergewährt werden.

28. Also in der Regel Kinder des Ehemanns aus einer früheren Ehe.

29. Gemäß Teil II Kap. II § 1 der SparVO. dürfen Kinderbeihilfen für Pflegekinder und Enkel vom 1. Okt. 1931 ab nicht mehr neu bewilligt werden.

30. Die Bestimmung, daß stets ein Einheitssatz von 20 RM. zu zahlen ist, ist geändert mit Wirkung vom 1. Juli 1931 ab durch Nr. 25 der preuß. Durchführungsbestimmungen zur 2. GKV. Danach sind auch die Kinderbeihilfen für Pflegekinder und Enkel nach den aus § 11 Abs. 2 Satz 2 des PrBesG. sich ergebenden Sätzen zu zahlen.

31. Pflegekinder. Mangels einer gesetzlichen Definition dieses Begriffs wird bei der Auslegung von der allgemeinen Auffassung auszugehen sein. Danach muß zwischen Pflegeeltern und Pflegekindern ein dauerndes dem zwischen leiblichen Eltern und Kindern ähnliches sittliches Verhältnis bestehen.

32. Vgl. RdErl. des FinMin. vom 19. Sept. 1928 Anhang zu den PBV. S. 245.

33. Wegen der Zahlung für eine rückliegende Zeit vgl. die Anm. zum RdErl. vom 11. März 1927, abgedruckt im Anhang zu den PBV. S. 245.

5. Zulagen, Aufwandentschädigungen, Sondervergütungen und Nebenbezüge.

§ 12.

In der Besoldungsordnung nicht vorgesehene Zulagen,[1 2 3] Aufwandentschädigungen[4] und Vergütungen, insbesondere Vergütungen für über das festgesetzte oder übliche Arbeitsmaß hinausgehende Dienstleistungen,[5] werden dem Beamten aus dem Hauptamt[6] nicht gewährt. Außerordentliche Vergütungen können im Einzelfall[7] ausnahmsweise im Rahmen der im Staatshaushaltsplan vorgesehenen Mittel[8] bewilligt werden.[9]

Besoldungsvorschriften.

Zu § 12 Satz 2.

Nr. 78. Bewilligungen, die den Charakter regelmäßig wiederkehrender Vergütungen an denselben Empfängerkreis tragen, sind unzulässig.

Anmerkungen.

1. Zulagen. Das BDEG. hatte den Versuch gemacht, mit den zahlreichen Sondervergütungen, die den Beamten in der Form von Zulagen unter den verschiedensten Bezeichnungen gewährt wurden, in möglichst weitem Umfange aufzuräumen. So waren z. B. die sogenannten Stellenzulagen restlos beseitigt worden. Das hat sich nicht in allen Fällen bewährt. Das PrBesG. läßt also die Gewährung von Zulagen grundsätzlich zu, stellt aber den Grundsatz auf, daß sie in Vorschriften des Ges. selbst eine Stütze finden müssen. Die Einführung neuer Stellen- oder Amtszulagen ist also durch den Staatshaushaltsplan nur noch insoweit möglich, als sie durch Änderungen in der Organisation der Staatsverwaltung (vgl. § 41) bedingt werden.

Alle Zulagen, die künftig noch gewährt werden können, sind in den Fußnoten zu den einzelnen Besoldungsgruppen, in den Schlußbemerkungen zur BO. und in den Schlußbemerkungen zur Nachweisung der Dienstbezüge der nichtplanmäßigen Beamten erschöpfend zusammengestellt. Insbesondere ist dort auch unter B 1 die Gewährung einer besonderen Ministerialzulage vorgesehen. Diese war ursprünglich dazu bestimmt, um durch ihre Gewährung für die in den Ministerien vorübergehend beschäftigten Hilfskräfte einen besonderen Anreiz zu schaffen und sie so für die verantwortungsreiche und aufreibende Arbeit zu entschädigen. (Staatsministerialbeschluß vom 24. März 1922.) Später ist sie jedoch dieses Charakters als Hilfsarbeiterzulage entkleidet und wird allen Beamten der Ministerien und der ihnen gleichgestellten Behörden gegeben. Vgl. StaatsMinBeschl. vom 30. Juni 1922. Die Höhe der Sätze ist mehrfach geändert. Zurzeit ist der StaatsMinBeschl. vom 4. Jan. 1928 maßgebend, ergänzt durch den StaatsMinBeschl. vom 21. Okt. 1930.

2. Örtliche Sonderzuschläge. Nicht im PrBesG. geregelt ist die Gewährung der örtlichen Sonderzuschläge, die an einzelnen Orten den Beamten, Pensionären und Hinterbliebenen noch jetzt gezahlt werden. Ihre Gewährung geht zurück auf das Ges. vom 18. März 1922 (GS. S. 63) in der Fassung des Art. III des Ges. vom 21. Nov. 1922 (GS. S. 437), das den FinMin. ermächtigte, an Orten mit besonders schwierigen wirtschaftlichen Verhältnissen den Beamten Wirtschaftsbeihilfen zu gewähren. Diese Bezüge sollten eine Art Ausgleichszuschlag für die Beamten in den Orten darstellen, in denen infolge einer besonders günstigen Entwicklung des Arbeitsmarkts die Löhne der Arbeiter weit über den Bezügen der vergleichbaren Beamten lagen. Die Sonderzuschläge, die zunächst nur in wenigen Orten gezahlt wurden, dehnten sich gegen Ende der Inflationszeit auf immer weitere Gebiete aus und waren zeitweise von sehr beträchtlicher Höhe. Nach Wiederherstellung der festen Währung wurde allmählich ein Abbau vorgenommen, der insbesondere im Zusammenhang mit der Besoldungsneuregelung von 1927 den Kreis der in Betracht kommenden Orte und die Höhe der Zuschläge immer kleiner werden ließ. Soweit örtliche Sonderzuschläge von besonderer Höhe 1927 gänzlich beseitigt oder besonders stark abgebaut wurden, erhielten die Beamten eine in zwei Raten gezahlte einmalige Abfindungssumme. Durch den RdErl. vom

22. Dez. 1928 (PrBesBl. S. 342) wurden die Bestimmungen über die Gewährung der örtlichen Sonderzuschläge neu gefaßt und ein Verzeichnis beigefügt, in dem die Orte, in denen noch Zuschläge gezahlt wurden, und die Höhe der Zuschläge aufgeführt waren. Seitdem ist noch zweimal ein Abbau erfolgt, vgl. die RdErl. vom 25. Nov. 1929 (PrBesBl. S. 249) und vom 13. Juni 1930 (PrBesBl. S. 59). Die Orte, an denen noch am 1. Jan. 1932 örtliche Sonderzuschläge zu zahlen sind, und die Höhe dieser Zuschläge enthält das S. 262 abgedruckte Verzeichnis.

3. **Besatzungszulagen.** Die Besatzungszulagen waren durch die allg. Verfügung vom 30. Aug. 1920 (FinMinBl. S. 311) eingeführt, um den Beamten für die ungünstigen wirtschaftlichen Verhältnisse, die in den von den Besatzungstruppen besetzten Gebieten herrschten, einen gewissen Ausgleich zu bieten. Neben der Besatzungszulage wurde noch ein besonderer Kinderzuschlag gewährt. Die Höhe der Besatzungszulage ist mehrfach geändert worden, sie war abgestuft nach dem Familienstand. Mit der jeweiligen Räumung der besetzten Gebietsteile fiel auch die Besatzungszulage weg, seit dem 30. Juni 1930 ist sie vollständig verschwunden.

4. **Aufwandentschädigungen.** Der Kreis der Empfänger von Aufwandentschädigungen ist festgelegt durch Abschn. A der Schlußbemerkungen zur BO. (S. 215).

Nicht zu verwechseln mit den Aufwandentschädigungen, die Repräsentationsgelder darstellen, sind die sogenannten Dienstaufwandentschädigungen, die eine Pauschalerstattung von Beträgen sind, die der Beamte in Wahrnehmung seines Dienstes zu verauslagen hat. Die Gewährung von Dienstaufwandentschädigungen ist nicht im PrBesG. geregelt, sie erfolgt nach Maßgabe des Staatshaushaltsplans.

5. **Überstunden.** Besondere Vergütungen für Mehrarbeit, sog. Überstunden, können nicht mehr gewährt werden. Es entspricht dies dem Grundsatz, daß jeder Beamte verpflichtet ist, auch bei erhöhten Ansprüchen seine Arbeitskraft dem Staat voll zur Verfügung zu stellen, ohne daß daraus ein Anspruch auf besondere Entschädigung hergeleitet werden kann.

6. Wegen der Bezüge aus Nebenämtern s. Anm. 5—8 zu § 13.

7. **Außerordentliche Sondervergütungen** können niemals laufend, sondern immer nur in einzelnen besonderen Ausnahmefällen gewährt werden. Dazu gehören z. B. die außerordentlichen Zuwendungen an Landjägereibeamte und an ehemalige Polizei- und Kriminalwachtmeister der früheren staatlichen Schutzmannschaft (Dienstprämien). Auch diese sollen aber künftig in Wegfall kommen und werden deshalb nur den bis zum 31. März 1922 unter bestimmten Vorbedingungen eingetretenen Beamten gewährt.

8. Der § 23 des Staatshaushaltsgesetzes vom 11. Mai 1898 (GS. S. 77), der bestimmte, daß Ersparnisse bei den im Haushalt vorgesehenen Besoldungsmitteln zu außerordentlichen Vergütungen verwendet werden konnten, ist geändert. § 28 BDEG. in der Fassung vom 12. Mai 1923. Die für außerordentliche Vergütungen verwendeten Mittel müssen also ausdrücklich für diesen Zweck vorgesehen sein.

9. Eine Vergütung besonderer Art, die jedoch nicht zur Abgeltung besonderer Leistungen gewährt wird, stellen die sogenannten Notstandsbeihilfen dar, die dem Beamten, der durch unverschuldete Ereignisse (Todesfälle, kostspielige Erkrankungen) in wirtschaftliche Bedrängnis geraten ist, eine Beihilfe zur Überwindung dieser Notlage sein sollen. Für sie sind besondere Mittel im Haushalt vorgesehen. Ihre Gewährung ist geregelt durch den RdErl. vom 25. März 1929 (PrBesBl. S. 47).

§ 13.

(1) Mit einem Amt verbundene besondere Nebenbezüge,[1] wie Vorlesungs- und Unterrichtsgebühren,[2] Gebührenanteile,[3] Gewinnanteile[4] und dergleichen, fließen dem Beamten als Diensteinkommen nur soweit zu, als es in der Besoldungsordnung ausdrücklich zugelassen ist.

(2) Für ein Nebenamt oder Nebengeschäft[5] kann dem Beamten eine besondere Vergütung aus der Staatskasse bewilligt werden, wenn es mit dem Hauptamte nicht in unmittelbarem Zusammenhange steht[6] und den Beamten über die dem Hauptamte zu widmende volle Arbeitszeit hinaus wesentlich in Anspruch nimmt.[7] [8]

(3) Übt ein Beamter im Zusammenhang mit seiner amtlichen Tätigkeit eine Tätigkeit im Vorstand, Aufsichtsrat, Verwaltungsrat oder einem sonstigen Organ einer Gesellschaft oder eines Unternehmens aus,[9] so ist er verpflichtet, alle Bezüge, die ihm aus dieser Tätigkeit zustehen oder gewährt werden,[10] seiner vorgesetzten Dienstbehörde anzuzeigen und an die Staatskasse, wenn die Tätigkeit mit der Wahrnehmung der Interessen einer Gemeinde, eines Gemeindeverbandes oder einer sonstigen Körperschaft zusammenhängt, an diese Körperschaft abzuliefern. Die vorgesetzte Dienstbehörde kann dem Beamten als Ersatz für tatsächliche Aufwendungen und ausnahmsweise auch als besondere Vergütung gewisse Bezüge belassen oder bewilligen.[11] Das Staatsministerium kann hierüber allgemeine Grundsätze aufstellen.[12] In den Fällen dieses Absatzes findet der § 1 des Gesetzes vom 10. Juni 1874 (Gesetzsamml. S. 244) keine Anwendung.[13]

(4) Im übrigen bleiben die Allgemeinen Bestimmungen

über die Annahme von Vergütungen für Nebenämter und Nebenbeschäftigungen durch Beamte unberührt.[14]

Besoldungsvorschriften.

Zu § 13 Abs. 2.

Nr. 79. Auf Anordnung der vorgesetzten Dienstbehörde ist der Beamte zur Annahme und Fortführung eines Nebenamtes oder einer Nebenbeschäftigung auch ohne besondere Vergütung (Nebenvergütung) verpflichtet. Dabei ist es unerheblich, ob es sich um ein Nebenamt oder eine Nebenbeschäftigung

a) im Dienste des Staates oder

b) im Dienste des Reichs, eines anderen Landes, einer Gemeinde (eines Gemeindeverbandes) oder sonst im öffentlichen Dienst handelt.

Nr. 80. Zu § 13 Abs. 3 sind besondere Bestimmungen ergangen.

Anmerkungen.

1. **Nebenbezüge.** Die Vorschrift des Abs. 1 bezieht sich nur auf etwaige Nebenbezüge aus dem Hauptamt. Sie erstreckt sich andrerseits auf alle Bezüge aus dem Hauptamt, auch solche, die nicht unmittelbar aus der Staatskasse gewährt werden. Der Umfang, in dem solche Nebenbezüge den Beamten als Diensteinkommen zufließen können, ergibt sich erschöpfend aus den Schlußbemerkungen zur BO. unter C und den Schlußbemerkungen zur Anlage 3 des Gesetzes.

2. **Vorlesungs- und Unterrichtsgebühren.** Wegen der Beteiligung der Professoren und Abteilungsvorsteher an den Wissenschaftlichen Hochschulen an den für ihre Vorlesungen eingehenden Unterrichtsgebühren und der Amtsvergütung der Rektoren s. Schlußbemerkungen zur BO. C Ziff. 4.

3. **Gebührenanteile.** Vgl. Schlußbemerkungen zur BO. C Ziff. 2 und 3, Schlußbemerkungen zur Anlage 3 Ziff. 2 und 3.

4. **Gewinnanteile.** Vgl. Schlußbemerkungen zur BO. C Ziff. 1.

5. **Nebenämter und Nebenbeschäftigungen.** Das PrBesG. regelt lediglich die Dienstbezüge der Beamten aus dem Hauptamt, nicht auch die Vergütungen aus etwaigen Nebenämtern und Nebenbeschäftigungen. Über den Begriff des Nebenamts und der Nebenbeschäftigung vgl. v. Rheinbaben, Disziplinargesetze S. 85ff., Brand, Beamtenrecht S. 506ff., sowie RGZ. 127 S. 329. Die Festsetzung der Vergütungen, welche für ein Nebenamt oder eine Nebenbeschäftigung aus der Staatskasse geleistet werden, ist dem Staatshaushalt überlassen.

6. Ein unmittelbarer Zusammenhang mit dem Hauptamt ist stets dann anzunehmen, wenn die nebenamtlich ausgeübte Diensttätigkeit in Wirklichkeit nur einen organischen Teil der hauptamtlichen Aufgaben bildet.

7. Ob das Nebenamt oder die Nebenbeschäftigung den Beamten über die dem Hauptamt zu widmende volle Arbeitszeit wesentlich in Anspruch nimmt, unterliegt allein der Entscheidung der vorgesetzten Dienstbehörde.

8. Die Vorschrift des Abs. 2 war mit ähnlichem Wortlaut auch schon im § 9 Abs. 2 BDEG. enthalten. Die Veränderung des Textes ist vom Landtag mit der ausdrücklichen Absicht vorgenommen worden, dadurch die Zahlung besonderer Vergütungen für Nebenämter zu erschweren.

9. Die wachsende Beteiligung des Staates an privatwirtschaftlichen Unternehmungen und die Überführung staatlicher Betriebe in die Form von Aktiengesellschaften (vgl. z. B. das Ges. vom 9. Okt. 1923 GS. S. 467) haben in steigendem Maße dazu geführt, daß Staatsbeamte in den Aufsichtsrat oder sonstige Organe von Gesellschaften des Handelsrechts gewählt werden, wofür ihnen häufig nach den Satzungen der Gesellschaft besondere Bezüge zufließen. Die Tätigkeit der Beamten in diesen Organen liegt durchaus im staatlichen Interesse, andererseits verbietet das Gesetz vom 10. Juni 1874 (GS. S. 244) eine solche Tätigkeit, wenn sie mit einer Vergütung verbunden ist. Wenn auch zweifelhaft sein kann, ob das Ges. von 1874 in derartigen Fällen Anwendung zu finden hätte — der Gesetzgeber hatte 1874 sicherlich nur an Fälle gedacht, in denen Beamte aus anderen Gründen, nicht aber in Zusammenhang mit staatlichen Interessen, zu Mitgliedern von Aufsichtsräten usw. gewählt wurden — so schien es doch zweckmäßig, besondere Vorschriften für diese Fälle zu treffen. Dies war um so mehr geboten, als in einzelnen Fällen den Beamten aus dieser im Zusammenhang mit ihrer amtlichen Tätigkeit stehenden Beschäftigung Beträge zuflossen, die als durchaus unangemessen zu bezeichnen waren.

10. Also nicht nur Vergütungen für die Arbeitsleistungen, sondern auch Reisekosten, Tagegelder oder nicht in barem Gelde gewährte Entschädigungen.

11. Grundsätzlich sollen also nur Bezüge zum angemessenen Ersatz der tatsächlich entstandenen Aufwendungen, also Reisekosten, Tagegelder und sonstige bare Auslagen bewilligt werden, eine Abgeltung für die Tätigkeit selbst nur ausnahmsweise eintreten. Dies rechtfertigt sich dadurch, daß bei Beamten, die durch ihre Tätigkeit für die Gesellschaften besonders in Anspruch genommen werden, in der Zuteilung ihrer behördlichen Aufgaben in der Regel hierauf entsprechend Rücksicht genommen wird.

12. Die Grundsätze sind am 29. Dez. 1928 erlassen und durch StaatsminBeschl. vom 8. April 1930 teilweise geändert, veröffentlicht sind sie bisher nicht.

13. Vgl. Anm. 9.

14. Die grundlegende Bestimmung über die Annahme von Nebenämtern und Nebenbeschäftigungen durch Beamte bildet die KabO. vom 13. Juli 1839 (GS. S. 235), z. T. abgeändert durch die Verordnung des Preuß. Staatsministeriums vom 31. Juli 1920 (GS. S. 417). Zu dieser Verord. ist ein RdErl. des FinMin. vom 3. Aug. 1921 ergangen (FinMin.-Bl. S. 415). Näheres hierüber vgl. Brand, Beamtenrecht S. 506ff.

§ 14.

(1) Für staatsseitig gewährte Nutzung von Wirtschaftsland,[1] Feuerungs- und Beleuchtungsmitteln,[2] Verpflegung,[3] Jagd-

nutzung[4] und dergleichen hat der Beamte einen angemessenen Betrag zu zahlen. Die Höhe dieses Betrages wird von der zuständigen Behörde unter Mitwirkung der Beamtenvertretung festgelegt. In Zweifelsfällen entscheidet der Fachminister in Gemeinschaft mit dem Finanzminister endgültig.

(2) Den Beamten, die zum Tragen von Dienstkleidung verpflichtet sind, wird, sofern die Dienstkleidung nicht unentgeltlich[5] geliefert wird, ein angemessener Zuschuß zu ihrer Beschaffung und Unterhaltung nach näherer Bestimmung durch den Staatshaushaltsplan gewährt;[6] der Zuschuß ist in gleichen Teilbeträgen wie das Diensteinkommen zu zahlen.

Besoldungsvorschriften.

Zu § 14 Abs. 1.

Nr. 81. Wegen der Vergütung für Nutzung von Wirtschaftsland und Feuerungsmitteln vgl. Nr. 60.

Anmerkungen.

1. Wegen der Wirtschaftsländereien der Forstbeamten vgl. Runderl. des LandwMin. vom 6. März 1926 (LandwMinBl. S. 178ff.), der Lehrpersonen, Runderl. des UnterMin. vom 1. Jan. 1924 U III E 2159.

2. Vgl. den RdErl. des FinMin. betr. Vergütungen für die Zentralheizung und die Brennstoffentnahme für Dienstwohnungen vom 20. Jan. 1928 (PrBesBl. S. 25).

3. Die Gewährung von Verpflegung kommt nur für die Beamten der Schutzpolizei in Betracht. Die näheren Bestimmungen hierüber enthalten die RdErl. des MindJ. vom 26. Mai 1924 (MinBliV. S. 596) und vom 14. Juni 1928 (MinBliV. S. 625). Wann die Verpflegung unentgeltlich zu gewähren ist, regelt der RdErl. des MindJ. vom 15. April 1929 (Min.-BliV. S. 341).

4. Vgl. die Jagdnutzungsvorschriften des LandwMin. vom 9. April 1921 III 7156 und den Runderlaß vom 26. Sept. 1925 III 9231.

5. Unentgeltlich erhalten Dienstkleidung geliefert gewisse Gruppen der Schutzpolizei- und Landjägereibeamten; vgl. RdErl. des MindJ. vom 26. April 1928 (MinBliV. S. 475).

6. Wegen des Dienstkleidungszuschusses für die Polizei- und Landjägeroffiziere vgl. RdErl. des MindJ. vom 15. März 1928 (MinBliV. S. 282).

Wegen des Zuschusses für die sonstigen zum Tragen voller Dienstkleidung verpflichteten Beamten vgl. RdErl. des FinMin. vom 29. Okt. 1927 (Pr.-BesBl. S. 152 und S. 156) und vom 10. März 1932 (PrBesBl. S. 61).

Schutzkleidungsstücke werden den Beamten, wenn das Tragen derselben aus zwingenden dienstlichen Gründen erforderlich ist, auf Kosten des Staates geliefert. Die Stücke bleiben Staatseigentum. Das Nähere regelt ein nicht veröffentlichter RdErl. des FinMin. vom 29. Juni 1926 — Bes. 9449 b.

II. Nichtplanmäßige Beamte.

§ 15.

(1) Die im Staatsdienst als Stellenanwärter[1] vollbeschäftigten nichtplanmäßigen unmittelbaren Staatsbeamten erhalten eine Grundvergütung[2] nach Anlage 3.[3] Daneben erhalten sie den Wohnungsgeldzuschuß, den sie in der ersten Dienstaltersstufe der Besoldungsgruppe beziehen würden, in der sie beim regelmäßigen Verlauf ihrer Dienstlaufbahn zuerst planmäßig angestellt werden.

(2) Die wissenschaftlichen Assistenten[4] mit planmäßiger Vergütung bei Wissenschaftlichen Hochschulen[5] (Universitäten, Technischen, Landwirtschaftlichen, Tierärztlichen, Forstlichen Hochschulen und der Bergakademie) und die ihnen gleichgestellten Hilfskräfte[6] bei Wissenschaftlichen Hochschulen, Anstalten und Instituten erhalten eine Grundvergütung und den Wohnungsgeldzuschuß nach Anlage 4.

(3) Den unverheirateten Polizeianwärtern wird ein Wohnungsgeldzuschuß nicht gewährt.[7]

(4) § 1 Abs. 1 Satz 2[8] und Abs. 3, § 2 Abs. 1,[9] §§ 6 bis 14 und 34 gelten sinngemäß.

(5) Beim Übertritt eines Stellenanwärters aus einer Gruppe in eine andere ist § 3 Abs. 5 und 6 sinngemäß anzuwenden.

Besoldungsvorschriften.

Zu § 15 Abs. 1.

Nr. 82. (1) Eine Zusammenstellung der Grundvergütungen nach Jahres- und Monatsbeträgen enthält die Übersicht 3 zu den PBV., die unter Berücksichtigung der Bestimmung im § 17 Abs. 3 eine der Anlage 5 zum Reichsbesoldungsgesetz angeglichene Kopfleiste erhalten hat (vgl. Nr. 87 Abs. 2 und 3).

(2) Die Bezüge der nichtplanmäßigen Beamten, die weder Beamte im Vorbereitungsdienst noch Stellenanwärter sind und deren Bezüge nicht durch § 15 oder durch besondere Vorschriften geregelt sind, werden von dem Fachminister festgesetzt; sie dürfen die Anfangsbezüge der Besoldungsgruppe, in der die entsprechenden Stellenanwärter erstmalig planmäßig angestellt werden, nicht übersteigen.

(3) Planmäßige Beamte, die in einer anderen Dienststelle nichtplanmäßig beschäftigt werden, gelten nicht als „nichtplanmäßige" Beamte.

Zu § 15 Abs. 3.

Nr. 82 a. Die Vorschriften über den Wohnungsgeldzuschuß usw. der unverheirateten Beamten der Bereitschaftspolizei in Nr. 50 gelten sinngemäß für die unverheirateten Polizeianwärter.

Anmerkungen.

1. Stellenanwärter. Als Stellenanwärter gelten diejenigen endgültig in den Staatsdienst übernommenen beamteten Hilfskräfte, die nach erlangter Befähigung für das Amt, also nach erfolgreicher Ablegung der vorgeschriebenen Prüfung die Anwartschaft erhalten haben, in eine entsprechende planmäßige Stelle einzurücken.

Vorübergehend beschäftigte Hilfskräfte und Beamte im Vorbereitungsdienst (z. B. Referendare) — auch wenn ihnen ein entgeltlicher Beschäftigungsauftrag erteilt ist — sind keine Stellenanwärter. Der Vorbereitungsdienst ist grundsätzlich unentgeltlich abzuleisten. Der Beamte ist verpflichtet, die Kosten für seinen Lebensunterhalt während dieser Zeit selbst zu bestreiten. Mit Rücksicht auf die ungünstigen wirtschaftlichen Verhältnisse können den Beamten im Vorbereitungsdienst jeder Zeit widerrufliche Unterhaltszuschüsse gewährt werden. Die Grundsätze für die Gewährung und die Höhe der Sätze sind mit Wirkung vom 1. Dez. 1928 an neu geregelt durch den RdErl. des FinMin. vom 16. Nov. 1928 (PrBesBl. S. 314), abgedruckt S. 253 ff. Wegen der Vergütung der zur Probedienstleistung einberufenen Beamten vgl. Abschnitt C des vorerwähnten Erlasses.

2. Die Grundvergütungen der nichtplanmäßigen Beamten sind nicht mehr wie im BDEG. nach Hundertsätzen des Anfangsgrundgehalts der Besoldungsgruppe, sondern nach festen von zwei zu zwei Jahren steigenden Sätzen bemessen.

3. Die Anlage 3 — abgedruckt S. 221 — ist durch die SparVO. geändert. Die Höhe der Grundvergütungssätze in den BesGr. A 8 bis A 2 b ist geändert, die Kopfleiste ist mit der Diätenordnung des Reichs in Übereinstimmung gebracht.

4. Die wissenschaftlichen Assistenten mit planmäßiger Vergütung bei wissenschaftlichen Hochschulen und die ihnen gleichgestellten Hilfskräfte sind keine Stellenanwärter im Sinne des § 15 Abs. 1.

5. Unter wissenschaftlichen Hochschulen sind die in der Klammer ausdrücklich aufgeführten Lehranstalten zu verstehen.

6. Die den wissenschaftlichen Assistenten mit planmäßiger Vergütung in ihren Dienstbezügen gleichgestellten Hilfskräfte sind in der Anlage 4 Abs. 2 einzeln aufgeführt.

7. Die Polizeianwärter, denen ein Wohnungsgeldzuschuß nicht gewährt wird, erhalten unentgeltliche Unterkunft in Natur (RdErl. des MindJ. vom 13. Dez. 1927 — II L I Hh 88. 27. PrBesBl. S. 265).

8. Auch die nichtplanmäßigen Beamten, sowie die in Abs. 2 genannten Personen erhalten also, soweit es im Gesetz zugelassen ist, Kinderbeihilfe usw.

9. Die höheren Grundvergütungssätze werden jeweils vom Ersten des Kalendermonats an gezahlt, in den der Eintritt in eine neue Dienstaltersstufe fällt.

§ 16.

(1) Das Aufrücken in der Grundvergütung[1] kann einem nichtplanmäßigen Beamten versagt werden, wenn sein dienstliches oder außerdienstliches Verhalten in erheblichem Maße zu beanstanden ist.

(2) Vor der Verfügung ist dem Beamten Gelegenheit zu geben, sich über die Gründe der beabsichtigten Maßregel zu äußern. Wird das Aufrücken versagt, so sind dem Beamten die Gründe hierfür schriftlich zu eröffnen.

(3) Gegen die Verfügung steht dem Beamten die Beschwerde an die oberste Verwaltungsbehörde zu, sofern sie nicht von dieser selbst erlassen ist.

(4) Nach Behebung der Anstände ist der vorläufig versagte Grundvergütungssatz zu gewähren, und zwar vom Ersten des Monats an, in dem die Bewilligungsverfügung ergeht. Nur aus besonderen Gründen ist die Gewährung von einem früheren Zeitpunkt an zulässig. Sie bedarf der Genehmigung der obersten Verwaltungsbehörde.

(5) Die einstweilige Versagung der Aufrückung hat für sich allein nicht die Wirkung, daß dadurch der Zeitpunkt für das Aufsteigen in die nächsthöhere Vergütungsstufe hinausgeschoben wird.[2]

Besoldungsvorschriften.

Zu § 16 im allgemeinen.

Nr. 83. (1) Nr. 3 der PBV. gilt für die nichtplanmäßigen Beamten sinngemäß.

(2) Eine vor dem Ableben des Beamten fällig gewordene und gem. Nr. 84 versagte höhere Grundvergütung wird bei Zahlungen nach Abs. 1 nicht berücksichtigt. Das Recht der Beschwerde nach § 16 Abs. 3 steht in diesem Falle nach dem Ableben des Beamten auch demjenigen zu, der zum Empfange der Nachzahlung oder der erhöhten Hinterbliebenenbezüge berechtigt wäre.

(3) Nichtplanmäßige Beamte, deren erste planmäßige Anstellung voraussichtlich in einer Besoldungsgruppe erfolgen wird, die bei einer regelmäßig verlaufenden Dienstlaufbahn erst im Wege der Beförderung erreicht wird, erhalten die Grundvergütung der Besoldungsgruppe, in der die erste planmäßige Anstellung regelmäßig stattfindet.

Zu § 16 Abs. 1.

Nr. 84. Die Versagung des Aufrückens in der Grundvergütung wird mit der Zustellung einer schriftlichen Verfügung wirksam. Vor dem Versagen ist die örtliche Beamtenvertretung[3] *zu hören. Eine höhere Grundvergütung kann nach ihrer Fälligkeit*[4] *nicht mehr versagt werden.*

Zu § 16 Abs. 3.

Nr. 85. Wird der Beschwerde stattgegeben, so ist die höhere Grundvergütung rückwirkend zu gewähren.

Zu § 16 Abs. 5.

Nr. 86. Die Versagung des Aufrückens in der Grundvergütung wirkt ohne weiteres nur für ein Jahr[5]*. Nach dessen Ablauf erhält der Beamte wieder den seinem vollen Anwärterdienstalter entsprechenden Grundvergütungssatz, wenn nicht neuerdings die Versagung verfügt wird.*

Anmerkungen.

1. Auf das Aufrücken in der Grundvergütung haben die nichtplanmäßigen Beamten bis zum Tage der Fälligkeit des höheren Grundvergütungssatzes keinen Rechtsanspruch. Erst nach Eintritt dieses Tages kann das Aufrücken nicht mehr versagt werden.

2. Beim Versagen des Aufrückens ist also das AnwDA. nicht zu ändern. Der Beamte erhält also einen geringeren Grundvergütungssatz als seinem AnwDA. entspricht.

3. Vgl. Anm. 4 zu § 10.

4. Fällig ist der Monatsbetrag am Ersten, nicht an dem früheren Zahltag gemäß Nr. 111 PBV.

5. Ein Jahr von dem Zeitpunkt an, an dem das Aufrücken in den höheren Grundvergütungssatz gemäß dem AnwDA. hätte erfolgen müssen.

§ 17.

(1) Das Anwärterdienstalter[1] der nichtplanmäßigen Beamten beginnt mit dem Tage,[2] von dem an der Beamte nach erlangter Befähigung für das Amt[3] endgültig in den Staatsdienst übernommen ist, soweit in diesem Gesetz oder in den Ausführungsbestimmungen dazu nichts Abweichendes bestimmt oder zugelassen ist.[4] Von diesem Zeitpunkt an sind die Zeitabschnitte für das Verbleiben in den Grundvergütungssätzen zu rechnen.

(2) **Die Anwärterdienstzeit**[5] **soll fünf Jahre, bei Versorgungsanwärtern**[6] **vier Jahre nicht übersteigen.** Ist ein Zivilanwärter bis zur Vollendung des fünften Anwärterdienstjahres, ein Versorgungsanwärter bis zur Vollendung des

vierten Anwärterdienstjahres noch nicht planmäßig angestellt, so erhält der Zivilanwärter vom Beginn des sechsten, der Versorgungsanwärter vom Beginn des fünften Anwärterdienstjahres an eine Grundvergütung in Höhe des Anfangsgrundgehalts[7] derjenigen Besoldungsgruppe, in der er beim regelmäßigen Verlaufe seiner Dienstlaufbahn zuerst planmäßig angestellt wird.[8] Die Zahl der in den Vorbereitungsdienst einzuberufenden Anwärter (Dienstanfänger) ist alljährlich von dem zuständigen Minister im Einvernehmen mit dem Finanzminister **derart festzusetzen, daß der Vorschrift im Satz 1 nach Möglichkeit Rechnung getragen wird.**[10]

(3) **Versorgungsanwärter erhalten ein um ein Jahr verbessertes Anwärterdienstalter.**[9]

Anmerkungen.

1. Das **Anwärterdienstalter** der nichtplanmäßigen Beamten entspricht dem BDA. der planmäßigen Beamten. Was in Anm. 1 zu § 3 gesagt ist, gilt zum großen Teil hier sinngemäß. Vgl. auch Nr. 87 Abs. 1 PBB.

Das AnwDA. ist ebenso wie das BDA. nur für die Regelung der Dienstbezüge von Bedeutung. Es hat auf die sonstigen Verhältnisse der nichtplanmäßigen Beamten, insbesondere auf die Berechnung der ruhegehaltsfähigen Dienstzeit, die Reihenfolge bei der planmäßigen Anstellung usw. keinen Einfluß.

2. Vor diesem Tage kann der „Anwärter" in den verschiedensten Beziehungen zur Verwaltung gestanden haben, er kann z. B. als Beamter im Vorbereitungsdienst oder als Angestellter in privatrechtlichem Dienstverhältnis bei einer Behörde beschäftigt gewesen sein, es ist aber auch möglich, daß noch keinerlei Beziehung zum Staat bestanden hat.

3. Die Befähigung für ein Amt wird nach den gesetzlich oder durch Verwaltungsanordnung vorgeschriebenen Bestimmungen durch das Ablegen einer oder mehrerer Prüfungen, denen noch eine Vorbereitungszeit vorangehen kann, oder durch Ablegung eines Probedienstes erlangt.

4. Vgl. § 33 PrBesG. sowie die Nr. 88—102 PBB.

5. Anwärterdienstzeit. Unter Anwärterdienstzeit ist hier die Zeit zu verstehen, die zwischen dem Tage, an dem der nichtplanmäßige Beamte endgültig in den Staatsdienst übernommen ist, und dem Tage der planmäßigen Anstellung liegt. Die Anwärterdienstzeit und das Anwärterdienstalter beginnen also nur dann am gleichen Tage, wenn das letztere gemäß Abs. 1 Satz 1 des § 17 festgesetzt und nicht etwa auf Grund abweichender Bestimmungen im Ges. oder in den PBB. „vorgerückt" ist. Um Irrtümern vorzubeugen, würde es besser statt „Anwärterdienstzeit" heißen „Dienstzeit als nichtplanmäßiger Beamter".

6. Versorgungsanwärter. Begriff im Sinne dieses Ges. vgl. Nr. 18 PBB.

7. Im Gegensatz zur Regelung im BDEG. steigen die nichtplanmäßigen Beamten nicht mehr über das Anfangsgrundgehalt ihrer Besoldungsgruppe hinaus auf. Wegen der z. Zt. des Inkrafttretens dieses Gesetzes im Dienst befindlichen Stellenanwärter vgl. jedoch die Übergangsbestimmungen im § 33 Abs. 2 des Ges.

8. Das ist die gleiche Besoldungsgruppe, die für die Bemessung der Grundvergütungssätze nach Anl. 3 (vgl. Spalte 1 der Anlage 3) maßgebend ist.

9. Diese durch die SparVO. außer Kraft gesetzte Vorschrift, die auf die am 30. Sept. 1927 im Dienst befindlichen nichtplanmäßigen Beamten aus dem Stande der Versorgungsanwärter keine Anwendung fand (vgl. § 33 des Ges.), sollte einen Ausgleich dafür schaffen, daß in der alten Anlage 3 zum Ges. eine einheitliche Festsetzung der Grundvergütungssätze für alle nichtplanmäßigen Beamten vorgesehen war, während nach den entsprechenden Bestimmungen des BDEG. die Versorgungsanwärter günstiger gestellt waren als die Zivilanwärter. Da die Verbesserung des AnwDA. der Versorgungsanwärter um ein Jahr auf Grund des jetzt gestrichenen Abs. 3 in der Übersicht 3 zu den PBV. bereits berücksichtigt war, hatte eine anderweite Festsetzung des AnwDA. auf Grund des § 17 Abs. 3 des Ges. auch bisher nicht zu erfolgen (vgl. Nr. 87 Abs. 3 PBV.). Praktisch ist also durch die Streichung des Abs. 3 und die gleichzeitige Anpassung der Kopfleiste der Anlage 3 zum Gesetz an die bisherige Kopfleiste der Anlage 3 der PBV. nichts geändert (vgl. Anm. 1 S. 374). Da die preußischen Vorschriften auch von der erst nach Verabschiedung des PrBesG. getroffenen endgültigen Regelung des Reiches abwichen, so ist durch die in der SparVO. erfolgten Änderungen — Streichung des § 17 Abs. 3 und Neufassung der Kopfleiste zur Anlage 3 — eine Angleichung an die Reichsbestimmungen erfolgt.

10. Die Streichung des ersten und die Änderung des letzten Satzes im Abs. 2 ist durch die VO. vom 14. März 1932 (GS. S. 123) erfolgt; vgl. S. 498, insbesondere die Anm. 2 zu Kap. II.

Besoldungsvorschriften.

Zu § 17.

Nr. 87. (1) Der Tag, auf den das AnwDA. eines nichtplanmäßigen Beamten festgesetzt wird, bezeichnet den Zeitpunkt, welcher der Berechnung der dem Beamten in seiner Anwärtergruppe zukommenden Dienstaltersstufe zugrunde gelegt wird und von dem ab das Aufsteigen in die planmäßigen Bezüge (§ 17 Abs. 2 Satz 2 und § 33 Abs. 2) rechnet.

(2) Die Zahlung der Anwärterbezüge beginnt frühestens mit dem Tage, von dem an der Beamte nach erlangter Befähigung für das Amt endgültig in den Staatsdienst übernommen worden ist. Soweit abweichend von dieser Bestimmung Beamtenanwärter bei Bekanntmachung dieser PBV. auf Grund der bisherigen Vorschriften bereits Anwärterbezüge erhalten, können ihnen diese weiter gewährt werden.[1]

(3) Die Verbesserung des AnwDA. der Versorgungsanwärter um ein Jahr auf Grund des § 17 Abs. 3 ist in der Übersicht 3[2] *zu den PBV.*

bereits berücksichtigt (vgl. Nr. 82 Abs. 1). Eine Neufestsetzung des AnwDA. ist daher nicht vorzunehmen. Für die Höhe der Bezüge als nichtplanmäßiger Beamter ist lediglich die Übersicht 3 maßgebend.

Nr. 88. Die Vorschriften über das BDA. der planmäßigen Beamten in Nr. 6 Abs. 2, Nr. 7, 8, 32, 40 und 45 gelten sinngemäß für das AnwDA. der nichtplanmäßigen Beamten.[3] *Das gleiche gilt von der Vorschrift in Nr. 37*[3] *mit der Maßgabe, daß bei Beurlaubungen zur Beschäftigung im öffentlichen Dienst das AnwDA. gekürzt werden kann, wenn dies bei der Beurlaubung vorbehalten ist und vom Fachminister oder der von ihm bestimmten Stelle besonders angeordnet wird.*

Nr. 89. Wenn ein nichtplanmäßiger Beamter den Dienst bei einer Behörde mit dem Beginn eines Monats antreten sollte, ihn aber, weil der Erste dieses Monats ein Sonntag oder ein allgemeiner Feiertag war, erst am darauffolgenden Werktage angetreten hat, so ist der Beginn des AnwDA. so festzusetzen, als wenn der Dienst am ersten Tage des Monats angetreten wäre.

Nr. 90. (1) Auf das AnwDA. der in regelmäßiger Laufbahn anzustellenden Beamten des schwierigen Büro- und Kassendienstes[4] *wird — unbeschadet der Nr. 92*[5] *— angerechnet*

a) bei den aus den Zivilanwärtern hervorgehenden Beamten: die seit Beginn des Vorbereitungsdienstes abgeleistete Zeit, soweit sie drei Jahre[6] *übersteigt, und*

b) bei den aus den Versorgungsanwärtern hervorgehenden Beamten: die seit Beginn der Probedienstleistung (Ausbildungs- oder Vorbereitungszeit) abgeleistete Zeit, soweit sie ein Jahr übersteigt.[7]

Die anzurechnende Zeit ist um die Zeit zu kürzen, um die der Vorbereitungsdienst oder die Probedienstleistung (Ausbildungs- oder Vorbereitungsdienst) auf eigenen Wunsch des Beamten, wegen unzureichender Befähigung oder aus einem sonstigen in der Person des Beamten liegenden Grunde — ausgenommen Krankheit — über drei Jahre hinaus verlängert wird.

(2) Die Vorschrift des Abs. 1 gilt sinngemäß für die den dort genannten Beamtengattungen gleichwertigen Beamtengattungen mit der Maßgabe, daß an Stelle des Zeitraumes von drei Jahren der in den Ausbildungsvorschriften etwa vorgesehene kürzere Vorbereitungsdienst, mindestens jedoch der Zeitraum von einem Jahre, tritt.[8]

(3) Als Versorgungsanwärter im Sinne der Nr. 90 gelten auch die Inhaber des Beamtenscheins und des Anstellungsscheins.[9]

Nr. 90 a. Für Beamte, für die eine besondere Vorbereitung nicht vorgeschrieben ist, gilt als Beginn des AnwDA. der Tag der endgültigen Übernahme in den Zivilstaatsdienst auch, soweit sie nicht Versorgungsanwärter sind.

Nr. 91. (1) Von der nach Nr. 96ff. angerechneten Zeit und, soweit eine solche nicht vorhanden ist, von dem AnwDA. ist bei Beamten der Besoldungsgruppen A 4 bis A 12, die nicht unter Nr. 90 fallen, stets ein Jahr — bei Versorgungsanwärtern (vgl. Nr. 18), Inhabern des Anstellungsscheins (§ 17 des Mannschaftsversorgungsgesetzes vom

31. Mai 1906) und Inhabern des Beamtenscheins (§ 33 des Reichsversorgungsgesetzes vom 12. Mai 1920) sechs Monate — als Vorbereitungszeit abzuziehen. Das gilt auch, wenn eine Vorbereitungszeit von weniger als einem Jahr oder sechs Monaten angeordnet oder zugelassen ist.

(2) Die abzuziehende Vorbereitungszeit vermindert sich um die Zeit, die nur deshalb nicht auf das AnwDA. angerechnet werden darf, weil sie vor dem vollendeten 20. Lebensjahre zurückgelegt ist. (Vgl. Nr. 92.)

Nr. 92. Die vor dem vollendeten 20. Lebensjahre verbrachte Dienstzeit wird auf das AnwDA. nicht angerechnet.[10]

Nr. 93. (1) Ist ein Beamter aus einer nichtplanmäßigen Stelle des Staatsdienstes freiwillig ausgeschieden oder ist sein früheres Beamtenverhältnis durch Dienstentlassung gelöst worden, so darf im Falle seiner Wiedereinstellung als nichtplanmäßiger Beamter bei der Festsetzung des AnwDA. auf die nichtplanmäßige Dienstzeit und auf die Höhe der Dienstbezüge in der früheren Stelle in der Regel keine Rücksicht genommen werden. Nichtplanmäßige Beamte, die ihre Stelle freiwillig aufgeben wollen, sind hierauf ausdrücklich hinzuweisen.

(2) Nr. 29 gilt sinngemäß.[11]

Nr. 94. Beim Übertritt zu den Anwärtern für andere Stellen innerhalb derselben Anwärtergruppe bleibt das AnwDA. grundsätzlich unverändert. Es kann jedoch eine entsprechende Verkürzung angeordnet werden, wenn der Anwärter sich sonst erheblich günstiger stehen würde als ein Beamter der regelmäßigen Laufbahn, dem gleichen Alter und regelrechtem Aufstieg (vgl. Nr. 43).

Nr. 95. Wegen der Anrechnung von Militär- und Marinedienstzeit sowie von Kriegsdienstzeit ist nach Ziff. 150 der PBV. in der Fassung der Bekanntmachung vom 15. Juli 1925 (PrBesBl. S. 227) zu verfahren.[12]

Nr. 96. (1) Die Zeit einer vollen Beschäftigung[13] *gegen Entlohnung*[14] *im privatrechtlichen Vertragsverhältnis*[15] *wird auf das AnwDA. angerechnet, sofern der Beamte*[16] *mit Aussicht auf dauernde Verwendung ständig und hauptsächlich mit den Dienstverrichtungen eines Beamten betraut gewesen ist und diese Beschäftigung in unmittelbarem Anschluß daran bei der gleichen Dienstlaufbahn (vgl. Nr. 15) zur Übernahme in das Beamtenverhältnis geführt hat. Dabei bleiben unberücksichtigt:*

a) in den den Versorgungsanwärtern ausschließlich oder zum Teil vorbehaltenen Stellen der Besoldungsgruppen A 6 bis A 12, die vor dem vollendeten 24. Lebensjahre zurückgelegte Dienstzeit,[17]

b) in den übrigen nichttechnischen Dienstzweigen und denjenigen technischen Dienstzweigen, für die ein Supernumerariat vorgeschrieben ist, die vor dem vollendeten 20. Lebensjahr liegende Dienstzeit,[17]

c) bei den in technischen Dienstzweigen beschäftigten Personen, soweit sie nicht bei b genannt sind, die vor Ablegung der für die Anstellung vorgeschriebenen Prüfung liegende Dienstzeit.

(2) Eine Beschäftigung mit Aussicht auf dauernde Verwendung ist nur dann anzunehmen, sofern die Umstände des Einzelfalles die Absicht der dauernden Verwendung — wenn auch unter bestimmten Voraussetzungen oder Bedingungen — tatsächlich erkennen lassen. Eine Beschäftigung mit Aussicht auf dauernde Verwendung ist nicht anzunehmen bei Lohnangestellten, die nur für bestimmte, wiederkehrende Gelegenheiten angenommen worden sind.

(3) Daß der Beschäftigte ständig und hauptsächlich mit den Dienstverrichtungen eines Beamten betraut war, ist dann anzunehmen, wenn er vollbeschäftigt worden ist, und zwar überwiegend mit Arbeiten, die sonst bei der betreffenden Dienstlaufbahn, in der er erstmalig planmäßig angestellt wird, von planmäßigen oder nichtplanmäßigen Beamten verrichtet werden.

(4) Soweit es die besonderen Verhältnisse einer Verwaltung oder eines Dienstzweiges erfordern, kann von den vorstehenden Bestimmungen mit Zustimmung des Finanzministers abgewichen werden.

Nr. 97. (1) Um annehmen zu können, daß die Beschäftigung in unmittelbarem Anschluß bei der gleichen Dienstlaufbahn zur Übernahme in das planmäßige oder nichtplanmäßige Beamtenverhältnis geführt hat, ist es erforderlich, daß die Beschäftigung weder unmittelbar vor der Übernahme in das Beamtenverhältnis noch zu einer früheren Zeit erheblich unterbrochen worden ist.

(2) Die vor einer erheblichen Unterbrechung liegende Beschäftigungszeit wird nicht auf das AnwDA. angerechnet. Ausnahmen sind nur mit Genehmigung des Fachministers oder der von ihm bestimmten Stelle zulässig.

(3) Als erhebliche Unterbrechung ist hierbei nicht anzusehen:

a) die Zeit eines Militär- oder Marinedienstes und eines Kriegsdienstes (vgl. Nr. 22 und 25),

b) die Zeit vor und nach Ableistung eines unter a genannten Dienstes, wenn sie je einen Monat nicht übersteigt,

c) die Zeit einer Krankheit und eine angemessene Erholungszeit nach einer Krankheit,

d) die Zeit eines mit Fortbezug der Entlohnung gewährten Urlaubs,

e) die Zeit eines Urlaubs ohne Entlohnung von nicht mehr als einem Monat,

f) die Zeit einer Unterbrechung ohne Urlaub von nicht mehr als einem Monat aus irgendeinem anderen billigerweise zu berücksichtigenden Grunde,

g) die Zeit einer Dienstunterbrechung ohne Urlaub von mehr als einem Monat, wenn ein Beschäftigter, auf den Nr. 96 Abs. 2 bereits vor seinem Ausscheiden zutraf, lediglich deshalb außer Beschäftigung gesetzt worden ist, weil keine Gelegenheit zu seiner dienstlichen Verwendung bestand. Voraussetzung ist dabei, daß seine Wiederverwendung bei seiner Entlassung aus der Beschäftigung beabsichtigt war, daß er der ersten Aufforderung zum Wieder-

eintritt Folge geleistet hat, und daß die Wiedereinstellung innerhalb 6 Monaten nach dem Ausscheiden erfolgt ist,

h) bei den Landtagsstenographen und -amtsgehilfen die Zeit einer Unterbrechung der Parlamentsarbeit infolge Vertagung oder Neuwahl.

(4) Von den Zeitabschnitten, die nach Abs. 3 nicht als erhebliche Unterbrechung anzusehen sind, werden auf das AnwDA. nur angerechnet:

die Zeiten unter a in entsprechender Anwendung der Ziff. 150 der PBV. in der Fassung der Bekanntmachung vom 15. Juli 1925 (PrBesBl. S. 227)[18] die Zeiten unter c, d und h.

Nr. 98. Außer Betracht bleibt die Zeit, in der die Übernahme in das Beamtenverhältnis auf eigenen Wunsch des Angestellten[19] wegen unzureichender Befähigung oder aus einem sonstigen in seiner Person liegenden Grunde — ausgenommen Krankheit — unterblieben ist.

Nr. 99.[20] Die Zeit, die zur Erlangung einer Stelle des Büro- und Kassendienstes vor der Einberufung in den Staatsdienst herkömmlich bei einer Behörde des Reichs-, Staats- oder Kommunaldienstes verbracht ist, wird auf das AnwDA. angerechnet, insoweit sie nach Erfüllung der allgemeinen Zulassungsbedingungen[21] für die Laufbahn zurückgelegt und der Ausbildung des Anwärters für die spätere Diensttätigkeit förderlich gewesen ist. Daß die Tätigkeit eine entgeltliche war, ist nicht Voraussetzung für die Anrechnung. Die Bestimmung über die Altersgrenze in Nr. 96 Abs. 1 b findet Anwendung.

Nr. 100.[22] (1) Den Anwärtern, die nach den Ausbildungs- und Prüfungsvorschriften ihrer Laufbahn ein Hochschulstudium abgelegt haben, wird die in diesen Vorschriften vorgesehene Zeit

a) der praktischen Beschäftigung, soweit sie nicht in den Hochschulferien abgeleistet ist,

b) des Hochschulstudiums,

c) der nachfolgenden Vorbereitungszeit,

d) der notwendigen Prüfungszeit,

soweit die Gesamtsumme der unter a bis d genannten Zeiten vier Jahre übersteigt, auf das AnwDA. angerechnet.

(2) Nicht anrechnungsfähig ist

a) die Zeit, die der Beamte länger als vorgeschrieben auf der Hochschule zugebracht hat,

b) die Zeit, die der Beamte dadurch verloren hat, daß er die eine oder die andere Prüfung beim ersten Versuch nicht bestanden hat.

Nr. 101. (1) Ob und inwieweit zum Ausgleich von Härten sonstige Beschäftigungszeiten (vgl. § 3 Abs. 8) auf das AnwDA. angerechnet werden können,[23] bestimmt der Fachminister im Einvernehmen mit dem Finanzminister.

(2) Die Anrechnung soll nicht erfolgen, soweit sich der Beamte dadurch günstiger stehen würde als ein Beamter der regelmäßigen Laufbahn, des gleichen Alters und mit regelrechtem Aufstieg (vgl. Nr. 43).

(3) Der Fachminister kann nach vorstehenden Bestimmungen bis zu zwei Jahren ohne Beteiligung des Finanzministers anrechnen.

Nr. 102. Verzögert sich die planmäßige Anstellung des Anwärters auf seinen eigenen Wunsch, wegen unzureichender Befähigung oder aus einem sonstigen, in seiner Person liegenden Grunde — ausgenommen Krankheit —, so ist das AnwDA. um den Zeitraum der Verzögerung zu kürzen; er rückt also zunächst in seiner Grundvergütung nicht auf (vgl. Nr. 16 Abs. 2).

Anmerkungen.

1. Vor Erlaß der PBV. ist in einzelnen Verwaltungszweigen bei Beamten der Obersekretärlaufbahn — insbesondere bei den aus dem Stande der Versorgungsanwärter stammenden — anders verfahren worden. Es sind deshalb drei RdErl. des FinMin. ergangen vom 17. Aug. 1928 (PrBesBl. S. 254), vom 2. Nov. 1928 (PrBesBl. S. 309) und vom 26. Febr. 1929 (PrBesBl. S. 42) — alle drei hier abgedruckt S. 249 ff. —, die genaue Bestimmungen darüber treffen, wann und wie die endgültige Übernahme in den Staatsdienst zu erfolgen hat, und wie die Bezüge der Beamten zu regeln sind, bei denen abweichend von den Vorschriften der Nr. 87 Abs. 2 verfahren ist.

2. Die Übersicht 3 entspricht der Anlage 3 des Ges., enthält aber bereits die neue Kopfleiste, die durch die SparVO. auch in den Gesetzestext eingefügt ist. Die Übersicht ist nicht mit abgedruckt, an ihrer Stelle gilt jetzt die durch die SparVO. umgeänderte Anlage 3 zur BO.; vgl. S. 221. Die Vorschrift in Nr. 87 Abs. 3 ist nach Streichung des Abs. 3 im § 17 des Ges. und Änderung der Kopfleiste der Anlage 3 zum Ges. bedeutungslos und überflüssig.

3. Es betreffen: Nr. 6 Abs. 2 die Bedeutung des BDA., Nr. 7 das Verfahren bei Anrechnung von Dienstzeiten auf das BDA., Nr. 8 die Berechnung und Abrundung anzurechnender Dienstzeiten, Nr. 32 die Festsetzung des BDA. beim Übertritt eines Beamten aus dem Dienst des Reichs oder der Länder, Nr. 40 Festsetzung des BDA. in den im PrBesG. oder in den PBV. nicht geregelten Fällen, Nr. 45 die Benachrichtigung des Beamten von der Festsetzung des BDA., Nr. 37 die ev. Kürzung des BDA. in Urlaubsfällen.

4. Unter diese Vorschrift fallen lediglich die Stellenanwärter der Obersekretärlaufbahn, die ihre erste Anstellung in der BesGr. 4 b erhalten.

5. Keine Anrechnung der vor dem vollendeten 20. Lebensjahre abgeleisteten Dienstzeit auf das AnwDA.

6. Beispiel: Ein am 1. Febr. 1912 geborener Supernumerar (Zivilanwärter) hat den Vorbereitungsdienst am 1. April 1929 begonnen und am 31. März 1932 beendet. Nach am 30. Mai 1932 bestandener Prüfung ist er am 1. Juni 1932 als Regierungspraktikant endgültig in den Staatsdienst übernommen. Sein AnwDA. ist auf den 1. April 1932 festzusetzen. Wäre derselbe Beamte erst am 1. Mai 1912 geboren, so wäre sein AnwDA. auf den 1. Mai 1932 festzusetzen.

7. Die günstigere Anrechnung bei den Versorgungsanwärtern beruht auf § 48 Abs. 2 der AnstG., der bestimmt:

„Die über ein Jahr hinausgehende Ausbildungs- oder Vorbereitungszeit ist später auf das Diätariendienstalter und als außerplanmäßige Dienstzeit anzurechnen, es sei denn, daß die Verlängerung der Probedienstzeit durch die Schuld des Versorgungsanwärters bewirkt worden ist."

8. Die Vorschrift der Nr. 90 Abs. 2 betrifft die Beamten des einfacheren Bürodienstes. Die Anrechnung der ein Jahr übersteigenden Zeit des Probe- usw. Dienstes auf das AnwDA. bei diesen Beamten beruht auf § 48 Abs. 1 der AnstG.

9. Die Vorschrift bedeutet, daß die Inhaber des Beamten- und des Anstellungsscheins bezüglich der Festsetzung des AnwDA. wie Versorgungsanwärter behandelt werden, im übrigen zählen sie nicht zu den Versorgungsanwärtern im Sinne des PrBesG., vgl. Nr. 18 Abs. 2 PBV. Sie rücken daher in der Grundvergütung nur wie die Zivilanwärter auf.

10. Vgl. das Beispiel in Anm. 6.

11. Von der Bestimmung des Abs. 1 kann also durch Entscheidung des zuständigen Ministers, u. U. jedoch nur im Einvernehmen mit dem FinMin., abgesehen werden.

12. Abgedruckt im Anhang zu den PBV., vgl. S. 241.

13. Eine volle Beschäftigung liegt dann vor, wenn sie die von der Verwaltung allgemein festgesetzte Arbeitszeit ausfüllt.

14. Eine Beschäftigung gegen Entlohnung liegt nicht vor, wenn die Bezahlung so geringfügig ist, daß sie außer allem Verhältnis zu der sonst für Arbeiten derselben Art üblichen Entlohnung steht (Taschengeld), oder wenn lediglich Aufwandsgebühren (Ersatz für Fahrkosten, Schreibmaterialien u. a.) gezahlt werden.

15. Hier werden hauptsächlich in Frage kommen die Angestellten, die nach dem preußischen Angestelltentarif vom 30. Juni 1924 (PrBesBl. Sondernummer zu Nr. 53) und die Lohnempfänger, die nach dem Tarifvertrag vom 24. Dez. 1930 (PrBesBl. 1931 S. 1) bezahlt werden.

16. Der spätere Beamte; der Anwärter im privatrechtlichem Vertragsverhältnis ist nicht Beamter.

17. Vgl. hierzu auch Nr. 91 PBV., welche von den hiernach anzurechnenden Zeiten einen bestimmten Abzug vorschreibt.

18. Abgedruckt S. 241.

19. Zu den Angestellten im Sinne dieser Vorschrift gehören nicht nur die unter den Preuß. Angestelltentarifvertrag fallenden Personen, sondern auch alle sonstigen in privatrechtlichem Arbeitsverhältnis beschäftigten Personen.

20. Die Anwendung der Nr. 99 bei der Festsetzung des AnwDA. ist bis auf weiteres durch die SparVO. außer Kraft gesetzt (vgl. II. Teil Kap. II § 2 der SparVO.). Sie war von besonderer Bedeutung für die Anwärter, die sich zur Einberufung als Zivilsupernumerar in den Dienst der allgemeinen

Verwaltung gemeldet haben. Für diese Anwärter ist es herkömmlich, daß sie sich bis zu ihrer Einberufung, die meist erst geraume Zeit nach der Meldung erfolgt, bei Lokalbehörden des Staats- oder Kommunaldienstes beschäftigen lassen.

21. Die Zulassungsbedingungen für die hier fast allein in Frage kommende Laufbahn des Obersekretärdienstes sind erfüllt für Zivilanwärter mit der Erlangung der vorgeschriebenen Schulausbildung, für Versorgungsanwärter mit dem Erwerb des Zivilversorgungsscheins.

22. Die Vorschrift der Nr. 100 bei der Festsetzung des AnwDA. zu berücksichtigen, ist durch die SparVO. bis auf weiteres untersagt. Sie hatte hauptsächlich Bedeutung für Beamte, die erstmals in der BesGr. 2 b angestellt werden.

Es wurde danach z. B. bei einem Gerichtsassessor — ohne Rücksicht auf die tatsächliche Dauer des Studiums und der Vorbereitungszeit — unterstellt, daß er 3 Jahre auf der Universität und 3 Jahre im Vorbereitungsdienst gewesen, und 3 Monate zur Ablegung der Referendarprüfung sowie 5 Monate zur Ablegung der großen Staatsprüfung gebraucht habe. Es wurden ihm sonach 6 Jahr 8 Monate weniger 4 Jahre also 2 Jahre 8 Monate auf das AnwDA. angerechnet.

23. Entsprechend der Nr. 41 wird nur eine solche Beschäftigungszeit für die Anrechnung in Frage kommen, die für die Tätigkeit in der Stelle, in der der Beamte zur Anstellung kommen wird, gleichwertig und förderlich gewesen ist.

§ 18.

Einem planmäßigen Beamten, der zu den Anwärtern für eine andere Stelle übertritt,[1] kann zur Vermeidung von Härten das zuletzt bezogene[2] Diensteinkommen seiner planmäßigen Stelle (Grundgehalt[3] und Wohnungsgeldzuschuß, letzterer nach dem Satze des neuen dienstlichen Wohnsitzes berechnet) bis zum Aufsteigen in der Grundvergütung nach Maßgabe der Anlage 3 oder bis zur planmäßigen Anstellung[4] in der neuen Stelle als Grundvergütung und Wohnungsgeldzuschuß gewährt werden.

Besoldungsvorschriften.

Zu § 18.

Nr. 103. Zu dem zuletzt bezogenen Diensteinkommen der planmäßigen Stelle gehört auch eine etwa gewährte ruhegehaltsfähige Stellenzulage. Im Grundgehalt seiner bisherigen Stelle steigt der Beamte nicht mehr auf.

Anmerkungen.

1. Die Vorschrift gilt nur für planmäßige preußische Beamte, die unter Ausscheiden aus ihrer Planstelle zu den Anwärtern einer anderen Laufbahn übertreten, also z. B. für Justizobersekretäre, die nach abgelegter Amtsanwaltsprüfung aus ihrer Planstelle ausscheiden und lediglich Amtsanwaltsanwärter werden wollen.

2. Der Beamte nimmt also nicht mehr teil an Erhöhungen seines bisherigen Diensteinkommens, die nach seinem Ausscheiden aus der Planstelle aus irgend einem Grunde eintreten.

3. Zu dem Grundgehalt gehört auch eine etwa verliehene ruhegehaltsfähige Stellenzulage.

4. Nach der neuen planmäßigen Anstellung ist die Weitergewährung des früher bezogenen Diensteinkommens in keinem Falle mehr zulässig, auch dann nicht, wenn sich der Beamte infolge der Anstellung in seinen Bezügen verschlechtert.

III. Wartegeld, Ruhegehalt und Hinterbliebenenbezüge.

Vorbemerkungen zu §§ 19—29.

1. Mit Ausnahme der Vorschriften des § 25 über Kinderbeihilfen und des § 29 über Änderungen von Versorgungsgesetzen bezieht sich der III. Abschnitt nur auf die Versorgungsberechtigten, deren Versorgungsansprüche vor dem 1. Oktober 1927 entstanden sind, also auf alle diejenigen unmittelbaren Staatsbeamten und Lehrpersonen, die mit Ablauf des 30. Sept. 1927 — also zum 1. Okt. 1927 — oder vor diesem Zeitpunkt in den dauernden oder einstweiligen Ruhestand getreten oder mit Übergangsgeld oder Übergangsgebührnissen aus dem aktiven Dienst ausgeschieden sind, auf ihre Hinterbliebenen und die Hinterbliebenen der vor dem 1. Okt. 1927 im Amte verstorbenen Beamten und Lehrpersonen. Der III. Abschnitt trifft Bestimmung, in welcher Weise und in welchem Ausmaße sich auf diese Versorgungsberechtigten die allgemeine Besoldungserhöhung der aktiven Beamten auswirkt. Eine ausdrückliche gesetzliche Regelung mußte getroffen werden, andernfalls diese Versorgungsberechtigten keine Erhöhung ihrer Bezüge erfahren konnten. Eine automatische Anpassung der Bezüge der Pensionäre usw. an die jeweilige Erhöhung der Gehaltssätze der aktiven Beamten ist entgegen der verschiedentlich vertretenen Auffassung in der bisherigen Versorgungsgesetzgebung nicht ausgesprochen worden. Auch das Beamten-Altruhegehaltsgesetz, das zum 1. April 1920 die Überleitung der damals vorhandenen Versorgungsberechtigten in die Besoldungsordnung des BDEG. brachte, hat einen derartigen Grundsatz nicht aufgestellt.

2. Anders ist die Rechtslage bei den erst nach dem 1. Okt. 1927 mit Versorgung aus dem aktiven Dienst ausscheidenden Beamten und Lehrpersonen und deren Hinterbliebenen. Bei diesen wirkt sich die Erhöhung der Dienstbezüge zwangsläufig auf ihre Versorgung aus, da für die Berechnung der Versorgungsgebührnisse das beim Ausscheiden zuletzt bezogene (also seit dem 1. Okt. 1927 erhöhte) Diensteinkommen maßgebend ist (s. § 10 ZRG., § 4 BRG.). Für diese Versorgungsberechtigten kommen die §§ 19—28 — abgesehen von § 25 — nicht in Frage und bedurfte es keiner besonderen gesetzlichen Regelung.

3. Die Änderungen, die die preußischen Gehaltskürzungsverordnungen (s. S. 272), die preußischen Sparverordnungen (s. S. 369, 487) und die preußischen Durchführungsbestimmungen zur Pensionskürzungsverordnung des Reiches (s. S. 315) bringen, wirken sich sowohl auf die vor dem 1. Okt. 1927, als auch auf die nach diesem Zeitpunkt entstandenen Versorgungsansprüche in gleicher Weise aus. Sie ändern indessen nur die Höhe der Versorgungsbezüge, nicht aber die rechtlichen Grundlagen für ihre Gewährung.

§ 19.[1]

(1) Das Ruhegehalt und das Wartegeld der zum 1. Oktober 1927 oder zu einem früheren Zeitpunkt in den dauernden oder einstweiligen Ruhestand versetzten unmittelbaren Staatsbeamten und Lehrpersonen, ebenso das Witwen- und Waisengeld der Hinterbliebenen dieser[2] und der vor dem 1. Oktober 1927 im Amte verstorbenen Beamten und Lehrpersonen wird mit Wirkung vom 1. Oktober 1927 wie folgt erhöht:

(2) Dem für die Berechnung des ruhegehaltsfähigen Diensteinkommens bisher maßgebend gewesenen Grundgehalte[3] treten hinzu bei einem Grundgehalte

bis einschließlich 1800 Reichsmark . . . 25 vom Hundert,[4]
von mehr als 1800 Reichsmark bis einschließlich 3500 Reichsmark 22 vom Hundert,
" " " 3500 Reichsmark bis einschließlich 6000 Reichsmark 19 vom Hundert,
" " " 6000 Reichsmark bis einschließlich 12000[5] Reichsmark 16 vom Hundert.

Der sich hierbei als neues Grundgehalt ergebende Betrag, der 13200 Reichsmark nicht überschreiten darf,[5] ist auf volle Reichsmark aufzurunden.[6]

(3) Ergibt ein Grenzbetrag (1800, 3500, 6000 Reichsmark) nebst dem dazu zu gewährenden Hundertsatz einen höheren Betrag als das über dem Grenzbetrage liegende Grundgehalt nebst dem hierzu zu gewährenden Hundertsatze, so ist dieser höhere Betrag als das neue Grundgehalt der Berechnung des ruhegehaltsfähigen Diensteinkommens zugrunde zu legen.[7]

(4) Nach den gleichen Grundsätzen werden mit Wirkung vom 1. Oktober 1927 das Übergangsgeld und die Übergangsgebührnisse der zum 1. Oktober 1927 oder zu einem früheren

Zeitpunkt ausgeschiedenen unmittelbaren Staatsbeamten erhöht.

(5) Ruhegehaltsfähige Nebenbezüge werden mit Wirkung vom 1. Oktober 1927 nach den am 30. September 1927 geltenden Sätzen in Ansatz gebracht.[8]

Richtlinien[1]) zu § 19.

1. Eine Überleitung der mit Ablauf des 30. Sept. 1927 — also zum 1. Okt. 1927 — oder vor diesem Zeitpunkt mit Versorgung aus dem aktiven Dienst ausgeschiedenen Beamten und Lehrpersonen sowie ihrer Hinterbliebenen in die neue Besoldungsordnung findet nicht statt. Die Erhöhung ihrer Versorgungsbezüge erfolgt durch prozentuale Zuschläge zu dem für die Berechnung ihres ruhegehaltsfähigen Diensteinkommens bisher maßgebend gewesenen Grundgehalt. (Wegen der nach § 8 a Satz 2 WartegeldVO. vorübergehend voll wiederbeschäftigten Wartegeldempfänger s. Ziff. 20, 21).

2. Von der prozentualen Erhöhung werden alle Versorgungsbezüge umfaßt, deren Höhe sich nach dem von den Beamten oder Lehrpersonen zuletzt bezogenen Diensteinkommen richtet und die aus gesetzlichen Versorgungsfonds gezahlt werden, also sowohl die kraft Gesetzes erworbenen als auch die auf Grund der in den einzelnen Versorgungsgesetzen enthaltenen Kannvorschriften im Gnadenwege zugebilligten Versorgungsbezüge (Wartegeld, Ruhegehalt, Übergangsgebührnisse, Witwen- und Waisengeld, Unfallpension und die Renten des Unfallfürsorgegesetzes).[9] Keine Erhöhung erfahren der Mindest- und der Höchstsatz der Witwen- und Waisenrente, der Elternrente und der Enkelrente des Unfallfürsorgegesetzes.[10]

3. Ist ein Beamter oder eine Lehrperson, ein Wartegeld- oder Ruhegehaltsempfänger in der Zeit vom 1. Juli bis 30. Sept. 1927 gestorben, so ändern sich die gezahlten Gnadenvierteljahresbezüge nicht. Diese Bezüge sind nur als eine Weiterzahlung des von dem Verstorbenen wirklich bezogenen Diensteinkommens oder der wirklich bezogenen Versorgungsbezüge anzusehen. Auch die Verrechnungsstellen ändern sich in solchen Fällen nicht. Sind die nach den §§ 19ff. festzustellenden Hinterbliebenenbezüge in einzelnen Fällen höher als die in die Zeit nach dem 30. Sept. 1927 fallenden Gnadenvierteljahresbezüge, so ist der Unterschied aus den Hinterbliebenenfonds zu gewähren. Der RdErl. vom 8. Febr. 1927 betr. Zahlung des Gnadenvierteljahrs beim Tode

---

[1]) Vgl. Anhang zu den preuß. Besoldungsvorschriften (PBV.) vom 30. März 1928 in der am 1. Jan. 1931 geltenden Fassung — RdErl. d. FinMin. vom 31. Dez. 1930 (Bes. 1031) — (PrBesBl. 1931 S. 63ff.). — Diese Richtlinien treten an die Stelle der „Vorläufigen Richtlinien" für die Neuregelung der Versorgungsbezüge auf Grund des Preußischen Besoldungsgesetzes vom 17. Dez. 1927 (GS. S. 223). — RdErl. d. FM. v. 21. Jan. 1928 (I D 1. 600b) — (PrBesBl. S. 5).

eines gem. § 8 a Satz 2 WartegeldVO. wiederbeschäftigten Wartegeldempfängers — I D 1. 1670 b, PrBesBl. S. 20 — ist zu beachten.[11]

4. Unter dem Grundgehalt, das für die Berechnung des ruhegehaltsfähigen Diensteinkommens bisher maßgebend gewesen ist und zu dem die prozentualen Zuschläge hinzutreten, ist das der Errechnung der im Sept. 1927 zustehenden Versorgungsbezüge zugrunde liegende Grundgehalt (Grundvergütung) nebst dem seit dem 16. Nov. oder 1. Dez. 1924 zahlbaren Zuschlag dazu zu verstehen. Diesem Grundgehalt sind auch hinzuzurechnen die in der Anmerkung zu den alten Gruppen 1 und 2 der Gehälter mit Mindestgrundgehaltssätzen genannten Ergänzungsbeträge einschließlich Zuschlag dazu, ferner die gemäß Schlußbemerkungen B Ziff. 3 der Anl. 1 zum BDEG. zur Ergänzung des Grundgehalts (Grundvergütung) gewährten besonderen ruhegehaltsfähigen Besoldungszuschüsse einschl. des anteiligen Zuschlags dazu, weiter die Kirchenamtszulagen (bisher Stellenzulagen), die Inhabern vereinigter Schul- und Kirchenämter als Entschädigung für die kirchliche Mühewaltung gewährt worden sind (§ 16 des bisherigen Volksschullehrer-Diensteinkommensgesetzes) und die Besoldungszuschüsse, die die Lehrer an den öffentlichen mittleren Schulen aus § 2 und § 24 Abs. 3 des bisherigen Mittelschullehrer-Diensteinkommengesetzes erhalten haben.

5. Besonders zu beachten ist, daß die gemäß Art. I § 2 des Gesetzes über eine Änderung der Dienst- und Versorgungsbezüge der unmittelbaren Staatsbeamten vom 24. Nov. 1921 — GS. S. 553 — bisher zu gewährenden Notzuschläge der nichtplanmäßigen und der gleichgestellten Beamten nicht ruhegehaltsfähig sind (vgl. Ausführungsanweisung vom 20. Febr. 1922 — I D 1. 718 — Ziff. 5 — FMBl. 86). Wegen der Lehrer vgl. Erl. vom 2. Mai 1924 — ZentrBlUnterrichtsverw. S. 165 —.

6. Grundgehälter (s. Ziff. 4) von mehr als 12000 RM. werden nicht erhöht. Ebenso darf die prozentuale Erhöhung nicht ein neues Grundgehalt von mehr als 13200 RM. ergeben.

Beispiel.

Berechnung der neuen Bezüge eines Ruhegehaltsempfängers der Besoldungsgruppe I der Einzelgehälter (alt) mit einer ruhegehaltsfähigen Dienstzeit von 40 Jahren.

	RM.
Grundgehalt und Zuschlag dazu, 10500 + 1050 = ...	*11550*
hiervon 16 v. H.	*1848*
zusammen	*13398*
Nach § 19 Abs. 2 Satz 2 BesG. darf das neue Grundgehalt 13200 RM. nicht überschreiten; mithin neues Grundgehalt	*13200*
hierzu Wohnungsgeldzuschuß B (120 v. H.)	*1440*
neues ruhegehaltsfähiges Diensteinkommen	*14640*
hiervon 80 v. H.: neues Ruhegehalt	*11712*

7. Die Vorschrift in Abs. 3 dient zur Vermeidung von Überschneidungen. Beispielsweise treten zu dem über dem Grenzbetrag von 3500 RM. liegenden Grundgehalt und Zuschlag dazu von 3564 RM. (Gruppe A 8 nach 10 Dienstjahren) 19 v. H. = 678 RM. hinzu, so daß sich als neues Grundgehalt der Betrag von 4242 RM. ergeben würde. Da aber der Grenzbetrag von 3500 RM. + 22 v. H. = 770 RM. einen höheren Betrag, nämlich 4270 RM. ergibt, gilt der Betrag von 4270 RM. als neues Grundgehalt.

8. Nach Abs. 5 sind bei der Neuberechnung der Versorgungsbezüge in Ansatz zu bringen etwaige Erhöhungen ruhegehaltsfähiger Nebenbezüge, die nach dem Eintritt des Versorgungsfalls und in der Zeit nach dem 16. Nov. oder 1. Dez. 1924 für die im Dienst befindlichen Beamten erfolgt sind und die mangels einer die Umrechnung der Versorgungsbezüge allgemein anordnenden Vorschrift bisher nicht berücksichtigt werden konnten. Maßgebend sind die am 30. Sept. 1927 geltenden Sätze. In der Folgezeit für die aktiven Beamten etwa eintretende Erhöhungen dieser Nebenbezüge bleiben unberücksichtigt.

9. Auf die nach §§ 19, 21 erhöhten Ruhegehalts- und Hinterbliebenenbezüge kommt für die Schulleiter an öffentlichen Volksschulen, die[12] vom 1. April 1927 ab ruhegehaltsfähige Ausgleichszulagen aus der Staatskasse bezogen haben und zum 1. Okt. 1927 oder zu einem früheren Zeitpunkt in den Ruhestand getreten sind, der Teil ihres Ruhegehalts in Anrechnung, der von dieser Ausgleichszulage berechnet ist. Ist dieser Teilbetrag höher als die durch §§ 19, 21 erfolgte Erhöhung des Ruhegehalts, so wird der höhere Betrag gewährt.

Anmerkungen.

1. § 19 spricht grundsätzlich aus, daß entgegen der seit Erlaß des BARG. befolgten Praxis eine Überleitung der am 1. Okt. 1927 bereits vorhandenen Versorgungsberechtigten in die neue Besoldungsordnung nicht erfolgt, sondern daß sich die Erhöhung ihrer Versorgungsbezüge in der Weise vollzieht, daß prozentuale Zuschläge zu dem für die Berechnung ihres ruhegehaltsfähigen Diensteinkommens bisher maßgebend gewesenen Grundgehalt gewährt werden.

2. Die Witwe eines zu oder vor dem 1. Okt. 1927 pensionierten Beamten, der nach dem 1. Okt. 1927 stirbt, fällt also unter § 19.

3. Bei nichtplanmäßigen und ihnen gleichgestellten Beamten — § 11 BDEG. — tritt an Stelle des Grundgehalts die Grundvergütung nebst dem dazu zahlbaren Zuschlag; die ihnen auf Grund Art. I § 2 des Gesetzes über eine Änderung der Dienst- und Versorgungsbezüge der unmittelbaren Staatsbeamten vom 24. Nov. 1921 — GS. S. 553 — bisher gewährten Notzuschläge bleiben dagegen, weil nicht ruhegehaltsfähig, außer Ansatz. Maßgebend für die prozentuale Erhöhung ist das der Errechnung der im September 1927 zustehenden Versorgungsbezüge zugrundeliegende (ev. durch Ergänzungsbeträge erhöhte) Grundgehalt nebst Zuschlag dazu.

4. Die Grenzen für die verschiedenen Hundertsätze sind etwa bei den Endstufen der alten Gruppen A 4, 7, 10 und dem Einzelgehalt I gezogen.

Die Hundertsätze sind Durchschnittssätze, ermittelt aus der durchschnittlichen Erhöhung der Grundgehälter der innerhalb der Grenzbeträge zusammengefaßten Besoldungsgruppen.

5. Keine Erhöhung erfahren die Versorgungsbezüge, deren Errechnung ein Grundgehalt und Zuschlag dazu von mehr als 12000 RM. zugrunde liegt. Die Erhöhung wird also bis zur Gruppe I der alten Einzelgehälter einschl. (Grundgehalt 10500 + 1050 Zuschlag dazu = 11550 RM.) gewährt. Die Vorschrift, daß das aus den prozentualen Zuschlägen errechnete neue Grundgehalt den Betrag von 13200 RM. nicht überschreiten darf, hat ihren Grund darin, daß der Versorgungsberechtigte aus dem alten Einzelgehalt I ohne diese Begrenzung ein höheres neues Grundgehalt (11550, hierzu 16% = 1848, zusammen 13398 RM.) und damit ein höheres Ruhegehalt erhalten würde, als der Versorgungsberechtigte aus dem alten Einzelgehalt II (12000 + 1200 Zuschlag dazu = 13200 RM.), dessen Grundgehalt nicht erhöht wird. Das praktische Ergebnis dieser Regelung ist, daß vom 1. Okt. 1927 ab die Versorgungsberechtigten der alten Einzelgehälter I und II die gleiche Versorgung beziehen.

6. Der durch die prozentuale Erhöhung des im September 1927 zustehenden Grundgehalts einschl. Zuschlags dazu gewonnene, auf volle Reichsmark aufgerundete Betrag gilt vom 1. Okt. 1927 ab als das neue Grundgehalt, aus dem unter Hinzurechnung — wie bisher — des ruhegehaltsfähigen Wohnungsgeldzuschusses und etwaiger ruhegehaltsfähiger Nebenbezüge aus Nebenämtern oder Nebengeschäften ein neues ruhegehaltsfähiges Diensteinkommen errechnet wird, aus dem wiederum das nunmehr zuständige Ruhegehalt usw. berechnet wird. Ergänzungsbeträge (s. oben Anm. 3), die dem Grundgehalt bei der prozentualen Erhöhung bereits hinzugerechnet wurden, bleiben nun selbstverständlich außer Ansatz.

7. Die Vorschrift soll verhindern, daß ein Pensionär einer niedrigeren Gruppe eine höhere Pension bekommt, als derjenige einer höheren Gruppe, die mit ihrem Grundgehalt über einem der Grenzbeträge liegt, und daher einen kleineren prozentualen Zuschlag erhält als die unter dem Grenzbetrag liegende niedrigere Gruppe. Dieser Fall kommt nur zweimal vor, bei der Gruppe 8 nach 10 Dienstjahren und in der Gruppe 12 nach vier Dienstjahren.

8. Die Bestimmung bezweckt, alle diejenigen Versorgungsberechtigten, deren ruhegehaltsfähigen Nebenbezüge nach ihrer Pensionierung und in der Zeit nach dem 16. Nov. / 1. Dez. 1924 für die aktiven Beamten erhöht worden sind, in den Genuß dieser Erhöhungen zu bringen (z. B. die ruhegehaltsfähigen Nebenbezüge der nicht vollbesoldeten Medizinalräte [Kreisärzte] und Veterinärräte [Kreistierärzte]). Da nach dem 16. Nov. / 1. Dez. 1924 eine allgemeine Umrechnung der Versorgungsbezüge nicht mehr stattgefunden hat, konnten diese Erhöhungen den bereits Ausgeschiedenen bisher nicht zugute kommen. Diese ungleichmäßige Bewertung ein und desselben Nebenbezuges ist nunmehr beseitigt; maßgebend ist der am 30. Sept. 1927 geltende Satz. Etwaige Erhöhungen vom 1. Okt. 1927 ab kommen selbstverständlich ebensowenig wie die neuen Gehaltssätze der aktiven Beamten in Betracht.

9. Hierher gehören auch Unterstützungen an strafweise entlassene Beamte gemäß § 16a VerwDszG. Keine Auswirkung dagegen hat § 19 auf die inkorrekt als „Gnadenpensionen" bezeichneten laufenden Zuwendungen, die aus dem Allgemeinen Dispositionsfonds der Staatsregierung gezahlt werden; ihre Bewilligung und Bemessung erfolgt nach anderen Gesichtspunkten, als es bei den im Beamtenversorgungsrecht vorgesehenen Gnadenbewilligungen der Fall ist.

10. Damit bleiben auch die Verwandten der aufsteigenden Linie und die elternlosen Enkel von solchen Beamten, die infolge eines im Dienste erlittenen Betriebsunfalls bis zum 1. Dez. 1923 in den Ruhestand versetzt oder vor dem 1. Dez. 1923 im Amte gestorben sind, auf dem durch Gesetz vom 3. Jan. 1924 (GS. S. 13) eingeführten Mindestsatz von 126 GM., jetzt RM. stehen. Wegen der Erhöhung des Mindest- und Höchstwitwengeldes s. § 29 Ziff. 3a.

11. Danach sind die Bezüge für das Gnadenvierteljahr solcher Beamter, falls es für die Hinterbliebenen günstiger ist, von den Diensteinkünften zu zahlen, die der Beamte nach der angegebenen Vorschrift bezogen hat. — Das gleiche gilt für den Bereich der Justizverwaltung (vgl. AV. vom 24. Dez. 1926 — JMBl. 1926 S. 436 Nr. 348).

12. Auf Grund des Erlasses des UnterrMin. und FinMin. vom 21. Juni 1927 — PrBesBl. S. 97.

§ 20.[1]

(1)[2] Bei den infolge der einschränkenden Bestimmungen der Ziffer II f 3[3] der Ausführungsanweisung vom 21. Januar 1921 zum Beamten-Diensteinkommensgesetz und zum Beamten-Altruhegehaltsgesetze vom 17. Dezember 1920 (Finanzministerialblatt S. 33ff.) oder entsprechender Vorschriften in der Eingangsgruppe verbliebenen Altversorgungsberechtigten werden die im § 19 angegebenen Hundertsätze um 8 (auf 33, 30, 27, 24) vom Hundert erhöht.

(2) Die gleiche Erhöhung der im § 19 angegebenen Hundertsätze erhalten, sofern nicht bereits Abs. 1 Anwendung findet, diejenigen Altversorgungsberechtigten, die im Falle der Ausdehnung der in Ziffer II f 4[4] der genannten Ausführungsanweisung oder in entsprechenden Vorschriften erwähnten Fußnoten auf sie in eine höhere Besoldungsgruppe einzureihen gewesen wären.

(3) Für eine Erhöhung nach Abs. 1 oder 2 kommen nur diejenigen dort bezeichneten Altversorgungsberechtigten in Frage, deren gesetzliches Ruhegehalt für September 1927

zusammen mit der Frauenbeihilfe nicht den Betrag des Ruhegehalts erreicht, das durch § 1 des Beamten-Altruhegehaltsgesetzes vom 17. Dezember 1920 oder § 1 des Volksschullehrer-Altruhegehaltsgesetzes vom 17. Dezember 1920 vom 1. April 1920 ab eine Erhöhung erfahren hat oder hätte erfahren müssen.[5]

Richtlinien zu § 20.

10. (1) Bei der Vorschrift in Abs. 1 handelt es sich um Beamte und Lehrpersonen, die in den Besoldungsgesetzen vom 26. Mai 1909 — GS. S. 85ff. — in einer Besoldungsklasse zusammengesetzt waren, durch die mit dem 1. April 1920 in Kraft getretenen Diensteinkommensgesetze aber unter gleichen oder verschiedenen Amtsbezeichnungen auf mehrere Besoldungsgruppen verteilt und als Altversorgungsberechtigte durch die einschränkenden Bestimmungen der Ziff. II f 3 oder entsprechender Ausführungsvorschriften[1]) in die unterste Besoldungsgruppe eingereiht worden sind und daraus im Sept. 1927 ihre Versorgung bezogen haben. In Betracht kommen vornehmlich solche Beamte, für die in der Besoldungsordnung vom 17. Dez. 1920 (GS. 1921 S. 154) in der Fassung der Novelle vom 14. Jan. 1921 (GS. S. 220) und der Berichtigung vom 8. Febr. 1921 (GS. S. 300) — spätere Abänderungen bleiben unberücksichtigt — in der nächsthöheren Gruppe mit dem Zeichen ●) versehene planmäßige Aufrückungsstellen vorgesehen sind. Hierzu gehören daher auch die Beamten der Gehaltsklasse 13 a der Besoldungsordnung von 1909 (GS. S. 367).

(2) Soweit nach den im Abs. 2 in bezug genommenen Fußnoten zu den Besoldungsgruppen des BDEG. von 1920 die Gewährung der Bezüge der höheren Besoldungsgruppen von der Zurücklegung einer bestimmten Anzahl von Dienstjahren abhängig gemacht worden ist, z. B. Anmerkung 2 zu Gruppe A 4, muß diese Voraussetzung bereits am Tage des Ausscheidens aus dem aktiven Dienst, nicht etwa erst am 31. März 1920, erfüllt gewesen sein.

(3) Im übrigen muß die Frage, welche Altversorgungsberechtigten unter Ziff. II f 3 oder II f 4 der Ausführungsanweisung vom 21. Jan. 1921 oder unter die entsprechenden Vorschriften in den anderen anläßlich der Besoldungsregelung von 1920 ergangenen Ausführungsbestimmungen fallen, bereits bei der erstmaligen Umrechnung der Bezüge auf Grund des BARG. bzw. VARG. geprüft sein.

11. Für die weitere Frage, ob für diese Altversorgungsberechtigten eine Versorgung nach Abs. 1 oder Abs. 2 auf Grund der einschränkenden Vorschrift des Abs. 3 zuständig ist, ist der Betrag des Ruhegehalts zu

---

[1]) Z. B. Ziff. A I f 1 der Ausführungsbestimmungen vom 30. März 1921 über die Neuregelung der Versorgungsbezüge der Lehrer (Lehrerinnen) im Ruhestand und der Hinterbliebenen von Lehrern — Sonderbeilage zum ZentrBl. 1921, Heft 8.

ermitteln, das durch § 1 BARG. oder § 1 VARG. vom 1. April 1920 ab eine Erhöhung erfahren hat oder hätte erfahren müssen. Dieses alte Ruhegehalt ergibt sich ohne weiteres aus der anläßlich der erstmaligen Umrechnung der Versorgungsbezüge auf Grund des BARG. (VARG.) vom 17. Dez. 1920 aufgestellten Nachweisung über die anderweite Regelung der Versorgungsgebührnisse (Spalte „Alte Versorgungsgebührnisse"). Hierbei darf nicht übersehen werden, daß dieses alte Ruhegehalt teilweise nachträglich eine Erhöhung erfahren hat, z. B. durch die 1½fache Anrechnung der Dienstzeit während des Krieges (vgl. die Rückseite der angezogenen Nachweisung über die anderweite Regelung der Versorgungsgebührnisse). In einem solchen Falle ist dieses nachträglich erhöhte alte Ruhegehalt maßgebend. Ergibt die Gegenüberstellung des Monatsbetrages dieses alten Ruhegehalts mit dem gesetzlichen Ruhegehalt für Sept. 1927, dieses einschließlich Frauenbeihilfe in Höhe von 12 RM. — ohne Rücksicht darauf, ob eine solche zustand oder nicht —, daß das Ruhegehalt für März 1920 höher ist, so ist die Versorgung nach Abs. 1 oder Abs. 2 zu gewähren. Die Bezüge für März 1920 und Sept. 1927 sind dem Wortlaut des Gesetzes entsprechend in allen Fällen mit dem gesetzlichen Ruhegehalt (für Sept. 1927 zusammen mit der Frauenbeihilfe) gegenüberzustellen, also ohne die Kriegsbeihilfen und etwaigen Zuwendungen an Altruhegehaltsempfänger und Altwartegeldempfänger (Althinterbliebene) und auch da, wo für diese beiden Monate oder für einen dieser Monate tatsächlich nicht Ruhegehalt, sondern Wartegeld oder Hinterbliebenenbezüge zugestanden haben. Es ist dies um so mehr erforderlich, als dadurch allein eine Gleichmäßigkeit bei der Gegenüberstellung ermöglicht wird; letzten Endes sind alle Versorgungsbezüge der Beamten usw. von dem dem Ruhegehalt zugrunde liegenden Grundgehalt abhängig.

Anmerkungen.

1. Eine Gesamtlösung der sogen. Altpensionärfrage nach dem Wunsche der Beteiligten hat das Besoldungsgesetz nicht gebracht. Man wird auch sagen können, das PrBesG. hat es mit Rücksicht auf die zum Teil unlösbaren Fragen dieses Problems abgelehnt, an den Rechtsbeziehungen der vor oder zum 1. April 1920 ausgeschiedenen Versorgungsberechtigten, der sogen. Altpensionäre, wie sie durch das BARG. und die Ausführungsbestimmungen hierzu gestaltet worden sind, etwas zu ändern. Nur für diejenigen Altversorgungsberechtigten, die in den Vorschriften der Ziffern II f 3 und II f 4 der Ausführungsanweisung des FinMin. vom 21. Jan. 1921 zum BDEG. und zum BARG. bzw. in den entsprechenden Vorschriften der von den übrigen Ressortministern für den Bereich ihrer Verwaltung anläßlich der Besoldungsneuregelung von 1920 erlassenen Ausführungsanweisungen eine besondere Benachteiligung ihrer Person bei der Überleitung in das Besoldungsschema von 1920 erblicken müssen, sieht das Besoldungsgesetz in gewissem Umfang einen weiteren Zuschlag von 8% vor.

2. Die Absätze 1 und 2 legen zunächst den Teilnehmerkreis fest, bei dem dann an Hand der Vorschrift in Absatz 3 zu prüfen ist, ob für den einzelnen Versorgungsfall der weitere Zuschlag von 8% in Frage kommt. — RdErl. vom 22. Juni 1928 (Frie 4962 c — PrBesBl. S. 226) spricht die Anwendbarkeit des § 20 auch auf verdrängte mittelbare Staatsbeamte aus.

3. Ziffer II f 3 lautet, soweit sie hier in Betracht kommt:

„Soweit Beamte bisher gleicher Gattung und bisher gleicher Amtsbezeichnung jetzt unter gleichen oder verschiedenen Amtsbezeichnungen in mehreren Besoldungsgruppen aufgeführt sind, haben Altversorgungsberechtigte nur Anspruch darauf, in die unterste Besoldungsgruppe eingereiht zu werden (z. B. die Kreissekretäre, die in den Besoldungsgruppen 7, 8 und 9 aufgeführt stehen, nur in Gruppe 7, die Landräte, die in die Besoldungsgruppen 10, 11 und 12 eingereiht sind, nur in Gruppe 10)."

4. Ziffer II f 4 lautet:

„Soweit in der Besoldungsordnung durch besondere Anmerkungen für die am 31. März 1920 im Amt oder gewisse Zeit im Amt befindlichen Beamten die Gewährung der Bezüge der nächsthöheren Besoldungsgruppe vorgesehen ist, kommt für die bereits vor dem 1. Apri 1920 aus dem Dienste ausgeschiedenen Versorgungsberechtigten oder ihre Hinterbliebenen die Einreihung in diese nächsthöheren Gruppen nicht in Frage."

5. Nach Abs. 3 kommt für den in Abs. 1 und 2 umrissenen Teilnehmerkreis der weitere Zuschlag von 8% nur dann in Frage, wenn im einzelnen Falle das gesetzliche Ruhegehalt für März 1920 höher ist als das gesetzliche Ruhegehalt für September 1927 einschließlich der Frauenbeihilfe von 12 RM. — ohne Rücksicht darauf, ob eine solche für September 1927 zustand oder nicht —. Im Interesse einer gleichmäßigen Regelung sind in allen Versorgungsfällen die Monatsbeträge der gesetzlichen Ruhegehälter für März 1920 und September 1927 (letzteres zusammen mit der Frauenbeihilfe) gegenüberzustellen, also ohne die vor 1. April 1920 gezahlten Kriegsbeihilfen und Zuwendungen an Altruhegehaltsempfänger und Althinterbliebene und auch da, wo es sich um Wartegeldempfänger oder Hinterbliebene handelt.

§ 21.

Zu dem nach den §§ 19, 20 erhöhten Grundgehalte wird der Wohnungsgeldzuschuß (§ 6) nach der bisherigen Tarifklasse mit dem ungekürzten Satze der Ortsklasse B hinzugerechnet.

Richtlinien zu § 21.

12. Der Hundertsatz des Wohnungsgeldzuschusses ist mit Wirkung vom 1. Okt. 1927 bis auf weiteres auf 120 v. H. festgesetzt.[1] *Der neue Jahresbetrag des Wohnungsgeldzuschusses der Ortsklasse B ist aus dem Kopf der Tafeln über Ruhegehalt und Witwengeld (s. Ziff. II d) ohne weiteres abzulesen. Im übrigen ergeben sich die Jahres- und Monatsbeträge des Wohnungsgeldzuschusses aus der Anlage E des RdErl. vom 10. Dez. 1927 — PrBesBl. S. 236*[2] *—. Der Wohnungsgeldzuschuß* *wird nach wie vor mit dem ungekürzten Satz der Ortsklasse B zugrunde gelegt. Die bisherigen Tarifklassen, in denen sich die einzelnen Versorgungsempfänger befanden, haben sich durch die gemäß §§ 19, 20 erfolgte Erhöhung des Grundgehalts nicht geändert.[3] Die in § 7 BesG. getroffene Sonderregelung für die ledigen Beamten kommt für die vor dem 1. Okt. 1927 ausgeschiedenen Beamten nicht in Frage, weil bei ihnen die bisherigen Vorschriften über die Gewährung von Frauenbeihilfe weiter gelten (s. Ziff. 15).*

Anmerkungen.

1. Die gemäß § 1, Kap. II des 2. Teils der 4. Verord. des Reichspräsidenten zur Sicherung von Wirtschaft und Finanzen vom 8. Dez. 1931 (RGBl. I S. 707) erfolgte Herabsetzung der Friedensmiete von 120 auf 110 v. H. — vgl. auch RdErl. des FinMin. und des Min. f. V. vom 28. Dez. 1931 betr. Festsetzung des Friedens- (Vorkriegs-)mietwerts für Dienstwohnungsinhaber (PrBesBl. S. 375) — hat an diesem Hundertsatz nichts geändert. Der Ausgleich erfolgt durch die allgemeine Kürzung auch des Wohnungsgeldzuschusses.

2. Jetzt Übersicht 2 zu Nr. 46 PBV., abgedruckt S. 220.

3. Für einen vor oder zum 1. Okt. 1927 pensionierten, nichtvollbesoldeten Medizinalrat z. B., dessen Wohnungsgeldzuschuß sich infolge des gekürzten Grundgehalts bisher nach Tarifklasse IV errechnete, bleibt diese Berechnung bestehen. Dagegen ist einem nach dem 1. Okt. 1927 in den Ruhestand versetzten nicht vollbesoldeten Medizinalrat trotz des um 25 v. H. gekürzten Grundgehalts der Wohnungsgeldzuschuß nach derselben Tarifklasse zu berechnen, die eingangs der Gruppe A 2 b der Besoldungsordnung von 1927 für die vollbesoldeten Beamten vorgesehen ist.

§ 22.

Ist an Stelle des nach den §§ 19ff. erhöhten Wartegeldes oder Übergangsgeldes später Ruhegehalt festzusetzen, so wird es ebenfalls nach diesen Vorschriften berechnet.

Richtlinien zu § 22.

13. Für den Fall, daß ein Beamter im einstweiligen Ruhestand, der ein nach den §§ 19ff. erhöhtes Wartegeld bezogen hat, in den dauernden Ruhestand übertritt oder stirbt, bestimmt § 22, daß die Pension nach dem gemäß §§ 19ff. erhöhten Grundgehalt zu berechnen ist. Ohne diese Bestimmung könnte die Festsetzung des Ruhegehalts, da für dieses gemäß § 12 ZRG. das zuletzt bezogene Diensteinkommen maßgebend ist, nicht unter Zugrundelegung des nach seinem Übertritt aus dem aktiven Dienst in den Wartestand gemäß §§ 19, 20 erhöhten Grundgehalts erfolgen.

§ 23.

Bei der Regelung nach § 19 findet bei den mit Ruhegehalt nach dem Schutzpolizeibeamtengesetz ausgeschiedenen Schutzpolizeibeamten die Vorschrift des § 41 desselben Gesetzes in der Fassung der Verordnung vom 26. September 1925 (GS. S. 133) Anwendung.

Richtlinien zu § 23.

14. Alle[1] mit Ruhegehalt nach dem Schutzpolizeibeamtengesetz ausgeschiedenen Schutzpolizeibeamten werden ohne Rücksicht auf den Zeitpunkt ihres Ausscheidens nach der durch VO. vom 26. Sept. 1925 (GS. S. 133) eingeführten verbesserten Pensionsskala behandelt.

Anmerkung.

1. Bisher galt diese Verbesserung nur für die nach dem 18. Aug. 1925 zur Entlassung gekommenen ruhegehaltsberechtigten Schutzpolizeibeamten.

§ 24.

Neben den nach den §§ 19ff. erhöhten Bezügen wird die Frauenbeihilfe[1] nach den bis zum 30. September 1927 geltenden Vorschriften gewährt.[2]

Richtlinien zu § 24.

15. Alle Versorgungsberechtigten, die nach §§ 19ff. behandelt werden, erhalten die Frauenbeihilfe nach den bisherigen Vorschriften, die insoweit bestehen bleiben. (§ 22 Abs. 2 BDEG., Ziff. 124 a PBV.[3]) Soweit hiernach nach Ziff. 124 a Abs. 3 PBV. die Gewährung einer Kinderbeihilfe die Voraussetzung für die Gewährung einer Frauenbeihilfe bildet, ist diese Voraussetzung auch dann erfüllt, wenn eine Kinderbeihilfe für Pflegekinder und Enkel bewilligt ist. Es wird besonders darauf hingewiesen, daß den verwitweten männlichen Wartegeld- und Ruhegehaltsempfängern Frauenbeihilfe zusteht, sofern die übrigen Voraussetzungen erfüllt sind, nicht dagegen den verwitweten weiblichen Wartegeld- und Ruhegehaltsempfängern.

Anmerkungen.

1. Da bei den im Dienst befindlichen Beamten die Frauenbeihilfe in die neuen Grundgehälter eingebaut ist, sind für die am 1. Okt. 1927 vorhandenen Versorgungsberechtigten die bisherigen Vorschriften über die Gewährung der Frauenbeihilfe beibehalten. Ein lediger, vor dem 1. Okt. 1927 pensionierter Beamter, der nach dem 1. Okt. 1927 heiratet, erhält also Frauenbeihilfe. Ein lediger nach dem 1. Okt. 1927 pensionierter Beamter, dessen Ruhegehalt der Wohnungsgeldzuschuß der Ortsklasse B nach der nächstniedrigeren Tarifklasse (§ 7 Abs. 1) zugrunde liegt, erhält bei seiner Verheiratung den Wohnungsgeldzuschuß nach der für Verheiratete zuständigen Tarifklasse (§ 10 Abs. 1 Satz 3 ZRGG. in der neuen Fassung).

2. Die Frauenbeihilfe gehört zu denjenigen Versorgungsgebührnissen, die auf Grund der preußischen Gehaltskürzungsverordnungen der Kürzung unterworfen sind. — (Vgl. RdErl. vom 13. Juni 1931 Abschn. II Nr. 10 Abs. 1 b — PrBesBl. S. 185.)

3. Vgl. S. 238.

§ 25.[1]

Die im § 11 vorgesehene Kinderbeihilfe wird in der gleichen Weise unter den dort genannten Voraussetzungen den einstweilen oder dauernd in den Ruhestand versetzten Beamten und Lehrpersonen sowie für die Kinder der im Amte oder im Ruhestande verstorbenen Beamten und Lehrpersonen gewährt.

Richtlinien zu § 25.

16. (1) Die Kinderbeihilfe wird nach den für die im Dienst befindlichen Beamten vom 1. Okt. 1927 ab geltenden Vorschriften des § 11 BesG.[2] gewährt.[3]

(2) Die Kinderbeihilfe ist also für alle Altersstufen der kinderbeihilfefähigen Kinder gleich hoch. Sie erhöht sich jedoch für das dritte und vierte, sowie für das fünfte und jedes weitere beihilfefähige Kind.[4] Zu den beihilfefähigen Kindern im Sinne des § 11 Abs. 2 Satz 2 sind auch die Kinder im Alter von 21 bis 24 Jahren zu rechnen, für die eine Kinderzulage auf Grund der Verfügung vom 24. Aug. 1922 — Bes. 2822, FMBl. S. 497[5] — oder entsprechender Anordnungen der zuständigen Fachminister gewährt wird. Kinder, für die die Kinderbeihilfe oder -zulage fortgefallen ist, scheiden aus der Zahl der kinderbeihilfefähigen Kinder aus.

(3) Es wird besonders darauf hingewiesen, daß die Kinderbeihilfe in jedem Falle mit Ablauf des Monats fortfällt, der auf den Monat folgt, in dem sich das für den Wegfall der Beihilfe maßgebende Ereignis zugetragen hat.[6]

(4) Eine Zahlung der halben Kinderbeihilfe kommt in Zukunft nicht mehr in Frage.

(5) Verheirateten weiblichen Wartegeld- und Ruhegehaltsempfängern werden Kinderbeihilfen für gemeinsame Kinder nur gewährt, wenn der Ehemann bei Berücksichtigung seiner sonstigen Verpflichtungen außerstande ist, ohne Gefährdung des standesgemäßen Unterhalts der Familie diese zu unterhalten. Entsprechendes gilt für die geschiedenen weiblichen Wartegeld- und Ruhegehaltsempfänger.

17. Im Falle des Todes eines Wartegeld- oder Ruhegehaltsempfängers ist folgendes zu beachten:

Die ehelichen, für ehelich erklärten und von dem Wartegeld oder Ruhegehaltsempfänger an Kindes Statt angenommenen Kinder erhalten die Kinderbeihilfe;

bei den Stiefkindern und unehelichen Kindern des Wartegeld- oder Ruhegehaltsempfängers, dsgl. bei den unehelichen Kindern seiner Ehefrau und den von ihr an Kindes Statt angenommenen Kindern, ferner bei den Pflegekindern und Enkeln fällt die Kinderbeihilfe fort.

18. Im Gegensatz zu den §§ 19 bis 24 findet § 25 allgemein Anwendung, d. h. er bezieht sich auch auf die mit Wirkung von einem späteren Zeitpunkt als dem 1. Okt. 1927 ausscheidenden Versorgungsberechtigten.

Anmerkungen.

1. § 25 erstreckt sich auf alle Versorgungsberechtigten; vgl. Ziff. 18 der Richtlinien.

2. Und nach Nr. 62ff. PBV. (AusfBest. zu § 11 PrBesG. — vgl. S. 68).

3. Demgemäß gilt die durch die zweite Gehaltskürzungsverordnung herbeigeführte Senkung der Kinderbeihilfe für das erste Kind von 20 auf 10 RM. monatlich, und die Herabsetzung der Einkommensgrenze für die Gewährung der Kinderbeihilfe von 40 auf 30 RM. durch die erste Sparverordnung (RdErl. vom 17. Sept. 1931 — PrBesBl. S. 265) auch für die beihilfefähigen Kinder der Ruhestandsbeamten. Ebenso gilt die Bestimmung der Sparverordnung, wonach Kinderbeihilfen für Pflegekinder und Enkel mit Wirkung vom 1. Okt. 1931 nicht mehr zu bewilligen sind, auch für Pflegekinder und Enkel von Versorgungsberechtigten. Siehe § 11 und Anmerkungen dazu.

4. Da die zweite Gehaltskürzungsverordnung (RdErl. vom 13. Juni 1931 — PrBesBl. S. 181) die Kinderbeihilfe für das 1. Kind von 20 auf 10 RM. herabsetzt, erhöht sie sich nunmehr auch für das zweite, das dritte und vierte, sowie das fünfte usw. Kind.

5. Jetzt RdErl. vom 21. Mai 1928 — Bes. 4273 b II — (PrBesBl. S. 193) — (vgl. S. 247).

6. Vgl. jedoch Nr. 72 (1 a) PBV. (AusfBest. zu § 11 Abs. 6 PrBesG. — vgl. S. 74), wonach die Zahlung einer Kinderbeihilfe für uneheliche Kinder an einen Beamten als Erzeuger in jedem Fall bereits mit Ablauf des Monats einzustellen ist, mit dem die Gewährung des vollen Unterhalts seitens des Beamten aufhört. — Nach Nr. 65 Abs. 5 PBV. (AusfBest. zu § 11, Abs. 1—3 PrBesG. — vgl. S. 70) ist Gewährung des vollen Unterhalts nur anzunehmen, wenn der für den Unterhalt tatsächlich gewährte Betrag die Kinderbeihilfe um wenigstens ein Viertel übersteigt, auch wenn die Unterhaltsrente, zu deren Zahlung der Beamte verpflichtet ist, niedriger ist. Ist sie höher, so muß der Beamte mindestens den Betrag der Unterhaltsrente aufwenden. Ist das Kind durch einmalige Zuwendung abgefunden, so ist die Kinderbeihilfe zuständig, wenn der der Berechnung der Abfindungssumme zugrunde liegende Monatsbetrag die Kinderbeihilfe um wenigstens ein Viertel übersteigt, oder wenn der Unterschiedsbetrag hinzugezahlt wird.

§ 26.

Bei der Berechnung des früheren Diensteinkommens im Sinne der Vorschriften über das Ruhen des Wartegeldes, Ruhegehalts, Witwen- und Waisengeldes, des Übergangsgeldes und der Übergangsgebührnisse gilt, wenn es sich um die in den §§ 19ff. bezeichneten Bezüge handelt, als Grundgehalt das nach diesen Vorschriften erhöhte Grundgehalt.

Richtlinien zu § 26.

19. Bei der Wiederverwendung eines Versorgungsberechtigten im Reichs-, Staats- oder in einem sonstigen öffentlichen Dienst[1] gilt nach den Ruhensvorschriften als Kürzungsmaßstab das von dem Versorgungsberechtigten vor seiner Versetzung in den einstweiligen oder dauernden Ruhestand bezogene Diensteinkommen. Die Vorschrift des § 26 bezweckt, die nach den §§ 19ff. sich ergebende Aufbesserung der Versorgungsbezüge auch den wiederbeschäftigten Ruhegehaltsempfängern usw. bei der Regelung ihrer Bezüge zugute kommen zu lassen. Die Auswirkung dieser Vorschrift ist aus nachstehendem Beispiel zu ersehen:

Ein vor dem 1. Okt. 1927 nach einer ruhegehaltsfähigen Dienstzeit von 40 Jahren in den Ruhestand versetzter Beamter der bisherigen Besoldungsgruppe A 7, Endstufe, zuletzt in einem Ort der Ortsklasse A, wohnt jetzt in einem Ort der Ortsklasse C und bezieht infolge Wiederbeschäftigung in einem Ort der Sonderklasse (dienstlicher Wohnsitz) die Bezüge nach der neuen Besoldungsgruppe A 6, Endstufe. Er ist verheiratet und hat 4 kinderbeihilfefähige Kinder unter 21 Jahren, die im Zeitpunkt seiner Zurruhesetzung schon das 14. Lebensjahr überschritten hatten.

	Ruhegehaltsbezüge RM.	Neues Diensteink. RM.	Früheres letztes Diensteinkommen: in Wirklichkeit RM.	Früheres letztes Diensteinkommen: hier anzusetzen RM.	Bemerkungen
Grundgehalt 3120 + 312 =	3432	3500	3432	3432	
hierzu nach § 19 BesG. 22 v. H. von 3432 = 755,04, rd.	756	—	—	756	
neues Grundgehalt . . .	4188	—	—	4188[1])	[1]) gemäß § 26 BesG.
Wohnungsgeldzuschuß . .	(B) 792[2])	(S) 864[3])	(A) 924[4])	(S) 1152[2])	[2]) Tarifklasse IV (120 v. H.)
	4980	—	—	—	[3]) Tarifklasse V (120 v. H.)
hiervon 80 v. H. Ruhegehalt	3984	—	—	—	
hierzu Frauenbeihilfe . .	144	—	144	144	[4]) Tarifklasse IV (110 v. H.)
Kinderbeihilfen	1080	1080	1056	1080	
	5208	5444	5556	6564	
Ab: neues Diensteinkom.	—	—	—	5444	
mithin daneben aus den Ruhegehaltsbezügen zahlbar	—	—	—	1120	

Anmerkung.

1. Öffentlicher Dienst begreift auch jede vergütete Tätigkeit, gleichgültig ob als Beamter, Angestellter oder Arbeiter, bei Erwerbsgesell-

schaften, an denen die öffentliche Hand mit mehr als der Hälfte der Stammkapitals beteiligt ist, sowie bei sonstigen Einrichtungen, die wesentlich aus öffentlichen Mitteln betrieben werden, z. B. die Einrichtungen des Reichsversicherung.

§ 27.

Wartegeldempfänger, die gemäß § 8a Satz 2 der Verordnung, betreffend die einstweilige Versetzung der unmittelbaren Staatsbeamten in den Ruhestand, als nichtplanmäßige Beamte vorübergehend voll beschäftigt werden, erhalten das Grundgehalt, das sie nach diesem Gesetz am 1. Oktober 1927 bezogen haben würden, wenn sie sich zu diesem Zeitpunkt im aktiven Dienste befunden hätten. § 2 gilt sinngemäß; die Zeiten einer nicht vollen Beschäftigung bleiben außer Betracht.

Richtlinien zu § 27.

20. Da nach § 8 a Satz 2 WartegeldVO. diejenigen Wartegeldempfänger, die laut schriftlicher Eröffnung des Verwaltungschefs als nichtplanmäßige Beamte voll beschäftigt werden, die Bezüge eines im Dienste befindlichen Beamten derjenigen Besoldungsgruppe zu erhalten haben, der sie zuletzt angehört haben, ist die Überleitung dieser Wartegeldempfänger in die neue Besoldungsordnung erforderlich.[1] Hierbei ist § 7 BesG. zu beachten. Die Überleitung hat weiter zur Folge, daß nach beendeter Beschäftigung das Wartegeld nach den Grundgehaltssätzen der neuen Besoldungsordnung unter Berücksichtigung inzwischen etwa erreichter Dienstalterszulagen, in die diese Wartegeldempfänger durch die sinngemäße Anwendung des § 2 BesG. aufgerückt sind, und der verlängerten ruhegehaltsfähigen Dienstzeit unter Beachtung des Höchstwartegeldes neu berechnet wird; dementsprechend ist später auch das Ruhegehalt festzusetzen (vgl. § 8 b WartegeldVO., § 12 Satz 2 ZRGG. in der Fassung des Personalabbau-Abwicklungsgesetzes, Nr. 2 Ziff. 4 und 5 Abs. 11 und Nr. 3 Ziff. 1 der Ausführungsvorschriften vom 2. Juni 1926 zum Personalabbau-Abwicklungsgesetz — PrBesBl. S. 59).

21. (1) Eine sofortige Überleitung ist nur bei denjenigen Wartegeldempfängern vorzunehmen, die am 1. Okt. 1927 als nichtplanmäßige Beamte gemäß § 8 a Satz 2 WartegeldVO. beschäftigt waren oder nach diesem Zeitpunkt zu einer derartigen Beschäftigung einberufen worden sind.

(2) Das für die Berechnung der Bezüge maßgebende Anwärterdienstalter ist nach den für die einzelnen Besoldungsgruppen des neuen Besoldungsgesetzes in Betracht kommenden Überleitungsbestimmungen und nach den sonstigen für die Festsetzung des Besoldungsdienstalters der im Dienste befindlichen Beamten geltenden Bestimmungen neu festzusetzen. Zur Anwendung der Überleitungsbestimmungen der neuen

Besoldungsordnung für einen am 1. Okt. 1927 gemäß § 8 a Satz 2 WartegeldVO. wiederbeschäftigten Wartegeldempfänger ist ein Besoldungsdienstalter in der alten Besoldungsgruppe zu bilden in der Weise, daß dem gemäß Nr. 2 Ziff. 4 und 5 Abs. 6 der Ausführungsvorschriften vom 2. Juni 1926 zum Personalabbau-Abwicklungsgesetz für die alte Besoldungsgruppe festgesetzten Anwärterdienstalter bei Zivilanwärtern 5 Jahre, bei Militäranwärtern 4 Jahre hinzugerechnet werden. Unter Zugrundelegung des sich danach ergebenden Besoldungsdienstalters ist die Überleitung in die zuständige Gruppe der neuen Besoldungsordnung vorzunehmen. Aus dem so für die neue Besoldungsgruppe ermittelten Besoldungsdienstalter ist sodann das für die Höhe der nichtplanmäßigen Bezüge maßgebende Anwärterdienstalter in der üblichen Weise festzusetzen.

Für einen nach dem 1. Okt. 1927 zur Wiederbeschäftigung gemäß § 8 a Satz 2 einberufenen Wartegeldempfänger ist entsprechend zu verfahren.

Die endgültige Überleitung des Wartegeldempfängers und die Nachprüfung des Anwärterdienstalters ist nach Erlaß der Ausführungsbestimmungen zum neuen Besoldungsgesetz — wie bei den im Dienst befindlichen Beamten und Lehrpersonen — vorzunehmen.

(3) Soweit nach § 8 a Satz 2 wiederbeschäftigte Wartegeldempfänger in der neuen Besoldungsordnung und in den auf Grund des § 36 BesG. ergangenen Einstufungsübersichten nicht aufgeführt sind,[2] *ist an den Fachminister zu berichten.*

(4) Für die übrigen Wartegeldempfänger tritt zunächst nur die Erhöhung nach §§ 19, 20 ein, sofern nicht nachstehende Ziff. 22 Platz greift.

22. Wenn Wartegeldempfänger ohne die in § 8 a Satz 2 vorgeschriebene schriftliche Eröffnung des Verwaltungschefs[3] *und Ruhegehaltsempfänger vorübergehend voll beschäftigt werden, erhalten sie regelmäßig den vollen Betrag ihres ruhegehaltsfähigen, nach §§ 19, 20, 21 erhöhten Diensteinkommens.*

Anmerkungen.

1. Sie sind also von der allgemeinen prozentualen Erhöhung ausgenommen. Die Überleitung erfolgt selbstverständlich erst bei Antritt der Beschäftigung. Bis dahin wird der Wartegeldempfänger wie alle übrigen Versorgungsberechtigten nach §§ 19, 20 behandelt. Durch die Überleitung kommt eine etwa vor dem 1. Okt. 1927 zahlbare Frauenbeihilfe in Fortfall; für ledige Wartegeldempfänger regelt sich der Wohnungsgeldzuschuß nach § 7.

2. z. B. frühere Hofbeamte, Beamte der früheren Staatsschuldenverwaltung.

3. Also nach § 8 a Satz 1 WartegeldVO.

§ 28.[1]

In Einzelfällen, in denen sich aus den Vorschriften des § 19 besondere Härten ergeben, kann der zuständige Minister im Einvernehmen mit dem Finanzminister einen Ausgleich gewähren.

Anmerkung.

1. Die Härtevorschrift bezieht sich nur auf die Regelung nach § 19, nicht auf § 20. Sie kann nur auf besonders liegende Einzelfälle Anwendung finden, und nicht etwa dann, wenn sich eine ganze Beamtengruppe durch die Neuregelung gegenüber anderen Gruppen benachteiligt fühlt.

§ 29.

Änderungen von Versorgungsgesetzen.

1. Im § 3 a Abs. 2 Satz 1 der Verordnung, betreffend die einstweilige Versetzung der unmittelbaren Staatsbeamten in den Ruhestand, vom 26. Februar 1919 (GS. S. 33) in der Fassung des § 83 Nr. 1 der Verordnung zur Verminderung der Personalausgaben der öffentlichen Verwaltung (Preußische Personal-Abbau-Verordnung) vom 8. Februar 1924 (GS. S. 73) und des § 28 Nr. 2 b des Gesetzes über die Einstellung des Personalabbaues und Änderung der Preußischen Personal-Abbau-Verordnung (Personalabbau-Abwicklungsgesetz) vom 25. März 1926 (GS. S. 105) ist an Stelle von „I A 13" zu setzen „A 1 a".

2. Im § 10 des Gesetzes, betreffend die Pensionierung der unmittelbaren Staatsbeamten sowie der Lehrer und Beamten an den höheren Unterrichtsanstalten mit Ausschluß der Universitäten, vom 27. März 1872/27. Mai 1907 (GS. S. 268/S. 95) in der Fassung des § 21 Nr. 3 des Beamten-Diensteinkommensgesetzes vom 17. Dezember 1920 (GS. 1921 S. 135) und des Artikels I § 1 VII des Gesetzes vom 21. November 1922 (GS. S. 431) erhalten die Abs. 1 und 2 folgende Fassung:

(1) Die Pension wird von dem auf Grund des Besoldungsgesetzes zuletzt bezogenen Diensteinkommen berechnet, soweit es aus Grundgehalt oder Grundvergütung, Wohnungsgeldzuschuß und den in der Besoldungsordnung vorgesehenen ruhegehaltsfähigen Zulagen besteht. Der Woh-

nungsgeldzuschuß wird mit dem ungekürzten Satze der Ortsklasse B angerechnet, und zwar auch dann, wenn der Beamte einen Wohnungsgeldzuschuß nicht oder nur teilweise bezogen hat. § 7 Abs. 1 des Besoldungsgesetzes gilt entsprechend.

(2) Ruhegehaltsfähig sind ferner die in der Besoldungsordnung oder im Staatshaushaltsplan ausdrücklich als ruhegehaltsfähig bezeichneten Sondervergütungen und Nebenbezüge sowie die mit Nebenämtern und Nebengeschäften verbundenen Vergütungen, wenn eine planmäßige Stelle als Nebenamt bleibend verliehen war. Andere Vergütungen und Nebenbezüge, insbesondere auch die Aufwandentschädigungen, und die Kinderbeihilfen sind nicht ruhegehaltsfähig.

3. Im Gesetze, betreffend die Fürsorge für die Witwen und Waisen der unmittelbaren Staatsbeamten, vom 20. Mai 1882/27. Mai 1907 (GS. S. 298/S. 99) in der Fassung des Artikels V des Gesetzes vom 12. Juli 1923 (GS. S. 305) sind zu ersetzen:

a) im § 8 Abs. 2 „A 1" durch „A 12" und „II der Einzelgehälter" durch „B 7 der festen Gehälter";

b) im § 12 a Abs. 2 die Worte „der Wiederanstellung eines Pensionärs im Reichs- oder Staatsdienst im Sinne der §§ 27 und 28 jenes Gesetzes" durch die Worte „der Verwendung eines Pensionärs im Reichs-, Staats- oder in einem sonstigen öffentlichen Dienste im Sinne des § 27 Abs. 2 des Pensionsgesetzes in der Fassung des Artikels IV des Gesetzes vom 12. Juli 1923 (GS. S. 305)".

4. Das Gesetz über die Versorgung der Staatsminister vom 13. Juni 1924 (GS. S. 547) wird wie folgt geändert:

a) im § 4 Abs. 2 und § 7 Abs. 1 und 3 werden die Worte „der Besoldungsgruppe I der Einzelgehälter" ersetzt durch die Worte „der Besoldungsgruppe B 8 der festen Gehälter";

b) im § 4 Abs. 1 werden folgende Sätze angefügt:

Ruht das Recht auf den Bezug des Übergangsgeldes infolge einer erneuten Amtstätigkeit als preußischer Staatsminister, so verlängert sich die Zeit, für die ein

Übergangsgeld aus der neuen Amtstätigkeit gewährt wird, um die Zeit des Ruhens des früheren Übergangsgeldes. Die Höchstdauer des Übergangsgeldes darf durch diese Verlängerung nicht überschritten werden. Die Höhe des so verlängerten Übergangsgeldes bemißt sich nach § 2 Abs. 4 mit der Maßgabe, daß für die Monate der Verlängerung kein höheres Übergangsgeld gezahlt werden darf, als geruht hat.

5. Das Gesetz über eine erhöhte Anrechnung der von den Staatsbeamten und Volksschullehrpersonen während des Krieges zurückgelegten Dienstzeit vom 23. November 1920 (GS. 1921 S. 89) wird wie folgt geändert:

Im § 1 ist der letzte Satz zu streichen und dafür zu setzen:

Ferner wird die Zeit einer Kriegsgefangenschaft anderthalbfach angerechnet, sofern die im Abs. 1 der Verordnung der Reichsregierung vom 30. November 1918 (RGBl. 1919 S. 183) genannte Voraussetzung für ihre Anrechnung als Dienstzeit gegeben ist.

Richtlinien zu § 29.

23. An Stelle der der Berechnung des Höchstwartegeldes bisher zugrunde zu legenden letzten Dienstaltersstufe der Besoldungsgruppe I A 13 tritt die letzte Dienstaltersstufe der Besoldungsgruppe A 1 a. Das neue Höchstwartegeld beträgt mithin 11 232 RM. In den Fällen, in denen bisher das Höchstwartegeld gezahlt wurde, tritt vom 1. Okt. 1927 ab der jetzige Höchstsatz, es sei denn, daß das zur Zeit der Versetzung in den einstweiligen Ruhestand bereits erdiente Ruhegehalt unter Berücksichtigung der Erhöhungen der §§ 19, 20 höher ist.

24. (1) Die anderweite Fassung der Vorschriften über die Berechnung des Ruhegehalts im § 10 ZRG. ist bedingt durch die Einführung der ruhegehaltsfähigen und unwiderruflichen Stellenzulagen. Diese stellen ihrem Charakter nach einen Hauptbezug dar und gehören deshalb zu dem in Abs. 1 genannten Diensteinkommen.

(2) Der Wohnungsgeldzuschuß wird wie bisher nach dem ungekürzten Satz der Ortsklasse B angerechnet. Für die Tarifklasse beim Wohnungsgeldzuschuß sind nicht mehr die Gehaltsgrenzen maßgebend. Am Kopf jeder Besoldungsgruppe ist angegeben, welcher Tarifklasse die Beamten der betreffenden Gruppe zuzuteilen sind. Bei ledigen Beamten ist, soweit nicht die Sondervorschrift des § 7 Abs. 2 Platz greift, der Wohnungsgeldzuschuß der Ortsklasse B nach der nächstniedrigeren Tarifklasse bzw. an Stelle des Wohnungsgeldzuschusses

der Tarifklasse VII der um 40 v. H. gekürzte Satz der Ortsklasse B (z. Zt. 174 RM. jährlich) zugrunde zu legen. Verwitwete und geschiedene Beamte gelten nicht als ledige Beamte. Der Hinweis auf § 7 Abs. 1 BesG. im ersten Absatz des § 10 ZRG. neuer Fassung will nur besagen, daß in den Fällen, in denen ein lediger Pensionär heiratet, der Wohnungsgeldzuschuß nach der für Verheiratete zuständigen Tarifklasse zahlbar wird. Die Zahlung erfolgt vom Ersten des Monats an, in welchem die Ehe geschlossen wird.

(3) Da nach § 14 BesG. im Gegensatz zu § 10 BDEG. eine Anrechnung der dort genannten Naturalbezüge auf das Diensteinkommen nicht mehr erfolgt, der Beamte sie vielmehr angemessen zu bezahlen hat, ist die bisherige Vorschrift des § 10 Abs. 1 Satz 4 ZRG. vom 1. Okt. 1927 ab in der Neufassung nicht aufgenommen worden.

25. Vom 1. Okt. 1927 ab beträgt das Mindestwitwengeld 648 RM. jährlich, das Höchstwitwengeld 8721 RM. jährlich. Demgemäß ist auch in den vor dem 1. Okt. 1927 entstandenen Versorgungsfällen das Mindestwitwengeld auf den neuen Mindestsatz festzusetzen mit der Maßgabe, daß Witwen- und Waisengeld weder einzeln noch zusammen den Betrag der gemäß §§ 19, 20 BesG. erhöhten Pension übersteigen dürfen. In den Fällen, in denen bisher eine Kürzung des Witwengeldes infolge Überschreitung des Höchstsatzes — zuletzt 7260 RM. jährlich — vorgenommen werden mußte, bedarf es einer Nachprüfung und ggf. einer Neufestsetzung des gekürzten Witwengeldes bis zur Erreichung des neuen Höchstsatzes.

26. Die Neufassung des § 12 a Abs. 2 HFG. bringt lediglich die Anpassung des bisherigen Wortlautes an die auf Grund der Generalklausel des Art. IX des Gesetzes vom 12. Juli 1923 — Gesetzsamml. S. 305 — auch für das HFG. geltenden erweiterten Kürzungsvorschriften des § 27 Abs. 2 ZRG. bei einer Verwendung im öffentlichen Dienst.

27. Abs. 1 der VO. der Reichsregierung vom 30. Nov. 1918 (RGBl. 1919 S. 183) entspricht inhaltlich dem Staatsministerialbeschluß vom 6. Juni 1924, abgedruckt im RdErl. vom 18. Juli 1924 — PrBesBl. S. 247 — Abschn. I Ziff. 3 Abs. 1. Bisher war es nicht möglich, an sich ruhegehaltsfähige Kriegsgefangenschaftszeit in den Fällen, in denen wegen Mangels besonderer Gefahren für Leben und Gesundheit eine Anrechnung von Kriegsjahren nicht erfolgen konnte, $1^1/_2$fach anzurechnen (vgl. den angezogenen RdErl. Abschn. I Ziff. 3 Abs. 3, Abschn. II Ziff. 3 Abs. 2). Die neue Vorschrift bietet hierfür nunmehr die gesetzliche Grundlage. Die $1^1/_2$fache Anrechnung kann sich selbstverständlich nur auf den auch sonst in diesem Gesetz für eine $1^1/_2$fache Anrechnung vorgesehenen Zeitraum vom 1. Aug. 1914 bis 31. Dez. 1918 erstrecken. Die Zeit einer Kriegsgefangenschaft nach dem 31. Dez. 1918 kann daher $1^1/_2$fach nicht berücksichtigt werden. Wegen des Inkrafttretens wird auf § 44 Satz 1 BesG. verwiesen.

IV. Übergangsvorschriften.

§ 30.

Die Einweisung der in der Besoldungsordnung aufgeführten, am 30. September 1927 im Amte gewesenen Beamten in die sich aus diesem Gesetz ergebenden Bezüge erfolgt nach Maßgabe eines vom Finanzminister im Einvernehmen mit den Fachministern aufgestellten Stellenplanes.[1]

Anmerkung.

1. Der Stellenplan ist vom Landtag am 15. März 1928 genehmigt worden. In ihm ist u. a. auch erstmalig die Zahl der auf Grund der Fußnote 8 zur BesGr. 4 b zu verleihenden Stellenzulagen festgesetzt worden. Der Stellenplan hat heute keine Bedeutung mehr.

§ 31.

(1) Das Besoldungsdienstalter der zur Zeit des Inkrafttretens dieses Gesetzes[1] im Amte[2] befindlichen planmäßigen Beamten[3] ergibt sich aus den den einzelnen Besoldungsgruppen der Besoldungsordnung beigefügten Überleitungsbestimmungen.[4] Die dort vorgesehenen Verkürzungen des Besoldungsdienstalters dürfen jedoch vier Jahre nicht übersteigen und nicht verhindern,[5] daß der Beamte spätestens zwei Jahre vor der Erreichung der Altersgrenze das Endgrundgehalt erhält.[6] Soweit in diesen Überleitungsbestimmungen eine Regelung nicht getroffen ist, bestimmt der Finanzminister im Einvernehmen mit dem Fachminister das Besoldungsdienstalter. Die Überleitungsbestimmungen für die Polizeivollzugsbeamten[7] regelt der Minister des Innern im Einvernehmen mit dem Finanzminister; diese Bestimmungen sind dem Landtag vorzulegen.

(2) Soweit in der Besoldungsordnung aufgeführte Beamte Bezüge nach den im § 37 genannten Gesetzen erhalten,[8] regelt sich das Besoldungsdienstalter der zur Zeit des Inkrafttretens dieses Gesetzes im Amte befindlichen planmäßigen Beamten nach den näheren Vorschriften dieser Gesetze.[9]

Besoldungsvorschriften.

Zu § 31.

Nr. 105. (1) Ist ein Beamter mit Wirkung von einem Tage zwischen dem 30. Sept. und dem 31. Dez. 1927 — dem Tage der Ver-

kündung des PrBesG. — in eine andere Planstelle derselben alten Besoldungsgruppe versetzt worden, während im neuen PrBesG. die verlassene und die neue Planstelle verschiedenen Besoldungsgruppen zugeteilt sind, so ist der Beamte zunächst in die seiner alten Planstelle entsprechende neue Besoldungsgruppe und sodann aus dieser mit dem Zeitpunkt der tatsächlich erfolgten Versetzung in die seiner neuen Planstelle entsprechende neue Besoldungsgruppe überzuleiten.[10 11]

(2) Ist ein Beamter mit Wirkung von einem Tage zwischen dem 30. Sept. und dem 31. Dez. 1927 in eine Planstelle befördert oder versetzt worden, die im alten BDEG. einer anderen, im neuen PrBesG. aber derselben Besoldungsgruppe wie die verlassene Planstelle zugeteilt ist, so ist die Beförderung oder Versetzung für die Eingruppierung bedeutungslos.[12]

(2 a) Bei der Überleitung bzw. Festsetzung des BDA. der am 30. Sept. 1927 im Amte gewesenen Beamten der alten Besoldungsgruppe A 6, die nach der Fußnote 5 zur neuen Besoldungsgruppe A 6 für ihre Person die Bezüge der Besoldungsgruppe A 4 c erhalten, ist zu unterstellen, daß diese Beamten zunächst in die alte Besoldungsgruppe A 7 überführt worden sind. Das sich danach gemäß Ziff. 37 PBV. vom 15. Juli 1925 ergebende BDA. in der alten Besoldungsgruppe A 7 ist für die Einweisung dieser Beamten in die Bezüge der neuen Besoldungsgruppe A 4 c maßgebend.

(3) Die am 30. Sept. 1927 im Dienste gewesenen nichtplanmäßigen Beamten erhalten die Grundvergütungssätze nach der Besoldungsgruppe, in der sie beim regelmäßigen Verlauf ihrer Dienstlaufbahn erstmalig planmäßig angestellt werden.[13]

Nr. 106. (1) Die Vorschriften des neuen PrBesG. und dieser PBV., die hinsichtlich der Berechnung des BDA. für die Beamten günstiger oder ungünstiger sind als die entsprechenden älteren Vorschriften, dürfen bei der Neufestsetzung des BDA. der vor dem 1. Okt. 1927 planmäßig angestellten Beamten nur angewendet werden, wenn und soweit dies im PrBesG. oder in den PBV. ausdrücklich vorgesehen ist. Dasselbe gilt entsprechend für das AnwDA.

Nr. 107. Beispiel zu Abs. 1 Satz 2 (Altersgrenze).

Ein am 15. Juli 1865 geborener Obersekretär der alten BesGr. A 7 hatte in dieser ein BDA. vom 1. Okt. 1911. Nach den Überleitungsbestimmungen zur BesGr. A 4 b erhält er vom 1. Okt. 1927 ab ein BDA. vom (1. Okt. 1927 — 14) = 1. Okt. 1913. Mit diesem BDA. würde er am 1. Okt. 1933 das Höchstgehalt der BesGr. A 4 b erhalten.

Nach dem Altersgrenzengesetz hätte er bereits zum 1. Okt. 1930 auszuscheiden. Es würde sich zunächst ein BDA. vom 1. Okt. 1930 — (2 + 20) = 1. Okt. 1908 ergeben. Da er aber im günstigsten Falle nur das alte BDA. in Besoldungsgruppe A 7 vom 1. Okt. 1911 wieder erhalten kann, ist sein BDA. auch in der Besoldungsgruppe A 4 b auf den 1. Okt. 1911 festzusetzen.

Nr. 108. Wegen der Überleitungsbestimmungen für die Polizeivollzugsbeamten wird auf die Anlage F zum RdErl. vom 10. Dez. 1927

(PrBesBl. S. 159) und die dazu ergangenen Berichtigungen (PrBesBl. 1927 S. 247 u. S. 258) sowie auf die RdErl. vom 20. Juni 1928 (PrBes.-Bl. S. 239) vom 28. Aug. 1928 (PrBesBl. S. 264) — hier abgedruckt S. 516 — und vom 9. Jan. 1929 — II. 4300/78 — (nicht veröffentlicht) Bezug genommen.

Anmerkungen.

1. Am 1. Okt. 1927.

2. D. h. der bereits am 30. Sept. 1927 planmäßig angestellt gewesenen Beamten.

3. Nicht dazu gehören die zum 1. Okt. 1927 in den Ruhestand versetzten, also mit Ablauf des 30. Sept. 1927 ausgeschiedenen Beamten.

4. Wenn in den Überleitungsbestimmungen das BDA., das die Beamten beim Inkrafttreten der neuen Besoldungsordnung besitzen, auf eine bestimmte Reihe von Jahren beschränkt ist (z. B. in der Besoldungsgruppe A 2 a für Beamte der alten Besoldungsgruppe A 11 auf günstigstenfalls 12 Jahre, in Besoldungsgruppe A 4 b für Beamte der alten Besoldungsgruppe A 7 auf günstigstenfalls 14 Jahre usw.), so ist das BDA. in allen denjenigen Fällen neu festzusetzen, in denen die Beamten ein BDA. haben, das am 1. Okt. 1927 die in den Überleitungsbestimmungen angegebenen Höchstgrenzen (in den vorstehenden Beispielen also 12 bzw. 14 Jahre) bereits überschritten hat. In diesen Fällen ist z. B. der Beginn des BDA. bei einer Begrenzung auf günstigstenfalls

16 Jahre auf den 1. Okt 1911,
14 „ „ „ 1. Okt. 1913,
12 „ „ „ 1. Okt. 1915,
10 „ „ „ 1. Okt. 1917

neu festzusetzen.

Wo in den Überleitungsbestimmungen eine Verkürzung des BDA. um 4 Jahre vorgesehen ist (vgl. BesGr. A 8), ist das BDA. spätestens auf den 1. Okt. 1927 festzusetzen.

Vgl. hierzu auch Abschn. I 10 des RdErl. vom 10. Dez. 1927 — Bes. 15204 b — PrBesBl. S. 159.

5. Beispiel. Ein Polizeirat aus der alten Besoldungsgruppe A 9 mit einem BDA. vom 1. April 1913 erhält in Besoldungsgruppe A 3 b ein BDA. vom 1. April 1917 (höchste Verkürzung: 4 Jahre). Falls dieser Polizeirat jedoch am 1. April 1929 auf Grund des AGG. auszuscheiden hätte, wäre sein BDA. in BesGr. A 3 b auf den 1. April 1915 festzusetzen.

6. Der Beamte kann jedoch niemals ein besseres BDA. als sein bisheriges erhalten.

7. Vgl. Nr. 108 PBV.

8. Z. B. die Oberschullehrer und Oberschullehrerinnen (BesGr. A 4 a 1. Abt.) und die Forstschuloberlehrer (BesGr. A 4 b).

9. Vgl. die Anm. zu § 37.

10. Vgl. hierzu auch Nr. 12 PBV.

11. Beispiel. Ein Landgerichtsdirektor (alte BesGr. A 12) ist zum 1. Nov. 1927 zum Oberstaatsanwalt bei einem großen Landgericht ernannt worden.

12. Beispiel. Einem Studienrat der alten BesGr. A 10 ist mit Wirkung vom 1. Dez. 1927 eine Aufrückungsstelle der alten BesGr. A 11 verliehen worden.

13. Vgl. jedoch § 33 Abs. 1 Satz 1, wonach das AnwDA. dieser Beamten zu verbessern ist.

§ 32.[1]

(1) Das Besoldungsdienstalter der am 30. September 1927 im Amt befindlichen planmäßigen Beamten aus dem Stande der Versorgungsanwärter[2] (§ 3 Abs. 3 und 4) wird in der Weise verbessert, daß neben der bereits angerechneten Dienstzeit[3] noch die im Heere, in der Marine, in der Schutzpolizei[4] oder beim Reichswasserschutz[4] vom Beginne des 14. bis zum Ende des 19. Dienstjahres zurückgelegte Zeit zur Hälfte[5] angerechnet wird.[6] [7]

(2) Bei der Festsetzung des Besoldungsdienstalters der am 30. September 1927 noch nicht planmäßig angestellten, aber im Dienste befindlichen[8] oder vorgemerkten[9] Versorgungsanwärter wird neben der nach § 3 Abs. 3 und 4 anzurechnenden Dienstzeit[10] noch die im Heere, in der Marine, in der Schutzpolizei oder beim Reichswasserschutz vom Beginne des 16. bis zum Ende des 19. Dienstjahres zurückgelegte Zeit zur Hälfte angerechnet.[11]

Besoldungsvorschriften.

Zu § 32.

Nr. 109. (1) Die nach Entlassung aus dem Militärdienst und Erlangung des Zivilversorgungsscheins zurückgelegte Kriegsdienstzeit kommt für die Anrechnung nach § 32 PrBesG. nicht in Betracht. Ob und inwieweit zum Ausgleich von Härten weitere Dienstzeit angerechnet werden kann, bestimmt der Fachminister im Einvernehmen mit dem Finanzminister.

(1a) Als Dienstzeit in der Schutzpolizei gilt nur die im kündbaren Verhältnis abgeleistete Dienstzeit. Der Vollzugsdienst bei der früheren Sicherheitspolizei steht dem Dienst bei der Schutzpolizei gleich.

Der Dienstzeit im Heere, in der Marine, in der Schutzpolizei oder beim Reichswasserschutz ist bei Anwendung des § 32 des PrBesG. nicht gleichzuachten,

a) der Vollzugsdienst in einem anderen Teil der Polizei oder in der Landjägerei einschl. des Dienstes in der ehemaligen Schutzmann-

schaft und Gendarmerie, sowie in einer anderen Körperschaft, in der der Zivilversorgungsschein, der Zivildienstschein oder der Polizeiversorgungsschein erdient werden kann oder erdient worden ist,

b) die nachfolgende Zivildienstzeit (vgl. Nr. 21).

(2) Das BDA. der am 30. Sept. 1927 im Amte befindlichen planmäßigen Beamten aus dem Stande der Versorgungsanwärter wird in der Weise verbessert, daß das BDA., das sie am 30. Sept. 1927 hatten, in der Besoldungsgruppe, der sie an diesem Tage angehörten, um die anzurechnende Zeit vorgerückt wird.[12] *Die anzurechnende Zeit ist jedoch vorher um die Zeit zu verkürzen,*[13] *um die das BDA. der Beamten in der Eingangsgruppe nach Ziff. 65 bis 73 und 150 Abs. 2*[14] *der PBV. in der Fassung der Bekanntmachung vom 15. Juli 1925 (PrBesBl. S. 227) oder nach etwaigen Sonderbestimmungen (z. B. für die frühere Zahlmeisterlaufbahn) oder zum Ausgleich von Härten verbessert worden war. Wegen der Polizeivollzugsbeamten wird auf Abschn. III Abs. 1 des RdErl. vom 28. Aug. 1928 (PrBesBl. S. 264) hingewiesen.*

(3) Die Anrechnung nach § 32 Abs. 2 erfolgt bei der ersten planmäßigen Anstellung des Beamten.

(4)[15] *Treten Versorgungsanwärter, die sich am 30. Sept. 1927 in der Eingangsstelle befunden hatten oder deren BDA. bei der ersten planmäßigen Anstellung nach § 32 Abs. 2 festgesetzt worden ist, erstmalig in eine andere Besoldungsgruppe über, so ist unter Beachtung der Vorschriften in Nr. 24 Abs. 1 sinngemäß nach § 32 Abs. 2 zu verfahren.*

(5)[16] *Die bei den einzelnen Besoldungsgruppen vorgesehenen Überleitungsbestimmungen, wonach das BDA. eine bestimmte Zahl von Jahren nicht überschreiten darf, bleiben unberührt.*[17]

Anmerkungen.

1. Da der § 3 Abs. 3 des PrBesG. den Versorgungsanwärtern eine weitergehende Anrechnung der Heeresdienstzeit und der „nachfolgenden Zivildienstzeit" einräumt, als in den entsprechenden Vorschriften des BDEG. vorgesehen war, dieser Vorschrift aber keine rückwirkende Kraft beigelegt ist, so ist durch den § 32 für die am 30. Sept. 1927 als planmäßige oder nichtplanmäßige Beamte oder als vorgemerkte Anwärter vorhandenen Versorgungsanwärter mit besonders langer Dienstzeit ein gewisser Ausgleich geschaffen.

2. Versorgungsanwärter. Vgl. Nr. 18 PBV.

3. D. h. neben der nach den bisher geltenden Bestimmungen (§ 3 des BDEG. vom 17. Dez. 1920 in der Fassung vom 13. Mai 1924) angerechneten Dienstzeit, da die weitergehende Verbesserung des BDA. der Versorgungsanwärter, wie sie nach § 3 Abs. 3 des Ges. vom 17. Dez. 1927 erfolgt, keine rückwirkende Kraft hat.

4. Wegen der Dienstzeiten bei der Polizei, die für die erweiterte Anrechnung nicht in Frage kommen, vgl. Nr. 109 Abs. 1 a PBV.

5. Die für die Anrechnung in Betracht kommende Zeit beträgt demnach höchstens 6, die tatsächlich anzurechnende höchstens 3 Jahre.

6. Vgl. hierzu die Nr. 8ff. PBV. über die Berechnung des BDA. Ergibt sich bei der Berechnung der Hälfte ein halber Tag, so ist er als ganzer Tag zu rechnen. RdErl. d. FinMin. vom 20. Dez. 1929 (PrBesBl. 1930 S. 1).

7. Vgl. hierzu jedoch Nr. 109 Abs. 2 Satz 2 PBV., der vorschreibt, daß die anrechnungsfähige Zeit u. U. zu kürzen ist.

8. Als nichtplanmäßige Beamte oder während des Probe- oder Vorbereitungsdienstes.

9. **Vorgemerkt;** vgl. § 20 der AnstG.

10. D. h. bei der ersten planmäßigen Anstellung bzw. bei dem erstmaligen Übertritt in eine andere BesGr.

11. Die für die Anrechnung in Betracht kommende Zeit beträgt demnach 4, die tatsächlich anzurechnende Zeit höchstens 2 Jahre. Die geringere Anrechnung bei den noch nicht planmäßig angestellten Beamten — bei den planmäßig angestellten sind die entsprechenden Zahlen 6 und 3 Jahre, vgl. Anm. 5 — erklärt sich daraus, daß z. Zt. ihrer Anstellung sie nach § 3 Abs. 3 des Ges. ein Jahr mehr angerechnet erhalten als die noch unter Geltung des BDEG. bereits planmäßig gewordenen Beamten.

12. Über die Anrechnung bestimmt ein RdErl. d. FinMin. vom 25. Juni 1928 (PrBesBl. S. 226) folgendes:

Bei Durchführung der erweiterten Anrechnung von Militärdienstzeit für die am 30. Sept. 1927 vorhanden gewesenen planmäßigen Beamten aus dem Stande der Versorgungsanwärter ist nach dem Grundsatz zu verfahren, daß *zunächst* — vor Überleitung in die neuen Besoldungsgruppen — das bisherige BDA. um den für eine Anrechnung in Frage kommenden Zeitraum zu verbessern und *erst dann* die Überleitung nach Maßgabe der Überleitungsbestimmungen vorzunehmen ist. Das bedeutet praktisch, daß denjenigen Beamten, deren BDA. nach den Überleitungsbestimmungen eine bestimmte Anzahl von Jahren nicht übersteigen darf, die vorgenommene weitere Anrechnung von Militärdienstzeit *unter Umständen* ganz oder teilweise wieder verloren gehen kann, während denjenigen Beamten, deren BDA. nach den Überleitungsbestimmungen verbessert wird oder unverkürzt erhalten bleibt, *in jedem Falle* die ihnen zustehende erweiterte Anrechnung der Militärdienstzeit in vollem Umfange belassen wird.

13. Zur Durchführung des § 32 bestimmt ein RdErl. des FinMin. vom 3. Sept. 1930 (PrBesBl. S. 122) folgendes: Nach Nr. 109 Abs. 2 Satz 2 der PBV. ist die nach § 32 PrBesGes. noch anzurechnende Militärdienstzeit unter anderem um die Zeit zu kürzen, um die das BDA. in der Eingangsgruppe *zum Ausgleich von Härten* verbessert worden war. Es sind hier Zweifel geltend gemacht, wie in denjenigen Fällen zu verfahren ist, in denen bei der ersten planmäßigen Anstellung besonders bestimmt ist, daß das BDA. so zu berechnen ist, als wenn die Verleihung der Stelle zu einem *vor* dem tatsächlichen Verleihungstage liegenden Zeitpunkt erfolgt wäre. Es wird bestimmt, daß in diesen und ähnlich liegenden Fällen nach den nachstehend aufgeführten Beispielen zu verfahren ist.

Beispiel I.

Reg.-Ob.-Sekr. Vers.-Anwärter.
Aktive Mil.-Dienstzeit 15 Jahre.

Beginn des endgült. festgeś. AnwDA. 1. Jan. 1915.

Tag der Verleihung der ersten Planstelle 1. Okt. 1920 mit der Maßgabe, daß das BDA. so zu berechnen ist, als wenn die Anstellung am 1. April 1920 erfolgt wäre. Der nach Nr. 109 (2) zu kürzende Zeitraum beträgt somit 6 Monate.

Berechnung A

(mit Berücksichtigung der ausnahmsweisen Vorrückung)

Angenommener Tag der Anstellung 1. April 1920.

Anzurechnen:

a) nach § 3 (2) BDEG. die Zeit vom (1. Jan. 1915 + 5 =) 1. Jan. 1920 — 31. März 1920 = . .		3 Mon.
b) nach § 3 (3) BDEG. 5 Jahre Militärdienstzeit =	5 Jahre	
c) nach § 32 PrBesG. die Hälfte von 2 Jahren = 1 Jahr gekürzt nach Nr. 109 (2) um 6 Mon., verbleiben		6 Mon.
Insgesamt:	5 Jahre	9 Mon.

Ergibt endgültiges BDA. (1. April 1920 — 5 Jahre 9 Mon. =) 1. Juli 1914.

Berechnung B

(ohne Berücksichtigung der ausnahmsweisen Vorrückung)

Tag der Anstellung 1. Okt. 1920.

Anzurechnen:

a) nach § 3 (2) BDEG. die Zeit vom (1. Jan. 1915 + 5 =) 1. Jan. 1920 — 30. Sept. 1920		9 Mon.
b) nach § 3 (3) BDEG. 5 Jahre Militärdienstzeit =	5 Jahre	
c) nach § 32 PrBesG.	1 Jahr	
Insgesamt:	6 Jahre	9 Mon.

ergibt endgültiges BDA. (1. Okt. 1920 — 6 Jahre 9 Mon. =) 1. Jan. 1914. Das letztere BDA. ist maßgebend, da es günstiger ist.

Beispiel II.

Regierungsobersekretär, Versorgungsanwärter.

Aktive Militärdienstzeit 13 Jahre 2 Mon.

Beginn des endgültig festgesetzten AnwDA. 1. April 1916.

Tag der Verleihung der ersten Planstelle 1. Juli 1921 mit der Maßgabe, daß das BDA. so zu berechnen ist, als wenn die Anstellung am 1. Jan. 1921 erfolgt wäre. Der nach Nr. 109 (2) zu kürzende Zeitraum beträgt somit 6 Mon.

Berechnung A
(mit Berücksichtigung der ausnahmsweisen Vorrückung)

Angenommener Tag der Anstellung 1. Jan. 1921.

Anzurechnen:

a) nach § 3 (3) BDEG. 5 Jahre Militärdienstzeit = 5 Jahre

Eine Anrechnung nach § 3 (2) BDEG. oder nach § 32 PrBesG. kann nicht erfolgen.

Mithin BDA. (1. Jan. 1921 — 5 =) 1. Jan. 1916.

Berechnung B
(ohne Berücksichtigung der ausnahmsweisen Vorrückung)

Tag der Anstellung 1. Juli 1921.

Anzurechnen:

a) nach § 3 (2) BDEG. die Zeit vom (1. April 1916 + 5 =) 1. April 1921 — 30. Juni 1921 = . .	3 Mon.
b) nach § 3 (3) BDEG. 5 Jahre Militärdienstzeit = 5 Jahre	
c) nach § 32 PrBesG..	1 Mon.
Insgesamt: 5 Jahre	4 Mon.

ergibt BDA. (1. Juli 1921 — 5 Jahre 4 Mon. =) 1. März 1916.

In diesem Falle wirkt sich die Berechnung des BDA. unter Außerachtlassung der gewährten Vorrückung nicht günstiger aus. Es verbleibt daher bei dem nach Berechnung A festgesetzten BDA. vom 1. Jan. 1916.

14. Abgedruckt im Anhang zu den PBV.

15. Zu Abs. 4 bestimmt der Begleiterlaß des FinMin. zur Neufassung der PBV. folgendes:

Die Vorschrift im ersten Halbsatz („Treten Versorgungsanwärter, die sich am 30. Sept. 1927 in der Eingangsstelle befunden hatten") ist nur anzuwenden auf Versorgungsanwärter, die sich am 30. Sept. 1927 tatsächlich noch in ihrer Eingangsstelle (nach der alten Besoldungsordnung) befunden haben. Auf Beamte, die sich am 30. Sept. 1927 in einer Beförderungs- oder Aufrückungsgruppe befanden und deren Beförderungs- oder Aufrückungsgruppe mit der Eingangsgruppe durch das PrBesG. zu einer BesGr. zusammengefaßt worden ist, findet die Vorschrift in Nr. 109 Abs. 4 keine Anwendung.

Soweit auf Grund der Bestimmungen in Nr. 24 Abs. 1 und 109 Abs. 4 bisher anders verfahren worden ist, behält es bei den erfolgten BDA.-Festsetzungen sein Bewenden.

16. Der Abs. 5 stände besser als letzter Satz am Schluß des Abs. 2, zu dem allein er nach seinem Inhalt gehört.

17. Vgl. hierzu die Anm. 12. Bei einer Kürzung des gemäß der Nr. 109 PBV. Abs. 2 verbesserten BDA. auf Grund der Überleitungsbestimmungen darf jedoch die Vorschrift des § 31 Abs. 1 Satz 2 nicht verletzt werden.

§ 33.

(1) Das Anwärterdienstalter[1] der zur Zeit des Inkrafttretens dieses Gesetzes im Dienste befindlichen nichtplan-

mäßigen Beamten[2] wird um zwei Jahre verbessert.[3] Ihnen wird bei der ersten planmäßigen Anstellung (§ 3 Abs. 2) die im nichtplanmäßigen Beamtenverhältnis in derselben Dienstlaufbahn zwischen dem Beginn des Anwärterdienstalters und der ersten planmäßigen Anstellung liegende Zeit auf das Besoldungsdienstalter angerechnet, soweit sie sieben Jahre, bei Versorgungsanwärtern[4] sechs Jahre übersteigt.[5]

(2) Auf die zur Zeit des Inkrafttretens dieses Gesetzes als Stellenanwärter[6] im Dienste befindlichen nichtplanmäßigen Beamten findet die Vorschrift des § 17 Abs. 2 Satz 2 entsprechende Anwendung mit der Maßgabe, daß sie wie die planmäßigen Beamten weiter im Grundgehalt aufrücken,[7] hierbei bleibt die nach Abs. 1 erfolgte Verbesserung des Anwärterdienstalters außer Betracht.[8] Daneben erhalten diese Stellenanwärter den ihrer Vergütungsstufe entsprechenden Wohnungsgeldzuschuß.[9]

Besoldungsvorschriften.

Zu § 33.

Nr. 110. (1) Die am 30. Sept. 1927 im Dienst gewesenen nichtplanmäßigen Beamten erhalten nach Übersicht 3 zu den PBV.

a) Zivilanwärter

im 1. (unverbesserten) Anwärterdienstjahr die Bezüge des 3. Anwärterdienstjahres,

im 2. (unverbesserten) Anwärterdienstjahr die Bezüge des 4. Anwärterdienstjahres,

im 3. (unverbesserten) Anwärterdienstjahr die Bezüge des 5. Anwärterdienstjahres,

im 4., 5., 6. und 7. (unverbesserten) Anwärterdienstjahr das Anfangsgrundgehalt der Besoldungsgruppe, in der die erste planmäßige Anstellung erfolgt,

im 8. und 9. (unverbesserten) Anwärterdienstjahr die Bezüge der zweiten Dienstaltersstufe dieser Besoldungsgruppe

usw.

b) Versorgungsanwärter

im 1. (unverbesserten) Anwärterdienstjahr die Bezüge des 3. Anwärterdienstjahres (die den Bezügen des 4. Anwärterdienstjahres der Zivilanwärter entsprechen),

im 2. (unverbesserten) Anwärterdienstjahr die Bezüge des 4. Anwärterdienstjahres (die den Bezügen des 5. Anwärterdienstjahres der Zivilanwärter entsprechen),

im 3., 4., 5. und 6. (unverbesserten) Anwärterdienstjahr das Anfangsgrundgehalt der Besoldungsgruppe, in der die erste planmäßige Anstellung erfolgt,

im 7. und 8. (unverbesserten) Anwärterdienstjahr die Bezüge der zweiten Dienstaltersstufe dieser Besoldungsgruppe
usw.

(2) Denjenigen am 30. Sept. 1927 als unmittelbare Anwärter auf Stellen der alten Besoldungsgruppe A 6 im Dienste befindlichen nichtplanmäßigen Beamten, die bei ihrer planmäßigen Anstellung auf Grund der Fußnote 4 zur neuen Besoldungsgruppe A 6 ein um 4 Jahre verbessertes BDA. erhalten, ist auch das AnwDA. um 4 Jahre zu verbessern. Die Bestimmung im § 33 wird hierdurch nicht berührt, mit der Maßgabe, daß diesen Anwärtern bei der ersten planmäßigen Anstellung (§ 3 Abs. 2) die zwischen dem Beginn des AnwDA. und der ersten planmäßigen Anstellung liegende Zeit auf das BDA. angerechnet wird, soweit sie 11 Jahre, bei Versorgungsanwärtern 10 Jahre, übersteigt.

Außerdem ist das BDA. auf Grund der Fußnote 4 zur Besoldungsgruppe A 6 um 4 Jahre zu verbessern.

Beispiel:

Ein am 30. Sept. 1927 im Dienste befindlicher Katasterdiätar (Zivilanwärter) mit einem AnwDA. vom 1. April 1922 in der alten Bes.-Gr. A 6 erhält bei seiner Überleitung in die neue BesGr. A 6 ein AnwDA. vom 1. April 1922 — 6 Jahre (2 Jahre nach § 33 PrBesG. + 4 Jahre) = 1. April 1916.

Er erhält somit ab 1. Okt. 1927 eine Grundvergütung in Höhe der 3. Dienstaltersstufe, d. s. 2350 RM. Dieser Beamte ist zum 1. April 1928 in der BesGr. A 6 planmäßig angestellt worden. Sein BDA. ist nach obiger Bestimmung zunächst auf den 1. April 1916 + 11 = 1. April 1927 festzusetzen. Da er aber außerdem die vierjährige Vorrückung des BDA. auf Grund der Fußnote 4 zur BesGr. A 6 zu erhalten hat, ist sein BDA. in der BesGr. A 6 endgültig auf den 1. April 1927 — 4 = 1. April 1923 festzusetzen.

Anmerkungen.

1. Anwärterdienstalter. Vgl. § 17 Anm. 1.

2. Nichtplanmäßige Beamte vgl. § 15.

3. Die zur Zeit des Inkrafttretens des Ges. im Dienst befindlichen nichtplanmäßigen Beamten rücken mit ihrem um 2 Jahre verbesserten AnwDA. in die betreffende Stufe der neuen Dienstbezüge der nichtplanmäßigen Beamten, gegebenenfalls — wenn seit dem Beginn des so verbesserten AnwDA. 5 (bei Versorgungsanwärtern 4) Jahre verstrichen sind — in das Anfangsgrundgehalt der entsprechenden Besoldungsgruppe ein.

4. Versorgungsanwärter, vgl. Nr. 18 PBV.

5. Da die Verbesserung des AnwDA. um 2 Jahre, die nur für die Überleitung in die neuen Grundvergütungssätze erfolgt, bei der Feststellung der nach § 3 Abs. 2 des Ges. auf das BDA. anzurechnenden Zeit außer Betracht bleiben muß.

6. Stellenanwärter vgl. Anm. 1 zu § 15.
Die Bestimmung im Abs. 2, 1. Halbsatz gilt nicht für wissenschaftliche

Assistenten und die ihnen gleichgestellten Hilfskräfte, die keine Stellenanwärter sind (vgl. § 15 Abs. 2 und Anm. 4 dazu) und auch, soweit sie am 30. Sept. 1927 im Dienst waren, nur nach Maßgabe der Anlage 4 im Grundgehalt weitersteigen. Bei diesem Weitersteigen bleibt aber in sinngemäßer Anwendung des 2. Halbsatzes ebenfalls eine nach Abs. 1 erfolgte Verbesserung der AnwDA. außer Betracht.

Nicht zu den Stellenanwärtern rechnen die noch im Vorbereitungsdienst befindlichen Versorgungsanwärter, die auf Grund älterer Vorschriften während desselben schon die Dienstbezüge der nichtplanmäßigen Beamten beziehen. Ein RdErl. des FinMin. vom 26. Febr. 1929 (PrBesBl. S. 42) führt hierzu aus:

„Zur Vermeidung von Zweifeln wird darauf hingewiesen, daß nach dieser Bestimmung Versorgungsanwärtern, die bei Bekanntmachung der PBV. vom 30. März 1928 auf Grund der bisherigen Vorschriften bereits Anwärterbezüge nach § 12 des BDEG. vom 17. Dez. 1920 / 1. April 1924 erhalten haben, im 2. und 3. Vorbereitungsjahr oder Ausbildungsjahr die Dienstbezüge der nichtplanmäßigen Beamten (Versorgungsanwärter) im 1. und 2. Anwärterdienstjahr, d. h. steigend, nach der Übersicht 3 zur PBV. vom 30. März 1928 gezahlt werden können, und zwar nach dem unverbesserten Anwärterdienstalter, da § 33 PrBesG. auf diese Beamten keine Anwendung findet. Diese Beamten können daher auch nach endgültiger Übernahme in den Staatsdienst nach bestandener Obersekretärprüfung gem. § 17 Abs. 2 PrBesG. nur bis zur 1. Stufe derjenigen Besoldungsgruppe aufsteigen, in der sie beim regelmäßigen Verlauf ihrer Dienstlaufbahn zuerst planmäßig angestellt werden."

7. Ist ein zur Zeit des Inkrafttretens dieses Ges. als Stellenanwärter im Dienst befindlicher Zivilanwärter bis zur Vollendung des fünften Anwärterdienstjahres, ein zu gleicher Zeit als Stellenanwärter im Dienst gewesener Versorgungsanwärter bis zur Vollendung des vierten Anwärterdienstjahres noch nicht planmäßig angestellt, so erhält der Zivilanwärter vom Beginn des sechsten, der Versorgungsanwärter vom Beginn des fünften Anwärterdienstjahres an eine Grundvergütung in Höhe des Anfangsgrundgehalts derjenigen Besoldungsgruppe, in der er beim regelmäßigen Verlaufe seiner Dienstlaufbahn zuerst planmäßig angestellt wird. Die zur Zeit des Inkrafttretens dieses Ges. im Dienst befindlichen Stellenanwärter rücken aber im Gegensatz zu den am 1. Okt. 1927 und später eingetretenen Stellenanwärtern wie die planmäßigen Beamten weiter im Grundgehalt auf.

8. Das weitere Aufrücken in Grundvergütungen in Höhe der 2. usw. Dienstaltersstufe erfolgt ohne Berücksichtigung der nach § 33 Abs. 1 erfolgten Verbesserung des AnwDA.; also nur nach Maßgabe des AnwDA., das der Beamte am 30. Sept. 1927 hatte.

Es erhält demnach bei der Überleitung ein Zivilanwärter
im 1. Anwärterdienstjahr die Bezüge des 3. AnwDJ.
„ 2. „ „ „ „ 4. „
„ 3. „ „ „ „ 5. „
„ 4., 5., 6. und 7. Anwärterdienstjahr eine Grundvergütung in

Höhe des Anfangsgrundgehalts derjenigen Besoldungsgruppe, in der er beim regelmäßigen Verlaufe seiner Dienstlaufbahn zuerst planmäßig angestellt wird,

im 8. und 9. Anwärterdienstjahr die Bezüge der 2. Dienstaltersstufe dieser Besoldungsgruppe.

Beispiel: Ein Zivilanwärter der Regierungsbausekretärlaufbahn (mit Fachschulbildung) mit einem bisherigen AnwDA. vom 16. Nov. 1924 erhält vom 1. Okt. 1927 ab ein AnwDA. vom (16. Nov. 1924 — 2 Jahre) 16. Nov. 1922. Er erhält also vom 1. Okt. 1927 ab eine Grundvergütung (neue Besoldungsgruppe A 5) von 2220 RM. jährlich und vom 1. Nov. 1927 ab eine Grundvergütung von 2300 RM. (Anfangsgrundgehalt der BesGr. A 5) jährlich. Das weitere Aufrücken in die nächsthöhere Stufe (2550 RM.), würde, falls der Anwärter nicht inzwischen planmäßig angestellt ist, nach seinem nichtverbesserten AnwDA. vom 16. Nov. 1924 erst zum 1. Nov. 1931 erfolgen können.

Wenn dieser Beamte zum 16. Nov. 1932 planmäßig angestellt wird, sind ihm auf das Besoldungsdienstalter von der im nichtplanmäßigen Beamtenverhältnis verbrachten Zeit vom 16. Nov. 1922 bis 16. Nov. 1932 = 10 — 7 = 3 Jahre anzurechnen.

9. Es erhält also z. B. ein verheirateter nichtplanmäßiger Beamter, der eine Grundvergütung in Höhe der 4. Dienstaltersstufe der Besoldungsgruppe A 4 b bezieht, den Wohnungsgeldzuschuß IV.

V. Schlußvorschriften.

§ 34.

(1) Die Dienstbezüge werden monatlich im voraus gezahlt. Der Finanzminister kann bestimmen, daß die Dienstbezüge der planmäßigen Beamten bei Überweisung auf ein Konto vierteljährlich im voraus gezahlt werden dürfen.[1] Das gleiche gilt für Wartegelder und Ruhegehälter.

(2) Der Finanzminister ist ermächtigt, Vorschriften über die Abrundung der auszuzahlenden Beträge zu erlassen.[2]

Besoldungsvorschriften.

Zu § 34.

Nr. 111. (1) Die Dienstbezüge werden am letzten Werktage gezahlt, der dem Zeitabschnitt voraufgeht, für den die Zahlung bestimmt ist.[3]

(2) Stellenanwärtern, die nur eine Vergütung für die Dauer eines Beschäftigungsauftrags beziehen, und nichtplanmäßigen Beamten, die keine Stellenanwärter sind und deren Bezüge nicht durch § 15 geregelt sind (vgl. Nr. 82 Abs. 2) wird die Vergütung am 15. des Monats für den laufenden Monat oder, wenn die Beschäftigung vorher ihr Ende erreicht, bis zu ihrem Ablauf gezahlt.

Fällt der 15. auf einen Sonn- oder Feiertag, ist am letzten Werktage vorher zu zahlen. Geht die Beschäftigung vor dem 15. zu Ende, so erfolgt die Zahlung an dem Tage, an dem die Beschäftigung aufhört. Beginnt die Beschäftigung nach dem 15., so wird die Vergütung beim Dienstantritt für die Zeit bis zum Monatsende gezahlt. An dem auf die Bekanntmachung der PBV. folgenden 15. wird ein voller Monatsbetrag gezahlt; bis dahin ist die Zahlung in der bisherigen Weise fortzusetzen. Die zuviel gezahlten Bezüge gelten als Vorschuß gemäß Erl. vom 30. April 1924 — I C 2. 6193 (PrBesBl. S. 116ff.). Die Vorschüsse sind, sofern der Empfänger nicht mit einer rascheren Tilgung einverstanden ist, spätestens bis zum 31. März 1929, in jedem Falle jedoch bis zu seinem etwaigen Ausscheiden aus dem Staatsdienst in Teilbeträgen durch Einbehaltung von den laufenden Bezügen abzudecken. Wartegeld- und Ruhegehaltsempfänger erhalten, wenn sie im Staatsdienst, sei es auch nur vorübergehend, wiederbeschäftigt werden, ihre Dienstbezüge monatlich im voraus.

(3) Die Beamten können bei der zuständigen Kasse schriftlich die Überweisung ihrer gesamten laufenden Dienstbezüge auf ein Konto beantragen. Die Bezeichnung mehrerer Überweisungskonten ist nicht zulässig. Dienstaufwandentschädigungen können auf Antrag des Beamten von der Überweisung ausgenommen werden.

(4) Die Überweisung kann erfolgen auf das Konto des Beamten bei einer Bank, einer öffentlichen Sparkasse oder einer als scheckfähig anerkannten (bankähnlichen) Genossenschaft (§ 2 des Scheckgesetzes vom 11. März 1908 — RGBl. S. 71 —) oder bei einem Postscheckamt; sie geschieht auf Gefahr des Empfängers.

(5) Denjenigen Beamten, die ihren dienstlichen Wohnsitz nicht am Sitz einer staatlichen Kasse haben, können die Dienstbezüge auf Antrag von der zahlenden Kasse auch durch die Post gebührenfrei zugesandt werden.

(6) Damit bei Überweisungen die Beamten am Zahlungstage (Abs. 1 und 2) in den Besitz ihrer Bezüge gelangen, sind, soweit nötig, die Schecks usw. von der Kasse bereits am 4. dem Zahlungstage vorhergehenden Werktage abzusenden. Die Überweisungen haben für den gesamten Kassenbezirk an einem Tage stattzufinden. Einem Verlangen der Postscheckämter, die Monatsnachweisungen mit den Zahlungsanweisungen (Ersatzüberweisungen) bereits bis zum 25. jedes Monats einzusenden und die Abbuchungstage auf den Schecks zu vermerken, haben die Kassen zu entsprechen.

(7) An Zahlungsempfänger, die ihre Dienstbezüge regelmäßig bar an der Kasse abheben, darf, wenn sie am Zahlungstage beurlaubt oder dienstlich abwesend sind und sich außerhalb ihres dienstlichen Wohnsitzes aufhalten, am Tage vor dem Beginn des Urlaubs oder der Dienstreise, frühestens jedoch am 5. Werktage vor dem Zahlungstage, nach Maßgabe des Runderlasses vom 6. Aug. 1925 — Bes. 1339 — (PrBes.-Bl. S. 178) gezahlt werden.

(8) Die Kasse ist berechtigt, die im Laufe eines Monats — nach erfolgter Überweisung — hinzutretenden Dienstbezüge bar zu zahlen.

(9) Der Fachminister kann im Einvernehmen mit dem Finanzminister für einzelne Kassen, die wegen der besonders großen Anzahl der von ihnen zu versorgenden Barempfänger die Auszahlung nicht an einem Tage erledigen können, anordnen, daß die Dienstbezüge im Falle des Abs. 1 an den beiden letzten Werktagen gezahlt werden.

(10) Durch vorstehende Bestimmungen wird der Zeitpunkt der Fälligkeit der Dienstbezüge nicht berührt.

Nr. 112. (1) Für jeden Beamten ist der Monatsbetrag der einzelnen Besoldungsteile (Grundgehalt, Stellenzulage, Wohnungsgeldzuschuß usw.) je für sich auf volle Reichspfennig aufzurunden. Am Jahresschluß findet ein nachträglicher Ausgleich von Pfennigspitzen nicht statt. Die aus den aufgerundeten Einzelbeträgen sich ergebende Summe bildet den Monatssollbetrag. In den Ausgabeanweisungen ist sowohl das Monats- als auch das Jahressoll unter Beachtung dieser Abrundungsbestimmungen festzusetzen.

(2) Diese Vorschrift tritt mit Wirkung vom 1. Juni 1928 in Kraft.

Beispiel:

a)	Grundgehalt jährlich 3550 RM., monatlich $295{,}83\frac{1}{3}$ RM., rd.	295,84 RM.
b)	Stellenzulage jährlich 700 RM., monatlich $58{,}33\frac{1}{3}$ RM., rd.	58,34 RM.
c)	Wohnungsgeldzuschuß monatlich	96,00 RM.
d)	Kinderbeihilfe monatlich	40,00 RM.
e)	örtlicher Sonderzuschlag (3 $^0/_0$ von 4250 RM.) jährlich 127,50 RM., monatlich $10{,}62\frac{1}{2}$ RM., rd.	10,63 RM.
	zusammen:	500,81 RM.

(3) Die Vorschriften des Reichsministers der Finanzen über die Abrundung des Lohnsteuerabzuges bleiben unberührt.

Nr. 113. Sind Dienstbezüge nur für Teile eines Monats zu zahlen oder ändert sich im Laufe eines Monats die Zahlstelle oder die Höhe der Dienstbezüge, so ist für jeden Tag ein Dreißigstel der gemäß Nr. 112 aufgerundeten Monatsrate zu zahlen mit der Maßgabe, daß für den ganzen Monat — einerlei, ob er mehr oder weniger als 30 Tage hat — insgesamt 30/30 gewährt werden. Umfaßt die Beschäftigung nicht einen vollen Kalendermonat, so wird für jeden Tag ein Dreißigstel des Monatssolls gezahlt. Hat in einem Monat die nach verschiedenen Sätzen entlohnte Beschäftigung insgesamt 31 Tage gedauert, so wird der überschießende eine Tag bei dem Monatsabschnitt gekürzt, für welchen der niedrigste Vergütungssatz bewilligt war.

Ein von der früheren Beschäftigungsbehörde etwa zuviel gezahlter Betrag ist durch die neue Dienststelle einzubehalten, ohne daß ein Fondsausgleich stattfindet.

Beispiele:

Es sind hiernach zu zahlen:

a) wenn die Beschäftigung beginnt am 20. März für 20. März bis 31. März (Monatssatz 300 RM.) . . . . *12/30 = 120,— RM.,*
am 28. Febr. für 28. und 29. Febr. (in Schaltjahren) (Monatssatz 300 RM.) . . *2/30 = 20,— RM.,*
am 31. März für 31. März (Monatssatz 300 RM.) . . . . *1/30 = 10,— RM.,*

b) bei im Laufe des Monats höher werdendem Vergütungssatz: 1. bis 15. März (Monatssatz 300 RM.) . . . . *14/30 = 140,— RM.,*
16. bis 31. März (Monatssatz 350 RM.) . *16/30 = 186,67 RM.,*

c) bei im Laufe des Monats geringer werdendem Vergütungssatz: 1. bis 15. März (Monatssatz 350 RM.) . . . . *15/30 = 175,— RM.,*
16. bis 31. März (Monatssatz 300 RM.) . *15/30 = 150,— RM.,*

d) wenn die Beschäftigung am 1. Febr. beginnt und bis Ende Februar fortgeführt wird:
1. bis 12. Febr. (Monatssatz 300 RM.) . *12/30 = 120,— RM.,*
13. bis 22. Febr. (Monatssatz 350 RM.) . *10/30 = 116,67 RM.,*
23. bis 28. Febr. (Monatssatz 400 RM.) (in gewöhnlichen Jahren) . . . . *8/30 = 106,67 RM.,*
23. bis 29. Febr. (Monatssatz 400 RM.) (in Schaltjahren) . . . . *8/30 = 106,67 RM.*

Richtlinien zu § 34.

28. Auf Grund der Ermächtigung des § 34 Abs. 2 wird bestimmt: „Der Jahresbetrag des Wartegeldes, Ruhegehalts, Witwen- und Waisengeldes ist, jedes für sich, auf volle durch 3 teilbare Reichsmarkbeträge aufzurunden.“

Das Waisengeld ist nunmehr aus dem aufgerundeten Witwengeld zu errechnen und sodann — bei mehreren Waisen jedes Waisengeld für sich — auf volle durch 3 teilbare Reichsmarkbeträge aufzurunden.

Anmerkungen.

1. Art der Zahlung der Dienstbezüge. Die nach dem Ges. betreffend die Zahlung der Beamtenbesoldung vom 7. März 1908 (GS. S. 35) getroffene Regelung der vierteljährlichen Vorauszahlung der Beamtengehälter war bereits durch das BDEG. in der Fassung vom 17. Dez. 1920 dahin abgeändert, daß die Dienstbezüge monatlich und nur noch bei Überweisung auf ein Konto vierteljährlich zu zahlen waren. Die Verhältnisse der Inflationszeit führten dann zu einer zunächst zeitlich begrenzten Suspendierung der vierteljährlichen Gehaltszahlungen der Reichsbeamten, die infolge des sogenannten Besoldungssperrgesetzes auch für die Landesbeamten wirkte. Vgl. Ges. über die vorübergehende Aufhebung der vierteljährlichen Gehaltszahlung vom 28. Sept. 1923 (RGBl. I S. 915) Verordnung der Reichsregierung über die Gehaltszahlung vom 28. Sept. 1923 (RGBl. I S. 905) Verordnung der Reichsregierung über Gehalts- und Lohnzahlung vom 24. Okt. 1923 (RGBl. I S. 1037). Das Reichsges. über die vierteljährliche Gehaltszahlung vom 25. März 1925 (RGBl. I S. 30) bestimmte dann, daß der Reichsfinanzminister den Zeitpunkt der Wiedereinführung der vierteljährlichen Gehaltszahlung mit Zustimmung des Reichsrats und des Haushaltsausschusses des Reichstags festsetzen könne. Von dieser Befugnis hat er bisher nicht Gebrauch gemacht. Mit dem Ablauftermin des Besoldungssperrgesetzes (31. März 1926) wäre daher in Preußen wieder die Bestimmung des § 27 des BDEG. in der Fassung vom 17. Dez. 1920 in Kraft getreten, wonach bei Überweisung auf ein Konto das Gehalt vierteljährlich zu zahlen war. Da eine verschiedene Regelung im Reich und in Preußen unzweckmäßig erschien, ermächtigte das Ges. über die Zahlung der Dienst- und Versorgungsbezüge vom 12. April 1926 (GS. S. 133) den Finanzminister, auch in Preußen die Vierteljahrszahlung der Gehälter anzuordnen, sobald der Reichsfinanzminister dies für die Reichsbeamten tun würde. Bis dahin sollte es bei der monatlichen Zahlung verbleiben.

Der § 34 Abs. 1 Satz 1 bestimmt nun grundsätzlich, daß die Dienstbezüge monatlich im voraus zu zahlen sind. Im zweiten Satz ist die Ermächtigung des Finanzministers aufrecht erhalten, die vierteljährliche Gehaltszahlung wieder anzuordnen.

Infolge der augenblicklichen finanziellen Notlage des Reichs und der Länder konnte auch die monatliche Vorauszahlung der Dienstbezüge nicht mehr aufrechterhalten werden. Um die notwendige gesetzliche Grundlage für eine veränderte Zahlungsweise zu schaffen, erging auf Grund des Art. 48 RV. die Verordnung des Reichspräsidenten über die Auszahlung von Dienstbezügen vom 18. Juli 1931 (RGBl. I S. 381), nach welcher die Reichsregierung ermächtigt wird, Vorschriften über die Zahlungsweise der Dienst- und Versorgungsbezüge zu erlassen. Auf Grund dieser Verordnung sind zwei Durchführungsverordnungen der Reichsregierung ergangen (abgedruckt im PrBesBl. 1931 S. 236 u. 300), nach denen die Bezüge der Reichsbeamten in zwei Raten am ersten und zehnten jedes Monats zu zahlen sind, die Länder aber ermächtigt werden, die Bezüge ihrer Beamten — ganz oder teilweise — auch zu andern Terminen auszahlen zu lassen. Von dieser Ermächtigung hat Preußen Gebrauch gemacht, und in einem Erlaß vom 23. Sept. 1931 (PrBesBl. S. 299) angeordnet, daß wegen der Höhe des von den Kassen zu zahlenden Teilbetrages der Dienst- und Versorgungsbezüge, sowie hinsichtlich des Zeitpunktes der Zahlung jeweils ein besonderer Erlaß abzuwarten ist.

2. Vgl. vorstehende Richtlinien zu § 34. Diese Vorschrift ist jedoch durch Abschn. II des RdErl. des FinMin. vom 19. Nov. 1931 (PrBesBl. S. 325) mit Wirkung vom 1. Jan. 1932 außer Kraft gesetzt.

3. Werden Dienstbezüge irgendwelcher Art, also z. B. auch Reisekosten, Tagegelder u. ä., verspätet gezahlt, so besteht nach Art. 7 der

12. Ergänzung des Reichsbesoldungsgesetzes vom 12. Dez. 1923 (RGBl. S. 1181), der auch für Länder, Gemeinden und die sonstigen Körperschaften des öffentlichen Rechts gilt, kein Rechtsanspruch des Beamten auf Verzinsung oder Ersatz des durch die spätere Auszahlung entstandenen Schadens. Daß diese Vorschrift durch die Neuregelung des Besoldungsrechts 1927 nicht aufgehoben ist und auch den Anspruch auf Prozeßzinsen ausschließt, wird durch ein Urteil des Reichsgerichts vom 7. Mai 1929 (RGZ. 124 S. 216) ausgesprochen.

§ 35.

Beamte, die infolge der Umbildung von Staatsbehörden oder infolge Abtretung von Gebieten oder Staatswerken aus dienstlichen Rücksichten in Stellen von geringerem Diensteinkommen verwendet werden, erhalten während der Dauer dieser Verwendung die Dienstbezüge, die sie in ihrer früheren Stelle nach den Vorschriften dieses Gesetzes bezogen hätten.[1]

Anmerkung.

1. Diese bereits im BDEG. vom 17. Dez. 1920 enthaltene Bestimmung war damals aufgenommen, weil es infolge der Umgestaltung des Staatswesens und infolge der Abtretung von Gebieten oder Staatswerken namentlich im Bereich der Bergverwaltung vorgekommen war, daß Beamte mangels geeigneter planmäßiger Stellen nicht ihrem bisherigen Diensteinkommen entsprechend untergebracht werden konnten, obwohl ihre Weiterverwendung aus dienstlichen Rücksichten notwendig war. Es erschien billig, diesen wie anderen Beamten, bei denen ähnliche Verhältnisse vorliegen, das Diensteinkommen, das sie in ihren früheren Dienststellen bezogen haben würden, so lange zu gewähren, bis sie in einer planmäßigen Stelle mit entsprechendem Diensteinkommen wieder verwendet werden können.

Dieser Anspruch eines Beamten aus § 35 oder § 23 Abs. 4 BDEG. ist aber in dem Augenblick voll und endgültig erfüllt, in dem er in einer Stelle wieder planmäßig angestellt wird, die nach dem im Zeitpunkt des Amtswechsels geltenden Recht mit einem dem früheren Amt entsprechenden Diensteinkommen ausgestattet ist (Entschdg. des FinMin. vom 25. April 1929 — I D 1. 14330b/28). Wenn also ein Beamter während der Geltung des BDEG. in einem nach diesem Ges. seiner früheren Stelle gleichwertigen Amt planmäßig wieder angestellt ist und das PrBesG. hat die beiden Stellen verschieden — die früher innegehabte höher — bewertet, so hat der Beamte aus § 35 keinerlei Ansprüche mehr.

Die in der 4. Aufl. dieses Kommentars vertretene gegenteilige Ansicht ist nach der angeführten Entscheidung des FinMin. von der zur Auslegung des Ges. berufenen Stelle nicht geteilt worden.

§ 36.

(1) Der Finanzminister ist ermächtigt, in Gemeinschaft mit den beteiligten Fachministern Beamte, die in der diesem

Gesetze beigefügten Besoldungsordnung nicht aufgeführt sind, und wiederbeschäftigte Wartegeldempfänger in eine der vorhandenen Besoldungsgruppen einzustufen.[1]

(2) Dies gilt auch für Beamte, die ohne Gehalt zur Dienstleistung bei einem wirtschaftlichen Unternehmen, an dem der Staat beteiligt ist oder in den Dienst der Verwaltung abgetretener Staatswerke beurlaubt sind,[2] sowie für die Lehrkräfte der früheren staatlichen Lehrer- und Lehrerinnenbildungsanstalten, die in anderen Zweigen der Staatsverwaltung fest angestellt oder nach § 1 des Gesetzes über die Unterbringung der Leiter und Lehrer (Leiterinnen und Lehrerinnen) von staatlichen Lehrer- und Lehrerinnenbildungsanstalten vom 30. Januar 1926 (GS. S. 41) untergebracht sind, für die Errechnung des ihnen gemäß § 2 desselben Gesetzes gewährleisteten Diensteinkommens.[3]

(3) Die Einstufungsübersichten sind dem Landtag vorzulegen.[4]

Anmerkungen.

1. Die BO. enthält nur die am 1. Okt. 1927 im Dienst befindlichen aktiven Beamten, die Wartestands- und Ruhestandsbeamten, deren Stellen infolge Umorganisation des Staatsdienstes weggefallen sind, in die neue BO. mitaufzunehmen, erübrigte sich, da ja die Verbesserung der Bezüge dieser Beamten durch einen prozentualen Zuschlag zu ihrem bisherigen Einkommen erfolgt ist (vgl. Einführung S. 9). Da jedoch die Bezüge wiederbeschäftigter Wartegeldempfänger nach § 27 des PrBesG. nach diesem Ges. zu bemessen sind, mußte die Möglichkeit der Überleitung solcher Beamter geschaffen werden, ohne daß es dazu in jedem Falle einer Gesetzesänderung bedarf.

2. In Betracht kommen die Beamten der früheren Verwaltungen der staatlichen Bergwerke, der staatlichen Elektrizitätswerke und der staatlichen Duisburg-Ruhrorter Häfen, die jetzt im Dienst der Aktiengesellschaften, an welche diese Betriebe übereignet sind, stehen (vgl. § 7 des Ges. vom 9. Okt. 1923 GS. S. 467, § 7 des Ges. vom 24. Okt. 1923 GS. S. 475, § 7 des Ges. vom 24. Juli 1927 GS. S. 230, § 6 des Ges. vom 24. Okt. 1927 GS. S. 197).

3. Für die in Anm. 2 erwähnten Beamten sowie für die Leiter und Lehrer der aufgelösten staatlichen Lehrerbildungsanstalten war in dem dem Landtag vorgelegten Entwurf des Ges. eine besondere Abwickelungsbesoldungsordnung vorgesehen (vgl. Landtagsdrucks. 1927 Nr. 7120 A und B). Dieselbe ist bei den Beratungen jedoch gestrichen worden und dafür sind die Abs. 2 und 3 dieses Paragraphen eingefügt.

4. Die Einstufungsübersichten sind als Landtagsdrucks. Nr. 2691 — Tagung 1928/29 erschienen, an anderer Stelle nicht veröffentlicht. Außer über die in Anm. 2 genannten Beamten sind noch Einstufungsübersichten erschienen über die Beamten der ehemaligen Hauptverwaltung der Staatsschulden und über die Lehrkräfte der früheren staatlichen Lehrer- und Lehrerinnenbildungsanstalten, sowie die Beamten der früheren staatlichen Erziehungsheime.

Die Einstufungsübersichten sind z. T. geändert durch den RdErl. des FinMin. vom 19. Dez. 1931 (PrBesBl. S. 355).

§ 37.[1]

Die unter das Volksschullehrer-Diensteinkommensgesetz, das Mittelschullehrer-Diensteinkommensgesetz und das Gewerbe- und Handelslehrer-Diensteinkommensgesetz fallenden Lehrpersonen erhalten ein Grundgehalt und ruhegehaltsfähige Stellenzulagen nach dem Anhange zur Besoldungsordnung für die planmäßigen unmittelbaren Staatsbeamten. Die Einweisung in die Tarifklassen der Anlage 2 (Wohnungsgeldzuschuß) ist entsprechend den in der Besoldungsordnung unter A angewandten Grundsätzen vorzunehmen.

Anmerkung.

1. Der § 37 ist jetzt überholt. Da die Neufassungen der drei Lehrerbesoldungsgesetze nicht so rechtzeitig fertig gestellt waren, daß sie gleichzeitig mit dem PrBesG. verabschiedet werden konnten, wurden in diesem Ges. provisorisch die Gehaltssätze und der Wohnungsgeldzuschuß der verschiedenen Lehrergruppen geregelt, damit diese gleichzeitig mit den Beamten in den Genuß der erhöhten Bezüge gelangen konnten.

Die endgültigen Regelungen enthalten die Neufassungen der genannten Gesetze, das VBG., das MBG. und das GBG.

§ 38.[1]

Waren die bisherigen Dienstbezüge eines Beamten nach dem Stande vom 30. September 1927 höher als die ihm auf Grund dieses Gesetzes zustehenden Dienstbezüge, so ist ihm der Unterschiedsbetrag, soweit es sich um ruhegehaltsfähige Bezüge handelt, als ruhegehaltsfähiger Zuschuß, im übrigen als nichtruhegehaltsfähiger Zuschuß über den Staatshaushaltsplan bis zu dem Zeitpunkt weiter zu gewähren, an dem der Unterschied durch Steigen der neuen Dienstbezüge ausgeglichen wird. Hierbei bleiben außer Anrechnung

a) **neu zu gewährende Kinderbeihilfen,**

b) **Erhöhungen des Wohnungsgeldzuschusses insoweit, als sie lediglich infolge der Hinaufsetzung eines Ortes in eine höhere Ortsklasse oder der Versetzung an einen Ort einer höheren Ortsklasse eintreten.**

Besoldungsvorschriften.

Zu § 38.

Nr. 114. (1) Zum Vergleich sind die Dienstbezüge — und zwar zweckmäßigerweise im Monatsbetrag —

a) nach dem Stande vom 30. Sept. 1927,

b) nach dem Stande vom 1. Okt. 1927

gegenüberzustellen. Zum Grundgehalt tritt unter a) der im Art. V des Gesetzes vom 6. Juni 1925 (GS. S. 61) vorgesehene Zuschlag von 10 oder 12½ v. H. Bei den Beamten der Bereitschaftspolizei, die unter § 6 Abs. 4 fallen, ist unter a) der um den Wohnraumabzug gekürzte Wohnungsgeldzuschuß (Ortszuschlag) anzusetzen. Wird der Wohnungsgeldzuschuß vom 1. Okt. 1927 ab nach einer höheren Ortsklasse bezogen, so wird er gleichwohl unter b) nur nach der bisherigen Ortsklasse in Ansatz gebracht. Die Frauenbeihilfe kommt nur unter a) in Frage. Eine Kinderbeihilfe ist (und zwar unter a und b) nur anzusetzen, wenn sie für September und Oktober 1927 für dasselbe Kind zu zahlen war. Alle Zulagen mit Ausnahme der Dienstaufwandentschädigungen, aber einschließlich der örtlichen Sonderzuschläge, sind auf beiden Seiten zu berücksichtigen.

(2) Ergibt sich unter b) ein niedrigerer Betrag als unter a), so ist der Unterschied dem Beamten als nichtruhegehaltsfähiger Zuschuß bis zu dem Zeitpunkt weiterzugewähren, in dem er durch die Erhöhung der neuen Bezüge ausgeglichen wird. Hierbei ist § 38 Satz 2 zu beachten.

(3) Dieselbe Rechnung (Abs. 1 und 2) kann alsbald hinsichtlich der ruhegehaltsfähigen Bezüge im besonderen wiederholt werden. Nach dem Ergebnis dieser Rechnung kann gegebenenfalls ein Teil des nach Abs. 2 zu gewährenden Zuschusses als ruhegehaltsfähig bezeichnet werden. Es tritt jedoch keine Schädigung des Beamten ein, wenn erst im Falle der Versetzung in den — einstweiligen oder dauernden — Ruhestand festgestellt wird, ob das der Berechnung des Ruhegehalts zugrunde zu legende Diensteinkommen am 30. Sept. 1927 höher war, als es sich nach § 10 ZRG. errechnen würde; in diesem Falle ist das höhere Diensteinkommen der Berechnung des Ruhegehalts oder Wartegeldes zugrunde zu legen.

Anmerkung.

1. Der Paragraph ist durch die zweite SparVO. vom 23. Dez. 1931 (GS. S. 293) aufgehoben. Zu der Aufhebung bestimmt ein RdErl. des FinMin. vom 22. Jan. 1932 (PrBesBl. S. 39) folgendes: Durch die Aufhebung sind auch die Abschnitte A IV der RdErl. vom 19. Dez. 1927 — PrBesBl. S. 258 — und vom 21. Jan. 1928 — PrBesBl. S. 17 — überholt. Sie werden hiermit ebenfalls aufgehoben.

Es wird jedoch unter Vorbehalt jederzeitigen Widerrufs genehmigt, daß Zuschüsse, die auf Grund der im Abs. 1 und 2 genannten Bestimmungen bis zum 31. Januar 1931 zu zahlen waren, vorläufig weitergezahlt werden. Für ihre Bemessung oder den etwaigen Fortfall bleiben die bisherigen Vorschriften maßgebend. Die Zuschüsse sind, wie die übrigen kürzungspflichtigen Bezüge, nach der Ersten, Zweiten und Dritten Gehaltskürzungsverordnung zu kürzen.

Die Zuschüsse werden durch die Herabsetzung des Ruhegehaltssatzes gemäß B II Nr. 3 des RdErl. vom 19. Dez. 1931 — PrBesBl. 1931 S. 355 — und durch die Kürzung des Ruhegehalts usw. gemäß B II Nr. 4 a. a. O. nicht verändert. Sie bleiben bei der Regelung gemäß B II Nr. 4 außer Betracht.

§ 39.

(1) Änderungen der durch dieses Gesetz geregelten Dienstbezüge, Wartegelder, Ruhegehälter, Übergangsgebührnisse und Hinterbliebenenbezüge, ebenso Änderungen der Einreihung der Beamten in die Gruppen der Besoldungsordnung können durch Gesetz erfolgen.[1]

(2) Werden Beamte oder Versorgungsberechtigte durch eine solche Änderung hinsichtlich der im Abs. 1 genannten Bezüge oder hinsichtlich ihrer Einreihung in die Gruppen der Besoldungsordnung mit rückwirkender Kraft schlechter gestellt, so sind die Unterschiedsbeträge nicht zurückzuerstatten.

(3) In allen übrigen Fällen[2] sind zuviel erhobene Dienstbezüge, Wartegelder, Ruhegehälter, Übergangsgebührnisse und Hinterbliebenenbezüge, auch soweit eine Bereicherung nicht mehr vorliegt,[3] zurückzuzahlen.[4]

Besoldungsvorschriften.

Zu § 39 Abs. 3.

Nr. 115. (1) Z. B. sind bei unrichtiger Eingruppierung eines Beamten, bei unrichtiger Festsetzung des Besoldungsdienstalters, bei Überzahlungen von Kinderbeihilfe infolge Verletzung der Anzeigepflicht (vgl. Nr. 62 Abs. 4) zuviel erhobene Dienstbezüge zurückzuzahlen.

(2) Dienstbezüge in diesem Sinne sind außer den in den PBV. genannten auch andere den Beamten mit Beziehung auf ihr Amt geleistete Zahlungen.

(3) Durch die Vorschrift in § 39 Abs. 3 wird bei Rückforderung zuviel erhobener Dienstbezüge der Einwand, daß der Empfänger nicht mehr bereichert sei, ausgeschlossen. Bei Rückforderung solcher Beträge sind aber die wirtschaftlichen Verhältnisse des zur Rückzahlung verpflichteten Beamten zu berücksichtigen; durch Bewilligung entsprechender Teilzahlungen sind Härten zu vermeiden, jedoch sind die Teilzahlungen so zu bemessen, daß die Tilgung der Schuld in einer angemessenen Zeit erfolgt.

(4) Von der Rückforderung zuviel erhobener Bezüge kann beim Vorliegen besonderer Billigkeitsgründe vom Fachminister nach Maßgabe der durch das Gesetz, betr. den Staatshaushalt, vom 11. Mai 1898 (GS. S. 77) getroffenen Bestimmungen auch ganz oder teilweise abgesehen werden, in Fällen, in denen es sich um Überzahlungen handelt

die von der Oberrechnungskammer festgestellt sind, nach deren Anhörung. In der Regel hat der Fachminister von der Rückforderung solcher Beträge Abstand zu nehmen, die nicht durch Anrechnung auf noch zahlbare Bezüge eingezogen werden können, und wenn das Einziehungsverfahren Kosten verursachen würde, die den Wert der zuviel erhobenen Bezüge übersteigen.

Richtlinien zu § 39.

29. Die Vorschrift entspricht dem bisherigen Rechtszustand. Zu Abs. 3 vgl. Ziff. 178a PBV.[5]

Überzahlungen sind grundsätzlich zurückzufordern, wenn die Überhebung durch ein Verschulden des Versorgungsberechtigten (z. B. Verletzung der Anzeigepflicht bei einer Wiederverwendung im Reichs-, Staats- oder einem sonstigen öffentlichen Dienste, bei Wegfall der Voraussetzungen für die Gewährung der Kinderbeihilfe) entstanden ist.

Anmerkungen.

1. Diese Vorschrift bezweckt eine Herabsetzung der Bezüge der Beamten usw. durch einfaches — nicht verfassungänderndes — Gesetz zu ermöglichen. Die Rechtsgültigkeit der Vorschrift ist vielfach bestritten, jetzt aber in einem Urteil des Reichsgerichts anerkannt worden. Vgl. die Ausführungen über „wohlerworbene Rechte" auf S. 18.

2. Es kommt also nicht auf die Gründe an, aus denen das Gehalt usw. zu Unrecht gezahlt ist. Wenn also z. B. Beamte, denen das Monatsgehalt am ersten im voraus gezahlt ist, im Laufe des Monats durch Tod oder Entlassung ausscheiden, so sind sie oder ihre Erben grundsätzlich verpflichtet, den Teil des Gehalts, der auf die Zeit entfällt, die sie nicht im Amt gewesen sind, zurückzuzahlen. Im Todesfalle wird nach ständiger Verwaltungspraxis seitens der Behörden von dem Rückforderungsrecht kein Gebrauch gemacht. Aber auch in den Fällen, in denen die Überhebung auf einem Versehen der festsetzenden Behörde oder der zahlenden Kasse oder schließlich auf einem Verschulden des Beamten selbst beruht, ist die Pflicht zur Zurückerstattung gegeben.

3. Diese Einschaltung hat nur deklaratorische Bedeutung gegenüber dem bisherigen Rechtszustand, vgl. § 24 Abs. 4 BDEG. Sie soll zur Behebung entstandener Zweifel dienen, daß der Einwand des Wegfalls der Bereicherung aus § 818 Abs. 3 BGB. ausgeräumt ist.

4. Vgl. hierzu Ziff. 115 PBV., die nähere Bestimmungen über die Rückzahlungen trifft, insbesondere auch vorsieht, daß beim Vorliegen besonderer Billigkeitsgründe von der Rückforderung ganz oder teilweise abgesehen werden kann.

5. Ziff. 178a PBV. in der Fassung vom 15. Juli 1925 (PrBesBl. S. 227). Dieser Ziffer entspricht Nr. 115 PBV. in der jetzt gültigen Fassung.

§ 40.

Der Finanzminister ist ermächtigt, im Einvernehmen mit dem Fachminister an Stelle der in anderen Gesetzen für die Bemessung von Bezügen angeführten Besoldungsgruppen des Beamten-Diensteinkommensgesetzes vom 17. Dezember 1920 in der Fassung der Bekanntmachung vom 13. Mai 1924 (Gesetzsamml. S. 487) die entsprechenden neuen Besoldungsgruppen zu bestimmen.[1]

Anmerkung.

1. Eine solche Bestimmung ist z. B. erforderlich für das Reisekostengesetz vom 3. Jan. 1923 (GS. S. 3). Zum Teil sind die erforderlichen Änderungen auch durch das PrBesG. selbst vorgenommen (vgl. § 29 Ziff. 3 und 4).

§ 41.

Änderungen der Besoldungsordnung können insoweit durch den Staatshaushalt erfolgen, als sie durch Änderungen in der Organisation der Staatsverwaltung, insbesondere auch durch die Einrichtung neuer in der Besoldungsordnung nicht aufgeführter Beamtenklassen, erforderlich werden.[1]

Anmerkung.

1. **Änderungen der Besoldungsordnung.** Die Vorschrift des § 41 entspricht dem bisherigen Recht (vgl. § 2 Abs. 3 Satz 1 des Ges. betr. die Bereitstellung von Mitteln zu Diensteinkommensverbesserungen vom 26. Mai 1909, GS. S. 85 und § 25 BDEG.). Da nach § 12 und § 13 PrBesG. Zulagen, Aufwandsentschädigungen und sonstige Vergütungen sowie Nebenbezüge aus dem Hauptamt nur noch soweit gewährt werden können, als sie in der BO. ausdrücklich für zulässig erklärt sind, so können auch neue Zulagen und Nebenbezüge durch den Staatshaushalt nur geschaffen werden, wenn sie durch eine Änderung in der Organisation der Staatsverwaltung bedingt sind.

§ 42.

(1) Der Finanzminister ist mit der Ausführung dieses Gesetzes beauftragt. Die Ausführungsbestimmungen sind dem Landtage vorzulegen.[1]

(2) Der Finanzminister ist ermächtigt, in Ausnahmefällen eine von den vorstehenden Gesetzesbestimmungen abweichende Regelung zuzulassen, sofern die besondere Lage der Verhältnisse es geboten erscheinen läßt.[2]

Anmerkungen.

1. **Ausführungsbestimmungen.** Vgl. Vorbemerkungen Ziff. 4.

2. Die dem Fin.-Min. in Abs. 2 erteilte Ermächtigung erstreckt sich nur auf besonders liegende Einzelfälle, eine von den Gesetzesbestimmungen abweichende Regelung für ganze Gruppen von Beamten darf auf diesem Wege nicht erfolgen.

§ 43.

Auswirkungen auf die Beamten und ständig Angestellten der Gemeinden und Gemeindeverbände.[1] [2]

(1) Gemeinden und Gemeindeverbände im Sinne des Kommunalbeamtengesetzes vom 30. Juli 1899 (GS. S. 141) sind verpflichtet, unter Berücksichtigung der örtlichen Verhältnisse[3] die Dienstbezüge ihrer hauptamtlich angestellten Beamten, das Wartegeld und Ruhegehalt dieser Beamten und die Versorgung ihrer Hinterbliebenen so zu regeln, daß diese Bezüge den Grundsätzen dieses Gesetzes entsprechen.[4] Gesetzliche Änderungen dieser Bezüge bei den unmittelbaren Staatsbeamten, die gemäß § 39 erfolgen, sind entsprechend vorzunehmen;[5] im übrigen findet § 39 Abs. 3 entsprechende Anwendung.[6]

(2) Diese Bestimmungen finden mit Ausnahme des Ruhegehalts und des Witwen- und Waisengeldes auf die nach Gemeindebeschluß (Beschluß des Gemeindeverbandes) den Beamten gleichzuachtenden ständig Angestellten und Anwärter Anwendung.

(3) Für die Versorgungsanwärter erfolgt die Berechnung des Besoldungsdienstalters nach den für die unmittelbaren Staatsbeamten geltenden Vorschriften. Das gleiche gilt für die Beamten, ständig Angestellten und Anwärter hinsichtlich der Anrechnung der Kriegsdienstzeit auf das Anwärter- und Besoldungsdienstalter und die ruhegehaltsfähige Dienstzeit.[7]

(4) Die Aufsichtsbehörden können in Fällen erheblicher Verletzung der in Abs. 1 und 2 enthaltenen Bestimmungen verlangen, daß eine entsprechende Regelung erfolgt. In Fällen des Widerspruchs entscheidet die Beschlußbehörde, und zwar für Beamte der Landgemeinden und Amtsbezirke (Ämter, Landbürgermeistereien) der Kreisausschuß, im übrigen der Bezirksausschuß.[8]

(5) Die Minister des Innern und der Finanzen erlassen die zur Ausführung dieser Bestimmungen erforderlichen Anordnungen.[9]

Besoldungsvorschriften.

Zu § 43.

Nr. 116. Wegen der Anweisung zur Ausführung vgl. RdErl. d. MdJ. u. d. FM. v. 27. Jan. 1928 — IV. a. V. 101 u. Bes. 26 b — (MBliV. S. 72).

Anmerkungen.

1. Der § 43 ist durch Art. VI des Ges. vom 24. März 1931 (GS. S. 25) in mehrfacher Hinsicht ergänzt. Zunächst wurde der Kreis der von der

Vorschrift des § 43 betroffenen Beamten erweitert, sodann das Verfahren bei Beanstandungen der Gemeindebeschlüsse durch Einsetzung eines Schiedsgerichts als letzter Instanz geändert. Der Wortlaut des Art. VI ist nachstehend abgedruckt. Das Schiedsgericht ist inzwischen gebildet, es befindet sich in Berlin SW. 68, Schützenstr. 26. Trotz der Aufhebung des § 43 und des Art. VI ist das Schiedsgericht bestehen geblieben, da ihm durch die SparVO. die gleichen Aufgaben wie im Ges. vom 24. März 1931 zugewiesen sind.

Die im § 4 angekündigten Ausführungsverordnungen sind nicht mehr erschienen.

Wortlaut des Art. VI des Ges. vom 24. März 1931.

§ 1.

(1) § 43 des PrBesGes. vom 17. Dez. 1927 (GS. S. 223) findet auch Anwendung auf solche Beamte, deren Aufgabenkreis mit dem eines unmittelbaren Staatsbeamten nicht unmittelbar vergleichbar ist, wenn ihre Bezüge im Hinblick auf die Bezüge der unmittelbaren Staatsbeamten offensichtlich unangemessen sind.

(2) Für die Festsetzung solcher Bezüge haben die obersten Landesbehörden Richtlinien aufzustellen.

(3) Zu den Bezügen im Sinne des § 43 a. a. O. gehören alle Geldbezüge, die die Beamten mit Rücksicht auf ihre hauptamtliche oder nebenamtliche Dienstleistung erhalten, insbesondere auch Dienstaufwandsgelder, Gewinn- und Umsatzanteile bei werbenden Betrieben, nicht dagegen Reisekostenvergütungen, Beschäftigungstagegelder, Trennungsentschädigungen, Nachtdienstentschädigungen und Umzugskostenvergütungen.

§ 2.

(1) Nach Inkrafttreten dieses Gesetzes gefaßte Beschlüsse der Gemeinden und Gemeindeverbände über Neuregelungen von Besoldungen sind binnen zwei Wochen der Aufsichtsbehörde zur Genehmigung vorzulegen. Die Genehmigung kann nur mit Zustimmung der Beschlußbehörde versagt werden.

(2) Gegen die Versagung der Genehmigung kann die Gemeinde (Gemeindeverband), gegen den die Zustimmung zur Versagung der Genehmigung ablehnenden Beschluß der Beschlußbehörde die Aufsichtsbehörde binnen vier Wochen die Entscheidung eines beim Preußischen Oberverwaltungsgericht nach den Vorschriften des Gesetzes vom 24. März 1922 (GS. S. 76) zu bildenden Schiedsgerichts anrufen. Der Spruch des Schiedsgerichts schafft mit unmittelbarer Wirkung örtliches Besoldungsrecht.

(3) Wo nach den Gemeindeverfassungsgesetzen der Kreisausschuß Dienstbezüge von Gemeindebeamten festsetzt, ist Genehmigungsbehörde im Sinne des Abs. 1 der Regierungspräsident.

§ 3.

(1) Auf vor Inkrafttreten dieses Gesetzes beschlossene Besoldungsregelungen findet § 43 Abs. 4 des PrBesGes. Anwendung mit der Maßgabe, daß an Stelle der Beschlußbehörde zweiter Instanz das gemäß § 2 gebildete Schiedsgericht tritt.

(2) Bei den Beschlußbehörden zweiter Instanz bereits anhängige Verfahren sind diesem Schiedsgericht zur Entscheidung zuzuleiten.

§ 4.

Die Minister des Innern und der Finanzen erlassen die zur Ausführung dieser Vorschriften erforderlichen Anordnungen.

2. Wegen der Regelung der Besoldung der Gemeindebeamten vor 1927 und wegen des Ges. betreffend vorläufige Regelung verschiedener Punkte des Gemeindebeamtenrechts vgl. S. 13. Der § 43 ist durch die SparVO. aufgehoben.

3. Über die Gesichtspunkte, die bei Berücksichtigung der örtlichen Verhältnisse zu beachten waren und die eine Abweichung von einer starren Angleichung zuzulassen geeignet waren, vgl. die Richtlinien über die Besoldung der Gemeindebeamten vom 1. März 1922 (MinBliV. S. 212) Abschn. B VII b.

4. Diese Vorschrift bedeutete nicht nur, daß die Bezüge der Gemeindebeamten in ihrem Aufbau denen der Staatsbeamten anzupassen waren, also aus Grundgehalt, Wohnungsgeldzuschuß und g. F. Kinderbeihilfen bestehen mußten, sondern auch, daß die für die Bemessung der Bezüge maßgebenden Bestimmungen, insbesondere diejenigen über die Eingruppierung der Beamten, die Festsetzung des BDA. und des AnwDA. von den Gemeinden zu beachten waren. Der Grundsatz der entsprechenden Regelung bedingte nicht eine schematische Anwendung der für die Staatsbeamten maßgebenden Vorschriften, sondern eine Anpassung der Bezüge der Gemeindebeamten an die der vergleichbaren Staatsbeamten. Welche Beamten vergleichbar waren, mußte von der Aufsichtsbehörde im Einzelfalle geprüft werden. Als nicht unmittelbar vergleichbar wurden nach der Ausführungsanweisung vom 27. Jan. 1928 die leitenden Beamten (Bürgermeister, Beigeordnete, Magistratsmitglieder) angesehen. Für diese Beamte schrieb der § 1 des Art. VI des Ges. vom 24. März 1931 (GS. S. 25) vor, daß ihre Bezüge im Hinblick auf die Bezüge der unmittelbaren Staatsbeamten nicht offensichtlich unangemessen sein durften und sich nach Richtlinien zu regeln hätten, die von der obersten Landesbehörde aufzustellen waren.

Von besonderer Bedeutung für die Gemeinden, aber auch für die Aufsichtsbehörden war in diesem Zusammenhang noch der § 42 des RBesG. vom 16. Dez. 1927, der es den Gemeinden zur Pflicht macht, bei der Überführung ihrer Beamten in eine neue Besoldungsordnung sorgfältig nachzuprüfen, ob die geplante neue Einstufung auch durch die Aufgaben der Beamten völlig gerechtfertigt ist.

5. Nach dieser Bestimmung hätten alle Gemeinden in ihre die Besoldung ihrer Beamten regelnden Beschlüsse eine dem § 39 Abs. 1 entsprechende Vorschrift aufnehmen müssen.

6. Die Fassung des letzten Halbsatzes des Abs. 1 ist schwer verständlich, sie soll bedeuten, daß die Vorschriften des § 39 Abs. 2 und 3 auch für Gemeindebeamte gelten.

7. Die staatlichen Vorschriften über das BDA. der Versorgungsanwärter und die Anrechnung der Kriegsdienstzeit auf das AnwDA., das BDA., und die ruhegehaltsfähige Dienstzeit sind also bindend für die Gemeinden.

8. Die Frage, ob neben diesem Sonderverfahren das Recht der Aufsichtsbehörden, Beschlüsse, welche diese Gesetzesvorschrift verletzen, g. F. mit aufschiebender Wirkung zu beanstanden, bestehen geblieben ist (vgl. z. B. § 15 des Ges. über die Zuständigkeit der Verwaltungsbehörden vom 1. Aug. 1883, GS. S. 237, § 178 der Kreisordnung für die östlichen Provinzen vom 13. Dez. 1872/19. März 1881, GS. S. 155), ist durch das Urteil d. Oberverwaltungsgerichts vom 15. Juni 1929 (Entsch. d. OVG. 84 S. 106) dahin entschieden, daß neben dem Beschlußverfahren des § 43 das Beanstandungsverfahren unzulässig ist.

9. Vgl. 116 PBV.

§ 44.

§ 29 Ziffer 5 tritt mit Wirkung vom 1. August 1914 mit der Maßgabe in Kraft, daß Nachzahlungen von Versorgungsbezügen für die Zeit vor dem 1. Oktober 1927 nicht geleistet werden. Im übrigen tritt dieses Gesetz mit Wirkung vom 1. Oktober 1927 in Kraft. Alle seinen Vorschriften entgegenstehenden Gesetze und Verordnungen werden aufgehoben.

Besoldungsvorschriften.

Schlußbestimmung.

Nr. 117. Die PBV. treten mit Wirkung vom 1. Oktober 1927 in Kraft, soweit nicht in den einzelnen Vorschriften oder in Sondererlassen über einzelne Abänderungen und Ergänzungen etwas anderes bestimmt ist.[1] *Mit dem gleichen Zeitpunkt treten die bisherigen Besoldungsvorschriften in der Fassung der Bekanntmachung vom 15. Juli 1925 (PrBesBl. S. 227) und die dazu ergangene Ergänzung vom 30. März 1926 (PrBesBl. S. 42) außer Kraft, soweit sie nicht nach Nr. 33, 34, 62 Abs. 7, 95 und Nr. 97 Abs. 4 dieser PBV. weiterhin anzuwenden sind.*

Anmerkungen.

1. Vgl. z. B. den RdErl. des FinMin. vom 30. Dez. 1930 (PrBesBl. 1931 S. 17), nach welchem die in der veröffentlichten Neufassung der PBV. enthaltenen Änderungen nicht rückwirkend, sondern erst mit dem 1. Jan. 1931 in Kraft treten.

Anlage 1.

Besoldungsordnung

für die

planmäßigen unmittelbaren Staatsbeamten.

A. Aufsteigende Gehälter mit festen Grundgehaltssätzen.
B. Feste Gehälter.
C. Gehälter mit Mindestgrundgehaltssätzen.

Zur Beachtung: Die mit Nummern ([1]) [2]) usw.) versehenen Anmerkungen am Schluß einzelner Besoldungsgruppen gehören zum Gesetzestext; die Anmerkungen des Herausgebers sind durch Sternchen (*) **)) kenntlich gemacht.

Neben den durch die SparVO. vorgenommenen Änderungen, die durch besondere Druckart kenntlich sind (vgl. die Bem. S. 15) sind in der BO. auch die durch die Haushaltsgesetze seit 1928 erfolgten Änderungen berücksichtigt. Die letzteren sind nicht besonders gekennzeichnet.

Vorbemerkung: Beamtinnen in den mit einem Kreuz †) bezeichneten Stellen erhalten die Grundgehaltssätze um 10 v. H. gekürzt.

A. Aufsteigende Gehälter mit festen Grundgehaltssätzen.

Besoldungsgruppe 1 a.

8400 — 9500 — 10600 — 11600 — 12600 RM. jährlich.

Wohnungsgeldzuschuß:

III in der ersten und zweiten Dienstaltersstufe,
II von der dritten Dienstaltersstufe an.

Überleitung: Beamte mit den Bezügen der alten Besoldungsgruppe A 13 erhalten ihr bisheriges Besoldungsdienstalter.

Lotterieverwaltung:

Präsident
(der am 30. September 1927 im Amte gewesene Inhaber der Stelle erhält für seine Person die Bezüge der Besoldungsgruppe B 9).

Münzverwaltung:
Münzdirektor.

Bergverwaltung:
Ministerialräte, darunter 1 als Leiter des Grubensicherheitsamts.

Landtag:
Direktor beim Landtag.

Staatsministerium:
Ministerialräte.
Ministerialrat als Leiter der Pressestelle.
Zweiter Direktor des Geheimen Staatsarchivs in Berlin-Dahlem.

Finanzministerium:
Ministerialräte.
Vizepräsidenten der Oberpräsidien.
Regierungsvizepräsidenten.
Vizepräsident der Preußischen Bau- und Finanzdirektion in Berlin.

Handels- und Gewerbeverwaltung:
Ministerialräte.

Justizverwaltung:
Ministerialräte.
Vizepräsidenten und Senatspräsidenten bei den Oberlandesgerichten.
Landgerichtspräsidenten, soweit nicht in Besoldungsgruppe B 9.
Präsident des Arbeitsgerichts Berlin.
Präsidenten der Strafvollzugsämter, soweit nicht in Besoldungsgruppe B 9.

Ministerium des Innern:
Ministerialräte.
Vizepräsident des Statistischen Landesamts.
Oberverwaltungsgerichtsräte.
Präsident des Polizeiinstituts.
Präsident des Polizeiinstituts für Technik und Verkehr.
Polizeipräsidenten, soweit nicht in Besoldungsgruppe A 1c und B 6.
Polizeivizepräsident in Berlin.
Polizeiobersten, Landjägeroberst (erhalten nur die letzte Dienstaltersstufe der Besoldungsgruppe A 1a).

Landwirtschaftliche Verwaltung:
Ministerialräte.
Landforstmeister.
Oberlandeskulturräte.
Wasserbaudirektoren und Strombaudirektoren.

Ministerium für Wissenschaft, Kunst und Volksbildung:
Ministerialräte.

Erster Direktor bei der Preußischen Staatsbibliothek in Berlin.
Direktor und Professor des Instituts für experimentelle Therapie in Frankfurt a. M.
Vizepräsidenten der Provinzialschulkollegien, soweit nicht in Besoldungsgruppe B 7 und B 9
(der am 30. September 1927 im Amte gewesene Inhaber der Stelle des Vizepräsidenten des Provinzialschulkollegiums in Breslau erhält für seine Person die Bezüge der Besoldungsgruppe B 9).
Direktor der Abteilung I beim Provinzialschulkollegium in Berlin.
Direktor beim Provinzialschulkollegium in Koblenz.

Ministerium für Volkswohlfahrt:
Ministerialräte.
Präsident und Professor bei der Preuß. Landesanstalt für Lebensmittel-, Arzneimittel- und gerichtliche Chemie in Berlin.

Oberrechnungskammer:
Staatsfinanzräte.

Besoldungsgruppe 1 b.

8000 — 8900 — 9800 — 10700 — 11500 RM. jährlich.

Wohnungsgeldzuschuß:
III in der ersten und zweiten Dienstaltersstufe,
II von der dritten Dienstaltersstufe an.

Überleitung: Beamte mit den Bezügen der alten Besoldungsgruppe A 12 erhalten ihr bisheriges Besoldungsdienstalter, im günstigsten Falle ein solches von 4 Jahren;

Beamte mit den Bezügen der alten Besoldungsgruppe A 13 erhalten ihr bisheriges Besoldungsdienstalter.

Porzellanmanufaktur:
Technischer Direktor und Professor.

Lotterieverwaltung:
Vizepräsident.

Finanzministerium:
Regierungsdirektor als Direktor des Oberversicherungsamts in Berlin.

Handels- und Gewerbeverwaltung:
Direktor der Abteilung für das Fach- und Berufsschulwesen beim Provinzialschulkollegium in Berlin.

Justizverwaltung:
Oberstaatsanwalt als erster Vertreter des Generalstaatsanwalts beim Kammergericht.

Landwirtschaftliche Verwaltung:

Direktor und Professor (bisher Oberregierungs- und -baurat) als Leiter der Versuchsanstalt für Wasserbau und Schiffbau in Berlin.

Ministerium für Wissenschaft, Kunst und Volksbildung:

Verwaltungsdirektor bei der Universität Berlin.
Verwaltungsdirektor beim Charitékrankenhaus in Berlin.
Verwaltungsdirektor bei den Staatlichen Museen in Berlin.
Direktoren bei den Staatlichen Museen in Berlin.
Direktor bei der Hauptverwaltung der Staatlichen Schlösser und Gärten
(der am 1. April 1931 im Amte gewesene Inhaber der Stelle erhält für seine Person die Bezüge der Besoldungsgruppe A 1a).
Direktor der Generalintendanz der Staatstheater.
Direktor der Abteilung II beim Provinzialschulkollegium in Berlin.
Direktor beim Provinzialschulkollegium in Breslau.

Besoldungsgruppe 1 c.

6200 — 7000 — 7800 — 8500 — 9200 — 9900 — 10600 RM. jährlich.

Wohnungsgeldzuschuß: III.

Überleitung: Beamte mit den Bezügen der alten Besoldungsgruppe A 12 erhalten ihr um 2 Jahre verbessertes Besoldungsdienstalter, im günstigsten Falle ein solches von 12 Jahren.

Forstverwaltung:

Oberforstmeister.

Bergverwaltung:

Oberbergamtsdirektoren.
Oberbergrat als Direktor des Knappschafts-Oberversicherungsamts in Dortmund.
Abteilungsdirektoren und Professoren bei der Geologischen Landesanstalt in Berlin.

Staatsrat:

Oberregierungsrat als Verwaltungsdirektor.

Staatsministerium:

Oberregierungsrat als Ministerialverwaltungsdirektor.

Finanzministerium:

Oberfinanzrat als Ministerialverwaltungsdirektor.
Regierungsdirektoren und Verwaltungsgerichtsdirektoren bei den Regierungen einschließlich der Preußischen Bau- und Finanzdirektion in Berlin.

Handels- und Gewerbeverwaltung:

Oberregierungsrat als Ministerialverwaltungsdirektor.

Oberschulräte / Oberschulrätinnen } bei der Abteilung für das Fach- und Berufsschulwesen beim Provinzialschulkollegium in Berlin.

Justizverwaltung:

Oberjustizrat als Ministerialverwaltungsdirektor.

Landgerichtsdirektoren als Vorsitzende von Landesarbeitsgerichten.

Amtsgerichtsdirektoren als aufsichtführende Richter bei den Amtsgerichten in Köln, Breslau, Frankfurt a. M., Hannover, Düsseldorf, Berlin-Charlottenburg, Essen, Königsberg, Dortmund und Berlin-Schöneberg und als Ständiger Vertreter des Amtsgerichtspräsidenten beim Amtsgericht Berlin-Mitte.

Oberstaatsanwälte bei großen Landgerichten.

Oberjustizrat beim Strafvollzugsamt in Berlin.

Ministerium des Innern:

Oberregierungsrat als Ministerialverwaltungsdirektor.

Regierungsdirektoren (bisher Oberregierungsräte als Abteilungsleiter) beim Statistischen Landesamt.

Polizeipräsidenten in Elbing, Oppeln, Erfurt, Flensburg, Harburg-Wilhelmsburg, Bielefeld, Hagen i. W., Kassel, Krefeld-Ürdingen, Aachen, Weißenfels, Koblenz und Waldenburg.

Regierungsdirektoren beim Polizeipräsidium in Berlin.

Direktor des Staatskrankenhauses der Polizei in Berlin.

Landwirtschaftliche Verwaltung:

Oberregierungsrat als Ministerialverwaltungsdirektor.

Oberregierungs- und -baurat bei der Landesanstalt für Gewässerkunde.

Landeskulturdirektoren.

Direktor und Professor der Lehr- und Forschungsanstalt für Wein-, Obst- und Gartenbau in Geisenheim.

Ministerium für Wissenschaft, Kunst und Volksbildung:

Oberregierungsrat als Ministerialverwaltungsdirektor.

Direktoren und Professoren als Leiter der drei Hauptabteilungen beim Materialprüfungsamt in Berlin-Dahlem.

Direktor der Staatlichen Stelle für Naturdenkmalpflege in Berlin.

Oberschulräte.

Oberschulrätinnen.

Direktor der Hochschule für Leibesübungen in Spandau.

Ministerium für Volkswohlfahrt:

Oberregierungsrat als Ministerialverwaltungsdirektor.

Abteilungsdirektoren und Professoren beim Institut für Infektionskrankheiten „Robert Koch" in Berlin.

Abteilungsdirektor und Professor bei der Preuß. Landesanstalt für Lebensmittel-, Arzneimittel- und gerichtl. Chemie in Berlin.

Abteilungsdirektoren und Professoren bei der Landesanstalt für Wasser-, Boden- und Lufthygiene in Berlin-Dahlem (außerdem für einen Abteilungsdirektor und Professor als Ständigen Vertreter des Präsidenten eine ruhegehaltsfähige Zulage von 600 RM. jährlich).

Regierungsdirektor beim Verbandspräsidium des Siedlungsverbandes Ruhrkohlenbezirk in Essen.

Besoldungsgruppe 1 d.

6200 — 6900 — 7600 — 8300 — 9000 — 9600 — 10200 RM. jährlich.

Wohnungsgeldzuschuß: III

Überleitung: Beamte mit den Bezügen der alten Besoldungsgruppe A 11 erhalten ihr bisheriges Besoldungsdienstalter, im günstigsten Falle ein solches von 6 Jahren;

Beamte mit den Bezügen der alten Besoldungsgruppe A 12 erhalten ihr bisheriges Besoldungsdienstalter, im günstigsten Falle ein solches von 10 Jahren.

Staatsministerium:

Staatsarchivdirektoren in Hannover, Marburg und Breslau.

Handels- und Gewerbeverwaltung:

Oberstudiendirektoren und Studiendirektoren an besonders bedeutungsvollen Schulen[1]).

Ministerium für Wissenschaft, Kunst und Volksbildung:

Direktoren der Universitätsbibliotheken in Berlin, Breslau, Göttingen und Bonn.

Direktor des Akademischen Auskunftsamts bei der Universität in Berlin.

Abteilungsdirektoren der Musik-, Orient- und Handschriftenabteilung bei der Preußischen Staatsbibliothek in Berlin.

Direktor und Professor des Meteorologisch-Magnetischen Observatoriums bei Potsdam (bisher Abteilungsvorsteher und Professor beim Meteorologischen Institut in Berlin).

Direktor des Landesmuseums in Kassel.

Erster Ständiger Sekretär und Professor (bisher Ständiger Sekretär und Professor) bei der Akademie der Künste in Berlin.

Oberstudiendirektoren und Oberstudiendirektorinnen, Studiendirektoren und Studiendirektorinnen an besonders bedeutungsvollen Schulen[2]).

Direktoren bei der Auskunftstelle für Schulwesen und bei der Hauptstelle für den naturwissenschaftlichen Unterricht in Berlin.

---

[1]) Als besonders bedeutungsvolle Schulen werden festgesetzt:
Baugewerkschule Berlin-Neukölln,
Vereinigte Maschinenbauschulen Köln,
Kunst- und Gewerkschule Königsberg i. Pr.

[2]) Als besonders bedeutungsvolle Schulen werden festgesetzt:
1. Französisches Gymnasium Berlin,
2. Augusta-Schule Berlin,
3. Staatliche Bildungsanstalt Berlin-Lichterfelde,
4. Hindenburg-Gymnasium Beuthen O.-S.,
5. Beethoven-Gymnasium Bonn,
6. Matthias-Gymnasium Breslau,
7. Erziehungs- und Bildungsanstalt Droyßig,
8. Hohenzollern-Gymnasium Düsseldorf,
9. Gymnasium mit Realgymnasium Flensburg,
10. Gymnasium Göttingen,
11. Gymnasium und Realschule Greifswald,
12. Dreikönigs-Gymnasium Köln,
13. Friedrichs-Kolleg Königsberg i. Pr.,
14. Gymnasium Philippinum Marburg,
15. Bessel-Oberrealschule Minden,
16. Gymnasium Adolphinum Mörs,
17. Paulinum Münster i. W.,
18. Gymnasium Carolinum Osnabrück.

Außerdem die Anstalten ehemals landesherrlichen Patronats: Joachimsthalsches Gymnasium-Templin, Marienstiftgymnasium-Stettin, Pädagogium des Klosters Unserer Lieben Frauen-Magdeburg, Landesschule Pforta.

Der Minister für Wissenschaft, Kunst und Volksbildung ist ermächtigt, von den nichtstaatlichen höheren Schulen bis zu 60, und zwar nach Anhörung des Unterhaltsträgers und im Einvernehmen mit dem Finanzminister, als bedeutungsvolle Schulen im Sinne dieser Bestimmung anzuerkennen.

Besoldungsgruppe 2 a.

5400 — 6000 — 6600 — 7100 — 7600 — 8100 — 8600 — 9100 — 9600 RM. jährlich.

Wohnungsgeldzuschuß: III

Überleitung: Beamte mit den Bezügen der alten Besoldungsgruppe A 11 erhalten ihr bisheriges Besoldungsdienstalter, im günstigsten Falle ein solches von 12 Jahren;

Beamte mit den Bezügen der alten Besoldungsgruppe A 12 erhalten ihr um 4 Jahre verbessertes Besoldungsdienstalter.

Bergverwaltung:

Abteilungsleiter, Abteilungsleiter und Professoren bei der Geologischen Landesanstalt in Berlin.

Staatsministerium:

Staatsarchivdirektoren, soweit nicht in Besoldungsgruppe A 1 d.

Ministerium des Innern:

Polizeioberstleutnants (bisher Polizeioberstwachtmeister)
Landjägeroberstleutnants (bisher Landjägeroberstwachtmeister)
(erhalten nur die letzte Dienstaltersstufe der Besoldungsgruppe A 2 a).

Landwirtschaftliche Verwaltung:

Oberregierungs- und -baurat als Leiter der Abteilung für Schiffbau bei der Versuchsanstalt für Wasserbau und Schiffbau in Berlin.

Ministerium für Wissenschaft, Kunst und Volksbildung:

Direktor des Akademischen Auskunftsamtes bei der Universität in Berlin.

Direktoren der Universitätsbibliotheken, **soweit nicht in Besoldungsgruppe A 1 d.**

Hauptobservatoren und Professoren.

Bibliotheksdirektor bei der Technischen Hochschule in Berlin.

Abteilungsleiter und Professoren (bisher Abteilungsvorsteher und Professoren) beim Materialprüfungsamt in Berlin-Dahlem.

Abteilungsdirektoren bei der Preußischen Staatsbibliothek in Berlin, **soweit nicht in Besoldungsgruppe A 1 d.**

Abteilungsvorsteher und Professoren bei dem Geodätischen Institut bei Potsdam.

Direktor und Professor des Meteorologisch-Magnetischen Observatoriums bei Potsdam.

Abteilungsvorsteher und Professoren beim Meteorologischen Institut in Berlin.

Direktor des Landesmuseums in Kassel.

Wissenschaftliche Beamte und Professoren bei der Akademie der Wissenschaften in Berlin.

Erster Ständiger Sekretär und Professor bei der Akademie der Künste in Berlin.

Direktoren bei der Auskunftsstelle für Schulwesen und bei der Hauptstelle für den naturwissenschaftlichen Unterricht in Berlin.

Ministerium für Volkswohlfahrt:

Abteilungsleiter und Professoren beim Institut für Infektionskrankheiten „Robert Koch" in Berlin, bei der Landesanstalt für Wasser-, Boden- und Lufthygiene in Berlin-Dahlem sowie bei der Preußischen Landesanstalt für Lebensmittel-, Arzneimittel- und gerichtliche Chemie in Berlin.

Besoldungsgruppe 2 b.

4400 — 4900 — 5400 — 5800 — 6200 — 6600 — 7000 — 7400 — 7800 — 8100 — 8400 RM. jährlich.

Wohnungsgeldzuschuß:

III bei Gewährung einer ruhegehaltsfähigen Zulage, im übrigen:
IV in der ersten bis dritten Dienstaltersstufe[1]),
III von der vierten Dienstaltersstufe an.

Überleitung: Beamte mit den Bezügen der alten Besoldungsgruppe A 10 erhalten ihr bisheriges Besoldungsdienstalter, im günstigsten Falle ein solches von 14 Jahren;

Beamte mit den Bezügen der alten Besoldungsgruppe A 11 erhalten ihr um 4 Jahre verbessertes Besoldungsdienstalter;

Beamte mit den Bezügen der alten Besoldungsgruppe A 12 erhalten ihr um 8 Jahre verbessertes Besoldungsdienstalter.

Domänenverwaltung:

Regierungs- und Ökonomierat.
Weinbaudirektoren[3]).

Forstverwaltung:

Oberregierungs- und -forsträte[2]) sowie Regierungs- und Forsträte[3]).
Oberförster
(außerdem für Oberförster als Direktoren der Forstschulen in Hachenburg, Steinbusch und Spangenberg sowie als forsttechnischer Beirat beim Regierungspräsidenten in Sigmaringen eine ruhegehaltsfähige Zulage von je 400 RM. jährlich)
(außerdem für Oberförster als Direktoren der Forstschulen in Hachenburg, Steinbusch und Spangenberg sowie als forsttechnischer Beirat beim Regierungspräsidenten in Sigmaringen eine ruhegehaltsfähige Zulage von je 600 MR. jährlich).

Gestütverwaltung:

Landstallmeister (bisher zum Teil Oberstallmeister)[5]).
Landstallmeister (bisher zum Teil Oberstallmeister)[2]).
Gestütveterinärräte.

Lotterieverwaltung:

Erster Direktor
(der am 30. Sept. 1927 im Amt gewesene Inhaber der Stelle erhält für seine Person die Bezüge der BesGr. A 1 b).
Direktor.

Münzverwaltung:

Obermünzmeister[2]).
Obermünzwardein[2]).
Münzwardein.
Obermünzingenieur.
Münzingenieur.

Bergverwaltung:

Oberbergräte bei der Ministerialabteilung für das Bergwesen[2]).
Oberbergräte als Direktoren der Knappschafts-Oberversicherungsämter, soweit nicht in Besoldungsgruppe A 1 c, sowie Oberbergräte als Abteilungsleiter[2]).

Oberbergräte als Mitglieder der Oberbergämter und 1 Oberbergrat als Leiter der Überleitungsstelle der Bergwerksdirektion Saarbrücken in Bonn[3]).
Bergräte bei der Ministerialabteilung für das Bergwesen.
Erste Bergräte an Bergrevieren mit 3 und mehr höheren technischen Beamten[3]).
Erste Bergräte } (bisher zum Teil Erste Bergräte und Bergräte in Sonderstellungen).
Bergräte }
Berg- und Vermessungsräte.
Landesgeologen und Professoren[3]) } bei der Geologischen Landesanstalt in Berlin.
Bezirksgeologen, Bezirksgeologen und Professoren }
Chemiker, Chemiker und Professoren }

Porzellanmanufaktur:

Chemiker und Professor.
Chemiker.
Malereivorsteher.

Reichs- und Staatsanzeiger:

Direktor und Redakteur.

Landtag:

Oberregierungsräte[2]).
Direktor der Landtagsbücherei[2]).
Direktor des Stenographischen Büros[2]).
Landtagsarchivare.
Landtagsstenographen.
Bibliotheksrat.
Ingenieur.

Staatsrat:

Oberregierungsrat als Verwaltungsdirektor[5])[7]).
Regierungsrat.
Staatsarchivar.

Staatsministerium:

Oberregierungsrat als Ministerialverwaltungsdirektor[5])[7]).
Oberregierungsräte im Staatsministerium[2]).
Regierungsrat im Staatsministerium, Regierungsrat als Ministerialbürovorsteher.
Oberregierungsrat als Vertreter des Leiters der Pressestelle[2]).
Regierungsräte als Mitarbeiter bei der Pressestelle.
Erster Staatsarchivrat[3]).
Staatsarchivräte.

Finanzministerium:

Oberfinanzrat als Ministerialverwaltungsdirektor[5])[7]).
Oberfinanzräte im Ministerium[2]).

Direktor der Hauptbuchhalterei[5]).
Direktor der Generalstaatskasse[5]).
Direktor der Hauptbuchhalterei[2]).
Direktor der Generalstaatskasse[2]).
Finanzräte, Finanzrat als Ministerialbürovorsteher.
Oberregierungs- und -bauräte im Ministerium[2]).
Regierungs- und Bauräte im Ministerium.
Oberregierungsräte[2]) und Regierungsräte bei den Oberpräsidien und Regierungen einschl. der Preußischen Bau- und Finanzdirektion in Berlin.
Regierungs- und Kassenräte.
Oberregierungs- und -steuerräte[2]).
Regierungs- und Steuerräte.
Oberregierungs- und -bauräte[2]), Oberbauräte[2]), Regierungs- und Bauräte[3]), Regierungsbauräte.

Handels- und Gewerbeverwaltung:
Oberregierungsrat als Ministerialverwaltungsdirektor[5])[7]).
Oberregierungsräte im Ministerium[2]).
Regierungsräte im Ministerium, Regierungsrat als Ministerialbürovorsteher.
Oberregierungs- und -gewerberäte[2]).
Regierungs- und Gewerberäte[3]).
Gewerberäte (bisher zum Teil Gewerberäte in Sonderstellungen).
Obereichungsdirektoren (bisher zum Teil Obereichungsdirektoren in Sonderstellungen) als beigeordnete Mitglieder der Physikalisch-Technischen Reichsanstalt[2]).
Eichungsdirektoren (bisher Obereichungsdirektor und Eichungsdirektoren)[3]).
Direktor der Beschußanstalt in Suhl.
Regierungsbaurat bei den Wanderkursen für Heizer und Maschinisten.
Oberseefahrtschuldirektor in Altona[5]).
Seefahrtschuldirektoren[6]).
Oberstudiendirektoren und Studiendirektoren bei den Baugewerkschulen sowie bei der Tiefbauschule in Rendsburg[5]).
Oberstudiendirektoren und Studiendirektoren bei den Maschinenbauschulen, den höheren Maschinenbauschulen, der höheren Maschinenbau- und Schiffsingenieur- und Seemaschinistenschule in Stettin, der höheren Schiff- und Maschinenbauschule in Kiel, den Maschinenbau- und Hüttenschulen in Gleiwitz und Duisburg[5]).
Oberstudiendirektoren bei der Zeichenakademie in Hanau, bei der Kunstgewerbe- und Gewerblichen Zeichenschule in Kassel und bei der Kunst- und Gewerkschule in Königsberg i. Pr.[5]).
Studiendirektoren bei den Keramischen Fachschulen[5]).

Fachschuldirektoren bei den Fachschulen für Metallindustrie[6]).
Direktorinnen bei den Handels- und Gewerbeschulen für Mädchen in Potsdam und Gladbach-Rheydt[6]).
Studiendirektoren bei den Fachschulen für Wirtschaft und Verwaltung in Berlin und Düsseldorf[6]).
Oberstudienräte an Anstalten mit mehreren Fachgebieten in einer durch den Staatshaushaltsplan festzusetzenden Zahl[6]) und Studienräte an den Baugewerkschulen, an der Tiefbauschule in Rendsburg, an den Maschinenbauschulen, an den Fachschulen für Metallindustrie, an den Schiffsingenieur- und Seemaschinistenschulen sowie an den Kunstgewerbe- und Handwerkerschulen.
Oberseefahrtschuldirektor in Altona[2]).
Seefahrtschuldirektoren[3]).
Oberstudiendirektoren und Studiendirektoren bei den Baugewerkschulen sowie bei der Tiefbauschule in Rendsburg[2]), soweit nicht in Besoldungsgruppe A 1 d.
Oberstudiendirektoren und Studiendirektoren bei den Maschinenbauschulen, den höheren Maschinenbauschulen, der höheren Maschinenbau- und Schiffsingenieur- und Seemaschinistenschule in Stettin, der höheren Schiff- und Maschinenbauschule in Kiel, den Maschinenbau- und Hüttenschulen in Gleiwitz und Duisburg[2]), soweit nicht in Besoldungsgruppe A 1 d.
Oberstudiendirektoren bei der Zeichenakademie in Hanau und bei der Kunstgewerbe- und Gewerblichen Zeichenschule in Kassel[2]).
Studiendirektoren bei den Keramischen Fachschulen[2]).
Fachschuldirektoren bei den Fachschulen für Metallindustrie[3]).
Direktorinnen bei den Handels- und Gewerbeschulen für Mädchen in Potsdam und Rheydt[3]).
Studiendirektoren bei den Fachschulen für Wirtschaft und Verwaltung in Berlin und Düsseldorf[3]).
Oberstudienräte an besonders bedeutungsvollen Schulen[2]).
Oberstudienräte[3]) und Studienräte an den Baugewerkschulen, an der Tiefbauschule in Rendsburg, an den Maschinenbauschulen, an den Fachschulen für Metallindustrie, an den Schiffsingenieur- und Seemaschinistenschulen sowie an den Kunstgewerbe- und Handwerkerschulen.
Studienräte an den Seefahrtschulen.
†) Studienrätinnen bei den Handels- und Gewerbeschulen für Mädchen in Potsdam und Gladbach-Rheydt.
Studienräte an den Keramischen Fachschulen und an den Fachschulen für Wirtschaft und Verwaltung.
Leiter der Entwurfsklassen und Professoren an den Kunstgewerbe-, Handwerker- und Keramischen Fachschulen.

Oberregierungs- und -gewerbeschulräte[2]) sowie Regierungs- und Gewerbeschulräte[3]).
Regierungsrat bei der Abteilung für das Fach- und Berufsschulwesen bei dem Provinzialschulkollegium in Berlin.
Dozenten und †) Dozentinnen an den Berufspädagogischen Instituten.

Justizverwaltung:

Oberjustizrat als Ministerialverwaltungsdirektor[5]).[7])
Oberjustizräte im Ministerium[2]).
Justizräte im Ministerium, Justizrat als Ministerialbürovorsteher.
Oberlandesgerichtsräte (Kammergerichtsräte) als hauptamtliche Mitglieder des Landesprüfungsamts[5]).
Oberlandesgerichtsräte (Kammergerichtsräte)[5]).
Landgerichtsdirektoren[5]) } soweit nicht in Besoldungsgruppe A 1 c.
Amtsgerichtsdirektoren[5]) }
Oberstaatsanwälte[5]), soweit nicht in Besoldungsgruppe A 1 b und A 1 c.
Oberlandesgerichtsräte als hauptamtliche Mitglieder des Landesprüfungsamts[2]).
Oberlandesgerichtsräte[2]).
Landgerichtsdirektoren[2]) } soweit nicht in Besoldungsgruppe A 1 c.
Amtsgerichtsdirektoren[2]) }
Oberstaatsanwälte[2]), soweit nicht in Besoldungsgruppe A 1 b und A 1 c.
Amtsgerichtsräte.
Amtsgerichtsräte als aufsichtführende Richter bei Amts- und Arbeitsgerichten mit drei und mehr Richtern[3]).
Landgerichtsräte als Vorsitzende von Landesarbeitsgerichten[3]).
Landgerichtsräte.
Erste Staatsanwälte[3]).
Staatsanwaltschaftsräte.
Justiz- und Kassenräte (bisher Direktoren der Rechnungsämter).
Oberjustizräte bei den Strafvollzugsämtern[2]), soweit nicht in Besoldungsgruppe A 1 c.
Justizräte bei den Strafvollzugsämtern[3]).
Justizräte bei den Strafvollzugsämtern.
Oberstrafanstaltsdirektoren bei großen Gefangenanstalten[5]).
Oberstrafanstaltsdirektoren bei großen Gefangenanstalten[2]).
Strafanstaltsdirektoren der größeren Gefangenanstalten[3]).
Strafanstaltsdirektoren.
Strafanstaltsoberpfarrer[2]).
Strafanstaltspfarrer.
Strafanstaltsrabbiner.
Strafanstaltsobermedizinalrat (zugleich Hilfsarbeiter im Justizministerium)[2]).
Strafanstaltsmedizinalräte.

Ministerium des Innern:

Oberregierungsrat als Ministerialverwaltungsdirektor[5]).[7])
Oberregierungsräte im Ministerium[2]).
Oberbankrat } im Ministerium[2]).
Oberversicherungsrat
Regierungsräte im Ministerium, Regierungsrat als Ministerialbürovorsteher.
Regierungs- und Medizinalrat } im Ministerium.
Regierungs- und Veterinärrat
Oberregierungsräte beim Statistischen Landesamt[2]).
Regierungs- und Volkswirtschaftsräte beim Statistischen Landesamt.
(die am 30. September 1927 im Amte gewesenen Inhaber der Stellen mit den Bezügen der alten Besoldungsgruppe A 12 erhalten für ihre Person eine ruhegehaltsfähige Zulage von 800 RM. jährlich und die Amtsbezeichnung Oberregierungsrat).
(die am 30. September 1927 im Amte gewesenen Inhaber der Stellen mit den Bezügen der alten Besoldungsgruppe A 12 erhalten für ihre Person eine ruhegehaltsfähige Zulage von 1200 RM. jährlich und die Amtsbezeichnung Oberregierungsrat).
Oberregierungsrat als Verwaltungsdirektor[2]) } beim Oberverwaltungsgericht.
Regierungsrat als Bürovorsteher
Regierungs- und Versicherungsräte.
Landräte[3]).
Polizeidirektoren in Tilsit, Schneidemühl, Wilhelmshaven, Suhl, Hamm i. Westf., Hanau und Wesermünde [3]).
Oberregierungsräte[2]) und Regierungsräte bei den Polizeiverwaltungen.
Polizeiobermedizinalräte[2])
(ein am 30. September 1927 im Amte gewesener Stelleninhaber mit den Bezügen der alten Besoldungsgruppe A 13 erhält für seine Person die Bezüge der Besoldungsgruppe A 1 a).
Polizeimedizinalräte.
Polizeioberveterinärräte[2]).
Polizeiveterinärräte.
Regierungs- und Kassenrat beim Polizeipräsidium in Berlin.
Polizeischulräte.
Polizeioberapotheker.
Polizeimajore } (erhalten die Dienstaltersstufen: 7700 — 8400 RM. jährlich und den Wohnungsgeldzuschuß III).
Landjägermajore

Landwirtschaftliche Verwaltung:

Oberregierungsrat als Ministerialverwaltungsdirektor[5])[7]).
Oberregierungsräte[2]) } im Ministerium.
Oberregierungs- und Landesökonomieräte[2])
Oberregierungs- und -baurat[2])

Regierungsräte im Ministerium, Regierungsrat als Ministerialbürovorsteher.

Regierungs- und Landesökonomierat
Regierungs- und Veterinärräte } im Ministerium.
Regierungs- und Baurat

Regierungs- und Baurat als Vorsteher des Büros für die Hauptnivellements im Ministerium[3]).

Regierungs- und Bauräte bei der Landesanstalt für Gewässerkunde im Ministerium
(außerdem für Regierungs- und Bauräte als Gruppenleiter eine ruhegehaltsfähige Zulage von 400 RM. jährlich).
(außerdem für Regierungs- und Bauräte als Gruppenleiter eine ruhegehaltsfähige Zulage von 600 RM. jährlich).

Landeskulturgerichtsdirektoren[5]).

Landeskulturgerichtsdirektoren[2])

Oberregierungs- und Landeskulturräte[2]) sowie Regierungs- und Landeskulturräte[3]).

Regierungs- und Kulturräte.

Regierungs- und Vermessungsräte.

Bibliotheksrat bei der Landwirtschaftlichen Hochschule in Berlin.

Studienräte, Studienräte und Professoren (bisher Studienräte) bei der Lehr- und Forschungsanstalt für Wein-, Obst- und Gartenbau in Geisenheim und bei der Lehr- und Forschungsanstalt für Gartenbau in Berlin-Dahlem (außerdem für Studienräte, Studienräte und Professoren als Institutsvorsteher an Instituten mit mehreren wissenschaftlichen Assistenten eine ruhegehaltsfähige Zulage von 400 RM. jährlich).

Studienräte, Studienräte und Professoren (bisher Studienräte) bei der Lehr- und Forschungsanstalt für Wein-, Obst- und Gartenbau in Geisenheim
(außerdem für Studienräte, Studienräte und Professoren als Institutsvorsteher an Instituten mit mehreren wissenschaftlichen Assistenten eine ruhegehaltsfähige Zulage von 600 RM. jährlich).

Oberregierungs- und -veterinärräte[2]) sowie Regierungs- und Veterinärräte[3]).

Vollbesoldete Veterinärräte.

Nichtvollbesoldete Veterinärräte[4]).

Polizeiveterinärräte.

Direktoren der Chemischen Untersuchungsanstalten bei den Auslandfleischbeschaustellen.

Oberfischmeister.

Chemiker und Professor an der Landesanstalt für Fischerei.
Oberregierungs- und -bauräte[2]), Regierungs- und Bauräte[3]), Regierungsbauräte.

Ministerium für Wissenschaft, Kunst und Volksbildung:

Oberregierungsrat als Ministerialverwaltungsdirektor[5])[7]).
Oberregierungsräte im Ministerium[2]).
Regierungsräte im Ministerium (bisher Regierungsräte und Verwaltungsrat für die wirtschaftlichen Angelegenheiten der Universitätskliniken und des Charitékrankenhauses in Berlin), Regierungsrat als Ministerialbürovorsteher.
Wissenschaftlicher Beamter beim Akademischen Auskunftamt der Universität in Berlin.
Zweiter Direktor und Professor beim Zoologischen Universitätsmuseum in Berlin[3]).
Zweiter Direktor und Professor beim Botanischen Garten und Museum in Berlin-Dahlem[3]).
Direktor des Museums für vaterländische Altertümer in Kiel[3]).
Regierungs- und Baurat } bei der Universität in Greifswald.
Oberförster }
Erste Bibliothekräte.
Bibliothekräte.
Kustoden, Kustoden und Professoren
(außerdem für Kustoden, Kustoden und Professoren als Gruppenleiter eine ruhegehaltsfähige Zulage von 400 RM. jährlich).
(außerdem für Kustoden, Kustoden und Professoren als Gruppenleiter eine ruhegehaltsfähige Zulage von 600 RM. jährlich).
Observatoren, Observatoren und Professoren.
Lehrer und Professoren am Seminar für Orientalische Sprachen in Berlin[3]).
Pfarrer beim Charitékrankenhaus in Berlin.
Akademische Turn- und Sportlehrer.
Oberapotheker bei der Staatlichen Universitätsapotheke in Berlin und beim Charitékrankenhaus in Berlin.
Ständige Mitglieder und Professoren sowie Ständige Mitglieder beim Materialprüfungsamt in Berlin-Dahlem.
(außerdem für Ständige Mitglieder und Professoren als Gruppenleiter eine ruhegehaltsfähige Zulage von 400 RM. jährlich).
(außerdem für Ständige Mitglieder und Professoren als Gruppenleiter eine ruhegehaltsfähige Zulage von 600 RM. jährlich).
Wissenschaftliche Mitglieder und Professoren beim Institut für experimentelle Therapie in Frankfurt a. M.
(außerdem für ein wissenschaftliches Mitglied eine ruhegehaltsfähige Zulage von 400 RM. jährlich),

(außerdem für ein wissenschaftliches Mitglied eine ruhegehaltsfähige Zulage von 600 RM. jährlich).

Zweiter Sekretär und Professor | beim Historischen Institut in
Dritter Sekretär und Professor | Rom.

Hauptamtliche Dozenten an der Akademie der Arbeit in Frankfurt a. M.

Regierungsrat bei den Staatlichen Museen in Berlin.

Direktor des Saalburgmuseums[3]).

Kustos bei der Hauptverwaltung der Staatlichen Schlösser, zugleich Direktor des Museums Schloß Monbijou (Hohenzollernmuseum)

(der am 30. September 1927 im Amte gewesene Inhaber der Stelle erhält für seine Person eine ruhegehaltsfähige Zulage von 800 RM. jährlich),

(der am 30. September 1927 im Amte gewesene Inhaber der Stelle erhält für seine Person eine ruhegehaltsfähige Zulage von 1200 RM. jährlich).

Betriebsdirektor[3]) }
Oberregierungsrat[2]) } bei den Staatlichen Theatern in Berlin.
Regierungs- und Kassenrat }

Verwaltungsdirektoren bei den Staatlichen Theatern in Kassel und Wiesbaden.

Direktor (bisher Vorsteher) der Staatlichen Bildstelle in Berlin[3]).

Zweiter Ständiger Sekretär und Professor bei der Akademie der Künste in Berlin.

Oberregierungsräte[2]) sowie Regierungsräte bei den Provinzialschulkollegien.

Oberstudienräte und Oberstudienrätinnen bei den Provinzialschulkollegien, Oberstudienräte bei der Auskunftstelle für Schulwesen und bei der Hauptstelle für naturwissenschaftlichen Unterricht in Berlin[2]).

Oberstudiendirektoren und Oberstudiendirektorinnen sowie Studiendirektoren und Studiendirektorinnen an Vollanstalten[5]).

Studiendirektoren und Studiendirektorinnen an Nichtvollanstalten[6]).

Oberstudienräte und †) Oberstudienrätinnen an großen Doppelanstalten und an Anstalten mit großen Alumnaten[6]).

Studienräte und †) Studienrätinnen.

Oberstudienräte und Oberstudienrätinnen bei den Provinzialschulkollegien und Oberstudienräte und †) Oberstudienrätinnen bei besonders bedeutungsvollen Schulen[2]).

Oberstudiendirektoren und Oberstudiendirektorinnen sowie Studiendirektoren und Studiendirektorinnen an Vollanstalten[2]), soweit nicht in Besoldungsgruppe A 1 d.

Studiendirektoren und Studiendirektorinnen an Nichtvollanstalten[3]).

Oberstudienräte[3]) und †) Oberstudienrätinnen[3]) sowie Studienräte und †) Studienrätinnen.

Studienräte und †) Studienrätinnen (früher Oberzeichenlehrer und Obermusiklehrer sowie Oberzeichenlehrerinnen und Obermusiklehrerinnen an den höheren Lehranstalten für die männliche und weibliche Jugend).

Akademisch gebildete Oberinnen an den mit Lyzeen und Oberlyzeen verbundenen Frauenschulen.

Oberturnlehrer und †) Oberturnlehrerinnen.

Oberturnrat[3]) | bei der Hochschule für Leibesübungen in Spandau.
Medizinalräte |
Turnräte und †) Turnrätinnen |

Dozenten und †) Dozentinnen bei den Pädagogischen Akademien.

Direktoren der Taubstummenanstalt in Berlin-Neukölln sowie der Blindenanstalt in Berlin-Steglitz[5]).

Dozenten und †) Dozentinnen bei den Pädagogischen Akademien zu einem Viertel der gesamten Lehrkräfte.

Direktoren der Taubstummenanstalt in Berlin-Neukölln sowie der Blindenanstalt in Berlin-Steglitz[3]).

Oberlehrer an der Blindenanstalt in Berlin-Steglitz.

Oberlehrer an der Waisen- und Schulanstalt in Bunzlau.

Oberregierungs- und -schulräte[2]) sowie Regierungs- und Schulräte[3]).

Schulräte.

Oberförster beim Stift Neuzelle.

Oberförster beim Haus Bürenschen Fonds.

Ministerium für Volkswohlfahrt:

Oberregierungsrat als Ministerialverwaltungsdirektor[5])[7]).

Oberregierungsräte im Ministerium[2]).

Regierungsräte im Ministerium, Regierungsrat als Ministerialbürovorsteher.

Oberregierungs- und -medizinalräte[2]) sowie Regierungs- und Medizinalräte[3]).

Medizinalräte als Gewerbemedizinalräte.

Medizinalräte als Hilfsarbeiter bei den Regierungen.

Vollbesoldete Medizinalräte.

Nichtvollbesoldete Medizinalräte[4]).

Medizinalräte als Direktoren von Medizinaluntersuchungsämtern
(außerdem für den Direktor des Medizinaluntersuchungsamts in Breslau eine ruhegehaltsfähige Zulage von 800 RM. jährlich).

Wissenschaftliche Mitglieder und Professoren sowie wissenschaftliche Mitglieder bei der Preußischen Landesanstalt für Lebensmittel-, Arzneimittel- und gerichtliche Chemie in Berlin und bei der Landesanstalt für

Wasser-, Boden- und Lufthygiene in Berlin-Dahlem (außerdem für wissenschaftliche Mitglieder und Professoren bei der Preußischen Landesanstalt für Lebensmittel-, Arzneimittel- und gerichtliche Chemie in Berlin und für wissenschaftliche Mitglieder und Professoren bei der Landesanstalt für Wasser-, Boden und Lufthygiene in Berlin-Dahlem als Gruppenleiter eine ruhegehaltsfähige Zulage von 400 RM. jährlich).

Medizinalräte als Direktoren von Medizinaluntersuchungsämtern (außerdem für den Direktor des Medizinaluntersuchungsamts in Breslau eine ruhegehaltsfähige Zulage von 1200 RM. jährlich).

Wissenschaftliche Mitglieder und Professoren sowie wissenschaftliche Mitglieder bei der Staatlichen Nahrungsmitteluntersuchungsanstalt in Berlin und bei der Landesanstalt für Wasser-, Boden- und Lufthygiene in Berlin-Dahlem (außerdem für wissenschaftliche Mitglieder und Professoren bei der Staatlichen Nahrungsmitteluntersuchungsanstalt in Berlin und für wissenschaftliche Mitglieder und Professoren bei der Landesanstalt für Wasser-, Boden- und Lufthygiene in Berlin- Dahlem als Gruppenleiter eine ruhegehaltsfähige Zulage von 600 RM. jährlich).

Abteilungsvorsteher und Professoren sowie Abteilungsvorsteher bei den Hygienischen Instituten in Landsberg a. W. und in Beuthen O.-S.[3]).

Oberregierungs- und -baurat[2]) sowie Regierungs- und Baurat[3]) bei der Staatlichen Prüfungsstelle für Statische Berechnungen.

Regierungs- und Bauräte[3]) } beim Verbandspräsidium des Siedlungs-
Regierungsräte } verbandes Ruhrkohlenbezirk in Essen.

Regierungs- und Bankräte.

Regierungsrätinnen bei den Regierungen.

Oberrechnungskammer:

Oberregierungsrat als Verwaltungsdirektor[2]).

---

[1]) Die am 30. September 1927 im Amte gewesenen Beamten der alten Besoldungsgruppe A 11 erhalten den Wohnungsgeldzuschuß III.

[2]) Außerdem eine ruhegehaltsfähige Zulage von 800 RM. jährlich.

[3]) Außerdem eine ruhegehaltsfähige Zulage von 400 RM. jährlich.

[4]) Die nichtvollbesoldeten Veterinärräte und die nichtvollbesoldeten Medizinalräte erhalten 75 vom Hundert der Grundgehaltssätze der vollbesoldeten Veterinärräte und der vollbesoldeten Medizinalräte.

[5]) Außerdem eine ruhegehaltsfähige Zulage von 1200 RM. jährlich.

[6]) Außerdem eine ruhegehaltsfähige Zulage von 600 RM. jährlich.

[7]) Die am 30. September 1931 vorhandenen Inhaber der Stellen behalten die Bezüge der BesGr. A 1 c.

[1]) Die am 30. September 1927 im Amte gewesenen Beamten der alten Besoldungsgruppe A 11 erhalten den Wohnungsgeldzuschuß III.

[2]) Außerdem eine ruhegehaltsfähige Zulage von 1200 RM. jährlich.

[3]) Außerdem eine ruhegehaltsfähige Zulage von 600 RM. jährlich.

[4]) Die nichtvollbesoldeten Veterinärräte und die nichtvollbesoldeten Medizinalräte erhalten 75 v. H. der Grundgehaltssätze der vollbesoldeten Veterinärräte und der vollbesoldeten Medizinalräte.

[5]) Die am 30. September 1927 im Amte gewesenen Beamten mit den Bezügen der alten Besoldungsgruppe A 12, denen nach den Vorschriften dieses Gesetzes keine Zulage gewährt wird, erhalten für ihre Person eine ruhegehaltsfähige Zulage von 600 RM. jährlich.

Besoldungsgruppe 2 c.

4800 — 5200 — 5600 — 6000 — 6400 — 6800 — 7200 — 7500 — 7800 RM. jährlich.

Wohnungsgeldzuschuß:

IV in der ersten bis dritten Dienstaltersstufe[1]),
III von der vierten Dienstaltersstufe an.

Überleitung: Beamte mit den Bezügen der alten Besoldungsgruppe A 10 erhalten ihr bisheriges Besoldungsdienstalter, im günstigsten Falle ein solches von 12 Jahren;

Beamte mit den Bezügen der alten Besoldungsgruppe A 11 erhalten ihr um 4 Jahre verbessertes Besoldungsdienstalter.

Bergverwaltung:

Amtsräte (bisher Erster Amtsrat und Amtsräte) bei der Ministerialabteilung für das Bergwesen.

Staatsministerium:

Amtsräte.
Amtsräte (bisher Erster Amtsrat und Amtsräte) bei der Archivabteilung.

Finanzministerium:

Amtsräte (bisher Erste Amtsräte, Amtsräte und Amtsräte als Ministerialbibliothekare)
(außerdem für je 1 Amtsrat als Oberbuchhalter und als Kassierer der Generalstaatskasse eine ruhegehaltsfähige Zulage von je 600 RM. jährlich).
Lektor.

Handels- und Gewerbeverwaltung:

Amtsräte (bisher Erster Amtsrat, Amtsräte und Amtsrat als Ministerialbibliothekar).

Justizverwaltung:

Amtsräte (bisher Erste Amtsräte, Amtsräte und Amtsrat als Ministerialbibliothekar).

Ministerium des Innern:

Amtsräte (bisher Amtsräte und Amtsräte als Ministerialbibliothekare).
Lektor.
Amtsräte beim Oberverwaltungsgericht.

Landwirtschaftliche Verwaltung:
Amtsräte (bisher Erste Amtsräte, Amtsräte und Amtsrat als Ministerialbibliothekar).
Amtsräte (bisher zum Teil Vermessungsräte) bei der Landesanstalt für Gewässerkunde und im Büro für die Hauptnivellements im Ministerium.

Ministerium für Wissenschaft, Kunst und Volksbildung:
Amtsräte (bisher Amtsräte und Amtsrat als Ministerialbibliothekar).

Ministerium für Volkswohlfahrt:
Amtsräte.

Oberrechnungskammer:
Amtsräte.

---

[1]) Die am 30. September 1927 im Amte gewesenen Beamten der alten Besoldungsgruppe A 11 erhalten den Wohnungsgeldzuschuß III.

Besoldungsgruppe 2 d.

3600 — 4000 — 4400 — 4800 — 5200 — 5600 — 6000 — 6400 — 6800 — 7100 — 7400 RM. jährlich.

Wohnungsgeldzuschuß:
IV in der ersten bis fünften Dienstaltersstufe,
III von der sechsten Dienstaltersstufe an.

Überleitung: Beamte mit den Bezügen der alten Besoldungsgruppe A 9 erhalten ihr bisheriges Besoldungsdienstalter, im günstigsten Falle ein solches von 10 Jahren;
Beamte mit den Bezügen der alten Besoldungsgruppe A 10 erhalten ihr um 4 Jahre verbessertes Besoldungsdienstalter.

Finanzministerium:
Katasterdirektoren.

Landwirtschaftliche Verwaltung:
Vermessungsräte.

Besoldungsgruppe 3 a.

3600 — 4000 — 4400 — 4800 — 5200 — 5600 — 6000 — 6300 — 6600 — 6900 — 7200 RM. jährlich.

Wohnungsgeldzuschuß:
IV in der ersten bis fünften Dienstaltersstufe[1]),
III von der sechsten Dienstaltersstufe an.

Überleitung: Beamte mit den Bezügen der alten Besoldungsgruppe A 9 erhalten ihr bisheriges Besoldungsdienstalter, im günstigsten Falle ein solches von 10 Jahren;
Beamte mit den Bezügen der alten Besoldungsgruppe A 10 erhalten ihr um 4 Jahre verbessertes Besoldungsdienstalter;
Beamte mit den Bezügen der alten Besoldungsgruppe A 11 erhalten ihr um 8 Jahre verbessertes Besoldungsdienstalter.

Domänenverwaltung:
Ökonomierat (bisher Güterdirektor für die domänenfiskalischen Moore in Ostpreußen).
Regierungslandmesser.

Forstverwaltung:
Regierungsoberlandmesser.

Münzverwaltung:
Zweiter Münzingenieur.

Finanzministerium:
Regierungslandmesser.

Handels- und Gewerbeverwaltung:
Direktorin der Haushaltungs- und Gewerbeschule für Mädchen in Flensburg.
†) Stellvertreterinnen für Direktorinnen } an den Handels- und Gewerbeschulen für Mädchen in Potsdam und Gladbach-Rheydt.
†) Fachvorsteherinnen

Ministerium des Innern:
Kreisräte.
Polizeiapotheker.
Kriminaldirektoren.

Landwirtschaftliche Verwaltung:
Regierungslandmesser.
Gartenbauoberlehrer.
Weinbauoberlehrer.
Obstbauoberlehrer.
Weinbauoberinspektoren.

Ministerium für Wissenschaft, Kunst und Volksbildung:
Chemiker beim Landwirtschaftlichen Institut der Universität Halle a. S.
Bibliothekar an den Vereinigten Staatsschulen für freie und angewandte Kunst in Berlin-Charlottenburg.
Blindenoberlehrer und †) Blindenoberlehrerinnen an der Blindenanstalt in Berlin-Steglitz.
Taubstummenoberlehrer und †) Taubstummenoberlehrerinnen an der Taubstummenanstalt in Berlin-Neukölln.

[1]) Die am 30. September 1927 im Amte gewesenen Beamten der alten Besoldungsgruppe A 11 erhalten den Wohnungsgeldzuschuß III.

Besoldungsgruppe 3 b.

4800 — 5200 — 5600 — 6000 — 6400 — 6700 — 7000 RM. jährlich.

Wohnungsgeldzuschuß:
IV in der ersten bis dritten Dienstaltersstufe,
III von der vierten Dienstaltersstufe an.

Überleitung: Beamte mit den Bezügen der alten Besoldungsgruppe A 9 erhalten ihr bisheriges Besoldungsdienstalter, im günstigsten Falle ein solches von 4 Jahren;

Beamte mit den Bezügen der alten Besoldungsgruppe A 10 erhalten ihr bisheriges Besoldungsdienstalter.

Forstverwaltung:

Forstverwalter.

Bergverwaltung:

Registraturverwalter bei der Ministerialabteilung für das Bergwesen.
Amtmänner im Bereiche des Ministeriums.

Staatsministerium:

Registraturverwalter im Staatsministerium.
Registraturverwalter bei der Archivabteilung.

Finanzministerium:

Registraturverwalter im Ministerium.
Landrentmeister.
Amtmänner im Bereiche des Ministeriums.

Handels- und Gewerbeverwaltung:

Registraturverwalter im Ministerium.
Amtmänner im Bereiche des Ministeriums.

Justizverwaltung:

Registraturverwalter im Ministerium und beim Landesprüfungsamt.
Justizverwaltungsräte (bisher zum Teil Rechnungsoberrevisoren).
Amtmänner im Bereiche des Ministeriums.
Justizlandrentmeister.
Kassendirektoren.

Ministerium des Innern:

Registraturverwalter im Ministerium.
Registraturverwalter beim Oberverwaltungsgericht.
Amtmänner im Bereiche des Ministeriums.
Landrentmeister bei der Polizeihauptkasse in Berlin.
Polizeiräte.
Kriminalpolizeiräte.
Distriktskommissare.
Polizeihauptleute
Landjägerhauptleute
} (erhalten die Dienstaltersstufen: 4800 [Wohnungsgeldzuschuß IV] — 6000 [Wohnungsgeldzuschuß III] — 6900 [Wohnungsgeldzuschuß III] RM. jährlich.

Landwirtschaftliche Verwaltung:

Registraturverwalter im Ministerium sowie bei der Landesanstalt für Gewässerkunde und im Büro für die Hauptnivellements im Ministerium.
Amtmänner im Bereiche des Ministeriums.

Ministerium für Wissenschaft, Kunst und Volksbildung:
Registraturverwalter im Ministerium.
Rechnungsdirektor bei der Universität in Berlin.
Amtmänner im Bereiche des Ministeriums.
Rechnungsdirektor (bisher Theateroberrentmeister) bei den Staatlichen Theatern in Berlin.
Maschineriedirektoren bei den Staatlichen Theatern in Kassel und Wiesbaden.

Ministerium für Volkswohlfahrt:
Registraturverwalter im Ministerium.

Oberrechnungskammer:
Registraturverwalter.

Besoldungsgruppe 3 c.

3600 — 3900 — 4200 — 4500 — 4800 — 5100 — 5400 — 5700 — 6000 — 6300 — 6600 RM. jährlich.

Wohnungsgeldzuschuß:
IV in der ersten bis fünften Dienstaltersstufe,
III von der sechsten Dienstaltersstufe an.

Überleitung: Beamte mit den Bezügen der alten Besoldungsgruppe A 8 erhalten ihr bisheriges Besoldungsdienstalter, im günstigsten Falle ein solches von 12 Jahren;

Beamte mit den Bezügen der alten Besoldungsgruppe A 9 erhalten ihr bisheriges Besoldungsdienstalter, im günstigsten Falle ein solches von 12 Jahren; Gewerbeoberlehrerinnen im günstigsten Falle ein solches von 16 Jahren;

Beamte mit den Bezügen der alten Besoldungsgruppe A 10 erhalten ihr um 4 Jahre verbessertes Besoldungsdienstalter.

Lotterieverwaltung:
Technischer Leiter.

Staatsministerium:
Kanzleidirektor im Staatsministerium[1]).

Finanzministerium:
Kanzleidirektor im Ministerium.
Direktor des Tiergartens in Berlin.

Handels- und Gewerbeverwaltung:
Kanzleidirektor im Ministerium.
Seefahrtoberlehrer[2]) [3]).
Baugewerkschuloberlehrer[2]) [3]).
Maschinenbauschuloberlehrer[2]) [3]).
Schiffsingenieurschuloberlehrer[2]) [3]).
Seemaschinistenschuloberlehrer[2]) [3]).
Fachschuloberlehrer[2]) [3]).

†) Handelsoberlehrerinnen[2]) [3]) †) Gewerbeoberlehrerinnen (bisher Gewerbeoberschullehrerinnen)[2]) [3])	an den Handels- u. Gewerbeschulen für Mädchen in Potsdam und Gladbach-Rheydt.
†) Gewerbeoberlehrerinnen (bisher Gewerbeoberschullehrerinnen) an der Haushaltungs- und Gewerbeschule für Mädchen in Flensburg †) Pensionatsvorsteherinnen	erhalten die Bezüge der Lehrerinnen an den Berufsschulen — Anhang zur Besoldungsordnung —.

Justizverwaltung:

Kanzleidirektor im Ministerium.

Oberamtsanwälte[2]) [3]).

Oberingenieur beim Untersuchungsgefängnis in Berlin-Moabit.

Direktorin des Frauengefängnisses in Berlin (bisher Strafanstaltsvorsteherin).

Ministerium des Innern:

Kanzleidirektor im Ministerium[1]).

Kanzleidirektor beim Oberverwaltungsgericht[1]).

Polizeioberlehrer[2]).

Landwirtschaftliche Verwaltung:

Kanzleidirektor im Ministerium.

Lotsenkommandeure.

Ministerium für Wissenschaft, Kunst und Volksbildung:

Kanzleidirektor im Ministerium.

Gartendirektor (bisher Gartenoberinspektor) bei dem Botanischen Garten in Berlin-Dahlem.

Gartendirektoren bei der Verwaltung der Staatlichen Schlösser und Gärten.

Güterdirektor beim Friedrich-Wilhelm-Gymnasium in Trier.

Nichtakademisch gebildete Oberinnen und †) Gewerbelehrerinnen an Frauenschulen mit Fachseminaren.

Waisenhausoberlehrer an der Waisen- und Schulanstalt in Bunzlau

Ministerium für Volkswohlfahrt:

Kanzleidirektor im Ministerium.

Oberrechnungskammer:

Kanzleidirektor[1]).

---

[1]) Die am 30. September 1927 im Amte gewesenen Kanzleidirektoren*) erhalten für ihre Person die Bezüge der Besoldungsgruppe A 2c.

[2]) Die am 30. September 1927 im Amte gewesenen Beamten mit den Bezügen der alten Besoldungsgruppe A 10 erhalten für ihre Person eine ruhegehaltsfähige Zulage von je 400 RM. jährlich.

[3]) In besonderen Fällen können diesen Beamten vom Fachminister im Einvernehmen mit dem Finanzminister ruhegehaltsfähige Zulagen gewährt werden.

*) „im Amte gewesenen Kanzleidirektoren", d. h. diejenigen Beamten, die am 30. September 1927 die planmäßige Stelle eines Kanzleidirektors innehatten.

Besoldungsgruppe 4a 1. Abteilung.

3000 — 3300 — 3600 — 3900 — 4200 — 4450 — 4700 — 4950 — 5200 — 5450 — 5700 RM. jährlich.

Wohnungsgeldzuschuß: IV

Überleitung: Beamte mit den Bezügen der alten Besoldungsgruppe A 9 erhalten ihr um 8 Jahre verbessertes Besoldungsdienstalter.

Bergverwaltung:

Turn- und Sportlehrer bei der Bergakademie in Clausthal.

Justizverwaltung:

Gerichtskassenkuratoren.

Landwirtschaftliche Verwaltung:

Ständiger Hilfsarbeiter (Assistent) bei der Versuchsanstalt für Wasserbau und Schiffbau in Berlin.

Ministerium für Wissenschaft, Kunst und Volksbildung:

Oberschullehrer
†) Oberschullehrerinnen
(erhalten die Bezüge der Lehrer und Lehrerinnen an den öffentlichen mittleren Schulen — Anhang zur Besoldungsordnung —. Diejenigen Oberschullehrer, die am 30. September 1927 das Gehalt der alten Besoldungsgruppe A 10 hatten, erhalten für ihre Person eine ruhegehaltsfähige Zulage von 600 RM. jährlich und den Wohnungsgeldzuschuß III. Diejenigen Oberschullehrerinnen, die am 30. September 1927 das Gehalt der alten Besoldungsgruppe A 10 hatten, erhalten für ihre Person eine ruhegehaltsfähige Zulage von 300 RM. jährlich und den Wohnungsgeldzuschuß III).

Garderobeinspektor bei den Staatlichen Theatern in Berlin.

Bibliothekar (bisher Bibliotheksoberinspektor) bei der Akademischen Hochschule für Musik in Berlin-Charlottenburg.

Besoldungsgruppe 4a 2. Abteilung.

3900 — 4100 — 4300 — 4500 — 4700 — 4900 — 5100 — 5300 RM. jährlich.

Wohnungsgeldzuschuß: IV

Ministerium des Innern:

Kriminalkommissare (bisher zum Teil Kriminaloberkommissare).

(Die am 30. September 1927 im Amte gewesenen Beamten mit den Bezügen der alten Besoldungsgruppe A 9 erhalten für ihre Person eine ruhegehaltsfähige Zulage von 300 RM. jährlich.)

Besoldungsgruppe 4b.

2800 — 3050 — 3300 — 3550 — 3800 — 4000 — 4200 — 4400 — 4600 — 4800 — 5000 RM. jährlich.

Wohnungsgeldzuschuß:

IV bei Gewährung einer ruhegehaltsfähigen Zulage,
im übrigen:
V in der ersten bis dritten Dienstaltersstufe[1]),
IV von der vierten Dienstaltersstufe an.

Überleitung: Beamte mit den Bezügen der alten Besoldungsgruppe A 7 erhalten ihr bisheriges Besoldungsdienstalter, im günstigsten Falle ein solches von 14 Jahren;

Beamte mit den Bezügen der alten Besoldungsgruppe A 8 erhalten ihr um 4 Jahre verbessertes Besoldungsdienstalter;

Beamte mit den Bezügen der alten Besoldungsgruppe A 9 erhalten ihr um 8 Jahre verbessertes Besoldungsdienstalter.

Vorbemerkung: Die endgültige Regelung der Amtsbezeichnung für die in Besoldungsgruppe A 4 b aufgeführten Obersekretäre bleibt vorbehalten. Die Beamten führen zunächst ihre bisherige Amtsbezeichnung weiter.

Domänenverwaltung:

Domänenrent- und Bauoberinspektoren[2]).
Domänenoberrentmeister[2]).
Regierungsobersekretäre (bisher Regierungsinspektor und Regierungsobersekretär).
Domänenbauobersekretär.
Oberrentmeister[2]).

Forstverwaltung:

Forstoberrentmeister[2]).
Forstrentmeister[3]).
Forstschuloberlehrer (bisher zum Teil Forstschullehrer) (erhalten die Bezüge der Lehrer an den öffentlichen mittleren Schulen — Anhang zur Besoldungsordnung —).

Gestütverwaltung:

Lehrer
(außerdem für alleinstehende Lehrer nach Ablauf von 5 Jahren seit der endgültigen Anstellung eine ruhegehaltsfähige Zulage von 200 RM. jährlich).
Gestütrendanten.

Lotterieverwaltung:

Vorsteher der Rechnungsabteilung[3]).
Rentmeister (bisher Rendant)[4]).
Lotterieobersekretär (bisher Bürovorsteher) als Vorsteher des Präsidialbüros[4]).
Lotterieobersekretäre (bisher Lotterieoberinspektor, Lotterieinspektoren und Lotterieobersekretäre).

Münzverwaltung:

Oberrentmeister (bisher Rendant)[2]).
Buchhalter und Kontrolleur.

Kassierer und Materialienverwalter.
Medailleur.
Münzobersekretär (bisher Münzinspektor) als Vorsteher des Personalbüros[4]).
Münzobersekretäre.

Bergverwaltung:
Bergoberrentmeister bei den Oberbergämtern und bei der Überleitungsstelle der Bergwerksdirektion Saarbrücken in Bonn[2]).
Bergoberrentmeister bei der Geologischen Landesanstalt in Berlin[3]).
Rechnungsrevisoren[3]).
Bergobersekretäre (bisher Bergverwaltungsoberinspektoren, Bergverwaltungsinspektoren und Bergobersekretäre).
Bergvermessungsobersekretäre (bisher zum Teil Bergvermessungsinspektoren).
Bergrevieroberinspektoren[2]).
Bergrevierinspektoren (bisher zum Teil Bergrevieroberinspektoren)[4]).
Vorsteher der Zeichenbüros
Topograph
Kartographen
Bibliothekobersekretärinnen (bisher Bibliotheksinspektorin und Bibliotheksobersekretärinnen)
} bei der Geologischen Landesanstalt in Berlin.

Porzellanmanufaktur:
Vorsteher des Revisionsbüros[2]).
Hauptkassierer[3]).
Vorsteher des Direktionsbüros[3]).

Reichs- und Staatsanzeiger:
Oberrentmeister[2]).
Obersekretäre (bisher Oberinspektoren, Inspektoren und Obersekretäre).

Landtag:
Landtagsobersekretäre (bisher Landtagsobersekretär und Landtagsoberinspektor)[3]).
Oberbuchhalter[3]). te
Leihstellenvorsteherin in der Landtagsbücherei[3]).
Bibliothekobersekretärinnen (bisher zum Teil Bibliotheksoberinspektorinnen)
(außerdem erhält eine Bibliotheksobersekretärin eine ruhegehaltsfähige Zulage von 300 RM. jährlich).

Staatsministerium:
Obersekretär beim Geheimen Staatsarchiv in Berlin-Dahlem.

Finanzministerium:
Regierungsobersekretäre (bisher Präsidialoberinspektoren, Regierungsoberinspektoren, Kassenoberinspektoren, Regierungsinspek-

toren, Kasseninspektoren, Regierungsobersekretäre und Kassenobersekretäre) bei den Oberpräsidien und bei den Regierungen einschließlich der Preußischen Bau- und Finanzdirektion in Berlin.
Oberbuchhalter bei den Regierungshauptkassen und bei der Kasse der Preußischen Bau- und Finanzdirektion in Berlin[2]).
Rechnungsrevisoren[3]).
Kassierer bei den Regierungshauptkassen und bei der Kasse der Preußischen Bau- und Finanzdirektion in Berlin[4]).
Katasterobersekretäre (bisher zum Teil Katasterinspektoren).
Oberrentmeister und Rentmeister bei den staatlichen Kreiskassen[2]).
Regierungsbauobersekretäre (bisher Regierungsbauoberinspektoren, Regierungsbauinspektoren und Regierungsbauobersekretäre).
Baukommissar.

Handels- und Gewerbeverwaltung:

Bibliotheksobersekretärin im Ministerium.
Eichungsoberrentmeister (bisher Eichungsrentmeister)[2]).
Eichungsoberinspektoren als Erste Technische Beamte der Eichungsdirektionen (bisher Eichungsoberinspektoren)[2]).
Eichungsoberinspektor als Vorsteher des Eichamts Frankfurt a. M.[3]).
Eichungsobersekretäre (bisher zum Teil Eichverwaltungsinspektoren) bei den Eichungsdirektionen und beim Eichamt Frankfurt a. M.
Eichungsinspektoren als Eichamtsvorsteher[4]).
Obereichmeister.
Beschußinspektor und Oberbeschußmeister.
Beschußinspektor und Oberbeschußmeister (der am 30. September 1927 im Amte gewesene Beschußinspektor erhält für seine Person eine ruhegehaltsfähige Zulage von 300 RM. jährlich).
Hafenkapitäne (bisher Hafenoberinspektor, Hafeninspektor und Hafenmeister, soweit Befähigungszeugnis als Schiffer auf großer Fahrt für die Stelle verlangt wird).
Obersekretär beim Staatskommissar bei der Berliner Börse.
Obersekretär (bisher Oberinspektor) als geschäftsleitender Obersekretär bei der Abteilung für das Fach- und Berufsschulwesen beim Provinzialschulkollegium in Berlin[4]).
Obersekretäre (bisher Inspektoren und Obersekretäre) bei der Abteilung für das Fach- und Berufsschulwesen beim Provinzialschulkollegium in Berlin sowie bei den Berufspädagogischen Instituten.

Justizverwaltung:

Bezirksrevisoren bei den Landgerichten und beim Amtsgericht Berlin-Mitte[2]).
Justizoberrentmeister bei den besonders organisierten und formierten Gerichtskassen und bei der Arbeitsgerichtskasse in Berlin.
Rechnungsrevisoren[3]).

Justizobersekretäre (bisher Kassenoberinspektoren bei den besonders organisierten Gerichtskassen, Justizoberinspektoren, Justizinspektoren und Justizobersekretäre).
Justizobersekretär (bisher Justizoberinspektor) als Zwangsverwaltungsinspektor beim Amtsgericht Berlin-Mitte[2]).
Justizobersekretär (bisher Justizoberinspektor) als Gerichtsvollzieherinspektor beim Amtsgericht Berlin-Mitte[3]).
Oberbuchhalter bei den Justizhauptkassen[2]).
Kassierer bei den Justizhauptkassen[4]).
Oberbuchhalter bei der Gerichtskasse Berlin-Mitte[3]).
Vorsteher des Einziehungsamts bei der Gerichtskasse Berlin-Mitte (bisher Kassenoberinspektor)[2]).
Dolmetscherinspektoren (bisher zum Teil Dolmetscheroberinspektoren)[3]).
Justizrentmeister bei kleineren Gerichtskassen[4]).
Amtsgerichtskalkulatoren.
Strafanstaltsvorsteher der mittleren Gefangenanstalten[2]).
Strafanstaltsvorsteher der kleineren Gefangenanstalten[3]).
Abteilungsvorsteher bei den großen Gefangenanstalten[2]).
Abteilungsvorsteherin beim Untersuchungsgefängnis Berlin-Moabit[2]).
Strafanstaltsoberlehrer und Strafanstaltsoberlehrerinnen (bisher zum Teil Strafanstaltslehrer und Strafanstaltslehrerinnen) (erhalten die Bezüge der Lehrer und Lehrerinnen an den öffentlichen mittleren Schulen — Anhang zur Besoldungsordnung —).
Strafanstaltsinspektoren.
Strafanstaltsrentmeister bei den großen Gefangenanstalten[4]).
Strafanstaltsoberinnen.

Ministerium des Innern:

Verwaltungsobersekretäre (bisher Verwaltungsoberinspektoren, Verwaltungsinspektoren und Verwaltungsobersekretäre) beim Statistischen Landesamt.
Kreisobersekretäre (bisher Kreisoberinspektoren, Kreisinspektoren und Kreisobersekretäre)[3]).
Kreisversicherungsobersekretäre (bisher Kreisversicherungsoberinspektoren, Kreisversicherungsinspektoren und Kreisversicherungsobersekretäre).
Polizeioberrentmeister bei den großen Polizeikassen[2]).
Polizeirechnungsrevisoren[3]).
Polizeiobersekretäre (bisher Polizeioberinspektoren, Polizeikassenoberinspektoren, Polizeiinspektoren, Polizeikasseninspektoren, Polizeiobersekretäre und Polizeikassenobersekretäre).
Oberbuchhalter bei der Polizeihauptkasse in Berlin[2]).
Polizeirentmeister bei kleineren Polizeikassen[4]).
Technischer Polizeiobersekretär (bisher Technischer Polizeioberinspektor)[4]).
Technische Polizeiobersekretäre (bisher Technische Polizeiinspektoren und Technische Polizeiobersekretäre).

Landwirtschaftliche Verwaltung:

Regierungsbauobersekretäre (bisher Regierungsbauoberinspektoren oder Regierungsbauinspektoren) bei der Landesanstalt für Gewässerkunde und im Büro für die Hauptnivellements im Ministerium.

Obersekretär (bisher Zentralbürovorsteher) als Zentralbürovorsteher beim Oberlandeskulturamt[2]).

Obersekretär (bisher Oberinspektor) beim Oberlandeskulturamt.

Rechnungsrevisoren[3]).

Landeskulturobersekretäre (bisher Präsidialoberinspektoren, Landeskulturoberinspektoren, Landeskulturinspektoren und Landeskulturobersekretäre).

Rentmeister (bisher Oberrentmeister) bei den Landwirtschaftlichen und Tierärztlichen Hochschulen[3]).

Vermessungsobersekretäre (bisher zum Teil Vermessungsinspektoren).

Obersekretäre (bisher Hochschulinspektoren und Hochschulobersekretäre) bei den Landwirtschaftlichen Hochschulen.

Saatzuchtmeister bei der Landwirtschaftlichen Hochschule in Berlin.

Rentmeister bei den Landwirtschaftlichen Versuchs- und Forschungsanstalten in Landsberg a. W., bei der Versuchs- und Forschungsanstalt für Milchwirtschaft in Kiel, bei der Versuchs- und Forschungsanstalt für Tierzucht in Tschechnitz bei Breslau, bei der Lehr- und Forschungsanstalt für Gartenbau in Berlin-Dahlem sowie bei der Lehr- und Forschungsanstalt für Wein-, Obst- und Gartenbau in Geisenheim[4]).

Obersekretäre bei den Landwirtschaftlichen Versuchs- und Forschungsanstalten in Landsberg a. W., bei der Versuchs- und Forschungsanstalt für Getreideverarbeitung in Berlin sowie bei der Lehr- und Forschungsanstalt für Wein-, Obst- und Gartenbau in Geisenheim.

Gartenoberinspektor bei der Lehr- und Forschungsanstalt für Gartenbau in Berlin-Dahlem.

Administrator bei der Tierärztlichen Hochschule in Berlin[3]).

Obersekretär (bisher Verwaltungsoberinspektor) als Bürovorsteher bei der Tierärztlichen Hochschule in Hannover[3]).

Obersekretär (bisher Verwaltungsobersekretär) sowie Ökonomieinspektoren bei den Tierärztlichen Hochschulen.

Regierungsbauobersekretäre (bisher Regierungsbauoberinspektoren, Regierungsbauinspektoren und Regierungsbauobersekretäre).

Kulturbauobersekretäre (bisher Kulturbauoberinspektoren, Kulturbauinspektoren und Kulturbauobersekretäre).

Wasserbauobersekretäre (bisher Wasserbauoberinspektoren, Wasserbauinspektoren und Wasserbauobersekretäre).

Werftinspektoren (bisher zum Teil Werftoberinspektoren).

Wasserstraßenobersekretäre (bisher zum Teil Wasserstraßeninspektoren).

Seekapitäne (bisher zum Teil Erste Seekapitäne), soweit Befähigungszeugnis als Schiffer auf großer Fahrt für die Stelle verlangt wird.

Oberlotsen (bisher Seeoberlotsen und Seelotsen, Binnenoberlotsen und Binnenlotsen), soweit Befähigungszeugnis als Schiffer auf großer Fahrt für die Stelle verlangt wird.

Ministerium für Wissenschaft, Kunst und Volksbildung:

Obersekretäre (bisher Verwaltungsoberinspektoren, Präsidialoberinspektoren, Theateroberinspektoren, Oberinspektoren bei den Provinzialschulkollegien, Verwaltungsinspektoren, Bürobeamte bei der Universität Berlin, Museumsinspektoren, Theaterinspektoren, Inspektoren bei den Provinzialschulkollegien, Akademieinspektoren, Hochschulinspektoren, Universitätsobersekretäre, Charitéobersekretäre, Hochschulobersekretäre, Verwaltungsobersekretäre, Museumsobersekretäre, Theaterobersekretäre, Akademieobersekretäre, Provinzialschulobersekretäre und Obersekretäre) im Bereiche der Verwaltung des Ministeriums (Universitäten, Charitékrankenhaus in Berlin, Technische Hochschulen, Materialprüfungsamt in Berlin-Dahlem, Preußische Staatsbibliothek, Geodätisches Institut bei Potsdam, Astrophysikalisches Observatorium bei Potsdam, Meteorologisches Institut in Berlin nebst Observatorien bei Potsdam, Aeronautisches Observatorium bei Lindenberg, Biologische Anstalt auf Helgoland, Akademie der Wissenschaften in Berlin, Staatliche Museen in Berlin, Nationalgalerie in Berlin, Hauptverwaltung der Staatlichen Schlösser und Gärten, Staatliche Theater in Berlin, Kassel und Wiesbaden, Akademie der Künste in Berlin, Vereinigte Staatsschulen für freie und angewandte Kunst in Berlin-Charlottenburg, Akademische Hochschule für Musik in Berlin-Charlottenburg, Kunstakademien in Königsberg, Düsseldorf und Kassel, Staatliche Kunstschule in Berlin, Akademie für Kunst und Kunstgewerbe in Breslau, Provinzialschulkollegien, Staatliche Bildungsanstalt in Berlin-Lichterfelde).

(es erhalten ein am 30. September 1927 im Amte gewesener Obersekretär bei den Vereinigten Staatsschulen für freie und angewandte Kunst in Berlin-Charlottenburg für seine Person eine ruhegehaltsfähige Zulage von 500 RM. jährlich, sowie Theaterinspektoren bei den Staatlichen Theatern in Berlin, die als Jntendantursekretäre vor dem 1. Dezember 1918 planmäßig angestellt waren und denen eine ruhegehaltsfähige Zulage nicht gewährt wird, für ihre Person eine solche von 300 RM. jährlich).

Bibliotheksobersekretäre und Bibliotheksobersekretärinnen (bisher Bibliotheksoberinspektoren, Bibliotheksoberinspektorinnen, Bibliotheksinspektoren, Bibliotheksinspektorinnen, Bibliotheksobersekretäre und Bibliotheksobersekretärinnen) bei der Preußischen Staatsbibliothek, bei den Universitätsbibliotheken, beim Akademischen Auskunftsamt der Universität Berlin und bei den Technischen Hochschulen.

Quästoren[3]).

Universitätskassenkontrolleur bei der Universität Berlin[3]).
Universitätskassenkontrolleure.
Administratoren bei dem Landwirtschaftlichen Institut der Universität in Halle[3]).
Administratoren bei den übrigen Universitätsinstituten.
Rentmeister bei dem Charitékrankenhaus in Berlin[3]).
Gartenoberinspektoren bei den Universitäten.
Oberrentmeister bei der Technischen Hochschule in Berlin[2]).
Rentmeister (bisher zum Teil Oberrentmeister) bei den Technischen Hochschulen in Hannover, Breslau und Aachen[3]).
Rentmeister bei dem Materialprüfungsamt in Berlin-Dahlem[3]).
Technische Mitarbeiter beim Materialprüfungsamt in Berlin-Dahlem.
Rentmeister (bisher Obersekretär) bei der Preußischen Staatsbibliothek[3]).
Technischer Inspektor beim Geodätischen Institut in Potsdam.
Rentmeister (bisher Oberrentmeister) bei den Staatlichen Museen in Berlin[3]).
B i b l i o t h e k s v e r w a l t e r b e i d e n S t a a t l i c h e n M u s e e n i n B e r l i n.
Bibliotheksverwalter bei den Staatlichen Museen in Berlin (ein am 30. September 1927 im Amte gewesener Inhaber der Stelle erhält für seine Person eine ruhegehaltsfähige Zulage von 300 RM. jährlich).
Verwalter der Stoffsammlung bei den Staatlichen Museen in Berlin.
Rentmeister (bisher Oberrentmeister) bei der Hauptverwaltung der Staatlichen Schlösser und Gärten[3])
(der am 30. September 1927 im Amt gewesene Stelleninhaber erhält für seine Person eine ruhegehaltsfähige Zulage von 700 RM. jährlich).
Gartenoberinspektoren bei der Verwaltung der Staatlichen Schlösser und Gärten.
Maschineninspektor bei den Staatlichen Theatern in Berlin[4]).
Theaterrentmeister (bisher zum Teil Theateroberrentmeister) in Kassel und Wiesbaden[3]).
Garderobeoberinspektor bei dem Staatlichen Theater in Kassel.
Rentmeister bei der Akademie der Künste in Berlin[3]).
Gesanglehrer beim Staats- und Domchor der Akademischen Hochschule für Musik in Berlin-Charlottenburg.
Obersekretäre und Rendanten bei den Pädagogischen Akademien.
†) Technische Lehrerin bei der Taubstummenanstalt in Berlin-Neukölln.
†) Hausmutter und Handarbeitslehrerin bei der Blindenanstalt in Berlin-Steglitz.
Rentmeister (bisher zum Teil Rendanten) bei der Waisen- und Schulanstalt in Bunzlau und bei den Staatlichen Bildungsanstalten.
Rentmeister bei den höheren Schulen in Trier[3]).
Oberrentmeister (bisher zum Teil Rentmeister) beim Stift Neuzelle, beim Erfurter Kirchen- und Schulfonds, beim Haus Bürenschen

Fonds, beim Münsterschen Studienfonds und beim Bergischen Schulfonds[3]).

Ministerium für Volkswohlfahrt:

Obersekretäre (bisher Verwaltungsoberinspektoren als Zentralbürovorsteher, Verwaltungsinspektoren und Verwaltungsobersekretäre) beim Institut für Infektionskrankheiten „Robert Koch" in Berlin, bei der Preußischen Landesanstalt für Lebensmittel-, Arzneimittel- und gerichtliche Chemie in Berlin, bei der Landesanstalt für Wasser-, Boden- und Lufthygiene in Berlin-Dahlem sowie bei den Hygienischen Instituten in Landsberg a. W. und Beuthen O.-S.

Rentmeister beim Institut für Infektionskrankheiten „Robert Koch" in Berlin und bei der Landesanstalt für Wasser-, Boden- und Lufthygiene in Berlin-Dahlem[4]).

Verwaltungsbauobersekretär bei der Landesanstalt für Wasser-, Boden- und Lufthygiene in Berlin-Dahlem.

Regierungsobersekretär (bisher Regierungsinspektor) als Bürovorsteher beim Verbandspräsidium des Siedlungsverbandes Ruhrkohlenbezirk in Essen[2]).

Regierungsobersekretäre (bisher Regierungsinspektoren und Regierungsobersekretäre) sowie Regierungsbauobersekretäre (bisher Regierungsbauinspektor und Regierungsbauobersekretär) bei dem Verbandspräsidium des Siedlungsverbandes Ruhrkohlenbezirk in Essen.

---

[1]) Die am 30. September 1927 im Amte gewesenen Beamten der alten Besoldungsgruppe A 8 erhalten den Wohnungsgeldzuschuß IV.

[2]) Außerdem eine ruhegehaltsfähige Zulage von 700 RM. jährlich.

[3]) Außerdem eine ruhegehaltsfähige Zulage von 500 RM. jährlich.

[4]) Außerdem eine ruhegehaltsfähige Zulage von 300 RM. jährlich.

[4]) Die am 30. September 1927 im Amte gewesenen Beamten mit den Bezügen der alten Besoldungsgruppe A 9, denen nach den Vorschriften dieses Gesetzes keine Zulage gewährt wird, erhalten für ihre Person eine ruhegehaltsfähige Zulage von 300 RM. jährlich.

[5]) (bisher 6) Die am 30. September 1927 im Amte gewesenen Beamten mit den Bezügen der alten Besoldungsgruppe A 10 erhalten für ihre Person die Bezüge der Besoldungsgruppe A 3 b.

[6]) (bisher 7) Die am 30. September 1927 im Amte gewesenen Inhaber von Stellen für Verwaltungsobersekretäre, für den Verwaltungsinspektor und den Verwaltungsoberinspektor bei der Hauptverwaltung der Staatlichen Schlösser und Gärten, die für ihre Person die Bezüge der alten Besoldungsgruppen A 10/11 erhielten und die Amtsbezeichnung Amtsrat führten, erhalten für ihre Person die Bezüge der Besoldungsgruppe A 2 c und die Amtsbezeichnung Amtsrat.

[7]) (bisher 8) Soweit nicht vorstehend besondere Bestimmungen getroffen sind, können den Beamten bei den einzelnen Verwaltungen nach Maßgabe des sachlichen Bedürfnisses im Rahmen des Staatshaushaltsplans ruhegehaltsfähige Zulagen von 700, 500 und 300 RM. jährlich gewährt werden.

Besoldungsgruppe 4 c.

2800 — 3000 — 3200 — 3400 — 3600 — 3800 — 4000 — 4150 — 4300 — 4450 — 4600 RM. jährlich.

Wohnungsgeldzuschuß:

V in der ersten bis dritten Dienstaltersstufe[1]),
IV von der vierten Dienstaltersstufe an.

Überleitung: Beamte mit den Bezügen der alten Besoldungsdungsgruppe A 6 erhalten ihr bisheriges Besoldungsdienstalter, im günstigsten Falle ein solches von 6 Jahren;

Beamte mit den Bezügen der alten Besoldungsgruppe A 7 erhalten ihr bisheriges Besoldungsdienstalter, im günstigsten Falle ein solches von 16 Jahren;

Beamte mit den Bezügen der alten Besoldungsgruppe A 8 erhalten ihr um 4 Jahre verbessertes Besoldungsdienstalter.

Domänenverwaltung:
Weinbau- und Kellereiinspektoren.

Forstverwaltung:
Forstobersekretäre bei den Forsteinrichtungsanstalten.
Verwaltungssekretäre bei den Forstlichen Hochschulen.

Gestütverwaltung:
Betriebsleiter.

Bergverwaltung:
Ministerialregistrator.

Porzellanmanufaktur:
Buchhalter.
Magazinverwalter.

Landtag:
Landtagsregistratoren.

Staatsministerium:
Ministerialregistratoren.

Finanzministerium:
Ministerialregistratoren.
Kassenobersekretäre (bisher Kassenoberinspektor und Kasseninspektoren) im Ministerium.
Gartenoberinspektor bei der Verwaltung des Tiergartens.

Handels- und Gewerbeverwaltung:
Ministerialregistratoren.
Gewerbeoberkontrolleure und Gewerbeoberkontrolleurinnen.
Verwaltungs- und Rechnungsführer (bisher Sekretäre und Rechnungsführer) bei den gewerblichen Fachschulen.

Justizverwaltung:
Ministerialregistratoren.
Justizinspektoren im Ministerium.
Dolmetscherobersekretäre (bisher in den alten Besoldungsgruppen A 7 und A 8).

Ministerium des Innern:
Ministerialregistratoren.
Registratoren beim Oberverwaltungsgericht.

Polizeioberleutnants[4]) Polizeileutnants Landjägeroberleutnants[4])	(erhalten die Dienstaltersstufen 2400 — 2700 — 3100 — 3400 — 3800 — 4200 RM. jährlich. Wohnungsgeldzuschuß: für Polizeioberleutnants u. Landjägeroberleutnants IV, für Polizeileutnants V in der ersten bis dritten Dienstaltersstufe und IV von der vierten Dienstaltersstufe an).

Landwirtschaftliche Verwaltung:

Ministerialregistratoren.

Garteninspektor (bisher Obergärtner) bei der Landwirtschaftlichen Hochschule in Bonn-Poppelsdorf.

Garteninspektor bei der Lehr- und Forschungsanstalt für Gartenbau in Berlin-Dahlem.

Maschinenbetriebsinspektoren.

Schleppbetriebsinspektoren.

Ministerium für Wissenschaft, Kunst und Volksbildung:

Ministerialregistratoren.

Garteninspektoren bei den Universitäten.

Technischer Inspektor (bisher Oberpräparator) am Zoologischen Museum in Berlin.

Garteninspektoren Schloßoberinspektoren	bei der Verwaltung der Staatlichen Schlösser und Gärten.

Rechnungsführer (bisher Rendant) bei den Erziehungs- und Bildungsanstalten in Droyßig und bei dem Pädagogium in Putbus.

Rechnungsführer und Sekretär (bisher Rendant und Sekretär) bei der Hochschule für Leibesübungen in Spandau.

Rechnungsführer und Sekretär (bisher Rendant und Sekretär) bei der Blindenanstalt in Berlin-Steglitz.

Ministerium für Volkswohlfahrt:

Ministerialregistratoren.

Verwaltungsobersekretär im Ministerium.

Oberrechnungskammer:

Kassenobersekretär (bisher Kassenoberinspektor).

---

¹) Die am 30. September 1927 im Amte gewesenen Beamten der alten Besoldungsgruppe A 8 erhalten den Wohnungsgeldzuschuß IV.

²) Die am 30. September 1927 im Amte gewesenen Beamten mit den Bezügen der alten Besoldungsgruppe A 9 erhalten für ihre Person die Bezüge der Besoldungsgruppe A 4 b.

²) Die am 30. September 1927 im Amte gewesenen Beamten mit den Bezügen der alten Besoldungsgruppe A 9 erhalten für ihre Person die Bezüge der Besoldungsgruppe A 4 b und außerdem eine ruhegehaltsfähige Zulage von 300 RM. jährlich.

³) Die am 30. September 1927 im Amte gewesenen Ministerialregistratoren, Landtagsregistratoren, Oberregistratoren, Kassenobersekretäre, Registratoren beim Oberverwaltungsgericht, Verwaltungsobersekretäre beim Ministerium für Volkswohlfahrt und Schleppbetriebsinspektoren erhalten für ihre Person die Bezüge der Besoldungsgruppe A 4 b.

⁴) Den am 30. September 1927 vorhandenen Polizeioberleutnants und Landjägeroberleutnants wird eine ruhegehaltsfähige Zulage in der Höhe gewährt, daß das neue

Grundgehalt das am 30. September 1927 bezogene Grundgehalt einschließlich des Zuschlages und der Frauenbeihilfe um 600 RM. übersteigt.*) **)

*) Wegen der Höhe der Zulage vgl. Ziff. 4 des RdErl. des Min. d. J. vom 20. Juni 1928 (PrBesBl. S. 239).

**) Auf die in den preußischen Staatsdienst übernommenen Oberleutnants des Reichswasserschutzes findet die Fußnote keine Anwendung. (RdErl. d. Min. d. J. vom 2. Juni 1931, PrBesBl. S. 222.)

Besoldungsgruppe 4d.

2800 — 3050 — 3300 — 3550 — 3800 — 4000 — 4200 RM. jährlich.
(künftig wegfallend).

Wohnungsgeldzuschuß:

V in der ersten bis dritten Dienstaltersstufe,
IV von der vierten Dienstaltersstufe an.

Überleitung: Beamte mit den Bezügen der alten Besoldungsgruppe A 7 erhalten ihr bisheriges Besoldungsdienstalter.

Beamte, die auf Grund der Fußnote 1 zur Besoldungsgruppe A 6 des Beamten-Diensteinkommensgesetzes vom 17. Dezember 1920 in der Fassung der Bekanntmachung vom 13. Mai 1924 (Gesetzsamml. 1924 S. 487) die Bezüge der Besoldungsgruppe A 7 des Beamten-Diensteinkommensgesetzes vom 17. Dezember 1920 in der Fassung der Bekanntmachung vom 13. Mai 1924 erhalten haben, sowie Beamte, die die Sonderprüfung noch ablegen*).

*) Auf Grund des Reichsges. zur Sicherung einer einheitlichen Regelung der Beamtenbesoldung vom 21. Dezember 1920 (RGBl. S. 2117) war u. a. von der Reichsregierung beanstandet worden, daß eine Anzahl Beamte — und zwar im wesentlichen Inhaber von planmäßigen Stellen der ehemaligen Assistentenklasse — der BesGr. A 6 des BDEG. von 1920 in die BesGr. A 7 „aufrücken" konnten, während im Reich der Übertritt in die BesGr. A 7 von dem Bestehen einer besonderen Prüfung — der Sonderprüfung — (im Reich Ergänzungsprüfung genannt) abhängig war. Diesem Einspruch hat das Reichsschiedsgericht in seiner Entscheidung vom 2. Juni 1922 stattgegeben und dahin entschieden, daß nur diejenigen Angehörigen der ehemaligen Assistentenklasse, die am 31. März 1920 planmäßige Stellen als solche bekleidet und eine Sonderprüfung abgelegt hatten, die Bezüge der BesGr. A 7 erreichen konnten. Von dem Bestehen der Sonderprüfung waren nur gewisse Beamtengruppen, insbesondere technische Assistenten, die eine abgeschlossene Fachschulbildung hatten, befreit. Dementsprechend mußte das BDEG. geändert werden. Die BesGr. A 6 erhielt folgende Fußnote: „Die am 31. März 1920 im Amt befindlich gewesenen Inhaber von planmäßigen Stellen der ehemaligen Assistentenklassen erhalten im Rahmen der im Staatshaushaltsplane vorgesehenen Stellenzahl und nach näherer Maßgabe der vom Staatsministerium entsprechend dem Schiedsspruch des Reichsschiedsgerichts zu treffenden Anordnungen die Bezüge der Gruppe 7." Gleichzeitig erließ das Staats-

ministerium besondere Grundsätze für die Ablegung der Sonderprüfung, die im MinBliV. 1923 S. 161 veröffentlicht sind. Auf Grund dieser Vorschriften sind sämtliche Sekretäre, die am 31. März 1920 Inhaber planmäßiger Assistentenstellen waren, einschließlich derjenigen, deren planmäßige Anstellung infolge Ableistung von Kriegsdienstzeit erst nach dem genannten Tage erfolgt ist, in die alte BesGr. A 7 überführt worden.

Auf Grund einer bei der Verabschiedung des PrBesG. gefaßten Landtagsentschließung hat dann das Staatsministerium die Grundsätze für die Abnahme der Sonderprüfung wie folgt erweitert:

I. Zur Sonderprüfung können noch diejenigen Sekretäre (Assistenten alter Art) zugelassen werden, die bis zum 24. April 1923 — dem Tage der Verkündung des Gesetzes vom 17. April 1923 (GesS. S. 99) — als Anwärter (Beamter im Vorbereitungsdienst oder nichtplanmäßiger Beamter) für die Sekretärlaufbahn angenommen waren. Eine Vormerkung für die Annahme kann hierbei nicht als ausreichend angesehen werden.

II. Demgemäß können auch die unter Ziffer 2 des entscheidenden Teils des Urteils des Reichsschiedsgerichts vom 2. Juni 1922 — III S. 5. 21 — (zu vgl. Landtagsdrucksache Nr. 4280 1. Wahlperiode, 1. Tagung 1921/24) aufgeführten, in planmäßigen Stellen der ehemaligen Assistentenklasse angestellten Beamten ohne Ablegung einer Sonderprüfung nach BesGr. A 4 d überführt werden, soweit diese Beamten bis zum 24. April 1923 als Anwärter im Sinne des vorstehenden Absatzes für die entsprechende Laufbahn angenommen waren, und sofern Bedenken in der Person des Beamten nicht bestehen.

III. Zur Vermeidung von Verschiedenheiten bei den einzelnen Verwaltungszweigen und unter Berücksichtigung des Umstandes, daß den in Frage kommenden Beamten zur Ablegung der Sonderprüfung im allgemeinen eine Vorbereitungszeit von etwa drei Monaten zu gewähren sein wird, sowie zur Verhütung einer unterschiedlichen Behandlung derjenigen Beamten, die nach Abs. II ohne Ablegung einer Sonderprüfung nach BesGr. A 4 d überführt werden können, ist, soweit möglich, als einheitlicher Zeitpunkt für die Einweisung in die Bes.Gr. A 4 d auf Grund dieser Regelung der 1. Oktober 1928 zu wählen."

Besoldungsgruppe 4 e.

2400 — 2600 — 2800 — 3000 — 3200 — 3400 — 3600 — 3800 — 4000 — 4200 RM. jährlich.

Wohnungsgeldzuschuß:

V in der ersten bis fünften Dienstaltersstufe[1]),

IV von der sechsten Dienstaltersstufe an.

Überleitung: Beamte mit den Bezügen der alten Besoldungsgruppe A 6 erhalten ihr bisheriges Besoldungsdienstalter, im günstigsten Falle ein solches von 12 Jahren;

Beamte mit den Bezügen der alten Besoldungsgruppe A 7 erhalten ihr um 4 Jahre verbessertes Besoldungsdienstalter;

Beamte mit den Bezügen der alten Besoldungsgruppe A 8 erhalten ihr um 8 Jahre verbessertes Besoldungsdienstalter.

Forstverwaltung:
Revierförster[2]).
Förster.
Forstsekretäre.
Gartenverwalter bei den Forstlichen Hochschulen.

Ministerium für Wissenschaft, Kunst und Volksbildung:
Revierförster[2]).
Förster.
Forstsekretär.

[1]) Die am 30. September 1927 im Amte gewesenen Beamten der alten Besoldungsgruppe A 8 erhalten den Wohnungsgeldzuschuß IV.
[2]) Außerdem eine ruhegehaltsfähige Zulage von 500 RM. jährlich.

Besoldungsgruppe 5.

2300 — 2550 — 2800 — 3000 — 3200 — 3400 — 3600 — 3800 — 4000 — 4200 RM. jährlich.

Wohnungsgeldzuschuß:
V in der ersten bis fünften Dienstaltersstufe,
IV von der sechsten Dienstaltersstufe an.

Überleitung: Beamte mit den Bezügen der alten Besoldungsgruppe A 6 erhalten ihr bisheriges Besoldungsdienstalter, im günstigsten Falle ein solches von 12 Jahren;

Beamte mit den Bezügen der alten Besoldungsgruppe A 7 erhalten ihr um 4 Jahre verbessertes Besoldungsdienstalter.

Domänenverwaltung:
Moorvögte[1]).
Maschinenbetriebsleiter (bisher Erster Maschinenmeister).

Gestütverwaltung:
Gestütbausekretäre[1]).

Bergverwaltung:
Bergvermessungssekretäre[1]).

Landtag:
Bibliotheksobersekretär
Bürosekretäre
Verwaltungsobersekretäre
Maschinenbetriebsleiter
} (die am 30. September 1927 im Amte gewesenen Stelleninhaber erhalten für ihre Person die Bezüge der Besoldungsgruppe A 4 b).

Staatsrat:
Kanzleisekretär[2]).

Staatsministerium:
Ministerialkanzleisekretäre (bisher zum Teil Ministerialkanzleiobersekretäre)[2]).

Finanzministerium:
Ministerialkanzleisekretäre (bisher zum Teil Ministerialkanzleiobersekretäre)[2]).

Kassensekretäre bei den Kreiskassen als ständige Vertreter der Oberrentmeister.
Regierungsbausekretäre[1]).

Handels- und Gewerbeverwaltung:

Ministerialkanzleisekretäre (bisher zum Teil Ministerialkanzleiobersekretäre)[2]).
Hafenmeister.
Eichmeister[1]).
Beschußmeister[1]).
Fachlehrer bei den Wanderkursen für Heizer und Maschinisten, bei den Fachschulen für Metallindustrie sowie den Keramischen Fachschulen.
Erste Maschinenmeister bei den Maschinenbauschulen.
Scheibenmodelleur bei der Keramischen Fachschule in Bunzlau.

Justizverwaltung:

Ministerialkanzleisekretäre (bisher zum Teil Ministerialkanzleiobersekretäre)[2]).
Ingenieur beim Untersuchungsgefängnis Berlin-Moabit.
Obergerichtsvollzieher.

Ministerium des Innern:

Ministerialkanzleisekretäre (bisher zum Teil Ministerialkanzleiobersekretäre)[2]).
Kanzleisekretäre (bisher zum Teil Kanzleiobersekretäre) beim Oberverwaltungsgericht[2]).
Technische Polizeisekretäre.
Polizeiobermeister.
Kriminalbezirkssekretäre.
Oberlandjägermeister.

Landwirtschaftliche Verwaltung:

Ministerialkanzleisekretäre (bisher zum Teil Ministerialkanzleiobersekretäre)[2]).
Regierungsbausekretäre[1]).
Kulturbausekretäre[1]).
Moorvögte[1]).
Deichvögte[1]).
Maschinenbetriebsleiter.
Seekapitäne, soweit nicht in Besoldungsgruppe A 4 b.
Dünenmeister.
Wasserbausekretäre[1]).
Bauhofsvorsteher[1]).
Werkmeister bei den Wasserbaubehörden, die auch für das Reich tätig sind[1]).
Schiffbrückenmeister.

Ministerium für Wissenschaft, Kunst und Volksbildung:

Ministerialkanzleisekretäre (bisher zum Teil Ministerialkanzleiobersekretäre)[2].

Maschinenbetriebsleiter beim Botanischen Garten in Berlin-Dahlem, bei den Universitäten in Berlin, in Halle, in Göttingen und in Münster, bei der Technischen Hochschule in Berlin sowie bei den Staatlichen Museen in Berlin.

Oberpräparatoren, soweit nicht in Besoldungsgruppe A 8.

Obergartenmeister beim Botanischen Garten in Berlin-Dahlem.

Restauratoren (ein am 30. September 1927 im Amte gewesener Beamter erhält für seine Person die Bezüge der Besoldungsgruppe A 2 b) Technische Inspektoren	bei den Staatlichen Museen und bei der Nationalgalerie in Berlin.
Theaterobermeister Beleuchtungsmeister (bisher zum Teil Beleuchtungsinspektoren) Oberwerkmeister	bei den Staatlichen Theatern.

Inspektoren bei den Staatlichen Bildungsanstalten.

Ministerium für Volkswohlfahrt:

Ministerialkanzleisekretäre (bisher zum Teil Ministerialkanzleiobersekretäre)[2].

Oberrechnungskammer:

Kanzleisekretäre (bisher zum Teil Kanzleiobersekretäre).

---

[1]) In diese Besoldungsgruppe sind nur Domänenbausekretäre, Moorvögte, Gestütbausekretäre usw. einzuweisen, die eine abgeschlossene Fachschulbildung einer staatlichen oder staatlich anerkannten Fachschule besitzen. Domänenbausekretäre, Moorvögte, Gestütbausekretäre usw., die eine solche Fachschulbildung nicht besitzen, sind in die Besoldungsgruppe A 6 einzureihen.

[2]) Außerdem für je einen mit der Wahrnehmung der Kanzleiinspektorgeschäfte beauftragten Ministerialkanzleisekretär (Kanzleisekretär beim Staatsrat, Kanzleisekretär beim Oberverwaltungsgericht) eine ruhegehaltsfähige Zulage von 300 RM. jährlich.

Besoldungsgruppe 6.

2000 — 2200 — 2350 — 2500 — 2650 — 2800 — 2950 — 3100 — 3200 — 3300 — 3400 — 3500 RM. jährlich.

Wohnungsgeldzuschuß: V.

Überleitung: Beamte mit den Bezügen der alten Besoldungsgruppe A 5 erhalten ihr bisheriges Besoldungsdienstalter;

Beamte mit den Bezügen der alten Besoldungsgruppe A 6 erhalten ihr um 4 Jahre verbessertes Besoldungsdienstalter.

Domänenverwaltung:

Grabensteiger.

Moorvögte.

Gestütverwaltung:
Gestütsekretäre.
Gestütbausekretäre.
Gestütaufseher.

Lotterieverwaltung:
Lotteriesekretäre.
Kanzleisekretäre alter Art[2]).

Bergverwaltung:
Bergsekretäre.
Bergvermessungssekretäre.
Kanzleisekretäre alter Art[2]).

Reichs- und Staatsanzeiger:
Bürosekretäre.

Landtag:
Oberwerkmeister.
Verwaltungssekretäre.

Staatsministerium:
Ministerialbüroassistentin.
Archivsekretäre (1 bisher Archivexpedient beim Hausarchiv).

Finanzministerium:
Ministerialbüroassistentinnen.
Regierungssekretäre.
Katastersekretäre.
Kassensekretäre bei den Kreiskassen, soweit nicht Besoldungsgruppe A 5.
Regierungsbausekretäre.
Obermonteur als Betriebsleiter.
Kanzleisekretäre alter Art[2]).

Handels- und Gewerbeverwaltung:
Ministerialbüroassistentin.
Eichungssekretäre.
Beschußassistent.
Schiffahrtsmeister.
Sekretär bei der Abteilung für das Fach- und Berufsschulwesen beim Provinzialschulkollegium in Berlin.

Justizverwaltung:
Ministerialbüroassistentin.
Justizsekretäre (bisher zum Teil Justizbüroassistenten).
Strafanstaltssekretäre.
Strafanstaltssekretärinnen.
Kanzleisekretäre alter Art[2]).

Ministerium des Innern:
Ministerialbüroassistentinnen.
Verwaltungssekretäre beim Statistischen Landesamt.
Kreissekretäre.
Polizeisekretäre.

Polizeimeister.
Kriminalsekretäre.
Landjägermeister.
Kanzleisekretär alter Art beim Statistischen Landesamt[2]).
Polizeisekretäre alter Art[2]).

Landwirtschaftliche Verwaltung:

Ministerialbüroassistentinnen.
Landeskultursekretäre.
Vermessungssekretäre.
Regierungsbausekretäre.
Wasserbausekretäre.
Kulturbausekretäre.
Wasserstraßensekretäre.
Verwaltungssekretäre bei den Landwirtschaftlichen und Tierärztlichen Hochschulen sowie bei den Landwirtschaftlichen Versuchs- und Forschungsanstalten.
Obermaterialienverwalter bei der Lehr- und Forschungsanstalt für Wein-, Obst- und Gartenbau in Geisenheim.
Erste Fischmeister.
Moorvögte.
Deichvögte.
Schleusenvorsteher.
Abgabenrevisoren.
Bauhofsvorsteher.
Schiffskapitäne.
Erste Maschinenmeister.
Schleppbetriebsleiter.
Lotsen, soweit nicht als bisherige Seelotsen oder Binnenlotsen, jetzt als Oberlotsen, in Besoldungsgruppe A 4 b.
Werkmeister bei den Wasserbaubehörden, die auch für das Reich tätig sind.
Strommeister (bisher zum Teil Hafenbauassistenten).
Kanzleisekretäre und Kanzleiassistenten alter Art[2]).

Ministerium für Wissenschaft, Kunst- und Volksbildung:

Ministerialbüroassistentinnen.
Verwaltungssekretäre im Bereiche der Verwaltung des Ministeriums.
Bibliothekexpedienten bei den Universitätsbibliotheken und bei der Preußischen Staatsbibliothek in Berlin.
Photograph beim Materialprüfungsamt in Berlin-Dahlem.
Kassensekretär bei der Hauptverwaltung der Staatlichen Schlösser und Gärten
(der am 30. September 1927 im Amte gewesene Inhaber der Stelle mit den Bezügen der alten Besoldungsgruppe A 9 erhält für seine Person die Bezüge der Besoldungsgruppe A 4 b und außerdem eine ruhegehaltsfähige Zulage von 300 RM. jährlich und die Amtsbezeichnung Oberbuchhalter).

Schloßinspektoren.
Theatersekretäre (bisher zum Teil Büroassistenten).
Theaterkassensekretäre (bisher Theaterkassensekretär und Kassenassistent).
Chorinspizient, Maschineriesekretär, Technischer Inspektor } bei den Staatlichen Theatern.
Kassensekretär bei der Akademie der Künste in Berlin.
Kunstformer und Gießer bei der Kunstakademie in Düsseldorf.
Sekretär beim Friedrich-Wilhelm-Gymnasium in Trier.
Sekretär bei den Staatlichen Bildungsanstalten.
Alumnatssekretäre (bisher zum Teil Alumnatsassistenten) bei den Staatlichen Bildungsanstalten.
Kanzleisekretäre alter Art[2]).

Ministerium für Volkswohlfahrt:

Ministerialbüroassistentin.
Verwaltungssekretäre beim Institut für Infektionskrankheiten „Robert Koch" in Berlin, bei der Preußischen Landesanstalt für Lebensmittel-, Arzneimittel- und gerichtliche Chemie in Berlin und bei der Landesanstalt für Wasser-, Boden- und Lufthygiene in Berlin-Dahlem.
Regierungssekretär beim Verbandspräsidium des Siedlungsverbandes Ruhrkohlenbezirk in Essen.
Kanzleisekretäre alter Art[2]).

---

[1]) Die am 30. September 1927 im Amte gewesenen Beamten mit den Bezügen der alten Besoldungsgruppe A 7 erhalten für ihre Person die Bezüge der Besoldungsgruppe A 5.

[2]) Als Kanzleisekretäre und Kanzleiassistenten alter Art im Sinne dieser Besoldungsordnung gelten die am 31. März 1920 im Amte gewesenen Inhaber von Stellen für Kanzleibeamte bei den Provinzial- und Lokalbehörden — Klasse 11a und 12a der Besoldungsordnung zu dem Besoldungsgesetz vom 26. Mai 1909 (Gesetzsamml. S. 85) —, die am 31. März 1920 als nichtplanmäßige Beamte (Diätare) vorhanden gewesenen Anwärter auf diese Stellen und die am 31. März 1920 vorhanden gewesenen Justizkanzleigehilfen — zu vgl. Anm. 1 zur alten Besoldungsgruppe A 4 — sowie die am 30. September 1927 vorhanden gewesenen Inhaber von planmäßigen Stellen für Kanzleiinspektoren. Die am 30. September 1927 vorhanden gewesenen Inhaber von planmäßigen Stellen für Kanzleiinspektoren erhalten für ihre Person eine ruhegehaltsfähige Zulage von je 300 RM. jährlich.

[3]) Die Sekretäre der alten Besoldungsgruppe A 6, die am 31. März 1920 als Assistenten alter Ordnung planmäßig angestellt waren, statt oder neben der Sonderprüfung jedoch bis zum 30. September 1927 die Fachprüfung I. Klasse ablegten, erhalten bis zur Übertragung einer Planstelle in der Besoldungsgruppe A 4 b die Bezüge der Besoldungsgruppe A 4 c. Bei Erfüllung der gleichen Voraussetzungen gilt die Bestimmung auch für diejenigen Sekretäre der alten Besoldungsgruppe A 6, die auf Grund ergangener Härtebestimmungen zur Sonderprüfung zugelassen worden sind.*) **)

---

*) Ein RdErl. des FinMin. vom 9. Jan. 1928 — nicht veröffentlicht — erklärt zu den Fußnoten 3 und 5: Wie aus den in der 324. Sitzung des Landtags am 13. Dez. 1927 (s. Niederschrift Sp. 22544) gepflogenen Verhandlungen und der Erklärung des Beauftragten des Staatsministe-

³) Die Sekretäre der alten Besoldungsgruppe A 6, die am 31. März 1920 als Assistenten alter Ordnung planmäßig angestellt waren und diejenigen Sekretäre, die auf Grund ergangener Härtebestimmungen zur Sonderprüfung zugelassen werden konnten, statt oder neben dieser jedoch bis zum 30. September 1927 die Fachprüfung I. Klasse ablegten, erhalten bis zur Übertragung einer Planstelle in der Besoldungsgruppe A 4 b die Bezüge der Besoldungsgruppe A 4 c.

⁴) Die am 30. September 1927 angenommen gewesenen Anwärter auf Stellen für den einfacheren Büro- und Kassendienst (Sekretärlaufbahn) erhalten bei ihrer planmäßigen Anstellung die Bezüge der Besoldungsgruppe A 6 und ein um 4 Jahre verbessertes Besoldungsdienstalter.***)

⁵) Die Sekretäre der alten Besoldungsgruppe A 6, die bis zum 30. September 1927 die Fachprüfung erster Klasse abgelegt haben und Dienstposten der Besoldungsgruppe A 4 b innehaben, erhalten bis zur Übertragung einer Planstelle der Besoldungsgruppe A 4 b die Bezüge der Besoldungsgruppe A 4 c.*) ****)

---

riums hervorgeht, finden die Fußnoten 3 und 5 zur Besoldungsgruppe A 6 sinngemäß auf alle Sekretäre, die die Bedingungen der Fußnoten 3 und 5 erfüllt haben, Anwendung, also auch auf die Sekretäre der jetzigen Besoldungsgruppen A 5, A 4d und A 4e.

**) Der in Anm. *) genannte RdErl. bestimmt weiter: Zu der Fußnote 3 zur Besoldungsgruppe A 6 wird bemerkt, daß ihre Anwendung nur für solche Beamte in Frage kommt, die

1. am 31. März 1920 als Assistenten alter Ordnung planmäßig angestellt oder nach meinem Rundschreiben vom 10. Juli 1926 — Bes. 9807 b — wie diese Beamten zu behandeln waren **und**
2. bis zum 30. Sept. 1927 die Fachprüfung I. Klasse abgelegt haben.

Die Bezüge der Besoldungsgruppe A 4c auf Grund der Fußnote 3 zur Besoldungsgruppe A 6 werden hiernach nur gewährt, wenn eine der beiden Voraussetzungen zu 1 und zugleich die Voraussetzung zu 2 erfüllt sind.

Es wird sich in der Regel um Beamte handeln, die auf Grund der Fußnote 1 zur Besoldungsgruppe A 6 des BDEG. vom 17. Dez. 1920 in der Fassung der Bekanntmachung vom 13. Mai 1924 bereits im Genuß der Bezüge der alten Besoldungsgruppe A 7 sind und die, wenn sie die Fachprüfung I. Klasse nicht abgelegt hätten, in die neue Besoldungsgruppe A 4d einzustufen wären.

***) Wegen der Überleitung der am 30. Sept. 1927 als unmittelbare Anwärter auf Stellen für den einfachen Büro- und Kassendienst (Sekretärlaufbahn) in der alten Besoldungsgruppe A 6 vorhanden gewesenen nichtplanmäßigen Beamten vgl. RdErl. des FinMin. vom 19. Mai 1928 (PrBesBl. S. 151).

****) Wegen der Überleitung der am 30. Sept. 1927 im Amte gewesenen Beamten der alten Besoldungsgruppe A 6, die nach der Fußnote 5 die Bezüge der Besoldungsgruppe A 4 c erhalten sollen, vgl. RdErl. des FinMin. vom 19. Mai 1928 (PrBesBl. S. 151).

Besoldungsgruppe 7 a.

2400 — 2550 — 2700 — 2800 — 2900 — 3000 — 3100 — 3200 RM. jährlich.

Wohnungsgeldzuschuß: V.

Überleitung: Beamte mit den Bezügen der alten Besoldungsgruppe A 5 erhalten ihr bisheriges Besoldungsdienstalter, im günstigsten Falle ein solches von 4 Jahren;

Beamte mit den Bezügen der alten Besoldungsgruppe A 6 erhalten ihr bisheriges Besoldungsdienstalter.

Domänenverwaltung:

Obergartenmeister (bisher Gartenmeister).

Erster Maschinenmeister (bisher Maschinenmeister).

Bergverwaltung:

Erster Maschinenmeister bei der Bergakademie in Clausthal.

Münzverwaltung:

Münzwerkmeister.

Landtag:

Maschinenmeister.

Verwaltungsassistent.

Staatsministerium:

Verwaltungsassistenten im Staatsministerium.

Finanzministerium:

Verwaltungsassistenten im Ministerium.

Obergartenmeister bei der Verwaltung des Tiergartens in Berlin.

Handels- und Gewerbeverwaltung:

Verwaltungsassistenten im Ministerium.

Justizverwaltung:

Verwaltungsassistenten im Ministerium.

Erste Maschinenmeister.

Erste Werkmeister } bei den Gefangenanstalten.
Erste Maschinenmeister }

Ministerium des Innern:

Verwaltungsassistenten im Ministerium.

Verwaltungsassistenten beim Oberverwaltungsgericht.

Erster Maschinenmeister beim Polizeipräsidium in Berlin.

Landwirtschaftliche Verwaltung:

Verwaltungsassistenten im Ministerium.

Erste Werkmeister (bisher Werkmeister) bei den Landwirtschaftlichen Hochschulen.

Ministerium für Wissenschaft, Kunst und Volksbildung:

Verwaltungsassistenten im Ministerium.

Erste Maschinenmeister bei den Universitäten und beim Charitékrankenhaus in Berlin.

Erste Maschinenmeister } bei den Technischen Hochschulen.
Werkmeister }

Erster Maschinenmeister bei der Allgemeinen Verwaltung der Observatorien bei Potsdam.
Fischereisachverständiger bei der Biologischen Anstalt auf Helgoland.
Obergartenmeister, Oberschirrmeister, Maschineninspektor } bei der Verwaltung der Staatlichen Schlösser und Gärten,
Werkmeister bei der Blindenanstalt in Berlin-Steglitz.

Ministerium für Volkswohlfahrt:
Verwaltungsassistenten im Ministerium.

Oberrechnungskammer:
Verwaltungsassistenten.

Die am 30. September 1927 im Amte gewesenen Beamten mit den Bezügen der alten Besoldungsgruppe A 7 erhalten für ihre Person die Bezüge der Besoldungsgruppe A 5.

Besoldungsgruppe 7 b.

2000 — 2100 — 2200 — 2300 — 2400 — 2500 — 2600 — 2700 — 2800 — 2900 — 3000 RM. jährlich.

Wohnungsgeldzuschuß: V.

Überleitung: Schiffahrtskontrolleure erhalten ihr bisheriges Besoldungsdienstalter, im günstigsten Falle ein solches von 14 Jahren.

Handels- und Gewerbeverwaltung:
Schiffahrtskontrolleure (bisher Schiffahrtsassistenten)[1]).

Ministerium des Innern:
Polizeihauptwachtmeister.
Kriminalassistenten.
Oberlandjäger.

[1]) Schiffahrtskontrolleure erhalten, solange sie die für die Schutzpolizeibeamten vorgesehenen Bedingungen für die unkündbare Anstellung nicht erfüllt haben, die Bezüge der Besoldungsgruppe A 9.

Besoldungsgruppe 8.*)

2000 — 2090 — 2180 — 2270 — 2360 — 2450 — 2540 — 2620 — 2700 RM. jährlich.

Wohnungsgeldzuschuß: V.

Überleitung: Beamte mit den Bezügen der alten Besoldungsgruppe A 4 erhalten ihr um 4 Jahre verkürztes Besoldungsdienstalter;

Beamte mit den Bezügen der alten Besoldungsgruppe A 5 erhalten ihr bisheriges Besoldungsdienstalter.

Domänenverwaltung:
Fischmeister (bisher zum Teil Fischmeister in Sonderstellungen).

Lotterieverwaltung:
Lotteriebüroassistenten.

Bergverwaltung:
Bergbüroassistenten.
Bergvermessungsassistenten.
Modellmeister bei der Bergakademie in Clausthal.
Oberpräparator bei der Geologischen Landesanstalt in Berlin.

Reichs- und Staatsanzeiger:
Büroassistenten.
Lagerverwalter.

Landtag:
Amtsmeister (bisher Amtsgehilfen).
Bademeister (bisher Amtsgehilfe).

Finanzministerium:
Regierungsbüroassistenten.
Katasterassistenten.
Kassenassistenten bei den Kreiskassen.
Regierungsbauassistenten.

Justizverwaltung:
Justizbüroassistenten.
Gerichtskassenvollzieher.
Strafanstaltsbüroassistenten.
Strafanstaltsbüroassistentinnen.

Ministerium des Innern:
Büroassistenten beim Statistischen Landesamt.
Kreisassistenten.
Polizeibüroassistenten.

Landwirtschaftliche Verwaltung:
Landeskulturbüroassistenten.
Vermessungsassistenten.
Oberpräparatoren bei der Landwirtschaftlichen Hochschule in Berlin und bei der Tierärztlichen Hochschule in Berlin.
Weinbergsverwalter (bisher Rebobergärtner) bei den Rebenveredelungsanstalten und Versuchsweinbergen.
Fischmeister.
Maschinenmeister bei der Fischereiverwaltung.
Regierungsbauassistenten.
Kulturbauassistenten.
Dünenoberwarte.
Wasserstraßenassistenten.
Schleusenassistenten.
Kapitäne.
Maschinenmeister bei den Wasserbaubehörden, die auch für das Reich tätig sind.

Gestütverwaltung:
Gestütbüroassistenten.

Ministerium für Wissenschaft, Kunst und Volksbildung:

Verwaltungs-, Büro- und Registraturassistenten im Bereiche der Verwaltung des Ministeriums.

Oberpräparatoren bei den Universitäten, soweit nicht in Besoldungsgruppe A 5.

Oberpräparatorin
Erster Laboratoriumswerkmeister } bei den Universitäten.
Gartenmeister

Oberpfleger
Oberpflegerinnen } bei den Universitätskliniken.

Oberpräparatoren beim Charitékrankenhaus in Berlin.

Erste Laboratoriumswerkmeister bei den Technischen Hochschulen.

Erste Laboratoriumswerkmeister beim Materialprüfungsamt in Berlin-Dahlem.

Oberpräparator bei der Biologischen Anstalt auf Helgoland (der am 30. September 1927 im Amte gewesene Inhaber der Stelle erhält für seine Person die Bezüge der Besoldungsgruppe A 7 a).

Bibliothekassistent bei den Staatlichen Theatern.

Oberpräparator beim Institut für experimentelle Therapie in Frankfurt a. M.

Alumnatsassistenten.

Ministerium für Volkswohlfahrt:

Oberpräparatoren beim Institut für Infektionskrankheiten „Robert Koch" in Berlin (außerdem eine ruhegehaltsfähige Zulage von 150 RM. jährlich).

---

*) In der BO. sind für die Laufbahn des einfachen Bürodienstes Planstellen in den Besoldungsgruppen A 8 und A 6 vorgesehen. Sobald die Büroassistenten nach erfolgter planmäßiger Anstellung in der Besoldungsgruppe A 8 ein Besoldungsdienstalter von 5 Jahren erreicht haben, erhalten sie die Bezüge der Besoldungsgruppe A 6.

Besoldungsgruppe 9.

1700 — 1800 — 1900 — 2000 — 2100 — 2200 — 2300 — 2400 — 2500 — 2600 RM. jährlich.

Wohnungsgeldzuschuß: V bei Gewährung einer ruhegehaltsfähigen Zulage, im übrigen: VI in der ersten bis vierten Dienstaltersstufe[1]),
V von der fünften Dienstaltersstufe an.

Überleitung: Beamte mit den Bezügen der alten Besoldungsgruppe A 3 erhalten ihr bisheriges Besoldungsdienstalter, im günstigsten Falle ein solches von 10 Jahren;

Beamte mit den Bezügen der alten Besoldungsgruppe A 4 erhalten ihr bisheriges Besoldungsdienstalter, im günstigsten Falle ein solches von 16 Jahren;

Beamte mit den Bezügen der alten Besoldungsgruppe A 5 erhalten ihr um 4 Jahre verbessertes Besoldungsdienstalter; Beamte mit den Bezügen der alten Besoldungsgruppe A 6 erhalten ihr um 8 Jahre verbessertes Besoldungsdienstalter.

Domänenverwaltung:
Gartenmeister (bisher Parkobergärtner).

Forstverwaltung:
Unterförster.

Gestütverwaltung:
Stut-, Sattel- und Futtermeister (bisher zum Teil Oberstut-, Obersattel- und Oberfuttermeister).

Lotterieverwaltung:
Kanzlisten.

Münzverwaltung:
Münzmechaniker.

Bergverwaltung:
Kanzlisten[3]).

Reichs- und Staatsanzeiger:
Kanzlist.

Landtag:
Landtagsobergehilfen (bisher Amtsgehilfen).

Finanzministerium:
Kanzlisten bei den Oberpräsidien und Regierungen einschließlich der Preußischen Bau- und Finanzdirektion in Berlin[3]).
Bauwarte.
Maschinenmeister.
(der am 1. April 1929 im Amt gewesene Beamte erhält für seine Person die Bezüge der BesGr. A 7 a).
Materialienverwalter.
(Der am 1. April 1929 im Amt gewesene Beamte erhält für seine Person die Bezüge der BesGr. A 7 a).
Gartenmeister } bei der Verwaltung des Tiergartens in Berlin.
Maschinenmeister }

Handels- und Gewerbeverwaltung:
Maschinenmeister bei der Staatlichen Elektrizitätsverwaltung.

Justizverwaltung:
Kanzlisten[3]).
Maschinenmeister.
Erste Strafanstaltshauptwachtmeister und Erste Strafanstaltshauptwachtmeisterinnen (bisher Strafanstaltshauptwachtmeisterinnen) (außerdem eine ruhegehaltsfähige Zulage von 600 RM. jährlich).

Strafanstaltshauptwachtmeister und Strafanstaltshauptwachtmeisterinnen (bisher Strafanstaltsoberwachtmeisterinnen)
(außerdem eine ruhegehaltsfähige Zulage von 400 RM. jährlich).
Strafanstaltsoberwachtmeister und Strafanstaltsoberwachtmeisterinnen (bisher Strafanstaltswachtmeisterinnen).

Ministerium des Innern:

Kanzlist beim Statistischen Landesamt[3]).
Polizeikanzlisten[3]).
Vollziehungsbeamte (bisher zum Teil Obervollziehungsbeamte) bei den Polizeiverwaltungen.
Vorsteherin des Polizeigewahrsams
(außerdem eine ruhegehaltsfähige Zulage von 500 RM. jährlich).
Polizeigefängnishauptwachtmeisterinnen
(außerdem eine ruhegehaltsfähige Zulage von 400 RM. jährlich).
Polizeigefängnisoberwachtmeisterinnen (bisher zum Teil Polizeigefängniswachtmeisterinnen).

Landwirtschaftliche Verwaltung:

Kanzlisten im Bereiche der Verwaltung des Ministeriums[3]).
Bibliotheksassistent bei der Landwirtschaftlichen Hochschule in Berlin.
Maschinenmeister bei den Tierärztlichen Hochschulen.
Strompolizeibetriebsassistenten (bisher zum Teil Polizeioberwachtmeister).
Magazinmeister.
Dünenwarte.
Grabenmeister.

Ministerium für Wissenschaft, Kunst und Volksbildung:

Kanzlisten im Bereiche der Verwaltung des Ministeriums[3]).
Bibliothekswerkführer
Hilfswerkmeister
Hilfsrestaurator
Maschinenmeister
} bei den Universitäten.
Maschinenmeister bei den Technischen Hochschulen, beim Astrophysikalischen Observatorium bei Potsdam und bei den Staatlichen Museen in Berlin.
Maschinenmeister bei den Staatlichen Bildungsanstalten.
Hilfswerkmeister beim Geodätischen Institut bei Potsdam, beim Astrophysikalischen Observatorium bei Potsdam, beim Meteorologischen Institut in Berlin und beim Aeronautischen Observatorium bei Lindenberg.
Hilfsrestauratoren
Magazinmeister
} bei den Staatlichen Museen in Berlin.
Hilfsrestauratoren beim Landesmuseum in Kassel und bei den Vereinigten Staatsschulen für freie und angewandte Kunst in Berlin-Charlottenburg.

Schloßverwalter Bauleitende Monteure Gartenmeister	bei der Verwaltung der Staatlichen Schlösser und Gärten.
Theatermeister Magazinmeister Oberbeleuchter Werkmeister Oberrequisiteure Oberfriseure Obergarderobiers Obergarderobieren Garderobemeister Garderobemeisterin	bei den Staatlichen Theatern.
Hausinspektor und Hausmeister (der am 30. September 1927 im Amte gewesene Hausinspektor beim Staatlichen Theater in Kassel erhält für seine Person die Bezüge der Besoldungsgruppe A 6) Maschinenmeister Dekorationsmaler Requisitenverwalter Materialienverwalter Zuschneider Tapezierermeister Frühschichtmeister Rüstmeister Schuhmachermeister	bei den Staatlichen Theatern.

Magazinmeister bei der Akademischen Hochschule für Musik in Berlin-Charlottenburg.

Ministerium für Volkswohlfahrt:

Kanzlisten im Bereiche der Verwaltung des Ministeriums.

---

[1]) Die am 30. September 1927 im Amte gewesenen Beamten der alten Besoldungsgruppe A 5 erhalten den Wohnungsgeldzuschuß V.

[2]) Die am 30. September 1927 im Amte gewesenen Beamten mit den Bezügen der alten Besoldungsgruppe A 6, denen nach den Vorschriften dieses Gesetzes keine Zulage gewährt wird, erhalten für ihre Person die Bezüge der Besoldungsgruppe A 7a.

[3]) Außerdem, falls die Wahrnehmung der Kanzleivorstehergeschäfte nicht durch einen Beamten mit den Bezügen der Besoldungsgruppe A 6 erfolgt, für die mit der Wahrnehmung der Kanzleivorstehergeschäfte beauftragten Kanzlisten eine ruhegehaltsfähige Zulage von 300 RM. jährlich, und zwar für

6 Kanzlisten bei den Oberbergämtern,
1 Kanzlisten bei der Geologischen Landesanstalt in Berlin,
50 Kanzlisten bei den Oberpräsidien und Regierungen einschließlich der Preußischen Bau- und Finanzdirektion in Berlin,
397 Kanzlisten bei den Gerichten und Staatsanwaltschaften,
1 Kanzlisten bei dem Strafvollzugsamt in Berlin,
1 Kanzlisten bei dem Statistischen Landesamt in Berlin,
21 Kanzlisten bei den Polizeiverwaltungen,

9 Kanzlisten bei den Landeskulturämtern,
1 Kanzlisten bei dem Materialprüfungsamt in Berlin-Dahlem,
1 Kanzlisten bei der Hauptverwaltung der Staatlichen Schlösser und Gärten,
4 Kanzlisten bei den Provinzialschulkollegien.

Besoldungsgruppe 10 a.

1600 — 1690 — 1780 — 1870 — 1960 — 2050 — 2140 — 2230 — 2320 — 2400 RM. jährlich.

Wohnungsgeldzuschuß: V bei Gewährung einer ruhegehaltsfähigen Zulage, im übrigen: VI in der ersten bis sechsten Dienstaltersstufe, V von der siebenten Dienstaltersstufe an.

Überleitung: Beamte mit den Bezügen der alten Besoldungsgruppe A 3 erhalten ihr bisheriges Besoldungsdienstalter, im günstigsten Falle ein solches von 14 Jahren;

Beamte mit den Bezügen der alten Besoldungsgruppe A 4 erhalten ihr um 4 Jahre verbessertes Besoldungsdienstalter;

Beamte mit den Bezügen der alten Besoldungsgruppe A 5 erhalten ihr um 8 Jahre verbessertes Besoldungsdienstalter.

Domänenverwaltung:

Erste Brunnenmeister.
Erste Bademeister (bisher zum Teil Bademeister).

Bergverwaltung:

Amtsmeister bei den Oberbergämtern, bei der Bergakademie in Clausthal und bei der Geologischen Landesanstalt in Berlin.

Obermaschinist[1], Laborant, Drucker } bei der Geologischen Landesanstalt in Berlin.

Reichs- und Staatsanzeiger:

Amtsmeister.

Landtag:

Landtagsgehilfen (bisher Amtsgehilfen).
Maschinisten.

Staatsministerium:

Ministerialamtsgehilfen (bisher zum Teil Ministerialamtsmeister, Ministerialhausinspektor, Obermaschinisten und Maschinisten im Staatsministerium).

Magazinverwalter, Amtsgehilfen } beim Geheimen Staatsarchiv in Berlin-Dahlem.

Finanzministerium:

Oberzähler im Ministerium
(außerdem eine ruhegehaltsfähige Zulage von je 120 RM. jährlich);
(ein am 30. September 1927 im Amte gewesener Stelleninhaber mit den Bezügen der alten Besoldungsgruppe A 5 erhält für seine Person die Bezüge der Besoldungsgruppe A 9).

Ministerialamtsgehilfen (bisher zum Teil Ministerialamtsmeister und Ministerialhausinspektor).
Amtsmeister bei den Oberpräsidien und Regierungen einschl. der Preußischen Bau- und Finanzdirektion in Berlin.
Zimmermann, Maschinist } bei der Verwaltung des Tiergartens in Berlin.

Handels- und Gewerbeverwaltung:

Ministerialamtsgehilfen (bisher zum Teil Ministerialamtsmeister und Ministerialhausinspektor).

Justizverwaltung:

Ministerialamtsgehilfen (bisher zum Teil Ministerialamtsmeister und Ministerialhausinspektor).
Obermaschinisten[1]) und Maschinisten.

Ministerium des Innern:

Ministerialamtsgehilfen (bisher zum Teil Ministerialamtsmeister und Ministerialhausinspektor).
Amtsmeister beim Statistischen Landesamt.
Amtsgehilfen (bisher zum Teil Hausinspektor und Amtsmeister) beim Oberverwaltungsgericht.
Polizeiamtsmeister.
Maschinist.

Landwirtschaftliche Verwaltung:

Ministerialamtsgehilfen (bisher zum Teil Ministerialamtsmeister und Ministerialhausinspektor).
Amtsmeister bei dem Oberlandeskulturamt und den Landeskulturämtern.
Laboranten bei den Landwirtschaftlichen Hochschulen und bei den Tierärztlichen Hochschulen.
Obergärtner bei der Tierärztlichen Hochschule in Hannover.
Gärtner bei der Landwirtschaftlichen Hochschule in Bonn-Poppelsdorf.
Obermaschinisten[1]), Oberbeschlagschmiede, Obertischler } bei den Tierärztlichen Hochschulen.
Schleusenverwalter.
Magazinverwalter.
Schiffsführer.
Maschinisten (bisher zum Teil Obermaschinisten) bei den Wasserbaubehörden, die auch für das Reich tätig sind[1]).

Ministerium für Wissenschaft, Kunst und Volksbildung:

Ministerialamtsgehilfen (bisher zum Teil Ministerialamtsmeister und Ministerialhausinspektor).
Amtsmeister bei den Universitäten, beim Charitékrankenhaus in Berlin, bei der Technischen Hochschule in Hannover, bei der Preußischen Staatsbibliothek und bei den Provinzialschulkollegien.

Laboranten bei den Universitäten sowie beim Charitékrankenhaus in Berlin.

Küster } beim Charitékrankenhaus in Berlin.
Gärtner }

Laboranten } bei den Technischen Hochschulen.
Laboratoriumswerkmeister }

Laboranten beim Materialprüfungsamt in Berlin-Dahlem.

Obermaschinisten[1]) und Maschinisten im Bereiche der Verwaltung des Ministeriums.

Maschinisten } bei den Staatlichen Theatern.
Bühnenmaschinisten }

Ministerium für Volkswohlfahrt:

Ministerialamtsgehilfen (bisher zum Teil Ministerialamtsmeister und Ministerialhausinspektor).

Laboranten bei den Medizinaluntersuchungsämtern, beim Institut für Infektionskrankheiten „Robert Koch"[2]), bei der Landesanstalt für Wasser-, Boden- und Lufthygiene in Berlin-Dahlem sowie bei den Hygienischen Instituten in Landsberg a. W. und in Beuthen O.-S.

Oberrechnungskammer:

Amtsgehilfen (bisher Hausinspektor und Amtsgehilfen).

---

[1]) Die am 30. September 1927 im Amte gewesenen Inhaber von Stellen von Obermaschinisten erhalten für ihre Person eine ruhegehaltsfähige Zulage von 150 RM. jährlich.
[2]) Außerdem eine ruhegehaltsfähige Zulage von 150 RM. jährlich.

Besoldungsgruppe 10 b.

1600 — 1690 — 1780 — 1870 — 1960 — 2050 — 2140 — 2220 — 2300 RM. jährlich.

Wohnungsgeldzuschuß: V bei Gewährung einer ruhegehaltsfähigen Zulage, im übrigen: VI in der ersten bis sechsten Dienstaltersstufe,
V von der siebenten Dienstaltersstufe an.

Überleitung: Beamte mit den Bezügen der alten Besoldungsgruppen A 2 und A 3 erhalten ihr bisheriges Besoldungsdienstalter, im günstigsten Falle ein solches von 14 Jahren. Bei den Justizwachtmeistern findet eine Kürzung des Besoldungsdienstalters nicht statt;

Beamte mit den Bezügen der alten Besoldungsgruppe A 4 erhalten ihr um 4 Jahre verbessertes Besoldungsdienstalter.

Forstverwaltung:

Pedelle bei den Forstlichen Hochschulen.

Gestütverwaltung:

Gestütoberwärter.

Lotterieverwaltung:

Zähler
(außerdem eine ruhegehaltsfähige Zulage von 120 RM. jährlich).

Münzverwaltung:

Oberzähler und Zähler
(außerdem eine ruhegehaltsfähige Zulage von 120 RM. jährlich).

Bergverwaltung:

Hausinspektor bei der Geologischen Landesanstalt in Berlin.

Staatsministerium:

Magazinverwalter bei den Staatsarchiven in Hannover, Marburg und Breslau.

Handels- und Gewerbeverwaltung:

Hausinspektoren und Hausmeister im Bereiche der Verwaltung des Ministeriums.

Justizverwaltung:

Justizoberwachtmeister und Justizwachtmeister (bisher zum Teil Justizunterwachtmeister)
(außerdem für die mit der Wahrnehmung der Botenmeistergeschäfte beauftragten Justizoberwachtmeister eine ruhegehaltsfähige Zulage von 200 RM. jährlich sowie für je einen als Kassengehilfen bei den Justizhauptkassen beschäftigten Justizwachtmeister eine ruhegehaltsfähige Zulage von 120 RM. jährlich).

Ministerium des Innern:

Hausmeister bei den Polizeiverwaltungen.

Landwirtschaftliche Verwaltung:

Hausinspektoren und Hausmeister im Bereiche der Verwaltung des Ministeriums.
Technische Amtsgehilfen bei der Landwirtschaftlichen Hochschule in Berlin.
Laboratoriumsgehilfen bei den Landwirtschaftlichen Hochschulen, bei den Landwirtschaftlichen Versuchs- und Forschungsanstalten in Landsberg a. W. sowie bei den Tierärztlichen Hochschulen.
Pedell bei der Tierärztlichen Hochschule in Berlin.
Kanalaufseher.

Ministerium für Wissenschaft, Kunst und Volksbildung:

Hausinspektoren und Hausmeister im Bereiche der Verwaltung des Ministeriums, soweit nicht in Besoldungsgruppe A 9.
Oberpedelle bei den Universitäten
(außerdem eine ruhegehaltsfähige Zulage von 150 RM. jährlich).

Technische Gehilfen Materialienverwalter Laboratoriumsgehilfen Pedelle	bei den Universitäten.
Magazinverwalter Technische Gehilfen Technische Amtsgehilfen Materialienverwalter Laboratoriumsgehilfen Pedelle	bei den Technischen Hochschulen.

Laboratoriumsgehilfen beim Materialprüfungsamt in Berlin-Dahlem.
Kastellane im Bereiche der Verwaltung des Ministeriums.
Magazinverwalter bei der Preußischen Staatsbibliothek in Berlin, bei den Universitätsbibliotheken und beim Zahnärztlichen Institut der Universität Berlin.
Technische Gehilfen beim Meteorologischen Institut in Berlin, bei den Staatlichen Museen und bei der Nationalgalerie in Berlin, beim Landesmuseum in Kassel, bei den Vereinigten Staatsschulen für freie und angewandte Kunst in Berlin-Charlottenburg sowie bei der Hauptstelle für den naturwissenschaftlichen Unterricht in Berlin.
Aquarienverwalter bei der Biologischen Anstalt auf Helgoland.
Pedell bei der Akademie der Künste in Berlin.
Museumsoberaufseher.

Schloßvögte Schloßwarte Weißzeugaufseherin Gartenoberaufseher Oberaufseher der Wasserkünste	bei der Verwaltung der Staatlichen Schlösser und Gärten.
Statistenführer Gruppenleiter Theaterwarte Beleuchter Garderobiers Requisiteure	bei den Staatlichen Theatern.

Amtsgehilfe und Leitungsprüfer beim Stift Neuzelle.

Ministerium für Volkswohlfahrt:
Laboratoriumsgehilfen bei den Medizinaluntersuchungsämtern sowie bei der Landesanstalt für Wasser-, Boden- und Lufthygiene in Berlin-Dahlem.

Besoldungsgruppe 10 c.

Ministerium des Innern:
Polizeiwachtmeister (Sammelbezeichnung).

1. 2160—2340 RM. jährlich.

Wohnungsgeldzuschuß: V
Polizeioberwachtmeister.

2. 1860—1980 RM. jährlich.

Wohnungsgeldzuschuß: VI

Polizeiwachtmeister mit mehr als 4 Dienstjahren.

3. 1410—1500 RM. jährlich.

Wohnungsgeldzuschuß: VII

Polizeiwachtmeister mit weniger als 4 Dienstjahren.

Besoldungsgruppe 11.

1500 — 1590 — 1680 — 1770 — 1860 — 1950 — 2040 — 2120 — 2200 RM. jährlich.

Wohnungsgeldzuschuß: V bei Gewährung einer ruhegehaltsfähigen Zulage, im übrigen: VI in der ersten bis sechsten Dienstaltersstufe, V von der siebenten Dienstaltersstufe an.

Überleitung: Beamte mit den Bezügen der alten Besoldungsgruppe A 2 erhalten ihr bisheriges Besoldungsdienstalter; Beamte mit den Bezügen der alten Besoldungsgruppe A 3 erhalten ihr um 4 Jahre verbessertes Besoldungsdienstalter; Beamte mit den Bezügen der alten Besoldungsgruppe A 4 erhalten ihr um 8 Jahre verbessertes Besoldungsdienstalter.

Domänenverwaltung:

Wiesenmeister.
Parkwärter.
Domänenrentwarte.
Rehnenmeister.
Spreewehrwärter.
Parkaufseher.

Forstverwaltung:

Amtsgehilfen bei den Forsteinrichtungsanstalten.

Gestütverwaltung:

Gestütwärter.

Lotterieverwaltung:

Amtsgehilfen.

Münzverwaltung:

Amtsgehilfen.
Pförtner.

Bergverwaltung:

Amtsgehilfen (bisher Amtsgehilfen und Maschinist) bei den Oberbergämtern und bei der Geologischen Landesanstalt in Berlin.

Porzellanmanufaktur:

Kassengehilfe
(außerdem eine ruhegehaltsfähige Zulage von 120 RM. jährlich).

Reichs- und Staatsanzeiger:

Kassengehilfe
(außerdem eine ruhegehaltsfähige Zulage von 120 RM. jährlich).
Amtsgehilfen.

Staatsministerium:

Amtsgehilfen bei den Staatsarchiven.

Finanzministerium:

Pförtner im Ministerium.
Amtsgehilfen und Kassengehilfen bei den Oberpräsidien und Regierungen einschl. der Preußischen Bau- und Finanzdirektion in Berlin
(außerdem für je einen Kassengehilfen bei den Regierungshauptkassen und der Kasse der Preußischen Bau- und Finanzdirektion in Berlin eine ruhegehaltsfähige Zulage von 120 RM. jährlich).
Gartenaufseher bei der Verwaltung des Tiergartens in Berlin.

Handels- und Gewerbeverwaltung:

Pförtner im Ministerium.
Eichwarte
(der am 30. September 1927 im Amte gewesene Eichoberwart erhält für seine Person die Bezüge der Besoldungsgruppe A 10 b).
Amtsgehilfe bei der Verwaltung für Häfen, Brücken, Fähren usw.

Justizverwaltung:

Pförtner im Ministerium.

Ministerium des Innern:

Pförtner im Ministerium.
Amtsgehilfen beim Statistischen Landesamt.
Pförtner beim Oberverwaltungsgericht.
Kreisamtsgehilfen.
Polizeiamtsgehilfen*)
(außerdem für einen Polizeiamtsgehilfen bei der Polizeihauptkasse in Berlin eine ruhegehaltsfähige Zulage von 120 RM. jährlich).

Landwirtschaftliche Verwaltung:

Pförtner im Ministerium.

---

*) Den am 31. März 1920 im Amte gewesenen Polizeiamtsgehilfen, die in ihrer Berufungsurkunde gleichzeitig zu Vollziehungsbeamten ernannt worden sind und für ihre Person die Bezüge der alten Besoldungsgruppe A 4 erhielten, können für ihre Person vom 1. Oktober 1927 ab die Bezüge der Besoldungsgruppe A 10 a gewährt werden (RdErl. des MindInn. vom 16. Juni 1928, PrBesBl. S. 220).

Amtsgehilfen bei dem Oberlandeskulturamt und den Landeskulturämtern.

Institutsgehilfen bei den Landwirtschaftlichen Hochschulen, bei den Landwirtschaftlichen Versuchs- und Forschungsanstalten in Landsberg a. W., bei der Versuchs- und Forschungsanstalt für Getreideverarbeitung in Berlin, bei der Lehr- und Forschungsanstalt für Wein-, Obst- und Gartenbau in Geisenheim sowie bei den Tierärztlichen Hochschulen.

Kassengehilfe bei der Tierärztlichen Hochschule in Berlin.

Schleusenmeister (bisher zum Teil Oberschleusenmeister).

Leuchtfeuerobeewärter.

Signalobeewärter.

Schiffbrückenoberaufseher.

Ministerium für Wissenschaft, Kunst und Volksbildung:

Pförtner im Ministerium.

Bibliotheksgehilfen } bei den Universitäten und bei

Amts- und Institutsgehilfen } dem Charitékrankenhaus in Berlin

(außerdem für die als Kassengehilfen bei den Universitätskassen beschäftigten Amtsgehilfen eine ruhegehaltsfähige Zulage von je 120 RM. jährlich).

Amts- und Bibliotheksgehilfen bei den Technischen Hochschulen (außerdem für je einen als Kassengehilfen bei den Technischen Hochschulen in Berlin und Hannover beschäftigten Amtsgehilfen eine ruhegehaltsfähige Zulage von je 120 RM. jährlich).

Amtsgehilfe beim Materialprüfungsamt in Berlin-Dahlem.

Bibliotheksgehilfen bei der Preußischen Staatsbibliothek (außerdem für einen als Kassengehilfen beschäftigten Bibliotheksgehilfen eine ruhegehaltsfähige Zulage von 120 RM. jährlich).

Institutsgehilfen bei der Allgemeinen Verwaltung der Observatorien bei Potsdam, bei dem Astrophysikalischen Observatorium bei Potsdam sowie bei dem Meteorologischen Institut in Berlin.

Museumsaufseher.

Museumsaufseherinnen.

Amtsgehilfen bei der Hauptverwaltung der Staatlichen Schlösser und Gärten und beim Haus Bürenschen Fonds.

Schloßaufseher.

Statisten bei den Staatlichen Theatern.

Fähraufseher bei der Verwaltung der Staatlichen Schlösser und Gärten.

Akademiegehilfen, Ateliergehilfen, Amtsgehilfen, Bibliotheksgehilfen und Schulgehilfen bei der Akademie der Wissenschaften in Berlin und den Zuschußanstalten der Kunstverwaltung.

Amtsgehilfen bei den Provinzialschulkollegien.

Amtsgehilfen bei den Staatlichen Bildungsanstalten.

Ministerium für Volkswohlfahrt:

Pförtner im Ministerium.

Pförtner und Heizer bei der Landesanstalt für Wasser-, Boden- und Lufthygiene in Berlin-Dahlem.

Amtsgehilfe beim Verbandspräsidium des Siedlungsverbandes Ruhrkohlenbezirk in Essen.

Besoldungsgruppe 12.

1500 — 1580 — 1650 — 1730 — 1800 — 1880 — 1950 — 2030 — 2100 RM. jährlich.

Wohnungsgeldzuschuß: VI

Überleitung: Beamte mit den Bezügen der alten Besoldungsgruppe A 2 erhalten ihr bisheriges Besoldungsdienstalter;

Beamte mit den Bezügen der alten Besoldungsgruppe A 3 erhalten ihr um 4 Jahre verbessertes Besoldungsdienstalter.

Landwirtschaftliche Verwaltung:

Leuchtfeuerwärter.
Signalwärter.
Schiffbrückenaufseher.

Ministerium für Wissenschaft, Kunst und Volksbildung:

Schloßaufseherinnen
Gartenaufseher
Wachtmänner
} bei der Verwaltung der Staatlichen Schlösser und Gärten.

B. Feste Gehälter.

Besoldungsgruppe 1.

40000 RM. jährlich.

Wohnungsgeldzuschuß: I.

Staatsministerium:

Ministerpräsident.

Besoldungsgruppe 2.

36000 RM. jährlich.

Wohnungsgeldzuschuß: I.

Finanzministerium:

Minister.

Ministerium für Handel und Gewerbe:

Minister.

Justizministerium:

Minister.

Ministerium des Innern:
Minister.
Ministerium für Landwirtschaft, Domänen und Forsten:
Minister.
Ministerium für Wissenschaft, Kunst und Volksbildung:
Minister.
Ministerium für Volkswohlfahrt:
Minister.

Besoldungsgruppe 3.

24000 RM. jährlich.

Wohnungsgeldzuschuß: I.

Staatsministerium:
Staatssekretär.
Finanzministerium:
Staatssekretär.
Ministerium für Handel und Gewerbe:
Staatssekretär.
Justizministerium:
Staatssekretär.
Ministerium des Innern:
Staatssekretär.
Ministerium für Landwirtschaft, Domänen und Forsten:
Staatssekretär.
Ministerium für Wissenschaft, Kunst und Volksbildung:
Staatssekretär.
Ministerium für Volkswohlfahrt:
Staatssekretär.
Oberrechnungskammer:
Chefpräsident.

Besoldungsgruppe 4.

22000 RM. jährlich.

Wohnungsgeldzuschuß: I.

Finanzministerium:
Oberpräsidenten.
Justizverwaltung:
Kammergerichtspräsident.
Ministerium des Innern:
Präsident des Oberverwaltungsgerichts.

Besoldungsgruppe 5.

18000 RM. jährlich.

Wohnungsgeldzuschuß: I.

Bergverwaltung:
Oberberghauptmann.

Staatsministerium:
Ministerialdirektor.
Ministerialdirektoren als stellvertretende Bevollmächtigte zum Reichsrat im Hauptamte.

Finanzministerium:
Ministerialdirektoren.

Handels- und Gewerbeverwaltung:
Ministerialdirektoren.

Justizverwaltung:
Ministerialdirektoren.
Präsident des Landesprüfungsamts.
Oberlandesgerichtspräsidenten.

Ministerium des Innern:
Ministerialdirektoren.

Landwirtschaftliche Verwaltung:
Ministerialdirektoren.
Oberlandforstmeister.
Oberlandstallmeister.

Ministerium für Wissenschaft, Kunst und Volksbildung:
Ministerialdirektoren.

Ministerium für Volkswohlfahrt:
Ministerialdirektoren.

Besoldungsgruppe 6.

17000 RM. jährlich.

Wohnungsgeldzuschuß: II[1]).

Finanzministerium:
Regierungspräsidenten.
Präsident des Bezirksausschusses, gleichzeitig der Preußischen Bau- und Finanzdirektion in Berlin.

Justizverwaltung:
Generalstaatsanwalt beim Kammergericht.

Ministerium des Innern:
Polizeipräsident in Berlin.

Landwirtschaftliche Verwaltung:
Präsident des Oberlandeskulturamts.

Ministerium für Volkswohlfahrt:
Verbandspräsident des Siedlungsverbandes Ruhrkohlenbezirk in Essen.

---

[1]) Die am 30. September 1927 im Amte gewesenen Beamten der alten Besoldungsgruppe Einzelgehälter III erhalten den Wohnungsgeldzuschuß I.

Besoldungsgruppe 7.

16000 RM. jährlich.

Wohnungsgeldzuschuß: II.

Bergverwaltung:
Berghauptleute.
Ministerialdirigent.
Präsident und Professor der Geologischen Landesanstalt in Berlin.

Staatsministerium:
Generaldirektor der Staatsarchive, zugleich Erster Direktor des Geheimen Staatsarchivs.

Finanzministerium:
Ministerialdirigenten.

Handels- und Gewerbeverwaltung:
Ministerialdirigent.
Staatskommissar bei der Berliner Börse.

Justizverwaltung:
Ministerialdirigenten.
Vizepräsident des Landesprüfungsamts.
Vizepräsident des Kammergerichts.

Ministerium des Innern:
Ministerialdirigenten.
Präsident des Statistischen Landesamts.
Senatspräsidenten, darunter 1 Vizepräsident, beim Oberverwaltungsgericht.
Kommandeure der uniformierten Polizei in Sonderstellen.

Landwirtschaftliche Verwaltung:
Ministerialdirigenten.

Ministerium für Wissenschaft, Kunst und Volksbildung:
Ministerialdirigent.
Präsident des Materialprüfungsamts in Berlin-Dahlem.
Generaldirektor der Preußischen Staatsbibliothek in Berlin.
Generaldirektor der Staatlichen Museen in Berlin.
Vizepräsident des Provinzialschulkollegiums in Berlin.

Ministerium für Volkswohlfahrt:
Ministerialdirigent.

Präsident und Professor des Instituts für Infektionskrankheiten „Robert Koch" in Berlin.
Präsident und Professor der Landesanstalt für Wasser-, Boden- und Lufthygiene in Berlin-Dahlem.

Oberrechnungskammer:
Direktoren, darunter 1 Vizepräsident, bei der Oberrechnungskammer.

Besoldungsgruppe 8.

15000 RM. jährlich.

Wohnungsgeldzuschuß: II.

Porzellanmanufaktur:
Direktor.

Landwirtschaftliche Verwaltung:
Präsidenten der Landeskulturämter.

Ministerium für Wissenschaft, Kunst und Volksbildung:
Direktoren und Professoren der Kaiser-Wilhelm-Institute in Berlin-Dahlem, Düsseldorf, Mülheim und Müncheberg.

Besoldungsgruppe 9.

14000 RM. jährlich.

Wohnungsgeldzuschuß: II.

Justizverwaltung:
Präsidenten der großen Landgerichte.
Präsident des Amtsgerichts Berlin-Mitte.
Generalstaatsanwälte bei den Oberlandesgerichten.
Generalstaatsanwalt beim Landgericht I in Berlin.
Präsidenten der Strafvollzugsämter in Berlin, Hamm und Breslau.

Ministerium für Wissenschaft, Kunst und Volksbildung:
Direktor der Nationalgalerie in Berlin.
Vizepräsident des Provinzialschulkollegiums in Koblenz.

Besoldungsgruppe 10.

13000 RM. jährlich.

Wohnungsgeldzuschuß: II.

Ministerium für Wissenschaft, Kunst und Volksbildung:
Universitätskuratoren.
Direktor und Professor des Astrophysikalischen Observatoriums bei Potsdam.
Direktor und Professor des Aeronautischen Observatoriums bei Lindenberg.

Zweiter Direktor und Professor bei dem Kaiser-Wilhelm-Institut für Biologie in Berlin-Dahlem
(der am 30. September 1927 im Amte gewesene Inhaber der Stelle erhält für seine Person die Bezüge der Besoldungsgruppe B9).

Besoldungsgruppe 11.

10000 RM. jährlich.

Wohnungsgeldzuschuß: III.

Landwirtschaftliche Verwaltung:

Institutsdirektoren und Professoren bei den Landwirtschaftlichen Versuchs- und Forschungsanstalten in Landsberg a. W.
Institutsdirektoren und Professoren bei der Versuchs- und Forschungsanstalt für Milchwirtschaft in Kiel.
Institutsdirektoren und Professoren bei der Versuchs- und Forschungsanstalt für Tierzucht in Tschechnitz bei Breslau.
Institutsdirektoren und Professoren bei der Versuchs- und Forschungsanstalt für Getreideverarbeitung in Berlin.
Direktor und Professor der Forschungsanstalt auf der Insel Riems.

Ministerium für Wissenschaft, Kunst und Volksbildung:

Direktor und Professor der Biologischen Anstalt auf Helgoland.
Erster Sekretär und Professor beim Historischen Institut in Rom.

Ministerium für Volkswohlfahrt:

Direktor und Professor des Hygienischen Instituts in Landsberg a. W.
Direktor und Professor des Hygienischen Instituts in Beuthen O.-S.

Besoldungsgruppe 12.

7000 RM. jährlich.

Wohnungsgeldzuschuß: IV.

C. Gehälter mit Mindestgrundgehaltssätzen.

Besoldungsgruppe 1.

13200 RM. jährlich im Durchschnitt.

9000 — 9900 — 10800 — 11600 — 12400 — 13200 — 14000, in besonderen Einzelfällen bis zu 15000 RM. jährlich.

Wohnungsgeldzuschuß: III in der ersten und zweiten Dienstaltersstufe, II von der dritten Dienstaltersstufe an.

Überleitung: Beamte mit den Bezügen der alten Besoldungsgruppe B 5 erhalten ihr bisheriges Besoldungsdienstalter.

Direktoren
der Vereinigten Staatsschulen für freie und angewandte Kunst in Berlin-Charlottenburg,
der Akademischen Hochschule für Musik in Berlin-Charlottenburg,
der Akademie für Kirchen- und Schulmusik in Berlin-Charlottenburg,
der Kunstakademien in Königsberg, Düsseldorf und Kassel,
der Staatlichen Kunstschule in Berlin,
der Akademie für Kunst und Kunstgewerbe in Breslau.

Direktoren und Professoren bei den Pädagogischen Akademien und bei den Berufspädagogischen Instituten.

Besoldungsgruppe 2.

11100 RM. jährlich im Durchschnitt.

7500 — 8100 — 8700 — 9300 — 9900 — 10500 — 11100 — 11600, in besonderen Einzelfällen bis zu 13600 RM. jährlich.

Wohnungsgeldzuschuß: III in der ersten bis vierten Dienstaltersstufe, II von der fünften Dienstaltersstufe an.

Überleitung: Beamte mit den Bezügen der alten Besoldungsgruppe B 4 erhalten ihr bisheriges Besoldungsdienstalter.

Ordentliche Professoren bei den wissenschaftlichen Hochschulen.

Professoren bei
den Vereinigten Staatsschulen für freie und angewandte Kunst in Berlin-Charlottenburg,
der Akademischen Hochschule für Musik in Berlin-Charlottenburg,
der Akademie für Kirchen- und Schulmusik in Berlin-Charlottenburg,
den Kunstakademien in Königsberg, Düsseldorf und Kassel,
der Akademie für Kunst und Kunstgewerbe in Breslau
} je zu zwei Dritteln.

Vorsteher der Akademischen Meisterateliers für die bildenden Künste und der Akademischen Meisterschulen für musikalische Komposition in Berlin.

Professoren (bisher Dozenten) bei den Pädagogischen Akademien in einer durch den Staatshaushaltsplan festzusetzenden Zahl.

Professoren (bisher Dozenten) bei den Pädagogischen Akademien zu einem Viertel der gesamten Lehrkräfte.

Professoren an den Berufspädagogischen Instituten in einer durch den Staatshaushaltsplan festzusetzenden Zahl.

Besoldungsgruppe 3.

8600 RM. jährlich im Durchschnitt.

5700 — 6200 — 6700 — 7200 — 7700 — 8200 — 8600 — 9000 —, in besonderen Einzelfällen bis zu 11600 RM. jährlich.

Wohnungsgeldzuschuß: III[1]).

Überleitung: Beamte mit den Bezügen der alten Besoldungsgruppe A 10 erhalten ihr bisheriges Besoldungsdienstalter, im günstigsten Falle ein solches von 6 Jahren;

Beamte mit den Bezügen der alten Besoldungsgruppe A 11 erhalten ihr um 4 Jahre verbessertes Besoldungsdienstalter, im günstigsten Falle ein solches von 10 Jahren;

Beamte mit den Bezügen der alten Besoldungsgruppe B 3 erhalten ihr bisheriges Besoldungsdienstalter.

Außerordentliche Professoren sowie Abteilungsvorsteher bei den wissenschaftlichen Hochschulen (darunter bisherige beamtete außerplanmäßige außerordentliche Professoren bei den wissenschaftlichen Hochschulen — sämtliche Stellen künftig wegfallend —).

Professoren bei

den Vereinigten Staatsschulen für freie und angewandte Kunst in Berlin Charlottenburg, der Akademischen Hochschule für Musik in Berlin-Charlottenburg, der Akademie für Kirchen- und Schulmusik in Berlin-Charlottenburg, den Kunstakademien in Königsberg, Düsseldorf und Kassel, der Akademie für Kunst und Kunstgewerbe in Breslau,	je zu einem Drittel.

Lehrer und Professoren bei der Staatlichen Kunstschule in Berlin.

Professoren (bisher Dozenten) bei den Pädagogischen Akademien in einer durch den Staatshaushaltsplan festzusetzenden Zahl.

Professoren (bisher Dozenten) bei den Pädagogischen Akademien zur Hälfte der gesamten Lehrkräfte.

Professoren bei den Berufspädagogischen Instituten in einer durch den Staatshaushaltsplan festzusetzenden Zahl.

---

[1]) Denjenigen Beamten, die am 30. September 1927 bereits den Ortszuschlag (Wohnungsgeldzuschuß) nach Tarifklasse II erhalten haben, wird für ihre Person der Wohnungsgeldzuschuß nach Tarifklasse II gewährt.

Besoldungsgruppe 4a.

5800 RM. jährlich im Durchschnitt.

3800 — 4100 — 4400 — 4700 — 5000 — 5300 — 5600 — 5800 — 6000 RM. jährlich.

Wohnungsgeldzuschuß: IV[1]).

Überleitung: Beamte mit den Bezügen der alten Besoldungsgruppe B 2 erhalten ihr bisheriges Besoldungsdienstalter, im günstigsten Falle ein solches von 8 Jahren.

Konzertmeister bei den Staatlichen Theatern in Berlin.

---

[1]) Denjenigen Beamten, die am 30. September 1927 bereits den Ortszuschlag (Wohnungsgeldzuschuß) nach Tarifklasse III erhalten haben, wird für ihre Person der Wohnungsgeldzuschuß nach Tarifklasse III gewährt.

Besoldungsgruppe 4 b.

5300 RM. jährlich im Durchschnitt.

3400 — 3700 — 4000 — 4300 — 4600 — 4900 — 5100 — 5300 — 5500 RM. jährlich.

Wohnungsgeldzuschuß: V in der ersten bis dritten Dienstaltersstufe, IV von der vierten Dienstaltersstufe an.

Überleitung: Beamte mit den Bezügen der alten Besoldungsgruppe B 1 erhalten ihr bisheriges Besoldungsdienstalter, im günstigsten Falle ein solches von 8 Jahren.

Konzertmeister bei dem Staatlichen Theater in Kassel.

Besoldungsgruppe 5 a.

5200 RM. jährlich im Durchschnitt.

3200 — 3500 — 3800 — 4100 — 4400 — 4700 — 5000 — 5200 — 5400 RM. jährlich.

Wohnungsgeldzuschuß: IV[1]).

Überleitung: Beamte mit den Bezügen der alten Besoldungsgruppe B 2 erhalten ihr bisheriges Besoldungsdienstalter, im günstigsten Falle ein solches von 12 Jahren.

Kammermusiker, Orchesterinspektor } bei den Staatlichen Theatern in Berlin.

---

[1]) Denjenigen Beamten, die am 30. September 1927 bereits den Ortszuschlag (Wohnungsgeldzuschuß) nach Tarifklasse III erhalten haben, wird für ihre Person der Wohnungsgeldzuschuß nach Tarifklasse III gewährt.

Besoldungsgruppe 5 b.

4800 RM. jährlich im Durchschnitt.

2800 — 3100 — 3400 — 3700 — 4000 — 4300 — 4600 — 4800 — 5000 RM. jährlich.

Wohnungsgeldzuschuß: V in der ersten bis dritten Dienstaltersstufe, IV von der vierten Dienstaltersstufe an.

Überleitung: Beamte mit den Bezügen der alten Besoldungsgruppe B 1 erhalten ihr bisheriges Besoldungsdienstalter, im günstigsten Falle ein solches von 10 Jahren.

Kammermusiker bei den Staatlichen Theatern in Kassel und Wiesbaden.

Zu Besoldungsgruppen 4 und 5: Zu den Mindestgrundgehaltssätzen können Konzertmeistern sowie ersten und zweiten Stimmen ruhegehaltsfähige und nichtruhegehaltsfähige Zulagen nach Maßgabe des Staatshaushaltplans gewährt werden.

Schlußbemerkungen.

A. Aufwandentschädigungen.

Es erhalten nichtruhegehaltsfähige Aufwandentschädigungen nach Maßgabe des Staatshaushaltsplans der Vertreter Preußens und der Legationssekretär in München, die Landräte, die Regierungspräsidenten, der Verbandspräsident des Siedlungsverbandes Ruhrkohlenbezirk in Essen sowie der Polizeipräsident in Berlin, die Oberlandesgerichtspräsidenten, der Kammergerichtspräsident, der Präsident des Oberverwaltungsgerichts, die Oberpräsidenten, die Staatssekretäre, die Staatsminister und der Ministerpräsident. Ist ein Staatsminister zugleich der Ministerpräsident, so erhält er neben der Aufwandentschädigung des Staatsministers auch die Aufwandentschädigung des Ministerpräsidenten.

B. Sondervergütungen.

1. Den in einem Ministerium beschäftigten Beamten können nach näherer Bestimmung des Staatsministeriums Sondervergütungen (Ministerialzulagen) aus den dafür im Staatshaushaltsplan vorgesehenen Mitteln gewährt werden. Das Staatsministerium bestimmt, welche anderen Behörden im Sinne dieser Vorschrift einem Ministerium gleichzuerachten sind.

2. Bei der Verwaltung der Staatsarchive können wissenschaftliche Beamte für besondere im Auftrage der Archivverwaltung besorgte wissenschaftliche Veröffentlichungen Vergütungen aus den im Staatshaushaltsplan dafür vorgesehenen Mitteln erhalten.

3. Den Professoren und sonstigen Lehrkräften an den Wissenschaftlichen Hochschulen und den damit zusammenhängenden Anstalten und Instituten, den Leitern und Lehrkräften an den Vereinigten Staatsschulen für freie und angewandte Kunst in Berlin-Charlottenburg, der Akademischen Hochschule für Musik in Berlin-Charlottenburg, der Staatlichen Kunstschule in Berlin, der Akademie für Kirchen- und Schulmusik in Berlin-Charlottenburg, den Kunstakademien in Königsberg, Kassel und Düsseldorf, der Akademie für Kunst und Kunstgewerbe in Breslau, den Vorstehern der Meisterateliers für bildende Künste und der Meisterschulen für musikalische Komposition in Berlin-Charlottenburg können zur Ergänzung des Grundgehalts oder der Grundvergütung aus den für die Heranziehung und Erhaltung ausgezeichneter Leiter und Lehrkräfte an

den genannten Hochschulen und Anstalten im Staatshaushaltsplan vorgesehenen Mitteln besondere ruhegehaltsfähige oder nichtruhegehaltsfähige Zuschüsse gewährt werden.

4. Den Präsidenten, Direktoren und Abteilungsvorstehern an den Wissenschaftlichen Anstalten des Staates und den Direktoren bei den Staatlichen Museen können zur Ergänzung des Grundgehalts aus den für die Heranziehung und Erhaltung ausgezeichneter Leiter an diesen Anstalten im Staatshaushaltsplan vorgesehenen Mitteln besondere ruhegehaltsfähige oder nichtruhegehaltsfähige Zuschüsse gewährt werden. Die Höhe der Zuschüsse wird von dem zuständigen Minister im Einvernehmen mit dem Finanzminister festgesetzt.

5. In wissenschaftlichen und Kunstinstituten und Laboratorien beschäftigten Amts- und Institutsgehilfen, Laboratoriumsgehilfen, technischen Gehilfen, technischen Amtsgehilfen, Laboranten (Besoldungsgruppen A 10 und A 11) können in besonderen Fällen zur Ergänzung des Grundgehalts aus den im Staatshaushaltsplan dafür vorgesehenen Mitteln besondere Zuschüsse für ihre Person und für die Dauer der Beschäftigung in ihren Stellen widerruflich gewährt werden. Die Höhe der Zuschüsse wird von dem zuständigen Minister im Einvernehmen mit dem Finanzminister festgesetzt.

6. Den planmäßigen Beamten bei den Staatlichen Theatern können zu ihren Dienstbezügen nichtruhegehaltsfähige Zulagen aus den dafür im Staatshaushaltsplan vorgesehenen Mitteln gewährt werden, soweit sie schon vor dem Inkrafttreten dieses Gesetzes bewilligt wurden. Die Höhe der Zulagen wird von dem zuständigen Minister im Einvernehmen mit dem Finanzminister festgesetzt.

7. Den nichtvollbesoldeten Medizinalräten und Veterinärräten können zu ihren Dienstbezügen nichtruhegehaltsfähige Zuschüsse aus den dafür im Staatshaushaltsplan vorgesehenenen Mitteln gewährt werden. Die Höhe der Zuschüsse wird von dem zuständigen Minister im Einvernehmen mit dem Finanzminister festgesetzt. Diese Zuschüsse gelten nicht als Grundgehalt.

8. Oberregierungs- und -medizinalräte, die Vorsitzende der Gerichtsärztlichen Ausschüsse der Provinzen sind, erhalten eine ruhegehaltsfähige Zulage von 600 RM. jährlich.

9. Den planmäßigen Forstverwaltern, Revierförstern, Förstern, Forstsekretären und Unterförstern können zum Ausgleich besonderer wirtschaftlicher Nachteile einzelner Stellen nichtruhegehaltsfähige Stellenzulagen aus den dafür im Staatshaushaltsplan vorgesehenen Mitteln gezahlt werden.

C. Nebenbezüge.

1. Beamten bei der Porzellanmanufaktur und bei der Verwaltung der Staatlichen Schlösser und Gärten sowie dem Obermaterialienverwalter bei der Lehr- und Forschungsanstalt für Wein-, Obst- und Gartenbau in Geisenheim können nach näherer Bestimmung durch den zuständigen Minister im Einvernehmen mit dem Finanzminister nichtruhe-

gehaltsfähige Gewinnanteile aus den im Staatshaushaltsplan dafür vorgesehenen Mitteln gewährt werden.

2. Bei der Justizverwaltung erhalten:

a) die als hauptamtliche Mitglieder des Landesprüfungsamts beschäftigten Oberlandesgerichtsräte einen nichtruhegehaltsfähigen Anteil an den Prüfungsgebühren;

b) die Amtsgerichtskalkulatoren einen Anteil an den von ihnen aufgebrachten und eingezogenen Rechnungsgebühren nach Maßgabe des Staatshaushaltsplans; ruhegehaltsfähig ist ein Betrag von 700 RM. jährlich;

c) die Obergerichtsvollzieher und die Gerichtskassenvollzieher einen Anteil an den eingezogenen Gebühren nach Maßgabe der Gerichtsvollzieherordnung und des Staatshaushaltsplans; ruhegehaltsfähig ist bei den Obergerichtsvollziehern ein Betrag von 500 RM., bei den Gerichtskassenvollziehern ein Betrag von 300 RM. jährlich.

3. Bei der landwirtschaftlichen Verwaltung verbleiben den nichtvollbesoldeten Veterinärräten die Gebühren aus amtlicher Tätigkeit mit der Maßgabe, daß das hiernach erwachsende Gesamtdiensteinkommen das Diensteinkommen eines Beamten der Besoldungsgruppe A 2b vom gleichen Besoldungsdienstalter nicht übersteigen darf. Diese Gebühren sind in Höhe eines von dem zuständigen Minister im Einvernehmen mit dem Finanzminister festzusetzenden Betrages ruhegehaltsfähig.

4. Bei der Verwaltung des Ministeriums für Wissenschaft, Kunst und Volksbildung, bei der Bergverwaltung, bei der Landwirtschaftlichen Verwaltung und bei der Forstverwaltung erhalten die Professoren und die Abteilungsvorsteher an den Wissenschaftlichen Hochschulen einen Anteil an den für ihre Vorlesungen eingehenden Unterrichtsgebühren. Die Höhe dieses Anteils sowie die den Professoren und den Abteilungsvorstehern zu gewährleistende Mindesteinnahme an Unterrichtsgebühren, ferner die Höhe der den Rektoren der Wissenschaftlichen Hochschulen und dem Rektor der Akademie in Braunsberg zu gewährende Amtsvergütung wird durch ied zuständigen Minister im Einvernehmen mit dem Finanzminister festgesetzt. Die gewährleistete Mindesteinnahme an Unterrichtsgebühren ist mit einem Betrage von 1000 RM. jährlich ruhegehaltsfähig.

5. Bei der Verwaltung des Ministeriums für Volkswohlfahrt verbleiben den nichtvollbesoldeten Medizinalräten die Gebühren aus amtlicher Tätigkeit mit der Maßgabe, daß das hiernach erwachsende Gesamtdiensteinkommen das Diensteinkommen eines Beamten der Besoldungsgruppe A 2b vom gleichen Besoldungsdienstalter nicht übersteigen darf. Diese Gebühren sind in Höhe eines von dem zuständigen Minister im Einvernehmen mit dem Finanzminister festzusetzenden Betrages ruhegehaltsfähig.

Anhang*)

zur Besoldungsordnung für die planmäßigen unmittelbaren Staatsbeamten.

I. Für die endgültig angestellten Lehrer und Lehrerinnen an den öffentlichen Volksschulen werden folgende Grundgehaltssätze festgesetzt:

2800 — 3050 — 3300 — 3550 — 3800 — 4000 — 4200 — 4400 — 4600 — 4800 — 5000 RM. jährlich.

Die endgültig angestellten Lehrerinnen (Konrektorinnen), einschließlich der endgültig angestellten technischen Lehrerinnen, erhalten, solange nicht allgemein für Lehrer und Lehrerinnen das gleiche Arbeitsmaß festgesetzt ist, die Grundgehaltssätze um 10 v. H. gekürzt.

Daneben erhalten als ruhegehaltsfähige Stellenzulagen:

a) die ersten Lehrer und Lehrerinnen an Volksschulen mit zwei planmäßigen Schulstellen und die alleinstehenden Lehrer nach Ablauf von 5 Jahren seit der endgültigen Anstellung jährlich 200 RM.;

b) die Hauptlehrer und Hauptlehrerinnen (Leiter und Leiterinnen von Volksschulen mit mindestens 3 Klassen und mindestens 3 planmäßigen Schulstellen, soweit sie nicht Rektoren oder Rektorinnen sind) jährlich . . . . 500 RM.;

c) die Lehrer und Lehrerinnen, die an gehobene Klassen (Klassen mit erweitertem Lehrziel) zur dauernden vollen Beschäftigung überwiesen sind, jährlich . . . . 800 RM.;

d) die Lehrer und Lehrerinnen, die an besondere Veranstaltungen der Volksschulen für körperlich oder geistig nicht normal veranlagte Kinder zur dauernden vollen Beschäftigung überwiesen sind, jährlich 800 RM.;

e) die Konrektoren und Konrektorinnen[2]) an Volksschulen mit mindestens 7 Klassen und die zweiten Konrektoren und Konrektorinnen[2]) an Schulen mit mindestens 14 Klassen jährlich . . . . 500 RM.;

f) die Rektoren und Rektorinnen (Leiter und Leiterinnen von Volksschulen mit 6 oder mehr Klassen und mindestens 5 planmäßigen Schulstellen) jährlich . . . . 1200 RM.;

g) die Konrektoren und Konrektorinnen[2]) an den besonderen Veranstaltungen der Volksschulen für körperlich oder geistig nicht normal veranlagte Kinder mit mindestens 7 Klassen, und die Hauptlehrer und Hauptlehrerinnen an solchen Veranstaltungen (Leiter und Leiterinnen von Schulen mit mindestens drei aufsteigenden Klassen und 3 planmäßigen Schulstellen, soweit sie nicht Rektoren oder Rektorinnen sind) einschließlich der unter d genannten Zulage von 800 RM. jährlich . . . . 1000 RM.;

---

*) Der Anhang ist überholt; vgl. Anm. zu § 37.

h) die Rektoren und Rektorinnen von Volksschulen, denen gehobene Klassen (Klassen mit erweitertem Lehrziel) angegliedert sind, mit insgesamt mindestens 7 Klassen und 6 planmäßigen Schulstellen jährlich . . . . 1400 RM.;

i) die Rektoren und Rektorinnen an den besonderen Veranstaltungen der Volksschulen für körperlich oder geistig nicht normal veranlagte Kinder mit 4 oder mehr aufsteigenden Klassen einschließlich der unter d genannten Zulage von 800 RM. jährlich. 1200 RM.

Die näheren Vorschriften werden durch ein besonderes Gesetz zur Abänderung des Volksschullehrer-Diensteinkommensgesetzes getroffen.

II. Für die endgültig angestellten Lehrer und Lehrerinnen an den öffentlichen mittleren Schulen werden folgende Grundgehaltssätze festgesetzt[1]):

3600 — 3850 — 4100 — 4350 — 4600 — 4800 — 5000 — 5200 — 5400 — 5600 — 5800 RM. jährlich.

Die endgültig angestellten Lehrerinnen (Konrektorinnen) einschließlich der endgültig angestellten technischen Lehrerinnen, erhalten, solange nicht allgemein für Lehrer und Lehrerinnen das gleiche Arbeitsmaß festgesetzt ist, die Grundgehaltssätze um 10 v. H. gekürzt.

Daneben erhalten als ruhegehaltsfähige Stellenzulagen:

a) die Konrektoren und Konrektorinnen[2]) an öffentlichen mittleren Schulen mit mindestens 5 Klassen und 4 planmäßigen Schulstellen jährlich . . . . 800 RM.;

b) die Leiter und Leiterinnen[2]) der öffentlichen mittleren Schulen mit mindestens 5 Klassen und 4 planmäßigen Schulstellen jährlich 1400 RM.;

c) die Leiter und Leiterinnen[2]) kleiner anerkannter Mittelschulen und voll ausgebauter Rektoratsschulen und Höherer Mädchenschulen mit 4 oder weniger Klassen und 4 oder weniger planmäßigen Schulstellen jährlich bis . . . . 600 RM.

Die näheren Vorschriften werden durch ein besonderes Gesetz zur Abänderung des Mittelschullehrer-Diensteinkommensgesetzes getroffen.

III. Für die Gewerbe- und Handelsoberlehrer(-lehrerinnen) an den Berufsschulen werden folgende Grundgehaltssätze festgesetzt:

1. Für die hauptamtlich planmäßig angestellten Lehrer und Lehrerinnen an den Berufsschulen (Gewerbe- und Handelsoberlehrer [-lehrerinnen])[1]):

3600 — 3850 — 4100 — 4350 — 4600 — 4800 — 5000 — 5200 — 5400 — 5600 — 5800 RM. jährlich.

Die endgültig angestellten Lehrerinnen (Stellvertreterinnen von Schulleiterinnen und Fachvorsteherinnen) einschließlich der endgültig angestellten technischen Lehrerinnen erhalten, solange nicht allgemein für Lehrer und Lehrerinnen das gleiche Arbeitsmaß festgesetzt ist, die Grundgehaltssätze um 10 v. H. gekürzt.

Die Leiter und Leiterinnen kleiner Berufsschulen mit weniger als 4 hauptamtlichen Lehrpersonen erhalten ruhegehaltsfähige Stellenzulagen von jährlich bis . . . . 600 RM.

2. Für die hauptamtlich planmäßig angestellten Schulleiter und Schulleiterinnen von Berufsschulen mit mindestens 4 hauptamtlichen Lehrpersonen, soweit sie nicht beruflich ausgebaute Schulen leiten (Ziffer 3), sowie für die Leiter und Leiterinnen von Kreisberufsschulen mit weniger als 2000 Schülern, ferner für die Direktorstellvertreter, Direktorstellvertreterinnen und Fachvorsteher sowie Fachvorsteherinnen der beruflich ausgebauten Schulen:

3600 — 4000 — 4400 — 4800 — 5200 — 5600 — 6000 — 6300 — 6600 — 6900 — 7200 RM. jährlich.

3. Für die hauptamtlich planmäßig angestellten Direktoren und Direktorinnen der beruflich ausgebauten Schulen und für die Leiter und Leiterinnen der Kreisberufsschulen mit 2000 und mehr Schülern:

4400 — 4900 — 5400 — 5800 — 6200 — 6600 — 7000 — 7400 — 7800 — 8100 — 8400 RM. jährlich.

Die näheren Vorschriften werden durch ein besonderes Gesetz zur Abänderung des Gewerbe- und Handelslehrer-Diensteinkommensgesetzes getroffen.

---

[1]) Mit Genehmigung der Schulaufsichtsbehörde können für Schulstellen, für deren Inhaber (Inhaberinnen) besondere Anforderungen vorgeschrieben sind, ruhegehaltsfähige Zulagen gewährt werden.

[2]) Die Konrektoren und Konrektorinnen an Volks- und mittleren Schulen, denen nach den Vorschriften dieses Gesetzes keine Stellenzulage gewährt wird, erhalten für ihre Person unter Beibehaltung ihrer Amtsbezeichnung eine ruhegehaltsfähige Zulage von jährlich 300 RM. bei den Volksschulen und 600 RM. bei den mittleren Schulen.

Die bisherigen Leiter von mittleren Schulen mit 4 Klassen und 4 planmäßigen Schulstellen erhalten — gegebenenfalls an Stelle sonstiger Stellenzulagen — für ihre Person eine ruhegehaltsfähige Zulage von jährlich 800 RM.

Anlage 2

Wohnungsgeldzuschuß (100 v. H.).

Ortsklasse	Jahresbetrag für Tarifklasse						
	I RM	II RM	III RM	IV RM	V RM	VI RM	VII RM
Sonderklasse	2100	1680	1320	960	720	528	336
A	1800	1440	1140	840	612	444	288
B	1500	1200	900	660	504	372	240
C	1140	900	720	540	396	288	180
D	840	660	540	396	288	216	132

Anlage 3.

Dienstbezüge der nichtplanmäßigen unmittelbaren Staatsbeamten.

Die nichtplanmäßigen Beamten erhalten folgende Grundvergütungen:

Als unmittelbare Anwärter auf Planstellen der Besoldungsgruppe	Im 1. und 2. Anwärterdienstjahr, Versorgungsanwärter im 1. Anwärterdienstjahr RM	Im 3. und 4. Anwärterdienstjahr, Versorgungsanwärter im 2. und 3. Anwärterdienstjahr RM	Vom 5. Anwärterdienstjahr an, Versorgungsanwärter im 4. Anwärterdienstjahr RM
A 2b	3000	3600	4100
A 2d, A 3 und A 4a 2. Abtlg.	2500	2900	3300
A 4a 1. Abtlg., A 4b, A 4c, A 4d, C 4 u. C 5	2000	2300	2600
A 4e, A 5 und A 7a . .	1700	1950	2160
A 6, A 7b und A 8 . . .	1500	1680	1850
A 9, A 10a und A 10b. .	1300	1400	1500
A 11 und A 12	1250	1330	1400
Polizeianwärter	1140	—	—

[1]) Anwärterinnen auf Stellen, die in der Besoldungsordnung mit einem †) bezeichnet sind, erhalten die Grundvergütung um 10 vom Hundert gekürzt.

[2]) Soweit und solange die Gesamtbezüge eines nicht planmäßigen Beamten aus dem Stande der Versorgungsanwärter an Grundgehalt und Wohnungsgeldzuschuß niedriger sind als die Vergütung eines zur Probedienstleistung einberufenen Versorgungsanwärters der gleichen Laufbahn, sind die Bezüge des nichtplanmäßigen Beamten in Höhe der Vergütung des zur Probedienstleistung einberufenen Versorgungsanwärters zu zahlen.

Als unmittelbare Anwärter auf Planstellen der Besoldungsgruppe	Im 1. und 2. Anwärterdienstjahr RM	Im 3. und 4. Anwärterdienstjahr RM	Vom 5. Anwärterdienstjahr an RM
A 2b	3600	3900	4200
A 2d, A 3 und A 4a 2. Abtlg.	3000	3200	3400
A 4a 1. Abtlg., A 4b, A 4c, A 4d, C 4 und C 5	2350	2500	2650
A 4e, A 5 und A 7a .	1950	2080	2220
A 6, A 7b und A 8 . .	1650	1770	1880
A 9, A 10a und A 10b	1300	1400	1500
A 11 und 12	1250	1330	1400
Polizeianwärter	1140	—	—

Anwärterinnen auf Stellen, die in der Besoldungsordnung mit einem †) bezeichnet sind, erhalten die Grundvergütung um 10 v. H. gekürzt.

Schlußbemerkungen.

1. Polizeioberwachtmeister, die gemäß § 14 des Polizeibeamtengesetzes vom 31. Juli 1927 (Gesetzsamml. S. 151) in andere Dienstzweige der staatlichen Polizei übernommen werden, erhalten bis zu ihrer planmäßigen Anstellung in diesen Dienstzweigen das Diensteinkommen (Wohnungsgeldzuschuß und örtlichen Sonderzuschlag gegebenenfalls nach dem neuen dienstlichen Wohnsitz), das sie erhalten hätten, wenn sie Polizeioberwachtmeister geblieben wären. Sie sind jedoch nach Anlage 3 zu besolden, wenn ihnen hiernach höhere Diensteinkommensbezüge zustehen.

2. Die nichtplanmäßigen Amtsgerichtskalkulatoren erhalten einen Anteil an den von ihnen aufgebrachten und eingezogenen Rechnungsgebühren nach Maßgabe des Staatshaushaltsplans.

3. Die nichtplanmäßigen Gerichtsvollzieher und Gerichtskassenvollzieher erhalten einen Anteil an den eingezogenen Gebühren nach Maßgabe der Gerichtsvollzieherordnung und des Staatshaushaltsplans.

4. Die Dolmetscheraktuare erhalten eine widerrufliche Dolmetscherzulage von 300 RM. jährlich.

Anlage 4.

Dienstbezüge

der wissenschaftlichen Assistenten mit planmäßiger Vergütung und der ihnen gleichgestellten Hilfskräfte bei den Wissenschaftlichen Hochschulen, Anstalten und Instituten.

Die wissenschaftlichen Assistenten mit planmäßiger Vergütung an den Wissenschaftlichen Hochschulen erhalten die Grundvergütung der Anwärter auf Planstellen der Besoldungsgruppe A 2b (siehe Anlage 3) und vom Beginn des 6. Dienstjahres an, nach Dienstaltersstufen mit zweijähriger Aufrückungsfrist steigend, eine Grundvergütung in Höhe der Grundgehaltssätze der planmäßigen Beamten der Besoldungsgruppe A 2b mit der Maßgabe, daß die Grundvergütung nach Erreichen der fünften Dienstaltersstufe des Grundgehalts der Besoldungsgruppe A 2b nicht weitersteigt. Darüber hinaus kann ein Teil der wissenschaftlichen Assistenten, der durch einen vom Finanzminister im Einvernehmen mit den Fachministern aufgestellten Stellenplan bestimmt wird, bis zur achten Dienstaltersstufe des Grundgehalts der Besoldungsgruppe A 2b weitersteigen. Daneben erhalten die wissenschaftlichen Assistenten bis zur dritten Dienstaltersstufe des Grundgehalts den Wohnungsgeldzuschuß IV und von der vierten Dienstaltersstufe des Grundgehalts an den Wohnungsgeldzuschuß III.

Den wissenschaftlichen Assistenten mit planmäßiger Vergütung bei den Wissenschaftlichen Hochschulen werden gleichgestellt

a) im Bereiche der Landwirtschaftlichen Verwaltung
die wissenschaftlichen Assistenten bei den landwirtschaftlichen Versuchs- und Forschungsanstalten sowie den Lehr- und Forschungsanstalten,
die Prosektoren, Apotheker und Oberassistenten an den Tierärztlichen Hochschulen in Berlin und Hannover,
die wissenschaftlichen Assistenten an der Landesanstalt für Fischerei in Friedrichshagen bei Berlin,

b) im Bereiche der Verwaltung des Ministeriums für Wissenschaft, Kunst und Volksbildung
die Oberärzte an den klinischen Anstalten,
die Lektoren für Sprachen und Künste mit planmäßiger Vergütung bei den Universitäten,
die Oberingenieure bei den Technischen Hochschulen,
die Apotheker bei den klinischen Anstalten in Breslau und bei dem Charitékrankenhause in Berlin,
die wissenschaftlichen Mitglieder und Oberassistenten bei dem Institut für experimentelle Therapie in Frankfurt a. M.,
der Oberassistent an der Biologischen Anstalt auf Helgoland,

c) im Bereiche der Verwaltung des Ministeriums für Volkswohlfahrt
die wissenschaftlichen Assistenten beim Institut für Infektionskrankheiten „Robert Koch" in Berlin, bei den Hygienischen Instituten in Beuthen O.-S. und Landsberg a. W. und den Medizinaluntersuchungsämtern,
die wissenschaftlichen Hilfsarbeiter bei der Landesanstalt für Wasser-, Boden- und Lufthygiene in Berlin-Dahlem.

Schlußbemerkungen.

1. Die Oberingenieure bei den Technischen Hochschulen beziehen neben ihrer Grundvergütung einen Anteil an den Unterrichtsgeldern des Professors, dem sie zugewiesen sind. Die Höhe dieses Anteils wird von dem zuständigen Minister im Einvernehmen mit dem Finanzminister festgesetzt.

2. Den gegen planmäßige Vergütung angestellten Lektoren für Sprachen und Künste bei den Universitäten verbleiben die zu C 4 der Schlußbemerkungen zur Besoldungsordnung genannten Bezüge unverkürzt.

A. Jahresbeträge der Grundgehälter

a) Aufsteigende Gehälter mit

Bes.-Gruppe		nach 2 Jahr.	nach 4 Jahr.	nach 6 Jahr.	nach 8 Jahr.	nach 10 Jahr.
1 a	8 400	9 500	10 600	11 600	12 600	
1 b	8 000	8 900	9 800	10 700	11 500	
1 c	6 200	7 000	7 800	8 500	9 200	9 900
1 d	6 200	6 900	7 600	8 300	9 000	9 600
2 a	5 400	6 000	6 600	7 100	7 600	8 100
2 b	4 400	4 900	5 400	5 800	6 200	6 600
2 c	4 800	5 200	5 600	6 000	6 400	6 800
2 d	3 600	4 000	4 400	4 800	5 200	5 600
3 a	3 600	4 000	4 400	4 800	5 200	5 600
3 b	4 800	5 200	5 600	6 000	6 400	6 700
3 c	3 600	3 900	4 200	4 500	4 800	5 100
$4\,a^1$	3 000	3 300	3 600	3 900	4 200	4 450
$4\,a^2$	3 900	4 100	4 300	4 500	4 700	4 900
4 b	2 800	3 050	3 300	3 550	3 800	4 000
4 c	2 800	3 000	3 200	3 400	3 600	3 800
4 d	2 800	3 050	3 300	3 550	3 800	4 000
4 e	2 400	2 600	2 800	3 000	3 200	3 400
5	2 300	2 550	2 800	3 000	3 200	3 400
6	2 000	2 200	2 350	2 500	2 650	2 800
7 a	2 400	2 550	2 700	2 800	2 900	3 000
7 b	2 000	2 100	2 200	2 300	2 400	2 500
8	2 000	2 090	2 180	2 270	2 360	2 450
9	1 700	1 800	1 900	2 000	2 100	2 200
10 a	1 600	1 690	1 780	1 870	1 960	2 050
10 b	1 600	1 690	1 780	1 870	1 960	2 050
10 c	siehe am Schluß der aufsteigenden Gehälter					
11	1 500	1 590	1 680	1 770	1 860	1 950
12	1 500	1 580	1 650	1 730	1 800	1 880
10 c 1	2 160	2 340				
10 c 2	1 860	1 980				
10 c 3	1 410	1 500				

b) Feste Gehälter.

Besoldungsgr.	1	40 000	RM	
"	2	36 000	"	
"	3	24 000	"	
"	4	22 000	"	
"	5	18 000	"	I
Besoldungsgr.	6	17 000	RM	
"	7	16 000	"	
"	8	15 000	"	
"	9	14 000	"	
"	10	13 000	"	II
Besoldungsgr.	11	10 000	RM	III
Besoldungsgr.	12	7 000	RM	IV

c) Gehälter mit

Bes.-Gr.		nach 2 Jahren	nach 4 Jahren
1	9 000	9 900	10 800
2	7 500	8 100	8 700
3	5 700	6 200	6 700
4 a	3 800	4 100	4 400
5 a	3 200	3 500	3 800
4 b	3 400	3 700	4 000
5 b	2 800	3 100	3 400

vom 1. Oktober 1927 ab. **Übersicht 1.**

festen Grundgehaltssätzen.

nach 12 Jahr.	nach 14 Jahr.	nach 16 Jahr.	nach 18 Jahr.	nach 20 Jahr.	nach 22 Jahr.	Tarif-klasse
						II
10 600						
10 200						
8 600	9 100	9 600				
7 000	7 400	7 800	8 100	8 400		
7 200	7 500	7 800				
6 000	6 400	6 800	7 100	7 400		
6 000	6 300	6 600	6 900	7 200		
7 000						
5 400	5 700	6 000	6 300	6 600		III
4 700	4 950	5 200	5 450	5 700		
5 100	5 300					
4 200	4 400	4 600	4 800	5 000		
4 000	4 150	4 300	4 450	4 600		
4 200						
3 600	3 800	4 000	4 200			
3 600	3 800	4 000	4 200			IV
2 950	3 100	3 200	3 300	3 400	3 500	
3 100	3 200					
2 600	2 700	2 800	2 900	3 000		
2 540	2 620	2 700				
2 300	2 400	2 500	2 600			
2 140	2 230	2 320	2 400			
2 140	2 220	2 300				
2 040	2 120	2 200				V
1 950	2 030	2 100				VI
						V
						VI
						VII

Mindestgrundgehaltssätzen.

nach 6 Jahren	nach 8 Jahren	nach 10 Jahren	nach 12 Jahren	nach 14 Jahren	nach 16 Jahren	in besond. Einzelfäll. bis zu	
11 600	12 400	13 200	14 000			15 000	
9 300	9 900	10 500	11 100	11 600		13 600	II
7 200	7 700	8 200	8 600	9 000		11 600	III
4 700	5 000	5 300	5 600	5 800	6 000		
4 100	4 400	4 700	5 000	5 200	5 400		
4 300	4 600	4 900	5 100	5 300	5 500		
3 700	4 000	4 300	4 600	4 800	5 000		IV
							V

B. Monatsbeträge der Grundgehälter

a) Aufsteigende Gehälter mit

Bes.-Gruppe		nach 2 Jahr.	nach 4 Jahr.	nach 6 Jahr.	nach 8 Jahr.	nach 10 Jahr.
1 a	700,—	791,67	883,34	966,67	1050,—	
1 b	666,67	741,67	816,67	891,67	958,34	
1 c	516,67	583,34	650,—	708,34	766,67	825,—
1 d	516,67	575,—	633,34	691,67	750,—	800,—
2 a	450,—	500,—	550,—	591,67	633,34	675,—
2 b	366,67	408,34	450,—	483,34	516,67	550,—
2 c	400,—	433,34	466,67	500,—	533,34	566,67
2 d	300,—	333,34	366,67	400,—	433,34	466,67
3 a	300,—	333,34	366,67	400,—	433,34	466,67
3 b	400,—	433,34	466,67	500,—	533,34	558,34
3 c	300,—	325,—	350,—	375,—	400,—	425,—
4 a 1	250,—	275,—	300,—	325,—	350,—	370,84
4 a 2	325,—	341,67	358,34	375,—	391,67	408,34
4 b	233,34	254,17	275,—	295,84	316,67	333,34
4 c	233,34	250,—	266,67	283,34	300,—	316,67
4 d	233,34	254,17	275,—	295,84	316,67	333,34
4 e	200,—	216,67	233,34	250,—	266,67	283,34
5	191,67	212,50	233,34	250,—	266,67	283,34
6	166,67	183,34	195,84	208,34	220,84	233,34
7 a	200,—	212,50	225,—	233,34	241,67	250,—
7 b	166,67	175,—	183,34	191,67	200,—	208,34
8	166,67	174,17	181,67	189,17	196,67	204,17
9	141,67	150,—	158,34	166,67	175,—	183,34
10 a	133,34	140,84	148,34	155,84	163,34	170,84
10 b	133,34	140,84	148,34	155,84	163,34	170,84
10 c	siehe am Schluß der aufsteigenden Gehälter.					
11	125,—	132,50	140,—	147,50	155,—	162,50
12	125,—	131,67	137,50	144,17	150,—	156,67
10 c 1	180,—	195,—				
10 c 2	155,—	165,—				
10 c 3	117,50	125,—				

b) Feste Gehälter.

Besoldungsgr.	1	3333,34	*RM*	
„	2	3000,—	„	
„	3	2000,—	„	
„	4	1833,34	„	
„	5	1500,—	„	I
Besoldungsgr.	6	1416,67	*RM*	
„	7	1333,34	„	
„	8	1250,—	„	
„	9	1166,67	„	
„	10	1083,34	„	II
Besoldungsgr.	11	833,34	*RM*	III
Besoldungsgr.	12	583,34	*RM*	IV

c) Gehälter mit

Bes.-Gr.		nach 2 Jahren	nach 4 Jahren
1	750,—	825,—	900,—
2	625,—	675,—	725,—
3	475,—	516,67	558,34
4 a	316,67	341,67	366,67
5 a	266,67	291,67	316,67
4 b	283,34	308,34	333,34
5 b	233,34	258,34	283,34

vom 1. Oktober 1927 ab.

festen Grundgehaltssätzen.

nach 12 Jahr.	nach 14 Jahr.	nach 16 Jahr.	nach 18 Jahr.	nach 20 Jahr.	nach 22 Jahr.	Tarifklasse
						II
883,34						
850,—						
716,67	758,34	800,—				
583,34	616,67	650,—	675,—	700,—		
600,—	625,—	650,—				
500,—	533,34	566,67	591,67	616,67		
500,—	525,—	550,—	575,—	600,—		
583,34						
450,—	475,—	500,—	525,—	'550,—		III
391,67	412,50	433,34	454,17	475,—		
425,—	441,67					
350,—	366,67	383,34	400,—	416,67		
333,34	345,84	358,34	370,84	383.34		
350,—						
300,—	316,67	333,34	350,—			
300,—	316,67	333,34	350,—			IV
245,84	258,34	266,67	275,—	283,34	291,67	
258,34	266,67					
216,67	225,—	233,34	241,67	250,—		
211,67	218,34	225,—				
191,67	200,—	208,34	216,67			
178,34	185,84	193,34	200,—			
178,34	185,—	191,67				
170,—	176,67	183,34				V
162,50	169,17	175,—				VI
						V
						VI
						VII

Mindestgrundgehaltssätzen.

nach 6 Jahren	nach 8 Jahren	nach 10 Jahren	nach 12 Jahren	nach 14 Jahren	nach 16 Jahren	in besond. Einzelfäll. bis zu	Tarifklasse
966,57	1033,34	1100,—	1166,67			1250,—	
775,—	825,—	875,—	925,—	966,67		1133.34	II
600,—	641,67	683,34	716,67	750,—		966,67	III
391,67	416,67	441,67	466,67	483,34	500,—		
341,67	366,67	391,67	416,67	433,34	450,—		
358,34	383,34	408,34	425,—	441,67	458,34		
308,34	333,34	358,34	383,34	400,—	416,67		IV
							V

Übersicht 2.

Wohnungsgeldzuschuß ab 1. Oktober 1927.

(120 v. H.)

Ortsklasse	Tarifklasse						
	I RM	II RM	III RM	IV RM	V RM	VI RM	VII RM
				a) Jahresbeträge			
Sonderklasse	2520	2016	1584	1152	864	636	402
A	2160	1728	1368	1008	732	534	348
B	1800	1440	1080	792	606	444	288
C	1368	1080	864	648	474	348	216
D	1008	792	648	474	348	258	156
				b) Monatsbeträge			
Sonderklasse	210,—	168,—	132,—	96,—	72,—	53,—	33,50
A	180,—	144,—	114,—	84,—	61,—	44,50	29,—
B	150,—	120,—	90,—	66,—	50,50	37,—	24,—
C	114,—	90,—	72,—	54,—	39,50	29,—	18,—
D	84,—	66,—	54,—	39,50	29,—	21,50	13,—

An Stelle der Übersicht 3 ist die Anl. 3 auf S. 221 getreten.

Anhang
zu den Preußischen Besoldungsvorschriften vom 30. 3. 1928.

Inhaltsverzeichnis.

---

1. Auszug aus den Preußischen Besoldungsvorschriften (PBV.) in der Fassung vom 15. 7. 1925 (PrBesBl. S. 227).

Besoldungsdienstalter.

Bemessung des BDA. beim Übertritt von ehemaligen aktiven Offizieren des Heeres und der Marine sowie der Schutztruppen in preußische Beamtenstellen.

36. (1) Den in planmäßige Beamtenstellen des Zivildienstes am 1. 4. 1920 oder später übergetretenen und weiterhin übertretenden Offizieren und Deckoffizieren — ausschließlich der Sanitäts- und Veterinäroffiziere — kann die 10 Jahre übersteigende Militärdienstzeit auf das BDA. angerechnet werden, wobei zu unterstellen ist, daß der Übertritt

a) bei den Deckoffizieren zunächst in eine Stelle der Besoldungsgruppe 5,
b) bei den Fachoffizieren (z. B. Festungsbau-, Feuerwerks-, Zeug- und Torpederoffizieren) zunächst in eine Stelle der Besoldungsgruppe 6,
c) bei den übrigen Offizieren zunächst in eine Stelle der Besoldungsgruppe 7

erfolgt. Ist dem Offizier sogleich eine Stelle einer höheren Gruppe verliehen, so ist anzunehmen, daß er am Anstellungstage in die höhere Gruppe befördert worden ist (vgl. auch Ziff. 37 Abs. 3). Die Errechnung des BDA. in den höheren Besoldungsgruppen erfolgt demnach nach den Vorschriften des BDEG., insbesondere des § 3 Abs. 5. Wird ein Offizier oder Deckoffizier in eine planmäßige Stelle einer Besoldungsgruppe übernommen, welche niedriger ist als die angeführte Eingangsgruppe, so tritt diese niedrigere Gruppe an die Stelle der Eingangsgruppe. Die Zeit der Verwendung ehemaliger Offiziere in planmäßigen Stellen für pensionierte Offiziere (Bezirkskommandeure usw.) kann als Militärdienstzeit mitberücksichtigt werden.

(2) Hat der Offizier oder Deckoffizier die Beamtenstelle, in der er planmäßig angestellt wird, oder eine völlig gleichwertige und gleichartige Beamtenstelle bereits vor der planmäßigen Anstellung versehen, so kann ihm statt der unter Abs. 1 genannten Zeit die Hälfte dieser vor der planmäßigen Anstellung zugebrachten Beschäftigungszeit auf das BDA. angerechnet werden, wenn dieses für ihn günstiger ist. Soll eine solche Beschäftigungszeit in besonderen Fällen ausnahmsweise in einer höheren Besoldungsgruppe als 10 angerechnet werden, so bedarf es der Zustimmung des Finanzministers im einzelnen Falle.

(3) Auf Ziff. 25 Satz 2 wird besonders hingewiesen, und zwar gelangt diese Vorschrift bei der höheren Besoldungsgruppe, in die der Offizier oder Deckoffizier schließlich eingereiht wird, zur Anwendung, nicht etwa schon bei der zum Zwecke der Errechnung des BDA. angenommenen Eingangsgruppe. Die in Ziff. 25 zugelassenen Ausnahmen können nur mit der in jedem einzelnen Falle einzuholenden Zustimmung des Finanzministers bewilligt werden.

(4) Bei Offizieren und Deckoffizieren mit einer Militärdienstzeit von mindestens zwölf Jahren kann an Stelle der in Abs. 1 bis 3 vorgesehenen Anrechnung folgende Regelung Platz greifen, wenn sie für die Offiziere und Deckoffiziere günstiger ist. Es wird diesen Offizieren und Deckoffizieren die 8 Militärdienstjahre übersteigende Zeit bis zur Höchstgrenze von 5 Jahren auf das BDA. angerechnet, jedoch auch bei Offizieren mit der Unterstellung, daß sie erstmalig in der Gruppe 5 angestellt worden sind (Abs. 1 Satz 2 bis 5 gilt).

Den nach dem 31. 3. 1920 in planmäßige Stellen des Zivildienstes übernommenen Offizieren und Deckoffizieren, sofern sie eine Militärdienstzeit von mindestens 13 Jahren zurückgelegt haben, und soweit die vorstehende Regelung nicht günstiger wirkt, kann in der Gruppe, in der sie erstmals planmäßig angestellt sind, höchstens aber in der Besoldungsgruppe 7, 5 Jahre Militärdienstzeit auf das BDA. angerechnet werden.

(5) Auf die vor dem 1. 4. 1920 übergetretenen Offiziere und Deckoffiziere ist Abs. 1 bis 3 entsprechend anzuwenden, jedoch mit der Unterstellung, daß der Offizier oder Deckoffizier erst am 1. 4. 1920 in der planmäßigen Beamtenstelle angestellt worden ist, die er beim Inkrafttreten des neuen BDEG. tatsächlich innehatte. Auch auf die vor dem 1. 4. 1920 übergetretenen Offiziere und Deckoffiziere ist, wenn es für sie günstiger ist, an Stelle der Abs. 1 bis 3 der Abs. 4 anzuwenden. Hierbei muß zur richtigen Ermittlung des am 1. 4. 1920 anzunehmenden BDA. festgestellt werden, wie sich das BDA. bei der ersten planmäßigen Anstellung und bei allen etwa inzwischen erfolgten Beförderungen und Versetzungen nach dem jeweils geltenden Recht gestaltet hätte, wenn nach Abs. 4 zu verfahren gewesen wäre. Statt der Annahme einer erstmaligen Anstellung in Gruppe 5 ist jedoch wie folgt zu rechnen:

a) bei einer ersten planmäßigen Anstellung in einer Stelle, die in die jetzige Besoldungsgruppe 5 eingereiht ist, ist den Offizieren und Deckoffizieren die 8 Militärdienstjahre übersteigende Zeit bis zur Höchstgrenze von 5 Jahren auf das BDA. anzurechnen,

b) bei einer ersten planmäßigen Anstellung in einer Stelle, die in die jetzige Gruppe 6 oder 7 eingereiht ist, werden das 9., 10. und 13. Militärdienstjahr, insgesamt also höchstens 3 Jahre, angerechnet,

c) bei einer ersten planmäßigen Anstellung in einer in die jetzige Besoldungsgruppe 8 eingereihten Stelle wird nur das 13. Militärdienstjahr angerechnet,

d) bei einer Anstellung in Stellen höherer Gehaltsklassen wird keine Militärdienstzeit angerechnet.

Beispiele:

a) Ein Offizier mit einer Militärdienstzeit von 20 Jahren ist am 1. 10. 1919 in einer Stelle der Besoldungsgruppe 9 planmäßig angestellt mit einem BDA. vom 1. 10. 1919. Die anrechnungsfähige Dienstzeit beträgt 10 Jahre. Vom 1. 4. 1920 an ist das BDA. anderweit festzusetzen wie folgt:

In Gruppe 7 mit einem BDA. vom 1. 4. 1910, Grundgehalt am 1. 4. 1920 = 8500 *M*, einzureihen in Gruppe 8 mit einem

Grundgehalt von 8600 ℳ (BDA. 1. 4. 1914) und in Gruppe 9 mit einem Grundgehalt von 9000 ℳ, steigend am 1. 4. 1922 auf 9600 ℳ, mithin BDA. 1. 4. 1916.

b) Ein Offizier mit einer Militärdienstzeit von 12 Jahren 184 Tagen ist am 1. 1. 1919 in einer Stelle der jetzigen Besoldungsgruppe 7 planmäßig angestellt mit einem BDA. vom 1. 1. 1919. Auf das BDA. können nach Abs. 5b = 2 Jahre 184 Tage angerechnet werden, so daß das BDA. auf den 1. 7. 1916 neu festzusetzen ist.

c) Ein Deckoffizier mit 20 Jahren Marinedienstzeit ist am 1. 6. 1910 in einer Stelle der Besoldungsklasse 13 (jetzige Besoldungsgruppe 6) (1650, 1900, 2150, 2400, 2650, 2900, 3100, 3300 ℳ) planmäßig angestellt und am 1. 4. 1914 in eine Stelle der Besoldungsklasse 22 (jetzige Besoldungsgruppe 7) (2100, 2500, 2900, 3300, 3600, 3900, 4200, 4500 ℳ) befördert mit einem BDA. v. 1. 6. 1913. Auf das BDA. in der ersten Stelle sind ihm 3 Jahre (das 9., 10. u. 13. Marinedienstjahr) anzurechnen, es ist also auf den 1. 6. 1907 festzusetzen. Danach ergibt sich für den Zeitpunkt der Beförderung in Besoldungsklasse 13 ein Gehalt von 2150 ℳ, steigend am 1. 6. 1916 auf 2400 ℳ, und in Besoldungsklasse 22 ein Gehalt von 2500 ℳ, steigend am 1. 4. 1917 auf 2900 ℳ, mithin ein BDA. vom 1. 4. 1911.

(6) Wird der Offizier nicht auf Grund der ihm verliehenen Anstellungsberechtigung, sondern auf Grund einer auf eigene Kosten erworbenen vorschriftsmäßigen Ausbildung von mindestens drei Jahren, die der der Zivilanwärter entspricht, planmäßig angestellt, so kann ihm, wenn dies für ihn günstiger ist, an Stelle der Anrechnung unter 1 bis 5 die Militärdienstzeit bis zur Hälfte der gesamten Aufrückungszeit der Besoldungsgruppe, in der er planmäßig angestellt wird, angerechnet werden. Der Schlußsatz des Abs. 1 gilt.

(7) Eine Anrechnung nach Ziff. 73 findet neben den Vorschriften der Ziff. 36 nicht statt.

(8) Den in planmäßige Beamtenstellen übertretenden ehemaligen Sanitäts- und Veterinäroffizieren kann die tatsächliche Dienstzeit als Stabsarzt oder Stabsveterinär auf das BDA. angerechnet werden, bei Anstellung in der Gruppe 11 oder 12

mit der Unterstellung, daß der Übertritt zunächst in eine Stelle der Gruppe 10 erfolgt und noch am Tage des Übertritts die Beförderung in die etwa höhere Besoldungsgruppe stattfindet. Die Errechnung des BDA. in den höheren Besoldungsgruppen erfolgt demnach nach den Vorschriften der Ziff. 37 und 39.

Berücksichtigung von Kriegsdienstzeit.

65. Die Zeit eines Kriegsdienstes und eines nach Ziff. 32c bis f anzurechnenden Dienstes wird allen — auch den am 31. 3. 1920 vorhanden gewesenen — Beamten auf das BDA. angerechnet, wenn und soweit dadurch die planmäßige Anstellung im Vergleiche zu anderen Beamten, die dem gleichen Dienstzweig (Ziff. 20), der gleichen Dienstlaufbahn und der gleichen Besoldungsgruppe angehören, nachweislich verzögert worden ist. Hierbei gelten folgende Grundsätze (Ziff. 66 bis 72):

66. (1) Der Nachweis der Verzögerung der planmäßigen Anstellung durch den Kriegsdienst ist im Zweifel als erbracht anzusehen, wenn sich der Anwärter zum Eintritt bei der Verwaltung innerhalb einer nicht verlängerbaren Frist von 3 Monaten nach dem Tage gemeldet hat, an dem er sich nach Beendigung seines Kriegsdienstes frühestens melden konnte.

(2) Hat ein Anwärter es unterlassen, sich vor Beginn seines Kriegsdienstes zum Eintritt bei der Verwaltung zu melden, obwohl es ihm möglich gewesen wäre, so ist im Zweifel nicht anzunehmen, daß eine Verzögerung der planmäßigen Anstellung durch den Kriegsdienst erfolgt ist. Dasselbe gilt, wenn ein Anwärter es unterlassen hat, sich während des Kriegsdienstes zum Eintritt bei der Verwaltung zu melden, obwohl es ihm möglich gewesen wäre und nach Lage der Verhältnisse von ihm erwartet werden konnte.

(3) Die Zeit, um welche die planmäßige Anstellung verzögert ist, ist nach Lage des Einzelfalles zu ermitteln. Dabei ist zu untersuchen, wann der Anwärter sich wahrscheinlich gemeldet haben würde, wenn er nicht Kriegsdienst geleistet hätte.

67. (1) Ist die Ablegung einer Prüfung Vorbedingung für die erste planmäßige Anstellung oder erfolgt bei einer bestimmten Gattung von Beamten die planmäßige Anstellung nach der Reihenfolge eines Prüfungsergebnisses oder einer Vormerkung, so erhält der Anwärter, der infolge des Kriegsdienstes die Prüfung verspätet abgelegt hat oder nicht in der Reihenfolge des Prüfungsergebnisses oder der Vormerkung planmäßig angestellt worden ist, bei der planmäßigen Anstellung — soweit möglich — dasselbe BDA. wie der bereits angestellte Anwärter, dem er in der Reihenfolge der Anwartschaft unmittelbar vorangegangen ist oder vorangegangen wäre, wenn er die Prüfung hätte rechtzeitig ablegen können.

(2) Ist die Ablegung einer Prüfung Vorbedingung für den Übertritt in eine höhere Besoldungsgruppe, so erhält der Anwärter, der infolge des Kriegsdienstes die Prüfung verspätet abgelegt hat und deshalb verspätet befördert worden ist, bei der Beförderung — soweit möglich — dasselbe BDA. wie der bereits beförderte Anwärter, dem er in der Reihenfolge der Anwartschaft unmittelbar vorangegangen ist oder vorangegangen wäre, wenn er die Prüfung rechtzeitig hätte ablegen können.

68. Anwärtern, die nach Ableistung des Probe- oder Vorbereitungsdienstes ohne weiteren Befähigungsnachweis planmäßig angestellt werden, wird bei der planmäßigen Anstellung die Zeit auf das BDA. angerechnet, um welche die Anstellung infolge des Kriegsdienstes nachweislich später erfolgt ist.

69. (1) Berücksichtigt wird in allen Fällen nur eine nachgewiesene Verzögerung; Anwartschaften, die sich nur auf Mutmaßungen gründen, bleiben außer Betracht.

(2) Bei der Berechnung der anzurechnenden Zeit werden Vorteile, die durch Notprüfungen, Abkürzung der Vorbereitungszeit usw. erzielt worden sind, gegengerechnet.

(3) Die gleichzeitige Anrechnung derselben Zeiträume nach Ziff. 65 und nach Ziff. 27 und 32 ist unzulässig. Den Vorrang hat die Anrechnung nach Ziff. 65.

70. (1) Dem Kriegsdienst im Sinne der Ziff. 65 ist der vaterländische Hilfsdienst gleichzuachten, der auf Grund einer Überweisung (§ 7 Abs. 3 des Reichsgesetzes v. 5. 12. 1916 — RGBl. S. 1333 —) oder auf Grund einer von der vorgesetzten Dienstbehörde ausgesprochenen Beurlaubung abgeleistet ist.

(2) Wieweit ein sonst übernommener vaterländischer Hilfs-

dienst dem Kriegsdienst gleichzuachten ist, bestimmt der Fachminister im Einvernehmen mit dem Finanzminister.

(3) Dem vaterländischen Hilfsdienst steht eine Tätigkeit gleich, die zwar bereits vor dem Inkrafttreten des erwähnten Gesetzes v. 5. 12. 1916 verrichtet, aber nach dem Gesichtspunkte dieses Gesetzes als vaterländischer Hilfsdienst anzusehen ist.

71. Ob und inwieweit der Dienst in einem verbündeten oder befreundeten Heere als Kriegsdienst im Sinne der Ziff. 65 gilt, bestimmt im einzelnen Falle der Fachminister im Einvernehmen mit dem Finanzminister.

72. Die Anrechnung nach den vorstehenden Ziffern ist ferner ausgeschlossen, soweit schon durch die Anrechnung derselben Dienstzeit auf das Anwärterdienstalter eine Verbesserung des BDA. nach Ziff. 20 einzutreten hat.

Berücksichtigung militärischer Dienstzeit vor dem Kriege.

73. (1) In sinngemäßer Anwendung der Ziff. 65 bis 72 wird allen Beamten, mit Ausnahme der Militäranwärter, die vor dem Kriege 1914 bis 1918 in Erfüllung der gesetzlichen Dienstpflicht zurückgelegte Militär- oder Marinedienstzeit bis zur Dauer eines Jahres auf das BDA. angerechnet, soweit durch die Militärdienstzeit die Einberufung oder die rechtzeitige Ablegung einer Prüfung nachweislich verzögert ist.

(2) Der Fachminister kann im Einvernehmen mit dem Finanzminister die Anrechnung dieses Dienstjahres auch bei solchen Beamten oder Beamtengattungen zulassen, bei denen die Zurücklegung dieses Dienstjahres zu den Anstellungsbedingungen gehört.

Kinderbeihilfen.

113 c. (1) Erfolgt die Ausbildung in Unterrichtsstunden, ohne daß eigentlicher Schulunterricht im Sinne der Ziff. 113a in Frage kommt, so ist zunächst festzustellen, ob es sich um eine ernsthafte Berufsausbildung handelt, d. h. um eine solche, die das Ziel verfolgt, mit Hilfe der durch den Unterricht zu erwerbenden Kenntnisse später den Lebensunterhalt zu verdienen, und die in allen Einzelheiten so angelegt ist, daß der erstrebte Zweck unbeschadet der Gründlichkeit in möglichst kurzer Frist erreicht wird.

(2) Entscheidendes Gewicht wird aber andererseits auch auf die Feststellung zu legen sein, ob die zeitliche Ausdehnung der Unterweisung für eine Berufsausbildung genügt und ob die von dem Kinde zu seiner Ausbildung ausgeübte Tätigkeit tatsächlich seine Arbeitskraft ausschließlich oder wenigstens ganz überwiegend in Anspruch nimmt.

(3) Eine hinreichende zeitliche Ausdehnung der Unterweisung wird z. B. in Handelsschulen in der Regel nur dann anzunehmen sein, wenn sich die Ausbildung auf mindestens ein halbes Jahr erstreckt. Eine ganz überwiegende Inanspruchnahme der Arbeitskraft des Kindes wird im allgemeinen nur dann vorliegen, wenn es durch die Berufsausbildung wöchentlich mindestens 30 Stunden voll in Anspruch genommen wird. Bei der Ausbildung in Unterrichtsstunden werden hiervon z. B. in Handelsschulen im allgemeinen 24 Stunden, in Ausnahmefällen 18 Stunden wöchentlich auf eigentliche Unterrichtsstunden, der Rest auf häusliche Vorbereitungsarbeiten zu entfallen haben.

(4) Etwas anders wird die Musik- und Gesangausbildung zu beurteilen sein. Hier wird eine überwiegende Inanspruchnahme der Arbeitskraft des Kindes durch die Ausbildung dann angenommen werden können, wenn die Ausbildung einschließlich der in Nebenfächern (Theorie, Musikgeschichte, Gehörbildung usw.) wöchentlich etwa drei bis sechs Stunden eigentlichen Unterrichts und daneben mindestens 24 Stunden häusliche Übungen umfaßt.

113 e. (1) Unter körperlichen oder geistigen Gebrechen im Sinne der Ziff. 113 Abs. 1 Nr. 1 sind alle angeborenen oder erworbenen körperlichen oder geistigen Fehler und Leiden nicht vorübergehender Natur zu verstehen, durch die dem Kinde die volle Erwerbsfähigkeit genommen wird (z. B. Blindheit, Taubheit, Krüppelhaftigkeit, Lungentuberkulose, Geisteskrankheit).

(2) Beim Vollzuge dieser Bestimmung sind unbillige Härten zu vermeiden, insbesondere wird das Vorliegen einer dauern-

den Erwerbsunfähigkeit dadurch nicht ausgeschlossen, daß künftig die teilweise Besserung oder vollständige Heilung und damit der Eintritt völliger Erwerbsfähigkeit wahrscheinlich oder möglich ist.

Frauenbeihilfe.

124 a. (1) Die verheirateten männlichen planmäßigen unmittelbaren Staatsbeamten erhalten für die unterhaltsberechtigte Ehefrau eine Frauenbeihilfe von 7 GM.[1]) monatlich. Die Frauenbeihilfe ist in voller Höhe auch den verheirateten Medizinalräten und Veterinärräten zu zahlen, welche gekürzte Grundgehälter beziehen, ebenso denjenigen Beamten, deren Diensteinkommen infolge Disziplinarurteils (§ 16 BDG., § 15 des RDG.) gekürzt ist oder die im Disziplinarverfahren oder aus Anlaß eines Strafverfahrens vorläufig vom Dienste enthoben sind.

(2) Die Frauenbeihilfe ist nur für unterhaltsberechtigte Ehefrauen zahlbar. Leben die Eheleute zusammen, so ist die Unterhaltsberechtigung der Ehefrau ohne weiteres als gegeben anzusehen. Leben die Eheleute getrennt, so ist die Frauenbeihilfe dem Beamten zu zahlen, soweit er der getrennt lebenden unterhaltsberechtigten Ehefrau den Unterhalt gewährt oder mindestens in Höhe der Frauenbeihilfe — gegebenenfalls einschließlich des Ausgleichszuschlags und eines etwaigen örtlichen Sonderzuschlags — einen Beitrag dazu leistet.

(3) Die Frauenbeihilfe wird ferner verwitweten (männlichen oder weiblichen) Beamten gewährt, wenn sie im eigenen Hausstande für den vollen Unterhalt mindestens eines Kindes aufkommen, für welches sie nach § 18 BDEG. die volle Kinderbeihilfe beziehen. Ziff. 110a Abs. 2 gilt sinngemäß. Die Gewährung des vollen Unterhalts im Sinne des Satz 1 ist nicht als erfüllt anzusehen, wenn das Kind ein eigenes Einkommen (einschließlich der Sachbezüge — vgl. Ziff. 114 Abs. 4 —) hat, welches die Hälfte des Betrages der Kinderbeihilfe einschließlich

---

[1]) Für die Zeit vom 1. 12. 1923 bis zum 31. 3. 1924 7 GM., für die Zeit vom 1. 4. 1924 bis zum 31. 5. 1924 8 GM., vom 1. 6. 1924 ab 10 GM. monatlich. Zu dem Satz von 10 RM. erhalten die Beamten der Besoldungsgruppen A 1 bis 6 mit Wirkung vom 16. 11. 1924 ab, die übrigen Beamten mit Wirkung vom 1. 12. 1924 ab einen Zuschlag in Höhe von 2 RM. monatlich.

des Ausgleichszuschlags übersteigt. Der Umstand, daß der Beamte eine Kinderzulage (vgl. Erl. v. 24. 8. 1922 — FMBl. S. 497 —) erhält, berechtigt nicht zum Bezug der Frauenbeihilfe.

(4) Den verwitweten Beamten sind solche Beamte (männliche oder weibliche) gleichzustellen, deren Ehe ohne ihr eigenes Verschulden für nichtig erklärt oder geschieden worden ist. Ist wegen Verschuldens des Beamten die Ehe geschieden oder für nichtig erklärt, so steht ihm die Frauenbeihilfe auch dann nicht zu, wenn er im eigenen Hausstande für den vollen Unterhalt von Kindern aufkommt, für die er nach § 18 BDEG. Kinderbeihilfen bezieht, oder wenn er verpflichtet ist, für den Unterhalt seiner geschiedenen Ehefrau zu sorgen.

(5) Durch Aufhebung der ehelichen Gemeinschaft (§ 1575 BGB.) wird der rechtliche Bestand der Ehe nicht berührt. Der Beamte, bei dem die eheliche Gemeinschaft durch gerichtliches Urteil aufgehoben ist, erhält also für die getrennt lebende, unterhaltsberechtigte Ehefrau, falls die Voraussetzungen des Abs. 2 Satz 3 erfüllt sind, die Frauenbeihilfe ohne Rücksicht darauf, ob ihn bezüglich der Aufhebung der ehelichen Gemeinschaft ein Verschulden trifft, oder ob er im eigenen Hausstande für den vollen Unterhalt eines Kindes aufkommt, für das er nach § 18 BDEG. Kinderbeihilfe bezieht (vgl. jedoch auch Abs. 7).

(6) Beamte, die gleichzeitig mehr als eine Stelle im Staatsdienst bekleiden, erhalten die Frauenbeihilfe nur einmal. Bekleiden sie nur ein Nebenamt, so erhalten sie die Frauenbeihilfe nicht. Bezieht ein Beamter ein Grundgehalt aus Landesmitteln und zugleich aus Reichsmitteln oder aus Mitteln eines anderen Landes, so erhält er von der Frauenbeihilfe aus Landesmitteln nur den Teilbetrag, der dem aus Landesmitteln gezahlten Grundgehalt entspricht. Wird das Grundgehalt aus anderen Gründen gekürzt, so wird die Frauenbeihilfe deswegen nicht gekürzt (vgl. auch Ziff. 124a Abs. 1).

(7) Die Frauenbeihilfe wird nicht gewährt, wenn die Ehefrau als Beamtin, Angestellte oder Arbeiterin im Dienste des Reichs, eines Landes, einer Gemeinde oder einer sonstigen öffentlichen Körperschaft Gehalt oder Lohn bezieht. Ist jedoch

die Ehefrau in diesem Dienstverhältnis nicht voll beschäftigt, oder hat sie ohne Festlegung einer bestimmten Arbeitszeit die Vornahme von Arbeiten (z. B. Reinigung des Dienstgebäudes) gegen eine Pauschalvergütung übernommen, so steht diese Beschäftigung der Gewährung der Frauenbeihilfe nicht entgegen. Bezieht die Ehefrau eines Beamten aus Reichs-, Staats- oder Gemeindemitteln für ihre eigene Person Versorgungsbezüge oder eine ruhegehaltsähnliche laufende Unterstützung, so sind diese Bezüge auf die Frauenbeihilfe anzurechnen.

(8) Die Frauenbeihilfe wird im voraus, und zwar vom Ersten des Monats ab, gezahlt, in welchen das für die Gewährung maßgebende Ereignis fällt. Die Zahlung der Frauenbeihilfe wird vom Ersten des Monats an eingestellt, der auf das für den Fortfall maßgebende Ereignis folgt; hat sich das Ereignis am ersten Tage eines Monats zugetragen, so ist die Zahlung von diesem Tage ab einzustellen.

(9) Fällt die Frauenbeihilfe gemäß Abs. 3 fort, weil dem verwitweten Beamten eine Kinderbeihilfe nicht mehr zusteht, so gilt als maßgebendes Ereignis für den Fortfall der Frauenbeihilfe der Zeitpunkt des Fortfalls der Kinderbeihilfe gemäß Ziff. 122a oder 122b. Wird die Zahlung der Frauenbeihilfe eingestellt, weil der verwitwete Beamte im eigenen Hausstand für den vollen Unterhalt des Kindes nicht mehr aufkommt, da das eigene Einkommen des Kindes die Hälfte der Kinderbeihilfe einschließlich des Ausgleichszuschlags übersteigt, so fällt die Frauenbeihilfe mit Ablauf des Kalendervierteljahres weg, in dessen zweitem Monat das eigene Einkommen des Kindes den genannten Betrag übersteigt. Ziff. 116 gilt sinngemäß.

(10) Stirbt die Ehefrau, so erhält der Beamte beim Vorliegen der sonstigen Voraussetzungen die Frauenbeihilfe, auch wenn er nicht bereits nach Abs. 3 Satz 1 als Witwer Anspruch darauf hat, noch für den ganzen Sterbemonat sowie für die darauffolgenden drei Monate.

(11) Bis zum Wegfall wird die Frauenbeihilfe in der jeweils geltenden Höhe gezahlt.

(12) Stirbt der Beamte (männliche oder weibliche), so ist als ein Teil der Gnadenbezüge auch der entsprechende auf das

Gnadenvierteljahr entfallende Betrag der Frauenbeihilfe zu zahlen (s. Ziff. 9a).

(13) Für die Frauenbeihilfe gilt Ziff. 118 Abs. 2 Satz 1 sowie Abs. 3 und 4 entsprechend.

Anwärterdienstalter und Anwärterdienstzeit.

Anrechnung von Militär- und Marinedienst.

150. (1) Den Zivilanwärtern wird die in Erfüllung der gesetzlichen Dienstpflicht abgeleistete Militär- und Marinedienstzeit bis zur Dauer eines Jahres, allen Anwärtern wird die Zeit des Kriegsdienstes, eines dem Kriegsdienst nach Ziff. 70 und 71 gleichzuachtenden Dienstes sowie eines nach Ziff. 32c bis f anzurechnenden Dienstes unbeschränkt auf das AnwDA. und die AnwDZ. angerechnet, soweit sie nach dem tatsächlichen Beginn der Anwärterdienstzeit abgeleistet sind.

(2) Sind sie vorher abgeleistet, so erfolgt die Anrechnung insoweit, als durch die Dienstleistung der Beginn des AnwDA. und der AnwDZ. nachweislich verzögert worden ist; Ziff. 65 bis 69 gelten entsprechend.

---

2. Richtlinien für die Neuregelung der Versorgungsbezüge auf Grund des Preußischen Besoldungsgesetzes vom 17. 12. 1927 (GS. S. 223).

— RdErl. d. FM. v. 21. 1. 1928 (I D 1 600 b) — (PrBesBl. S. 5).

I. Erläuterungen.

Die einzelnen Nummern dieses Abschnitts sind im PrBesG. bei den Paragraphen, zu denen sie gehören, abgedruckt.

II. Umrechnungsvorschriften[1]).

a.

1. Die Berechnung und Zahlbarmachung der nach den §§ 19, 20 erhöhten Versorgungsbezüge erfolgt durch die

---

[1]) Für die Justizverwaltung bestehen besondere Umrechnungsvorschriften (AV. v. 24. 1. 1928 — JMBl. S. 28).

Regelungsbehörden. Eine Beteiligung der Festsetzungsbehörden wird in den Fällen des § 19 in der Regel nicht erforderlich sein.

2. Regelungsbehörde ist diejenige Behörde, der die allgemeine Umrechnung der Versorgungsbezüge obliegt. Festsetzungsbehörde ist die Behörde, die erstmalig das Ruhegehalt oder das Witwengeld des aus dem aktiven Dienst ausscheidenden Beamten festgesetzt hat, also die letzte Dienstbehörde des Beamten, bei der sich auch in der Regel die Personalakten befinden.

b.

Soweit sich aus den bei der Regelungsbehörde befindlichen Unterlagen das für März 1920 zuständig gewesene Ruhegehalt (vgl. Ziff. I 11) nicht ermitteln läßt, sind die erforderlichen Angaben von der Festsetzungsbehörde einzufordern. Diese hat die Höhe des gesetzlichen Ruhegehalts, das für März 1920 zugestanden hat oder zugestanden haben würde, mitzuteilen.

c.

Die neuen Beträge sind in die Grundkarte einzutragen und durch die Pendelanweisung[1]) — nötigenfalls unter Benutzung eines zweiten halben Bogens, in dem die Angaben für Namen, Dienststellung usw. nicht wiederholt zu werden brauchen — mit den übrigen laufenden Bezügen zahlbar zu machen, wobei die Änderungen der Sätze für die Kinderbeihilfe und den örtlichen Sonderzuschlag zu beachten sind. Die Frauenbeihilfe ist unverändert geblieben.

d.

Zur Erleichterung der Umrechnung nach den §§ 19, 20 sind für die Regelfälle Tafeln gefertigt[2]). Bei ihrer Benutzung ist folgendes zu beachten:

1. Die weißen Tafeln gelten für alle in der Zeit vom 1. April 1920 bis zum 1. Oktober 1927 ausgeschiedenen Beamten und

---

[1]) Wegen des Fortfalls der Pendelanweisungen vgl. RdErl. d. ORK. v. 21. 2. 1929 — PrBesBl. S. 59.

[2]) Die Tafeln sind den in Frage kommenden Dienststellen der Staatsverwaltung übersandt worden.

Lehrpersonen sowie für ihre Hinterbliebenen und — soweit nicht die Versorgung nach § 20 zu regeln ist — auch für die zum 1. April 1920 oder zu einem früheren Zeitpunkt ausgeschiedenen Beamten und Lehrpersonen sowie für deren Hinterbliebene. Die Tafeln enthalten die Jahresbeträge der auf Grund des § 19 um 25, 22, 19 und 16 v. H. erhöhten Grundgehälter. Da bei den Einzelgehältern II bis V eine prozentuale Erhöhung des bisherigen Grundgehalts und Zuschlags dazu gemäß § 19 Abs. 2 Satz 1 nicht stattfindet, so bedeutet bei den genannten Gruppen „Neues Grundgehalt" lediglich die Zusammenziehung des bisherigen Grundgehalts und des Zuschlags dazu.

2. Die grünen Tafeln gelten für die zum 1. April 1920 oder zu einem früheren Zeitpunkt ausgeschiedenen Beamten und Lehrpersonen und für ihre Hinterbliebenen, für die eine Versorgung nach § 20 in Frage kommt. Diese Tafeln enthalten die Jahresbeträge der auf Grund des § 20 um 33, 30, 27 und 24 v. H. erhöhten Grundgehälter.

3. Beide Tafeln enthalten ferner den zuständigen Wohnungsgeldzuschuß (Ortsklasse B) nach der zuständigen Tarifklasse und nach dem vom 1. Oktober 1927 geltenden Satz von 120 v. H. in Jahresbeträgen sowie das Ruhegehalt und Witwengeld in Jahres- und Monatsbeträgen.

4. Die Tafeln sind im übrigen auch für Wartegeldempfänger mit einer ruhegehaltsfähigen Dienstzeit von 18 und mehr Jahren benutzbar. Hierbei ist das Höchstwartegeld (Ziff. I 23) zu beachten.

5. Die in den Tafeln enthaltenen Angaben brauchen durch den feststellenden Beamten nicht nachgeprüft zu werden.

e.

Für die Nachweisungen zur Anweisung der Versorgungsbezüge werden von der Oberrechnungskammer neue Vordrucke eingeführt. Hierzu ergeht besondere Verfügung der Oberrechnungskammer[1]).

[1]) Vgl. RdErl. v. 8. 2. 1928 — PrBesBl. S. 75.

f.

Auf die nachzuzahlenden Beträge sind die auf Grund der Runderlasse vom 24. September 1927 — PrBesBl. S. 127 — und vom 10. Dezember 1927 — I D 1. 15262b, PrBesBl. S. 157 — und der dazu ergangenen Einzelanweisungen der Fachminister gezahlten Vorschüsse anzurechnen. Soweit die bereits gezahlten Vorschüsse für die Zeit vom 1. Oktober bis 31. Dezember 1927 den Betrag der Nachzahlung übersteigen, sind die überhobenen Beträge in Ausgabe zu belassen. Für die Zeit vom 1. Januar 1928 ab sind etwa zuviel gezahlte Beträge in Anrechnung zu bringen.

---

3. RdErl. d. FM., zugl. i. N. d. MPräs. u. sämtl. StM., v. 11. 3. 1927, betr. Zahlung von Kinderbeihilfen usw. (Bes. 2669 b).

(PrBesBl. S. 43.)

Zur Behebung von Zweifeln wird nachstehendes zur künftigen Beachtung bekanntgegeben:

1. Die **Kinderbeihilfe** kann auch bei verspätetem Antrag auf ihre Bewilligung mit Rückwirkung vom Ersten des Monats an gezahlt werden, in den das für die Gewährung maßgebende Ereignis fällt — Ziff. 121 (1)[1]) PBV. —, wenn die sonstigen Vorbedingungen für die Gewährung der Kinderbeihilfe auch für die rückliegende Zeit erfüllt sind. Über die im § 197 BGB. festgesetzte Frist von 4 Jahren hinaus dürfen indessen Nachzahlungen nicht geleistet werden.

Die hiernach nachträglich zu bewilligenden Beträge sind — wie die laufenden Zahlungen an Kinderbeihilfe — bei den Besoldungsfonds des laufenden Rechn.-Jahres zu verrechnen.

2. Nach dem RdErl. vom 24. 8. 1922 — Bes. 2822 — (FMBl. S. 497) in der Fassung des Abschn. VII des RdErl. v. 17. 5. 1923 — Bes. 1730 — (FMBl. S. 219)[2]) kann dem Beamten usw. im Falle des Bedürfnisses und beim Vorliegen

---

[1]) Vgl. jetzt Nr. 62 (1) PBV.

[2]) Vgl. jetzt RdErl. v. 21. 5. 1928 — Bes. 4273 b II — PrBesBl. S. 193, abgedruckt im Anhang S. 247.

bestimmter anderer Voraussetzungen auf Antrag eine widerrufliche **Kinderzulage** für Kinder im Alter von mehr als 21 bis 24 Jahren bewilligt werden. Die Bewilligung ist grundsätzlich nur vom Ersten des Monats ab zulässig, in dem der Antrag gestellt wird. Wird ein Antrag auf Gewährung der Kinderzulage verspätet gestellt und werden glaubhafte Gründe geltend gemacht, die seine rechtzeitige Vorlage verhindert haben, so kann die Kinderzulage ausnahmsweise für eine rückliegende Zeit bis zu 3 Monaten, keinesfalls aber für einen noch über den Beginn des jeweils laufenden Rechnungsjahres hinaus zurückliegenden Zeitraum, bewilligt werden[1]).

3. pp.

4. Sofern für die rückliegende Zeit anders verfahren worden ist, behält es dabei sein Bewenden.

---

4. RdErl. d. FM. v. 19. 9. 1928, betr. Kinderbeihilfe für Pflegekinder und Enkel. (Bes. 10692 b).

Nach Nr. 76 PBV. können unter den a. a. O. aufgeführten Voraussetzungen Kinderbeihilfen zum Satze von 20 RM. monatlich für Pflegekinder und Enkel gewährt werden. Bei der großen Verschiedenartigkeit der Fälle lassen sich feste einheitliche Grundsätze über die Bewilligung der Kinderbeihilfe im Einzelfalle kaum aufstellen, vielmehr wird es den Herren Ressortchefs überlassen bleiben müssen, in geeignet erscheinender Weise zu prüfen und nach dem Ergebnis der Feststellungen zu entscheiden, ob nach den gegebenen Verhältnissen die Gewährung der Kinderbeihilfe gerechtfertigt und zulässig erscheint. Zur Klarstellung und Erzielung eines möglichst gleichmäßigen Verfahrens dürfte es jedoch angezeigt erscheinen, nachstehende Richtlinien zu geben, die die Beurteilung der Frage, ob Kinderbeihilfe für ein Pflege- oder Enkelkind gezahlt werden darf oder nicht, in der Mehrzahl der Fälle erleichtern.

---

[1]) Diese Bestimmung gilt sinngemäß bei verspätet gestellten Anträgen auf Gewährung von Kinderbeihilfen für Pflegekinder und Enkel — vgl. Nr. 76 PBV.

1. Erste Voraussetzung für die Gewährung der Kinderbeihilfe in derartigen Fällen muß sein, daß aus den Umständen entnommen werden kann, daß der Beamte tatsächlich die Absicht hat, dauernd für den vollen Unterhalt und die Erziehung des Kindes zu sorgen. Er muß die Stelle des Vaters mit allen Pflichten dem Kinde gegenüber übernommen haben, so daß zwischen Pflegekind und Pflegevater (Großvater) ein ähnliches Verhältnis besteht, wie zwischen einem Kinde und einem leiblichen Vater. Trifft dies nicht zu, so ist die Gewährung der Kinderbeihilfe zu versagen.

   Ist diese Voraussetzung erfüllt und auch den unter den nachfolgenden Nummern 2 bis 5 angegebenen Bestimmungen genügt, so stehen der Gewährung der Kinderbeihilfe Bedenken nicht entgegen.

2. Die für die Kinder nach § 11 Abs. 1, 4a und 7 PrBesG. allgemein maßgebenden Voraussetzungen zur Gewährung der Kinderbeihilfe müssen erfüllt sein (Altersgrenze, Schul- oder Berufsausbildung, Erwerbsunfähigkeit bei körperlichen oder geistigen Gebrechen).

3. Der Beamte muß das Pflege- oder Enkelkind ständig in seinen Hausstand aufgenommen haben und darf für Unterhalt und Erziehung des Kindes keine Vergütung erhalten (Nr. 76 (1) PBV.).

4. Die Gewährung der Kinderbeihilfe hängt ferner davon ab, daß nicht eine andere Person vorhanden ist, die zum Unterhalt des Kindes gesetzlich verpflichtet und hierzu imstande ist.

   Als unterhaltspflichtige Personen kommen in der Hauptsache in Betracht die Eltern und die beiderseitigen Großeltern des Kindes (§ 1601 BGB.), der Vater des unehelichen Kindes (§ 1708 BGB.), die Mutter des unehelichen Kindes oder deren Verwandte in aufsteigender Linie (§ 1709 BGB.) und der Ehegatte des Kindes (§ 1360 BGB.). Gehört der Beamte selbst zu den unterhaltspflichtigen Personen (z. B. als Großvater) und sind andere unterhaltspflichtige Verwandte nicht vorhanden, so wird die Kinderbeihilfe zu gewähren sein.

5. Am schwierigsten wird häufig die Frage zu beurteilen sein, ob die unterhaltspflichtigen Personen auch imstande sind, den Unterhalt des Kindes zu bestreiten. Wenn hierfür auch allgemeine Richtlinien nicht gegeben werden können, so ist doch darauf hinzuweisen, daß mit allen Mitteln versucht werden muß, die zum Unterhalt Verpflichteten zur Erfüllung ihrer gesetzlichen Unterhaltspflicht anzuhalten (äußerstenfalls durch Anstrengung der Klage usw.). Gegebenenfalls wird es den zur Anweisung der Dienstbezüge zuständigen Behörden zur Pflicht zu machen sein, durch den Vormund des Kindes oder durch das Vormundschaftsgericht das Erforderliche zu veranlassen. Erst wenn es sich als unmöglich erweist, den Unterhaltspflichtigen zur Leistung heranzuziehen, wenn die Beitreibung der Unterhaltsrente keine Aussicht auf Erfolg bietet oder unverhältnismäßig hohe Kosten verursachen würde, kann die Frage, ob der Unterhaltspflichtige zur Gewährung des Unterhalts imstande ist, als hinreichend geklärt gelten. Es liegt nicht im Sinne der Bestimmungen in Nr. 76 PBV., die Kosten des Unterhalts oder einen Teil derselben für Kinder dadurch auf den Staat abwälzen zu lassen, daß der Unterhaltspflichtige sich seiner Unterhaltspflicht entzieht, und ein Beamter die Kinder in seinen Hausstand aufnimmt, unterhält und dafür die Kinderbeihilfe erhält.

6. Die nach Nr. 76 PBV. gewährten Kinderbeihilfen sind widerruflich.

5.[1]) RdErl. d. FM., zugl. i. N. d. MPräs. u. sämtl. StM. v. 21. 5. 1928, betr. Richtlinien über die Gewährung von Kinderzulagen für Kinder vom vollendeten 21. bis zum 24. Lebensjahr in gesetzlich nicht geregelten Fällen (Bes. 4273 b II).

(PrBesBl. S. 193.)

Das Staatsministerium hat unterm 19. 5. 1928 nachstehende Richtlinien über die Gewährung von Kinderzulagen für Kinder

---

[1]) Der RdErl. ist hinsichtlich der Höhe des Satzes von 20 RM. geändert durch Nr. 25 der preuß. Durchführungsbestimmungen z. 2. GKV.; vgl. S. 303.

vom vollendeten 21. bis 24. Lebensjahr in gesetzlich nicht geregelten Fällen beschlossen:

Unter Aufhebung der bisherigen Richtlinien über die Gewährung von Kinderzulagen an über 21 bis 24 Jahre alte Kinder wird folgende Regelung getroffen:

I.

Für Kinder vom vollendeten 21. bis zum 24. Lebensjahr können im Falle des Bedürfnisses auf Antrag widerrufliche Kinderzulagen in Höhe von 20 RM. monatlich bewilligt werden unter denselben Voraussetzungen, unter denen nach § 11 Abs. 1, 3 bis 6, 8 bis 10 sowie § 25 des Preußischen Besoldungsgesetzes vom 17. 12. 1927 — GS. S. 223 — und Nr. 76 der Preußischen Besoldungsvorschriften vom 30. 3. 1928 (PrBesBl. S. 175) Kinderbeihilfen gewährt werden. Die Preußischen Besoldungsvorschriften zu § 11 sowie die vorläufigen Richtlinien über die Neuregelung der Versorgungsbezüge vom 21. 1. 1928 — I D 1. 600b — (PrBesBl. S. 5) zu § 25 Ziff. B 16 Abs. 1, 4 bis 6, Ziff. 17 und 18 gelten sinngemäß.

Ein Rechtsanspruch auf die Zahlung der Kinderzulage besteht nicht.

II.

Bei Prüfung des Bedürfnisses ist wohlwollend zu verfahren und ein peinliches Eindringen in die Privatverhältnisse des Antragstellers zu vermeiden.

III.

Diese Regelung tritt mit Wirkung vom 1. Oktober 1927 ab in Kraft.

Falls etwa für die Zeit vom 1. Oktober 1927 bis zum 31. Mai 1928 in Anwendung der bisherigen Grundsätze Kinderzulagen überzahlt worden sind, sind die Mehrbeträge in Ausgabe zu belassen.

Berlin, den 19. Mai 1928.

(L. S.) Das Preußische Staatsministerium.

Die Befugnis zur Bewilligung der Kinderzulage bleibt den bisher zuständigen Dienststellen übertragen. Nr. 62 Abs. 6 der PBV. v. 30. 3. 1928 gilt sinngemäß.

---

6. RdErl. d. FM., zugl. i. N. d. MPräs. u. sämtl. StM. v. 28. 3. 1929, betr. Gewährung von Kinderzulage in gesetzlich nicht geregelten Fällen (Bes. 3292 b).

(PrBesBl. S. 58.)

In Fällen, in denen für ein Kind die Kinderzulage in gesetzlich nicht geregelten Fällen gemäß dem RdErl. v. 21. 5. 1928 — Bes. 4273 II — (PrBesBl. S. 193) gewährt wird, kann die Kinderzulage ausnahmsweise auch über das 24. Lebensjahr hinaus weitergezahlt werden, sofern das Kind in der Zeit vom 21. bis zum 24. Lebensjahre wegen körperlicher oder geistiger Gebrechen dauernd erwerbsunfähig wird und nicht ein eigenes Einkommen von mindestens monatlich 40 RM.[1]) hat. Wegen des Beginns der Gewährung der Kinderzulage wird auf Nr. 2 des RdErl. v. 11. 3. 1927[2]) Bes. 2669b (PrBesBl. S. 43) verwiesen.

Das Bestehen der dauernden Erwerbsunfähigkeit ist durch amtsärztliches Zeugnis oder falls das Kind in einer Erziehungs-, Pflege- oder Heilanstalt untergebracht ist, durch ein Zeugnis des Anstaltsarztes nachzuweisen. Das Zeugnis ist spätestens alle drei Jahre neu einzufordern. Besteht die Erwerbsunfähigkeit nicht mehr, so kommt die Kinderzulage endgültig in Wegfall und lebt nicht wieder auf, wenn die Erwerbsunfähigkeit später etwa wieder eintritt — zu vgl. Nr. 74 (1) u. (2) PBV.

---

7. RdErl. d. FM. zugl. i. N. d. MPräs. und aller StM. v. 17. 8. 1928 über die Voraussetzungen für den Beginn des AnwDA. und der Zahlung der Anwärterbezüge in der Obersekretärlaufbahn nach dem Preuß. Besoldungsgesetz (Bes. 8594 b II).

(PrBesBl. S. 254.)

Nach § 17 des Preuß. Besoldungsgesetzes und Nr. 87 (2) der PBV. beginnt das AnwDA. der nichtplanmäßigen Beamten und die Zahlung der Anwärterbezüge mit dem Tage, von dem an der Beamte nach erlangter Befähigung für das Amt end-

[1]) Entsprechend der Änderung des § 11 Abs. 4 PrBesG. wird statt „40 RM." „30 RM." einzusetzen sein.

[2]) Abgedruckt im Anhang S. 244.

gültig in den Staatsdienst übernommen worden ist. Nach dieser Bestimmung ist also Voraussetzung für den Beginn des Anw.-DA. und der Zahlung der Anwärterbezüge bei einem Beamten der Obersekretärlaufbahn, daß er die Obersekretärprüfung bestanden hat und danach endgültig in den Staatsdienst übernommen worden ist. Bisher ist in einzelnen Verwaltungszweigen zum Teil anders verfahren. Soweit es noch nicht auf Grund des Besoldungsgesetzes und der PBV. ohnehin geschehen ist, sind diese Beamten nach bestandener Obersekretärprüfung endgültig in den Staatsdienst zu übernehmen. Erst von diesem Zeitpunkt ab sind die nach Nr. 90ff. der PBV. ihnen zustehenden gesetzlichen Bezüge zu zahlen.

---

8. RdErl. d. FM. zugl. i. N. d. MdJ. v. 2. 11. 1928, betr. Voraussetzungen für den Beginn des AnwDA. und der Zahlung der Anwärterbezüge in der RegObersekretärlaufbahn der allg. Verwaltung. (P. 2279. MdJ. Pd. 1100).
(PrBesBl. S. 309.)

1. Wie in dem namens aller Herren Staatsminister im PrBesBl. S. 254 veröffentlichten RdErl. v. 17. 8. 1928 — Bes. 8594 b II — ausgeführt worden ist, beginnt das Anwärterdienstalter der nichtplanmäßigen Beamten der Obersekretärlaufbahn grundsätzlich erst nach bestandener Obersekretärprüfung. Da aber der § 48 (2) der Anstellungsgrundsätze die Verpflichtung vorsieht, den Versorgungsanwärtern die über ein Jahr hinausgehende Zeit des Vorbereitungsdienstes auf das Anwärterdienstalter anzurechnen, ist in der Nr. 90 (1) b PBV. eine Ausnahme von diesem allgemeinen Grundsatz vorgesehen. Bei Anwendung der bis auf weiteres unverändert bleibenden Vorschrift in Ziff. 15 des RdErl. v. 25. 4. 1925 — PrBesBl. S. 117 — über die Ausbildung für den Regierungsobersekretärdienst sind die Voraussetzungen der Nr. 90 (1) b PBV. erfüllt, demgemäß ist auf das AnwDA. der Versorgungsanwärter die über ein Jahr hinausgehende Zeit des Vorbereitungsdienstes anzurechnen, es sei denn, daß die Verlängerung durch die Schuld des Anwärters bewirkt worden ist. Diese Anrechnung erfolgt erst nach bestandener Obersekretärprüfung mit dem Beginn der Zahlung der Anwärterbezüge.

2. Wegen des Beginns der Zahlung der Anwärterbezüge wird in Ergänzung des genannten RdErl. v. 17. 8. 1928 für die Allgemeine Verwaltung folgendes bestimmt: Die endgültige Übernahme in den Staatsdienst nach bestandener Obersekretärprüfung liegt für Zivilsupernumerare und Regierungsbürodiätare der Allgemeinen Verwaltung in der Ernennung zum Regierungspraktikanten. Diese Ernennung, die also die Voraussetzung für den Beginn der Zahlung der Anwärterbezüge nach Nr. 87 (2) PBV. schafft, ist, nachdem die Anwärter die Obersekretärprüfung bestanden haben, mit Wirkung von dem auf die Prüfung folgenden Tag ab zu verfügen.

3. Soweit den Zivilsupernumeraren Unterhaltszuschüsse bewilligt worden sind, können diese bis zu dem unter 2 bezeichneten Zeitpunkt fortgewährt werden.

Den Versorgungsanwärtern sind die ihnen während der Probedienstleistung zu bewilligenden Bezüge auch nach deren Beendigung bis zu dem unter 2 bezeichneten Zeitpunkt weiterzuzahlen.

4. Soweit hierbei anders verfahren worden ist, sind

a) den Beamten, die bereits bei Bekanntgabe der PBV. v. 30. 3. 1928 (PrBesBl. S. 155) auf Grund der bisherigen Vorschriften Anwärterbezüge erhalten haben, diese weiterzugewähren (§ 87 (2) Satz 2 PBV.),

b) die etwa sonst entsprechend der bisherigen Übung bis jetzt gezahlten höheren Beträge in Ausgabe zu belassen.

5. Dieser Erlaß ist sofort durchzuführen, so daß bis zum nächsten Zahlungstermin festgestellt und bekanntgegeben ist, welche Änderungen in den Bezügen hiernach etwa eintreten.

---

9. RdErl. d. FM. zugl. i. N. d. MPräs. und sämtl. StM. v. 26. 2. 1929, betr. Bezüge der Versorgungsanwärter im Vorbereitungsdienst gemäß Nr. 87 Abs. 2 letzt. Satz PBV. (Bes. 1952 b).

(PrBesBl. S. 42.)

In Nr. 87 Abs. 2 letzt. Satz der PBV. vom 30. 3. 1928 (PrBesBl. S. 155ff.) ist für die Zahlung von Bezügen für

Beamte im Vorbereitungsdienst folgende Übergangsregelung getroffen:

„Soweit abweichend von dieser Bestimmung Beamtenanwärter bei Bekanntmachung dieser PBV. auf Grund der bisherigen Vorschriften bereits Anwärterbezüge erhalten, können ihnen diese weiter gewährt werden."

Zur Vermeidung von Zweifeln wird darauf hingewiesen, daß nach dieser Bestimmung Versorgungsanwärtern, die bei Bekanntmachung der PBV. vom 30. 3. 1928 auf Grund der bisherigen Vorschriften bereits Anwärterbezüge nach § 12 des BDEG. v. 17. 12. 1920/1. 4. 1924 erhalten haben, im 2. und 3. Vorbereitungsjahr oder Ausbildungsjahr die Dienstbezüge der nichtplanmäßigen Beamten (Versorgungsanwärter) im 1. und 2. Anwärterdienstjahr, d. h. steigend, nach der Übersicht 3 zur PBV. vom 30. 3. 1928 gezahlt werden können, und zwar nach dem unverbesserten Anwärterdienstalter, da § 33 PrBesG. auf diese Beamten keine Anwendung findet. Diese Beamten können daher auch nach endgültiger Übernahme in den Staatsdienst nach bestandener Obersekretärprüfung gem. § 17 Abs. 2 PrBesG. nur bis zur 1. Stufe derjenigen Besoldungsgruppe aufsteigen, in der sie beim regelmäßigen Verlauf ihrer Dienstlaufbahn zuerst planmäßig angestellt werden.

Es liegt ferner Veranlassung vor, auf folgendes hinzuweisen:

Die Weiterzahlung von Anwärterbezügen auf Grund der Ziff. 4a des RdErl. v. 2. 11. 1928 — P. 2279 usw. — (PrBes.-Bl. S. 309) wird durch Ziff. 3 und 4 des Abschnitts D des RdErl. v. 16. 11. 1928 — Bes. 13366 b — (PrBesBl. S. 314) nicht berührt, da die zuletzt genannten Bestimmungen lediglich Regelungen für die Zahlung von Unterhaltszuschüssen und Vergütungen der zum Vorbereitungsdienst und zur Probedienstleistung einberufenen Beamten, also nicht von Anwärterbezügen treffen, die nach den früheren Vorschriften gezahlt sind und nach Nr. 87 Abs. 2 letzt. Satz PBV. weiter gewährt werden können.

---

10. RdErl. d. FM. zugl. i. N. d. MPräs. und sämtl. StM. vom 16. 11. 1928, betr. Unterhaltszuschüsse und Vergütungen für Beamte im Vorbereitungsdienst sowie Vergütungen für Beamte, die zur Probedienstleistung einberufen sind (Bes. 13366 b).

(PrBesBl. S. 314.)

A. Unterhaltszuschüsse.

1. Der Vorbereitungsdienst ist grundsätzlich unentgeltlich abzuleisten. Die Zivilanwärter haben insbesondere die Kosten für ihren Lebensunterhalt während der Vorbereitungszeit selbst zu bestreiten. Die Bewilligung widerruflicher Unterhaltszuschüsse erfolgt lediglich mit Rücksicht auf die gegenwärtigen schwierigen wirtschaftlichen Verhältnisse nach Maßgabe der verfügbaren Mittel.

2. Als widerruflicher Unterhaltszuschuß kann Zivilanwärtern im Vorbereitungsdienst

der Bes.Gr. A 2 b ein Betrag bis zu 125 Reichsmark,
der Bes.Gr. A 2 d[1]), A 3[1]), A 4 a und A 4 b ein Betrag bis zu 100 Reichsmark,

monatlich bewilligt werden.

Zu diesen Sätzen können Kinderbeihilfen wie für planmäßige Beamte gewährt werden, nicht aber örtliche Sonderzuschläge.

3. Die Beträge sind Höchstsätze. Unterhaltszuschüsse sind nur auf Antrag und im Falle eines regelmäßig nachzuprüfenden Bedürfnisses zu gewähren. Bei der Bewilligung und Bemessung des Unterhaltszuschusses sind in jedem Einzelfall die wirtschaftlichen Verhältnisse des Antragstellers und insbesondere auch der Umstand zu berücksichtigen, inwieweit der Anwärter etwa im Haushalt von Angehörigen Unterkunft und Verpflegung erhält.

4. Bei der Bemessung des Unterhaltszuschusses sind die einem Beamtenanwärter zustehenden Militärversorgungsgebührnisse — also bei den nach dem Reichsversorgungsgesetz v. 12. 5. 1920 in der Fassung der Bekanntmachung v.

---

[1]) Vgl. RdErl. v. 18. 8. 1930 — K V. 1. 779 — (PrBesBl. S. 115).

22. 12. 1927 (RGBl. I S. 515) Versorgten auch die Ausgleichs-, Kinder-, Orts- und Teuerungszulagen — anzurechnen. In diesen Fällen können Unterhaltszuschüsse mithin nur insoweit gewährt werden, als der zulässige Höchstsatz die Beträge der anzurechnenden Militärversorgungsgebührnisse übersteigt. Ausgenommen von der Anrechnung sind

a) die Verstümmelungs-, Schwerbeschädigten-, Frauen- und Pflegezulagen sowie die Zusatzrente,
b) die auf die Schwerbeschädigtenzulage entfallenden Ausgleichszulagen,
c) die auf die Gebührnisse zu a und b entfallenden Kinder-, Orts- und Teuerungszulagen.

Sollte in Einzelfällen die Anrechnung ähnlicher Zulagen zu Härten führen, so ist an den Fachminister zu berichten.

5. Der Unterhaltszuschuß ist nur für die Dauer der tatsächlichen Beschäftigung im Vorbereitungsdienst zu zahlen. Er soll jedoch, sofern die sonstigen Voraussetzungen erfüllt sind,

a) während des vorgesehenen regelmäßigen Erholungsurlaubs und während eines etwa unter Sonderumständen gewährten außergewöhnlichen Urlaubs von höchstens gleicher Dauer,
b) in Krankheitsfällen bis zur Dauer von längstens 26 Wochen

ungekürzt weitergezahlt werden.

Erscheint ausnahmsweise auch hierüber hinaus die Fortzahlung des Unterhaltszuschusses in ganz besonders gestalteten Notfällen angezeigt, so bedarf es der Genehmigung des Fachministers.

6. Ein Rechtsanspruch auf die Gewährung eines Unterhaltszuschusses besteht nicht. Die Unterhaltszuschüsse sind somit jederzeit — auch in jedem Einzelfall — widerruflich. Dies ist dem Anwärter bei der Bewilligung schriftlich zu eröffnen.

B.[1]) Vergütungen für Beamte im Vorbereitungsdienst bei Beschäftigungsaufträgen.

1. Statt der Unterhaltszuschüsse nach Abschnitt A

[1]) Der Abschnitt B in der abgedruckten Fassung ist am 1. Jan. 1932 in Kraft getreten. Von diesem Tage an sind die Vergütungen für Beamte im Vorbereitungsdienst bei Beschäftigungsaufträgen neu festzusetzen.

können Zivilanwärtern im Vorbereitungsdienst, die kraft besonderen Auftrages als volle Arbeitskraft zur Stellvertretung, Aushilfe oder zur Erledigung besonderer Dienstgeschäfte verwendet werden, falls der Auftrag von vornherein auf im allgemeinen eine längere Zeit als 4 Wochen zu bemessen ist, Vergütungen in Höhe von monatlich

180 RM. (Tagessatz 6 RM.) für die Wahrnehmung von Dienstgeschäften eines Beamten der BesGr. A 2b,

150 RM. (Tagessatz 5 RM.) für die Wahrnehmung von Dienstgeschäften eines Beamten der BesGr. A 3, A 4a 2. Abt. oder eines Oberschullehrers,

120 RM. (Tagessatz 4 RM.) für die Wahrnehmung von Dienstgeschäften eines Beamten der BesGr. A 4b

bewilligt werden, sofern die dafür zur Verfügung stehenden Mittel (Hilfsleistungen durch Beamte) es ermöglichen oder die Einstellung als besoldete Hilfskraft nach den bestehenden Grundsätzen zulässig ist.

Neben den vorstehenden Sätzen werden Kinderbeihilfen, nicht aber örtliche Sonderzuschläge gewährt.

2. Beamtinnen im Vorbereitungsdienst für Stellen, die in der Besoldungsordnung mit einem + bezeichnet sind, erhalten die Vergütungen nach B 1 um 10 v. H. gekürzt.

C. Vergütungen für Beamte, die zur Probedienstleistung einberufen sind.

1. Die für Stellen der Bes.Gr. A 4b und A 4c einberufenen Versorgungsanwärter erhalten während der Probedienstleistung, Ausbildungs- oder Vorbereitungszeit eine Vergütung in Höhe von 75 v. H. des Anfangsgrundgehalts einschließlich des örtlichen Sonderzuschlags und des für das Anfangsgrundgehalt zuständigen Wohnungsgeldzuschusses.

2. Den Beamten, die zur Probedienstleistung für Stellen der Bes.Gr. A 5, A 6, A 7b, A 8 bis A 11 einberufen werden, erhalten als Versorgungsanwärter 75 v. H.[1]) des Anfangs-

[1]) Der Hundertsatz betrug ursprünglich 80 v. H. Die Änderung ist durch die DB. zur SparVO. erfolgt.

grundgehalts einschließlich des örtlichen Sonderzuschlags und des zuständigen Wohnungsgeldzuschusses.

3. Die zur Probedienstleistung für Stellen der Bes.Gr. A 5, A 6, A 7b, A 8 bis A 11 einberufenen Beamten, die nicht versorgungsberechtigt sind, aber beim Beginn der Probedienstleistung bereits das 30. Lebensjahr vollendet haben, erhalten dieselben Sätze, wie sie unter C 2 für Versorgungsanwärter festgesetzt sind. Soweit sie beim Beginn der Probedienstleistung das 30. Lebensjahr noch nicht vollendet haben, erhalten sie eine Vergütung in Höhe von 70 v. H. der genannten Bezüge.

4. Neben den Vergütungen zu C 1 bis C 3 werden Kinderbeihilfen wie für planmäßige Beamte gezahlt.

5. Die für Versorgungsanwärter vorgesehenen Bestimmungen gelten auch für die Inhaber des Anstellungsscheins, des Beamtenscheins und des Zivildienstscheins gemäß § 61 des Wehrmachtversorgungsgesetzes (ehemal. Offiziere) sowie für diejenigen Beamten, die auf Grund des Polizeiversorgungsscheins unter Anrechnung auf den Anteil der Zivilanwärter übernommen sind.

6. Ein planmäßiger oder nichtplanmäßiger Beamter, der in den Probedienst für eine höhere Laufbahn übertritt, kann während der Probedienstleistung, Ausbildungs- oder Vorbereitungszeit, falls die nach C 1 bis 3 für die neue Laufbahn zuständigen Bezüge niedriger sind, zur Vermeidung von Härten als Vergütung das zuletzt bezogene Diensteinkommen — den Wohnungsgeldzuschuß und den örtlichen Sonderzuschlag nach dem Satz des neuen dienstlichen Wohnsitzes berechnet — erhalten, jedoch nicht mehr als das Anfangsgrundgehalt der neuen Besoldungsgruppe einschl. des örtl. Sonderzuschlags und des Wohnungsgeldzuschusses.

7. Beamte, die bestimmungsgemäß in einer planmäßigen Stelle auf Probe angestellt werden, erhalten das volle Stelleneinkommen, d. s. 100 v. H. des Anfangsgrundgehalts einschl. des örtlichen Sonderzuschlags und des Wohnungsgeldzuschusses sowie die Kinderbeihilfe.

D. Gemeinsame Bestimmungen.

1. Die bewilligten Unterhaltszuschüsse und die Vergütungen nach Abschnitt C können, sofern die Voraussetzungen für die Zahlung im übrigen erfüllt sind, gegebenenfalls bis zur Ablegung der den Vorbereitungsdienst abschließenden Prüfung fortgewährt werden. Ein bewilligter Unterhaltszuschuß ist zu widerrufen, falls sich der Anwärter der Ablegung der Prüfung schuldhaft entzieht.

2. Die Unterhaltszuschüsse und Vergütungen werden am 15. des Monats für den laufenden Monat, falls sie für diesen Zeitraum zuständig sind, gezahlt. Im übrigen finden die Bestimmungen in Nr. 111 Abs. 2 der PBV. vom 30. 3. 1928 (PrBesBl. S. 155) sinngemäß Anwendung.

3. Die vorstehende Regelung tritt mit dem 1. Dezember 1928 in Kraft. Alle entgegenstehenden Vorschriften werden aufgehoben.

4. Sofern Beamte im Vorbereitungsdienst oder zur Probedienstleistung einberufene Beamte am 30. 9. 1927 nach Maßgabe der am 30. 9. 1927 geltenden Bestimmungen höhere Unterhaltszuschüsse oder Vergütungen als die nach vorstehender Regelung zuständigen bezogen haben, können die höheren Beträge einschl. eines etwa am 30. 9. 1927 zuständigen örtlichen Sonderzuschlages weitergezahlt werden, sofern und solange die Voraussetzungen für die Zahlung im übrigen erfüllt sind.

5. Soweit zur Probedienstleistung einberufene Beamte nach Maßgabe des Abschnitts A I und II des RdErl. v. 23. 12. 1927 — Bes. 15805b — (PrBesBl. S. 267) eine Vergütung unter Zugrundelegung der dritten Dienstaltersstufe der Bes.Gr. A 6 erhalten, können die höheren Bezüge weitergezahlt werden, sofern und solange die Voraussetzungen für die Zahlung im übrigen erfüllt sind.

6. Soweit nach Maßgabe der am 30. 9. 1927 geltenden Bestimmungen in der Zeit vom 1. 10. 1927 bis zum 30. 4. 1928 höhere Beträge an Unterhaltszuschüssen und Vergütungen gezahlt worden sind, als nach Abschnitt II des RdErl. v. 3. 4. 1928 — Bes. 3497b — (PrBesBl. S. 115) zuständig waren, sind die überhobenen Beträge in Ausgabe zu belassen.

Nachzahlungen für diesen Zeitraum oder Rückzahlungen inzwischen eingezogener Beträge sind nicht zu leisten.

---

11. RdErl. d. FM., zugl. i. N. d. MPräs. u. sämtl. StM. v. 22. 12. 1928, betr. örtliche Sonderzuschläge (Bes. 14274 b).

(PrBesBl. S. 342.)

Die in mehreren Einzelerlassen ergangenen Bestimmungen über die Gewährung von örtlichen Sonderzuschlägen lassen es im Interesse der geschäftlichen Erleichterung geboten erscheinen, die zurzeit geltenden Vorschriften nachstehend zusammengefaßt bekanntzugeben:

1. An örtlichen Sonderzuschlägen werden folgende Hundertsätze gewährt:

a) in Orten des besetzten Gebiets — längstens für die Dauer der Gewährung der Besatzungszulage[1]) —, soweit am 30. 9. 1927 ein örtlicher Sonderzuschlag von 15 v. H. gewährt wurde 8 v. H.
soweit am 30. 9. 1927 ein örtlicher Sonderzuschlag von 10 v. H. gewährt wurde . . . . 5 v. H.

b) in den übrigen Orten — mit Ausnahme von Berlin, Hamburg und den Hamburg gleichgestellten Orten —, in denen am 30. 9. 1927 ein örtlicher Sonderzuschlag von 15 v. H. gezahlt wurde . . . . 5 v. H.

c) in Berlin, Hamburg, Altona, Wandsbek, Finkenwerder . . . . 3 v. H.

In welchen preußischen Orten und Bezirken nach dem Stande vom 1. 7. 1928 örtliche Sonderzuschläge im einzelnen zu zahlen sind, ist aus dem **nachstehenden** Verzeichnis[2]) ersichtlich. Für den Fall des Wohnsitzes — s. Ziff. 5 — an einem nichtpreußischen Ort, für den nach Reichsrecht ein örtlicher Sonderzuschlag zuständig ist, ist dieser zahlbar. Seine Höhe

---

[1]) Vgl. RdErl. v. 13. 6. 1930 Bes. 1860 (PrBesBl. S. 59).

[2]) Nicht abgedruckt, da an Stelle dieses Verzeichnisses mit Wirkung vom 1. 7. 1930 das mit RdErl. v. 12. 7. 1930 — Bes. 1860 — (PrBesBl. S. 78) veröffentlichte, auf S. 262 abgedruckte Verzeichnis getreten ist.

ist nötigenfalls durch Nachfrage bei einer an dem betreffenden Ort befindlichen Reichsbehörde festzustellen.

2. Die örtlichen Sonderzuschläge werden nur zum Grundgehalt (zur Grundvergütung) und zu den in der Besoldungsordnung vorgesehenen ruhegehaltsfähigen Zulagen (z. B. für Oberregierungsräte, Rechnungsrevisoren usw.) gewährt, nicht aber zum Wohnungsgeldzuschuß, zu Kinderbeihilfen, Aufwandentschädigungen, Sondervergütungen, Nebenbezügen usw.

Als Grundgehalt für die zu oder vor dem 1. 10. 1927 mit Versorgung ausgeschiedenen Beamten usw. und ihre Hinterbliebenen — s. Ziff. 3 — gilt das nach §§ 19, 20 PrBesG. erhöhte Grundgehalt.

Bei den Versorgungsberechtigten darf nicht übersehen werden, daß der örtliche Sonderzuschlag nur in Höhe des für das zuständige Wartegeld, Ruhegehalt, Witwen- und Waisengeld im Einzelfall maßgebenden Hundertsatzes zahlbar ist.

Die Abrundung der Monatssollbeträge des örtlichen Sonderzuschlags für Versorgungsberechtigte richtet sich nach Nr. 112 PBV. — PrBesBl. 1928 S. 184 —.

Beispiel für die Berechnung des örtlichen Sonderzuschlags:

a) für einen nach 40jähriger ruhegehaltsfähiger Dienstzeit vor dem 1. 10. 1927 pensionierten Beamten der Gr. 5 (alt), Endstufe, mit Ehefrau und 2 Kindern in einem Orte mit einem örtlichen Sonderzuschlag von 8 v. H.:

Jahresgrundgehalt, gemäß § 19 PrBesG. geregelt, = 2504, davon 8 v. H. = 200,32. Hiervon — entsprechend dem für die Höhe des Ruhegehalts maßgebenden Hundertsatz — 80 v. H. = 160,26 RM., monatlich = 13,36 RM.;

b) für die Witwe, deren Witwengeld gemäß § 12 HFG. um $^1/_{20}$ gekürzt ist, und zwei Halbwaisen des gleichen Pensionärs am gleichen Ort: ausgehend von dem für den Pensionär zuständig gewesenen örtlichen Sonderzuschlag von jährlich 160,26 RM.,

für die Witwe 60 v. H. von 160,26 = 96,16, gekürzt um $^1/_{20}$	91,35 RM.
für zwei Waisen je $^1/_5$ von 96,16 = 19,23 × 2	38,46 RM.
	129,81 RM.
monatlich	10,82 RM.

Der örtliche Sonderzuschlag ist auch bei dem vom 1. 10. 1927 ab geltenden Höchstsatz des Wartegeldes sowie bei dem Höchst- und Mindestsatz des Witwengeldes zu berücksichtigen.

Beispiel für Berlin:

Höchstwartegeld	11232,— RM.
3 v. H. örtl. Sonderzuschlag von Endstufe Gruppe A 1a (12600) = 378, hiervon 80 v. H.	302,40 RM.
zusammen	11534,40 RM.
Höchstwitwengeld	8721 RM.
3 v. H. örtl. Sonderzuschlag von Gruppe B 7 (16000) = 480, hiervon $^1/_2$	240 RM.
zusammen	8961 RM.
Mindestwitwengeld	648 RM.
3 v. H. örtl. Sonderzuschlag von Anfangsgehalt Gruppe A 12 (1500) = 45, hiervon $^1/_3$ . .	15 RM.
zusammen	663 RM.

3. Örtliche Sonderzuschläge erhalten die planmäßigen und nichtplanmäßigen Beamten, die wissenschaftlichen Assistenten mit planmäßiger Vergütung an den wissenschaftlichen Hochschulen und die ihnen gleichgestellten Hilfskräfte der wissenschaftlichen Hochschulen, Anstalten, Institute, die endgültig angestellten und die auftragsweise vollbeschäftigten und einstweilen angestellten Lehrpersonen an den öffentlichen Volksschulen und an den öffentlichen mittleren Schulen sowie die Lehrpersonen, deren Bezüge durch das Gewerbe- und Handelslehrerbesoldungsgesetz und das Gesetz über das Diensteinkommen der Leiter und Lehrer an nichtstaatlichen höheren Lehranstalten geregelt sind, ferner Wartegeldempfänger, Ruhegehaltsempfänger, versorgungsberechtigte Witwen und Waisen, Empfänger von Übergangsgeld und Übergangsgebührnissen und Unterstützungen auf Grund des § 16 Disz.-Ges. vom 21. 7. 52 (GS. S. 465).

Die zur Probedienstleistung einberufenen Anwärter erhalten ebenfalls örtliche Sonderzuschläge.

4. Beamte im Vorbereitungsdienst, denen Unterhaltszuschüsse gewährt werden oder die Vergütungen beziehen,

wenn sie kraft besonderen Auftrags zur Stellvertretung, Aushilfe oder zur Erledigung besonderer Dienstgeschäfte usw. verwendet werden, erhalten **keine** örtlichen Sonderzuschläge — zu vgl. RdErl. v. 16. 11. 1928 Bes. 13366b (PrBesBl. S. 314).

5. Maßgebend für die Gewährung des örtlichen Sonderzuschlags ist der dienstliche Wohnsitz des Beamten usw. im Sinne der Nr. 53ff. PBV. Für die Versorgungsberechtigten tritt an die Stelle des dienstlichen Wohnsitzes der tatsächliche — bürgerliche — Wohnsitz. Für den örtlichen Sonderzuschlag zum Waisengeld ist der Wohnsitz des Kindes maßgebend, wenn es sich um eine Vollwaise oder um eine solche Halbwaise handelt, deren Mutter sich wieder verheiratet hat.

6. In Fällen, in denen ein Ort von der Grenze des besetzten Gebiets durchschnitten wird, bestimmt der Finanzminister, ob und in welcher Höhe der örtliche Sonderzuschlag zu zahlen ist.

7. Bei Versetzungen werden Änderungen bezüglich des örtlichen Sonderzuschlags, zum Beispiel die Gewährung, Erhöhung, Herabsetzung oder Einstellung vom Ersten des auf die Änderung des dienstlichen Wohnsitzes folgenden Monats ab wirksam. Findet die Änderung am ersten Werktag eines Monats statt, so tritt der Wechsel in der Gewährung des örtlichen Sonderzuschlags schon mit diesem Monat ein.

Das gleiche gilt bei der Wohnsitzverlegung eines Versorgungsberechtigten. Doch hat vor Anweisung eines örtlichen Sonderzuschlags infolge Zuzuges eines Versorgungsberechtigten dieser eine amtliche Bescheinigung über die Wohnsitzverlegung beizubringen, die ergeben muß, daß er tatsächlich seinen Wohnsitz an dem angegebenen neuen Wohnorte bereits hat und dort seit dem ...... in ...... Straße Nr. ... wohnt. Wenn in Einzelfällen eine derartige amtliche Bescheinigung nicht erteilt werden kann, so genügt die Beibringung einer amtlichen Bescheinigung in folgender Form:

„Herrn (Frau) ...... wird hiermit auf Grund eigener Angaben und amtlicher Feststellungen bescheinigt, daß er (sie) seit ..... in ...... Straße Nr. ... polizeilich gemeldet ist, daß er (sie) tatsächlich dort wohnt, daß er (sie) ein .... Geschäft führt, daß er (sie) als ..... bei .... beschäftigt ist.“

Die Entscheidung, ob danach die Begründung eines neuen Wohnsitzes an dem angegebenen Wohnorte anzunehmen ist oder nicht, trifft die für die Anweisung des örtlichen Sonderzuschlags zuständige Dienststelle.

8. Ein Rechtsanspruch auf die örtlichen Sonderzuschläge besteht nicht.

9. Bei Eingemeindungen einer Gemeinde oder eines Gemeindeteils in einen anderen Gemeindebezirk ist der örtliche Sonderzuschlag des Hauptortes für die eingemeindeten Orte oder Ortsteile vom Ersten des auf das Inkrafttreten der Eingemeindung folgenden Monats ab zu zahlen. Tritt die Eingemeindung am ersten Tage eines Monats in Kraft, so werden die örtlichen Sonderzuschläge schon von diesem Monat ab gezahlt. In Zweifelsfällen ist meine, des Finanzministers, Entscheidung einzuholen.

10. Die örtlichen Sonderzuschläge sind mit den den Beamten usw. zustehenden übrigen Dienst- bzw. Versorgungsbezügen in der gleichen Weise und für den entsprechenden Zeitraum zu zahlen und bei denselben Titeln zu verrechnen, bei denen die übrigen Bezüge verrechnet werden.

11. Der örtliche Sonderzuschlag gehört auch zu den Gnadenvierteljahrsbezügen.

---

12. Verzeichnis der Orte, in denen nach dem Stande vom 1. Juli 1930 örtliche Sonderzuschläge zu zahlen sind.

RdErl. des FinMin. vom 12. Juli 1930 — Bes. 1860.

PrBesBl. 1930 S. 78.

Stadtgemeinde Berlin.

Verwaltungsbezirke 1 bis 20.

Stadtgemeinde Berlin	3 v. H.

Provinz Schleswig-Holstein.

Reg.-Bez. Schleswig.

Stadtkreis Altona	3 v. H.
Stadtkreis Wandsbek	3 „

Provinz Hannover.

Reg.-Bez. Lüneburg.

Landkreis Harburg:	
Finkenwerder	3 „

Provinz Westfalen.

Reg.-Bez. Münster.

Stadtkreis Bottrop	5 v. H.
„ Gelsenkirchen-Buer	5 „
Stadtkreis Gladbeck	5 „
Kreis Lüdinghausen:	
Altlünen	5 „
Stadtkreis Recklinghausen	5 „
Landkreis Recklinghausen:	
Datteln	5 „
Henrichenburg	5 „

Herten . . . . 5 v. H.
Horneburg . . . . . . 5 „
Marl . . . . 5 „
Oer-Erkenschwick . . . 5 „
Polsum . . . . 5 „
Waltrop . . . . 5 „
Westerholt . . . . . . 5 „

Reg.-Bez. Arnsberg.

Stadtkreis Bochum . . . 5 v. H.
„ Castrop-Rauxel 5 „
„ Dortmund . . 5 „

Ennepe-Ruhrkreis:
Altendorf. . . . . . . 5 „
Blankenstein . . . . . 5 „
Hattingen, St. . . . . 5 „
Herbede . . . . 5 „
Welper . . . . 5 „
Winz . . . . 5 „

Stadtkreis Herne . . . . 5 „

Landkreis Iserlohn:
Westhofen, St. } soweit bisher 5 v. H. 5 „
Garenfeld
Holzen
Wandhofen

Stadtkreis Lünen . . . . 5 „
„ Wanne-Eickel . 5 „
„ Wattenscheid . 5 „
„ Witten . . . . 5 „

Rheinprovinz.

Reg.-Bez. Aachen.

Stadtkreis Aachen . . . . 5 „
Landkreis Aachen . . . . 5 „

Kreis Düren:
Hastenrath . . . . . . 5 „
Rothberg . . . . . . 5 „
Weisweiler . . . . . . 5 „

Kreis Jülich:
Schaufenberg . . . . 5 „

Reg.-Bez. Düsseldorf.

Kreis Dinslaken:
Dinslaken, St. . . . . 5 „
Walsum . . . . 5 „

Stadtkreis Düsseldorf . . 5 v. H.
„ Duisburg-Hamborn . . . 5 „
„ Essen . . . . 5 „

Kreis Düsseldorf-Mettmann:
Kettwig, St. . . . . . 5 „

Kreis Mörs:
Budberg . . . . 5 „
Homberg (Niederrhein), St. . . . . 5 „
Kaldenhausen . . . . 5 „
Mörs, St. . . . . . . 5 „
Repelen-Baerl . . . . 5 „
Rheinberg, St. . . . . 5 „
Rheinhausen . . . . . 5 „
Rumeln . . . . 5 „
Vierbaum . . . . . . 5 „
Wintersiwick . . . . . 5 „

Stadtkreis Mülheim a. d. Ruhr . . . . 5 „
Stadtkreis Oberhausen . . 5 „

Reg.-Bez. Köln.

Stadtkreis Köln . . . . . 5 v. H.

Landkreis Köln:
Rodenkirchen, Wpl. zu Rondorf . . . . . . 5 „

Kreis Mülheim a. Rhein:
Ensen . . . . . } Wpl. zu Porz, L. 5 v. H.
Gremberg . . .
Gremberghoven
Ortschaft Heumar
Porz, soweit früher Wpl. zu Heumar
Westhoven . . .

Reg.-Bez. Trier.

Stadtkreis Trier . . . . 5 v. H.

Landkreis Trier:
Conz . . . . 5 „
Ehrang . . . . 5 „
Kürenz . . . . 5 „
Merzlich . . . . . . 5 „
Pfalzel . . . . 5 „

C.

Die Gehaltskürzungsverordnungen.

1. Allgemeine Vorbemerkungen zu den Gehaltskürzungsverordnungen und zu den Sparverordnungen.

I. Die Rechtsgültigkeit der Gehaltskürzungsverordnungen und der Besoldungsbestimmungen der Sparverordnungen ist vielfach angegriffen worden. Dabei wurde neben anderen Gründen, die für die Ungültigkeit angeführt wurden, insbesondere behauptet, daß diese Verordnungen den Art. 129 Abs. 1 Satz 3 RV. „Die wohlerworbenen Rechte der Beamten sind unverletzlich" verletzen. Eine Herabsetzung der Gehälter soll nach dieser Auffassung nur durch ein verfassungsänderndes, nicht aber auch durch ein einfaches Gesetz, geschweige denn durch Notverordnung erfolgen können. Die Bedeutung des Art. 129 RV. für das Besoldungsrecht ist in der Literatur lebhaft umstritten worden, ohne daß es bisher zu einer abschließenden, allgemein anerkannten Auffassung gekommen wäre. Das in der Vorbemerkung 6 auf S. 18 im Auszuge abgedruckte Urteil des Reichsgerichts hat jetzt wenigstens hinsichtlich des Anspruchs der Beamten auf die ihnen gesetzlich zugesicherten Dienstbezüge eine gewisse Klärung gebracht. Nach diesem Urteil sichert die Verfassungsbestimmung den Beamten nicht nur das Recht auf einen angemessenen Unterhalt, sondern sie schützt auch ausdrücklich den Anspruch auf die durch die Besoldungsgesetze jeweils zugesicherte Höhe der Dienstbezüge. Dies gilt jedoch nur dann, wenn die Besoldungsgesetze die Dienstbezüge bedingungslos festsetzen. Wenn dagegen die Bezüge von vornherein nur mit einer gewissen Beschränkung verliehen werden, so werden sie auch nur in diesem beschränkten Umfang „wohlerworben". Als eine zulässige Beschränkung ist es aber auch anzusehen, wenn das Gesetz bestimmt, daß die durch es festgesetzten Bezüge durch einfaches Gesetz wieder abgeändert werden können. Eine alsdann auf dem vorbehaltenen Wege erfolgende Abänderung, insbesondere auch eine Herabsetzung der Bezüge, verstößt nicht gegen die Reichsverfassung. Diese Auffassung schränkt das Reichsgericht allerdings z. T. wieder ein, indem es weiter ausführt, daß die gesetzlich vorgesehene Änderung der Bezüge nicht dazu mißbraucht werden dürfe, die Gehälter in einer Art und in einem Umfange herabzusetzen, daß dem einzelnen Beamten die Aufrechterhaltung einer seiner Stellung entsprechenden Lebensführung unmöglich gemacht werde.

Nach diesem Urteil des Reichsgerichts steht also fest, daß eine Herabsetzung der Bezüge der preußischen Staatsbeamten durch einfaches Gesetz und damit auch durch eine auf Grund des Art. 48 RV. erlassene Notverordnung erfolgen kann, denn § 39 PrBesG. bestimmt ausdrücklich: „Änderungen der durch dieses Gesetz geregelten Dienstbezüge, Wartegelder, Ruhegehälter, ... können durch Gesetz erfolgen."

Aber auch bezüglich der Gemeindebeamten ist die Rechtslage nicht anders zu beurteilen. Zur Zeit des Erlasses der 1. und 2. GKV. war § 43 PrBesG. noch in Geltung, der in Abs. 1 bestimmte: „Gemeinden und Gemeindeverbände im Sinne des Kommunalbeamtengesetzes vom 30. Juli 1899 (GS. S. 141) sind verpflichtet, die Dienstbezüge ihrer hauptamtlich angestellten Beamten, das Wartegeld und Ruhegehalt dieser Beamten und die Versorgung ihrer Hinterbliebenen so zu regeln, daß diese Bezüge den Grundsätzen dieses Gesetzes entsprechen. Gesetzliche Änderungen dieser Bezüge bei den unmittelbaren Staatsbeamten, die gemäß § 39 erfolgen, sind entsprechend vorzunehmen; ....."

Aus dem letzten Halbsatz folgt zunächst zwingend für die Gemeinden (Gemeindeverbände) die Verpflichtung, die auf Grund des § 39 PrBesG. erfolgten Herabsetzungen der Bezüge der Staatsbeamten in gleicher Art und Höhe auch bei ihren Beamten vorzunehmen. Der § 43 PrBesG. ist nun am 14. Sept. 1931 außer Kraft getreten. Dafür schreibt aber der am gleichen Tage in Kraft getretene § 1 des Kap. II des 4. Teils SparVO. vor: „Gemeinden und Gemeindeverbände im Sinne des Gesetzes betreffend die Anstellung und Versorgung der Kommunalbeamten vom 30. Juli 1899 (GS. S. 141) sind verpflichtet, die Dienstbezüge ihrer hauptamtlich angestellten Beamten, das Wartegeld und Ruhegehalt dieser Beamten und die Versorgung ihrer Hinterbliebenen so zu regeln, daß die Regelung den für die Staatsbeamten geltenden Grundsätzen entspricht und die Bezüge in keinem Falle höher liegen als die Bezüge gleichzubewertender Staatsbeamten." Damit ist für die Gemeinden auch die Verpflichtung gegeben, die nach dem 14. Sept. 1931 eingetretene Herabsetzung der Bezüge der Staatsbeamten (durch die 3. GKV. des Reichs) ebenfalls bei ihren Beamten vorzunehmen. Nun wird ja allerdings auch die Rechtsgültigkeit des 4. Teils der SparVO., die Neuregelung der Besoldung der Gemeindebeamten, angegriffen. Ohne auf die sonstigen Gründe, die für die Unwirksamkeit dieses Teils der SparVO. geltend gemacht werden, einzugehen, ist bezüglich der Pflicht der Gemeinden, die Gehälter ihrer Beamten denen der gleichzubewertenden Staatsbeamten anzugleichen, darauf hinzuweisen, daß diese Pflicht schon seit 1920 gesetzlich festgelegt war. Bereits seit dem Tage der Verkündung des Gesetzes betreffend vorläufige Regelung verschiedener Punkte des Gemeindebeamtenrechts vom 8. Juli 1920 (GS. S. 383) war es den Gemeinden und Gemeindeverbänden verboten, die Bezüge ihrer Beamten günstiger zu regeln, als die gleichzubewertender Staatsbeamten. Das gleiche Verbot enthält der § 43 PrBesG. Soweit dennoch etwa günstigere Regelungen vorgenommen worden sind — und das ist in weitem Umfange geschehen — waren sie verbotswidrig und konnten wohlerworbene Rechte nicht begründen. Selbst wenn also bestimmungswidrig hohe Gehälter jahrelang gezahlt wurden, so unterlagen sie dennoch jederzeit dem Beanstandungsrecht des § 43 PrBesG., beziehungsweise unterliegen sie auch jetzt noch dem Änderungsrecht der Aufsichtsbehörden nach der SparVO. Dieser Standpunkt wird auch vom Reichsgericht in einem Urteil vom 17. März 1931 (RGZ. 132 S. 122) eingenommen. Die Gemeindebeamten müssen sich jetzt also neben den durch die GKV. und SparVO. angeordneten Herabsetzungen der Bezüge auch noch weitere Abzüge gefallen lassen, sofern die ihnen ohne Berücksichtigung der Gehaltskürzungen gewährten Gehälter die Bezüge gleichzubewertender Staatsbeamter übersteigen.

Nun könnte allerdings die Frage aufgeworfen werden, ob die durch die GKV.en und die SparVO. verfügten Herabsetzungen der Gehälter nicht schon die Grenze erreichen oder übersteigen, die nach dem oben wiedergegebenen Inhalt des Reichsgerichtsurteils vom 10. Juli 1931 der Herabsetzung der Gehälter gesetzt ist, wenn die Gefährdung einer angemessenen Lebensführung der Beamten eintritt. Dabei ist zu beachten, daß die Gesamthöhe aller Gehaltskürzungen bei gewissen Beamtengruppen in einzelnen Fällen schon 40% des vor dem 1. Februar 1931 bezogenen Diensteinkommens überschreitet. Diese besonders starke Kürzung tritt aber bei den unmittelbaren Staatsbeamten nur bei den im nichtplanmäßigen Dienstverhältnis stehenden — im allgemeinen im Lebensalter noch sehr jungen — Beamten ein, deren Gehälter im Vergleich zu den Vorkriegsbezügen seit 1920 besonders stark aufgebessert worden sind. Soweit die von den Kürzungen besonders stark betroffenen Beamten aller Gruppen und Dienstzweige aber verheiratet sind, werden die Kürzungen durch Gewährung einer Ausgleichszulage (vgl. Teil III, Teil IV Kap. II § 6 SparVO. und die dazu ergangenen DB. des FinMin. und MindJ.) gemildert und auf eine Reihe von Jahren verteilt. Damit dürfte der in dem Reichsgerichtsurteil enthaltenen Bedingung, daß die Kürzungen die angemessene Lebensführung der Beamten nicht gefährden dürfen, genügt sein.

II. In den folgenden Abschnitten sind nur die Teile der 2. und 3. GKV. sowie der preußischen Sparverordnungen mit Anmerkungen versehen, die das Beamtenbesoldungsrecht betreffen. Die übrigen Teile sind zwar der Vollständigkeit halber mit abgedruckt (mit Ausnahme der 2. SparVO. und der VO. zur Ergänzung der 1. und 2. SparVO., die nur auszugsweise wiedergegeben sind), auf ihre Kommentierung ist aber verzichtet worden.

2. Erste Gehaltskürzungsverordnung des Reichs.

(Kap. II des zweiten Teils der Verordnung des Reichspräsidenten zur Sicherung von Wirtschaft und Finanzen vom 1. Dez. 1930 — RGBl. I S. 517 in der Fassung der dritten Verordnung des Reichspräsidenten zur Sicherung von Wirtschaft und Finanzen vom 6. Okt. 1931 — RGBl. I S. 537.)

Vorbemerkung. Die Verordnung ist nicht erläutert, weil viele Bestimmungen derselben in der 2. GKV., die ausführlich mit Anmerkungen versehen ist, wörtlich wiederkehren.

§ 1.

(1) Vom 1. Februar 1931 ab werden um 6 vom Hundert gekürzt:

a) die Dienstbezüge der Reichsbeamten und der Soldaten der Wehrmacht einschließlich des Gnadenvierteljahrs,
b) die Versorgungsbezüge der Wartegeldempfänger und Ruhegeldempfänger des Reichs einschließlich des Gnadenvierteljahrs,
c) die Versorgungsbezüge der Hinterbliebenen von Reichsbeamten und Soldaten der alten und neuen Wehrmacht,
d) die Übergangsgebührnisse der Soldaten der Wehrmacht nach §§ 7, 27 und 32 des Wehrmachtversorgungsgesetzes und die entsprechenden Übergangsgebührnisse der Polizeibeamten beim Reichswasserschutz.

(2) Die Reichstagsbeamten stehen den Reichsbeamten gleich.

(3) Zu den Dienstbezügen der Reichsbeamten und der Soldaten der Wehrmacht im Sinne des Abs. 1 a gehören alle Geldbezüge, die sie mit Rücksicht auf ihre hauptamtliche oder nebenamtliche Dienstleistung erhalten.

(4) Kinderzuschläge und Kinderbeihilfen, Dienstaufwandsentschädigungen, Reisekostenvergütungen, Beschäftigungstagegelder, Trennungsentschädigungen, Nachtdienstentschädigungen und Umzugskostenvergütungen unterliegen der Kürzung nach den Vorschriften dieses Kapitels nicht.

(5) Soweit die kürzungspflichtigen Bezüge nicht aus der Reichskasse fließen und nicht schon auf Grund einer entsprechenden Vorschrift zugunsten der Kasse eines Landes, einer Ge-

meinde (eines Gemeindeverbandes) oder einer sonstigen Körperschaft des öffentlichen Rechts gekürzt werden, hat der Beamte usw. den Kürzungsbetrag an die Reichskasse abzuführen.

§ 2.

(1) § 1 gilt auch für die Amts- und Versorgungsbezüge des Reichspräsidenten, des Reichskanzlers und der Reichsminister sowie für die Versorgungsbezüge ihrer Hinterbliebenen. Die Amtsbezüge während der Dienstzeit sowie das Übergangsgeld des Reichskanzlers und der Reichsminister für die ersten drei Monate werden jedoch, soweit sie kürzungspflichtig sind, um 20 vom Hundert gekürzt.

(2) Ist ein früherer Reichskanzler oder Reichsminister im Reichsdienst oder in einem sonstigen öffentlichen Dienste wiederangestellt oder beschäftigt, so werden seine Versorgungsbezüge aus der Reichskasse soweit gekürzt, als sie zusammen mit den aus der Wiederanstellung oder Beschäftigung fließenden Bezügen die nach Abs. 1 gekürzten Bezüge eines Reichskanzlers oder Reichsministers im Amte übersteigen. Das gleiche gilt beim Bezug eines Einkommens aus einer Tätigkeit, für die eine Vergütung gewährt wird, die ganz oder überwiegend unmittelbar oder mittelbar aus öffentlichen Mitteln fließt.

§ 3.

(1) Personen, deren nach §§ 1 und 2 kürzungspflichtige Bezüge den Betrag von 1500 Reichsmark jährlich nicht übersteigen, sind von der Kürzung befreit.

(2) Würde nach Durchführung der Kürzung ein Betrag von weniger als 1500 Reichsmark jährlich verbleiben, so werden 1500 Reichsmark gewährt.

§ 4.

(1) Die Länder kürzen bei den Ländern, Gemeinden (Gemeindeverbänden) und sonstigen der Landesaufsicht unterstehenden Körperschaften des öffentlichen Rechtes die Bezüge der Beamten, die Wartegelder, die Ruhegelder, die Hinterbliebenenbezüge, und die Übergangsgebührnisse sowie die Amtsbezüge der Minister und der sonstigen parlamentarisch verantwortlichen Regierungsmitglieder für die Zeit vom

1. Februar 1931 ab entsprechend den Vorschriften der §§ 1 bis 3. Die gleiche Kürzung nimmt der Reichsminister der Finanzen bei den einer Landesaufsicht nicht unterstehenden Körperschaften des öffentlichen Rechtes vor. Es steht den Ländern frei, bei Kürzung der Amtsbezüge der Minister und der sonstigen parlamentarisch verantwortlichen Regierungsmitglieder einen Satz von 6—20 vom Hundert zu wählen; übersteigen die kürzungspflichtigen Amtsbezüge der Regierungsmitglieder die Bezüge der höchstbesoldeten Reichsbeamten nicht, so sind sie in dem gleichen Ausmaß zu kürzen wie die Bezüge der Reichsbeamten.

(2) Die obersten Landesbehörden können die in Abs. 1 vorgeschriebene Kürzung im Verordnungswege vornehmen.

(3) Soweit Beamte und andere in Abs. 1 genannte Personen wohlerworbene Rechte nach Artikel 129 Abs. 1 Satz 3 der Reichsverfassung haben, werden diese Rechte durch Vorschriften, die auf Grund des Abs. 1 getroffen werden, nicht berührt.

§ 5.

Zum Zwecke einer dem § 1 in Verbindung mit § 3 entsprechenden Kürzung der Bezüge der Angestellten bei den Verwaltungen des Reichs, der Länder, der Gemeinden (Gemeindeverbände) und der sonstigen Körperschaften des öffentlichen Rechtes können Tarif- und Einzelanstellungsverträge mit einer Frist von einem Monat zum 31. Januar 1931 ganz oder teilweise gekündigt werden, auch wenn die Kündigung nach Gesetz oder Vertrag erst für einen späteren Zeitpunkt oder überhaupt nicht zulässig wäre. Dies gilt entsprechend für die Postagenten der Deutschen Reichspost.

§ 6.

(1) Zu den Körperschaften des öffentlichen Rechtes im Sinne dieses Kapitels gehören auch die Anstalten, Vereine und Stiftungen des öffentlichen Rechtes, die Verbände von Körperschaften des öffentlichen Rechtes, Vereinigungen und Einrichtungen, deren Einkünfte mit mehr als der Hälfte von Körperschaften des öffentlichen Rechtes oder von den vorstehend besonders aufgeführten Körperschaften usw. oder von

den in Satz 2 und 3 bezeichneten Unternehmungen herrühren. Unternehmungen, deren Gesellschaftskapital sich mit mehr als der Hälfte im Eigentum von Körperschaften des öffentlichen Rechtes einschließlich der im ersten Satz bezeichneten befindet, gelten ebenfalls als Körperschaften des öffentlichen Rechtes im Sinne dieses Kapitels. Das gleiche gilt für Konzerngesellschaften (Tochtergesellschaften, Subtochtergesellschaften usw.), wenn ihr Kapital und das Kapital der Zwischenglieder (Dachgesellschaft, Tochtergesellschaft, Subtochtergesellschaft usw.) sich je mit mehr als der Hälfte im Eigentum der übergeordneten Konzerngesellschaft oder von Körperschaften des öffentlichen Rechtes einschließlich der im ersten und zweiten Satz bezeichneten befindet.

(2) Die Reichsbank und die Deutsche Reichsbahngesellschaft, die von sich aus eine den Vorschriften des § 4 entsprechende Kürzung vornehmen, gelten nicht als Körperschaften des öffentlichen Rechtes im Sinne dieses Kapitels. Den öffentlichrechtlichen Religionsgesellschaften bleibt es überlassen, eine den Vorschriften des § 4 entsprechende Kürzung vorzunehmen. Die Reichsbank, die Deutsche Reichsbahngesellschaft und die öffentlich-rechtlichen Religionsgesellschaften sind ermächtigt, die nach § 5 zulässigen Kündigungen vorzunehmen.

(3) Trägt ein Land einer öffentlich-rechtlichen Religionsgesellschaft gegenüber den Aufwand für die Bezüge ihrer Beamten, Wartegeldempfänger, Ruhegeldempfänger und Empfänger von Hinterbliebenenbezügen ganz oder teilweise, so ist die oberste Landesbehörde befugt, die Leistungen des Landes entsprechend der nach § 4 in Verbindung mit § 6 Abs. 2 Satz 2 und 3 höchstzulässigen Kürzung herabzusetzen.

§ 7.

Von den Bezügen, die nach den Vorschriften dieses Kapitels mit Wirkung von einem früheren Tage als dem 1. April 1931 ab gekürzt werden, wird von dem gleichen Zeitpunkt ab die Reichshilfe (§§ 2ff. des Ersten Abschnitts der Verordnung des Reichspräsidenten zur Behebung finanzieller, wirtschaftlicher und sozialer Notstände vom 26. Juli 1930, Reichsgesetzbl. I S. 311) nicht mehr erhoben.

§ 8.

(1) Der in § 8 der Anstellungsgrundsätze vom 26. Juli 1922 in der Fassung vom 16. Juli 1930 (Reichsgesetzbl. I S. 225) für die Beamtenstellen des unteren und des einfachen mittleren Dienstes bestimmte Stellenvorbehalt für Versorgungsanwärter wird bis zum 31. März 1935 auf mindestens 75 vom Hundert erhöht.

(2) Soweit die in Abs. 1 genannten Stellen seither über den bisherigen Stellenvorbehalt hinaus mit Schutzpolizeibeamten besetzt worden sind, die eine Dienstzeit von mindestens acht Jahren, aber noch keine Anwartschaft auf Versorgung hatten, dürfen diese Stellen auch weiterhin vorzugsweise mit solchen Beamten besetzt werden.

(3) Die Anstellungsgrundsätze werden wie folgt geändert:

a) in § 4 Abs. 2 wird Satz 1 gestrichen; in Satz 2 werden die Worte: „Das gleiche gilt" ersetzt durch die Worte: „Abs. 1 gilt nicht";

b) in § 71 wird Abs. 1 gestrichen; in Abs. 2 werden die Worte: „Das gleiche gilt" ersetzt durch die Worte: „§ 70 Abs. 1 gilt nicht".

(4) Die §§ 359 und 702 der Reichsversicherungsordnung sowie § 185 Abs. 3 des Reichsknappschaftsgesetzes und § 37 des Gesetzes über Arbeitsvermittlung und Arbeitslosenversicherung sind nicht anzuwenden.

§ 9.

Die Geistlichen und Lehrer gelten als Beamte im Sinne dieses Kapitels.

§ 10.

Die zur Durchführung der Vorschriften dieses Kapitels erforderlichen Bestimmungen trifft der Reichsminister der Finanzen.

§ 11.

Die Vorschriften dieses Kapitels treten mit Ausnahme des § 8 am 31. Januar 1934 außer Kraft.

3. Verordnung über Gehaltskürzung.

Vom 13. Dez. 1930 (GS. S. 291)

nebst RdErl. des FinMin. betr. vorläufige Ausführung der Verordnung über Gehaltskürzung vom 22. Dez. 1930 (PrBesBl. S. 167).

Vorbemerkung. Die Verordnung und die Ausführungsbestimmungen sind nicht näher erläutert, da die 2. und 3. GKV. sowie die dazu ergangenen Durchführungsbestimmungen ausführlich mit Anmerkungen versehen sind. Die einzelnen Abschnitte des Ausführungserlasses sind unmittelbar nach den §§ der Verordnung, zu denen sie gehören, abgedruckt.

§ 1.

(1) Die Dienst- und Versorgungsbezüge — einschließlich des Gnadenvierteljahrs — der unmittelbaren Staatsbeamten, der Lehrpersonen im öffentlichen Schuldienst, im Berufs- und Fachschuldienste sowie solcher mittelbaren Staatsbeamten, die nicht unter die Bestimmung des § 2 dieser Verordnung fallen, werden mit Wirkung vom 1. Februar 1931 ab um 6 v. H. gekürzt. Die Dienstbezüge des Ministerpräsidenten und der Staatsminister werden um 20 v. H. gekürzt.

Durchführungsbestimmungen.

Zu § 1 Abs. 1.

Nr. 1. Die Verordnung unterwirft die Dienst- und Versorgungsbezüge im ganzen, nicht in ihren einzelnen Bestandteilen, der Kürzung. Die Bestimmungen des Besoldungs- und Versorgungsrechts über die Höhe der Grundgehälter, des Wohnungsgeldzuschusses usw., über die Berechnung des Wartegeldes, des Ruhegehalts und der Hinterbliebenenbezüge werden durch die Gehaltskürzungsverordnung nicht berührt. Die Kürzung ist an den nach geltendem Recht zustehenden Bezügen vorzunehmen, soweit die Bezüge nicht von der Kürzung ausgenommen sind (§ 1 Abs. 4 und § 4).

Nr. 2. (1) Der sich nach der Kürzung ergebende neue Gesamtbetrag der Bezüge ist wie bisher spitz zu berechnen. Wegen der Berechnung des Kürzungsbetrages ist die beiliegende Tafel) maßgebend. Die Angaben der Tafel brauchen durch den feststellenden Beamten nicht nachgeprüft werden. Die Tafel ist ausgerechnet für 126 RM. bis 1000 RM.*

---

*) Die Tafel ist nicht mit abgedruckt.

und für die Pfennigspitzen 1 bis 99 Rpf. Höhere Beträge sind durch Zusammenstellen zu berechnen, z. B.:

1254,54 RM.:	*1000*	=	*940,— RM.*
	254	=	*238,76 RM.*
	0,54	=	*0,51 RM.*
			1179,27 RM.
1168,71 RM.:	*1000*	=	*940,— RM.*
	168	=	*157,92 RM.*
	0,71	=	*0,67 RM.*
			1098,59 RM.
1125,79 RM.:	*500*	=	*470,— RM.*
	625	=	*587,50 RM.*
	0,79	=	*0,74 RM.*
			1058,24 RM.

Den mir, dem Finanzminister, nachgeordneten Behörden wird eine Anzahl Sonderabdrucke dieser Nummer des Besoldungsblatts zugehen. Die Nummer ist sofort nach Eingang an die mit der Umrechnung betrauten Beamten usw. zu verteilen.

Den Behörden der übrigen Verwaltungen werden Abdrucke von den zuständigen Fachministern zugehen.

(2) Beispiel für die Kürzung:

Gesamtbetrag der monatlichen Bezüge vor der Kürzung	*352,63 RM.*
ab: Kinderbeihilfe für 2 Kinder	*40,— RM.*
bleiben	*312,63 RM.*
94 v.H. davon sind laut Spalte „94 v.H." der Umrechnungstafel 293,28 + 0,59 =	*293,87 RM.*
also Kürzungsbetrag = 18,76 RM.;	
dazu: die nicht zu kürzende Kinderbeihilfe (vgl. vorstehend)	*40,— RM.*
Mithin neues Gesamteinkommen	*333,87 RM.*

Nr. 3. (1) Aus dem in Nr. 1 ausgesprochenen Grundsatz ergeben sich folgende Beispiele:

(2) Der höchste Anrechnungsbetrag für die Dienstwohnung (Nr. 57 Abs. 1 Satz 2 PBV.) bemißt sich nach wie vor nach dem ungekürzten Wohnungsgeldzuschuß.

(3) Wartegelder und Ruhegehälter werden auch künftig aus dem ungekürzten ruhegehaltsfähigen Diensteinkommen, Witwengelder und Waisengelder aus dem ungekürzten Ruhegehalt berechnet. Das so berechnete Wartegeld, Ruhegehalt, Witwengeld oder Waisengeld wird um 6 v. H. gekürzt.

(4) Ob und wieweit Wartegeld, Ruhegehalt, Witwengeld, Waisengeld oder sonstige Versorgungsbezüge zu ruhen haben, wird auch künftig unter Zugrundelegung der ungekürzten Bezüge nach den geltenden Vorschriften berechnet. Der sich ergebende nichtruhende Betrag des Wartegeldes usw. unterliegt der Kürzung.

(5) Im Falle der Kapitalisierung eines Teiles der Versorgungsbezüge wird sowohl der nichtkapitalisierte Teil als auch die Kapitalabfindung um 6 v. H. gekürzt. Dies gilt entsprechend für Vorschüsse auf Übergangsgebührnisse (§ 40 des Schutzpolizeibeamtengesetzes).

(6) Im Falle der Abtretung eines Teiles des Wartegeldes oder des Ruhegehalts auf Grund des Gesetzes über Beamtenansiedlung vom 27. März 1924 (GS. S. 195) vor dem 1. Februar 1931 unterliegt nur der nichtabgetretene Teil des Wartegeldes oder des Ruhegehalts der Kürzung um 6 vom Hundert.

Nr. 4. (1) Der Kürzung unterliegen alle für die Zeit vom 1. Februar 1931 ab zustehenden kürzungspflichtigen Bezüge ohne Rücksicht auf den Zeitpunkt der Zahlung.

(2) Vor dem 1. Februar 1931 anfallende Gnadenvierteljahresbezüge (Stichtag: der Todestag des Beamten usw.) werden auch insoweit nicht gekürzt, als sie für die Zeit nach dem 31. Januar 1931 zustehen. Eine Kapitalabfindung (vgl. Nr. 3 Abs. 5) wird nicht gekürzt, wenn der Zeitraum, für den sie gewährt wird, vor dem 1. Februar 1931 beginnt. Das gleiche gilt für Vorschüsse auf Übergangsgebührnisse (§ 40 des Schutzpolizeibeamtengesetzes).

(3) Nachzahlungen für Zeitabschnitte vor dem 1. Februar 1931 werden nicht gekürzt.

Noch § 1.

(2) Zu den Dienstbezügen im Sinne des Abs. 1 gehören alle Geldbezüge, die den im Abs. 1 genannten Personen mit Rücksicht auf ihre hauptamtlichen oder nebenamtlichen Dienstleistungen gezahlt werden, einschließlich der Ausgleichszulagen, Sondervergütungen und Nebenbezüge.

Durchführungsbestimmungen.

Zu § 1 Abs. 2.

Nr. 5. (1) Zu den der Kürzung unterliegenden Dienstbezügen der Beamten und Lehrpersonen gehören alle Geldbezüge, die sie mit Rücksicht auf ihre hauptamtliche oder nebenamtliche Dienstleistung erhalten, also z. B. die Wohnungsgeldzuschüsse in ihrem vollen Betrage auch dann, wenn sie ganz oder teilweise für eine Dienstwohnung angerechnet werden (vgl. auch Nr. 3 Abs. 2), die Grundvergütungen der nichtplanmäßigen Beamten und der wissenschaftlichen Assistenten mit planmäßiger Vergütung an den wissenschaftlichen Hochschulen, die Zulagen, die Gehaltszuschüsse (vgl. auch Nr. 10 Abs. 2), ferner die örtlichen Sonderzuschläge, die Ministerialzulagen, die Gewinnanteile, die

Zuwendungen aus dem Geschäftsgewinn, die Anteile an Unterrichtsgebühren und alle Zuschüsse an Professoren, sonstige beamtete Lehrkräfte und Beamte an den Hochschulen, wissenschaftlichen Anstalten, Kunstinstituten usw., die Prüfungsgebühren, die Rechnungsgebühren, die Gebührenanteile, soweit die Bezüge nicht als Dienstaufwandentschädigung gelten und nicht der Einkommensteuer unterworfen sind (vgl. § 36 Abs. 2 Ziff. 1 des Reichseinkommensteuergesetzes).

(2) Nach § 1 Abs. 2 der Verordnung unterliegen der Kürzung die Ausgleichszulagen (Ausgleichsentschädigungen), die aus Kap. 178 Tit. 54 des Haushalts des Ministeriums für Wissenschaft, Kunst und Volksbildung an Lehrkräfte und Beamte der früheren Lehrer- und Lehrerinnenbildungsanstalten, die in einem Amt mit geringerem Diensteinkommen untergebracht sind, gezahlt werden (vgl. auch Gesetz vom 30. Jan. 1926 — GS. S. 41 —) sowie die von Gemeinden bewilligten Ausgleichszulagen für Lehrer, die nach dem Reichsgrundschulgesetz vom 28. April 1920 (RGBl. S. 851) oder aus einem anderen Anlaß unfreiwillig in eine Stelle mit geringerem Diensteinkommen übergetreten sind (wegen der entsprechenden Versorgungsbezüge vgl. Nr. 10 Abs. 1 zu d).

Nr. 6. Der Kürzung unterliegen ferner die Vergütungen für Beamte, die zur Probedienstleistung einberufen sind, die Vergütungen für Beamte im Vorbereitungsdienst bei Beschäftigungsaufträgen, die aus Kap. 19 Tit. 156 der einmaligen Ausgaben des Haushalts des Ministeriums für Wissenschaft, Kunst und Volksbildung gezahlten Vergütungen für Hilfslehrer, sowie grundsätzlich auch die Unterhaltszuschüsse. Da der Höchstsatz des Unterhaltszuschusses die Freigrenze von 1500 RM. (§ 4 der Verordnung) nicht übersteigt, kommt eine Kürzung des Unterhaltszuschusses nur in den Fällen in Frage, in denen der Empfänger neben dem Unterhaltszuschuß noch kürzungspflichtige Geldbezüge hat, bei deren Hinzurechnung der Jahressatz von 1500 RM. überschritten wird.

Nr. 7. Der Wert der den Polizeibeamten unentgeltlich gewährten Sachbezüge unterliegt der Kürzung nicht, und zwar ohne Rücksicht darauf, ob diese Sachbezüge zur Einkommensteuer herangezogen werden oder nicht.

Nr. 8. (1) Für Volksschullehrer, denen Naturalleistungen oder diesen gleichstehende „Diensteinkünfte in Geld" (vgl. § 19 VBG.) gewährt werden, ist die Gehaltskürzung in derselben Weise vorzunehmen wie für Lehrer ohne Naturalbezüge, also bei der Summe der vollen laufenden, kürzungspflichtigen Dienstbezüge.

Beispiel:

Grundgehalt	*350,— RM.*
Stellenzulage	*100,— RM.*
Örtlicher Sonderzuschlag (5%)	*22,50 RM.*
Wohnungsgeldzuschuß	*66,— RM.*
Kirchenamtszulage	*40,— RM.*
Summe	*578,50 RM. monatlich*

94 v. H. davon sind laut Spalte „94 v. H.“
der Umrechnungstafel 543,32 + 0,47 = 543,79 RM.
also Kürzungsbetrag = 34,71 RM.;
ab Anrechnungswert für Dienstwohnung und örtliche Diensteinkünfte in Geld und Naturalleistungen (in dem bisherigen vollen Betrage) . . 80,— RM.
somit verbleiben 463,79 RM.

Vgl. auch Runderlaß vom 11. Juli 1925 — U III E 1435 — (PrBesBl. S. 171) über den Steuerabzug für Lehrer mit Naturalbezügen.

(2) Die Gehaltskürzung geschieht also vor dem Abzug des Anrechnungswertes der Naturalleistungen. Die Naturalleistungen unterliegen in diesem Falle auch dann nicht der Gehaltskürzung, wenn sie in Geld gewährt werden, z. B. nach Umwandlung einer Lieferung von Naturalien in eine Geldleistung, ebenso nicht die baren Einnahmen aus der Kirchenkasse bei vereinigten Schul- und Kirchenämtern. Hat indessen z. B. ein Lehrer Einnahmen aus dem Kirchendienst, ohne daß er Inhaber eines vereinigten Kirchen- und Schulamtes ist, so sind diese Einnahmen als Geldbezüge aus nebenamtlicher Dienstleistung zu behandeln.

Nr. 9. (1) Der Kürzung unterliegen grundsätzlich alle für die Zeit vom 1. Februar 1931 ab mittelbar (z. B. auch durch Zuschußanstalten, wie Universitäten, höhere Lehranstalten usw.) oder unmittelbar aus der Staatskasse für nebenamtliche oder nebengeschäftliche Dienstleistungen in Form von laufenden Pauschvergütungen oder von Stunden- und Tagessätzen, auch für nicht regelmäßig wiederkehrende Dienstleistungen, gezahlten Nebenvergütungen im weitesten Sinne, gleichviel, ob sie einem Staats- oder Reichsbeamten oder Beamten der Gemeinden, Gemeindeverbände und Körperschaften des öffentlichen Rechtes oder einer nichtbeamteten Person zufließen. Die Nebenvergütungen unterliegen der Kürzung in voller Höhe, soweit sie nicht von der für die Bewilligung oder Festsetzung zuständigen Dienststelle ausdrücklich als Ersatz barer Auslagen (Dienstaufwand) bezeichnet und der Einkommensteuerpflicht nicht unterworfen sind (vgl. § 36 Abs. 2 Ziff. 1 des Reichseinkommensteuergesetzes). Wegen der Freigrenze vgl. Nr. 14 insbesondere Abs. 3, 7 und 8.

(2) Den Nebenvergütungen im Sinne des Abs. 1 sind alle Geldbezüge gleichzustellen, die Staatsbeamten neben ihrem Diensteinkommen aus dem Haupt- oder Nebenamt mit Rücksicht auf ihre haupt- oder nebenamtlichen Dienstleistungen oder für eine im Zusammenhang mit dem Haupt- oder Nebenamt stehende, im öffentlichen Interesse ausgeübte Tätigkeit gezahlt werden, auch soweit sie nicht aus der Staatskasse fließen, wie z. B. Vergütungen für Herausgabe von Amtsblättern und Zeitschriften, wenn die Herausgabe im dienstlichen Interesse unter Mitwirkung von Staatsbeamten erfolgt, ferner z. B. Vergütungen für vertrauensärztliche Tätigkeit von Medizinalräten bei ärztlichen Unter-

suchungen, Begutachtungen, Ausstellung von Gesundheitszeugnissen usw. im dienstlichen Interesse.

(3) Abs. 1 und 2 gelten sinngemäß für Empfänger von Wartegeld, Ruhegehalt und anderen Versorgungsgebührnissen.

Noch § 1.

(3) Versorgungsbezüge im Sinne des Abs. 1 sind Wartegelder, Fürsorgebezüge, Übergangsgelder, Übergangsgebührnisse, Ruhegehälter, Witwen- und Waisengelder, Dienstbezüge der unter Belassung des vollen Gehaltes vom Amte enthobenen oder von ihren amtlichen Verpflichtungen entbundenen Beamten sowie Kapitalabfindungen und Abfindungen, die für frühere Dienstleistungen gewährt werden, und die auf Grund statutarischer Bestimmungen gewährte ruhegeldähnliche Versorgung.

Durchführungsbestimmungen.

Zu § 1 Abs. 3.

Nr. 10. (1) Zu den der Kürzung unterliegenden Versorgungsbezügen gehören auch:

a) die örtlichen Sonderzuschläge,
b) die nach § 24 des Besoldungsgesetzes vom 17. Dezember 1927 (GS. S. 223) gewährte Frauenbeihilfe,
c) die Unfallpension und die Renten des Unfallfürsorgegesetzes,
d) die den in Nr. 5 Abs. 2 aufgeführten Personen als Teil der Versorgungsbezüge gewährten Ausgleichszulagen, Ausgleichsunterstützungen und sonstigen laufenden Unterstützungen,
e) die den strafweise entlassenen Beamten und Lehrpersonen aus den gesetzlichen Versorgungsfonds gezahlten laufenden Unterstützungen,
f) die einmaligen Abfindungen nach § 44 des Polizeibeamtengesetzes.

(2) Der Kürzung unterliegen ferner die aus Kap. 51 Tit. 13 des Haushalts des Finanzministeriums gezahlten Gehaltszuschüsse und Ruhegehaltszuschüsse an die infolge der anderweitigen Kasseneinrichtung verfügbar gewordenen und nicht wieder angestellten oder in andere, insbesondere in Gemeindedienststellungen übergetretenen Beamten und an in den Ruhestand versetzte Rentmeister von Steuerkassen.

(3) Fürsorgebezüge sind diejenigen Bezüge, die den aus den abgetretenen Gebieten verdrängten Beamten, Lehrpersonen, Ruhestandsbeamten und Hinterbliebenen auf Grund des Staatsministerialbeschlusses vom 26. Juli 1919 — StR. 15841 (Deutscher Reichs- und Preuß. Staatsanzeiger vom 28. Juli 1919 Nr. 168) und seiner Ergänzungen gezahlt werden.

(4) Zu den zu kürzenden Übergangsgebührnissen der Polizeibeamten gehören nur die nach § 38 des Schutzpolizeibeamtengesetzes zustehenden

laufenden Gebührnisse und die Gnadengebührnisse nach §§ 70, 76 Abs. 2 und 3 des Schutzpolizeibeamtengesetzes, § 47 Abs. 2 des Polizeibeamtengesetzes.

Nr. 11. Der Kürzung unterliegen auch die aus dem Verfügungsfonds der Staatsregierung, Kap. 39 Tit. 17 des Haushalts der allgemeinen Finanzverwaltung, oder aus sonstigen besonders zur Verfügung gestellten Mitteln gewährten Versorgungsbezüge, laufenden Unterstützungen und laufenden Zuwendungen.

Noch § 1.

(4) Kinderbeihilfen, Aufwandentschädigungen, Reisekostenvergütungen, Fahr- und Zehrkosten, Beschäftigungstagegelder, Umzugskostenvergütungen, außerdem Kinderzulagen, Umzugskostenbeihilfen, Wohnungsbeihilfen, Dienstaufwandentschädigungen, Dienstkleidungszuschüsse, Nachtdienstzulagen, einmalige Dienstbelohnungen und einmalige Versorgungsbezüge der Polizeibeamten, soweit sie unabhängig von den Gehaltsbezügen in einer bestimmten Summe gezahlt werden, sowie die Zulagen zu den Übergangsgebührnissen der Polizeibeamten unterliegen der Kürzung nicht.

Durchführungsbestimmungen.

Zu § 1 Abs. 4.

Nr. 12. Zu den Bezügen, die der Kürzung nicht unterliegen, gehören auch z. B. die außerordentlichen Zuwendungen (Dienstprämie) an Polizei- und Landjägereibeamte (Kap. 91 Tit. 21 des Haushalts des Ministeriums des Innern), die aus Kap. 55 „Witwen- und Waisenverpflegungsanstalten (k. w.)" des Haushalts des Finanzministeriums gezahlten Bezüge sowie die Verlustentschädigungen für Kassenbeamte.

Noch § 1.

(5) Soweit die kürzungspflichtigen Bezüge nicht aus der Staatskasse fließen, und nicht schon auf Grund einer entsprechenden Vorschrift zugunsten der Kasse des Reichs, eines anderen Landes, einer Gemeinde (eines Gemeindeverbandes) oder einer sonstigen Körperschaft des öffentlichen Rechtes gekürzt werden, haben die im Abs. 1 genannten Personen den Kürzungsbetrag an die Staatskasse abzuführen.

(6) Auf Notare finden die Vorschriften dieser Verordnung keine Anwendung.

Durchführungsbestimmungen.

Zu § 1 Abs. 6.

Nr. 13. Die Ausnahmevorschrift umfaßt nur Bezüge, die die Notare in dieser Eigenschaft erhalten. Andere nach den Bestimmungen der Gehaltskürzungsverordnung und dieses Runderlasses kürzungspflichtige Bezüge (z. B. Versorgungsbezüge aus einem Amt, das der Notar früher bekleidet hat) unterliegen auch dann der Kürzung, wenn sie an Notare gezahlt werden.

§ 2.

(1) Die Dienst- und Versorgungsbezüge der Beamten der Gemeinden und Gemeindeverbände im Sinne des Kommunalbeamtengesetzes vom 30. Juli 1899 (GS. S. 141) sowie der sonstigen der Aufsicht des Landes unterstehenden Körperschaften des öffentlichen Rechtes werden mit unmittelbarer Wirkung nach den Vorschriften des § 1 dieser Verordnung gekürzt.

(2) Die Gemeinden und Gemeindeverbände sowie die sonstigen der Aufsicht des Landes unterstehenden Körperschaften des öffentlichen Rechtes sind verpflichtet, von der Kündigungsmöglichkeit gemäß VO. des Reichspräsidenten zur Sicherung von Wirtschaft und Finanzen vom 1. Dez. 1930, zweiter Teil, Kapitel II, § 5 (RGBl. I S. 517) Gebrauch zu machen, um eine dem Abs. 1 entsprechende Herabsetzung der Bezüge ihrer Angestellten herbeizuführen.

§ 3.

Den Körperschaften des öffentlichen Rechtes stehen im Sinne dieser Verordnung gleich die Anstalten, Vereine und Stiftungen des öffentlichen Rechtes.

§ 4.

(1) Personen, deren kürzungspflichtige Bezüge insgesamt den Betrag von 1500 RM. jährlich nicht übersteigen, sind von der Kürzung befreit.

(2) Würde nach Durchführung der Kürzung ein Betrag von weniger als 1500 RM. jährlich verbleiben, so werden 1500 RM. gewährt.

Durchführungsbestimmungen.

Zu § 4.

Nr. 14. (1) Ob die Freigrenze überschritten ist, ist nicht für ein ganzes Kalenderjahr oder Rechnungsjahr usw., sondern für jeden Zeitabschnitt, für den eine Zahlung erfolgt, also bei planmäßigen Bezügen, in der Regel für einen Monat, besonders festzustellen.

(2) Beispiel: Ein Ruhegehaltsempfänger, der ein Ruhegehalt von jährlich 3600 RM. = 300 RM. monatlich bezieht, stirbt im September 1931. Seine Witwe erhält ab 1. Jan. 1932 monatlich 180 RM. Witwengeld. Das Witwengeld ist um 6 v. H. zu kürzen, obwohl die Witwe im Rechnungsjahr 1931 nur 3 × 180 = 540 RM. Witwengeld bezogen hat.

(3) Zur Feststellung, ob die Freigrenze überschritten ist, sind alle nach § 1 kürzungspflichtigen Bezüge derselben Person zusammenzuzählen. Bezüge aus der Staatskasse von nicht mehr als 1500 RM. jährlich sind zu kürzen, wenn sie zusammen mit Bezügen aus der Kasse des Reichs, eines anderen Landes, einer Gemeinde (eines Gemeindeverbandes) oder einer sonstigen Körperschaft des öffentlichen Rechtes oder zusammen mit sonstigen kürzungspflichtigen Nebenvergütungen im Sinne der Nr. 9 Abs. 2 und 3 die Freigrenze übersteigen.

(4) Der sich bei Anwendung der pensionsrechtlichen Ruhensvorschriften (§ 27 des Zivilruhegehaltsgesetzes usw.) ergebende nichtruhende Betrag des Ruhegehalts usw. unterliegt auch dann der Kürzung, wenn dieser Betrag infolge der Regelung nach den Ruhensvorschriften unter die Freigrenze von 1500 RM. jährlich sinkt.

(5) Im Falle der Kapitalisierung oder der Rentenumwandlung eines Teiles der Versorgungsbezüge ist zur Feststellung darüber, ob die Freigrenze überschritten ist, von dem Betrage auszugehen, der ohne die Kapitalisierung oder die Rentenumwandlung zustehen würde.

(6) Witwengelder und Waisengelder, diese für jedes bezugsberechtigte Kind besonders, sind getrennt zu behandeln. Das gleiche gilt für die Hinterbliebenenrenten nach dem Unfallfürsorgegesetz.

(7) Hat eine Person mehrere kürzungspflichtige Bezüge, so tritt die Befreiung nur ein, wenn die Summe dieser Bezüge die Freigrenze von 1500 RM. jährlich oder 125 RM. monatlich nicht übersteigt; auf die Höhe des einzelnen Bezugsteils kommt es nicht an.

(8) Bei Feststellung der Höhe der kürzungspflichtigen Nebenbezüge ist das Privatberufseinkommen von Personen, die neben ihrer privaten Berufstätigkeit im Staatsdienst beschäftigt sind, wie beispielsweise Ärzte und Geistliche bei Gefängnissen und Strafanstalten, Handwerksmeister und Diplomingenieure, die als Lehrer an Berufsschulen usw. tätig sind, Hilfsstenographen usw. außer Betracht zu lassen. Nebenvergütungen für solche Personen unterliegen der Kürzung nur dann, wenn die Vergütungen oder gegebenenfalls die Summe mehrerer Vergütungen den Betrag von 1500 RM. jährlich oder 125 RM. monatlich übersteigen.

(9) Personen, deren kürzungspflichtige Bezüge die Freigrenze übersteigen, sind mit der Gesamtsumme der kürzungspflichtigen Bezüge, nicht etwa mit der um 1500 RM. jährlich oder 125 RM. monatlich verminderten Summe, zur Gehaltskürzung heranzuziehen. Eine Ausnahme machen nach § 4 Abs. 2 der Verordnung die Personen, deren kürzungspflichtige Gesamtbezüge die Freigrenze so wenig übersteigen, daß ihnen nach Durchführung der Kürzung weniger als der Betrag der Freigrenze verbleiben würde; ihre kürzungspflichtigen Bezüge werden daher nur bis zum Betrage von 1500 RM. jährlich oder 125 RM. monatlich gekürzt.

(10) Beispiel:

Gesamtbetrag der monatlichen Bezüge vor der Kürzung =	*149,55 RM.*
ab: Kinderbeihilfe für ein Kind . . . . =	*20,— RM.*
bleiben:	*129,55 RM.*
Nach Spalte „94 v. H." der Umrechnungstafel ist nur anzusetzen die Freigrenze mit	*125,— RM.*
also gekürzter Betrag: 4,55 RM.;	
dazu: die nicht zu kürzende Kinderbeihilfe . . . . . =	*20,— RM.*
mithin neue Gesamtbezüge . . . . =	*145,— RM.*

§ 5.

Der Finanzminister und die zuständigen Fachminister sind mit der Ausführung dieser Verordnung beauftragt. In Zweifelsfällen entscheidet der Finanzminister im Einvernehmen mit dem zuständigen Fachminister, insbesondere auch darüber, welche Bezüge der Kürzung unterliegen.

§ 6.

Diese Verordnung tritt mit dem auf die Verkündung folgenden Tage in Kraft.

Diese Verordnung tritt mit dem 31. Januar 1934 außer Kraft.

Allgemeine Durchführungsbestimmungen.

C. Nr. 1. Wegen der aus Anlaß der Gehaltskürzung erforderlich werdenden anderweiten Berechnung des Schulverbandsbeitrages zur Landesschulkasse und zur Landesmittelschulkasse sowie des Beschulungsgeldes usw. ergeht vom Minister für Wissenschaft, Kunst und Volksbildung besondere Anordnung.

II

Nr. 1. Die für die Anweisung der Dienst- oder Versorgungsbezüge zuständigen Behörden haben mit größter Beschleunigung die zu kürzenden Bezüge umzurechnen und der zahlenden Kasse die nach den Bestimmungen erforderliche Anweisung über die ab 1. Februar 1931 zu zahlenden gekürzten Bezüge zu erteilen; hierzu können die Pendelanweisungen benutzt werden, bei der staatlichen Polizei sind die Gebührnisanweisungen zu verwenden. Die Herren Oberpräsidenten und Regierungspräsidenten werden hierbei auf den RdErl. vom 17. Dez. 1930 — I A 2/5479 a — (nicht veröffentlicht) verwiesen. Soweit es der anweisenden Behörde nicht möglich sein sollte, jene Arbeiten fristgerecht zu erledigen, werden die mir, dem Finanzminister, nachgeordneten Behörden ermächtigt, die zahlenden Kassen anzuweisen, vorläufig selbständig umzurechnen. Die Kassen würden in diesem Falle unverzüglich anzuweisen sein, damit sie mit der Umrechnungsarbeit sofort beginnen können. Den Kassen ist für die Umrechnungsarbeiten, soweit erforderlich, eine hinreichende Zahl von Hilfskräften zur Verfügung zu stellen. Soweit eine Kasse nicht sämtliche Unterlagen für die Umrechnung besitzt, hat die anweisende Behörde in jedem Falle schnellstens die Anweisung über die zu zahlenden gekürzten Bezüge zu erteilen.

III

Nr. 1. (1) Die mir, dem Finanzminister, unterstellten Kassen haben ab 1. Februar 1931 in dem Handbuch über die Dienstbezüge (Formblatt Nr. 146, 148, 383 und 403 RKO. usw.) im Soll in einer Leerspalte (in Formbl. Nr. 148 z. B. Sp. 11) den Kürzungsbetrag der Bezüge unter der Bezeichnung „Ab: 6 v. H. — K“ (Kürzung) gegebenenfalls „Ab: 20 v. H. — K“ (Kürzung) bei jedem Beamten zu vermerken; das bisherige Soll in den Spalten „Grundgehalt“, „Wohnungsgeldzuschuß“, „örtlicher Sonderzuschlag“ usw. bleibt aus Anlaß der Gehaltskürzung unverändert. Durch die Einfügung der Spalte „Ab: 6 v. H. — K“ ändert sich mithin bei jedem Beamten lediglich der Gesamtbetrag des Monatssolls (z. B. Sp. 13 des Formbl. 148). Bei eintretenden Veränderungen der Bezüge, z. B. beim Aufrücken eines Beamten in die nächste Dienstaltersstufe, ist der neu zu errechnende Kürzungsbetrag erneut im Soll einzutragen.

Es bleibt den mir, dem Finanzminister, unterstellten Kassen unbenommen, bei der Darstellung des aus Anlaß der Gehaltskürzung veränderten Solls in den Handbüchern über die Dienstbezüge in der Spalte „Zusammen“ (Sp. 13 des Formbl. 148) die Summe der Bezüge an Grundgehalt, Wohnungsgeldzuschuß, Kinderbeihilfe usw. wie bisher einzutragen und in der entsprechend handschriftlich zu ändernden Spalte „Besatzungszulage“ (Sp. 12 des Formbl. 148), die künftig für diese Zwecke fortfällt, den Unterschiedsbetrag zwischen der Spalte „Zusammen“ und der vorbezeichneten Leer- oder Hilfsspalte „Ab: 6 v. H. — K“ (Kürzung) zu vermerken.

(2) Die die Versorgungsbezüge zahlenden Kassen haben das veränderte Soll im Handbuch (Formbl. Nr. 329 und 331 RKO.) sinngemäß darzustellen.

Nr. 2. Im Ist haben die Kassen in den Handbüchern über die Dienstbezüge sowie in der Ruhegehaltsrechnung ab 1. Februar 1931 jeweils den nach Durchführung der Kürzung sich ergebenden neuen Gesamtbetrag der Bezüge zu buchen.

Nr. 3. (1) Soweit kürzungspflichtige Bezüge der im Dienst befindlichen Staatsbeamten usw. nicht aus der Staatskasse fließen (vgl. § 1 Abs. 5 der VO.) und für den Einzelfall nicht etwas anderes bestimmt ist, sind die in Frage kommenden Kürzungsbeträge durch die die Dienstbezüge des Beamten zahlende staatliche Kasse einzubehalten und im Handbuch über die Dienstbezüge im Soll in Spalte „Ab: 6 v.H. — K" (Kürzung) zusammen mit dem Kürzungsbetrag der aus der Staatskasse gezahlten kürzungspflichtigen Bezüge einzutragen; dementsprechend vermindert sich das Ist. In Spalte „Bemerkungen" hat die Kasse einen erläuternden Vermerk über die Kürzung aufzunehmen.

(2) Die die Dienstbezüge anweisende Behörde hat der zahlenden Kasse für die Einbehaltung der nicht aus der Staatskasse fließenden kürzungspflichtigen Bezüge eines Beamten eine besondere Anweisung zu erteilen und dabei den jeweils zu kürzenden Betrag unter Angabe des Beginns der Kürzung ersichtlich zu machen.

Nr. 4. (1) Um einen Überblick über die finanzielle Auswirkung der Gehaltskürzung zu erhalten, haben sämtliche staatlichen Kassen im Rechnungsjahr 1930 für die Monate Februar 1931, März 1931 und Schlußmonat April 1931 zusammen mit dem Monatsabschluß für den betreffenden Monat (für den Schlußmonat April 1931 zusammen mit dem Jahresabschluß für 1930) — getrennt für jeden Titel, bei welchem kürzungspflichtige Dienst- oder Versorgungsbezüge nachgewiesen werden — auf einem besonderen Formblatt die tatsächliche Istausgabe an Dienst- oder Versorgungsbezügen für den betreffenden Monat anzugeben und dieser die entsprechende Istausgabe für Januar 1931 zum Vergleich gegenüberzustellen. Diese Anordnung gilt auch bezüglich der Besoldungen und Versorgungsbezüge aller sogen. Zuschußanstalten, die vom Staate Zuschüsse erhalten.

(2) Die staatlichen Kassen, die bestimmungsgemäß allmonatlich einen Abschluß an die Hauptbuchhalterei des Preußischen Finanzministeriums einzureichen haben, haben auch die vorbezeichnete Übersicht der Hauptbuchhalterei zu übersenden. Die übrigen Kassen haben eine solche Zusammenstellung derjenigen Provinzialhauptkasse einzureichen, mit welcher sie im Abrechnungsverkehr stehen. Die Provinzialhauptkassen haben die entsprechenden Zahlenangaben in die von ihnen der Hauptbuchhalterei des Preußischen Finanzministeriums zu übermittelnde Nachweisung mit aufzunehmen. Die gegenüber dem Monat Januar 1931 bei einzelnen Beamten durch Aufrücken in die nächste Dienstaltersstufe, Versetzung zu einer anderen Behörde oder infolge Ausscheidens aus dem Staatsdienst im Monat Februar 1931 usw. etwa eintretenden Veränderungen brauchen in der vorbezeichneten Aufstellung für die Hauptbuchhalterei des FM. nicht besonders ersichtlich gemacht zu werden.

(3) Die erforderlichen Formblätter werden den Kassen demnächst k. Hd. zugehen.

(4) Wegen der Aufstellung der Übersichten für das Rechnungsjahr 1931 bleibt weitere Bestimmung vorbehalten.

IV

Nr. 1. Auf Grund der Verordnung des Reichspräsidenten zur Sicherung von Wirtschaft und Finanzen vom 1. Dezember 1930 (RGBl. I S. 517), zweiter Teil, Kap. II, § 7 ist von den Bezügen, die nach den Vorschriften über die Gehaltskürzung mit Wirkung von einem früheren Tage als dem 1. April 1931 ab gekürzt werden, von dem gleichen Zeitpunkt ab die Reichshilfe (vgl. Ziff. 1 des RdErl. vom 31. Juli 1930 — I. A. 2. 3180 a —, PrBesBl. S. 89ff.) nicht mehr zu erheben. Die Reichshilfe kommt mithin insoweit vom 1. Februar 1931 ab in Fortfall.

Nr. 2. Der Lohnsteuerzuschlag für Ledige (vgl. Ziff. 2 des vorbezeichneten RdErl. vom 31. Juli 1930 und Abschnitt B des RdErl. des RFM. vom 3 Sept. 1930 — S. 2246 — 3600 III, PrBesBl. S. 136ff.) ist auf Grund der Bestimmungen des zweiten Teils, Kap. IV, Artikel 2, §§ 4—6 a. a. O. nach Maßgabe der Vorschriften der „LZ. DB." (vgl. Anlage 2 des vorbezeichneten RdErl. vom 31. Juli 1930) für die Zeit vom 1. April 1931 bis 31. März 1932 von den gekürzten lohnsteuerpflichtigen Bezügen einzubehalten und in bisheriger Weise zu buchen und abzuführen. Zu beachten ist jedoch, daß nach dem RdErl. des Herrn Reichsministers der Finanzen vom 6. Dez. 1930 — S. 2226 A/5700 III — (Reichssteuerbl. S. 782) unter II vom 1. Januar 1931 ab über die Befreiung vom Ledigenzuschlag wegen Unterhalts der geschiedenen Ehefrau oder eines bedürftigen Elternteils keine besondere Bescheinigung mehr ausgestellt wird, sondern daß diese Befreiung auf der Steuerkarte für 1931 vermerkt sein muß. Die für 1930 ausgestellten Bescheinigungen behalten jedoch bis zum 31. März 1931 Gültigkeit.

Nr. 3. Die Lohnsteuer wird vom 1. Februar 1931 ab von dem nach durchgeführter Kürzung verbleibenden Gesamtbetrag der lohnsteuerpflichtigen Dienst- usw. Bezüge berechnet. Soweit ein Lohnsteuerzuschlag für Ledige (vgl. vorstehend unter Nr. 2) von den Bezügen einzubehalten ist, ist dieser wie bisher in einer Summe zusammen mit der Lohnsteuer, und zwar ab 1. Februar 1931, von dem gekürzten lohnsteuerpflichtigen Gesamteinkommen abzuziehen.

V

Für die Berechnung der nach § 850 ZPO. der Pfändung unterliegenden Diensteinkommen usw. sind nur die gekürzten Bezüge maßgebend.

4. Zweite Gehaltskürzungsverordnung des Reichs.[1]

(Kap. I des 2. Teils der 2. Verordnung des Reichspräsidenten zur Sicherung von Wirtschaft und Finanzen vom 5. Juni 1931 — RGBl. I S. 279 — in der Fassung der 3. Verordnung des Reichspräsidenten zur Sicherung von Wirtschaft und Finanzen vom 6. Oktober 1931 — RGBl. I S. 537). Dazu Preußische Durchführungsbestimmungen vom 13. Juni 1931 (PrBesBl. S. 183).

Vorbemerkungen.

1. Der Aufbau der 2. GKV., die viele Bestimmungen der 1. GKV. wörtlich übernommen hat, ist wie folgt gegliedert:

Die §§ 1—3 enthalten eine Aufzählung aller kürzungspflichtigen Bezüge und die Kürzungssätze.

§ 4 enthält eine Neuregelung der Kinderzuschläge der Reichsbeamten (der Kinderbeihilfen des PrBesG.). Dabei wird der Kinderzuschlag für das 1. Kind gekürzt, die Zuschläge für das 3. und die folgenden Kinder unter Anlehnung an die seit 1. Oktober 1927 bestehenden preußischen Vorschriften erhöht.

Die §§ 5 u. 6 regeln die Kürzungen der Angestellten und Arbeiter im Reichsdienst.

§ 7 setzt die Vorschriften der §§ 1—6 mit unmittelbarer Wirkung auch für die Beamten der Länder, Gemeinden und sonstigen öffentlichen Körperschaften in Kraft und bringt in seinem Abs. 4 Richtlinien für die Besoldung der Staats- und Gemeindebeamten, die den Vorschriften des Sperrgesetzes vom 21. Dez. 1920 (RGBl. S. 2117) nachgebildet sind.

§ 8 bestimmt, welche Korporationen als Körperschaften des öffentlichen Rechts im Sinne dieser Verordnung gelten.

§ 9 enthält Bestimmungen über Amtsbezeichnungen.

§ 10 bestimmt, daß Geistliche und Lehrer zu den Beamten im Sinne der GKV. gehören.

§§ 11 u. 12 enthalten Schlußvorschriften.

2. Die *kursiv* gedruckten Abschnitte hinter den einzelnen Absätzen der Paragraphen des Verordnungstextes enthalten die preußischen Durchführungsbestimmungen.

§ 1.

(1) Vom 1. Juli 1931[2] ab werden nach Maßgabe des § 2 gekürzt:[3]

a) die Dienstbezüge[4] der Reichsbeamten und der Soldaten der Wehrmacht einschließlich des Gnadenvierteljahres,[5]

b) die Versorgungsbezüge[6] der Wartegeldempfänger und Ruhegeldempfänger des Reichs einschließlich des Gnadenvierteljahres,

c) die Versorgungsbezüge[6] der Hinterbliebenen von Reichsbeamten und Soldaten der alten und neuen Wehrmacht,
d) die Übergangsgebührnisse der Soldaten der Wehrmacht nach §§ 7, 27, 32 und 70 des Wehrmachtversorgungsgesetzes und die entsprechenden Übergangsgebührnisse der Polizeibeamten beim Reichswasserschutz,
e) die Dienstbezüge der Postagenten der Deutschen Reichspost sowie der Untererheber und Hilfskassenverwalter der Reichsabgabenverwaltung,
f) die laufenden Bezüge, die ehemaligen Angestellten und Arbeitern im Reichsdienst einschließlich des Dienstes bei der Deutschen Reichspost und ihren Hinterbliebenen mit Rücksicht auf das frühere Dienstverhältnis außerhalb der reichsgesetzlichen Sozialversicherung gewährt werden (Ruhelohn, laufende Unterstützungen usw.).

(2) Die Reichstagsbeamten stehen den Reichsbeamten gleich.

(3) Zu den Dienstbezügen der Reichsbeamten und der Soldaten der Wehrmacht im Sinne des Abs. 1a gehören alle Geldbezüge,[7] [8] die sie mit Rücksicht[9] auf ihre hauptamtliche oder nebenamtliche Dienstleistung erhalten.

Durchführungsbestimmungen.

Zu § 1 Abs. 1 und 3.

Nr. 1. (1) Es sind zu kürzen die Dienst- und Versorgungsbezüge — einschließlich des Gnadenvierteljahrs — der unmittelbaren Staatsbeamten,[10] *der Lehrpersonen im öffentlichen Schul-,*[11] *Berufsschul- und Fachschuldienste sowie aller mittelbaren Staatsbeamten.*[12]

(2) Die Verordnung unterwirft die Dienst- und Versorgungsbezüge im ganzen, nicht in ihren einzelnen Bestandteilen, der Kürzung.[13] *Die Bestimmungen des Besoldungs- und Versorgungsrechts über die Höhe der Grundgehälter, des Wohnungsgeldzuschusses usw., über die Berechnung des Wartegeldes, des Übergangsgeldes, der Übergangsgebührnisse usw. werden wie durch die Verordnung über die Gehaltskürzung vom 13. 12. 1930 (GS. S. 291) — nachstehend kurz „Erste Gehaltskürzungsverordnung" genannt — so auch durch die Zweite Gehaltskürzungsverordnung nicht berührt.*

(3) Die Kürzung nach der Zweiten Gehaltskürzungsverordnung ist an den Bezügen vorzunehmen, die den Bezugsberechtigten nach geltendem Recht ohne Rücksicht auf die Kürzung nach der Ersten Gehaltskürzungsverordnung zustehen würden (§ 2 Abs. 3), und die nicht von der Kürzung ausgenommen sind (§ 1 Abs. 4).[14]

Nr. 2. (1) Aus dem in Nr. 1 Abs. 2 ausgesprochenen Grundsatz ergeben sich folgende Beispiele:

(2) Der höchste Anrechnungsbetrag für die Dienstwohnung (Nr. 57 Abs. 1 Satz 2 PBV.) bemißt sich nach wie vor nach dem ungekürzten Wohnungsgeldzuschuß.[15]

(3) Wartegelder, Übergangsgelder, -gebührnisse, Ruhegehälter werden auch künftig aus dem ungekürzten ruhegehaltsfähigen Diensteinkommen, Witwengelder und Waisengelder aus dem ungekürzten Ruhegehalt berechnet.[16] *Die so berechneten Wartegelder, Übergangsgelder, -gebührnisse, Ruhegehälter, Witwengelder oder Waisengelder werden gekürzt.*

(4) Ob und wieweit Wartegeld, Übergangsgeld, Ruhegehalt, Witwengeld, Waisengeld oder sonstige Versorgungsbezüge nach den pensionsrechtlichen Ruhensvorschriften zu ruhen haben,[17] *wird auch künftig unter Zugrundelegung der ungekürzten Bezüge nach den geltenden Vorschriften berechnet; der sich ergebende nichtruhende Betrag des Wartegeldes usw. unterliegt der Kürzung. Handelt es sich bei dem neuen Einkommen um Arbeiterlohn, so sind in der Ruhensberechnung das frühere Diensteinkommen sowie das daraus errechnete Wartegeld usw. mit den gekürzten Beträgen und der Arbeiterlohn in der tatsächlich gewährten Höhe zu berücksichtigen.*[18]

(5) Im Falle der Kapitalisierung eines Teiles der Versorgungsbezüge wird sowohl der nichtkapitalisierte Teil als auch die Kapitalabfindung nach § 2 gekürzt (vgl. auch Nr. 3 Abs. 3). Dies gilt entsprechend für Vorschüsse auf Übergangsgebührnisse (§ 40 des Schutzpolizeibeamtengesetzes).

Nr. 3. (1) Der Kürzung nach der Zweiten Gehaltskürzungsverordnung unterliegen alle für die Zeit vom 1. Juli 1931 ab zustehenden kürzungspflichtigen Bezüge ohne Rücksicht auf den Zeitpunkt der Auszahlung.

(2) Vor dem 1. Juli 1931 anfallende Gnadenvierteljahrsbezüge (Stichtag: der Todestag des Beamten usw.) werden auch insoweit nicht gekürzt, als sie für die Zeit nach dem 30. Juni 1931 zustehen.

(3) Eine Kapitalabfindung (vgl. Nr. 2 Abs. 5) wird nicht gekürzt, wenn der Zeitraum, für den sie gewährt wird, vor dem 1. Juli 1931 beginnt. Das gleiche gilt für Vorschüsse auf Übergangsgebührnisse (§ 40 des Schutzpolizeibeamtengesetzes).

(4) Im Falle der Abtretung eines Teils des Wartegeldes oder des Ruhegehalts auf Grund des Gesetzes über Beamtenansiedlung vom 27. 3. 1924 (GS. S. 195) unterliegt, wenn die Abtretung vor dem 1. Juli 1931 erfolgt ist, nur der nichtabgetretene Teil des Wartegeldes oder des Ruhegehalts der Kürzung.[19]

(5) Nachzahlungen für Zeitabschnitte vor dem 1. Juli 1931 werden nach der Zweiten Gehaltskürzungsverordnung nicht gekürzt.

Nr. 4. (1) Zu den der Kürzung unterliegenden Dienstbezügen der Beamten und Lehrpersonen gehören alle Geldbezüge, die sie mit

Rücksicht auf ihre hauptamtliche oder nebenamtliche Dienstleistung erhalten einschl. der Ausgleichszulagen, Sondervergütungen und Nebenbezüge, also z. B. die Wohnungsgeldzuschüsse in ihrem vollen Betrage auch dann, wenn sie ganz oder teilweise für eine Dienstwohnung angerechnet werden (vgl. auch Nr. 2 Abs. 2), die Grundvergütungen der nichtplanmäßigen Beamten und der wissenschaftlichen Assistenten mit planmäßiger Vergütung an den wissenschaftlichen Hochschulen, die Zulagen, die Gehaltszuschüsse (vgl. auch Nr. 6), ferner die örtlichen Sonderzuschläge, die Ministerialzulagen, die Gewinnanteile, die Zuwendungen aus dem Geschäftsgewinn, die Anteile an Unterrichtsgebühren und alle Zuschüsse an Professoren, sonstige beamtete Lehrkräfte und Beamte an den Hochschulen, wissenschaftlichen Anstalten, Kunstinstituten usw., die Prüfungsgebühren, die Rechnungsgebühren, die Gebührenanteile, soweit die Bezüge nicht als Dienstaufwandentschädigung gelten und nicht der Einkommensteuer unterworfen sind (vgl. § 36 Abs. 2 Ziff. 1 des Reichseinkommensteuergesetzes und Nr. 13 Abs. 2).[20]

(2) Der Kürzung unterliegen auch die Ausgleichszulagen (Ausgleichsentschädigungen), die aus Kap. 178 Tit. 54 des Haushalts des Ministeriums für Wissenschaft, Kunst und Volksbildung an Lehrkräfte und Beamte der früheren Lehrer- und Lehrerinnenbildungsanstalten, die in einem Amt mit geringerem Diensteinkommen untergebracht sind, gezahlt werden (vgl. auch Gesetz vom 30. 1. 1926 — GS. S. 41 —) sowie die von Gemeinden bewilligten Ausgleichszulagen für Lehrer, die nach dem Reichsgrundschulgesetz vom 28. 4. 1920 (RGBl. S. 851) oder aus einem anderen Anlaß unfreiwillig in eine Stelle mit geringerem Diensteinkommen übergetreten sind (wegen der entsprechenden Versorgungsbezüge vgl. Nr. 10 Abs. 1 zu d).

Nr. 5. Für Volksschullehrer, denen Naturalleistungen oder diesen gleichstehende „Diensteinkünfte in Geld" (vgl. § 19 VBG.) gewährt werden, ist die Gehaltskürzung in derselben Weise vorzunehmen, wie für Lehrer ohne Naturalbezüge, also bei der Summe der vollen laufenden, kürzungspflichtigen Dienstbezüge. Die Gehaltskürzung geschieht vor dem Abzug des Anrechnungswertes der Naturalleistungen (vgl. das Beispiel in Nr. 22 Abs. 5). Die Naturalleistungen unterliegen in diesem Falle auch dann nicht der Gehaltskürzung, wenn sie in Geld gewährt werden, z. B. nach Umwandlung einer Lieferung von Naturalien in eine Geldleistung, ebenso nicht die baren Einnahmen aus der Kirchenkasse bei vereinigten Schul- und Kirchenämtern. Hat indessen z. B. ein Lehrer Einnahmen aus dem Kirchendienst, ohne daß er Inhaber eines vereinigten Kirchen- und Schulamtes ist, so sind diese Einnahmen als Geldbezüge aus nebenamtlicher Dienstleistung zu behandeln.

Nr. 6. Der Kürzung unterliegen ferner die Vergütungen für Beamte, die zur Probedienstleistung einberufen sind, die Vergütungen für Beamte im Vorbereitungsdienst bei Beschäftigungsaufträgen, die aus Kap. 19 Tit. 163 der einmaligen Ausgaben des Haushalts des Mini-

steriums für Wissenschaft, Kunst und Volksbildung gezahlten Vergütungen für Hilfslehrer, die Unterhaltszuschüsse sowie die aus Kap. 51 Tit. 13 des Haushalts des Finanzministeriums gezahlten Gehaltszuschüsse an die infolge der anderweitigen Kasseneinrichtung verfügbar gewordenen und nicht wieder angestellten oder in andere, insbesondere in Gemeindedienststellungen übergetretenen Beamten.

Nr. 7. Der Wert der den Polizeibeamten unentgeltlich gewährten Sachbezüge, zu denen auch die freie Unterkunft gehört, unterliegt der Kürzung nicht und zwar ohne Rücksicht darauf, ob diese Sachbezüge zur Einkommensteuer herangezogen werden oder nicht.

Nr. 8. (1) Der Kürzung unterliegen grundsätzlich alle für die Zeit vom 1. Juli 1931 ab unmittelbar oder mittelbar (z. B. auch durch Zuschußanstalten wie Universitäten, höhere Lehranstalten usw.) aus der Staatskasse, aus Staatsnebenfonds oder aus Stiftungsfonds staatlicher Behörden und Anstalten für nebenamtliche oder nebengeschäftliche Dienstleistungen im preußischen Staatsdienst auch für nicht regelmäßig wiederkehrende Dienstleistungen in Form von einmaligen oder laufenden Pauschvergütungen oder Gebühren oder nach Stunden- oder Tagessätzen gezahlten Nebenvergütungen im weitesten Sinne, gleichviel, ob sie einem Staats- oder Reichsbeamten oder Beamten der Gemeinden, Gemeindeverbände und Körperschaften des öffentlichen Rechtes oder einer nichtbeamteten Person zufließen, im letzteren Falle nur, soweit solche Vergütungen nicht auf Grund von Bestimmungen des Preuß. Angestelltentarifs oder einer sonstigen tarifvertraglichen Vereinbarung gezahlt werden. Die Nebenvergütungen unterliegen der Kürzung in voller Höhe, soweit sie nicht von der für die Bewilligung oder Festsetzung zuständigen Dienststelle ausdrücklich als Ersatz barer Auslagen (Dienstaufwand) bezeichnet und der Einkommensteuerpflicht nicht unterworfen sind (vgl. § 36 Abs. 2, Ziff. 1 des Reichseinkommensteuergesetzes und Nr. 13 Abs. 2).

(2) Den kürzungspflichtigen Nebenvergütungen im Sinne des Abs. 1 sind alle Geldbezüge gleichzustellen, die Staatsbeamten neben ihrem Diensteinkommen aus dem Haupt- oder Nebenamt mit Rücksicht oder im Hinblick auf ihre haupt- oder nebenamtlichen Dienstleistungen für eine im öffentlichen Interesse ausgeübte Tätigkeit oder für eine im Zusammenhang mit dem Haupt- oder Nebenamt stehende, im öffentlichen Interesse ausgeübte Dienstleistung gezahlt werden, auch soweit sie nicht aus der Staatskasse, aus Staatsnebenfonds oder aus Stiftungsfonds staatlicher Behörden und Anstalten fließen, wie z. B. Vergütungen für Tätigkeit in Überwachungsausschüssen von Rundfunkgesellschaften, als Treuhänder, Beiräte, Vergütungen von einem Verlage für Herausgabe von Amtsblättern und Zeitschriften, wenn die Herausgabe im dienstlichen Interesse unter Mitwirkung von Staatsbeamten erfolgt, ferner z. B. Vergütungen (Gebühren) für vertrauensärztliche Tätigkeit von Medizinalräten bei ärztlichen Untersuchungen, Begutachtungen, Ausstellung von Gesundheitszeugnissen usw. im dienstlichen Interesse (vgl. Nr. 15 Abs. 2).

(3) Abs. 1 und 2 gelten sinngemäß für Versorgungsberechtigte, die neben dem Wartegeld, Übergangsgeld, Ruhegehalt usw. für eine Tätigkeit eine Vergütung beziehen, die als nebenamtliche oder nebengeschäftliche Vergütung eines im aktiven Dienstverhältnis befindlichen Beamten nach Abs. 1 und 2 kürzungspflichtig wäre.

(4) Soweit Nebenvergütungen und ihnen gleichgestellte Geldbezüge (Abs. 2) bereits über die Kürzungssätze der Ersten und Zweiten Gehaltskürzungsverordnung zusammengenommen hinaus gekürzt sind — was z. B. bei der allgemein angeordneten Kürzung dieser Bezüge um 20 v. H. der Fall ist[21] *— bewendet es vorerst bei der bisherigen Kürzung, bis gegebenenfalls eine Sonderregelung getroffen wird.*

Nr. 9. Versorgungsbezüge im Sinne des § 1 Abs. 1 sind Wartegelder, Fürsorgebezüge, Übergangsgelder, Übergangsgebührnisse, Ruhegehälter, Witwen- und Waisengelder, Dienstbezüge der unter Belassung des vollen Gehalts vom Amte enthobenen oder von ihren amtlichen Verpflichtungen entbundenen Beamten sowie für frühere Dienstleistungen gewährte Kapitalabfindungen, Abfindungsrenten und sonstige Abfindungen.

Nr. 10. (1) Zu den der Kürzung unterliegenden Versorgungsbezügen gehören auch:

a) die örtlichen Sonderzuschläge,
b) die nach § 24 des Besoldungsgesetzes vom 17. Dezember 1927 (GS. S. 223) gewährte Frauenbeihilfe,
c) die Unfallpensionen und die Renten des Unfallfürsorgegesetzes,
d) die den in Nr. 4 Abs. 2 aufgeführten Personen als Teil der Versorgungsbezüge gewährten Ausgleichszulagen, Ausgleichsunterstützungen und sonstigen laufenden Unterstützungen,
e) die den strafweise entlassenen Beamten und Lehrpersonen aus den gesetzlichen Versorgungsfonds gezahlten laufenden Unterstützungen,
f) die einmaligen Abfindungen nach § 44 des Polizeibeamtengesetzes.

(2) Der Kürzung unterliegen ferner die aus Kap. 51 Tit. 13 des Haushalts des Finanzministeriums gezahlten Ruhegehaltszuschüsse an die infolge der anderweitigen Kasseneinrichtung verfügbar gewordenen und nicht wieder angestellten oder in andere, insbesondere in Gemeindedienststellungen übergetretenen Beamten und an in den Ruhestand versetzte Rentmeister von Steuerkassen.

(3) Fürsorgebezüge im Sinne der Nr. 9 sind diejenigen Bezüge, die den aus den abgetretenen Gebieten verdrängten Beamten, Geistlichen, Lehrpersonen, Ruhestandsbeamten und Hinterbliebenen auf Grund des Staatsministerialbeschlusses vom 26. Juli 1919 — St. R. 15841 (Deutscher Reichs- und Preuß. Staatsanzeiger v. 28. 7. 1919 Nr. 168) und seiner Ergänzungen gezahlt werden.

(4) Zu den zu kürzenden Übergangsgebührnissen der Polizeibeamten gehören nur die nach § 38 des Schutzpolizeibeamtengesetzes zustehenden laufenden Gebührnisse und die Gnadengebührnisse nach §§ 70, 76 Abs. 2

und 3 des Schutzpolizeibeamtengesetzes, § 47 Abs. 2 des Polizeibeamtengesetzes.

Nr. 11. Der Kürzung unterliegen auch die aus dem Verfügungsfonds der Staatsregierung Kap. 39 Tit. 17 des Haushalts der allgemeinen Finanzverwaltung oder aus sonstigen besonders zur Verfügung gestellten Mitteln gewährten und künftig zu gewährenden Versorgungsbezüge, laufenden Unterstützungen und laufenden Zuwendungen (z. B. auch soweit sie an Hinterbliebene von mittelbaren Staatsbeamten aus den abgetretenen Gebieten aus Staatsmitteln gezahlt werden).

Nr. 12. Die den Saarpensionären und den Hinterbliebenen aus den Versorgungsfonds gewährten laufenden Ausgleichsbeträge sind ebenfalls zu kürzen. Der Kürzungsbetrag ist von den Gesamtbezügen des Versorgungsempfängers zu errechnen und vom Ausgleichsbetrage abzusetzen.

Anmerkungen.

1. Die Durchführungsbestimmungen des Reichsministers der Finanzen hierzu sind im Reichsbesoldungsblatt S. 67 veröffentlicht.

2. S. Nr. 3 DB.

3. Die Kürzung tritt mit unmittelbarer Rechtswirkung ein, einer Anordnung im Einzelfalle bedarf es nicht. Über die Rechtsgültigkeit der Kürzung s. die Vorbem. S. 264.

4. Welche Dienstbezüge zu kürzen sind, darüber s. Nr. 4 DB.

5. Gnadenvierteljahr s. Vorbem. 5 auf S. 4 und Nr. 3 Abs. 2 DB.

6. Versorgungsbezüge s. Nr. 9—12 DB.

7. Gewisse Geldbezüge sind jedoch von der Kürzung ausgenommen, vgl. § 1 Abs. 4 und Nr. 13 und 14 DB.

8. Die Naturalleistungen (§ 14 PrBesG.) sind kürzungsfrei. Der Betrag, mit dem diese Bezüge auf die Dienstbezüge anzurechnen sind, ist von den nach der 1. und 2. GKV. gekürzten Beträgen abzusetzen; vgl. Nr. 5 DB.

9. Mit Rücksicht auf seine haupt- oder nebenamtliche Dienstleistung erhält der Beamte zunächst die Bezüge, die ihm für die Dienste gezahlt werden, die er in Ausübung seines Haupt- oder Nebenamts zu leisten hat, daneben aber auch die Geldbezüge, die er für Dienstleistungen erhält, die ihm übertragen worden sind, weil er im Hinblick auf seine haupt- oder nebenamtliche Tätigkeit als besonders geeignet hierfür erschienen ist. Im allgemeinen wird man als Merkmal dafür, ob die dem Beamten zustehenden Geldbezüge kürzungspflichtig sind, es ansehen können, daß die Dienstleistung, für die sie gezahlt werden, im öffentlichen Interesse ausgeübt wird. Vgl. hierzu Nr. 8 Abs. 2 DB.

10. Unmittelbare Staatsbeamte s. Anm. 2 zu § 1 PrBesG.

11. Öffentliche Schulen sind solche, die vom Reich, den Ländern oder den Gemeinden unterhalten werden.

12. Mittelbare Staatsbeamte; Begriff s. Brand, Beamtenrecht S. 29.

13. Es bleiben also alle im PrBesG., im ZRGG., in sonstigen Vorschriften und Erlassen (z. B. in den Vorschriften über die örtlichen Sonderzuschläge) festgesetzten Beträge in Geltung, ebenso die Vorschriften über die Berechnung der verschiedenen Bezüge, über das Ruhen der Bezüge usw. Was nach diesen Vorschriften sich am Ende als auszuzahlender Betrag ergibt, wird nach den Vorschriften der 1. und 2. GKV. gekürzt. Der Steuerabzug wird von dem nach durchgeführter Kürzung verbleibenden Gesamtbetrag der steuerpflichtigen Dienstbezüge berechnet.

14. Bei den Kürzungen ist jedoch Nr. 26 Abs. 2 der DB. zur SparVO. zu beachten. Soweit durch die SparVO. Bezüge der Beamten herabgesetzt werden (z. B. durch Wegfall oder Kürzung einer Zulage) sind die durch die 1. und 2. GKV. vorgeschriebenen Kürzungen an den gesenkten Bezügen vorzunehmen.

15. Die Vorschrift ist durchaus gerecht, denn würde der höchste Anrechnungsbetrag nach dem gekürzten WGZ. berechnet, so würde dadurch gerade den Beamten ein Vorteil erwachsen, die heute verhältnismäßig am billigsten wohnen, nämlich denjenigen Beamten, denen an Stelle des höheren Mietwerts der gewährten Dienstwohnung nur der „höchste Anrechnungsbetrag" einbehalten wird. Trotzdem ist durch einen RdErl. des FinMin. vom 29. 2. 32 angeordnet, daß mit Wirkung vom 1. 2. 32 ab der „höchste Anrechnungsbetrag" nur nach dem gekürzten WGZ. zu bemessen ist.

16. Wartegeld § 3a WartegeldVO.; Ruhegehälter § 8 ZRGG.; Witwen- und Waisengelder §§ 8 u. 9 HFG.; Übergangsgeld § 2 Ges. über Versorgung der Staatsminister vom 13. Juni 1924 (GS. S. 547); Übergangsgebührnisse s. §§ 38 und 39 des Schutzpolizeibeamtenges. vom 16. 8. 22 (GS. S. 251) und Nr. 10 Abs. 4 DB.

17. Ruhen des Wartegeldes § 10 WartegeldVO.; des Ruhegehalts § 27 ZRGG.; der Witwen- und Waisengelder § 19 HFG.; des Übergangsgeldes § 4 Ges. über Versorgung der Staatsminister.

18. Der Grundsatz in Nr. 1 Abs. 2 Satz 2 DB. läßt sich nicht durchführen, wenn bei einer Ruhensberechnung das neue Einkommen Arbeiterlohn ist, da ein Vergleich der ungekürzten Bezüge deshalb eine falsche Rechnungsgrundlage ergeben würde, weil die Kürzung der Arbeiterlöhne nach anderen Grundsätzen als die Kürzung der Beamten- usw. Bezüge erfolgt ist. Der aus dem Vergleich der gekürzten Bezüge berechnete nicht ruhende Teil des Wartegeldes usw. ist nicht nochmals zu kürzen.

19. Bei Abtretungen auf Grund des Ges. über die Abtretung von Beamtenbezügen zum Heimstättenbau vom 30. Juni 1927 (RGBl. I S. 133) findet diese Bestimmung keine Anwendung.

20. Die Aufzählung ist nicht erschöpfend. Kürzungspflichtig sind z. B. auch die auf Grund der Schlußbemerkungen B 9 zur BO. gewährten Stellenzulagen der Forstbetriebsbeamten.

21. Vgl. den RdErl. des FinMin. vom 14. März 1931 (PrBesBl. S. 114).

Noch § 1.

(4) Kinderzuschläge[1] und Kinderbeihilfen,[2] Dienstaufwandsentschädigungen,[3] Reisekostenvergütungen,[4] Beschäftigungstagegelder,[5] Trennungsentschädigungen,[6] Nachtdienstentschädigungen[7] und Umzugskostenvergütungen[8] unterliegen der Kürzung nach §§ 1 und 2 nicht.[9]

Durchführungsbestimmungen.

Zu § 1 Abs. 4.

Nr. 13. (1) Der Kürzung nach §§ 1 und 2 unterliegen nicht Kinderbeihilfen, Aufwandentschädigungen, Reisekostenvergütungen, Fahr- und Zehrkosten,[10] Beschäftigungstagegelder, Umzugskostenvergütungen, außerdem Kinderzulagen, Umzugskostenbeihilfen, Wohnungsbeihilfen, Dienstaufwandentschädigungen, Dienstkleidungszuschüsse, Nachtdienstzulagen, einmalige Dienstbelohnungen (Verordnung vom 19. 7. 1928 — GS. S. 189) und einmalige Versorgungsbezüge der Polizeibeamten, soweit sie unabhängig von den Gehaltsbezügen in einer bestimmten Summe gezahlt werden (§§ 59, 60 des Schutzpolizeibeamtengesetzes, §§ 43, 45 des Polizeibeamtengesetzes) sowie die Zulage zu den Übergangsgebührnissen der Polizeibeamten (§ 39 des Schutzpolizeibeamtengesetzes) und die Veteranenbeihilfen.

(2) Bei der Entscheidung der Frage, was als Dienstaufwandentschädigung im Sinne des § 1 Abs. 4 zu gelten hat, ist in Zweifelsfällen der Charakter der Bezüge von ausschlaggebender Bedeutung, nicht die für die Entschädigung gewählte Bezeichnung. Erforderlichenfalls entscheidet der Fachminister im Einvernehmen mit dem Finanzminister, was als Dienstaufwandentschädigung im Sinne des § 1 Abs. 4 anzusehen ist.

(3) Zu den Bezügen, die der Kürzung nicht unterliegen, gehören auch z. B. die außerordentlichen Zuwendungen (Dienstprämie) an Polizei- und Landjägereibeamte (Kap. 91 Tit. 21 des Haushalts des Ministeriums des Innern), die aus Kap. 55 „Witwen- und Waisenverpflegungsanstalten (k. w.)" des Haushalts des Finanzministeriums gezahlten Bezüge sowie die Verlustentschädigungen für Kassenbeamte.

Nr. 14. Einmalige freiwillige Leistungen der Verwaltung zur Behebung wirtschaftlicher Notstände unterliegen nicht der Kürzung.[11]

Anmerkungen.

1. Die Kinderzuschläge des Reichsbesoldungsgesetzes entsprechen den Kinderbeihilfen des § 11 PrBesG.

2. Die Kinderbeihilfen, die auf Grund des Erl. des ReichsFinMin. vom 28. März 1928 (RBesBl. S. 57) gewährt werden, entsprechen den Kinderzulagen, die in Preußen auf Grund des RdErl. des FinMin. vom 21. Mai 1928 (PrBesBl. S. 193) gewährt werden können.

3. Dienstaufwandsschädigungen, vgl. § 12 PrBesG., Anm. 4.

4. Reisekostenvergütungen s. RKG. in der Fassung des RdErl. vom 24. Jan. 1928 (PrBesBl. S. 28).

In Preußen werden die Reisekosten gekürzt auf Grund des RdErl. vom 7. Aug. 1931 (PrBesBl. S. 231).

5. Beschäftigungstagegelder, s. § 12 RKG. und RdErl. vom 14. Juni 1930 (PrBesBl. S. 63).

6. Trennungsentschädigungen, in Preußen Wohnungsbeihilfen genannt, vgl. § 9 PrBesG., Anm. 5.

7. Nachtdienstentschädigungen werden an preußische Staatsbeamte nicht gezahlt.

8. Umzugskostenvergütungen, s. RdErl. vom 30. Mai 1928 (PrBes.-Bl. S. 201).

9. Kinderzuschläge und Kinderbeihilfen (für Preußen: Kinderbeihilfen und Kinderzulagen s. Anm. 1 und 2) unterliegen aber der Sonderkürzung nach § 4.

10. Fahr- und Zehrkosten werden z. B. an Polizeibeamte gezahlt, vgl. RdErl. des MindJ. vom 10. Dez. 1930 — II 4300/133 III und vom 30. Juni 1931 — II 4300/139 IV.

11. Die sog. Notstandsbeihilfen auf Grund des RdErl. vom 25. März 1929 (PrBesBl. S. 47).

Noch § 1.

(5) Soweit die kürzungspflichtigen Bezüge nicht aus der Reichskasse fließen und nicht schon auf Grund einer entsprechenden Vorschrift zugunsten der Kasse eines Landes, einer Gemeinde (eines Gemeindeverbandes) oder einer sonstigen Körperschaft des öffentlichen Rechtes gekürzt werden, hat der Beamte usw. den Kürzungsbetrag an die Reichskasse abzuführen.

Durchführungsbestimmungen.

Zu § 1 Abs. 5.

Nr. 15. (1) Soweit die kürzungspflichtigen Bezüge nicht aus der Staatskasse fließen und nicht schon auf Grund einer entsprechenden Vorschrift zugunsten der Kasse des Reichs, eines anderen Landes, einer Gemeinde (eines Gemeindeverbandes) oder einer sonstigen Körperschaft des öffentlichen Rechtes gekürzt werden, haben die Beamten usw. den Kürzungsbetrag an die Staatskasse abzuführen.

(2) Haben die Beamten usw. Bezüge, die nach § 1 kürzungspflichtig sind, aber nicht aus einer Kasse des Reichs, eines Landes, einer Gemeinde (eines Gemeindeverbandes) oder einer sonstigen Körperschaft des öffentlichen Rechtes fließen, so erfolgt die Kürzung zugunsten der

Staatskasse, nicht zugunsten des Schuldners (vgl. Nr. 8 Abs. 2). Der Beamte usw. hat in diesem Falle den Kürzungsbetrag an die Staatskasse abzuführen.

Noch § 1.

(6) Zu den nach § 1 Abs. 1, f zu kürzenden laufenden Bezügen gehören auch Renten außerhalb der reichsgesetzlichen Sozialversicherung, wenn sich der Arbeitgeber an der Aufbringung der Versicherungsbeiträge beteiligt hat (z. B. bei der Versorgungsanstalt der Deutschen Reichspost, bei der Zusatzversorgungsanstalt des Reichs und der Länder, bei der Arbeiterpensionskasse B der Deutschen Reichsbahn-Gesellschaft), sowie die satzungsmäßigen Leistungen der Deutschen Reichsbahn-Gesellschaft an ehemalige Privateisenbahnbeamte und ihre Hinterbliebenen.

Anmerkung.

Dieser Abs. ist durch 3. Verord. des Reichspräsidenten zur Sicherung von Wirtschaft und Finanzen und zur Bekämpfung politischer Ausschreitungen vom 6. Okt. 1931 (RGBl. I S. 537) neu eingefügt worden.

Näheres über diese Bezüge, die nur Angestellte und Arbeiter betreffen, findet sich in Schilling, die Zusatzversorgung der Angestellten bei der Reichs- und der Preußischen Staatsverwaltung, Berlin 1929 sowie in Schilling, die Bestimmungen über die Zusatzversorgung der Arbeiter des Reichs und der Länder, Berlin 1930.

§ 2.[1]

(1) Die nach § 1 der Kürzung unterliegenden Bezüge werden gekürzt,

a) soweit sie 3000 Reichsmark jährlich nicht übersteigen, um 4 vom Hundert in der Sonderklasse und in der Ortsklasse A, um 5 vom Hundert in den Ortsklassen B, C und D,

b) soweit sie 3000, aber nicht 6000 Reichsmark jährlich übersteigen, um 5 vom Hundert in der Sonderklasse und in der Ortsklasse A, um 6 vom Hundert in den Ortsklassen B, C und D,

c) soweit sie 6000, aber nicht 12000 Reichsmark jährlich übersteigen, um 6 vom Hundert in der Sonderklasse und in der Ortsklasse A, um 7 vom Hundert in den Ortsklassen B, C und D,

d) soweit sie 12000 Reichsmark jährlich übersteigen, um 7 vom Hundert in der Sonderklasse und in der Ortsklasse A, um 8 vom Hundert in den Ortsklassen B, C und D.

Durchführungsbestimmungen.

Zu § 2 Abs. 1.

Nr. 16. Bei Berechnung der Kürzung ist zunächst die Höhe der nach § 1 in Verbindung mit § 2 Abs. 3 der Kürzung unterliegenden Bezüge festzustellen (vgl. oben Nr. 1 Abs. 3). Zu den Bezügen, die nach § 1 Abs. 4 der Kürzung nicht unterliegen, gehören insbesondere auch die Kinderbeihilfen; sie sind bei der Kürzungsberechnung nach § 2 außer Betracht zu lassen.

Nr. 17. Die Kürzung nach der Zweiten Gehaltskürzungsverordnung ist gestaffelt

a) nach der Höhe der kürzungspflichtigen Bezüge (Nr. 18),

b) nach Ortsklassen (Nr. 23).

Nr. 18. (1) Die Staffelung nach der Höhe der kürzungspflichtigen Bezüge wirkt sich in der Sonderklasse und in der Ortsklasse A wie folgt aus:

(2) Übersteigen die kürzungspflichtigen Bezüge 3000 Reichsmark jährlich nicht, so werden sie um 4 vom Hundert gekürzt.

(3) Übersteigen die kürzungspflichtigen Bezüge 3000, aber nicht 6000 Reichsmark jährlich, so wird der Teilbetrag von 3000 Reichsmark um 4 vom Hundert, der Rest um 5 vom Hundert gekürzt. Diese Rechnung kann praktisch wie folgt vereinfacht werden: Die Kürzung beträgt 30 Reichsmark[2] jährlich (2,50 Reichsmark monatlich) weniger als 5 vom Hundert der gesamten kürzungspflichtigen Bezüge.

(4) Übersteigen die kürzungspflichtigen Bezüge 6000, aber nicht 12000 Reichsmark jährlich, so wird der Teilbetrag von 3000 Reichsmark um 4 vom Hundert, der Teilbetrag von weiteren 3000 Reichsmark um 5 vom Hundert, der Rest um 6 vom Hundert gekürzt. — Vereinfachte Rechnung: Die Kürzung beträgt 90 Reichsmark[3] jährlich (7,50 Reichsmark monatlich) weniger als 6 vom Hundert der gesamten kürzungspflichtigen Bezüge.

(5) Übersteigen die kürzungspflichtigen Bezüge 12000 Reichsmark jährlich, so wird der Teilbetrag von 3000 Reichsmark um 4 vom Hundert, der Teilbetrag von weiteren 3000 Reichsmark um 5 vom Hundert, der Teilbetrag von weiteren 6000 Reichsmark um 6 vom Hundert, der Rest um 7 vom Hundert gekürzt. — Vereinfachte Rechnung: Die Kürzung beträgt 210 Reichsmark[4] jährlich (17,50 Reichsmark monatlich) weniger als 7 vom Hundert der gesamten kürzungspflichtigen Bezüge.

(6) Das in Abs. 2 bis 5 Gesagte gilt für die Ortsklassen B, C und D mit der Maßgabe, daß sich alle Hundertsätze um 1 erhöhen.

Nr. 19. (1) Die Summe der Kürzungen nach der Ersten und Zweiten Gehaltskürzungsverordnung ist in einem Rechengange festzu-

setzen. Hierbei ist nach Nr. 18 Abs. 2 bis 5 zu verfahren mit der Maßgabe, daß sich die dort genannten Hundertsätze in der Sonderklasse und in der Ortsklasse A um 6, in den Ortsklassen B, C und D um 1 + 6 = 7 erhöhen.

(2) Besonders zu beachten sind hierbei Nr. 20, 21 und 22 Abs. 4.

(3) Auf die Tafel in Nr. 21, auf die der Nr. 22 beigefügten Umrechnungstafeln und auf die Beispiele in Nr. 22 wird verwiesen.

Nr. 20. (1) Ob die Grenzen (3000, 6000 oder 12000 Reichsmark) überschritten sind, ist nicht für ein ganzes Kalenderjahr oder Haushaltsjahr usw., sondern für jeden Zeitabschnitt, für den eine Zahlung erfolgt, also bei planmäßigen Bezügen in der Regel für einen Monat, besonders festzustellen.

(2) Zur Feststellung, ob die Grenzen (3000, 6000 oder 12000 Reichsmark) überschritten sind, sind alle nach §§ 1, 3, 5, 6 und nach diesem Runderlaß kürzungspflichtigen Bezüge derselben Person zusammenzuzählen (vgl. aber Nr. 8 Abs. 4). Dies gilt auch für die Feststellung, ob bei Anwendung des § 4 der Ersten Gehaltskürzungsverordnung die Grenze von 1500 Reichsmark überschritten ist.

(3) Im Falle der Kapitalisierung oder der Rentenumwandlung eines Teiles der Versorgungsbezüge und im Falle der Gewährung von Vorschüssen auf die nach § 38 des Schutzpolizeibeamtengesetzes zustehenden Übergangsgebührnisse (§ 40 des Schutzpolizeibeamtengesetzes) ist zur Feststellung darüber, welche Grenzen (3000, 6000 oder 12000 Reichsmark) bei Berechnung der Kürzung zugrunde zu legen sind, von dem Betrag auszugehen, der ohne die Kapitalisierung usw. zustehen würde.

(4) Witwengelder und Waisengelder, diese für jedes bezugsberechtigte Kind besonders, sind für die Berechnung der Kürzung nach § 2 getrennt zu behandeln. Das gleiche gilt für die Hinterbliebenenrenten nach dem Unfallfürsorgegesetz.

Nr. 21. Den Bestimmungen in Nr. 18 bis 20 entsprechend ergibt sich unter Hinzurechnung der bereits in Kraft befindlichen bisherigen Kürzung von 6 vom Hundert — also für die Kürzung nach der Ersten und Zweiten Gehaltskürzungsverordnung zusammen — Tafel S. 298:

Nr. 22. (1) Zur Erleichterung der Umrechnungsarbeiten sind die Tafeln I bis IV a beigefügt.[5] Es kommen in Frage für die Berechnung der Abzüge

bei kürzungspflichtigen Bezügen von 51 RM. bis zu 125 RM. monatlich die Tafeln I und Ia,

bei kürzungspflichtigen Bezügen von mehr als 125 RM. aber nicht mehr als 250 RM. monatlich die Tafeln I und Ib,

bei kürzungspflichtigen Bezügen von mehr als 250 RM. aber nicht mehr als 500 RM. monatlich die Tafeln II und IIa,

bei kürzungspflichtigen Bezügen von mehr als 500 RM. aber nicht mehr als 1000 RM. monatlich die Tafeln III und IIIa und

bei kürzungspflichtigen Bezügen von mehr als 1000 RM. monatlich die Tafeln IV und IVa.

Die kürzungspflichtigen Bezüge (§ 1) betragen monatlich	Die Kürzung beträgt: in der Sonderklasse und in Ortsklasse A	in den Ortsklassen B, C und D
1	2	3
mehr als 1000 RM.	13 v. H. minus 17,50 RM.	14 v. H. minus 17,50 RM
mehr als 500, aber nicht mehr als 1000 RM.	12 v. H. minus 7,50 RM.	13 v. H. minus 7,50 RM
mehr als 250, aber nicht mehr als 500 RM.	11 v. H. minus 2,50 RM.	12 v. H. minus 2,50 RM
mehr als 133,33 RM.,[1]) aber nicht mehr als 250 RM.	10 v. H.	—
mehr als 133,42 RM,[1]) aber nicht mehr als 250 RM.	—	11 v. H.
bis zu 125 RM.	4 v. H.	5 v. H.
	Der nach der Kürzung verbleibende Rest beträgt:	
mehr als 125, aber nicht mehr als 133,33 RM.[1])	120 RM.	—
mehr als 125, aber nicht mehr als 133,42 RM.[1])	—	118,75 RM.

(2) Die Angaben der Tafeln brauchen durch den feststellenden Beamten nicht nachgeprüft zu werden. Die Tafeln sind ausgerechnet für 51 RM. bis 1300,99 RM.

1. Beispiel:

a) Grundgehalt monatlich . . . . 117,50 RM.
b) kein Wohnungsgeldzuschuß (§ 6 Abs. 4 Pr.-BesG.) dienstlicher Wohnsitz:
Sonderklasse . . . . —

117,50 RM.

Kürzung lt. Tafel I und Ia: 4,68 + 0,02 = 4,70 RM.

Bleiben 112,80 RM.

[1]) Vgl. Nr. 22 Abs. 4.

2. *Beispiel:*

a) Grundgehalt monatlich	*233,34 RM.*
b) Wohnungsgeldzuschuß (Ortsklasse B)	*50,50 RM.*
	283,84 RM.
Kürzung lt. Tafel II und IIa: 31,46 + 0,10 =	*31,56 RM.*
Bleiben	*252,28 RM.*

3. *Beispiel:*

a) Grundgehalt monatlich	*883,34 RM.*
b) Wohnungsgeldzuschuß (Sonderklasse)	*168,— RM.*
c) örtlicher Sonderzuschlag	*26,50 RM.*
	1077,84 RM.
Kürzung lt. Tafel IV u. IVa: 122,51 + 0,11 =	*122,62 RM.*
Bleiben	*955,22 RM.*

(3) Bei kürzungspflichtigen Bezügen von 1300 RM. ab ist der weitere Abzug in der Sonderklasse und in der Ortsklasse A mit 13 v. H. und in den Ortsklassen B, C und D mit 14 v. H. von dem über 1300 RM. hinausgehenden Betrag zu berechnen.

Beispiel:

a) Grundgehalt monatlich		*1416,67 RM.*
b) Wohnungsgeldzuschuß (Ortsklasse A)		*144,— RM.*
		1560,67 RM.
Kürzung: Für 1300 RM. lt. Taf. IV =	*151,50*	
+ 13 v. H. aus (1560,67 — 1300 =) 260,67 =	*33,89*	*185,39 RM.*
	Bleiben	*1375,28 RM.*

(4) Die kürzungspflichtigen Bezüge in Höhe von 125,01 bis 133,33 RM. monatlich in der Sonderklasse und in der Ortsklasse A sind nur um den Betrag zu kürzen, der 120,— RM. übersteigt. Die kürzungspflichtigen Bezüge in Höhe von 125,01 bis 133,42 RM. monatlich in den Ortsklassen B, C und D sind nur um den Betrag zu kürzen, der 118,75 RM. übersteigt (vgl. die Tafel bei Nr. 21 sowie anliegende[5] Umrechnungstafel I).[6]

Beispiel:

Ruhegehalt monatlich	*131,25 RM.*
(Wohnsitz Ortsklasse C)	
Kürzung (131,25 — 118,75 =)	*12,50 RM.*
	118,75 RM.

(5) Beispiel: (Volksschullehrer, der Naturalleistungen erhält — vgl. Nr. 5):

Grundgehalt monatlich	*350,— RM.*
Stellenzulage	*100,— RM.*
Örtlicher Sonderzuschlag (5 %)	*22,50 RM.*
Wohnungsgeldzuschuß (Ortsklasse B)	*66,— RM.*
Kirchenamtszulage	*40,— RM.*
Summe	*578,50 RM.*
monatlich.	
Kürzung laut Umrechnungstafel III und III a (67,64 + 0,07 =)	*67,71 RM.*
Bleiben	*510,79 RM.*
ab Anrechnungswert für Dienstwohnung und örtliche Diensteinkünfte in Geld- und Naturalleistungen (in dem bisherigen vollen Betrage) . .	*80,— RM.*
monatlich	*430,79 RM.*

Anmerkungen.

1. Im Gegensatz zur 1. GKV., die alle kürzungspflichtigen Bezüge einer gleichmäßigen Kürzung von 6% unterwarf, bringt die 2. GKV. eine in zweifacher Weise gestaffelte Kürzung der Bezüge, nach der Höhe der Dienstbezüge und nach Ortsklassen.

Die Staffelung nach der Höhe der kürzungspflichtigen Bezüge entspricht einem Wunsche des Reichstags, die Staffelung nach Ortsklassen rechtfertigt sich aus dem Gesichtspunkt, daß der Unterschied in den Teuerungsverhältnissen der größeren und kleineren Orte durch die verschiedene Höhe des Wohnungsgeldzuschusses wohl nicht genügend abgegolten ist.

Maßgebend ist das Reichsortsklassenverzeichnis, vgl. Anm. 2 zu § 8 PrBesG.

Bei im Dienststrafverfahren vom Amte enthobenen Beamten sind die Kürzungsbeträge von den vollen Dienstbezügen (also einschließlich des einzubehaltenden Teiles) zu berechnen. Auszuzahlen ist der gekürzte Betrag des Diensteinkommens, vermindert um den einzubehaltenden Teil.

2. 30 RM. weniger, weil bei Kürzung der Gesamtsumme der kürzungspflichtigen Bezüge um den höheren Kürzungssatz 1% von den ersten 3000 RM. = 30 RM. zuviel abgezogen würden.

3. 90 RM. weniger, weil bei Kürzung der Gesamtsumme der kürzungspflichtigen Bezüge um den höchsten Kürzungssatz 2% von den ersten 3000 RM. und 1% von den zweiten 3000 RM., also 60 + 30 = 90 RM. zuviel abgezogen würden.

4. 210 RM. weniger, weil bei Kürzung der Gesamtsumme der kürzungspflichtigen Bezüge um den höchsten Kürzungssatz 3% von den ersten 3000 RM., 2% von den zweiten 3000 RM. und 1% von den nächsten 6000 RM., also 90 + 60 + 60 = 210 RM. zuviel abgezogen würden.

5. Die Tafeln sind nicht mit abgedruckt. Sie finden sich im PrBesBl. 1931, S. 191—199.

6. Weil die Beamten mit den genannten Bezügen sonst geringere Beträge erhielten, als Beamte, deren Einkommen unterhalb der Freigrenze der 1. GKV. liegt.

Noch § 2.

(2) Die Höhe des Kürzungssatzes richtet sich

a) bei Bezugsberechtigten, die einen Wohnungsgeldzuschuß beziehen,[1] nach der Ortsklasse des Wohnungsgeldzuschusses,

b) bei Bezugsberechtigten, die keinen Wohnungsgeldzuschuß beziehen, nach der Ortsklasse des dienstlichen Wohnsitzes[2] oder mangels eines solchen nach der Ortsklasse des Wohnsitzes,

c) bei Bezugsberechtigten, die im Ausland ihren dienstlichen Wohnsitz oder mangels eines solchen ihren Wohnsitz haben, nach der Ortsklasse A.

Durchführungsbestimmungen.

Zu § 2 Abs. 2.

Nr. 23. (1) Bei der Staffelung nach Ortsklassen ist das für die Besoldung der Reichsbeamten geltende Ortsklassenverzeichnis maßgebend.

(2) Bei Wartegeldempfängern, Ruhegehaltsempfängern, Hinterbliebenen z. B. richtet sich, soweit sie nicht infolge einer Beschäftigung einen dienstlichen Wohnsitz haben, die Höhe des Kürzungssatzes nach dem bürgerlichen Wohnsitz.

Anmerkungen.

1. Das sind in Preußen alle im Dienst befindlichen planmäßigen und nichtplanmäßigen Beamten.

2. Dienstlicher Wohnsitz vgl. Nr. 53 PBV.

Noch § 2.

(3) Die Kürzung nach Abs. 1 tritt zu der nach Kapitel II des Zweiten Teiles der Verordnung des Reichspräsidenten zur Sicherung von Wirtschaft und Finanzen vom 1. 12. 1930 (RGBl. I S. 522) vorgenommenen Kürzung hinzu; sie wird an den Bezügen vorgenommen, die den Bezugsberechtigten ohne Rücksicht auf jene Kürzung zustehen würden.[1]

(4) Die im § 1 Abs. 1 f genannten Bezüge unterliegen auch der Kürzung nach §§ 1 und 3 des Kapitels II des Zweiten Teiles der Verordnung des Reichspräsidenten zur Sicherung von Wirtschaft und Finanzen vom 1. Dezember 1930.[2]

Anmerkungen.

1. Für die preußischen Beamten ist an die Stelle der 1. GKV. des Reichs die Verordnung über Gehaltskürzung vom 13. Dez. 1930 (GS. S. 291) getreten, abgedruckt S. 272. Die Kürzung nach Abs. 1 tritt also bei preußischen Beamten zu der durch die preußische Verordnung bestimmten Gehaltskürzung hinzu; sie wird nicht etwa nur an den durch diese Verordnung bereits gekürzten Bezügen vorgenommen; vgl. Nr. 21 und 22 DB.

2. Auch hier treten wie im Abs. 3 für die von dieser Vorschrift betroffenen ehemaligen preußischen Angestellten und Arbeiter an Stelle der genannten Reichsverordnung die entsprechenden Bestimmungen der preuß. Verordnung vom 13. Dez. 1930 (GS. S. 291), doch tritt die hier angeordnete Kürzung auch erst vom 1. Juli 1931 ein.

§ 3.

(1) Die §§ 1 und 2 gelten auch für die Amts- und Versorgungsbezüge des Reichspräsidenten, des Reichskanzlers und der Reichsminister sowie für die Versorgungsbezüge ihrer Hinterbliebenen. Die Amtsbezüge während der Amtszeit sowie das Übergangsgeld des Reichskanzlers und der Reichsminister für die ersten drei Monate werden jedoch, soweit sie kürzungspflichtig sind, um 8 vom Hundert gekürzt.

(2) Ist ein früherer Reichskanzler oder Reichsminister im Reichsdienst oder in einem sonstigen öffentlichen Dienste wiederangestellt oder beschäftigt, so werden seine Versorgungsbezüge aus der Reichskasse soweit gekürzt, als sie zusammen mit den aus der Wiederanstellung oder Beschäftigung fließenden Bezügen die nach Abs. 1 gekürzten Bezüge eines Reichskanzlers oder Reichsministers im Amte übersteigen. Das gleiche gilt beim Bezug eines Einkommens aus einer Tätigkeit, für die eine Vergütung gewährt wird, die ganz oder überwiegend unmittelbar oder mittelbar aus öffentlichen Mitteln fließt.

Durchführungsbestimmungen.

Zu § 3.

Nr. 24. Wird ein früherer preußischer Ministerpräsident oder Staatsminister, der auf Grund des § 15 Abs. 2 des Gesetzes über die

Versorgung der Staatsminister vom 13. Juni 1924 (GS. S. 547) versorgt ist, im Sinne des § 27 des Gesetzes über die Pensionierung der unmittelbaren Staatsbeamten vom 27. März 1872 (GS. S. 268) in der Fassung des Gesetzes über Änderungen der Dienst- und Versorgungsbezüge vom 12. Juli 1923 (GS. S. 305) wiederverwendet, so werden seine Versorgungsbezüge aus der Staatskasse so weit gekürzt, als sie zusammen mit den aus der Wiederverwendung fließenden Bezügen die nach § 1 Abs. 1 Satz 2 der Ersten Gehaltskürzungsverordnung und § 3 Abs. 1 gekürzten Bezüge eines im Amte befindlichen Ministerpräsidenten oder Staatsministers übersteigen. Hierbei ist zu beachten, daß die im § 3 Abs. 1 Satz 2 vorgesehene Kürzung der Dienstbezüge um 8 v. H. von dem Gesamtbetrage der kürzungspflichtigen Dienstbezüge, d. h. ohne Staffelung, zu errechnen ist. Die Umrechnungstafeln können mithin für diese Berechnung nicht benutzt werden.

§ 4.

Der Kinderzuschlag[1] (§ 14 des Besoldungsgesetzes vom 16. Dezember 1927, RGBl. I S. 349) beträgt monatlich für das erste Kind 10 Reichsmark, für das zweite Kind 20 Reichsmark, für das dritte und vierte Kind je 25 Reichsmark, für das fünfte und jedes weitere Kind[2] je 30 Reichsmark. Die Höhe des jeweils zu zahlenden Satzes bemißt sich nach der Zahl der kinderzuschlagsfähigen[3] Kinder.

Durchführungsbestimmungen.

Zu § 4.

Nr. 25. (1) Die Reihenfolge der Kinder für die Bemessung der Kinderbeihilfen bestimmt sich — wie bisher (Nr. 63 Abs. 2 PBV.) — nach dem Lebensalter; sie beginnt beim ältesten Kind.

(2) Zu den beihilfefähigen Kindern im Sinne des § 4 Satz 2 sind — ebenfalls wie bisher (Nr. 63 Abs. 2 PBV.) — auch die Kinder zu rechnen, für die nach Nr. 76 PBV. eine Kinderbeihilfe (für Pflegekinder und Enkel) oder auf Grund der Richtlinien über die Gewährung von Kinderzulagen (PrBesBl. 1928 S. 193) eine Kinderzulage gezahlt wird. Abweichend von dem bisherigen Grundsatz werden mit Wirkung vom 1. Juli 1931 ab auch die Kinderzulagen sowie die Kinderbeihilfen für Pflegekinder und Enkel nach den aus § 4 Satz 2 sich ergebenden Sätzen (10 RM., 20 RM., 25 RM. usw.) gezahlt.

(3) Kinder, für die weder eine Kinderbeihilfe noch eine Kinderzulage gewährt werden, zählen nicht mit (wie bisher).

(4) Beispiel: Ein Beamter hat

a) ein Kind von 28 Jahren, das wegen eines Gebrechens dauernd erwerbsunfähig ist und kein eigenes Einkommen hat: 1. Kind, Kinderbeihilfe 10 RM. (bisher 20 RM.);

b) ein Kind von 25 Jahren, für das weder eine Kinderbeihilfe noch eine Kinderzulage gewährt wird: zählt nicht mit (Abs. 3);

c) ein Kind von 23 Jahren, für das eine Kinderzulage bewilligt ist: 2. Kind, Kinderzulage 20 RM.;

d) ein Kind von 21 Jahren, für das eine Kinderzulage bewilligt ist: 3. Kind, Kinderzulage 25 RM. (bisher 20 RM.);

e) ein Kind von 15 Jahren: 4. Kind, Kinderbeihilfe 25 RM.;

f) ein Pflegekind (Nr. 76 PBV.) von 8 Jahren: 5. Kind, Kinderbeihilfe 30 RM. (bisher 20 RM.);

g) ein Kind von 7 Jahren: 6. Kind, Kinderbeihilfe 30 RM.

Anmerkungen.

1. Dem Kinderzuschlag entspricht die Kinderbeihilfe (§ 11 PrBesG.). Die Kinderbeihilfe betrug bisher 20 RM. für das erste Kind. Für das zweite und die folgenden Kinder tritt in Preußen eine Änderung nicht ein.

2. In die Zahl sind jedoch nur diejenigen Kinder einzurechnen, für welche dieselbe Person eine Kinderbeihilfe erhält. Wenn z. B. ein Beamter in seinem Haushalt neben zwei eigenen Kindern noch ein Kind seiner Ehefrau aus einer früheren Ehe hat, für das die Ehefrau eine Kinderbeihilfe erhält (z. B. weil der verstorbene Ehemann Beamter war), so erhält der Beamte für seine Kinder 10 und 20 RM., die Ehefrau 10 RM. Kinderbeihilfe.

3. Kinderzuschlagsfähige Kinder sind solche, für die eine Kinderbeihilfe oder eine Kinderzulage tatsächlich gezahlt wird und zwar, solange die Zahlung erfolgt.

§ 5.[1]

Die §§ 1, 2 und 4 gelten entsprechend für die Angestellten im Reichsdienst einschließlich des Dienstes bei der Deutschen Reichspost. Im übrigen bleiben die Tarif- und Einzelverträge in Kraft.[2]

Anmerkungen.

1. Wegen der Durchführung der Kürzungen bei den Angestellten vgl. die RdErl. des FinMin. vom 13. Juni 1931 (PrBesBl. S. 200) und vom 26. Juni 1931 (PrBesBl. S. 219).

2. Die 2. GKV. läßt also die abgeschlossenen Tarif- und Einzelverträge grundsätzlich bestehen, sie greift aber in die Bestimmungen dieser Verträge insoweit ein, als sie die Dienstbezüge der Angestellten betreffen, und setzt diese Dienstbezüge mit unmittelbarer Wirkung herab. Im Gegensatz hierzu waren anläßlich der 1. GKV. für die Beamten die Verträge mit den Angestellten gekündigt worden und für die unter den PAT. fallenden Angestellten war ein besonderes Abkommen getroffen worden (vgl. PrBesBl. 1931 S. 93), das die Bezüge mit Wirkung vom 1. Febr. 1931 an gesenkt hatte.

§ 6.

(1) Werden die bei Verkündung dieser Verordnung bestehenden lohntariflichen Vereinbarungen über die Höhe der Stundenlohnsätze für die Arbeiter im Reichsdienst einschließlich des Dienstes bei der Deutschen Reichspost gekündigt und kommt für die Zeit nach ihrem Ablauf keine neue tarifliche Regelung zustande, so gelten die bisherigen tariflichen Vereinbarungen bis 31. März 1932 als neu vereinbart; für die Dauer dieser Verlängerung ermäßigen sich jedoch die Stundenlohnsätze (ausschließlich des Soziallohns und der Dienstalterszulagen), wenn sie

66 Reichspf. nicht übersteigen, um 1 Reichspf.,
88 „ „ „ , „ 2 „
111 „ „ „ , „ 3 „
111 „ übersteigen, „ 4 „ .

Außerdem entfällt der Kinderzuschlag für ein kinderzuschlagfähiges Kind.

(2) An die Stelle der im Abs. 1 vorgesehenen Regelung kann unter Aufrechterhaltung der bisherigen Regelung der Kinderzuschläge eine Kürzung der Stundenlohnsätze um $4^1/_2$ vom Hundert treten.

Anmerkung.

Auf die Lohnempfänger bei der preußischen Staatsverwaltung hat sich § 6 zunächst nicht ausgewirkt. Nach dem RdErl. des FinMin. vom 13. Juni 1931 (PrBesBl. S. 200) sollten die in den Erl. vom 24. April 1931 — Lo 2833b, vom 24. April 1931 — Lo 2834 b und vom 29. April 1931 — Lo 2833 b III (PrBesBl. S. 137 und 147) getroffenen Lohnregelungen bis auf weiteres unverändert bleiben, doch hatten die Lohnempfänger vom 1. Juli 1931 gemäß § 5 im Kap. III des 3. Teils der Verord. des Reichspräsidenten vom 5. Juni 1931 (RGBl. I S. 279) eine Krisenlohnsteuer zu entrichten.

Erst durch den RdErl. des FinMin. vom 30. Dez. 1931 (PrBesBl. 1932 S. 12) sind für die Lohnempfänger neue Lohnsätze festgesetzt worden, wobei gleichzeitig die in den §§ 6 und 8 des Kap. VI des 7. Teils der 4. Verord. des Reichspräsidenten zur Sicherung von Wirtschaft und Finanzen vom 8. Dez. 1931 (RGBl. I S. 699) getroffenen Vorschriften berücksichtigt worden sind.

§ 7.[1]

(1) Die §§ 1 bis 6 gelten entsprechend[2] für die Länder, Gemeinden (Gemeindeverbände) und sonstigen Körperschaften

des öffentlichen Rechtes.[3] Die §§ 5 und 6 gelten nicht für Arbeitnehmer in Betrieben, deren Löhne oder Gehälter bei Verkündung dieser Verordnung[4] in einem einheitlichen Tarifvertrag mit denen der Arbeitnehmer privater Betriebe geregelt sind.[5]

(2) Die Länder, Gemeinden (Gemeindeverbände) und sonstigen Körperschaften des öffentlichen Rechtes sind berechtigt[6] und verpflichtet,[7] die Dienstbezüge ihrer Beamten und derjenigen Angestellten, deren Bezüge nicht in einem Tarifvertrag oder in einer Dienstordnung[8] geregelt sind, herabzusetzen, soweit sie höher liegen als die Dienstbezüge gleichzubewertender Reichsbeamten. Die Dienstbezüge eines Beamten oder Angestellten der im Satz 1 bezeichneten Körperschaften[9] dürfen die Dienstbezüge eines Reichsministers[10] nicht übersteigen; dies gilt nicht für die Dienstbezüge der Staats- oder Ministerpräsidenten der Länder. Bei diesem Vergleich der Dienstbezüge (Satz 1 und 2) sind alle Geldbezüge und sonstigen Bezüge heranzuziehen, die die Beamten (Angestellten) mit Rücksicht auf ihre hauptamtliche oder nebenamtliche Dienstleistung erhalten. Außer Betracht bleiben Gewinnbeteiligungen, die dem Betrage nach nicht fest zugesichert sind, sofern sich die Entnahmen aus dem Gewinn für Gewinnbeteiligungen in angemessenen Grenzen halten; die Entscheidung hierüber trifft bei Körperschaften des öffentlichen Rechtes, die einer Landesaufsicht nicht unterliegen, der Reichsminister der Finanzen, im übrigen die für das Besoldungswesen allgemein zuständige oberste Landesbehörde.[11] Ausnahmen von der Vorschrift im Satz 2 dieses Absatzes[12] können für leitende Beamte oder leitende Angestellte von Unternehmungen zugelassen werden, die in geschäftlichem Wettbewerb[13] mit privaten Unternehmungen stehen (Berg- und Industriewerke, Banken usw.). Zuständig für die Ausnahmebewilligung ist, wenn das Unternehmen oder die das Unternehmen betreibende Körperschaft der Aufsicht eines Landes nicht unterliegt, der Reichsminister der Finanzen, im übrigen die für das Besoldungswesen allgemein zuständige oberste Landesbehörde.[11] Die Ausnahmebewilligungen sind widerruflich.[14]

(3) Soweit Bezugsberechtigte wohlerworbene Rechte nach Art. 129 Abs. 1 Satz 3 der Reichsverfassung haben, werden diese Rechte durch die Vorschrift des Abs. 1 oder durch die auf Grund des Abs. 2 ergehenden Vorschriften nicht berührt.[15]

(4) Die Länder, Gemeinden (Gemeindeverbände) und sonstigen Körperschaften des öffentlichen Rechts sind berechtigt und verpflichtet, spätestens mit Wirkung vom 1. Oktober 1931 ab die Dienstbezüge ihrer Angestellten, soweit diese nicht unter Abs. 2 fallen, und die Stundenlohnbezüge ihrer Arbeiter, soweit sie die Bezüge der entsprechenden Arbeitnehmer (Angestellte, ungelernte Arbeiter, angelernte Arbeiter, Handwerker usw.) im Reichsdienst einschließlich des Dienstes bei der Deutschen Reichspost übersteigen, herabzusetzen. Dies gilt nicht für Arbeitnehmer in Betrieben, deren Löhne oder Gehälter bei Verkündung dieser Verordnung in einem einheitlichen Tarifvertrag mit denen der Arbeitnehmer privater Betriebe geregelt sind. Im übrigen bleiben Tarif- und Einzelverträge in Kraft.

Anmerkungen.

1. Der § 7 Abs. 1 schafft unmittelbar geltendes Recht für die Beamten der Länder, Gemeinden und sonstigen Körperschaften des öffentlichen Rechts im Gegensatz zum § 4 der 1. GKV. des Reichs, der die Länder nur verpflichtete, Kürzungen vorzunehmen, die denen des Reichs entsprechen. Infolgedessen mußte aus Anlaß der 1. GKV. des Reichs Preußen eine besondere Verordnung erlassen (vgl. S. 272), während zur 2. GKV. nur Durchführungsbestimmungen gegeben zu werden brauchten.

Für die Gemeinden ist noch eine besondere Anweisung des MindJ. vom 18. Juni 1931 (MinBliV. S. 625) ergangen, abgedruckt S. 528.

2. Die Bezüge der Beamten der Länder usw. werden also um genau die gleichen Beträge gekürzt wie die Bezüge der Beamten des Reichs. Das schließt nicht aus, daß bei den Beamten der Länder (usw.) aus anderem Rechtsgrund, z. B. auf Grund der Verordnung des Reichspräsidenten zur Sicherung der Haushalte von Ländern und Gemeinden vom 24. Aug. 1931 (abgedruckt S. 368) weitergehende Herabsetzungen erfolgen, als § 7 erfordert.

3. Welche Körperschaften in Betracht kommen, s. § 8 Abs. 1.

4. D. h. am 6. Juni 1931.

5. Der zweite Satz des Abs. 1 ist näher erläutert in Nr. 35b der Durchführungsbestimmungen des Reiches vom 11. Juni 1931 (RBesBl. S. 67).

6. Die hier erteilte Ermächtigung zur Herabsetzung der Bezüge ist später noch wesentlich erweitert worden durch die vorstehend in Anm. 2 erwähnte Verord. sowie durch Kap. III §§ 2 und 3 des 3. Teils der 3. Verord. des

Reichspräsidenten zur Sicherung von Wirtschaft und Finanzen vom 6. Okt. 1931 (RGBl. I S. 545).

7. Die Nichterfüllung dieser Verpflichtung kann bei Gemeinden gewisse Nachteile zur Folge haben (vgl. § 2 Abs. 3 im Kap. II des 4. Teils der 2. Verord. des Reichspräsidenten zur Sicherung von Wirtschaft und Finanzen vom 5. Juni 1931 — RGBl. I S. 302).

8. Angestellte, deren Bezüge durch Tarifvertrag oder Dienstordnung geregelt sind, fallen unter die Angleichungsvorschrift des § 7 Abs. 4, sofern nicht die Ausnahme des Satz 2 daselbst gegeben ist.

9. D. h. also der Länder, Gemeinden (Gemeindeverbände) und sonstigen Körperschaften des öffentlichen Rechts.

10. Hierzu ist in Nr. 36a der DB. des Reichs bestimmt:

Ist ein Vergleich mit den Dienstbezügen eines Reichsministers vorzunehmen, so ist zu unterscheiden, ob dem zu vergleichenden Beamten (Angestellten) freie Dienstwohnung zusteht oder nicht.

Im ersteren Falle sind als Bezüge eines Reichsministers anzusehen:

Jährliches Grundgehalt 36000 RM. gekürzt um 28 v. H., also 36000 — 10080	=	25920 RM.
Jährliche Dienstaufwandsentschädigung	=	4800 RM.
Summe		30720 RM.

Zu diesem Betrag tritt in Orten, in denen ein örtlicher Sonderzuschlag — gleichgültig in welcher Höhe — gezahlt wird, ein weiterer Betrag von 777,60 RM., so daß sich ein Höchstbetrag von 31497,60 RM. jährlich ergibt.

Im zweiten Falle, wenn dem zu vergleichenden Beamten (Angestellten) freie Dienstwohnung nicht zusteht, tritt zu den vorstehend bezeichneten Vergleichsbeträgen ohne Rücksicht auf die Ortsklasse des dienstlichen Wohnsitzes eine jährliche Wohnungsentschädigung von 3600 — 1008 = 2592 RM.

11. In Preußen also der FinMin.

12. D. h. also Überschreitungen der Bezüge eines Reichsministers.

13. Unternehmungen und Einrichtungen zur Förderung des Gemeinwohles, der Kunst und sonstigen allgemeinen Interessen, wie z. B. örtliche Gas- und Elektrizitätswerke, Theater, Rundfunksendegesellschaften sowie Unternehmungen, die nur für das Reich, die Länder, Gemeinden oder sonstige Körperschaften des öffentlichen Rechtes tätig werden, gelten nicht als im geschäftlichen Wettbewerb mit privaten Unternehmungen stehend. Vgl. hierzu Nr. 36e der DB. des Reichs.

14. Die Herabsetzungen der Dienstbezüge gemäß § 7 Abs. 2 sind nach den DB. des Reichs mit dem größeren Teil unverzüglich vorzunehmen und bis zum 1. Jan. 1932 insoweit durchzuführen, als der Kürzungsbetrag nicht mehr als 50 v. H. der ungekürzten Dienstbezüge umfaßt. Soweit hiernach der Unterschiedsbetrag am 1. Jan. 1932 noch nicht vollständig beseitigt ist, ist die Kürzung bis zum 1. April 1932 durchzuführen.

15. Die Vorschrift ist nur deklaratorisch, auch wenn sie fehlen würde, wäre die Rechtslage die gleiche. Die wohlerworbenen Rechte der Beamten werden durch die GKV. nicht verletzt, vgl. allgemeine Vorbem. S. 264.

§ 8.

(1) [1]Zu den Körperschaften des öffentlichen Rechtes im Sinne dieses Kapitels gehören auch die Anstalten, Vereine und Stiftungen des öffentlichen Rechtes, die Verbände von Körperschaften des öffentlichen Rechtes, Vereinigungen und Einrichtungen, deren Einkünfte mit mehr als der Hälfte von Körperschaften des öffentlichen Rechtes oder von den vorstehend besonders aufgeführten Körperschaften usw. oder von den in Satz 2 und 3 bezeichneten Unternehmungen herrühren. Unternehmungen, deren Gesellschaftskapital sich mit mehr als der Hälfte im Eigentum von Körperschaften des öffentlichen Rechtes einschließlich der im ersten Satz bezeichneten befindet, gelten ebenfalls als Körperschaften des öffentlichen Rechtes im Sinne dieses Kapitels. Das gleiche gilt für Konzerngesellschaften (Tochtergesellschaften, Subtochtergesellschaften usw.), wenn ihr Kapital und das Kapital der Zwischenglieder (Dachgesellschaft, Tochtergesellschaft, Subtochtergesellschaft usw.) sich je mit mehr als der Hälfte im Eigentum der übergeordneten Konzerngesellschaft oder von Körperschaften des öffentlichen Rechtes einschließlich der im ersten und zweiten Satz bezeichneten befindet.

(2) Die Reichsbank und die Deutsche Reichsbahn-Gesellschaft, die von sich aus eine den Vorschriften der §§ 1, 2, 4 bis 6 entsprechende Kürzung vornehmen, gelten nicht als Körperschaften des öffentlichen Rechtes im Sinne dieses Kapitels. Den öffentlichrechtlichen Religionsgesellschaften bleibt es überlassen, eine den Vorschriften der §§ 1, 2, 4 bis 7 entsprechende Kürzung vorzunehmen. Die Reichsbank, die Deutsche Reichsbahn-Gesellschaft und die öffentlichrechtlichen Religionsgesellschaften sind ermächtigt, eine den § 1 Abs. 1 f, §§ 5, 6 und 7 Abs. 4 entsprechende Kürzung vorzunehmen.

(3) Trägt ein Land einer öffentlichrechtlichen Religionsgesellschaft gegenüber den Aufwand für die Bezüge ihrer Beamten, Wartegeldempfänger, Ruhegeldempfänger, Empfän-

ger von Hinterbliebenenbezügen, Angestellten und Arbeiter ganz oder teilweise, so ist die oberste Landesbehörde befugt, die Leistungen des Landes entsprechend der nach §§ 1 bis 7 in Verbindung mit § 8 Abs. 2 Satz 2 und 3 höchstzulässigen Kürzung herabzusetzen.

(4) Über die Verwendung der Beträge, die Körperschaften des öffentlichen Rechtes auf Grund des § 7 Abs. 1 ab 1. Oktober 1931 ersparen, entscheidet der Reichsminister der Finanzen für die Träger der Sozialversicherung und für die einer Landesaufsicht nicht unterstehenden Körperschaften des öffentlichen Rechtes, im übrigen die zuständige oberste Landesbehörde. Dies gilt entsprechend für die Kürzung nach der Ersten Gehaltskürzungsverordnung.

Anmerkung.

1. § 8 Abs. 1 hat die vorstehende Fassung erst durch die 3. Verord. des Reichspräsidenten zur Sicherung von Wirtschaft und Finanzen vom 6. Okt. 1931 (RGBl. I S. 537) erfahren. Durch diese Neufassung soll der Umfang des Begriffes „Körperschaft des öffentlichen Rechtes" für die Fälle der Anwendung der 2. GKV. zweifelsfrei festgelegt werden. Es soll hier nicht nur die „Körperschaft des öffentlichen Rechtes" in juristischem Sinne erfaßt werden, sondern auch jedes Unternehmen, dessen wirtschaftliche Grundlage die Haushalte des Reichs, der Länder, der Gemeinden oder sonstiger Körperschaften des öffentlichen Rechts in juristischem Sinne beeinflußt.

§ 9.

(1) Die Länder, Gemeinden (Gemeindeverbände) und sonstigen Körperschaften des öffentlichen Rechtes dürfen für ihre Beamten nicht dieselben Amtsbezeichnungen einführen, die höher zu bewertenden Reichsbeamten zustehen.

(2) Die Amtsbezeichnungen gelten auch dann als dieselben im Sinne des Abs. 1, wenn sie Zusätze (z. B. Ressortbezeichnungen) oder geänderte Zusätze enthalten.

§ 10.

Die Geistlichen[1] und Lehrer[2] gelten als Beamte im Sinne dieses Kapitels.

§ 11.

(1) Die zur Durchführung der Vorschriften dieses Kapitels erforderlichen Bestimmungen trifft der Reichsminister der Finanzen.[3]

(2) In den Fällen des § 7 Abs. 1 Satz 2 und des § 7 Abs. 4 Satz 2 kann für diejenigen Arbeitnehmer der dort bezeichneten Betriebe, deren Löhne oder Gehälter bei Verkündung dieser Verordnung nicht in einem einheitlichen Tarifvertrage mit denen der Arbeitnehmer privater Betriebe geregelt waren, die Kürzung zur Vermeidung unbilliger Härten abweichend von den vorstehenden Bestimmungen geregelt werden. Die Regelung wird für die einer Landesaufsicht nicht unterstehenden Betriebe vom Reichsminister der Finanzen, im übrigen von der für das Besoldungswesen allgemein zuständigen obersten Landesbehörde vorgenommen.

§ 12.

Die Vorschriften dieses Kapitels mit Ausnahme des § 9 treten am 31. Januar 1934 außer Kraft.[4]

Anmerkungen.

1. Geistliche im Dienst öffentlich-rechtlicher Religionsgesellschaften.

2. Lehrer an allen Schulen, die von öffentlich-rechtlichen Schulträgern unterhalten werden.

3. DB. vom 11. Juni 1931 (RBesBl. S. 67), dazu Abänderungen vom 31. Aug. 1931 (RBesBl. S. 99) und vom 19. Okt. 1931 (RBesBl. S. 131). Für Preußen sind die hinter den §§ 1—4 und am Schlusse dieser Verord. abgedruckten DB. des FinMin. maßgebend.

4. Die gleiche Bestimmung findet sich in der 1. GKV. des Reichs und der preuß. Verord. vom 13. Dez. 1930. Die GKV. sollen danach in der Annahme, daß der gegenwärtige Notstand in spätestens drei Jahren behoben ist, eine vorübergehende Maßnahme darstellen.

Allgemeine Durchführungsbestimmungen.

Nr. 26. Die für die Anweisung der Dienst- oder Versorgungsbezüge zuständigen Behörden haben mit größter Beschleunigung — gegebenenfalls unter weitestgehender Unterverteilung der Arbeit — die zu kürzenden Bezüge umzurechnen und der zahlenden Kasse die nach den Bestimmungen erforderliche Anweisung über die ab 1. Juli 1931 zu zahlenden gekürzten Bezüge rechtzeitig zu erteilen; hierzu können die Pendelanweisungen oder die sonst vorgesehenen Formblätter benutzt werden, bei der staatlichen Polizei sind die Gebührnisanweisungen zu verwenden. Die Herren Oberpräsidenten und Regierungspräsidenten werden hierbei auf den RdErl. vom 9. 6. 1931 — I A 2/2707a — (nicht veröffentlicht) verwiesen. Soweit es der an-

weisenden Behörde nicht möglich sein sollte, die Arbeiten fristgerecht zu erledigen, werden die mir, dem Finanzminister, nachgeordneten Behörden ermächtigt, die zahlenden Kassen mit der vorläufigen Umrechnung zu beauftragen, wenn sich die anweisende Behörde — gegebenenfalls unter Bereitstellung einer hinreichenden Zahl von Hilfskräften aus dem vorhandenen Personal — davon überzeugt hat, daß die Umrechnungsarbeiten bei der Kasse fristgerecht durchgeführt werden können. Soweit eine Kasse nicht sämtliche Unterlagen für die Umrechnung besitzt, hat die anweisende Behörde in jedem Falle schnellstens die Anweisung über die zu zahlenden gekürzten Bezüge zu erteilen.

Nr. 27. (1) Die mir, dem Finanzminister, unterstellten Kassen haben ab 1. Juli 1931 in dem Handbuch über die Dienstbezüge (Formblatt Nr. 146, 148, 383 und 403 RKO. usw.) im Soll in einer Leerspalte (z. B. in Formbl. Nr. 148 Sp. 11) — entsprechend dem bisherigen Verfahren — den nunmehrigen gesamten Kürzungsbetrag der Bezüge — ohne die durch die Herabsetzung der Kinderbeihilfe (-zulage) eingetretene Senkung — unter der Bezeichnung „Ab: K" (Kürzung) bei jedem Beamten usw. zu vermerken; das Soll in den Spalten „Grundgehalt", „Wohnungsgeldzuschuß", „örtlicher Sonderzuschlag" usw., soweit es sich nicht durch die in der betreffenden Spalte darzustellende Herabsetzung der Kinderbeihilfe (Kinderzulage) ändert, bleibt aus Anlaß der Gehaltskürzung unverändert. Durch die Kürzung ändert sich mithin bei jedem Beamten usw. — abgesehen von der Herabsetzung der Kinderbeihilfe (-zulage) — lediglich der Gesamtbetrag des Monatssolls (z. B. Sp. 13 des Formbl. Nr. 148). Bei eintretenden Veränderungen der Bezüge, z. B. beim Aufrücken eines Beamten in die nächste Dienstaltersstufe, ist der neu zu errechnende Kürzungsbetrag erneut im Soll einzutragen.

(2) Es bleibt den mir, dem Finanzminister, unterstellten Kassen unbenommen, bei der Darstellung des aus Anlaß der Gehaltskürzung veränderten Solls in den Handbüchern über die Dienstbezüge in der Spalte „Zusammen" (z. B. Spalte 13 des Formbl. Nr. 148) die Summe der Bezüge an Grundgehalt, Wohnungsgeldzuschuß, Kinderbeihilfe usw. einzutragen und, wie bereits bei der bisherigen Kürzung, in einer entsprechend handschriftlich geänderten Spalte (z. B. Sp. 12 des Formbl. Nr. 148) den Unterschiedsbetrag zwischen der Spalte „Zusammen" und der vorbezeichneten Leer- oder Hilfsspalte „Ab: K" (Kürzung) zu vermerken.

(3) Die die Versorgungsbezüge zahlenden Kassen haben das veränderte Soll im Handbuch (Formbl. Nr. 329 und 331 RKO.) sinngemäß darzustellen.

Nr. 28. Im Ist haben die Kassen in den Handbüchern über die Dienstbezüge sowie in der Ruhegehaltsrechnung ab 1. Juli 1931 jeweils den nach Durchführung der Gesamtkürzung sich ergebenden neuen Gesamtbetrag der Bezüge zu buchen.

Nr. 29. (1) Soweit kürzungspflichtige Bezüge nicht aus der Staatskasse fließen (vgl. Nr. 15) und für den Einzelfall nicht etwas anderes bestimmt ist, sind die in Frage kommenden Kürzungsbeträge bezüglich der kassenmäßigen Vereinnahmung nach Maßgabe der Bestimmungen des RdErl. vom 14. 3. 1931 — P. 2122 — (PrBesBl. S. 114ff.) zu behandeln.

(2) Die die Dienstbezüge anweisende Behörde hat der zahlenden Kasse für die Einbehaltung der Kürzung der nicht aus der Staatskasse fließenden kürzungspflichtigen Bezüge gemäß B 4 des vorbezeichneten RdErl. vom 14. 3. 1931 Anweisung zu erteilen und dabei den jeweils zu kürzenden Betrag unter Angabe des Beginns der Kürzung ersichtlich zu machen.

Nr. 30. Bei Aufstellung der Nachweisungen zur Anweisung der Versorgungsbezüge ist in der Spalte „Gesamtbetrag der Kinderbeihilfen" die Kinderbeihilfe mit den aus § 4 (vgl. auch Nr. 25) sich ergebenden Sätzen, also die Kinderbeihilfe für das erste Kind mit monatlich 10 RM. anzusetzen, dagegen der Jahresbetrag des Ruhegehalts usw. wie bisher ohne Rücksicht auf die Kürzung nach der Ersten und Zweiten Gehaltskürzungsverordnung einzutragen.

Nr. 31. Hinsichtlich der Berechnung der Lohnsteuer und des Lohnsteuerzuschlages für Ledige von den nach der Gesamtkürzung verbleibenden lohnsteuerpflichtigen Bezügen sowie hinsichtlich der Abführung verbleibt es bei den bisherigen Vorschriften.

Nr. 32. Eine Krisenlohnsteuer kommt für die Bezüge der Beamten, Lehrpersonen und Versorgungsempfänger — und zwar auch für die ungekürzten Kinderbeihilfen und Kinderzulagen — nicht in Betracht (dritter Teil Kap. III § 4 Nr. 2 der Zweiten Verordnung des Reichspräsidenten zur Sicherung von Wirtschaft und Finanzen vom 5. Juni 1931 — RGBl. I S. 279).

Nr. 33. Zur Einkommensteuer und, soweit eine Krisensteuer der Veranlagten in Frage kommt, zu dieser werden nur die gekürzten Bezüge herangezogen. Das gleiche gilt für die Berechnung der der Pfändung nach § 850 ZPO. unterliegenden Bezüge.

Nr. 34. (1) Sind die kürzungspflichtigen Bezüge desselben Bezugsberechtigten bei mehreren Haushaltstiteln zu verrechnen, so ist wie folgt zu verfahren:

a) Sind die kürzungspflichtigen Bezüge in ihrer ganzen Höhe um denselben Hundertsatz zu kürzen, so wird der auf jeden Titel zu verrechnende Betrag um diesen Hundertsatz gekürzt.

b) Sind die kürzungspflichtigen Bezüge, da sie 3000 RM. jährlich übersteigen, nach mehreren verschiedenen Hundertsätzen zu kürzen, so wird der auf jeden Titel zu verrechnende Betrag um den höchsten in Frage kommenden Hundertsatz gekürzt; der Minderbetrag der Kürzung (2,50 RM. oder 7,50 RM. oder 17,50 RM. monatlich, vgl. Nr. 21) ist bei dem Titel zu berücksichtigen, auf den der größte Teil der Dienstbezüge zu verrechnen ist,

also z. B.

Ein Beamter in Ortsklasse C erhält monatlich

a) aus dem Fonds X = ...	*57,— RM.*
b) aus dem Fonds Y = ...	*264,— RM.*
zusammen:	*321,— RM.*
zu a) Der Betrag von 57 RM. ist zu kürzen um 12 v. H. = ...	*6,84 RM.*
zu b) der Betrag von 264 RM. ist zu kürzen um 12 v. H. minus 2,50 RM. = ...	*29,18 RM.*
zusammen:	*36,02 RM.*

Die Umrechnungstafeln können mithin für eine Verteilung des Kürzungsbetrages auf mehrere Haushaltstitel in diesen Fällen nicht benutzt werden.

c) Betragen die kürzungspflichtigen Bezüge mehr als 1500 RM. jährlich, aber nicht mehr als 1600 RM. jährlich (Sonderklasse und Ortsklasse A) bzw. 1601 RM. (Ortsklassen B, C oder D), so ist der Kürzungsbetrag im gleichen Verhältnis auf die Titel zu verteilen.

(2) Abs. 1 gilt entsprechend, wenn die kürzungspflichtigen Bezüge desselben Bezugsberechtigten aus verschiedenen Kassen (z. B. auch Land und Reich) gezahlt werden.

Nr. 35. Wegen der aus Anlaß der Gehaltskürzung erforderlich werdenden anderweiten Berechnung des Schulverbandsbeitrages zur Landesschulkasse und zur Landesmittelschulkasse sowie des Beschulungsgeldes usw. ergeht vom Minister für Wissenschaft, Kunst und Volksbildung besondere Anordnung. Ebenso ergeht durch die zuständigen Fachminister besondere Anweisung wegen der Durchführung der Zweiten Gehaltskürzungsverordnung in den Gemeinden (Gemeindeverbänden) und sonstigen Körperschaften des öffentlichen Rechts sowie wegen der Kürzung derjenigen Fonds des Staatshaushaltsplans, aus denen Zuschüsse zu den persönlichen Ausgaben Dritter gezahlt werden.

Nr. 36. In Zweifelsfällen entscheidet der Finanzminister im Einvernehmen mit dem zuständigen Fachminister, insbesondere auch darüber, welche Bezüge der Kürzung unterliegen.

5. Pensionskürzungsverordnung des Reichs

vom 6. Oktober 1931.

(3. Teil, Kap. V, Abschn. I und II der Dritten Verordnung des Reichspräsidenten zur Sicherung von Wirtschaft und Finanzen und zur Bekämpfung politischer Ausschreitungen. Vom 6. Okt. 1931 — RGBl. I S. 537).

Dritter Teil.

Kapitel V.

Pensionskürzung.

Abschnitt I.*

§ 1.

(1) Das Wartegeld der Reichsbeamten, die mit kürzerer als zehnjähriger Dienstzeit aus einem Amte der Besoldungsgruppe B 5 oder einer höheren Besoldungsgruppe des Reichsbesoldungsgesetzes vom 16. Dezember 1927 (Reichsgesetzbl. I S. 349) mit Wartegeld ausscheiden, nachdem sie in diesem Amte weniger als ein Jahr beschäftigt gewesen sind, beträgt 10 vom Hundert des der Berechnung des Ruhegeldes zugrunde zu legenden Diensteinkommens. Keinesfalls darf aber der Betreffende ungünstiger gestellt werden, als wenn er in einer niedrigeren Besoldungsgruppe, in der er früher beschäftigt gewesen ist, um die in der höheren verbrachte Dienstzeit länger verblieben und sein Wartegeld aus dieser niedrigeren Besoldungsgruppe zu berechnen wäre.

(2) Abs. 1 gilt nicht für die beim Inkrafttreten dieses Abschnitts bereits mit einer Stelle der Besoldungsgruppe B 5 oder einer höheren Besoldungsgruppe des Reichsbesoldungsgesetzes vom 16. Dezember 1927 (Reichsgesetzbl. I S. 349) beliehenen oder beliehen gewesenen Beamten.

---

*) RGBl. 1931, I S. 546. — Die Ausführungsbestimmungen des Reichsministers der Finanzen zum Abschnitt I sind im RBesBl. 1931 Nr. 26 S. 139 veröffentlicht.

§ 2.

Bei den im § 1 erwähnten Beamten bleibt die unter Bezug von Wartegeld im einstweiligen Ruhestande verbrachte Zeit bei der Berechnung der ruhegeldfähigen Dienstzeit außer Betracht.

§ 3.

(1) Von dem im § 60a Abs. 1 Satz 1 des Reichsbeamtengesetzes genannten Zeitpunkt ab beträgt das Ruhegeld der Reichsbeamten und der mit Ruhegeld abgefundenen Soldaten höchstens 75 vom Hundert des ruhegeldfähigen Diensteinkommens.

(2) Abs. 1 gilt auch für die Berechnung der Bezüge der im Dienststrafverfahren entlassenen Beamten, denen ein Teil des gesetzlichen Ruhegeldes auf Lebenszeit oder gewisse Jahre belassen ist.

§ 4.

Die Vorschriften für die Bemessung der Ruhegelder der Mitglieder des Reichsgerichts, des Reichsfinanzhofs und des ehemaligen Reichsmilitärgerichts werden durch § 3 nicht berührt.

§ 5.

Das den Professoren der ehemaligen Kaiser-Wilhelms-Universität in Straßburg auf Grund des Gesetzes vom 11. Januar 1922 vom Reiche gewährte Wartegeld oder Ruhegeld wird um 10 vom Hundert herabgesetzt.

§ 6.

§ 16 des Reichsministergesetzes vom 27. März 1930 (Reichsgesetzbl. I S. 96) ist mit der Maßgabe anzuwenden, daß von dem im § 3 erwähnten Zeitpunkt ab an Stelle von 80 vom Hundert 75 vom Hundert tritt.

§ 7.

(1) Ergibt sich bei der Berechnung eines Ruhegeldes ein Jahresbetrag von mehr als 12000 Reichsmark, so wird, wenn der Betreffende in der Besoldungsgruppe, aus der sein Ruhegeld zu berechnen ist, weniger als fünf Jahre beschäftigt

gewesen ist und seine ruhegeldfähige Dienstzeit weniger als vierzig Jahre beträgt, der Mehrbetrag gekürzt, und zwar

1. wenn die Beschäftigung in der Besoldungsgruppe mindestens vier Jahre betragen hat, um 10 vom Hundert,
   wenn sie mindestens drei, aber nicht vier Jahre betragen hat, um 20 vom Hundert,
   wenn sie mindestens zwei, aber nicht drei Jahre betragen hat, um 30 vom Hundert,
   wenn sie mindestens ein Jahr, aber nicht zwei Jahre betragen hat, um 50 vom Hundert,
   wenn sie weniger als ein Jahr betragen hat, um 75 vom Hundert;
2. wenn die ruhegeldfähige Dienstzeit mindestens fünfunddreißig Jahre betragen hat, um 10 vom Hundert,
   wenn sie mindestens dreißig, aber nicht fünfunddreißig Jahre betragen hat, um 20 vom Hundert,
   wenn sie mindestens fünfundzwanzig, aber nicht dreißig Jahre betragen hat, um 30 vom Hundert,
   wenn sie mindestens zwanzig, aber nicht fünfundzwanzig Jahre betragen hat, um 50 vom Hundert,
   wenn sie weniger als zwanzig Jahre betragen hat, um 75 vom Hundert.

Führt die Kürzung unter 1 und 2 zu verschiedenen Ergebnissen, so ist das für den Betreffenden günstigere Ergebnis maßgebend.

(2) Keinesfalls darf aber der Betreffende ungünstiger gestellt werden, als wenn er in einer niedrigeren Besoldungsgruppe, in der er früher beschäftigt gewesen ist, um die in der höheren Besoldungsgruppe verbrachte Dienstzeit länger verblieben und sein Ruhegeld aus dieser niedrigeren Besoldungsgruppe zu berechnen wäre.

(3) Im Falle der Berechnung des Ruhegelds nach Abs. 2 gilt für die Anwendung der versorgungsrechtlichen Ruhensvorschriften, z. B. § 57 Nr. 2 des Reichsbeamtengesetzes, § 66 des Wehrmachtversorgungsgesetzes, als das Diensteinkommen, aus dem das Ruhegeld berechnet ist, das Diensteinkommen, das der Berechnung des Ruhegeldes nach Abs. 1 zugrunde zu legen wäre.

(4) Abs. 1 bis 3 finden auch Anwendung
1. auf das Diensteinkommen der Beamten, die unter Belassung des vollen Gehalts vom Amte enthoben oder von ihren amtlichen Verpflichtungen entbunden sind,
2. auf das Wartegeld nach § 26 Abs. 2 Schlußsatz des Reichsbeamtengesetzes mit der Maßgabe, daß die unter Bezug von Wartegeld im einstweiligen Ruhestande verbrachte Zeit bei der Berechnung der ruhegeldfähigen Dienstzeit nach Abs. 1 unter 2 außer Betracht bleibt.

§ 8.

(1) Für die Berechnung des Witwen- und Waisengeldes gilt § 3 Abs. 1 auch dann, wenn der Beamte oder Soldat vor dem im § 60a Abs. 1 Satz 1 genannten Zeitpunkt gestorben ist.

(2) Das Witwengeld darf 47 vom Hundert des ruhegeldfähigen Diensteinkommens aus der Besoldungsgruppe B 7 des Reichsbesoldungsgesetzes vom 16. Dezember 1927 (Reichsgesetzbl. I S. 349) nicht übersteigen.

§ 9.

Die Vorschriften, nach denen der Jahresbetrag der Wartegelder, Ruhegelder, Witwengelder, Waisengelder usw. derart aufzurunden ist, daß bei der Teilung durch drei sich volle Reichsmarkbeträge ergeben, sind nicht anzuwenden.

§ 10.

(1) Das Recht auf den Bezug von Wartegeld, Ruhegeld, Ruherente nach dem Reichsministergesetze, Hinterbliebenenbezügen, Kinderzuschlägen und Frauenzuschlag sowie von laufenden Versorgungsgebührnissen nach dem Wehrmachtversorgungsgesetze ruht, solange der Bezugsberechtigte ohne Zustimmung der obersten Reichsbehörde seinen Wohnsitz oder dauernden Aufenthalt außerhalb des Deutschen Reichs hat.

(2) Der Bezugsberechtigte ist verpflichtet, der die Bezüge zahlenden Kasse — Wartestandsbeamte auch der vorgesetzten Behörde — die Verlegung des Wohnsitzes oder des dauernden Aufenthalts außerhalb des Deutschen Reichs unverzüglich anzuzeigen.

§ 11.

Die aus deutschen öffentlichen Kassen gezahlten Versorgungsbezüge der im öffentlichen Dienste oder im Dienste der französischen Grubenverwaltung im Saargebiete verwendeten Versorgungsberechtigten werden ebenso gekürzt, als wenn diese Versorgungsberechtigten im Deutschen Reiche außerhalb des Saargebiets im öffentlichen Dienste verwendet würden.

§ 12.

(1) Die §§ 1 bis 3, 7 bis 9 und 11 dieses Abschnitts und § 36 des Reichsbesoldungsgesetzes vom 16. Dezember 1927 (Reichsgesetzbl. I S. 349) gelten entsprechend für die Beamten und Lehrpersonen der Länder, Gemeinden (Gemeindeverbände) und der sonstigen Körperschaften des öffentlichen Rechtes. Dienstaufwandsentschädigungen sind nicht ruhegeldfähig.

(2) Für Wahlbeamte der Gemeinden usw. findet, unbeschadet der Vorschrift des § 3, eine Steigerung des Ruhegeldes über 80 vom Hundert des ruhegeldfähigen Diensteinkommens hinaus in keinem Falle statt.

(3) Erhalten Beamte von Gemeinden, die nach dem für Reichsbeamte geltenden Ortsklassenverzeichnisse der Sonderklasse oder der Ortsklasse A angehören, nach den für sie geltenden besoldungsrechtlichen Vorschriften an Stelle von Grundgehalt und Wohnungsgeldzuschuß ein einheitliches Grundgehalt, so ist von diesem Grundgehalt ein Teilbetrag nicht ruhegeldfähig, der dem Unterschiedsbetrage zwischen dem den entsprechenden Reichsbeamten zustehenden Wohnungsgeldzuschusse der Sonderklasse oder der Ortsklasse A und dem Wohnungsgeldzuschusse der Ortsklasse B entspricht.

(4) Entgegenstehende günstigere Regelungen der Länder, Gemeinden (Gemeindeverbände) und der Körperschaften des öffentlichen Rechtes sind nicht anzuwenden; ungünstigere Regelungen werden durch diesen Abschnitt nicht berührt.

§ 13.

(1) § 12 gilt entsprechend für ruhegeldähnliche Bezüge von Beamten sowie für Wartegelder, Ruhegelder und ähnliche

Bezüge, die auf Grund gesetzlicher Vorschriften oder auf Grund statutarischer Bestimmungen öffentlichrechtlicher Körperschaften oder aus einem anderen Rechtsgrund an nicht im Beamtenverhältnisse beschäftigte Arbeitnehmer gewährt werden. Dies gilt auch für Hinterbliebene.

(2) Die Bezüge im Sinne des Abs. 1 dürfen unbeschadet der Vorschriften des § 3 und des § 8 Abs. 1 zusammen mit den Renten aus der Sozialversicherung 80 vom Hundert der Dienstbezüge des letzten Jahres vor dem Ausscheiden nicht übersteigen.

§ 14.

§ 10 dieses Abschnitts gilt auch für Wartestandsbeamte, Ruhegeldempfänger usw. der Länder, Gemeinden (Gemeindeverbände) und der sonstigen Körperschaften des öffentlichen Rechtes, soweit für sie nicht ungünstigere Vorschriften bestehen oder getroffen werden. An die Stelle der obersten Reichsbehörde tritt für Wartestandsbeamte, Ruhegeldempfänger usw. der Länder und der unter Landesaufsicht stehenden Körperschaften des öffentlichen Rechtes die oberste Landesbehörde.

§ 15.

(1) Zu den Körperschaften des öffentlichen Rechtes im Sinne der §§ 12 bis 14 dieses Abschnitts gehören auch die Anstalten, Vereine und Stiftungen des öffentlichen Rechtes, die Verbände von Körperschaften des öffentlichen Rechtes, Vereinigungen und Einrichtungen, deren Einkünfte mit mehr als der Hälfte von Körperschaften des öffentlichen Rechtes oder von den vorstehend besonders aufgeführten Körperschaften usw. oder von den im Satz 2 und 3 bezeichneten Unternehmungen herrühren. Unternehmungen, deren Gesellschaftskapital sich mit mehr als der Hälfte im Eigentume von Körperschaften des öffentlichen Rechtes einschließlich der im ersten Satze bezeichneten befindet, gelten ebenfalls als Körperschaften des öffentlichen Rechtes im Sinne dieses Abschnitts. Das gleiche gilt für Konzerngesellschaften (Tochtergesellschaften, Subtochtergesellschaften usw.), wenn ihr Kapital und das Kapital der Zwischenglieder (Dachgesellschaft, Tochter-

gesellschaft, Subtochtergesellschaft usw.) sich je mit mehr als der Hälfte im Eigentume der übergeordneten Konzerngesellschaft oder von Körperschaften des öffentlichen Rechtes einschließlich der im ersten und zweiten Satze bezeichneten befindet. Zu den Körperschaften des öffentlichen Rechtes im Sinne der §§ 12 bis 14 gehören ferner Unternehmungen usw., deren Risiko auf Grund von Gesetzen oder besonderen Vereinbarungen von Körperschaften des öffentlichen Rechtes einschließlich der im Satz 1 bis 3 bezeichneten getragen wird.

(2) Die Reichsbank und die Deutsche Reichsbahn-Gesellschaft, die von sich aus eine den Vorschriften der §§ 1 bis 3, 7 bis 10 und 12 dieses Abschnitts entsprechende Regelung vornehmen, gelten nicht als Körperschaften des öffentlichen Rechtes im Sinne der §§ 12 bis 14. Den öffentlich-rechtlichen Religionsgesellschaften bleibt es überlassen, eine den Vorschriften der §§ 1 bis 3, 7 bis 10 und 12 entsprechende Regelung vorzunehmen. Die Reichsbank, die Deutsche Reichsbahn-Gesellschaft und die öffentlich-rechtlichen Religionsgesellschaften sind, soweit erforderlich, ermächtigt, eine den Vorschriften dieses Abschnitts entsprechende Regelung vorzunehmen. Die Neuregelung der gesetzlichen Versorgungsbezüge durch diesen Abschnitt hat keine Erhöhung der satzungsmäßigen Leistungen der Deutschen Reichsbahn-Gesellschaft an ehemalige Privateisenbahnbeamte und ihre Hinterbliebenen zur Folge.

(3) Trägt ein Land einer öffentlich-rechtlichen Religionsgesellschaft gegenüber den Aufwand für die Bezüge ihrer Wartegeldempfänger, Ruhegeldempfänger und Empfänger von Hinterbliebenenbezügen, so ist die oberste Landesbehörde befugt, die Leistungen des Landes entsprechend herabzusetzen.

§ 16.

Die diesem Abschnitt entgegenstehenden reichsrechtlichen Vorschriften sind nicht anzuwenden. Dies gilt nicht für die Vorschriften der Reichsverfassung.

§ 17.

(1) Mit Wirkung vom 1. Januar 1932 sind die Bezüge der Ruhegeld- und Wartegeldempfänger und der Hinterbliebenen

nach den Vorschriften dieses Abschnitts — mit Ausnahme des § 11 — neu festzusetzen. Hierzu gehören auch Bezüge der Personen, die Versorgungsgebührnisse nach den für Reichsbeamte geltenden Grundsätzen erhalten.

(2) § 11 tritt mit Wirkung vom 1. Oktober 1926 in Kraft.

§ 18.

Die Ausführungsbestimmungen zu diesem Abschnitt erläßt der Reichsminister der Finanzen.

Preußische vorläufige Durchführungsbestimmungen zu den vorstehend abgedruckten Vorschriften.

(Auszug aus dem RdErl. d. FinMin. namens d. PrStMin. v. 19. 12. 1931, betr. vorläufige Durchführung versorgungsrechtlicher Bestimmungen aus der Preußischen Verordnung vom 12. 9. 1931 — Sparverordnung — und des Kap. V — Pensionskürzung — Abschn. I im Dritten Teil der Reichsordnung vom 6. 10. 1931 — PrBesBl. S. 355).

Auf Grund der oben aufgeführten Vorschriften ergibt sich für Preußen folgende Rechtslage:

Nr. 1.

(1) Das Wartegeld der unmittelbaren Staatsbeamten, die mit kürzerer als zehnjähriger Dienstzeit aus einem Amte der Besoldungsgruppe B 5 der festen Gehälter oder einer höheren Besoldungsgruppe des Preußischen Besoldungsgesetzes vom 17. Dezember 1927 (GS. S. 223) mit Wartegeld ausscheiden, nachdem sie in diesem Amte weniger als ein Jahr beschäftigt gewesen sind, beträgt 10 vom Hundert des der Berechnung des Ruhegehalts zugrunde zu legenden Diensteinkommens. Keinesfalls darf aber der Betreffende ungünstiger gestellt werden, als wenn er in einer niedrigeren Besoldungsgruppe, in der er früher beschäftigt gewesen ist, um die in der höheren verbrachte Dienstzeit länger verblieben und sein Wartegeld aus dieser niedrigeren Besoldungsgruppe zu berechnen wäre.

(2) Abs. 1 gilt nicht für die am 8. Oktober 1931 bereits mit einer Stelle der Besoldungsgruppe B 5 der festen Gehälter oder einer höheren Besoldungsgruppe des Preußischen

Besoldungsgesetzes vom 17. Dezember 1927 (GS. S. 223) beliehenen oder beliehen gewesenen Beamten.[1]

Durchführungsbestimmungen.

Unter Dienstzeit im Sinne des Abs. 1 Satz 1 ist die Dienstzeit zu verstehen, auf deren Anrechnung als ruhegehaltsfähige Dienstzeit der Beamte einen gesetzlichen Anspruch hat.

Anmerkung.

1. Für diese Beamten erfolgt die Festsetzung des Wartegeldes gemäß § 3a der WartegeldVO. v. 26. 2. 19 in der Fassung des § 83 der Pers.-AbbauVO. v. 8. 2. 24 (GS. S. 73) und des § 28 des Pers.-AbwickelungsGes. v. 25. 3. 26 (GS. S. 105). Er lautet:

„Das Wartegeld beträgt 80 vom Hundert des der Berechnung des Ruhegehalts zugrunde zu legenden Diensteinkommens. Hat der Beamte zur Zeit seiner einstweiligen Versetzung in den Ruhestand eine ruhegehaltsfähige Dienstzeit von 25 Jahren noch nicht zurückgelegt, so wird das Wartegeld für jedes volle oder angefangene Jahr, das dem Beamten an der Dienstzeit von 25 Jahren fehlt, um je 2 vom Hundert des ruhegehaltsfähigen Diensteinkommens geringer bemessen; das Wartegeld beträgt jedoch wenigstens 50 vom Hundert dieses Diensteinkommens.

Das Wartegeld beträgt in keinem Falle mehr als 80 vom Hundert des der Berechnung des Ruhegehalts zugrunde zu legenden Diensteinkommens eines Beamten aus der letzten Dienstaltersstufe der Besoldungsgruppe A 1a. Hat der Beamte indessen zur Zeit seiner einstweiligen Versetzung in den Ruhestand bereits ein höheres Ruhegehalt erdient, so erhält er ein Wartegeld in Höhe des zu diesem Zeitpunkte erdienten Ruhegehalts."

Nr. 2.

Bei den in Nr. 1 erwähnten Beamten bleibt die unter Bezug von Wartegeld im einstweiligen Ruhestande verbrachte Zeit bei der Berechnung der ruhegehaltsfähigen Dienstzeit außer Betracht.

Durchführungsbestimmungen.

Ein Wartegeld gilt so lange als bezogen, als das Recht auf den Bezug nicht nach §§ 6,[1] 7,[2] 8[3] und 9[4] der Wartegeldverordnung aufgehört hat. Ruht also das Wartegeld, so hat das Recht auf seinen Bezug nicht aufgehört.

Anmerkungen.

1. durch Verweigerung der Annahme eines der Berufsbildung des Beamten entsprechenden Amtes im unmittelbaren Staatsdienst von mindestens gleichem Rang und planmäßigem Diensteinkommen.

2. durch Verweigerung auch der vorübergehenden Wahrnehmung eines solchen (§ 6) Amtes.

3. durch Verweigerung der Annahme oder vorübergehenden Wahrnehmung eines solchen (§ 6) Amtes im Reichsdienst, sofern dem Wartegeldempfänger die Bezüge derjenigen Besoldungsgruppe, der er zuletzt angehört hat, gewährleistet werden.

4. durch Wiederanstellung in einem Amt, zu dessen Annahme er nach § 6 oder § 8 der WartegeldVO. verpflichtet ist, oder durch Verlust der preußischen Staatsangehörigkeit, oder durch Wohnsitzverlegung außerhalb des Deutschen Reiches, oder durch Ausscheiden aus dem Staatsdienst, oder durch Aberkennung des Wartegeldes gemäß §§ 6, 7, 8 der WartegeldVO.

Nr. 3.

(1) Von dem im § 1 des Gesetzes, betreffend Einführung einer Altersgrenze, vom 15. Dezember 1920 (GS. S. 621) genannten Zeitpunkt ab beträgt das Ruhegehalt der unmittelbaren Staatsbeamten höchstens 75[1] vom Hundert des ruhegehaltsfähigen Diensteinkommens.

(2) Abs. 1 gilt auch für die Berechnung der Bezüge der im Dienststrafverfahren entlassenen Beamten, denen ein Teil des gesetzlichen Ruhegehalts auf Lebenszeit oder auf gewisse Jahre belassen ist.

Durchführungsbestimmungen.

a) Der im Abs. 1 genannte Zeitpunkt tritt ein mit dem auf die Vollendung des 65. Lebensjahrs[2] zunächst folgenden 1. April oder 1. Oktober. Dieser Zeitpunkt gilt auch für die Beamten des Polizeivollzugsdienstes und für die im Ruhestand befindlichen Hochschullehrer.

b) Ein am ersten Tage eines Monats geborener Beamter vollendet ein Lebensjahr nach § 187 Abs. 2 Satz 2 des Bürgerlichen Gesetzbuches mit Ablauf des letzten Tages des vorhergehenden Monats.

c) Stirbt ein Ruhegehaltsempfänger während der letzten drei Monate vor dem unter a genannten Zeitpunkt, so ändern sich die Gnadenvierteljahresbezüge nicht.

d) Beispiele

1. Beispiel: Ein Beamter im Ruhestande, der am 2. Oktober 1866 geboren ist, hat das 65. Lebensjahr am 1. Oktober 1931 vollendet. Sein Ruhegehalt beträgt nach einer ruhegehaltsfähigen Dienstzeit von 38 Jahren 78 v. H. des ruhegehaltsfähigen Diensteinkommens. Das Ruhegehalt bleibt bis Ende März 1932, abgesehen von dem mit Wirkung vom 1. Januar 1932 ab eintretenden Wegfall der Aufrundung auf einen durch 3 teilbaren Reichsmarkbetrag (vgl. Nr. 6 und Nr. 14) unverändert. Vom 1. April 1932 ab beträgt das Ruhegehalt nur noch 75 v. H. des ruhegehaltsfähigen Diensteinkommens.

2. Beispiel: Ein am 1. April 1867 geborener Beamter vollendet das 65. Lebensjahr am 31. März 1932. Er tritt am 1. April 1932 kraft

Altersgrenzengesetzes in den Ruhestand nach einer ruhegehaltsfähigen Dienstzeit von 40 Jahren. Das ihm von diesem Zeitpunkt ab zustehende Ruhegehalt würde nach bisher geltendem Recht 80 v. H. des ruhegehaltsfähigen Diensteinkommens betragen. Nach Nr. 3 Abs. 1 beträgt es nur 75 v. H. des ruhegehaltsfähigen Diensteinkommens.

3. *Beispiel: Ein Beamter, der im Monat Dezember 65 Jahre alt wird, wird auf seinen Antrag zum folgenden 1. Januar in den Ruhestand versetzt. Sein Ruhegehalt beträgt nach einer ruhegehaltsfähigen Dienstzeit von 40 Jahren zunächst 80 v. H. und vom folgenden 1. April ab 75 v. H. des ruhegehaltsfähigen Diensteinkommens.*

4. *Beispiel: Würde der im 1. Beispiel genannte, am 2. Oktober 1866 geborene Ruhegehaltsempfänger im Dezember 1931 sterben, so würden die Gnadenvierteljahresbezüge für das Vierteljahr Januar bis März 1932 in Höhe des Ruhegehalts von 78 v. H. des ruhegehaltsfähigen Diensteinkommens zu zahlen sein. Aber auch wenn der Ruhegehaltsempfänger in den Monaten Januar, Februar oder März 1932 sterben würde, ändert sich dadurch an der Höhe der Gnadenvierteljahresbezüge nichts. Denn der Berechnung der Höhe der Gnadenvierteljahresbezüge ist stets das Ruhegehalt des Sterbemonats zugrunde zu legen.*

e) Soweit Beamte auf Grund von Sondervorschriften ein Ruhegehalt in Höhe von mehr als 75 v. H. des ruhegehaltsfähigen Diensteinkommens beziehen, ist von dem unter a genannten Zeitpunkt ab das Ruhegehalt auf 75 v. H. des ruhegehaltsfähigen Diensteinkommens herabzusetzen. Hilfslosenrenten (§ 1 Abs. 3 des Unfallfürsorgegesetzes, § 28 Abs. 3 des Polizeibeamtengesetzes) werden hiervon nicht berührt.

Anmerkungen.

1. Bisher 80%.

2. Für die Lehrpersonen: des 62. Lebensjahrs, für die im Dienst befindlichen Hochschullehrer: des 68. Lebensjahrs, — vgl. § 36 der VO. v. 23. 12. 31, abgedruckt S. 490.

Nr. 4.

(1) Ergibt sich bei der Berechnung eines Ruhegehalts ein Jahresbetrag von mehr als 12000 Reichsmark, so wird, wenn der Betreffende in der Besoldungsgruppe, aus der sein Ruhegehalt zu berechnen ist, weniger als fünf Jahre beschäftigt gewesen ist und seine ruhegehaltsfähige Dienstzeit weniger als vierzig Jahre beträgt, der Mehrbetrag gekürzt, und zwar

1. wenn die Beschäftigung in der Besoldungsgruppe mindestens vier Jahre betragen hat, um 10 vom Hundert,
wenn sie mindestens drei, aber nicht vier Jahre betragen hat, um 20 vom Hundert,

wenn sie mindestens zwei, aber nicht drei Jahre betragen hat, um 30 vom Hundert,
wenn sie mindestens ein Jahr, aber nicht zwei Jahre betragen hat, um 50 vom Hundert,
wenn sie weniger als ein Jahr betragen hat, um 75 vom Hundert;

2. wenn die ruhegehaltsfähige Dienstzeit mindestens fünfunddreißig Jahre betragen hat, um 10 vom Hundert,
wenn sie mindestens dreißig, aber nicht fünfunddreißig Jahre betragen hat, um 20 vom Hundert,
wenn sie mindestens fünfundzwanzig, aber nicht dreißig Jahre betragen hat, um 30 vom Hundert,
wenn sie mindestens zwanzig, aber nicht fünfundzwanzig Jahre betragen hat, um 50 vom Hundert,
wenn sie weniger als zwanzig Jahre betragen hat, um 75 vom Hundert.

Führt die Kürzung unter 1 und 2 zu verschiedenen Ergebnissen, so ist das für den Betreffenden günstigere Ergebnis maßgebend.

(2) Keinesfalls darf aber der Betreffende ungünstiger gestellt werden, als wenn er in einer niedrigeren Besoldungsgruppe, in der er früher beschäftigt gewesen ist, um die in der höheren Besoldungsgruppe verbrachte Dienstzeit länger verblieben und sein Ruhegehalt aus dieser niedrigeren Besoldungsgruppe zu berechnen wäre.

(3) Im Falle der Berechnung des Ruhegehalts nach Abs. 2 gilt für die Anwendung der versorgungsrechtlichen Ruhensvorschriften (z. B. § 27 des Zivilruhegehaltsgesetzes, § 66 des Schutzpolizeibeamtengesetzes) als das Diensteinkommen, aus dem das Ruhegehalt berechnet ist, das Diensteinkommen, das der Berechnung des Ruhegehalts nach Abs. 1 zugrunde zu legen wäre.

(4) Abs. 1 bis 3 finden auch Anwendung

1. auf das Diensteinkommen der Beamten, die unter Belassung des vollen Gehalts vom Amte enthoben oder von ihren amtlichen Verpflichtungen entbunden sind,
2. auf das Wartegeld nach § 3a Abs. 2 Satz 2 der Wartegeldverordnung mit der Maßgabe, daß die unter Bezug

von Wartegeld im einstweiligen Ruhestande verbrachte Zeit bei der Berechnung der ruhegehaltsfähigen Dienstzeit nach Abs. 1 unter 2 außer Betracht bleibt.

Durchführungsbestimmungen.

a) Die Regelung ist vor den durch die Gehaltskürzungsverordnungen angeordneten Kürzungen vorzunehmen.

b) Örtliche Sonderzuschläge, Kinderbeihilfen, Kinderzulagen und Frauenbeihilfe sind nicht zu berücksichtigen.

c) Einer Kürzung nach Nr. 4 Abs. 1 unterliegen nicht die Bezüge von Ruhegehaltsempfängern usw., die in der Besoldungsgruppe, aus der ihr Ruhegehalt zu berechnen ist, zwar weniger als fünf Jahre beschäftigt gewesen sind, deren ruhegehaltsfähige Dienstzeit aber mindestens vierzig Jahre beträgt. Das gleiche gilt für die Bezüge von Ruhegehaltsempfängern usw., deren ruhegehaltsfähige Dienstzeit zwar weniger als vierzig Jahre beträgt, die aber in der Besoldungsgruppe, aus der ihr Ruhegehalt zu berechnen ist, mindestens fünf Jahre beschäftigt gewesen sind.

d) Bei Wartestandsbeamten, die auf Grund des § 27 oder des § 36 des Preußischen Besoldungsgesetzes vom 17. 12. 1927 (GS. S. 223) in die Besoldungsordnung dieses Gesetzes übergeleitet worden sind, gelten Beschäftigungszeiten im Sinne der Nr. 4 Abs. 1 unter 1 in vollem Umfange als in einer Besoldungsgruppe des PrBesG. 1927 zurückgelegt, auch wenn die Beschäftigung teilweise vor dem Inkrafttreten dieses Besoldungsgesetzes (1. Oktober 1927) in der entsprechenden Besoldungsgruppe des Beamten-Diensteinkommensgesetzes vom 17. 12. 1920 (GS. 1921 S. 135) stattgefunden hat.

e) (1) Bei Ruhegehaltsempfängern gelten Beschäftigungszeiten im Sinne der Nr. 4 Abs. 1 unter 1 in vollem Umfange auch dann als in einer Besoldungsgruppe des PrBesG. 1927 zurückgelegt, wenn die Beschäftigung bereits vor dem 1. Oktober 1927 begonnen, aber erst nach dem Inkrafttreten des PrBesG. 1927 in der entsprechenden Besoldungsgruppe dieses Gesetzes beendet worden ist. Dies gilt sinngemäß für die Gegenüberstellung nach Nr. 4 Abs. 2, wenn infolge Hinzurechnung der in der höheren Besoldungsgruppe verbrachten ruhegehaltsfähigen Dienstzeit als Tag der Beendigung der Beschäftigung in der niedrigeren Besoldungsgruppe der 1. Oktober 1927 oder ein späterer Tag zu unterstellen ist.

(2) Die einschränkende Vorschrift des § 28 Abs. 1[1] des Zivilruhegehaltsgesetzes wird jedoch hierdurch nicht berührt. Ruhegehaltsempfänger, welche in einer Stelle des unmittelbaren Staatsdienstes wieder eingetreten sind und aus dieser nach einer Dienstzeit von weniger als einem Jahre wieder ausscheiden, erhalten also, wie bisher, kein nach Maßgabe der nunmehrigen verlängerten Dienstzeit und des in der neuen Stelle bezogenen Diensteinkommens berechnetes Ruhegehalt, wohl aber wächst für die Berechnung des Kürzungsbetrages die in der neuen Stelle verbrachte Zeit sowohl der Beschäftigungszeit im Sinne der Nr. 4 Abs. 1 unter 1 als auch der ruhegehaltsfähigen Dienstzeit im Sinne der Nr. 4 Abs. 1 unter 2 hinzu.

f) Für die Gegenüberstellung nach Nr. 4 Abs. 2 wächst die in der höheren Besoldungsgruppe tatsächlich verbrachte Dienstzeit sowohl der Beschäftigungszeit nach Nr. 4 Abs. 1 unter 1 als auch der ruhegehaltsfähigen Dienstzeit nach Nr. 4 Abs. 1 unter 2 hinzu.

g) Bei einer Regelung für die von ihren amtlichen Verpflichtungen entbundenen Hochschullehrer sind die nach Kap. IV § 4 im Zweiten Teil der Sparverordnung vom 12. 9. 1931 gekürzten Bezüge maßgebend.[2]

h) Für Wartegeldregelungen gelten die Durchführungsbestimmungen zu Nr. 2 entsprechend.

i) Ergeben sich bei der Berechnung der Jahreskürzungsbeträge Bruchteile eines Reichspfennigs, so sind diese auf einen vollen Reichspfennig (nach unten) abzurunden. Wegen der Aufrundung der Auszahlungsbeträge vgl. Durchführungsbestimmungen zu Nr. 6.

Anmerkungen.

1. Fordert mindestens einjährige Dauer der Wiederverwendung eines Pensionärs als Voraussetzung ihrer Einbeziehung in die Pensionsberechnung.

2. D. h. die Bezüge, die die Hochschullehrer vor ihrer Emeritierung bezogen haben, gekürzt um 10 v. H.

Nr. 5.

(1) Für die Berechnung des Witwen- und Waisengeldes gilt der in Nr. 3 Abs. 1 genannte Hundertsatz auch dann, wenn der Beamte vor dem in Nr. 3 Abs. 1 genannten Zeitpunkt gestorben ist.

(2) Das Witwengeld darf 47[1] vom Hundert des ruhegehaltsfähigen Diensteinkommens aus der Besoldungsgruppe B 7 der festen Gehälter des Preußischen Besoldungsgesetzes vom 17. Dezember 1927 (GS. S. 223) nicht übersteigen.

Durchführungsbestimmungen.

a) Liegt der Berechnung des Witwen- und Waisengeldes ein Ruhegehalt von mehr als 75 v. H. zugrunde, so ist ohne Rücksicht auf das Lebensalter des Verstorbenen das Witwen- und Waisengeld aus einem auf 75 v. H. herabgesetzten Ruhegehalt zu berechnen. Der neue Satz des Höchstwitwengeldes (c) ist zu beachten.

Beispiel:

Ein Beamter, geboren am 6. April 1870, ist nach einer ruhegehaltsfähigen Dienstzeit von 39 Jahren am 2. Mai 1931 — also im 62. Lebensjahre — gestorben. Nach bisher geltendem Recht betrug das der Berechnung des Witwen- und Waisengeldes zugrunde zu legende Ruhegehalt 79 v. H. des ruhegehaltsfähigen Diensteinkommens des Verstorbenen. Vom 1. Januar 1932 ab (vgl. Nr. 14) beträgt es nur noch 75 v. H. dieses Diensteinkommens.

b) Der Berechnung des Witwen- und Waisengeldes ist gegebenenfalls das nach Nr. 4 gekürzte Ruhegehalt zugrunde zu legen.

c) Das Höchstwitwengeld beträgt 8196,80 RM. jährlich.

Anmerkung.

1. gleich 8196,80 RM. — Bisher betrug die Höchstgrenze 50%.

Nr. 6.

Die Vorschriften, nach denen der Jahresbetrag der Wartegelder, Ruhegehälter, Witwengelder, Waisengelder usw. derart aufzurunden ist, daß bei der Teilung durch drei sich volle Reichsmarkbeträge ergeben, sind nicht anzuwenden.

Durchführungsbestimmungen.

Wartegelder, Ruhegehälter, Witwen- und Waisengelder, Versorgungsbezüge nach dem Unfallfürsorgegesetz, Übergangsgelder, Übergangsgebührnisse, Fürsorgebezüge usw. sind, wenn sich bei der Berechnung des Jahresbetrags Bruchteile eines Reichspfennigs ergeben, auf einen vollen Reichspfennig aufzurunden. Für die Aufrundung des Monatsbetrags findet wie schon bisher Nr. 112 PBV. Anwendung.[1]

Anmerkung.

1. Danach ist jeder einzelne Besoldungsteil (Grundgehalt, Stellenzulage, Wohnungsgeldzuschuß usw.) je für sich auf volle Reichspfennige aufzurunden.

Nr. 7.

(1) Das Recht auf den Bezug von Wartegeld, Ruhegehalt, Hinterbliebenengebührnissen, Kinderbeihilfen und Frauenbeihilfe sowie von Übergangsgebührnissen nach §§ 38, 39 des Schutzpolizeibeamtengesetzes ruht, solange der Bezugsberechtigte ohne Zustimmung des Fachministers seinen Wohnsitz oder dauernden Aufenthalt außerhalb des Deutschen Reichs hat.

(2) Der Bezugsberechtigte ist verpflichtet, der die Bezüge zahlenden Kasse die Verlegung des Wohnsitzes oder des dauernden Aufenthalts außerhalb des Deutschen Reichs unverzüglich anzuzeigen.

Durchführungsbestimmungen.

a) Einen Wohnsitz außerhalb des Deutschen Reichs im Sinne der Nr. 7 hat jemand dann, wenn er sich an einem Orte außerhalb des Deutschen Reichs ständig niederläßt (§ 7 BGB.).

b) Einen dauernden Aufenthalt außerhalb des Deutschen Reichs im Sinne der Nr. 7 hat jemand dann, wenn er sich außerhalb des Deutschen

Reichs unter Umständen aufhält, die auf die Absicht schließen lassen, außerhalb des Deutschen Reichs nicht nur vorübergehend zu verweilen.

c) An Ruhegehaltsempfänger usw., die nach der Verkündung dieser Durchführungsbestimmungen ohne Zustimmung des Fachministers ihren Wohnsitz oder dauernden Aufenthalt außerhalb des Deutschen Reichs nehmen, ist die Auszahlung der Bezüge mit Ablauf des Monats einzustellen, in dem der Bezugsberechtigte seinen Wohnsitz oder dauernden Aufenthalt außerhalb des Deutschen Reichs genommen hat.

d) (1) Diejenigen Ruhegehaltsempfänger usw., die vor der Verkündung dieser Durchführungsbestimmungen ihren Wohnsitz oder dauernden Aufenthalt bereits außerhalb des Deutschen Reichs hatten, können, sofern ihnen die erforderliche Zustimmung nicht schon auf Grund der bisher geltenden Vorschriften erteilt oder versagt worden ist, die Zustimmung des Fachministers noch nachträglich innerhalb von drei Monaten, wenn der Wohnsitz oder der dauernde Aufenthalt in außereuropäischen Ländern genommen ist, innerhalb von sechs Monaten nach Erlaß dieser Durchführungsbestimmungen beantragen. Die hiernach in Betracht kommenden Ruhegehaltsempfänger usw. sind von der Regelungsbehörde[1] unverzüglich hierauf und auf die für den Fall der nichterteilten Zustimmung des Fachministers eintretende Folge hinzuweisen. Sofern nach Lage des einzelnen Falles die vorerwähnten Fristen nicht ausreichen, kann der Fachminister diese Fristen angemessen verlängern. Auch darf der Fachminister von einem Antrag (Satz 1) absehen, wenn die Zustimmung nach Lage der Verhältnisse ohne weiteres erteilt werden kann.

(2) Allgemein wird, ohne daß es eines besonderen Antrags bedarf, widerruflich die Zustimmung erteilt

aa) an Ruhegehaltsempfänger oder Wartestandsbeamte, die bis zu ihrer Versetzung in den dauernden oder einstweiligen Ruhestand in dem betreffenden Lande ihren dienstlichen Wohnsitz gehabt haben — dies gilt auch für ihre Hinterbliebenen —,

bb) an Bezugsberechtigte in den abgetretenen Gebieten, die dort bereits im Zeitpunkt der Abtretung ihren Wohnsitz oder dauernden Aufenthalt hatten, und zwar auch dann, wenn sie die deutsche Reichsangehörigkeit auf Grund des Versailler Vertrages verloren, aber durch Option wiedererlangt haben.

Bis auf weiteres bedarf es auch keiner Mitteilung nach Abs. 1 Satz 2 an diese Versorgungsberechtigten.

(3) Bis zum Ergehen neuer Anweisung sind die Bezüge weiterzuzahlen.

e) Die zahlende Kasse hat die Anzeige des Bezugsberechtigten von der Verlegung des Wohnsitzes oder dauernden Aufenthalts außerhalb des Deutschen Reichs an die ihr vorgesetzte Dienststelle weiterzuleiten, die wegen Einholung der ministeriellen Genehmigung das Weitere veranlaßt.

f) Wegen der Jahresbescheinigungen, die von den im Ausland wohnenden Versorgungsberechtigten beizubringen sind, wird auf den RdErl. v. 12. 10. 1927 — PrBesBl. S. 151 — verwiesen.

Anmerkung.

1. S. Anm. 4 zu Nr. 14 auf S. 337.

Nr. 8.

Die aus deutschen öffentlichen Kassen gezahlten Versorgungsbezüge der im öffentlichen Dienste oder im Dienste der französischen Grubenverwaltung im Saargebiete verwendeten Versorgungsberechtigten werden ebenso gekürzt, als wenn diese Versorgungsberechtigten im Deutschen Reiche außerhalb des Saargebiets im öffentlichen Dienste verwendet würden.

Durchführungsbestimmungen.

Unter der in Nr. 8 vorgeschriebenen Kürzung der Versorgungsbezüge ist deren Regelung nach den versorgungsrechtlichen Ruhensvorschriften zu verstehen.

Nr. 9.

Die Nr. 3 bis 6 und 8 geltend entsprechend für die Lehrpersonen im öffentlichen Schul-, Berufs- und Fachschuldienst.

Nr. 10.

(1) Die Nr. 1 bis 6 und 8 und § 10 des Zivilruhegehaltsgesetzes in der Fassung des § 29 Nr. 2 des Preußischen Besoldungsgesetzes vom 17. Dezember 1927 (GS. S. 223) gelten entsprechend für die Beamten der Gemeinden und Gemeindeverbände.

(2) Für Wahlbeamte der Gemeinden und Gemeindeverbände findet, unbeschadet der Vorschrift der Nr. 3, eine Steigerung des Ruhegehalts über 80 vom Hundert des ruhegehaltsfähigen Diensteinkommens hinaus in keinem Falle statt.

(3) Erhalten Beamte von Gemeinden, die nach dem für Reichsbeamte geltenden Ortsklassenverzeichnisse*) der Sonderklasse oder der Ortsklasse A angehören, nach den für sie geltenden besoldungsrechtlichen Vorschriften an Stelle von

*) Maßgebend ist das im Reichsbesoldungsblatt 1929 S. 111 ff. bekanntgegebene Ortsklassenverzeichnis mit den inzwischen ergangenen Berichtigungen.

Grundgehalt und Wohnungsgeldzuschuß ein einheitliches Grundgehalt, so ist von diesem Grundgehalt ein Teilbetrag nicht ruhegehaltsfähig, der dem Unterschiedsbetrag zwischen dem den entsprechenden Reichsbeamten zustehenden Wohnungsgeldzuschusse der Sonderklasse oder der Ortsklasse A und dem Wohnungsgeldzuschusse der Ortsklasse B entspricht.

(4) Entgegenstehende günstigere Regelungen der Gemeinden und Gemeindeverbände sind nicht anzuwenden; ungünstigere Regelungen werden nicht berührt.

Durchführungsbestimmungen.

a) Da nach Kap. II § 1 Abs. 1 im Vierten Teil der Sparverordnung vom 12. 9. 1931 die Versorgungsbezüge der Beamten der Gemeinden und Gemeindeverbände nach den für die unmittelbaren Staatsbeamten geltenden Grundsätzen zu regeln sind, gilt für die Berechnung des Ruhegehalts der Beamten der Gemeinden (Gemeindeverbände) nicht § 36 des Reichsbesoldungsgesetzes vom 16. 12. 1927 (RGBl. I S. 349) — Kap. V Abschn. I § 12 Abs. 1 im Dritten Teil der Reichsverordnung vom 6. 10. 1931 —, sondern § 10 des preußischen Zivilruhegehaltsgesetzes. Der der Berechnung des Ruhegehalts zugrunde zu legende Wohnungsgeldzuschuß ist stets mit dem ungekürzten Satz der Ortsklasse B in Ansatz zu bringen, für ledige Versorgungsberechtigte ohne Rücksicht auf das Lebensalter nach der nächstniedrigeren Tarifklasse. Der Runderlaß, betr. Regelung des Wohnungsgeldzuschusses, vom 30. 4. 1926 — MBliV. S. 428 — ist aufgehoben. Dienstaufwandentschädigungen sind nicht ruhegehaltsfähig.

b) Für Wahlbeamte beträgt von dem in Nr. 3 Abs. 1 genannten Zeitpunkt ab das Ruhegehalt höchstens 75 v. H. des ruhegehaltsfähigen Diensteinkommens. Für die Berechnung der Versorgungsbezüge ihrer Hinterbliebenen gilt Nr. 5.

c) Nr. 10 findet auch Anwendung auf die nach Gemeindebeschluß (Beschluß des Gemeindeverbandes) den Beamten gleichzuachtenden ständig Angestellten (Dauerangestellten) — Kap. II § 1 Abs. 4 im Vierten Teil der Sparverordnung vom 12. 9. 1931 —, soweit ihnen durch Gemeindebeschluß (Beschluß des Gemeindeverbandes) Ruhegehalt und Hinterbliebenenversorgung zugebilligt ist.

Nr. 11.

(1) Die Nr. 9 und 10 gelten entsprechend für ruhegehaltsähnliche Bezüge von Beamten und Lehrpersonen sowie für Wartegelder, Ruhegehälter und ähnliche Bezüge, die auf Grund gesetzlicher Vorschriften oder auf Grund statutarischer

Bestimmungen der Gemeinden und Gemeindeverbände oder aus einem anderen Rechtsgrund an nicht im Beamtenverhältnisse beschäftigte Arbeitnehmer gewährt werden. Dies gilt auch für Hinterbliebene.

(2) Die Bezüge im Sinne des Abs. 1 dürfen unbeschadet der Vorschriften der Nr. 3 und der Nr. 5 Abs. 1 zusammen mit den Renten aus der reichsgesetzlichen Sozialversicherung 80 vom Hundert der Dienstbezüge des letzten Jahres vor dem Ausscheiden nicht übersteigen.

Durchführungsbestimmungen.

a) Zu den ruhegehalts-, witwen- und waisengeldähnlichen Bezügen gehören u. a. laufende Zuschüsse zum Ruhegehalt und zum Witwen- und Waisengeld, Ausgleichszulagen usw. an Lehrkräfte und Beamte der früheren Lehrer- und Lehrerinnenbildungsanstalten aus Kap. 178 Tit. 54, Ausgleichsbeträge an Saarpensionäre und ihre Hinterbliebenen aus den Versorgungsfonds, Fürsorgebezüge an verdrängte mittelbare Staatsbeamte usw. aus Kap. 49 Tit. 54, an verdrängte Volksschullehrer usw. aus Kap. 182 Tit. 80, ferner — soweit sie versorgungsähnlichen Charakter haben — Abfindungsrenten, laufende Zuwendungen und laufende Unterstützungen aus Kap. 39 Tit. 17. Soweit ihrer Berechnung ein Ruhegehaltssatz von mehr als 75 v. H. zugrunde liegt und sie in voller oder teilweiser Höhe des sich danach ergebenden Betrages gezahlt werden, ist gemäß Nr. 3 und Nr. 5 Abs. 1 der Ruhegehaltssatz auf 75 v. H. herabzusetzen, gegebenenfalls sind auch die Höchstgrenzen gemäß Nr. 4 und Nr. 5 zu beachten.

b) Versicherungsleistungen aus der reichsgesetzlichen Sozialversicherung gehören n i c h t zu den in Nr. 11 Abs. 1 genannten Wartegeldern, Ruhegehältern und ähnlichen Bezügen, die auf Grund gesetzlicher Vorschriften an nicht im Beamtenverhältnisse beschäftigte Arbeitnehmer gewährt werden, und zwar auch dann nicht, wenn die Versicherung in einer höheren als der Pflichtklasse unter Beteiligung des Arbeitnehmers an der Beitragsaufbringung erfolgte.

c) Versicherungsleistungen, die von anderen Einrichtungen als den Trägern der reichsgesetzlichen Sozialversicherung gewährt werden (z. B. von der Zusatzversorgungsanstalt des Reichs und der Länder, Versorgungsanstalt der Deutschen Reichspost, Versorgungsverband der bayerischen Gemeinden, Versorgungsanstalt Deutscher Bühnen, der Arbeiterpensionskasse B der Deutschen Reichsbahn-Gesellschaft, der Versorgungs- und Sterbekasse der Staatlichen Porzellanmanufaktur usw.), g e h ö r e n zu den Wartegeldern, Ruhegehältern und ähnlichen Bezügen an nicht im Beamtenverhältnisse beschäftigte Arbeitnehmer im Sinne der Nr. 11 Abs. 1. Das gleiche gilt von Renten und sonstigen laufenden Bezügen, die unmittelbar oder mittelbar von dem Arbeitgeber an ehemalige, nicht im Beamtenverhältnis beschäftigte Arbeitnehmer im Hinblick auf das frühere Arbeitsverhältnis gezahlt werden, wobei es unerheblich ist, ob ein Rechtsanspruch auf diese laufenden Bezüge eingeräumt ist oder nicht (beispielsweise gehören zu den laufenden Bezügen in diesem Sinne die Ersatzzusatzrenten aus § 5 des Abkommens vom 9. 10. 1928 — PrBesBl. S. 288 — und aus § 8 des Überversicherungsabkommens vom 19. 10. 1928 — PrBesBl. S. 283 —, die Versorgungsbeihilfen, die den Arbeitnehmern des Preußischen Landtags und deren Hinterbliebenen gezahlt werden, die Ruhelöhne und Hinterbliebenenrenten für die Arbeiter bei der Preußischen Staatsmünze und sonstige laufende Unterstützungen, z. B. für die vor dem 1. April 1920 ausgeschiedenen Gestütwärter aus Kap. 129 Tit. 13).

d) (1) Stellen sich das Wartegeld, Ruhegehalt oder ähnliche Bezüge an nicht im Beamtenverhältnis beschäftigte Arbeitnehmer als Leistungen aus einem bis in das letzte Dienstjahr hinein unter Beteiligung des Arbeitgebers an der Beitragsaufbringung unterhaltenen Versicherungsverhältnis oder versicherungsähnlichen Verhältnis (z. B. bei der Zusatzversorgungsanstalt des Reichs und der Länder usw.) dar, so gelten die bei der Bemessung der Versicherungsleistung oder versicherungsähnlichen Leistung zugrunde gelegten Dienstbezüge auch als Dienstbezüge des letzten Jahres vor dem Ausscheiden.

(2) Bei laufenden Bezügen, die vom Arbeitgeber an ehemalige, nicht im Beamtenverhältnis beschäftigte Arbeitnehmer oder an ihre Hinterbliebenen gezahlt werden, gelten als Dienstbezüge des letzten Jahres vor dem Ausscheiden die Dienstbezüge, die der Arbeitgeber der Bemessung seiner Leistungen zugrunde gelegt hat.

(3) In allen übrigen Fällen gelten als Dienstbezüge des letzten Jahres vor dem Ausscheiden die Bezüge, die dem Arbeitnehmer in den letzten zwölf Monaten vor dem Ausscheiden zustanden oder zugestanden hätten, wenn während dieses ganzen Zeitraums Dienstfähigkeit bestanden hätte oder wenn eine in diesen Zeitraum fallende Senkung der Arbeitszeit nicht eingetreten wäre.

e) Sind Wartegelder, Ruhegehälter und ähnliche Bezüge an nicht im Beamtenverhältnisse beschäftigte Arbeitnehmer gemäß Nr. 11 zu kürzen, so ist diese Kürzung vor den durch die Gehaltskürzungsverordnungen angeordneten Kürzungen vorzunehmen.

f) Vor dem in Nr. 3 Abs. 1 genannten Zeitpunkt dürfen Wartegelder, Ruhegehälter und ähnliche Bezüge an nicht im Beamtenverhältnisse beschäftigte Arbeitnehmer zusammen mit den Renten aus der reichsgesetzlichen Sozialversicherung 80 v. H. der Dienstbezüge des letzten Jahres vor dem Ausscheiden (vgl. d) nicht übersteigen.

g) Von dem in Nr. 3 Abs. 1 genannten Zeitpunkt ab dürfen diese Bezüge 75 v. H. der Dienstbezüge des letzten Jahres vor dem Ausscheiden (vgl. d) weder einzeln noch zusammen mit den Renten aus der reichsgesetzlichen Sozialversicherung übersteigen.

h) Hinterbliebenenbezüge gemäß Nr. 11 Abs. 1 dürfen in keinem Falle für sich allein oder zusammen mit den Renten aus der reichsgesetzlichen Sozialversicherung 75 v. H. der Dienstbezüge des Verstorbenen im letzten Jahre vor dem Tode übersteigen. Für die Berechnung der Dienstbezüge im letzten Jahre vor dem Tode findet d entsprechend Anwendung.

i) Weist der Arbeitnehmer nach, daß ein Anspruch auf Rente aus der reichsgesetzlichen Sozialversicherung ohne eine von ihm in vollem Umfange bestrittene freiwillige Versicherung nicht oder nur in geringerem Umfange entstanden wäre, so kann die Stelle, welche die Kürzung gemäß Nr. 11 Abs. 2 (vgl. f—h) vorzunehmen hat, zur Vermeidung einer offensichtlichen Härte oder Unbilligkeit zulassen, daß ein angemessener Betrag der Rente aus der reichsgesetzlichen Sozialversicherung nicht berücksichtigt wird.

k) Nr. 11 Abs. 2 findet keine Anwendung auf Dauerangestellte der Gemeinden und Gemeindeverbände, denen durch Gemeindebeschluß (Beschluß des Gemeindeverbandes) Ruhegehalt und Hinterbliebenenversorgung zugebilligt ist (vgl. Durchführungsbestimmungen c zu Nr. 10).

l) Enthalten die nach Nr. 11 kürzungspflichtigen Bezüge Kinderzuschläge, so bleiben diese, soweit sie über die entsprechenden Kinderbeihilfen oder Kinderzulagen der unmittelbaren Staatsbeamten nicht hinausgehen, außer Betracht. Dies gilt entsprechend für Kinderzuschüsse auf Grund der reichsgesetzlichen Sozialversicherung.

Nr. 12.

Nr. 7 gilt auch für Wartestandsbeamte, Ruhegehaltsempfänger usw. des öffentlichen Schul-, Berufs- und Fachschuldienstes und der Gemeinden und Gemeindeverbände, soweit für sie nicht ungünstigere Vorschriften bestehen oder getroffen werden.

Durchführungsbestimmungen.

Zur Erteilung der Zustimmung im Sinne der Nr. 7 für die Versorgungsberechtigten der Gemeinden und Gemeindeverbände ist der Minister des Innern zuständig.[1]

Anmerkung.

1. Durch RdErl. d. MindJ. v. 20. 1. 32 — IVa V 16 (MinBliV. S. 54) wird diese Zustimmung allgemein, ohne daß es eines besonderen Antrages bedarf, widerruflich erteilt für Bezugsberechtigte in den abgetretenen Gebieten, die dort bereits im Zeitpunkt der Abtretung ihren Wohnsitz oder dauernden Aufenthalt hatten, und zwar auch dann, wenn sie die deutsche Reichsangehörigkeit auf Grund des Versailler Vertrages verloren, aber durch Option wiedererlangt haben, sofern ihnen die erforderliche Zustimmung nicht schon auf Grund bisher geltender Vorschriften erteilt oder versagt worden ist.

Nr. 13.

Nach Kapitel V Abschnitt I §§ 12 bis 14 im Dritten Teil der Reichsverordnung vom 6. Oktober 1931 (Reichsgesetzbl. I S. 546) gelten die Vorschriften im Kapitel V Abschnitt I entsprechend für die Körperschaften des öffentlichen Rechtes und die ihnen im § 15 Abs. 1 a. a. O. gleichgestellten Anstalten, Unternehmungen usw. Die zur Durchführung dieser Vorschriften erforderlichen Bestimmungen erlassen die Minister, deren Aufsicht die Körperschaften usw. unterstehen.[1]

Anmerkung.

1. Für die Körperschaften des öffentlichen Rechts des Geschäftsbereichs des MindJ. und die ihnen gleichgestellten Anstalten usw. gelten die in Anm. 1 zu Nr. 12 wiedergegebenen Bestimmungen des RdErl. v. 20. 1. 32 entsprechend.

Nr. 14.

(1) Mit Wirkung vom 1. Januar 1932 sind die Bezüge der Ruhegehalts- und Wartegeldempfänger und der Hinterbliebenen nach vorstehenden Vorschriften — mit Ausnahme der Nr. 8[1] — neu festzusetzen.[2] Hierzu gehören auch Bezüge der Personen, die Versorgungsgebührnisse nach den für unmittelbare Staatsbeamte geltenden Grundsätzen erhalten.

(2) Nr. 8 tritt mit Wirkung vom 1. Oktober 1926 in Kraft.

Durchführungsbestimmungen.

a) (1) Die für die Neufestsetzung der bis zum 1. Januar 1932 festgesetzten Versorgungsbezüge in I (4) und VI des RdErl. v. 19. 11. 1931[3] — PrBesBl. S. 325 — getroffenen Bestimmungen über Berechnung der örtlichen Sonderzuschläge, Kürzung auf Grund der Gehaltskürzungsverordnungen, Eintragungen in Grundkarte (Grundliste) und Ruhegehaltsrechnung (Sollbuch) gelten entsprechend für die Versorgungsbezüge, die mit Wirkung von einem nach dem 1. Januar 1932 liegenden Zeitpunkt festgesetzt werden.

(2) Soweit Versorgungsbezüge von den Festsetzungsbehörden[4] für einen nach dem 1. Januar 1932 liegenden Zeitpunkt noch nach dem bisher geltenden Recht festgesetzt sind, hat die Neufestsetzung durch die Regelungsbehörden[4] zu erfolgen.

b) (1) Bei Aufstellung der Nachweisungen zur Anweisung der Versorgungsbezüge (Vordruck Nr. 4, Just.Verw.: ORK. Nr. 92) ist eine erst nach dem Beginn der Zahlung gemäß Nr. 3 Abs. 1 eintretende Kürzung des Ruhegehalts mit folgendem Vermerk handschriftlich oder unter Verwendung eines Gummistempels in Spalte 8 der Nachweisung aufzunehmen: „ab 1. 4. 19 . . — oder 1. 10. 19 . . — $^{75}/_{100}$ = . . .“.

(2) In den Vordrucken für Versorgungsbezüge sind bei Jahresbeträgen die Worte „abgerundet" oder „aufgerundet" zu streichen.

c) (1) Tritt eine Kürzung des Ruhegehalts auf 75 v. H. des ruhegehaltsfähigen Diensteinkommens erst nach Beginn der Zahlung ein, so hat die Regelungsbehörde Geburtsdatum, Kürzungstermin und gekürzten Betrag — diesen ohne Abzug der allgemeinen Kürzung nach den Gehaltskürzungsverordnungen — in jede für den betreffenden Ruhegehaltsempfänger zukünftig notwendig werdende Veränderungsanweisung (Formblatt Nr. 164, Nr. 157 RO., Just.Verw.: ORK. Nr. 110a) so lange einzutragen, bis die Kürzung des Ruhegehalts wirksam geworden ist.

(2) Die Kasse hat den Vermerk über die zukünftige Kürzung des Ruhegehalts auf 75 v. H. des ruhegehaltsfähigen Diensteinkommens unter Angabe des vom Kürzungstermin ab zu zahlenden Jahresbetrages in die Ruhegehaltsrechnung für das jeweils folgende Rechnungsjahr aufzunehmen und vom Kürzungstermin ab den auf 75 v. H. gekürzten Jahresbetrag an Stelle des ursprünglichen — unter Berücksichtigung der dann geltenden Bestimmungen — selbständig zu zahlen. Der die Ruhegehaltsrechnung abnehmende (vorprüfende) Rechnungsbeamte hat sich von der richtigen Übertragung des Kürzungsvermerks in die Ruhegehaltsrechnung des folgenden Rechnungsjahres und seiner rechtzeitigen Befolgung unter eigener Verantwortung zu überzeugen und darüber eine Bescheinigung abzugeben, die der Abnahmeverhandlung beizufügen ist.

(3) Im Falle der Wohnortsveränderung sind die Kürzungsmerkmale (Geburtsdatum, Zeitpunkt des Eintritts der Kürzung und Betrag) von der überweisenden Regierung (Oberlandesgericht) in dem Handbuchauszug anzugeben.

d) (1) Ob und in welcher Höhe mit Wirkung vom 1. Januar 1932 ab eine Kürzung des Wartegeldes, Ruhegehalts, Witwen- und Waisengeldes nach Nr. 4 zu erfolgen hat, und welche Beträge nunmehr zustehen, ermittelt die Dienstbehörde, der der Beamte zuletzt angehört hat. Wegen der Umrechnung dieser Bezüge hat die Regelungsbehörde mit der genannten Dienststelle unverzüglich in Verbindung zu treten (vgl. IV des RdErl. v. 19. 11. 1931).

(2) Beispiele für die Berechnung der Kürzungen nach Nr. 4 können die mit der Festsetzung dieser Bezüge beauftragten Dienststellen von dem Pensionsbüro des Preußischen Finanzministeriums anfordern.

Anmerkungen.

1. Betr. Saarbeamte.

2. Diese Bestimmung gilt auch für die Ruhegehalts- und Wartegeldempfänger und die Hinterbliebenen der Gemeinden und Gemeindeverbände. — RdErl. d. MindJ. v. 24. 12. 31 — IVa I 909 — MinBliV. S. 1288.

3. Auszugsweise abgedruckt im Anhang S. 532.

4. Festsetzungsbehörde ist die Behörde, die erstmalig das Ruhegehalt oder das Witwengeld des aus dem aktiven Dienst ausscheidenden Beamten festgesetzt hat, also die letzte Dienstbehörde des Beamten, bei der sich auch in der Regel die Personalakten befinden. Regelungsbehörde ist diejenige Behörde, der die allgemeine Umrechnung der Versorgungsbezüge obliegt. — IIa des RdErl. v. 21. 1. 28 — PrBesBl. 1931 S. 68, abgedruckt S. 241.

Abschnitt II*).

§ 1.

Bezieht ein Ruhegeldempfänger neben seinem Ruhegeld ein nicht unter die sonst geltenden Ruhensvorschriften fallendes Arbeitseinkommen nach § 6 Abs. 1 Nr. 1 bis 4 des Einkommensteuergesetzes (Anrechnungseinkommen),[1] so wird sein Ruhegeld — gegebenenfalls das nach den sonst geltenden Ruhensvorschriften gekürzte — nach den Vorschriften der §§ 3 bis 6 gekürzt.

Anmerkung.

1. Als Anrechnungseinkommen gelten also nur eigene Einkünfte aus Land- und Forstwirtschaft, aus Gewerbebetrieb, aus sonstiger selbständiger Berufstätigkeit und aus nichtselbständiger Arbeit (Arbeitslohn). — Nicht zum Anrechnungseinkommen gehörig und somit ohne Einfluß auf die Höhe des Ruhegeldes sind Einkünfte aus Kapitalvermögen, aus Vermietung und Verpachtung von unbeweglichen Vermögen, andere wiederkehrende Bezüge und sonstige Leistungsgewinne, wie Einkünfte aus Veräußerungsgeschäften.

§ 2.

(1) Ruhegeldempfänger im Sinne dieses Abschnittes sind ehemalige Beamte des Reichs, der Länder, der Gemeinden (Gemeindeverbände) und der sonstigen Körperschaften des öffentlichen Rechtes, die auf Grund ihres früheren Beamtenverhältnisses ein Ruhegeld beziehen.

---

*) Die Ausführungsbestimmungen des Reichsministers der Finanzen zum Abschn. II sind im RBesBl. 1931 S. 181 veröffentlicht. — Preußische Durchführungsbestimmungen zu diesem Abschnitt sind bisher nicht ergangen. Der RdErl. d. MindJ. u. d. FinMin. v. 12. 11. 1931 — MinBliV. S. 1154 — weist unter A 3 lediglich darauf hin, daß die im Abschn. II vorgeschriebene Anrechnung von Arbeitseinkommen auf das Ruhegeld auf die Beamten — und Angestellten — der Gemeinden und Gemeindeverbände unmittelbar Anwendung findet. Die Rechtsgrundlage hierfür ergibt sich aus § 2 (1) dieses Abschnitts.

(2) Im Sinne dieses Abschnittes gelten:

a) als Beamte auch die Offiziere sowie die Lehrer im öffentlichen Schuldienst und die früheren Hofbeamten; den Offizieren stehen gleich, soweit sie nach den für die Offiziere geltenden Vorschriften versorgt sind, die Soldaten der alten und neuen Wehrmacht, die Polizeibeamten beim Reichswasserschutz sowie die Angehörigen der Schutzpolizei der Länder;

b) als Ruhegeldempfänger auch die Wartestandsbeamten, die Beamten, die unter Belassung des vollen Gehalts vom Amte enthoben oder von ihren amtlichen Verpflichtungen entbunden sind, sowie die mit Dienstzeitrenten oder Übergangsgebührnissen versorgten früheren Militärpersonen und Polizeibeamten, die nicht wiedergewählten Wahlbeamten von Gemeinden (Gemeindeverbänden), auch wenn sie an Stelle eines Ruhegeldes eine Rente beziehen, ferner die Empfänger einer ruhegeldähnlichen Versorgung auf Grund landesrechtlicher Vorschriften oder statutarischer Bestimmungen öffentlich-rechtlicher Körperschaften für nicht im Beamtenverhältnis beschäftigte Arbeitnehmer sowie die Empfänger jeder sonstigen ruhegeldähnlichen Versorgung;

c) als Ruhegeld auch das Wartegeld, das Diensteinkommen der Beamten, die unter Belassung des vollen Gehalts vom Amte enthoben oder von ihren amtlichen Verpflichtungen entbunden sind, sowie die Dienstzeitrenten und die Übergangsgebührnisse der früheren Militärpersonen und Polizeibeamten, die Renten nicht wiedergewählter Wahlbeamten von Gemeinden (Gemeindeverbände), ferner eine auf Grund landesrechtlicher Vorschriften oder statutarischer Bestimmungen öffentlich-rechtlicher Körperschaften gewährte ruhegeldähnliche Versorgung für nicht im Beamtenverhältnis beschäftigte Arbeitnehmer sowie jede sonstige ruhegeldähnliche Versorgung;

d) als Körperschaften des öffentlichen Rechtes auch die Anstalten, Vereine und Stiftungen des öffentlichen Rechtes, die Verbände von Körperschaften des öffentlichen Rechtes, Vereinigungen und Einrichtungen, deren Einkünfte mit mehr als der Hälfte von Körperschaften des öffentlichen Rechtes oder von den vorstehend besonders aufgeführten Körperschaften usw. oder von den in Satz 2 und 3 bezeichneten Unternehmungen herrühren. Unternehmungen, deren Gesellschaftskapital sich mit mehr als der Hälfte im Eigentum von Körperschaften des öffentlichen Rechtes einschließlich der im ersten Satz bezeichneten befindet, gelten ebenfalls als Körperschaften des öffentlichen Rechtes im Sinne dieses Abschnittes. Das gleiche gilt für Konzerngesellschaften (Tochtergesellschaften, Subtochtergesellschaften usw.), wenn ihr Kapital und das Kapital der Zwischenglieder (Dachgesellschaft, Tochtergesellschaft, Subtochtergesellschaft usw.) sich mit je mehr als der Hälfte im Eigentum der übergeordneten Konzerngesellschaft oder von Körperschaften des öffentlichen Rechtes einschließlich der im ersten und zweiten Satz bezeichneten befindet. Den Körperschaften des öffentlichen Rechtes werden gleichgestellt Unternehmungen usw., deren Risiko auf Grund von Gesetzen oder besonderen Vereinbarungen von Körperschaften des öffentlichen Rechtes einschließlich der im Satz 1 bis 3 bezeichneten getragen wird. Die Reichsbank, die Deutsche Reichsbahn-Gesellschaft und die öffentlich-rechtlichen Religionsgesellschaften gelten nicht als Körperschaften des öffentlichen Rechtes im Sinne dieses Abschnittes.

§ 3.

Bis zur Höhe von 6000 Reichsmark jährlich bleibt das Anrechnungseinkommen für eine Kürzung des Ruhegeldes außer Betracht (kürzungsfreies Anrechnungseinkommen). An Stelle dieses Betrages tritt, wenn es für den Bezugsberechtigten günstiger ist, der Unterschiedsbetrag zwischen dem Ruhegeld und dem seiner Berechnung zugrunde liegenden Diensteinkommen.[1]

Anmerkung.

1. Die einschränkende Bestimmung des zweiten Satzes des § 3 läßt dem Ruhegeldempfänger in jedem Fall ein Arbeitseinkommen in Höhe des Unterschiedes zwischen seinem Ruhegeld und dem pensionsfähigen Diensteinkommen, das er zuletzt bezogen hat, kürzungsfrei. Betrug z. B. das letztere 20000 RM., das daraus errechnete Ruhegeld 13000 RM., so gelten als kürzungsfreies Anrechnungseinkommen nicht 6000 RM., sondern 20000 minus 13000 = 7000 RM.

§ 4.

Das Ruhegeld wird um die Hälfte des Betrags gekürzt, um den das Anrechnungseinkommen (§ 1) das kürzungsfreie Anrechnungseinkommen (§ 3) übersteigt. Eine Kürzung tritt aber nur insoweit ein, als Ruhegeld und Anrechnungseinkommen den Betrag von 9000 Reichsmark im Jahre übersteigen.[1]

Anmerkung.

1. Auf Grund der einschränkenden Bestimmung des 2. Satzes würde z. B. bei einem Ruhegeld von 2000 RM. und einem Anrechnungseinkommen von 6800 RM. keine Kürzung des Ruhegeldes erfolgen, da beide Beträge zusammen weniger als 9000 RM. ergeben; bei 2000 RM. Ruhegeld und 7800 RM. Anrechnungseinkommen würde die Kürzung nicht 7800 — 6000 : 2 = 900 RM., sondern nur 800 RM. betragen; bei 2000 RM. Ruhegeld und 8800 RM. Anrechnungseinkommen dagegen würde die Kürzung 8800 — 6000 : 2 = 1400 RM. ausmachen.

§ 5.

Zu den Beträgen von 6000 Reichsmark (§ 3) und 9000 Reichsmark (§ 4) treten für jedes Kind, für das dem Ruhegeldempfänger ein Kinderzuschlag gewährt wird oder nach Reichsrecht zu gewähren wäre, 600 Reichsmark.

§ 6.

(1) Für die Höhe des Anrechnungseinkommens ist der Steuerbescheid des laufenden[1] Jahres mit dem Betrag maßgebend, mit dem die einzelnen Teile des Anrechnungseinkommens bei der Besteuerung eingesetzt worden sind. Bis zum Ergehen dieses Bescheids wird der Regelung der vorjährige Steuerbescheid zugrunde gelegt, unbeschadet des Nachweises des Betreffenden, daß sein Anrechnungseinkommen sich seitdem verändert hat. Wenn und soweit das Anrechnungseinkommen zur Besteuerung noch nicht herangezogen ist, sind zunächst die Angaben des Bezugsberechtigten der Regelung seines Ruhegeldes zugrundezulegen.

(2) Die Steuerbehörde hat der zuständigen Regelungs-

behörde auf deren Verlangen Auskunft über die Höhe des Anrechnungseinkommens zu geben.

(3) Näheres zu Abs. 1 und 2 regeln die Ausführungsbestimmungen.

Anmerkung.

1. D. h. des Jahres, in dem das Anrechnungseinkommen bezogen worden ist.

§ 7.

Bezieht die Witwe oder Waise eines Beamten neben dem Witwen- oder Waisengeld, oder eine unter § 9 Abs. 1 des Altrentnergesetzes fallende Witwe oder Waise neben ihrer Versorgung, ein Anrechnungseinkommen im Sinne des § 1, so gelten §§ 3 bis 6 entsprechend.

§ 8.

Kinderzuschläge bleiben bei allen Regelungen nach Abschnitt II außer Betracht.

§ 9.

(1) Ruhegeld, Witwen- oder Waisengeld ist wieder zu gewähren, wenn und soweit die Voraussetzungen für die Kürzung wegfallen.

(2) Die Kürzung oder Wiedergewährung eines Ruhegeldes, Witwen- oder Waisengeldes tritt mit dem Tage ein, an dem die Voraussetzungen hierfür gegeben sind. Jeder Monat wird hierbei mit 30 Tagen berechnet.

(3) Zuviel gezahlte Bezüge, die nach diesem Abschnitt hätten gekürzt werden müssen, können zurückgefordert werden, auch soweit eine Bereicherung nicht mehr vorliegt.

(4) Änderungen des Anrechnungseinkommens von weniger als 100 Reichsmark monatlich gegenüber dem Stande der letzten Regelung können außer Betracht bleiben.

(5) Das Nähere zu Abs. 2 und 3 regeln die Ausführungsbestimmungen.

§ 10.

Bezieht ein Versorgungsberechtigter[1] neben Bezügen nach dem Reichsversorgungsgesetz ein Anrechnungseinkommen im Sinne des § 1, so gelten §§ 3 bis 6 entsprechend.

Anmerkung.

1. „Versorgungsberechtigte" sind frühere Angehörige der deutschen Wehrmacht und ihre Hinterbliebenen wegen der gesundheitlichen und wirtschaftlichen Folgen einer Dienstbeschädigung — § 1 d. Reichsversorgungsges. v. 12. 5. 20/22. 12. 27 (RGBl. I S. 515).

§ 11.

(1) Jeder Ruhegeldempfänger, der ein Anrechnungseinkommen (§ 1) bezieht, ist nach Maßgabe der Ausführungsbestimmungen verpflichtet, innerhalb eines Monats der das Ruhegeld regelnden Behörde oder der das Ruhegeld zahlenden Kasse den Bezug eines solchen Einkommens sowie spätere Erhöhungen dieses Einkommens anzuzeigen.

(2) Abs. 1 gilt entsprechend für Witwen und Waisen (§ 7) und für Versorgungsberechtigte (§ 10).

§ 12.

(1) Kommt ein Ruhegeldempfänger der im § 11 bestimmten Verpflichtung vorsätzlich oder grob fahrlässig nicht nach oder gibt er sein Einkommen vorsätzlich oder grob fahrlässig zu niedrig an, so kann er seines Ruhegeldes ganz oder teilweise auf Zeit oder Dauer für verlustig erklärt werden. Gegen die Entscheidung über die Schuldfrage sowie über die Dauer und Höhe der Entziehung steht der Rechtsweg offen.

(2) Beim Vorliegen besonderer Verhältnisse kann das Ruhegeld ganz oder teilweise wieder zuerkannt werden.

(3) Zuständig für die Entscheidungen nach Abs. 1 Satz 1 und Abs. 2 ist, soweit die Gebührnisse das Reich oder eine der Aufsicht einer Reichsbehörde unterstehende Körperschaft zu tragen hat, die oberste Reichsbehörde im Einvernehmen mit dem Reichsminister der Finanzen, im übrigen die für Ruhegeldregelungen allgemein zuständige oberste Landesbehörde.

(4) Abs. 1 bis 3 gelten entsprechend für Witwen und Waisen (§ 7) und für Versorgungsberechtigte (§ 10).

§ 13.

(1) Das Reichsministergesetz vom 27. März 1930 (Reichsgesetzbl. I S. 96) wird wie folgt geändert:

Nach § 13 wird folgende Vorschrift eingefügt:

„§ 13a.

Das Übergangsgeld (§ 17), die Ruherente (§ 18) und die Hinterbliebenenbezüge (§ 21 Abs. 2, § 23) unterliegen der Kürzung nach §§ 1, 3 Satz 1, 4, 6, 7, 9, 11 und 12 der Dritten Verordnung des Reichspräsidenten zur Sicherung von Wirtschaft und Finanzen und zur Bekämpfung politischer Ausschreitungen, Dritter Teil, Kapitel V, Abschnitt II vom 6. Oktober 1931 (Reichsgesetzbl. I S. 537)."

(2) Auch soweit die Minister und die sonstigen parlamentarisch verantwortlichen Regierungsmitglieder der Länder nicht Beamte im Sinne dieses Abschnitts sind, gelten für sie und ihre Hinterbliebenen die §§ 1, 3 Satz 1, 4, 6, 7, 9, 11 und 12 dieses Abschnitts.

§ 14.

Soweit Ruhegeldempfänger wohlerworbene Rechte nach Artikel 129 Abs. 1 Satz 3[1] der Reichsverfassung haben, werden diese Rechte durch die Vorschriften dieses Abschnitts nicht berührt.

Anmerkung.

1. Satz 3 lautet: „Die wohlerworbenen Rechte der Beamten sind unverletzlich."

§ 15.

Die Ausführungsbestimmungen zu diesem Abschnitt erläßt der Reichsminister der Finanzen.

§ 16.

Die Anzeige nach § 11 ist erstmalig innerhalb eines Monats nach der Verkündung der Ausführungsbestimmungen zu diesem Abschnitt zu erstatten.

6. Dritte Gehaltskürzungsverordnung des Reichs.[1]

(Kap. VI des 7. Teils der 4. Verordnung des Reichspräsidenten zur Sicherung von Wirtschaft und Finanzen vom 8. Dez. 1931 — RGBl. I S. 699).

Dazu Preußische Durchführungsbestimmungen für die Beamten und Lehrpersonen vom 16. Dez. 1931 (PrBesBl. S. 350) — nachstehend als Durchführungsbestimmungen I bezeichnet — und Preußische Durchführungsbestimmungen für die Kürzung der Versorgungsbezüge vom 8. Jan. 1932 (PrBesBl. S. 4) — nachstehend als Durchführungsbestimmungen II bezeichnet.

Vorbemerkungen.

Der äußere Aufbau der 3. GKV. ist dem der 1. und 2. nachgebildet. Der wesentliche Unterschied gegenüber der 2. GKV. liegt darin, daß sie wiederum wie die 1. alle Bezüge um einen gleichen Prozentsatz senkt, und zwar diesmal um 9%. Eine Freigrenze, unterhalb deren die Bezüge von der Kürzung nicht erfaßt werden, ist nicht vorgesehen, auch die Staffelung der 2. GKV. ist nicht übernommen. Die Kinderbeihilfen sind von der Kürzung nicht betroffen, Angestelltenbezüge und Arbeiterlöhne werden unmittelbar von der Herabsetzung erfaßt, ohne daß es einer Kündigung der Tarifverträge bedarf.

§ 1 enthält die eigentlichen Kürzungsvorschriften und zählt die Bezüge, die der Kürzung unterliegen bzw. kürzungsfrei sind, im einzelnen auf.

§ 2 bringt eine Übergangsregelung für die Versorgungsbezüge derjenigen Ruhestandsbeamten und ihrer Hinterbliebenen, deren Bezüge durch die Pensionskürzungsbestimmungen der 3. Verordnung des Reichspräsidenten zur Sicherung von Wirtschaft und Finanzen vom 6. Okt. 1931 (RGBl. I S. 546) herabgesetzt sind. Für diese Beamten und ihre Hinterbliebenen wird die durch die 3. GKV. allgemein angeordnete Herabsetzung der Bezüge bis zum 30. Juni 1932 gemildert.

§ 3 gibt Anweisung für die Vornahme der Berechnungen, wenn Versorgungsbezüge irgendwelcher Art auf Grund der geltenden gesetzlichen Vorschriften zu ruhen haben.

§ 4 erstreckt die Vorschriften der §§ 1 und 2 auf die Reichsminister und gibt besondere Kürzungsvorschriften für den Fall, daß ehemalige Minister im öffentlichen Dienst wieder verwendet werden.

§ 5 regelt die Kürzung der Angestelltenbezüge.

§§ 6 und 7 geben Vorschriften über die Herabsetzung der Arbeiterlöhne.

§ 8 erklärt die Vorschriften der §§ 1—7 als unmittelbar bindend für die Beamten der Länder, Gemeinden und sonstigen Körperschaften des öffentlichen Rechtes.

§ 9 bestimmt, welche Unternehmungen, Vereinigungen usw. als Körperschaften des öffentlichen Rechtes im Sinne der 3. GKV. gelten und bringt Sonderbestimmungen für einzelne Körperschaften des öffentlichen Rechtes, z. B. für die Reichsbank und die öffentlich-rechtlichen Religionsgesellschaften.

§ 10 bestimmt, daß Geistliche und Lehrer als Beamte im Sinne der 3. GKV. gelten.

§§ 11 und 12 enthalten Schlußvorschriften.

§ 1.

(1) Vom 1. Januar 1932 ab werden um 9 vom Hundert[2] gekürzt:[3]

a) die Dienstbezüge[4] der Reichsbeamten einschließlich des Gnadenvierteljahres,[5]

b) die Versorgungsbezüge[6] der Wartegeldempfänger und Ruhegeldempfänger des Reichs einschließlich des Gnadenvierteljahres,

c) die Versorgungsbezüge[6] der Hinterbliebenen von Reichsbeamten und Soldaten der alten und neuen Wehrmacht,

d) die Übergangsgebührnisse der Soldaten der Wehrmacht nach §§ 7, 27, 32 und 70 des Wehrmachtversorgungsgesetzes und die entsprechenden Übergangsgebührnisse der Polizeibeamten beim Reichswasserschutz,

e) die Dienstbezüge der Postagenten der Deutschen Reichspost sowie der Untererheber und Hilfskassenverwalter der Reichsabgabenverwaltung,

f) die laufenden Bezüge, die ehemaligen Angestellten und Arbeitern im Reichsdienst einschließlich des Dienstes bei der Deutschen Reichspost und ihren Hinterbliebenen mit Rücksicht auf das frühere Dienstverhältnis außerhalb der reichsgesetzlichen Sozialversicherung gewährt werden (Ruhelohn, laufende Unterstützungen usw.).

(2) Die Reichstagsbeamten stehen den Reichsbeamten gleich. Für die Soldaten der Wehrmacht in den Besoldungsgruppen C 1 bis C 6 erfolgt besondere Regelung in den Durchführungsbestimmungen.[7]

(3) Zu den Dienstbezügen der Reichsbeamten im Sinne des Abs. 1a gehören alle Geldbezüge, die sie mit Rücksicht

auf ihre hauptamtliche oder nebenamtliche Dienstleistung erhalten.[8]

Durchführungsbestimmungen I.

Zu § 1 Abs. 1 und 3.

Nr. 1. Die Vorschriften im Abschnitt II Nr. 1 bis 7 und 11 des RdErl. vom 13. 6. 1931 — Bes. 1015/13. 6. — (PrBesBl. S. 183—186) gelten sinngemäß auch für die Dritte Gehaltskürzungsverordnung.[9]

Nr. 2. (1) Die Summe der Kürzungen nach der Ersten, Zweiten und Dritten Gehaltskürzungsverordnung kann in einem Rechengange festgesetzt werden. Wegen der in der Zweiten Gehaltskürzungsverordnung vorgeschriebenen Staffelung nach Gehaltsgrenzen und Ortsklassen vgl. Nr. 20 und 23 des RdErl. vom 13. 6. 1931 — Bes. 1015/13. 6. — (PrBesBl. S. 187/188).[10]

(2) Soweit die Bezüge der Beamten usw. auf Grund der Sparverordnung vom 12. 9. 1931 herabgesetzt worden sind (z. B. durch Wegfall oder Kürzung einer Zulage, durch Neufassung der Anlage 3 zum PrBesGes., durch Außerkraftsetzung der Nr. 99 und 100 PBV.), sind die durch die Erste, Zweite und Dritte Gehaltskürzungsverordnung vorgeschriebenen Kürzungen an den gesenkten Bezügen vorzunehmen. Zu vgl. das Beispiel im Abschnitt II Nr. 26 Abs. 2 des RdErl. vom 17. 9. 1931 — Bes. 1016/17. 9. — (PrBesBl. S. 294).[11]

(3) Besonders zu beachten ist nachstehende Nr. 4.

(4) Vgl. die Tafel in Nr. 5 und die Beispiele in Nr. 6.

Nr. 3.[12] *(1) Der Kürzung unterliegen grundsätzlich auch alle für die Zeit vom 1. Januar 1932 ab unmittelbar oder mittelbar (z. B. auch durch Zuschußanstalten, wie Universitäten, höhere Lehranstalten usw.) aus der Staatskasse, aus Staatsnebenfonds oder aus Stiftungsfonds staatlicher Behörden und Anstalten für nebenamtliche oder nebengeschäftliche Dienstleistungen im preußischen Staatsdienst — auch für nicht regelmäßig wiederkehrende Dienstleistungen — in Form von einmaligen oder laufenden Pauschvergütungen oder Gebühren oder nach Stunden- oder Tagessätzen gezahlten Nebenvergütungen in weitestem Sinne, gleichviel, ob sie einem Staats- oder Reichsbeamten oder Beamten der Gemeinden, Gemeindeverbände und Körperschaften des öffentlichen Rechtes oder einer nichtbeamteten Person zufließen, im letzteren Falle nur, soweit solche Vergütungen nicht auf Grund von Bestimmungen des Preußischen Angestelltentarifs oder einer sonstigen tarifvertraglichen Vereinbarung gezahlt werden. Die Nebenvergütungen unterliegen der Kürzung in voller Höhe, soweit sie nicht als Ersatz tatsächlicher Auslagen einkommensteuerfrei sind (vgl. § 36 Abs. 2 Ziff. 1 des Reichseinkommensteuergesetzes und Abschnitt II Nr. 13 Abs. 2 des RdErl. vom 13. 6. 1931 — Bes. 1015/13. 6. — (PrBesBl. S. 186).*

(2) Wegen der Ablieferung der Geldbezüge, die für eine unmittelbare oder mittelbar im öffentlichen Interesse ausgeübte Tätigkeit gezahlt

werden und nach § 1 kürzungspflichtig sind, aber nicht aus einer Kasse des Reichs, eines Landes, einer Gemeinde (eines Gemeindeverbandes) oder einer sonstigen Körperschaft des öffentlichen Rechtes zufließen, vgl. Nr. 9 (2).

(3) Abs. 1 gilt sinngemäß für Versorgungsberechtigte, die neben dem Wartegeld, Übergangsgeld, Ruhegehalt usw. für eine Tätigkeit eine Vergütung beziehen, die nach Art und Umfang auch einem aktiven Staatsbeamten neben den Dienstobliegenheiten seines Hauptamtes zur nebenamtlichen oder nebengeschäftlichen Erledigung übertragen werden könnte und nach Abs. 1 zu einer Kürzung der dafür gewährten Vergütung bei dem aktiven Beamten führen würde.

(4) Durch die Kürzung der Nebenvergütungen und der ihnen gleichgestellten Geldbezüge auf Grund der Ersten, Zweiten und Dritten Gehaltskürzungsverordnung zusammengenommen ist die bisherige allgemein angeordnete 20 %ige Kürzung dieser Bezüge vom 1. Januar 1932 ab als erfüllt anzusehen. Insoweit werden die Bestimmungen des RdErl. vom 14. 3. 1931 — P 2122 — (PrBesBl. S. 114) sowie der daraufhin ergangenen Runderlasse anderer Ressorts über die 20 %ige Kürzung der aus der Staatskasse gezahlten Nebenvergütungen mit Wirkung vom 1. Januar 1932 aufgehoben. Es ist demnach die auf Grund der drei Gehaltskürzungsverordnungen vorgeschriebene Kürzung an den ursprünglichen Vollbeträgen vorzunehmen, d. h. an den Bezügen, die dem Bezugsberechtigten ohne Rücksicht auf Kürzungen zustehen würden.

Beispiel: Ein Obersekretär in einem Orte der Ortsklasse B mit Monatsbezügen von zusammen 283,84 RM.

bezieht eine Nebenvergütung aus der Staatskasse von monatlich	*50,00 RM.*
bisherige Kürzung 20% = ...	*10,00 RM.*
blieben zu zahlen — siehe auch den Kassenanschlag	*40,00 RM.*
Vom 1. Januar 1932 ab:	
Nebenvergütung monatlich	*50,00 RM.*
Kürzung (6 + 6 + 9 =) 21% = ...	*10,50 RM.*
bleiben zu zahlen	*39,50 RM.*

Nr. 4.[13] *Bei Bezugsberechtigten, die ein kürzungspflichtiges Einkommen von mehr als 125 RM. monatlich (1500 RM. jährlich), aber von nicht mehr als 134,25 RM. monatlich (1611 RM. jährlich) in der Sonderklasse oder in der Ortsklasse A bzw. von nicht mehr als 134,37 RM. monatlich (1612,44 RM. jährlich) in den Ortsklassen B, C oder D haben, dürfen die kürzungspflichtigen Bezüge nur soweit gekürzt werden, daß 108,75 RM. monatlich (1305 RM. jährlich) in der Sonderklasse und in der Ortsklasse A, 107,50 RM. monatlich (1290 RM. jährlich) in den Ortsklassen B, C oder D verbleiben.*

Nr. 5. (1) Die Kürzung nach der Ersten, Zweiten und Dritten Gehaltskürzungsverordnung zusammengenommen berechnet sich wie folgt:

Die kürzungspflichtigen Bezüge (§ 1) betragen monatlich	Die Kürzung beträgt	
	Sonderklasse und Ortsklasse A	Ortsklassen B, C und D
1	2	3
mehr als 1000 RM.	22 v. H. minus 17,50 RM.	23 v. H. minus 17,50 RM.
mehr als 500, aber nicht mehr als 1000 RM.	21 v. H. minus 7,50 RM.	22 v. H. minus 7,50 RM.
mehr als 250, aber nicht mehr als 500 RM.	20 v. H. minus 2,50 RM.	21 v. H. minus 2,50 RM.
mehr als 134,25, aber nicht mehr als 250 RM.	19 v. H.	—
mehr als 134,37, aber nicht mehr als 250 RM.	—	20 v. H.
bis zu 125 RM.	13 v. H.	14 v. H.
	Der nach der Kürzung verbleibende Rest beträgt	
mehr als 125, aber nicht mehr als 134,25 RM.	108,75 RM.	—
mehr als 125, aber nicht mehr als 134,37 RM.	—	107,50 RM.

(2) Bruchteile eines Pfennigs, die sich bei der Errechnung der Kürzungsbeträge ergeben, bleiben unberücksichtigt.

Nr. 6.

1. Beispiel:

Monatsbezüge:

a) Grundgehalt		883,34 RM.
b) Wohnungsgeldzuschuß (Sonderklasse)		168,00 RM.
c) Örtlicher Sonderzuschlag		26,50 RM.
zusammen		1077,84 RM.
Kürzung:		
22 v. H. aus	1077,84 RM.	
	= 237,12 RM.	
hiervon ab	17,50 RM.	219,62 RM.
bleiben		858,22 RM.

2. Beispiel:

Monatsbezüge:

a) Grundgehalt		*233,34 RM.*
b) Wohnungsgeldzuschuß (Ortsklasse B)		*50,50 RM.*
	zusammen	*283,84 RM.*
Kürzung:		
21 v. H. aus	*283,84 RM.*	
	= 59,60 RM.	
hiervon ab	*2,50 RM.*	*57,10 RM.*
bleiben		*226,74 RM.*

3. Beispiel:

Monatsbezüge:

a) Grundgehalt		*125,00 RM.*
b) Wohnungsgeldzuschuß (Ortsklasse A)		*44,50 RM.*
	zusammen	*169,50 RM.*
Kürzung:		
19 v. H. aus	*169,50 RM. =*	*32,20 RM.*
bleiben		*137,30 RM.*

4. Beispiel:

Monatsbetrag:

Laufende Unterstützung (Wohnsitz: Ortsklasse A)		*42,00 RM.*
Kürzung:		
13 v. H. aus 42,00 RM.	*=*	*5,46 RM.*
bleiben		*36,54 RM.*

*Nr. 7. Wegen der **Vollzugsbeamten der Polizei** ergeht besondere Weisung durch den Minister des Innern.*[14]

Anmerkungen.

1. Die Durchführungsbestimmungen des Reichsministers der Finanzen sind im RBesBl. S. 162 veröffentlicht.

2. Der Kürzungssatz ist für alle der Kürzung unterworfenen Personen und Bezüge gleich hoch. Diese Abkehr von dem bei der 2. GKV. gewählten Verfahren — der progressiven Staffelung der Kürzung nach der Höhe der Bezüge und nach Ortsklassen — ist gerechtfertigt. Einmal waren bei der letzten Gehaltsregelung 1927 die höheren Bezüge erheblich geringer aufgebessert worden als die der unteren Besoldungsgruppen und zweitens wirkt sich die angestrebte und z. T. auch schon erreichte Senkung der Preise auf die verschiedenen Einkommen in gleichem Verhältnis aus.

3. Die Kürzung wird mit unmittelbarer Rechtswirkung angeordnet. Einer Anordnung im Einzelfalle bedarf es nicht. Über die Rechtsgültigkeit der Kürzung s. Vorbem. S. 264.

4. Welche Dienstbezüge zu kürzen sind, s. Nr. 4 der DB. zur 2. GKV., abgedruckt S. 287.

5. Gnadenvierteljahr, s. Nr. 5 der Vorbem. S. 18 unten und Nr. 3 Abs. 2 der DB. zur 2. GKV. auf S. 287.

6. Versorgungsbezüge, s. Nr. 9—12 der DB. zur 2. GKV.

7. Für die Soldaten der Wehrmacht vgl. DB. des Reichsmin. d. Fin. Nr. 3 und Nr. 8 (RBesBl. S. 162 und 163).

Wegen der entsprechenden Regelung für die Polizeivollzugsbeamten vgl. Anm. 14.

8. Vgl. hierzu die Anm. 8 und 9 auf S. 291. Die Bestimmungen über die Kürzung nebenamtlicher Bezüge sind zusammengefaßt in der Nr. 3 der DB.

9. Abgedruckt S. 286 ff.

10. Abgedruckt S. 297 und 301.

11. Abgedruckt S. 311.

12. Nr. 3 DB. ist an Stelle der Nr. 8 DB. zur 2. GKV. getreten. Während die Nebenvergütungen und die ihnen gleichgestellten Geldbezüge bis zum 31. Dez. 1931 von den Kürzungen der 1. und 2. GKV. befreit waren, weil sie durch besondere preußische Bestimmungen, den RdErl. des FinMin. vom 14. März 1931 (PrBesBl. S. 114), bereits über die Kürzungssätze dieser beiden Verordnungen hinaus herabgesetzt waren, unterliegen sie nunmehr den Kürzungen nach den drei GKV.en zusammen, weil deren Sätze zusammengenommen die bisherige preußische Sonderkürzung in den meisten Fällen übersteigen.

13. Die angeordneten Kürzungsbeschränkungen sind dadurch begründet, daß wenn die Kürzungen der drei Gehaltskürzungsverordnungen sich auf Bezüge innerhalb der in Nr. 4 genannten Gehaltsgrenzen voll auswirken würden, die Empfänger dieser Bezüge schlechter gestellt wären als Beamte, die von den Kürzungen der 1. GKV. infolge der Freigrenze befreit sind.

14. Entsprechend der für die Soldaten der Wehrmacht getroffenen Regelung hat der MindJ. wegen der Durchführung der 3. GKV. für die Polizeivollzugsbeamten unter dem 21. Dez. 1931 — II 4300/152 — folgendes verfügt.

Im Anschluß an den RdErl. vom 16. Dezember 1931 (PrBesBl. S. 347) wird im Einvernehmen mit dem Herrn Finanzminister bestimmt:

I. Von der Kürzung auf Grund der 3. Gehaltskürzungsverordnung bleiben unberührt die Dienstbezüge

a) der Beamten der Schutzpolizei vom Polizeimajor in der 1. Dienstaltersstufe abwärts (einschl. der Polizeianwärter),

b) der Beamten der Landjägerei vom Landjägermajor in der 1. Dienstaltersstufe abwärts (einschl. der Oberlandjäger a. Pr., der Landjäger und der Landjäger a. Pr.) und

c) der Beamten der Kriminalpolizei vom Regierungsrat in der 9. Dienstaltersstufe abwärts (einschl. der Hilfskriminalkommissare, Kriminalassistenten a. Pr., Kriminalassistentenanwärter und Kriminalassistentenanwärter a. Pr.),

d) der von der Aufsichtsbehörde bestätigten Polizeivollzugsbeamten der Gemeinden und Gemeindeverbände.

Der Kürzung unterliegen ferner nicht die Unterhaltszuschüsse für Kriminalkommissaranwärter.

II. Es sind zu kürzen:

a) die Dienstbezüge der Polizeiobersten und Landjägerobersten um 7 v. H., der Polizei-Oberstleutnante und Landjägeroberstleutnante um 5 v. H., der Polizei- und Landjägermajore in der 2. Dienstaltersstufe um 3 v. H. und

b) die Dienstbezüge der Regierungsräte (Kriminalpolizei) in der 10. Dienstaltersstufe um 2 v. H. und in der 11. Dienstaltersstufe um 3 v. H.

III. Die Dienstbezüge der Polizeikommandeure und derjenigen Polizeivollzugsbeamten, die in Laufbahnen des Verwaltungsdienstes übergetreten sind oder übertreten werden und bis zur endgültigen Übernahme ihre bisherigen Bezüge weiterbeziehen, werden in gleicher Weise wie die der übrigen Staatsbeamten gekürzt.

Noch § 1.

(4) Kinderzuschläge[1] und Kinderbeihilfen,[2] Dienstaufwandsentschädigungen,[3] Reisekostenvergütungen,[4] Beschäftigungstagegelder,[5] Trennungsentschädigungen,[6] Nachtdienstentschädigungen[7] und Umzugskostenvergütungen[8] unterliegen der Kürzung nach den Vorschriften dieses Kapitels nicht.

Durchführungsbestimmungen I.

Zu § 1 Abs. 4.

Nr. 8. Die Vorschriften im Abschnitt II Nr. 13 und 14 des RdErl. vom 13. 6. 31 — Bes. 1015/13. 6. — (PrBesBl. S. 186) gelten sinngemäß für die Dritte Gehaltskürzungsverordnung.[9]

Anmerkungen.

1. Die Kinderzuschläge des Reichsbesoldungsgesetzes entsprechen den Kinderbeihilfen des § 11 PrBesG.

2. Die Kinderbeihilfen, die auf Grund des Erl. des ReichsFinMin. vom 28. März 1928 (RBesBl. S. 57) gezahlt werden, entsprechen den Kinderzulagen, die in Preußen auf Grund des RdErl. des FinMin. vom 21. Mai 1928 (PrBesBl. S. 193) gewährt werden können.

3. Dienstaufwandsentschädigungen, vgl. § 12 PrBesG., Anm. 4.

4. Reisekostenvergütungen, die auf Grund des RKG. gezahlt werden, werden in Preußen jedoch gekürzt nach den Vorschriften des RdErl. vom 7. Aug. 1931 (PrBesBl. S. 231).

5. Beschäftigungstagegelder, s. § 12 RKG. und RdErl. vom 14. Juni 1930 (PrBesBl. S. 63).

6. Trennungsentschädigungen, in Preußen Wohnungsbeihilfen genannt, s. § 9 PrBesG., Anm. 5.

7. Nachtdienstentschädigungen werden an preußische Beamte nicht gezahlt.

8. Umzugskostenvergütungen, s. RdErl. vom 30. Mai 1928 (PrBes.-Bl. S. 201).

9. Hier abgedruckt S. 293.

Noch § 1.

(5) Soweit die kürzungspflichtigen Bezüge nicht aus der Reichskasse fließen und nicht schon auf Grund einer entsprechenden Vorschrift zugunsten der Kasse eines Landes, einer Gemeinde (eines Gemeindeverbandes) oder einer sonstigen Körperschaft des öffentlichen Rechtes gekürzt werden, hat der Beamte usw. den Kürzungsbetrag an die Reichskasse abzuführen.

Durchführungsbestimmungen I.

Zu § 1 Abs. 5.

Nr. 9. (1) Soweit die kürzungspflichtigen Bezüge nicht aus der Staatskasse fließen und nicht schon auf Grund einer entsprechenden Vorschrift zugunsten der Kasse des Reichs, eines anderen Landes, einer Gemeinde (eines Gemeindeverbandes) oder einer sonstigen Körperschaft des öffentlichen Rechtes gekürzt werden, haben die Beamten usw. den Kürzungsbetrag an die Staatskasse abzuführen.

(2) Haben die Beamten usw. Bezüge, die für eine unmittelbar oder mittelbar im öffentlichen Interesse ausgeübte Tätigkeit gezahlt werden und nach § 1 kürzungspflichtig sind, aber nicht aus einer Kasse des Reichs, eines Landes, einer Gemeinde (eines Gemeindeverbandes) oder einer sonstigen Körperschaft des öffentlichen Rechtes fließen, so erfolgt die Kürzung zugunsten der Staatskasse, nicht zugunsten des Schuldners (vgl. Nr. 3 (2)). Der Beamte usw. hat in diesem Falle den Kürzungsbetrag an die Staatskasse abzuführen. Als Bezüge dieser Art kommen in Frage z. B. Vergütungen für Tätigkeit in Überwachungsausschüssen von Rundfunkgesellschaften, als Treuhänder, Beiräte, Vergütungen von einem Verlage für Herausgabe von Amtsblättern und Zeitschriften, wenn die Herausgabe im dienstlichen Interesse unter Mitwirkung von Staatsbeamten erfolgt, Vergütungen (Gebühren) für vertrauensärztliche Tätigkeit von Medizinalräten bei ärztlichen Untersuchungen, Begutachtungen, Ausstellung von Gesundheitszeugnissen usw. im dienstlichen Interesse. Die Vorschriften der Sparverordnung (Zweiter Teil Kap. III § 2) bleiben unberührt.

Beispiel: Ein Staatsbeamter usw. erhält für eine im öffentlichen Interesse ausgeübte Tätigkeit von nichtstaatlicher Stelle nach Abzug tatsächlicher Auslagen eine Vergütung von jährlich . . . . 1200 RM.

Ablieferungsbetrag nach der Ersten, Zweiten und Dritten Gehaltskürzungsverordnung zus. z. B. 20% . . . =		*240 RM.*
	bleiben	*960 RM.*
Nach der Sparverordnung verbleiben dem Beamten		
a)	*900 RM.*	
b) von dem Rest von 60 RM. 25% . . =	*15 RM.*	*915 RM.*
also nach der Sparverordnung an die Kasse abzuliefern . .		*45 RM.*

(3) Derjenige Teil einer Nebenvergütung, den der Beamte an die preußische Staatskasse abzuliefern hat, wird im Einvernehmen mit dem Herrn Reichsminister der Finanzen der Besteuerung nach dem Einkommensteuergesetz nicht unterworfen.

Noch § 1.

(6) Zu den nach § 1 Abs. 1 f zu kürzenden laufenden Bezügen gehören auch Renten außerhalb der reichsgesetzlichen Sozialversicherung, wenn sich der Arbeitgeber an der Aufbringung der Versicherungsbeiträge beteiligt hat (z. B. bei der Versorgungsanstalt der Deutschen Reichspost, bei der Zusatzversorgungsanstalt des Reichs und der Länder, bei der Arbeiterpensionskasse B der Deutschen Reichsbahn-Gesellschaft), sowie die satzungsmäßigen Leistungen der Deutschen Reichsbahn-Gesellschaft an ehemalige Privateisenbahnbeamte und ihre Hinterbliebenen.[1]

(7) Die Kürzung nach Abs. 1 tritt zu den nach Kapitel II des Zweiten Teiles der Verordnung des Reichspräsidenten zur Sicherung von Wirtschaft und Finanzen vom 1. Dezember 1930 (RGBl. I S. 522) und nach Kapitel I des Zweiten Teiles der Zweiten Verordnung des Reichspräsidenten zur Sicherung von Wirtschaft und Finanzen vom 5. Juni 1931 (RGBl. I S. 282) vorgenommenen Kürzungen hinzu; sie wird an den Bezügen vorgenommen, die den Bezugsberechtigten ohne Rücksicht auf jene Kürzungen zustehen würden.[2]

Anmerkungen.

1. Vgl. die Anm. zu § 1 Abs. 6 der 2. GKV. auf S. 295.

2. Also an den Bezügen, die den Beamten, Lehrpersonen usw. nach dem PrBesG., dem VBG., dem ZRGG. usw. zustehen, wobei jedoch die Änderungen, die durch die SparVO. und die Pensionskürzungsverordnung an einzelnen dieser Ges. vorgenommen sind, zu beachten sind.

Durchführungsbestimmungen II.

Zu § 1.

Allgemein.[1]

Nr. 1. (1) Die für die Kürzung der Versorgungsbezüge nach der Zweiten Gehaltskürzungsverordnung im Abschn. II des RdErl. v. 13. 6. 1931 — PrBesBl. S. 183 — aufgestellten Grundsätze — mit Ausnahme von Nr. 2 Abs. 4,[2] Nr. 8 Abs. 3 und Nr. 15[3] — gelten sinngemäß vom 1. Januar 1932 ab auch für die Dritte Gehaltskürzungsverordnung.

(2) Ergeben sich bei der Berechnung der Kürzungsbeträge Bruchteile eines Reichspfennigs, so sind diese auf einen vollen Reichspfennig nach unten abzurunden.

Anmerkungen.

1. Die Durchführungsbestimmungen für die Kürzung der Versorgungsbezüge gelten für sämtliche preußischen Beamten einschließlich der Polizeivollzugsbeamten und für die Lehrpersonen.

2. Wird ersetzt durch DB. II Nr. 9 zu § 3 und durch diesen Paragraphen selbst, — s. S. 359.

3. Nr. 8 Abs. 3 und Nr. 15, die die Kürzung von Nebenbezügen betreffen, werden ersetzt durch DB. I Nr. 3 Abs. 1, 3 und 4, — s. S. 347.

Nr. 2. (1) entspricht DB. I Nr. 2 (1).

(2) Die Kürzung der Bezüge für die im Saargebiet wohnenden Versorgungsberechtigten ist nach den für die Ortsklasse B vorgesehenen Hundertsätzen zu errechnen.[1]

(3) Besonders zu beachten ist nachstehende Nr. 3.

(4) Vgl. die Tafel in Nr. 4.[2]

Nr. 3. (1) Bei Bezugsberechtigten, die ein kürzungspflichtiges Einkommen von mehr als 125 RM. monatlich (1500 RM. jährlich), aber von nicht mehr als 134,25 RM. monatlich (1611 RM. jährlich) in der Sonderklasse oder in der Ortsklasse A bzw. von nicht mehr als 124,37 RM. monatlich (1612,44 RM. jährlich) in den Ortsklassen B, C oder D haben, dürfen die kürzungspflichtigen Bezüge nur soweit gekürzt werden, daß 108,75 RM. monatlich (1305 RM. jährlich) in der Sonderklasse und in der Ortsklasse A, 107,50 RM. monatlich (1290 RM. jährlich) in den Ortsklassen B, C oder D verbleiben.

(2) Im Abschn. II Nr. 34 Abs. 1 zu c des RdErl. vom 13. 6. 1931 — PrBesBl. S. 191 — ist statt „1600 Reichsmark" zu lesen: „1611 Reichsmark", statt „1601 Reichsmark": „1612,44 Reichsmark".[3]

Nr. 4. Die Kürzung nach der Ersten, Zweiten und Dritten Gehaltskürzungsverordnung zusammengenommen berechnet sich in den Fällen des § 1 wie folgt:

Beispiel:

Ruhegehalt (Wohnsitz in Ortsklasse C) monatlich . . .	*131,25 RM.*
Kürzung (131,25 — 107,50)	*23,75 RM.*
bleiben	*107,50 RM.*

Nr. 5. Die Kürzung von Nebenvergütungen, die Versorgungsberechtigte neben Wartegeld, Übergangsgeld, Ruhegehalt usw. beziehen, regelt sich nach Abschnitt II Nr. 3 Abs. 1, 3 und 4 des RdErl. v. 16. 12. 1931 — PrBesBl. S. 350.[4]

Anmerkungen.

1. Diese Kürzung hat mit Wirkung vom 1. Juli 1931 ab zu erfolgen, jedoch können Mehrausgaben, die infolge Berechnung der Kürzung nach Ortsklasse A bis zum 11. Dez. 1931 geleistet worden sind, in Ausgabe belassen werden. RdErl. des FinMin. vom 10. März 1932 (PBesBl. S. 61).

2. Entspricht der bei DB. I Nr. 5 abgedruckten Tafel.

3. Vgl. Anmerkung 13 zu DB. I Nr. 4 S. 351 (vgl. die Zahlentafel bei DB. I Nr. 5).

4. S. S. 347 und 348.

§ 2.[1]

(1) Bei denjenigen Ruhegeldempfängern, deren Ruhegeld nach bisher geltendem Rechte aus einem höheren Satze als 75 vom Hundert des ruhegeldfähigen Diensteinkommens zu berechnen war, und die nunmehr nach § 3 Abschnitt I des Kapitel V des Dritten Teiles der Dritten Verordnung des Reichspräsidenten zur Sicherung von Wirtschaft und Finanzen und zur Bekämpfung politischer Ausschreitungen vom 6. Oktober 1931 (RGBl. I S. 546) ein Ruhegeld von höchstens 75 vom Hundert des ruhegeldfähigen Diensteinkommens erhalten, beträgt der Kürzungssatz für die Zeit bis zum 30. Juni 1932 statt 9 vom Hundert,

soweit sich das Ruhegeld von 80 auf 75 vom Hundert mindert, 4 vom Hundert,

soweit sich das Ruhegeld von 79 auf 75 vom Hundert mindert, 5 vom Hundert,

soweit sich das Ruhegeld von 78 auf 75 vom Hundert mindert, 6 vom Hundert,

soweit sich das Ruhegeld von 77 auf 75 vom Hundert mindert, 7 vom Hundert,

soweit sich das Ruhegeld von 76 auf 75 vom Hundert mindert, 8 vom Hundert.

(2) Abs. 1 gilt entsprechend für diejenigen Witwen und Waisen, deren Witwen- und Waisengeld nach § 8 Abs. 1 a. a. O. niedriger als nach bisher geltendem Recht festzusetzen ist.

(3) Bei Witwen, die als Witwengeld statt bisher 50 vom Hundert des ruhegeldfähigen Diensteinkommens der Besoldungsgruppe B 7 des Besoldungsgesetzes vom 16. Dezember 1927 (RGBl. I S. 349) nach § 8 Abs. 2 a. a. O. nur noch 47 vom Hundert des ruhegeldfähigen Diensteinkommens dieser Besoldungsgruppe beziehen, beträgt der Kürzungssatz für die Zeit bis zum 30. Juni 1932[2] statt 9 vom Hundert 4 vom Hundert.

Anmerkungen.

1. An Stelle der in § 2 genannten §§ 3 und 8 Abschn. I Kap. V des Dritten Teils der Reichsverordnung v. 6. 10. 1931 treten B II Nr. 3 und 5 des RdErl. v. 19. 12. 1931 — PrBesBl. S. 362 und 364, — f. S. 324 ff.

2. Die doppelte Auswirkung der Senkung des Höchstpensionssatzes und der allgemeinen Kürzung auch der Versorgungsbezüge wird dadurch für die von ersterer betroffenen Versorgungsberechtigten bis zum 1. 7. 1932 hinausgeschoben.

Durchführungsbestimmungen II.

Zu § 2.

Nr. 6. Die Kürzung nach der Ersten, Zweiten und Dritten Gehaltskürzungsverordnung zusammengenommen berechnet sich in den Fällen des § 2 für die Übergangszeit vom 1. Januar bis 30. Juni 1932 wie folgt:

Die kürzungspflichtigen Bezüge betragen monatlich	Sonderklasse und Ortsklasse A					Ortsklassen B, C, D				
	Die Kürzung beträgt bei einem Ruhegehalt von 75 vom Hundert des ruhegehaltsfähigen Diensteinkommens, anstatt nach bisher geltendem Recht von									
	80	79	78	77	76	80	79	78	77	76
	vom Hundert dieses Diensteinkommens									
mehr als 1000 RM. .	17v.H.	18v.H.	19v.H.	20v.H.	21v.H.	18v.H.	19v.H.	20v.H.	21v.H.	22v.H.
	minus 17,50 RM.					minus 17,50 RM.				
mehr als 500, aber nicht mehr als 1000 RM.	16v.H.	17v.H.	18v.H.	19v.H.	20v.H.	17v.H.	18v.H.	19v.H.	20v.H.	21v.H.
	minus 7,50 RM.					minus 7,50 RM.				
mehr als 250, aber nicht mehr als 500 RM.	15v.H.	16v.H.	17v.H.	18v.H.	19v.H.	16v.H.	17v.H.	18v.H.	19v.H.	20v.H.
	minus 2,50 RM.					minus 2,50 RM.				
mehr als 133,72, aber nicht mehr als 250 RM.	14v.H.	—	—	—	—	—	—	—	—	—
,, ,, 133,82,	—	15v.H.	—	—	—	15v.H.	—	—	—	—
,, ,, 133,92,	—	—	16v.H.	—	—	—	16v.H.	—	—	—
,, ,, 134,03,	—	—	—	17v.H.	—	—	—	17v.H.	—	—
,, ,, 134,14,	—	—	—	—	18v.H.	—	—	—	18v.H.	—
,, ,, 134,25,	—	—	—	—	—	—	—	—	—	19v.H.
bis zu 125 RM. . . .	8v.H.	9v.H.	10v.H.	11v.H.	12v.H.	9v.H.	10v.H.	11v.H.	12v.H.	13v.H.
	Der nach der Kürzung verbleibende Rest beträgt in RM.									
mehr als 125, aber nicht mehr als 133,72 RM. .	115	—	—	—	—	—	—	—	—	—
133,82 ,, .	—	113,75	—	—	—	113,75	—	—	—	—
133,92 ,, .	—	—	112,50	—	—	—	112,50	—	—	—
134,03 ,, .	—	—	—	111,25	—	—	—	111,25	—	—
134,14 ,, .	—	—	—	—	110,—	—	—	—	110,—	—
134,25 ,, .	—	—	—	—	—	—	—	—	—	108,75

Beispiele:

1. *Bei einem Ruhegehaltsempfänger in der Sonderklasse, dessen Ruhegehalt nach bisher geltendem Recht 80 v. H. des ruhegehaltsfähigen Diensteinkommens betragen hat, und der vom 1. Januar 1932 ab ein Ruhegehalt (gegebenenfalls einschließlich Frauenbeihilfe) von 251 RM. erhält, beträgt die Kürzung 15 v. H. minus 2,50 RM.*
2. *Bei einem Ruhegehaltsempfänger in der Ortsklasse C, dessen Ruhegehalt nach bisher geltendem Recht 78 v. H. des ruhegehaltsfähigen Diensteinkommens betragen hat, und der vom 1. Januar 1932 ab ein Ruhegehalt (gegebenenfalls einschließlich Frauenbeihilfe) von 134,04 RM. (mehr als 134,03, aber nicht mehr als 250 RM.) erhält, beträgt die Kürzung 17 v. H.*
3. *Bei einer Witwe in der Ortsklasse A, die ein Witwengeld aus einem Ruhegehalt des Mannes bezog, das nach bisher geltendem Recht 79 v. H. des ruhegehaltsfähigen Diensteinkommens betragen hat, und die vom 1. Januar 1932 ab ein Witwengeld von 133,81 RM. (mehr als 125, aber nicht mehr als 133,82 RM.) zu beziehen hat, beträgt der nach der Kürzung verbleibende Rest 113,75 RM.*

Nr. 7. Ob das Ruhegehalt, Witwengeld oder Waisengeld vor dem 1. Januar 1932 schon lief oder nicht, ist ohne Bedeutung. Tritt z. B. ein Beamter nach Zurücklegung einer ruhegehaltsfähigen Dienstzeit von 40 Jahren wegen Erreichung der Altersgrenze zum 1. April 1932 in den Ruhestand, so beträgt der Kürzungssatz, da der Beamte gemäß B II Nr. 3 des RdErl. v. 19. 12. 1931 — PrBesBl. S. 362 — ein von 80 auf 75 v. H. des ruhegehaltsfähigen Diensteinkommens gemindertes Ruhegehalt bezieht, für die Zeit bis zum 30. Juni 1932 statt 9 v. H. 4 v. H.

Nr. 8. (1) Soweit sich das Ruhegehalt von einem höheren Satz als von 80 v. H. des ruhegehaltsfähigen Diensteinkommens auf 75 v. H. mindert (B II Nr. 3, Durchführungsbestimmungen e Satz 1 im RdErl. v. 19. 12. 1931 — PrBesBl. S. 363 —), beträgt der Kürzungssatz für die Zeit bis zum 30. Juni 1932 wie bei der Minderung des Ruhegehalts von 80 auf 75 v. H. statt 9 v. H. 4 v. H.

(2) § 2 Abs. 2 gilt auch für Witwen, die bisher das Höchstwitwengeld bezogen haben, künftig aber ein Witwengeld beziehen, das unter dem neuen Satz des Höchstwitwengeldes liegt.

§ 3.

(1) Ob und wieweit Wartegelder, Ruhegelder, Übergangsgebührnisse, Witwengelder oder Waisengelder zu ruhen haben, wird unter Zugrundelegung der ungekürzten Bezüge nach den geltenden Vorschriften berechnet; der sich ergebende nicht ruhende Betrag der Versorgungsbezüge unterliegt der Kürzung.

(2) Handelt es sich bei dem neuen Einkommen um Arbeitsentgelt, auf das die für die Versorgungsbezüge geltenden

Kürzungsbestimmungen dieses Kapitels nicht anzuwenden sind, so sind bei der Ruhensberechnung das frühere Diensteinkommen sowie die Versorgungsbezüge mit den gekürzten Beträgen, das neue Einkommen in der tatsächlich gewährten Höhe anzusetzen.

(3) Der Kürzung unterliegen Versorgungsbezüge auch insoweit, als sie auf Grund gesetzlicher Vorschriften (z. B. auf Grund des § 26 des Offizierpensionsgesetzes vom 31. Mai 1906) einem Pensionsfonds zu erstatten sind.

(4) Abs. 1 bis 3 gelten, mit Wirkung vom Inkrafttreten der nachstehend genannten Vorschriften ab, auch für die Vorschriften des Kapitel II des Zweiten Teiles der Verordnung des Reichspräsidenten zur Sicherung von Wirtschaft und Finanzen vom 1. Dezember 1930[1] (RGBl. I S. 522) und des Kapitel I des Zweiten Teiles der Zweiten Verordnung des Reichspräsidenten zur Sicherung von Wirtschaft und Finanzen vom 5. Juni 1931[2] (RGBl. I S. 282). Soweit entgegen der Vorschrift des Abs. 1 Ruhensberechnungen unter Zugrundelegung der gekürzten Bezüge vorgenommen worden sind, verbleibt es für die rückliegende Zeit dabei.

Anmerkungen.

1. Erste GKV. des Reichs; vgl. S. 267.

2. Zweite GKV. des Reichs; vgl. S. 285.

Durchführungsbestimmungen II.

Zu § 3.

Nr. 9. (1) Bei den Ruhensberechnungen im Sinne des § 27 des Zivilruhegehaltsgesetzes in der Fassung des Gesetzes vom 12. 7. 1923 (GS. S. 305) sind grundsätzlich die früheren und die neuen Bezüge mit den ungekürzten Beträgen einander gegenüberzustellen. Erst der sich daraus ergebende nicht ruhende Betrag der Versorgungsbezüge ist zu kürzen. Dieses Verfahren ist in allen Fällen anzuwenden, in denen die für das neue Einkommen vorgeschriebene Art der Kürzung es zuläßt, d. h. in denen auch das neue Einkommen wie die zu regelnden Versorgungsbezüge vorübergehend eine prozentuale Kürzung erleidet. Ist das Einkommen auf Grund der Sparverordnung vom 12. 9. 1931 herabgesetzt worden, so sind die gesenkten Bezüge — ohne die Kürzung auf Grund der Gehaltskürzungsverordnungen — in Ansatz zu bringen. Ob der Hundertsatz, um den das neue Einkommen gekürzt wird, der gleiche ist, um den ein gleich hoher Versorgungsbezug nach Nr. 4 zu kürzen wäre, ist ohne Bedeutung (z. B. bei weitergehender Kürzung eines im Dienste eines anderen Landes bezogenen neuen Einkommens).

(2) Das im § 3 Abs. 2 vorgesehene Verfahren findet hiernach dann Anwendung, wenn die Art der Kürzung des neuen Einkommens dessen Ansatz in der Ruhensberechnung mit dem ursprünglichen ungekürzten Betrage nicht ohne weiteres zuläßt (z. B. bei Arbeitsentgelt, das bisher durch Änderung der Tarifverträge gekürzt worden ist).

Beispiele:

Zu Abs. 1

Früheres Diensteinkommen	*600 RM.*
Ruhegehalt	*400 RM.*
Neues Diensteinkommen	*500 RM.*
	(Ungekürzte Bezüge)

Ruhensberechnung

Früheres Diensteinkommen	*600 RM.*
Neues Diensteinkommen	*500 RM.*
Mithin ruhen vom Ruhegehalt nicht	*100 RM.*
Dieser Betrag ist in Ortsklasse B nach Abschnitt II Nr. 34 zu b des RdErl. v. 13. 6. 1931 — PrBesBl. S. 190 — und Nr. 4 (Tafel) zu kürzen um den für die 600 RM. geltenden Hundertsatz, d. h. um 22 v. H.) = ...*	*22 RM.*
bleiben zahlbar	*78 RM.*

Zu Abs. 2

Früheres Diensteinkommen	*600 RM.*
Ruhegehalt	*400 RM.*
	(Ungekürzte Bezüge)
Neues Einkommen	*395 RM.*
(Gekürzter Bezug, der sich nicht durch Kürzung des ursprünglichen Grundbezuges um einen Hundertsatz ergeben hat)	

Ruhensberechnung

Nach Abschnitt II Nr. 34 des RdErl. v. 13. 6. 1931 und Nr. 4 (Tafel) ergibt sich für Ortsklasse B

bei den 600 RM. eine Kürzung um 22 v.H. — 7,50 =	*124,50 RM.,*
so daß bleiben 475,50 RM.	
bei den 400 RM. eine Kürzung um 22 v.H. = . .	*88,— RM.,*
so daß bleiben 312,— RM.	
Früheres Diensteinkommen	*475,50 RM.*
Neues Diensteinkommen	*395,— RM.*
Aus dem Ruhegehalt ist daher zahlbar der Unterschied von	*80,50 RM.*

**) Bei einem neuen Diensteinkommen von 250 RM. würden vom Ruhegehalt nicht ruhen 600 — 250 = 350 RM. Dieser Betrag wäre, da er von den beiden kürzungspflichtigen Bezügen (250 und 350 RM.) der höhere ist, zu kürzen um 22 v. H. — 7,50 RM.*

§ 4.

(1) Die §§ 1 und 2 gelten auch für die Amts- und Versorgungsbezüge des Reichspräsidenten, des Reichskanzlers und der Reichsminister sowie für die Versorgungsbezüge ihrer Hinterbliebenen.

(2) Ist ein früherer Reichskanzler oder Reichsminister im Reichsdienst oder in einem sonstigen öffentlichen Dienste wiederangestellt oder beschäftigt, so werden seine Versorgungsbezüge aus der Reichskasse soweit gekürzt, als sie zusammen mit den aus der Wiederanstellung oder Beschäftigung fließenden Bezügen die nach Abs. 1 gekürzten Bezüge eines Reichskanzlers oder Reichsministers im Amte übersteigen. Das gleiche gilt beim Bezug eines Einkommens aus einer Tätigkeit, für die eine Vergütung gewährt wird, die ganz oder überwiegend unmittelbar oder mittelbar aus öffentlichen Mitteln fließt.

§ 5.

§ 1 gilt entsprechend für die Angestellten im Reichsdienst einschließlich des Dienstes bei der Deutschen Reichspost. Im übrigen bleiben die Tarif- und Einzelverträge in Kraft.[1]

Anmerkung.

1. Die 3. GKV. läßt also ebenso wie die 2. die abgeschlossenen Tarif- und Einzelverträge grundsätzlich bestehen, greift aber in die Bestimmungen dieser Verträge, soweit sie die Höhe der Dienstbezüge betreffen, mit unmittelbarer Wirkung ein. Wegen der Regelung in der 1. GKV. vgl. Anm. 2 zu § 5 der 2. GKV.

§ 6.[1]

(1) Vom 1. Januar 1932 ab ermäßigen sich die Lohnsätze der Arbeiter im Reichsdienst[2] einschließlich des Dienstes bei der Deutschen Reichspost um 10 vom Hundert; hierbei bleibt ein Bruchteil eines Reichspfennigs am Kürzungsbetrag von weniger als 0,5 unberücksichtigt, ein Bruchteil von 0,5 oder mehr gilt als voller Reichspfennig. Der Kürzung unterliegt jeder einzelne in Reichsmark oder Reichspfennig festgesetzte Lohnsatz der in Betracht kommenden Tarifverträge, Lohnordnungen oder sonstigen Lohnfestsetzungen mit Ausnahme der Kinderzuschläge, der Nachtdienstentschädigungen und der Fahrkosten- und sonstigen Aufwandsentschädigungen, die bei

Auswärtsbeschäftigung gewährt werden. Im übrigen bleiben die Tarif- und Einzelverträge in Kraft.

(2) Wurde die Lohntabelle bisher aus bestimmten Schlüssel- oder Ecklöhnen (z. B. Stundengrundlohn des 24jährigen männlichen Arbeiters bestimmter Lohnstaffeln oder der Ortsklasse A usw.) errechnet, so ermäßigen sich die Schlüssel- oder Ecklöhne gemäß Abs. 1 um 10 vom Hundert; aus diesen gekürzten Schlüssel- und Ecklöhnen ergeben sich die übrigen Lohnsätze der Lohntabelle nach dem bisherigen Schlüssel.

§ 7.

Die am Tage des Inkrafttretens dieses Kapitels laufenden Tarifverträge (Lohn-, Mantel- und andere Tarifverträge) können, wenn sie nicht auf längere Dauer abgeschlossen sind, frühestens zum 30. April 1932 gekündigt werden.

Anmerkungen.

1. Zu den §§ 6 und 7 vgl. wegen der preußischen Verwaltungsarbeiter die Anm. zu § 6 der 2. GKV., insbesondere deren Abs. 2.

2. Wegen der Herabsetzung der Löhne der Reichsarbeiter vgl. Erl. des ReichsFinMin. vom 11. Dez. 1931 (RBesBl. S. 167).

§ 8.[1]

(1) Die §§ 1 bis 7 gelten entsprechend[2] für die Länder, Gemeinden (Gemeindeverbände) und sonstigen Körperschaften des öffentlichen Rechtes.[3] Die §§ 5 und 6 gelten nicht für Arbeitnehmer in Betrieben, deren Löhne oder Gehälter bei Verkündung dieser Verordnung[4] in einem einheitlichen Tarifvertrag mit denen der Arbeitnehmer privater Betriebe geregelt sind.[5]

(2) Auch die nach § 7 Abs. 2 und 4[6] der Zweiten Gehaltskürzungsverordnung (Kapitel I des Zweiten Teiles der Zweiten Verordnung des Reichspräsidenten zur Sicherung von Wirtschaft und Finanzen vom 5. Juni 1931 — RGBl. I S. 282 — in der Fassung des Kapitel II des Ersten Teiles der Dritten Verordnung des Reichspräsidenten zur Sicherung von Wirtschaft und Finanzen und zur Bekämpfung politischer Ausschreitungen vom 6. Oktober 1931 — RGBl. I S. 538 —) herabgesetzten Dienstbezüge oder Löhne der Be-

amten, Angestellten und Arbeiter der Länder, Gemeinden (Gemeindeverbände) und sonstigen Körperschaften des öffentlichen Rechtes unterliegen der Kürzung nach diesem Kapitel.

(3) Soweit Bezugsberechtigte wohlerworbene Rechte nach Artikel 129 Abs. 1 Satz 3 der Reichsverfassung haben, werden diese Rechte durch die Vorschrift des Abs. 1 und 2 nicht berührt.[7]

Anmerkungen.

1. Der § 8 schafft unmittelbar geltendes Recht für die Beamten der Länder, Gemeinden und sonstigen Körperschaften des öffentlichen Rechts. Die preußische Staatsregierung hat infolgedessen auch nicht wie bei der 1. GKV. des Reichs eine besondere Verordnung erlassen, sondern nur Durchführungsbestimmungen zur 3. GKV. gegeben.

Für die Gemeinden ist noch eine besondere Anweisung des MindJ. vom 23. Dez. 1931 (MinBliV. S. 1286) ergangen, hier abgedruckt S. 530.

2. Die Bezüge der Beamten der Länder usw. sind also um genau die gleichen Beträge zu kürzen wie die Bezüge der Reichsbeamten. Das schließt nicht aus, daß die Bezüge der Beamten der Länder usw. aus anderm Rechtsgrund auch stärker gekürzt werden, als § 8 vorschreibt. Andrerseits ist es auch zulässig, daß Kürzungen der Länder, die vor der 3. GKV. vorgenommen sind, soweit sie über die Sätze der 1. und 2. GKV. hinausgegangen sind und nicht auf anderen zwingenden Vorschriften des Reichs beruhen (z. B. auf § 7 Abs. 2 der 2. GKV.), jetzt auf die nach § 8 vorzunehmende Kürzung angerechnet werden.

3. Vgl. § 9 Abs. 1.

4. D. h. am 9. Dez. 1931.

5. Der zweite Satz des Abs. 1 ist näher erläutert in Nr. 35b der DB. des Reichs zur 2. GKV. (RBesBl. S. 67).

6. In diesen Vorschriften war angeordnet, daß die Länder, Gemeinden und Körperschaften des öffentlichen Rechts berechtigt und verpflichtet sind, die Dienstbezüge ihrer Beamten und Angestellten, sowie die Stundenlöhne ihrer Arbeiter so weit herabzusetzen, daß sie nicht höher liegen als die Bezüge gleichzubewertender Beamten, Angestellten und Arbeiter des Reichs.

Zu § 8 Abs. 2 hat der ReichsFinMin. folgende DB. erlassen:

„Bei den nach § 7 Abs. 2 und 4 der 2. GKV. herabgesetzten Dienstbezügen der Beamten und Angestellten der Länder, Gemeinden (Gemeindeverbände) und sonstigen Körperschaften des öffentlichen Rechts unterliegt der herabgesetzte Betrag der Kürzung nach der 1., 2. und 3. GKV. Ist die Herabsetzung auf die Bezüge eines Reichsministers erfolgt, so richtet sich die Kürzung auch nach den für die Dienstbezüge der Reichsminister geltenden Kürzungshundertsätzen.

Bei den nach § 7 Abs. 4 der 2. GKV. herabgesetzten Löhnen der Arbeiter der Länder, Gemeinden (Gemeindeverbände) und sonstigen Körperschaften des öffentlichen Rechts unterliegt der herabgesetzte Betrag der Kürzung nach der 2. und 3. GKV.

7. Die Vorschrift ist nur deklaratorisch; auch wenn sie fehlen würde, wäre die Rechtslage die gleiche. Die wohlerworbenen Rechte der Beamten werden durch die Gehaltskürzungsverordnungen nicht verletzt.

§ 9.

(1) [1] Zu den Körperschaften des öffentlichen Rechtes im Sinne dieses Kapitels gehören auch die Anstalten, Vereine und Stiftungen des öffentlichen Rechtes, die Verbände von Körperschaften des öffentlichen Rechtes, Vereinigungen und Einrichtungen, deren Einkünfte mit mehr als der Hälfte[2] von Körperschaften des öffentlichen Rechtes oder von den vorstehend besonders aufgeführten Körperschaften usw. oder von den in Satz 2 und 3 bezeichneten Unternehmungen herrühren. Unternehmungen, deren Gesellschaftskapital sich mit mehr als der Hälfte im Eigentum von Körperschaften des öffentlichen Rechtes einschließlich der im Satz 1 bezeichneten befindet, gelten ebenfalls als Körperschaften des öffentlichen Rechtes im Sinne dieses Kapitels. Das gleiche gilt für Konzerngesellschaften (Tochtergesellschaften, Subtochtergesellschaften usw.), wenn ihr Kapital und das Kapital der Zwischenglieder (Dachgesellschaft, Tochtergesellschaft, Subtochtergesellschaft usw.) sich je mit mehr als der Hälfte im Eigentum der übergeordneten Konzerngesellschaft oder von Körperschaften des öffentlichen Rechtes einschließlich der im Satz 1 und 2 bezeichneten befindet.

(2) Die Reichsbank und die Deutsche Reichsbahn-Gesellschaft, die von sich aus eine den Vorschriften der §§ 1 bis 3 entsprechende Kürzung vornehmen, gelten nicht als Körperschaften des öffentlichen Rechtes im Sinne dieses Kapitels. Den öffentlichrechtlichen Religionsgesellschaften bleibt es überlassen, eine den Vorschriften der §§ 1 bis 3 entsprechende Kürzung vorzunehmen. § 1 Abs. 1 f und die §§ 5 bis 7 und 8 Abs. 1 Satz 2 gelten sinngemäß für die Reichsbank, die Deutsche Reichsbahn-Gesellschaft und die öffentlichrechtlichen Religionsgesellschaften insoweit, als diese Körperschaften nicht von sich aus eine für den einzelnen Arbeitnehmer günstigere Anordnung treffen. Die Kürzung der gesetzlichen Versorgungsbezüge nach diesem Kapitel hat keine Erhöhung der satzungsmäßigen Leistungen der Deutschen Reichsbahn-Gesellschaft

an ehemalige Privateisenbahnbeamte und ihre Hinterbliebenen zur Folge.

(3) Trägt ein Land einer öffentlichrechtlichen Religionsgesellschaft gegenüber den Aufwand für die Bezüge ihrer Beamten, Wartegeldempfänger, Ruhegeldempfänger, Empfänger von Hinterbliebenenbezügen, Angestellten und Arbeiter ganz oder teilweise, so ist die oberste Landesbehörde befugt, die Leistungen des Landes entsprechend der nach §§ 1 bis 6 und 8 in Verbindung mit § 9 Abs. 2 Satz 2 und 3 höchstzulässigen Kürzung herabzusetzen.

(4) Über die Verwendung der Beträge, die Körperschaften des öffentlichen Rechtes auf Grund des § 8 Abs. 1 vom 1. Januar 1932 ab ersparen, entscheidet der Reichsminister der Finanzen für die Träger der Sozialversicherung und für die einer Landesaufsicht nicht unterstehenden Körperschaften des öffentlichen Rechtes, im übrigen die zuständige oberste Landesbehörde.

Anmerkungen.

1. Vgl. die Anm. zu § 8 Abs. 1 der 2. GKV. auf S. 310.

2. Unternehmungen, deren Aktienkapital sich mit weniger als der Hälfte im Eigentum von Körperschaften des öffentlichen Rechts befindet, fallen nicht unter § 9, auch wenn die öffentlich-rechtliche Körperschaft auf Grund von Aktien mit mehrfachem Stimmrecht die Stimmenmehrheit besitzt, es sei denn, daß das Unternehmen als Einrichtung anzusehen ist, deren Einkünfte mit mehr als der Hälfte von Körperschaften des öffentlichen Rechts im Sinne der GKV. herrühren (Entscheidung des ReichsFinMin. vom 15. Febr. 1932 — P 2120 — 1176 I B).

§ 10.

Die Geistlichen[1] und Lehrer[2] gelten als Beamte im Sinne dieses Kapitels.

§ 11.

(1) Die zur Durchführung der Vorschriften dieses Kapitels erforderlichen Bestimmungen trifft der Reichsminister der Finanzen.[3]

(2) In den Fällen des § 8 Abs. 1 Satz 2 kann für diejenigen Arbeitnehmer der dort bezeichneten Betriebe, deren Löhne oder Gehälter bei Verkündung dieser Verordnung nicht in einem einheitlichen Tarifvertrag mit denen der Arbeitnehmer

privater Betriebe geregelt waren, die Kürzung zur Vermeidung unbilliger Härten abweichend von den vorstehenden Bestimmungen geregelt werden. Die Regelung wird für die einer Landesaufsicht nicht unterstehenden Betriebe vom Reichsminister der Finanzen, im übrigen von der für das Besoldungswesen allgemein zuständigen obersten Landesbehörde vorgenommen.

§ 12.

Die Vorschriften dieses Kapitels treten am 31. Januar 1934 außer Kraft.[4]

Anmerkungen.

1. Geistliche im Dienst öffentlich-rechtlicher Religionsgesellschaften.

2. Lehrer an allen Schulen, die von öffentlich-rechtlichen Schulträgern unterhalten werden.

3. DB. vom 17. Dez. 1931 (RBesBl. S. 162ff.), wegen der Löhne der Reichsarbeiter vom 11. Dez. 1931 (RBesBl. S. 167ff.).

4. Vgl. Anm. 4 zu § 12 der 2. GKV. S. 311.

Allgemeine Durchführungsbestimmungen.

Nr. 10. (1) Die allgemeinen Bestimmungen in Nr. 26 bis 29 und 31 bis 36[1] im Abschnitt II des RdErl. vom 13. 6. 1931 — Bes. 1015/13. 6. — (PrBesBl. S. 189—191) gelten sinngemäß auch für die Dritte Gehaltskürzungsverordnung.

(2) Zu Nr. 26 vgl. aber den RdErl. vom 13. 12. 1931[2] — I A 2. 7128 — (PrBesBl. S. 341) über die vorläufige Regelung. Die endgültige Regelung muß so rechtzeitig durchgeführt werden, daß sie bei der Restzahlung für Januar 1932 bestimmt berücksichtigt werden kann.

(3) In Nr. 34 Abs. 1 c ist hierbei statt „1600 Reichsmark" zu lesen „1611 Reichsmark", statt „1601 Reichsmark" zu lesen „1612,44 Reichsmark".

Nr. 11. (1) Die auf Grund des Dritten Teils der Sparverordnung gewährte Ausgleichszulage wird durch die Dritte Gehaltskürzungsverordnung nicht berührt. Ihre Ermäßigung oder ihr Wegfall regelt sich nach den Vorschriften der Sparverordnung und der Ausführungsbestimmungen dazu.

(2) Die Ausgleichszulage (Abs. 1) selbst unterliegt nicht der Kürzung nach der Dritten Gehaltskürzungsverordnung. Die Kürzung ist also an den Bezügen vorzunehmen, die dem Bezugsberechtigten nach der Sparverordnung ohne Berücksichtigung der Ausgleichszulage und der Kürzungen nach der Ersten und Zweiten Gehaltskürzungsverordnung zustehen würden und die nicht von der Kürzung ausgenommen sind (§ 1 Abs. 4).

(3) In dem Beispiel im Abschnitt II Nr. 25 Abs. 4 des RdErl. vom

17. 9. 1931 — Bes. 1016/17. 9. — (PrBesBl. S. 294) sind die Bezüge nach der Dritten Gehaltskürzungsverordnung um weitere 9 v. H. von 3792 RM. = 341,28 RM. zu kürzen. Es sind also noch zu zahlen: 3366,96 + 146,64 (Ausgleichszulage) = 3513,60 RM. — 341,28 = 3172,32 RM.

Anmerkungen.

1. Hier abgedruckt S. 311 ff.

2. In dem Erlaß ist folgendes bestimmt: Für den Fall, daß eine genaue Berechnung der Kürzung im Einzelnen bis zur Zahlung der ersten Rate der Januarbezüge bei der knappen Zeit nicht mehr möglich sein sollte, wird hiermit nachgelassen, daß die staatlichen Kassen bei dieser Zahlung allgemein von dem in der bisherigen Weise festgestellten Nettobetrage der Monatsbezüge für Januar 10 v. H. als vorläufige weitere Gehaltskürzung abziehen. Bei der Zahlung der restlichen Januarbezüge ist in allen Fällen der Ausgleich auf Grund der von der anweisenden Behörde endgültig errechneten Kürzung vorzunehmen.

D.

Die Sparverordnungen.

1. Verordnung des Reichspräsidenten zur Sicherung der Haushalte von Ländern und Gemeinden.

Vom 24. August 1931.

(RGBl. I S. 453.)

Auf Grund des Artikel 48 Abs. 2 der Reichsverfassung wird verordnet:

(1) Die Landesregierungen sind ermächtigt, alle Maßnahmen, die zum Ausgleich der Haushalte von Ländern und Gemeinden (Gemeindeverbänden) erforderlich sind, im Verordnungswege vorzuschreiben. Sie können dabei von dem bestehenden Landesrecht abweichen.

(2) Die Landesregierungen können insbesondere bestimmen, daß und in welcher Weise die Personalausgaben und andere Ausgaben der Länder und Gemeinden (Gemeindeverbände) herabgesetzt werden. Verpflichtungen aus Verträgen bleiben unberührt, soweit es sich nicht um Personalausgaben handelt.

Dietramszell, den 24. August 1931.

Der Reichspräsident
von Hindenburg.

Der Reichskanzler
Dr. Brüning.

Der Stellvertreter des Reichskanzlers und Reichsminister der Finanzen
H. Dietrich.

Der Reichsminister des Innern
Dr. Wirth.

2. Die Preußische Sparverordnung.

Vom 12. September 1931 (GS. S. 179) mit den Durchführungsbestimmungen[1]).

I.	RdErl. vom	17. 9. 1931	— PrBesBl. S. 265 —,
II.	„ „ „	16. 9. 1931	— MinBliV. S. 895 —,
III.	„ „ „	15. 10. 1931	— PrBesBl. S. 306 mit Berichtigung S. 309 —,
IV.	„ „ „	12. 11. 1931	— MinBliV. S. 1153 —,
V.	„ „ „	17. 11. 1931	— MinBliV. S. 1179 —,
VI.	„ „ „	19. 12. 1931	— PrBesBl. S. 355 —.

Vorbemerkungen:

I.

Die Erste Preußische Sparverordnung stützt sich auf die Verordnungen des Reichspräsidenten vom 24. 8. 1931 (RGBl. I S. 453) und vom 5. 6. 1931 (RGBl. I S. 279).

Durch die Verordnung des Reichspräsidenten zur Sicherung der Haushalte von Ländern und Gemeinden vom 24. 8. 1931 — hier abgedruckt S. 368 — sind die Landesregierungen ermächtigt, alle Maßnahmen, die zum Ausgleich der Haushalte von Ländern und Gemeinden (Gemeindeverbänden) erforderlich sind, im Verordnungswege vorzuschreiben.

Der Reichsminister der Finanzen hat zu dieser Verordnung in einem Rundschreiben an die Landesregierungen u. a. folgendes ausgeführt:

„Die Verordnung beruht auf der Erwägung, daß einmal die Haushalte der Länder und Gemeinden unbedingt ausgeglichen und daß andererseits Hemmungen beseitigt werden müssen, die das zu hindern oder auch nur zeitlich aufzuhalten geeignet sind. Durch Reichsverordnung können die zur Herbeiführung des Etatsausgleichs in Ländern und Gemeinden notwendigen Maßnahmen unmittelbar nicht vorgeschrieben werden, denn die Rechtslage ist in den Ländern ebenso verschieden wie die Gesamtheit der in Betracht kommenden Maßnahmen, ihre Dringlichkeit und ihre Durchführung.

.... Dieser Ausgleich kann in der Hauptsache nur durch Abstriche auf der Ausgabenseite erfolgen. Mit dem Einsetzen einer Sparaktion größten Ausmaßes muß daher sofort begonnen werden. Es ist keine Zeit dafür vorhanden, mit einzelnen Sparmaßnahmen zu warten, bis der Gesamtkomplex geregelt werden kann, oder bis die Länder und Gemeinden sämtlich in der gleichen Richtung vorzugehen bereit sind. Jede öffentliche Verwaltung ist vielmehr berufen, aus eigenstem Verantwortungsgefühl heraus alles das zu tun, und zwar sofort zu tun, was nach der Etatslage geboten erscheint. ...

---

[1]) Im weiteren Text sind die einzelnen Durchführungsbestimmungen der Kürze halber nur mit „Durchführungsbestimmungen" oder „DB." und der römischen Ziffer bezeichnet, also z. B. der Runderlaß vom 17. 9. 1931 mit „Durchführungsbestimmungen I" oder „DB. I".

Die Verordnungen, die auf Grund der reichsgesetzlichen Ermächtigungen von den Ländern erlassen werden, sind Verordnungen sui generis, d. h. sie beruhen auf besonderer reichsgesetzlicher Ermächtigung und unterliegen daher nicht den Vorschriften der Landesverfassungen. Die Landtage können also nicht etwa auf Grund der Landesverfassungen die Aufhebung der Verordnungen verlangen.

Im Verordnungswege kann von dem bestehenden Landesrecht (einschließlich Landesverfassungsrecht) abgewichen oder bestehendes Landesrecht aufgehoben werden. Das bezieht sich nicht nur auf Maßnahmen, die unmittelbar dem Haushaltsausgleich dienen, sondern auch auf solche, die nur mittelbar darauf abzielen. . . ."

II.

Die Erste Preußische Sparverordnung gliedert sich in fünf Teile:

Erster Teil: Änderungen von Besoldungsgesetzen,
Zweiter Teil: Sonstige Maßnahmen zur Sicherung der Haushalte,
Dritter Teil: Ausgleichszulage,
Vierter Teil: Sonderbestimmungen für Gemeinden und Gemeindeverbände,
Fünfter Teil: Gebührenabgabe der Notare.

Grundlegende Änderungen des Preußischen Besoldungsgesetzes enthält Kapitel I im Ersten Teil. Neben der Angleichung einiger Bestimmungen an das Reichsbesoldungsgesetz (z. B. im § 1 Nr. 2) und einer Herabsetzung der Diätensätze für die nichtplanmäßigen Beamten in den Besoldungsgruppen A 8 bis A 2 b ist u. a. auch die Besoldungsordnung geändert. Hier sind in der Hauptsache die Zulagen für Oberregierungsräte und gleichzubewertende Beamte von 1200 auf 800 RM. und die Zulagen für die sogenannten technischen Räte und die gleichwertigen Beamten (Regierungs- und Bauräte, Regierungs- und Gewerberäte, Regierungs- und Medizinalräte usw.) von 600 auf 400 RM. herabgesetzt sowie sogenannte Übergangszulagen, d. s. Zusagen, die am 30. 9. 1927 im Amte gewesene Beamte wegen ihrer Zugehörigkeit zu bestimmten Besoldungsgruppen der alten Besoldungsordnung, z. B. der alten BesGr. A 12 und A 9, erhalten haben, fortgefallen. Zulagen von 1200 und 600 RM. erhalten künftig in BesGr. A 2 b nur noch Beamte in leitenden Stellen (z. B. Landgerichtsdirektoren und Studiendirektoren).

Auch der Zweite Teil enthält u. a. noch besoldungsrechtliche Bestimmungen, z. B. die Außerkraftsetzung der Bestimmungen in Nr. 99 und 100 PBV. und Vorschriften über Nebenvergütungen.

Da manche Maßnahmen der SparVO. von den betroffenen Beamten als schwere Belastung empfunden werden müssen, ist im Dritten Teil für eine Übergangszeit unter bestimmten Voraussetzungen die Gewährung einer Ausgleichszulage an verheiratete Beamte usw. vorgesehen.

Der Vierte Teil „Sonderbestimmungen für Gemeinden und Gemeindeverbände" enthält in Kap. I in erster Linie die Ermächtigung, an die Verwaltungsorgane der Gemeinden alle Maßnahmen, die zum Ausgleich der Haushalte erforderlich sind, zu treffen, und in Kap. II zwingende Vorschriften über eine allgemeine Nachprüfung der Besoldungsregelungen in den Gemeinden.

Wegen der Rechtslage für die Gemeindebeamten wird auf die allgemeinen Vorbemerkungen zum Abschnitt C Bezug genommen. Zu den Erörterungen, zu denen die dort erwähnte Entscheidung des Reichsgerichts vom 10. 7. 1931 — III 149/30 — Anlaß gegeben hat, hat der Minister des Innern in einem Runderlaß vom 22. 1. 1932 (MinBliV. S. 56 — hier abgedruckt S. 538 —) eingehend Stellung genommen.

Die Anlage zum Vierten Teil Kap. II der Sparverordnung enthält Richtlinien für die Festsetzung der Bezüge von Gemeindebeamten.

Verordnung zur Durchführung der Verordnung des Reichspräsidenten vom 24. August 1931 (Reichsgesetzbl. I S. 453) und des § 7 Abs. 2 im Kapitel I des Zweiten Teiles der Verordnung des Reichspräsidenten vom 5. Juni 1931 (Reichsgesetzbl. I S. 279). Vom 12. September 1931 (GS. S. 179) in der Fassung der Verordnungen vom 12. Oktober 1931 (GS. S. 221) und vom 4. November 1931 (GS. S. 227).

Auf Grund der vorstehenden Verordnungen wird folgendes verordnet:

Erster Teil.

Änderungen von Besoldungsgesetzen.

Kapitel I.

Preußisches Besoldungsgesetz.

§ 1.

Das Gesetz über die Dienstbezüge der unmittelbaren Staatsbeamten (Preußisches Besoldungsgesetz) vom 17. Dezember 1927 (Gesetzsamml. S. 223) wird wie folgt geändert:

1. § 7 Abs. 2 erhält folgende Fassung:

   (2) Die einschränkende Bestimmung im Abs. 1 gilt nicht für Geistliche, die planmäßige Stellen als solche innehaben und Seelsorge ausüben.[1]

Durchführungsbestimmungen I.

Zur vorläufigen Durchführung dieser Verordnung — künftig kurz Sparverordnung (SparVO.) genannt — wird folgendes bestimmt:

Zu Kap. I § 1 Nr. 1.

Nr. 1. Mit Wirkung vom 1. 10. 1931 erhalten auch ledige Beamtinnen, deren Grundgehaltssätze nach der Besoldungsordnung gekürzt werden, den Wohnungsgeldzuschuß wie die übrigen ledigen Beamten nach der Vorschrift des § 7 Abs. 1 PrBesG.[2]).

Durchführungsbestimmungen VI.

Zu Kap. I § 1 Nr. 1.

Nr. 1. Bei ledigen Beamtinnen, die nach dem 1. Oktober 1931 in den Ruhestand treten, ist, auch wenn ihre Grundgehaltssätze nach der Besoldungsordnung gekürzt sind, der Berechnung des Ruhegehalts der Wohnungsgeldzuschuß der Ortsklasse B nach der nächstniedrigeren Tarifklasse zugrunde zu legen. Heiratet die Beamtin im Ruhestande, so ist der Wohnungsgeldzuschuß nach der für verheiratete Pensionäre zuständigen Tarifklasse zugrunde zu legen, die Zahlung erfolgt vom Ersten des Monats an, in welchem die Ehe geschlossen wird. Für die zum 1. Oktober 1931 oder zu einem früheren Zeitpunkt ausgeschiedenen ledigen Beamtinnen tritt eine Änderung der der Berechnung des Ruhegehalts zugrunde liegenden Tarifklasse des Wohnungsgeldzuschusses durch die neue Vorschrift nicht ein.

Anmerkungen.

1. Da diese **Geistlichen** durch den Verkehr mit ihren Pfarrkindern ein größeres Wohnbedürfnis haben. Die Worte „die planmäßige Stellen als solche innehaben und Seelsorge ausüben" sind neu eingefügt, um jeden Zweifel bei der Auslegung dieser Ausnahmeregelung auszuschließen. Die jetzige Fassung entspricht den Erwägungen im Reichstag und Landtag, die im Jahre 1927 bei Einführung der bisherigen Bestimmung maßgebend waren. In der Praxis ist bereits der jetzigen Fassung entsprechend verfahren.

2. Also den **Wohnungsgeldzuschuß** der „nächstniedrigeren" Tarifklasse. Es erhält z. B. eine ledige Studienrätin in der vierten Dienstaltersstufe der BesGr. A 2 b vom 1. 10. 1931 ab in Ortsklasse A 84 RM. statt bisher 114 RM. monatlich Wohnungsgeldzuschuß.

§ 1 Nr. 2.

2. Im § 11 Abs. 4b und Abs. 7 ist die Zahl „40" zu ersetzen durch die Zahl „30".

Durchführungsbestimmungen I.

Zu Kap. I § 1 Nr. 2.

Nr. 2. Die Einkommensgrenze für die Gewährung von Kinderbeihilfen und Kinderzulagen ist mit Wirkung vom 1. 10. 1931 von bisher 40 RM. auf 30 RM. monatlich festgesetzt. Alle bisherigen Bewilligungen von Kinderbeihilfen und Kinderzulagen — vgl. den RdErl. v. 21. 5. 1928 — Bes. 4273 b II — (PrBesBl. 1931 S. 70)[1] — für

Kinder mit eigenem Einkommen sind entsprechend nachzuprüfen. Die Zahlung der Kinderbeihilfe oder Kinderzulage ist gegebenenfalls mit dem 30. 9. 1931 einzustellen.[2 3 4]

Durchführungsbestimmungen VI.

Zu Kap. I § 1 Nr. 2.

Nr. 2. Die Bestimmungen über die Herabsetzung der Einkommensgrenze für die Gewährung von Kinderbeihilfen und Kinderzulagen mit Wirkung vom 1. Oktober 1931 von bisher 40 RM. auf 30 RM. monatlich gelten gemäß § 25 PrBesG. 1927 in gleicher Weise für Versorgungsberechtigte.

Anmerkungen.

1. Hier abgedruckt S. 247.

2. Die **Herabsetzung der Einkommensgrenze** ist keine Änderung der den Bezug und die Höhe der Kinderbeihilfe im Einzelfalle begründenden, tatsächlichen Verhältnisse, also kein „für den Wegfall der Beihilfe maßgebendes Ereignis" im Sinne des § 11 Abs. 6 PrBesG., sondern eine im Verordnungswege getroffene Änderung der gesetzlichen Bestimmungen über die allgemeinen Voraussetzungen für die Gewährung der Kinderbeihilfe. Diese Änderung des Gesetzes ist mit Wirkung vom 1. 10. 1931 in Kraft getreten. Die Zahlung der zur Zeit der Verkündung der Sparverordnung laufenden Kinderbeihilfen war daher mit dem 30. 9. 1931 einzustellen, wenn die nach § 11 PrBesG. in der Fassung der SparVO. maßgebenden Voraussetzungen nicht mehr erfüllt waren.

3. Erforderlichenfalls sind die Kinderbeihilfen und Kinderzulagen für etwa vorhandene weitere Kinder anderweit zu bemessen (vgl. Nr. 63 Abs. 2 PBV.).

4. Ein RdErl. des FinMin. vom 16. 2. 1932 (PrBesBl. S. 48) bestimmt hierzu noch folgendes:

Durch die SparVO. vom 12. 9. 1931 (Erster Teil Kap. I § 1 Nr. 2) und die dazu ergangene Ausfbest. — PrBesBl. 1931 S. 265 — ist die Änderung des Musters für die in Nr. 62 Abs. 3 PBV. für die Zahlung der Kinderbeihilfe oder Kinderzulage vorgeschriebene Erklärung — PrBesBl. 1931 S. 79 — erforderlich geworden, und zwar ist in Nr. 9 Abs. 2 die Zahl „40" zu ersetzen durch „30". Für das Rechnungsjahr 1931 erhält Abs. 2 der Nr. 9 a. a. O. folgende Fassung: „Wenn das Monatseinkommen des Kindes in den Monaten vom 1. April bis 30. September v. J. 40 RM. oder mehr und seit 1. Oktober v. J. 30 RM. oder mehr betragen hat, ist auch hierüber Auskunft zu geben."

Die vorhandenen Vordrucke sind handschriftlich entsprechend zu berichtigen.

§ 1 Nr. 3.

3. § 17 Abs. 3 wird gestrichen.

Durchführungsbestimmungen I.

Zu Kap. I § 1 Nr. 3.

Nr. 3. Die Vorschrift im bisherigen Abs. 3 des § 17 PrBesG. (Verbesserung des Anwärterdienstalters (AnwDA.) der Versorgungsanwärter um 1 Jahr) ist in der Übersicht 3 zu den Preußischen Besoldungsvorschriften durch entsprechende Fassung der Kopfleiste bereits erfüllt. Für die Durchführung der Bestimmungen über die Festsetzung des AnwDA. ist daher die Streichung des Abs. 3 im § 17 PrBesG. sowie die Änderung der Kopfleiste in der Anlage 3 zum PrBesG. (vgl. Erster Teil Kap. I § 1 Nr. 5 der SparVO.) ohne praktische Bedeutung, da auch bisher eine Neufestsetzung des AnwDA. auf Grund des § 17 Abs. 3 PrBesG. nicht vorgenommen worden ist — vgl. RdErl. v. 20. 9. 1930 — Bes. 1205 — (PrBesBl. S. 129) —[1].

Anmerkung.

1. Da eine **Verbesserung des Anwärterdienstalters** der Versorgungsanwärter auf Grund der gestrichenen Vorschrift im § 17 Abs. 3 PrBesG. schon bisher nicht vorgenommen werden durfte, gibt die Streichung dieser Vorschrift zu einer Änderung des Anwärterdienstalters oder zu einer sonstigen Maßgabe keinen Anlaß.

§ 1 Nr. 4 A Ziff. 1 u. 2.

4. Die Anlage 1 zum Preußischen Besoldungsgesetz (Besoldungsordnung für die planmäßigen unmittelbaren Staatsbeamten) wird wie folgt geändert:

A. Im Abschnitt

„A. Aufsteigende Gehälter mit festen Grundgehaltssätzen".

1. Die in der Besoldungsgruppe 1c aufgeführten Oberregierungsräte (Oberfinanzrat, Oberjustizrat) als Verwaltungsdirektor und als Ministerialverwaltungsdirektoren werden in die Besoldungsgruppe 2b mit 1200 RM. ruhegehaltsfähiger Zulage versetzt. Die am 30. September 1931 vorhandenen Inhaber der Stellen behalten die Bezüge der Besoldungsgruppe 1c.

2. Die Besoldungsgruppe 1d wird gestrichen. Von den in dieser Besoldungsgruppe aufgeführten Beamten werden
die Staatsarchivdirektoren in Hannover, Marburg, Breslau,
die Direktoren der Universitätsbibliotheken in Berlin, Breslau, Göttingen, Bonn,

der Direktor des Akademischen Auskunftsamts bei der Universität Berlin,
die Abteilungsdirektoren der Musik-, Orient- und Handschriftenabteilung bei der Preußischen Staatsbibliothek in Berlin,
der Direktor und Professor des Meteorologisch-Magnetischen Observatoriums bei Potsdam, der Direktor des Landesmuseums in Kassel,
der Erste Ständige Sekretär und Professor bei der Akademie der Künste in Berlin und
die Direktoren bei der Auskunftstelle für Schulwesen und bei der Hauptstelle für den naturwissenschaftlichen Unterricht in Berlin

in die Besoldungsgruppe 2a, die Oberstudiendirektoren und Oberstudiendirektorinnen, Studiendirektoren und Studiendirektorinnen an besonders bedeutungsvollen Schulen als Oberstudiendirektoren, Oberstudiendirektorinnen, Studiendirektoren und Studiendirektorinnen in die Besoldungsgruppe 2 b mit 1200 RM. ruhegehaltsfähiger Zulage versetzt.[1]

Durchführungsbestimmungen I.

Zu Kap. I § 1 Nr. 4.

Nr. 4. (1) Zu Abschnitt A Ziff. 2: Das Besoldungsdienstalter (BDA.) der infolge Streichung der Besoldungsgruppe (BesGr.) A 1 d in die BesGr. A 2a und A 2b versetzten Beamten ist nach folgenden Grundsätzen festzusetzen:

A. Beamte, die beim Inkrafttreten des PrBesG. vom 17. 12. 1927 unmittelbar in die BesGr. A 1 d übergeleitet worden sind:

Diese Beamten sind nach dem Stande vom 30. 9. 1927 unmittelbar in die BesGr. A 2a oder A 2b nach Maßgabe der Überleitungsbestimmungen zu diesen Besoldungsgruppen überzuleiten.

Beispiel: Ein Staatsarchivdirektor der jetzigen BesGr. A 1 d war am 30. 9. 1927 aus der alten BesGr. A 12 mit seinem BDA. vom 1. 4. 1912 in die BesGr. A 1 d übergeleitet worden und hatte in dieser Besoldungsgruppe ein BDA. vom 1. 4. 1916 erhalten. Dieser Beamte ist nunmehr — ausgehend von seinem BDA. in der alten BesGr. A 12 vom 1. 4. 1912 — nach dem Stande vom 30. 9. 1927 unmittelbar in die BesGr. A 2a überzuleiten. Er erhält in dieser Besoldungsgruppe ein BDA. vom 1. 4. 1908.

B. Beamte, die nach dem 30.9. 1927 infolge Beförderung in eine Stelle der BesGr. A 1d aufgestiegen sind:

1. Beamte, die aus einer Stelle der BesGr. A 2a in eine Stelle der Bes.-Gr. A 1d befördert worden sind und auf Grund der SparVO. in eine Stelle der BesGr. A 2a versetzt werden:

Das BDA. in der BesGr. A 2a ist auf den in der BesGr. A 2a vor der Beförderung maßgebenden Zeitpunkt festzusetzen.

2. Beamte, die aus einer Stelle der BesGr. A 2b in eine Stelle der Bes.-Gr. A 1d befördert worden sind und auf Grund der SparVO. in eine Stelle der BesGr. A 2b versetzt werden:

Das BDA. in der BesGr. A 2b ist auf den in der BesGr. A 2b vor der Beförderung maßgebenden Zeitpunkt festzusetzen.

3. Beamte, die aus einer Stelle der BesGr. A 2b in eine Stelle der Bes.-Gr. A 1d befördert worden sind und auf Grund der SparVO. in eine Stelle der BesGr. A 2a versetzt werden:

Das BDA. ist so festzusetzen, wie wenn die Beförderung seinerzeit nicht in eine Stelle der BesGr. A 1d, sondern in eine Stelle der BesGr. A 2a erfolgt wäre.

Anmerkung.

1. In Kraft getreten mit Wirkung vom 1. 10. 1931.

§ 1 Nr. 4 A Ziff. 3.

3. [1]) Die Fußnoten zur Besoldungsgruppe 2b erhalten folgende Fassung:

[1]) Die am 30. September 1927 im Amte gewesenen Beamten der alten Besoldungsgruppe A 11 erhalten den Wohnungsgeldzuschuß III.

[2]) Außerdem eine ruhegehaltsfähige Zulage von 800 RM. jährlich.

[3]) Außerdem eine ruhegehaltsfähige Zulage von 400 RM. jährlich.

[4]) Die nichtvollbesoldeten Veterinärräte und die nichtvollbesoldeten Medizinalräte erhalten 75 vom Hundert der Grundgehaltssätze der vollbesoldeten Veterinärräte und der vollbesoldeten Medizinalräte.

[5]) Außerdem eine ruhegehaltsfähige Zulage von 1200 RM. jährlich.

[6]) Außerdem eine ruhegehaltsfähige Zulage von 600 RM. jährlich.

Durchführungsbestimmung I.

(2) Zu Abschnitt A Ziff. 3: Die auf Grund der bisherigen Fußnote 5 zur BesGr. A 2b den am 30. 9. 1927 im Amte gewesenen Beamten mit den Bezügen der alten BesGr. A 12 für ihre Person zu zahlende Zulage von 600 RM.[2] jährlich fällt mit Wirkung vom 1. 10. 1931 fort.

Anmerkungen.

1. Diese Bestimmung enthält in Verbindung mit der folgenden Ziff. 4 die mit Wirkung vom 1. 10. 1931 geltende Regelung der Zulagen für die Beamten der BesGr. A 2 b.

2. Es handelt sich um eine sogenannte Übergangszulage.

§ 1 Nr. 4 A Ziff. 4.

4. Die Besoldungsgruppe 2b wird wie folgt geändert:

a) Im Abschnitt Forstverwaltung ist
statt: Oberförster
(außerdem für Oberförster als Direktoren der Forstschulen in Hachenburg, Steinbusch und Spangenberg sowie als forsttechnischer Beirat beim Regierungspräsidenten in Sigmaringen eine ruhegehaltsfähige Zulage von je 600 RM. jährlich)
zu setzen: Oberförster
(außerdem für Oberförster als Direktoren der Forstschulen in Hachenburg, Steinbusch und Spangenberg sowie als forsttechnischer Beirat beim Regierungspräsidenten in Sigmaringen eine ruhegehaltsfähige Zulage von je 400 RM. jährlich).

b) Im Abschnitt Gestütverwaltung ist
statt: Landstallmeister (bisher zum Teil Oberstallmeister)[2])
zu setzen: Landstallmeister (bisher zum Teil Oberstallmeister)[5]).

c) Im Abschnitt Finanzministerium ist
statt:
Direktor der Hauptbuchhalterei[2]).
Direktor der Generalstaatskasse[2])
zu setzen:
Direktor der Hauptbuchhalterei[5]).
Direktor der Generalstaatskasse[5]).

d) Im Abschnitt Handels- und Gewerbeverwaltung ist statt:

Oberseefahrtschuldirektor in Altona[2]).

Seefahrtschuldirektoren[3]).

Oberstudiendirektoren und Studiendirektoren bei den Baugewerkschulen sowie bei der Tiefbauschule in Rendsburg[2]), soweit nicht in Besoldungsgruppe A 1 d.

Oberstudiendirektoren und Studiendirektoren bei den Maschinenbauschulen, den höheren Maschinenbauschulen, der höheren Maschinenbau- und Schiffsingenieur- und Seemaschinistenschule in Stettin, der höheren Schiff- und Maschinenbauschule in Kiel, den Maschinenbau- und Hüttenschulen in Gleiwitz und Duisburg[2]), soweit nicht in Besoldungsgruppe A 1 d.

Oberstudiendirektoren bei der Zeichenakademie in Hanau und bei der Kunstgewerbe- und Gewerblichen Zeichenschule in Kassel[2]).

Studiendirektoren bei den Keramischen Fachschulen[2]).

Fachschuldirektoren bei den Fachschulen für Metallindustrie[3]).

Direktorinnen bei den Handels- und Gewerbeschulen für Mädchen in Potsdam und Rheydt[3]).

Studiendirektoren bei den Fachschulen für Wirtschaft und Verwaltung in Berlin und Düsseldorf[3]).

Oberstudienräte an besonders bedeutungsvollen Schulen[2]).

Oberstudienräte[3]) und Studienräte an den Baugewerkschulen, an der Tiefbauschule in Rendsburg, an den Maschinenbauschulen, an den Fachschulen für Metallindustrie, an den Schiffsingenieur- und Seemaschinistenschulen sowie an den Kunstgewerbe- und Handwerkerschulen

zu setzen:

Oberseefahrtschuldirektor in Altona[5]).

Seefahrtschuldirektoren[6]).

Oberstudiendirektoren und Studiendirektoren bei den Baugewerkschulen sowie bei der Tiefbauschule in Rendsburg[5]).

Oberstudiendirektoren und Studiendirektoren bei den Maschinenbauschulen, den höheren Maschinenbauschulen, der höheren Maschinenbau- und Schiffsingenieur- und Seemaschinistenschule in Stettin, der höheren Schiff- und Maschinenbauschule in Kiel, den Maschinenbau- und Hüttenschulen in Gleiwitz und Duisburg[5]).

Oberstudiendirektoren bei der Zeichenakademie in Hanau, bei der Kunstgewerbe- und Gewerblichen Zeichenschule in Kassel und bei der Kunst- und Gewerkschule in Königsberg i. Pr.[5]).

Studiendirektoren bei den Keramischen Fachschulen[5]).

Fachschuldirektoren bei den Fachschulen für Metallindustrie[6]).

Direktorinnen bei den Handels- und Gewerbeschulen für Mädchen in Potsdam und Rheydt[6]).

Studiendirektoren bei den Fachschulen für Wirtschaft und Verwaltung in Berlin und Düsseldorf[6]).

Oberstudienräte an Anstalten mit mehreren Fachgebieten in einer durch den Staatshaushaltsplan festzusetzenden Zahl[6]) und Studienräte an den Baugewerkschulen, an der Tiefbauschule in Rendsburg, an den Maschinenbauschulen, an den Fachschulen für Metallindustrie, an den Schiffsingenieur- und Seemaschinistenschulen sowie an den Kunstgewerbe- und Handwerkerschulen,

ferner anzufügen:

Dozenten und †) Dozentinnen an den Berufspädagogischen Instituten.

e) Im Abschnitt Justizverwaltung ist

statt: Oberlandesgerichtsräte als hauptamtliche Mitglieder des Landesprüfungsamts[2]).

Oberlandesgerichtsräte[2]).

Landgerichtsdirektoren[2]) } soweit nicht in Besoldungsgruppe A 1 c.
Amtsgerichtsdirektoren[2]) }

Oberstaatsanwälte[2]), soweit nicht in Besoldungsgruppe A 1 b und A 1 c

zu setzen:

Oberlandesgerichtsräte als hauptamtliche Mitglieder des Landesprüfungsamts[5]).

Oberlandesgerichtsräte[5]).

Landgerichtsdirektoren[5]) } soweit nicht in Besol-
Amtsgerichtsdirektoren[5]) } dungsgruppe A 1 c.

Oberstaatsanwälte[5]), soweit nicht in Besoldungsgruppe A 1 b und A 1 c,

statt: Oberstrafanstaltsdirektoren der großen Gefangenanstalten[2])

zu setzen:

Oberstrafanstaltsdirektoren der großen Gefangenanstalten[5]).

f) Im Abschnitt Ministerium des Innern ist

statt: Regierungs- und Volkswirtschaftsräte beim Statistischen Landesamt
(die am 30. September 1927 im Amte gewesenen Inhaber der Stellen mit den Bezügen der alten Besoldungsgruppe A 12 erhalten für ihre Person eine ruhegehaltsfähige Zulage von 1200 RM. jährlich und die Amtsbezeichnung Oberregierungsrat)

zu setzen:

Regierungs- und Volkswirtschaftsräte beim Statistischen Landesamt
(die am 30. September 1927 im Amte gewesenen Inhaber der Stellen mit den Bezügen der alten Besoldungsgruppe A 12 erhalten für ihre Person eine ruhegehaltsfähige Zulage von 800 RM. jährlich und die Amtsbezeichnung Oberregierungsrat).

g) Im Abschnitt Landwirtschaftliche Verwaltung ist

statt: Regierungs- und Bauräte bei der Landesanstalt für Gewässerkunde im Ministerium
(außerdem für Regierungs- und Bauräte als Gruppenleiter eine ruhegehaltsfähige Zulage von 600 RM. jährlich).

Landeskulturgerichtsdirektoren[2])

zu setzen: Regierungs- und Bauräte bei der Landesanstalt für Gewässerkunde im Ministerium

(außerdem für Regierungs- und Bauräte als Gruppenleiter eine ruhegehaltsfähige Zulage von 400 RM. jährlich).

Landeskulturgerichtsdirektoren[5]),

statt: Studienräte, Studienräte und Professoren (bisher Studienräte) bei der Lehr- und Forschungsanstalt für Wein-, Obst- und Gartenbau in Geisenheim

(außerdem für Studienräte, Studienräte und Professoren als Institutsvorsteher an Instituten mit mehreren wissenschaftlichen Assistenten eine ruhegehaltsfähige Zulage von 600 RM. jährlich)

zu setzen: Studienräte, Studienräte und Professoren (bisher Studienräte) bei der Lehr- und Forschungsanstalt für Wein-, Obst- und Gartenbau in Geisenheim und bei der Lehr- und Forschungsanstalt für Gartenbau in Berlin-Dahlem

(außerdem für Studienräte, Studienräte und Professoren als Institutsvorsteher an Instituten mit mehreren wissenschaftlichen Assistenten eine ruhegehaltsfähige Zulage von 400 RM. jährlich).

h) Im Abschnitt Ministerium für Wissenschaft, Kunst und Volksbildung ist

statt: Kustoden, Kustoden und Professoren

(außerdem für Kustoden, Kustoden und Professoren als Gruppenleiter eine ruhegehaltsfähige Zulage von 600 RM. jährlich)

zu setzen: Kustoden, Kustoden und Professoren

(außerdem für Kustoden, Kustoden und Professoren als Gruppenleiter eine ruhegehaltsfähige Zulage von 400 RM. jährlich),

statt: Ständige Mitglieder und Professoren sowie Ständige Mitglieder beim Materialprüfungsamt in Berlin-Dahlem

(außerdem für Ständige Mitglieder und Professoren

als Gruppenleiter eine ruhegehaltsfähige Zulage von 600 RM. jährlich).

Wissenschaftliche Mitglieder und Professoren beim Institut für experimentelle Therapie in Frankfurt a. M.
(außerdem für ein wissenschaftliches Mitglied eine ruhegehaltsfähige Zulage von 600 RM. jährlich)

zu setzen: Ständige Mitglieder und Professoren sowie Ständige Mitglieder beim Materialprüfungsamt in Berlin-Dahlem
(außerdem für Ständige Mitglieder und Professoren als Gruppenleiter eine ruhegehaltsfähige Zulage von 400 RM. jährlich).

Wissenschaftliche Mitglieder und Professoren beim Institut für experimentelle Therapie in Frankfurt a. M.
(außerdem für ein wissenschaftliches Mitglied eine ruhegehaltsfähige Zulage von 400 RM. jährlich),

statt: Kustos bei der Hauptverwaltung der Staatlichen Schlösser, zugleich Direktor des Museums Schloß Monbijou (Hohenzollernmuseum)
(der am 30. September 1927 im Amte gewesene Inhaber der Stelle erhält für seine Person eine ruhegehaltsfähige Zulage von 1200 RM. jährlich)

zu setzen: Kustos bei der Hauptverwaltung der Staatlichen Schlösser, zugleich Direktor des Museums Schloß Monbijou (Hohenzollernmuseum)
(der am 30. September 1927 im Amte gewesene Inhaber der Stelle erhält für seine Person eine ruhegehaltsfähige Zulage von 800 RM. jährlich),

statt: Oberstudienräte und Oberstudienrätinnen bei den Provinzialschulkollegien und Oberstudienräte und †) Oberstudienrätinnen bei besonders bedeutungsvollen Schulen[2]).

Oberstudiendirektoren und Oberstudiendirektorinnen sowie Studiendirektoren und Studiendirektorinnen an Vollanstalten[2]), soweit nicht in Besoldungsgruppe A 1 d.

Studiendirektoren und Studiendirektorinnen an Nichtvollanstalten[3]).

Oberstudienräte[3]) und †) Oberstudienrätinnen[3]) sowie Studienräte und †) Studienrätinnen

zu setzen: Oberstudienräte und Oberstudienrätinnen bei den Provinzialschulkollegien, Oberstudienräte bei der Auskunftstelle für Schulwesen und bei der Hauptstelle für naturwissenschaftlichen Unterricht in Berlin[2]).

Oberstudiendirektoren und Oberstudiendirektorinnen sowie Studiendirektoren und Studiendirektorinnen an Vollanstalten[5]).

Studiendirektoren und Studiendirektorinnen an Nichtvollanstalten[6]).

Oberstudienräte und †) Oberstudienrätinnen an großen Doppelanstalten und an Anstalten mit großen Alumnaten[6]).

Studienräte und †) Studienrätinnen,

statt: Dozenten und †) Dozentinnen bei den Pädagogischen Akademien zu einem Viertel der gesamten Lehrkräfte.

Direktoren der Taubstummenanstalt in Berlin-Neukölln sowie der Blindenanstalt in Berlin-Steglitz[2])

zu setzen: Dozenten und †) Dozentinnen bei den Pädagogischen Akademien.

Direktoren der Taubstummenanstalt in Berlin-Neukölln sowie der Blindenanstalt in Berlin-Steglitz[5]).

i) Im Abschnitt **Ministerium für Volkswohlfahrt** ist statt: Medizinalräte als Direktoren von Medizinaluntersuchungsämtern

(außerdem für den Direktor des Medizinaluntersuchungsamts in Breslau eine ruhegehaltsfähige Zulage von 1200 RM. jährlich).

Wissenschaftliche Mitglieder und Professoren sowie wissenschaftliche Mitglieder bei der Staatlichen Nahrungsmitteluntersuchungsanstalt in Berlin und bei der Landesanstalt für Wasser-, Boden- und Lufthygiene in Berlin-Dahlem

(außerdem für wissenschaftliche Mitglieder und Professoren bei der Staatlichen Nahrungsmitteluntersuchungsanstalt in Berlin und für wissenschaftliche

Mitglieder und Professoren bei der Landesanstalt für Wasser-, Boden- und Lufthygiene in Berlin-Dahlem als Gruppenleiter eine ruhegehaltsfähige Zulage von 600 RM. jährlich)

zu setzen: Medizinalräte als Direktoren von Medizinaluntersuchungsämtern

(außerdem für den Direktor des Medizinaluntersuchungsamts in Breslau eine ruhegehaltsfähige Zulage von 800 RM. jährlich).

Wissenschaftliche Mitglieder und Professoren sowie wissenschaftliche Mitglieder bei der Preußischen Landesanstalt für Lebensmittel-, Arzneimittel- und gerichtliche Chemie in Berlin und bei der Landesanstalt für Wasser-, Boden- und Lufthygiene in Berlin-Dahlem

(außerdem für wissenschaftliche Mitglieder und Professoren bei der Preußischen Landesanstalt für Lebensmittel-, Arzeimittel- und gerichtliche Chemie in Berlin und für wissenschaftliche Mitglieder und Professoren bei der Landesanstalt für Wasser-, Boden- und Lufthygiene in Berlin-Dahlem als Gruppenleiter eine ruhegehaltsfähige Zulage von 400 RM. jährlich).

Durchführungsbestimmungen I.

(3) Abschnitt A Ziff. 4a bis i enthält in Verbindung mit Abschnitt A Ziff. 3 in der Hauptsache die mit Wirkung vom 1. 10. 1931 geltende Regelung der Zulagen für die Beamten der BesGr. A 2b.[1]

Anmerkung.

1. Im wesentlichen sind die Zulagen für Oberregierungsräte und gleichzubewertende Beamte von 1200 RM. auf 800 RM. sowie für die sogenannten technischen Räte und die gleichwertigen Beamten (Regierungs- und Bauräte, Regierungs- und Gewerberäte, Regierungs- und Medizinalräte usw.) von 600 RM. auf 400 RM. herabgesetzt. Zulagen von 1200 RM. und 600 RM. erhalten nur noch Beamte in leitenden Stellen (z. B. Landgerichtsdirektoren und Studiendirektoren).

§ 1 Nr. 4A Ziff. 5.

5. Die Besoldungsgruppe 4b wird wie folgt geändert:

a) Im Abschnitt Gestütverwaltung ist

statt: Lehrer

(außerdem für alleinstehende Lehrer nach Ablauf

von fünf Jahren seit der endgültigen Anstellung eine ruhegehaltsfähige Zulage von 200 RM. jährlich)
zu setzen: Lehrer.

b) Im Abschnitt Handels- und Gewerbeverwaltung ist statt: Beschußinspektor und Oberbeschußmeister
(der am 30. September 1927 im Amte gewesene Beschußinspektor erhält für seine Person eine ruhegehaltsfähige Zulage von 300 RM. jährlich)
zu setzen: Beschußinspektor und Oberbeschußmeister

c) Im Abschnitt Ministerium für Wissenschaft, Kunst und Volksbildung ist bei der Position „Obersekretäre im Bereich der Verwaltung des Ministeriums" der Klammerzusatz:
(es erhalten ein am 30. September 1927 im Amte gewesener Obersekretär bei den Vereinigten Staatsschulen für freie und angewandte Kunst in Berlin-Charlottenburg für seine Person eine ruhegehaltsfähige Zulage von 500 RM. jährlich sowie Theaterinspektoren bei den Staatlichen Theatern in Berlin, die als Intendantursekretäre vor dem 1. Dezember 1918 planmäßig angestellt waren und denen eine ruhegehaltsfähige Zulage nicht gewährt wird, für ihre Person eine solche von 300 RM. jährlich)
zu streichen und
statt: Bibliotheksverwalter bei den Staatlichen Museen in Berlin
(ein am 30. September 1927 im Amte gewesener Inhaber der Stelle erhält für seine Person eine ruhegehaltsfähige Zulage von 300 RM. jährlich)
zu setzen:
Bibliotheksverwalter bei den Staatlichen Museen in Berlin.

d) Die Fußnote 5 ist zu streichen; die Fußnoten 6, 7 und 8 erhalten die Nummern 5, 6 und 7.

Durchführungsbestimmungen I.

(4) Abschnitt A Ziff. 5 enthält die vom 1. 10. 1931 ab geltende anderweite Regelung von Zulagen für Beamte der BesGr. A 4b.[1] *Die auf Grund der bisherigen Fußnote 5 zur BesGr. A 4b den am 30. 9. 1927*

im Amte gewesenen Beamten mit den Bezügen der alten BesGr. A 9 für ihre Person zu zahlende Zulage von 300 RM. jährlich fällt mit Wirkung vom 1. 10. 1931 fort.

Anmerkung.

1. Es handelt sich im wesentlichen um den Wegfall sogenannter Übergangszulagen.

§ 1 Nr. 4 A Ziff. 6.

6. In der Besoldungsgruppe 4 c erhält die Fußnote 2 folgende Fassung:

²) Die am 30. September 1927 im Amte gewesenen Beamten mit den Bezügen der alten Besoldungsgruppe A 9 erhalten für ihre Person die Bezüge der Besoldungsgruppe A 4 b.

Durchführungsbestimmungen I.

(5) Zu Abschnitt A Ziff. 6: Die auf Grund der bisherigen Fußnote 2 zur BesGr. A 4c den am 30. 9. 1927 im Amte gewesenen Beamten mit den Bezügen der alten BesGr. A 9 neben den Bezügen der Bes.-Gr. A 4b für ihre Person gewährte Zulage von 300 RM.[1] jährlich fällt mit Wirkung vom 1. 10. 1931 fort.

Anmerkung.

1. Auch hier handelt es sich um eine Übergangszulage.

§ 1 Nr. 4 A Ziff. 7.

7. In der Besoldungsgruppe 6 ist in der Fußnote 2 der letzte Satz zu streichen.

Durchführungsbestimmungen I.

(6) Zu Abschnitt A Ziff. 7: Die den am 30. 9. 1927 vorhanden gewesenen Inhabern von planmäßigen Stellen für Kanzleiinspektoren für ihre Person gewährte Zulage von 300 RM.[1] jährlich fällt mit Wirkung vom 1. 10. 1931 fort.

Anmerkung.

1. Die Streichung betrifft ebenfalls eine Übergangszulage.

§ 1 Nr. 4 A Ziff. 8.

8. In der Besoldungsgruppe 6 erhält die Fußnote 3 folgende Fassung:

³) Die Sekretäre der alten Besoldungsgruppe A 6, die am 31. März 1920 als Assistenten alter Ordnung planmäßig

angestellt waren, statt oder neben der Sonderprüfung jedoch bis zum 30. September 1927 die Fachprüfung I. Klasse ablegten, erhalten bis zur Übertragung einer Planstelle in der Besoldungsgruppe A 4 b die Bezüge der Besoldungsgruppe A 4 c. Bei Erfüllung der gleichen Voraussetzungen gilt die Bestimmung auch für diejenigen Sekretäre der alten Besoldungsgruppe A 6, die auf Grund ergangener Härtebestimmungen zur Sonderprüfung zugelassen worden sind.

Durchführungsbestimmungen I.

(7) Zu Abschnitt A Ziff. 8: Um jeden Zweifel über den wahren Willen des Gesetzgebers auszuschließen, ist die Fußnote 3 zur Bes.-Gr. A 6 neu gefaßt. Die Neufassung gilt vom 1. 10. 1927 ab.[1]

Anmerkung.

1. Diese mit Wirkung vom 1. 10. 1927 in Kraft getretene neue Fassung der Fußnote 3 zur BesGr. A 6 ändert an den bestehenden Verhältnissen nichts.

Die Fußnote 3 zur BesGr. A 6 findet also nach wie vor nur auf solche Beamte Anwendung, die

1. am 31. 3. 1920 als Assistenten alter Ordnung planmäßig angestellt oder nach dem Rundschreiben des FinMin. vom 10. 7. 1926 — Bes. 9807 b — wie diese Beamten zu behandeln waren

und

2. bis zum 30. 9. 1927 die Fachprüfung I. Klasse abgelegt haben.

Die Bezüge der Besoldungsgruppe A 4 c auf Grund der Fußnote 3 zur Besoldungsgruppe A 6 werden hiernach nur gewährt, wenn eine der beiden Voraussetzungen zu 1 und zugleich die Voraussetzung zu 2 erfüllt sind.

§ 1 Nr. 4 A Ziff. 9.

9. In der Besoldungsgruppe 7 b erhalten bei der Handels- und Gewerbeverwaltung die „Schiffahrtskontrolleure (bisher Schiffahrtsassistenten)" das Anmerkungszeichen[1]).

Die Besoldungsgruppe 7 b erhält als Fußnote 1 folgende Bestimmung:

[1]) Schiffahrtskontrolleure erhalten, solange sie die für die Schutzpolizeibeamten vorgesehenen Bedingungen für die unkündbare Anstellung nicht erfüllt haben, die Bezüge der Besoldungsgruppe A 9.

Durchführungsbestimmungen I.

(8) Zu Abschnitt A Ziff. 9: Die bisher durch den Stellenplan 1927 und durch die Haushaltspläne getroffene Regelung der Bezüge für

Schiffahrtskontrolleure, die die für die Schutzpolizeibeamten vorgesehenen Bedingungen für die unkündbare Anstellung[1] nicht erfüllt haben, ist mit Wirkung vom 1. 10. 1927 in das PrBesG. übernommen.

Anmerkung.

1. Vgl. die Bestimmungen über die unkündbare Anstellung in der Schutzpolizei, Vorschriften für die staatliche Polizei Preußens Nr. 38.

§ 1 Nr. 4 B.

B. Im Abschnitt

„C. Gehälter mit Mindestgrundgehaltssätzen".

1.[1]) In der Besoldungsgruppe 2 ist
statt:
Professoren (bisher Dozenten) bei den Pädagogischen Akademien zu einem Viertel der gesamten Lehrkräfte
zu setzen:
Professoren (bisher Dozenten) bei den Pädagogischen Akademien in einer durch den Staatshaushaltsplan festzusetzenden Zahl,
ferner anzufügen:
Professoren an den Berufspädagogischen Instituten in einer durch den Staatshaushaltsplan festzusetzenden Zahl.

2.[1]) In der Besoldungsgruppe 3 ist
statt:
Professoren (bisher Dozenten) bei den Pädagogischen Akademien zur Hälfte der gesamten Lehrkräfte
zu setzen:
Professoren (bisher Dozenten) bei den Pädagogischen Akademien in einer durch den Staatshaushaltsplan festzusetzenden Zahl,
ferner anzufügen:
Professoren bei den Berufspädagogischen Instituten in einer durch den Staatshaushaltsplan festzusetzenden Zahl.

Anmerkung.

1. Die Verteilung der Stellen für die Dozenten und Professoren bei den Pädagogischen Akademien und bei den Berufspädagogischen Instituten

auf die BesGr. A 2 b, C 2 und C 3 ist also nicht mehr in der Besoldungsordnung festgelegt; sie erfolgt künftig durch den Staatshaushaltsplan nach dem sachlichen Bedürfnis.

Durchführungsbestimmungen VI.

Zu Kap. I § 1 Nr. 4.

Nr. 3. Durch die Änderung der Anlage 1 zum Preußischen Besoldungsgesetz 1927 (Besoldungsordnung) wird für die Beamten, die zum 1. Oktober 1931 oder zu einem früheren Zeitpunkt in den dauernden oder einstweiligen Ruhestand versetzt worden sind, das der Berechnung ihrer Versorgungsbezüge zugrunde liegende Diensteinkommen nicht berührt. Dasselbe gilt für die Hinterbliebenen dieser Ruhegehalts- und Wartegeldempfänger, auch wenn sie nach dem 1. Oktober 1931 sterben, und für die Hinterbliebenen der vor dem 1. Oktober 1931 im Amt verstorbenen Beamten.

Nr. 4. (1) Auf Wartegeldempfänger, die bis zum 1. Oktober 1931 im Staatsdienst planmäßig wieder angestellt und am 1. Oktober 1931 im Amt gewesen sind, oder die nach diesem Zeitpunkt im Staatsdienst planmäßig wieder angestellt werden, finden die zum 1. Oktober 1931 eingetretenen Änderungen der Besoldungsordnung Anwendung.

(2) Dasselbe gilt, wenn ein Wartegeldempfänger gemäß § 8a Satz 2 der Wartegeldverordnung vorübergehend voll beschäftigt wird. Jedoch ist während dieser Beschäftigung, solange das gemäß § 8a Satz 2 der Wartegeldverordnung nach den Sätzen der durch die Sparverordnung geänderten Besoldungsordnung 1927 zustehende Diensteinkommen niedriger ist als das ruhegehaltsfähige Diensteinkommen (gegebenenfalls zuzüglich Frauenbeihilfe), das der Berechnung des Wartegeldes zugrunde liegt, dieses ruhegehaltsfähige Diensteinkommen (gegebenenfalls zuzüglich Frauenbeihilfe) zu gewähren. Dieses bleibt auch für die Berechnung des Wartegeldes nach § 8b der Wartegeldverordnung oder des Ruhegehalts nach § 12 des Zivilruhegehaltsgesetzes maßgebend, wenn es beim Ausscheiden des Wartegeldempfängers aus der vorübergehenden Wiederbeschäftigung nach § 8a Satz 2 der Wartegeldverordnung höher ist als das ruhegehaltsfähige Diensteinkommen nach den Sätzen der durch die Sparverordnung geänderten Besoldungsordnung 1927.

Nr. 5. Die auf Grund des § 36 PrBesG. 1927 aufgestellten Einstufungsübersichten (Landtagsdrucks. Nr. 2691 — Tagung 1928/29) sind entsprechend den Änderungen der Besoldungsordnung 1927 mit Wirkung vom 1. Oktober 1931 wie folgt geändert:

a) Einstufungsübersicht der Beamten der ehemaligen Bergbetriebsverwaltung.

BesGr. 2b. Die in den Fußnoten 1 und 2 festgesetzten ruhegehaltsfähigen Zulagen von 1200 RM. jährlich und 600 RM. jährlich werden auf 800 RM. jährlich und 400 RM. jährlich herabgesetzt.

BesGr. 4b. Die ruhegehaltsfähige Zulage von 500 RM. jährlich für Konrektoren an den Vorschulen der Bergschule in Saarbrücken ist zu streichen. Die Fußnote 5 ist entsprechend dem

Ersten Teil Kap. I § 1 Nr. 4 Abschn. A Ziff. 5d, erster Halbsatz (II 4 Abs. 4 DB.) zu streichen.

BesGr. 6. Die Fußnote 2 erhält die Fassung der Fußnote 3 zu BesGr. 6 BesO. 1927 im Ersten Teil Kap. I § 1 Nr. 4 Abschn. A Ziff. 8 (II 4 Abs. 7 DB.).

b) Einstufungsübersicht der Beamten der ehemaligen staatlichen Verwaltung der Duisburg-Ruhrorter Häfen und der ehemaligen Elektrizitätsverwaltung.

BesGr. 2b. Die in der Fußnote 1 festgesetzte ruhegehaltsfähige Zulage von 1200 RM. jährlich wird auf 800 RM. jährlich herabgesetzt. Die Fußnote 2 ist entsprechend dem Wegfall der früheren Fußnote 5 zur BesGr. 2b (II 4 Abs. 2 DB.) zu streichen.

BesGr. 4b. Die Fußnote 4 ist entsprechend dem Ersten Teil Kap. I § 1 Nr. 4 Abschn. A Ziff. 5d, erster Halbsatz (II 4 Abs. 4 DB.) zu streichen.

c) Einstufungsübersicht der Lehrkräfte der früheren staatlichen Lehrer- und Lehrerinnenbildungsanstalten und der Beamten der früheren staatlichen Erziehungsheime.

BesGr. 4b. Die für Hauptlehrer und Hauptlehrerinnen bei den früheren staatlichen Erziehungsheimen festgesetzte ruhegehaltsfähige Zulage von 500 RM. jährlich wird auf 300 RM. jährlich herabgesetzt.

d) Einstufungsübersicht der Beamten der ehemaligen Hauptverwaltung der Staatsschulden.

BesGr. 2b. Die in der Fußnote festgesetzte ruhegehaltsfähige Zulage von 1200 RM. jährlich wird auf 800 RM. jährlich herabgesetzt.

BesGr. 4b. Die Fußnote ist entsprechend dem Ersten Teil Kap I. § 1 Nr. 4 Abschn. A Ziff. 5d, erster Halbsatz (II 4 Abs. 4 DB.) zu streichen.

Nr. 6. Vor dem 1. Oktober 1931 anfallende Gnadenvierteljahresbezüge (Stichtag ist der Todestag des Beamten) werden durch die Änderungen der Besoldungsordnung auch insoweit nicht berührt, als die Gnadenvierteljahresbezüge für einen Zeitraum gewährt werden, der über den 30. September 1931 hinausreicht.

§ 1 Nr. 5.

5.[1]) In der Anlage 3 (Dienstbezüge der nichtplanmäßigen unmittelbaren Staatsbeamten) erhält die Kopfleiste folgende Fassung:

Als unmittelbare Anwärter auf Planstellen der Besoldungsgruppe	Im 1. und 2. Anwärterdienstjahr, Versorgungsanwärter im 1. Anwärterdienstjahr	Im 3. und 4. Anwärterdienstjahr, Versorgungsanwärter im 2. und 3. Anwärterdienstjahr	Im 5. Anwärterdienstjahr, Versorgungsanwärter im 4. Anwärterdienstjahr

Durchführungsbestimmungen I.

Zu Kap. I § 1 Nr. 5.

Nr. 5. Vgl. die Ausführungen lfd. Nr. 3.[2]

Anmerkungen.

1. Da die Übersicht 3 zu den PBV. (vgl. PrBesBl. 1928 S. 192 und 1931 S. 56), die nach Nr. 87 Abs. 3 a. a. O. allein für die Höhe der Bezüge der nichtplanmäßigen Beamten maßgebend war, bereits die Kopfleiste in der in der Sparverordnung vorgesehenen Fassung enthält, gibt die Änderung zu einer Umrechnung der Bezüge oder zu einer sonstigen Maßnahme keinen Anlaß.

2. Hier S. 374.

§ 1 Nr. 6.

6. Die Anlage 3 (Dienstbezüge der nichtplanmäßigen unmittelbaren Staatsbeamten) erhält folgende Fassung:

Dienstbezüge der nichtplanmäßigen unmittelbaren Staatsbeamten.

Die nichtplanmäßigen Beamten erhalten folgende Grundvergütungen:[1])

Als unmittelbare Anwärter auf Planstellen der Besoldungsgruppe	Im 1. und 2. Anwärterdienstjahr, Versorgungsanwärter im 1. Anwärterdienstjahr RM	Im 3. und 4. Anwärterdienstjahr, Versorgungsanwärter im 2. und 3. Anwärterdienstjahr RM	Im 5. Anwärterdienstjahr, Versorgungsanwärter im 4. Anwärterdienstjahr RM
A 2b	3000	3600	4100
A 2d, A 3 und A 4a 2. Abt.	2500	2900	3300
A 4a 1. Abt., A 4b, A 4c, A 4d, C 4 und C 5 . .	2000	2300	2600
A 4e, A 5 und A 7a . .	1700	1950	2160
A 6, A 7b und A 8 . . .	1500	1680	1850
A 9, A 10a und A 10b. .	1300	1400	1500
A 11 und A 12	1250	1330	1400
Polizeianwärter	1140		

[1]) Anwärterinnen auf Stellen, die in der Besoldungsordnung mit einem †) bezeichnet sind, erhalten die Grundvergütung um 10 vom Hundert gekürzt.

[2]) Soweit und solange die Gesamtbezüge eines nichtplanmäßigen Beamten aus dem Stande der Versorgungsanwärter an Grundgehalt[2]) und

Wohnungsgeldzuschuß niedriger sind als die Vergütung eines zur Probedienstleistung einberufenen Versorgungsanwärters der gleichen Laufbahn sind die Bezüge des nichtplanmäßigen Beamten in Höhe der Vergütung des zur Probedienstleistung einberufenen Versorgungsanwärters zu zahlen.[3])

Durchführungsbestimmungen I.

Zu Kap. I § 1 Nr. 6.

Nr. 6. Die vom 1. 10. 1931 ab zuständigen Monatsbeträge der Grundvergütungen für die nichtplanmäßigen Beamten sind in der Anlage[4] *zusammengestellt.*

Anmerkungen.

1. Vom 1. 10. 1931 ab sind den nichtplanmäßigen Beamten die Grundvergütungen nur in der aus der neuen Anlage 3 zum PrBesG. (der neuen Übersicht 3 zu den PBV. — vgl. S. 486) sich ergebenden Höhe zu zahlen, und zwar gegebenenfalls nach dem gemäß § 2 Abs. 1 Kap. II im 2. Teil der SparVO. (hier S. 405) verkürzten Anwärterdienstalter.

2. Grundgehalt ist ein Druckfehler, es muß Grundvergütung heißen.

3. Für den nach der Fußnote 2 zur neuen Anlage 3 PrBesG. und zur neuen Übersicht 3 PBV. vorzunehmenden Vergleich, ob

„die Gesamtbezüge eines nichtplanmäßigen Beamten aus dem Stande der Versorgungsanwärter an Grundvergütung (vgl. Anmerkung 2) und Wohnungsgeldzuschuß niedriger sind als die Vergütung eines zur Probedienstleistung einberufenen Versorgungsanwärters der gleichen Laufbahn",

kommen nur Versorgungsanwärter im Sinne der Nr. 18 Abs. 1 PBV. in Betracht, nicht dagegen die in C 5 des RdErl. v. 16. 11. 1928 (PrBesBl. S. 314 — hier abgedruckt S. 253) bei der Bemessung der Probedienstbezüge den Versorgungsanwärtern gleichgestellten Inhaber des Anstellungsscheins, des Beamtenscheins usw. Im übrigen wird diese Fußnote, nachdem der Höchstsatz der Vergütung für zur Probedienstleistung einberufene Versorgungsanwärter allgemein auf 75 v. H. des Anfangsgrundgehalts usw. festgesetzt ist (DV. I Nr. 26 — hier abgedruckt S. 445), kaum noch große Bedeutung gewinnen, da z. B. in den Besoldungsgruppen A 5, 6, 8, 9, 10a, 10b, 11 und 12 die Anfangsgrundvergütung einschl. des Wohnungsgeldzuschusses höher ist als 75 v. H. des Anfangsgrundgehalts einschl. des Wohnungsgeldzuschusses und in der BesGr. A 4b die Versorgungsanwärter vom Tage ihrer endgültigen Übernahme ab nach Nr. 90 Abs. 1b PBV. Anspruch mindestens auf den Grundvergütungssatz der 2. Stufe haben werden.

4. Hier abgedruckt S. 486.

§ 2.

(1) Von den Vorschriften dieses Kapitels treten in Kraft:

a) § 1 Nr. 3, Nr. 4 Abschnitt A Abs. 8 und 9 sowie Nr. 5 mit Wirkung vom 1. Oktober 1927,

b) § 1 Nr. 1, Nr. 2, Nr. 4 Abschnitt A Abs. 1 bis 7 und Nr. 4 Abschnitt B sowie Nr. 6
mit Wirkung vom 1. Oktober 1931.

(2) § 1 Nr. 5 tritt mit Wirkung vom 30. September 1931 außer Kraft.

Kapitel II.

Volksschullehrer-Besoldungsgesetz.

§ 1.

Das Gesetz über die Dienstbezüge der Lehrer und Lehrerinnen an den öffentlichen Volksschulen (Volksschullehrer-Besoldungsgesetz) vom 1. Mai 1928 (Gesetzsamml. S. 125) wird wie folgt geändert:[1])

1. § 3 erhält folgende Fassung:

(1) Neben dem Grundgehalt erhalten als ruhegehaltsfähige Stellenzulagen

a) die Leiter von Volksschulen mit mindestens 3 Klassen und mindestens 3 planmäßigen Schulstellen, soweit sie keine höhere Zulage erhalten, jährlich . . . 300 RM.,

b) die Leiter von Volksschulen mit mindestens 8 Klassen und mindestens 7 Schulstellen, soweit sie keine höhere Zulage erhalten, jährlich . . . . 500 RM.,

c) die Leiter von Volksschulen mit mindestens 16 Klassen und mindestens 15 planmäßigen Schulstellen jährlich . . . . . 700 RM.,

d) die Konrektoren an Volksschulen mit mindestens 20 Klassen jährlich . . . . 300 RM.,

e) die Lehrer, die an besondere Veranstaltungen der Volksschulen für körperlich oder geistig nicht normal veranlagte Kinder zur dauernden vollen Beschäftigung überwiesen sind, jährlich . . . . 300 RM.,

f) die Lehrer, die an die den Volksschulen angegliederten gehobenen Klassen (Klassen mit erweitertem Lehrziele) zur dauernden vollen Beschäftigung überwiesen sind, jährlich . . . . 300 RM.,

g) die Leiter von Volksschulen für körperlich oder geistig nicht normal veranlagte Kinder mit mindestens 3 aufsteigenden Klassen und 3 planmäßigen Schulstellen, soweit sie nicht eine höhere Zulage erhalten, jährlich 500 RM.,

h) die Leiter von Schulen der unter g gedachten Art mit mindestens 5 Klassen und 5 planmäßigen Schulstellen, jährlich . . . 700 RM.

(2) Die Entscheidung darüber, ob die Voraussetzungen zur Gewährung einer Stellenzulage vorliegen, trifft endgültig die Schulaufsichtsbehörde.

2. Im § 6 Abs. 3 werden die für die Anrechnung von Privatschulzeit für jedes Jahr der Anrechnung zu leistenden Beträge festgesetzt

für Lehrer auf . . . . 280 RM.,
für Lehrerinnen auf . . . . 250 RM.

3. § 10 Abs. 4 fällt weg.

4. § 20 Abs. 1 erhält folgende Fassung:

Die auftragsweise in freien planmäßigen Schulstellen voll beschäftigten und die einstweilig angestellten Lehrer erhalten

im ersten und zweiten Vergütungsdienstjahr eine Grundvergütung von jährlich 2000 RM.,
im dritten und vierten Vergütungsdienstjahr eine Grundvergütung von jährlich 2300 RM.,
im fünften Vergütungsdienstjahr eine Grundvergütung von jährlich . . . . 2600 RM.

Die in nicht freien Stellen auftragsweise oder vertretungsweise voll beschäftigten Lehrer erhalten die gleiche Grundvergütung wie die übrigen auftragsweise vollbeschäftigten Lehrer; in besonderen Fällen können Abweichungen durch die Schulaufsichtsbehörde genehmigt werden. Lehrerinnen wird die Grundvergütung gekürzt um 10 vom Hundert.

5. § 39 Abs. 1 erhält folgenden Zusatz:

h) die Zahlung der Nachversicherungsbeiträge, die auf Grund der Vorschriften des § 18 des Angestelltenversicherungsgesetzes für ausscheidende Lehrer, die gemäß a ihre Dienstbezüge aus der Landesschulkasse erhalten, zu entrichten sind.

6. § 45 Abs. 7 erhält folgende Fassung:

Von der Einziehung des Stellenbeitrags kann abgesehen werden, wenn die Besetzung oder Verwaltung durch eine besondere Lehrkraft auf Beschluß des Schulverbandes mit Genehmigung der Schulaufsichtsbehörde ohne förmliche Aufhebung der Stelle bis auf weiteres unterbleibt. Während dieser Zeit unterliegt die Stelle nicht den Bestimmungen des Unterbringungsgesetzes vom 30. März 1920 (Gesetzsamml. S. 63).

7. § 45 Abs. 8 fällt weg.

8. § 52 Abs. 1 wird gestrichen.

§ 2.

Von den Vorschriften dieses Kapitels treten § 1 Ziffer 1 bis 4 und 6 bis 8 mit Wirkung vom 1. Oktober 1931, § 1 Ziffer 5 mit Wirkung vom 1. Oktober 1923 in Kraft.[1])

Anmerkung.

1. Die Durchführungsbestimmungen hierzu enthalten die RdErl. des Ministers für Wissenschaft usw. vom 17. 9. 1931 (PrBesBl. S. 295) und vom 11. 1. 1932 U III E Nr. 2188/31, U III D, U III C, U II 1 (Zentralblatt S. 43).

Kapitel III.

Mittelschullehrer-Besoldungsgesetz.

§ 1.

Das Gesetz über die Dienstbezüge der Lehrer und Lehrerinnen an den öffentlichen nichtstaatlichen mittleren Schulen (Mittelschullehrer-Besoldungsgesetz) vom 30. April 1928 (Gesetzsamml. S. 149) wird wie folgt geändert:[1])

1. Im § 2 Abs. 1 werden die Grundgehaltssätze wie folgt geändert:
3300—3550—3800—4050—4300—4500—4700—4900—5100—5300—5500 RM.
jährlich.
2. § 2 Abs. 2 erhält folgende Fassung:
Das Steigen im Grundgehalt nach Dienstaltersstufen richtet sich nach den für die unmittelbaren Staatsbeamten jeweils geltenden Bestimmungen.
3. § 4 Abs. 1 erhält folgende Fassung:
Neben dem Grundgehalt erhalten als ruhegehaltsfähige Stellenzulagen:
a) die Leiter der öffentlichen mittleren Schulen mit mindestens 5 Klassen und 4 planmäßigen Schulstellen jährlich 900 RM.,
b) die Leiter kleiner Mittelschulen, Rektoratsschulen und höherer Mädchenschulen mit 4 oder weniger Klassen und 4 oder weniger planmäßigen Schulstellen 400 RM. jährlich,
c) die Konrektoren an den öffentlichen mittleren Schulen mit mindestens 10 Klassen jährlich 300 RM.
4. § 22 Abs. 1 d Satz 3 und 4 erhalten folgende Fassung:
Für eine Schulstelle, deren Besetzung oder Verwaltung durch eine besondere Lehrkraft auf Beschluß des Schulträgers mit Genehmigung der Schulaufsichtsbehörde ohne förmliche Aufhebung der Stelle bis auf weiteres unterbleibt, kann von der Einziehung des Beitrags an die Landesmittelschulkasse abgesehen werden. Während dieser Zeit unterliegt die Stelle nicht den Bestimmungen des Unterbringungsgesetzes vom 30. März 1920 (Gesetzsamml. S. 63).
5. § 22 Abs. 1d Unterabsatz 2 wird gestrichen.
6. § 25 Abs. 4 wird gestrichen.

§ 2.

Die Vorschriften dieses Kapitels treten mit Wirkung vom 1. Oktober 1931 in Kraft.[1]

Anmerkung.

1. Die Durchführungsbestimmungen hierzu enthält der RdErl. des Ministers für Wissenschaft usw. vom 17. 9. 1931 (PrBesBl. S. 295).

Kapitel IV.

Gewerbe- und Handelslehrer-Besoldungsgesetz.

§ 1.

Das Gesetz über die Dienstbezüge der Lehrpersonen an den Berufsschulen (Gewerbe- und Handelslehrer-Besoldungsgesetz) vom 16. April 1928 (Gesetzsamml. S. 89) wird wie folgt geändert:[1]

1. Im § 2 Abs. 1 fallen die Bestimmungen unter „Besoldungsgruppe 2" weg. An Stelle der Bestimmungen unter „Besoldungsgruppe 3" tritt folgendes:

3300—3550—3800—4050—4300—4500—4700—4900—5100—5300—5500 RM. jährlich

1. den Leitern und Leiterinnen, soweit sie nicht in Besoldungsgruppe 1 sind,
2. den Stellvertretern und Stellvertreterinnen der Leiter und Leiterinnen,
3. den Fachvorstehern und Fachvorsteherinnen der beruflich ausgebauten Schulen,
4. den alleinstehenden Lehrern und Lehrerinnen,
5. den Lehrpersonen mit der Anstellungsfähigkeit als Gewerbe- oder Handelslehrer oder -lehrerin,
6. den Turnlehrern und Turnlehrerinnen, die die für die Anstellung an den höheren Lehranstalten vorgeschriebene Prüfung abgelegt haben.

Eine ruhegehaltsfähige Stellenzulage ist zu gewähren in Höhe von:

A. 900 RM. von der fünften Dienstaltersstufe an:

1. den Leitern und Leiterinnen
   a) von Schulen mit mindestens vier hauptamtlichen, planmäßig angestellten Lehrpersonen mit der Anstellungsfähigkeit als Gewerbe- oder Handelslehrer oder -lehrerin,

b) von nicht als beruflich ausgebaut anerkannten Berufsschulen, die von Landkreisen unterhalten werden (Kreisberufsschulen), wenn diese zusammen von weniger als zweitausend Schülern besucht werden;

2. den Stellvertretern und Stellvertreterinnen der Leiter und Leiterinnen; an Schulen mit mindestens acht hauptamtlichen, planmäßigen Lehrpersonen mit der Anstellungsfähigkeit als Gewerbe- oder Handelslehrer oder -lehrerin und mit mindestens fünfzehn Klassen ist neben der Stelle des Leiters oder der Leiterin eine Stelle für einen Stellvertreter oder eine Stellvertreterin zu schaffen, eine zweite Stelle darf nur dann geschaffen werden, wenn der Minister für Handel und Gewerbe ihre Notwendigkeit für den Betrieb der Schule festgestellt hat;

3. den Fachvorstehern und Fachvorsteherinnen der beruflich ausgebauten Schulen; wenn an diesen Schulen mindestens je fünfzehn Klassen einer oder mehrerer Fachrichtungen bestehen, so ist für jede dieser Fachrichtungen eine Stelle für einen Fachvorsteher oder eine Fachvorsteherin zu schaffen.

B. 1. 400 RM. von der dritten Dienstaltersstufe an den Leitern und Leiterinnen von Schulen mit weniger als vier hauptamtlichen, planmäßig angestellten Lehrpersonen mit der Anstellungsfähigkeit als Gewerbe- oder Handelslehrer oder -lehrerin, wenn an der Schule mindestens dreihundert Schüler und eine weitere hauptamtliche, planmäßig angestellte Lehrperson mit der Anstellungsfähigkeit als Gewerbe- oder Handelslehrer oder -lehrerin vorhanden sind.

2. § 2 Abs. 3 fällt weg und Abs. 4 wird Abs. 3.

3. § 2 Abs. 5 wird Abs. 4. Vor den ersten Satz tritt folgende Bestimmung:

Das Steigen im Grundgehalt nach Dienstaltersstufen richtet sich nach den für die unmittelbaren Staatsbeamten jeweils geltenden Bestimmungen.

4. § 3 Abs. 6 erhält folgende Fassung:

(6) Wenn der Lehrperson eine ruhegehaltsfähige Stellenzulage (§ 2 Abs. 1) oder ein Besoldungszuschuß (§ 5) nicht gewährt wird, so ist das Besoldungsdienstalter so festzusetzen, daß sie beim Übertritt aus der Besoldungsgruppe 3 in die Besoldungsgruppe 1 aus der fünften Dienstaltersstufe einen um mindestens 300 RM. höheren Grundgehaltssatz, aus der sechsten und siebenten Dienstaltersstufe einen solchen um mindestens 500 RM. und von der achten Dienstaltersstufe an einen solchen um mindestens 600 RM. erhält. Wenn der Lehrperson eine ruhegehaltsfähige Stellenzulage (§ 2 Abs. 1) oder ein Besoldungszuschuß (§ 5) oder beides gewährt wird, so ist das Besoldungsdienstalter beim Übertritt in eine höhere Besoldungsgruppe so festzusetzen, daß sie den gegenüber diesen Dienstbezügen nächsthöheren Grundgehaltssatz oder den nächsthöheren Satz erhält, der sich aus dem Grundgehaltssatze zuzüglich eines Besoldungszuschusses ergibt. Wie lange die Lehrperson den nächsthöheren Grundgehaltssatz behält, richtet sich nach den für die unmittelbaren Staatsbeamten jeweils geltenden Bestimmungen. Die ruhegehaltsfähigen und unwiderruflichen Stellenzulagen (§ 2 Abs. 1) und Besoldungszuschüsse (§ 5), die die Lehrperson in der bisherigen Besoldungsgruppe bezogen hat oder in der neuen Besoldungsgruppe beziehen wird, sind dem Grundgehaltssatze hinzuzurechnen.

5. § 6 Abs. 1 erhält folgende Fassung:

(1) Die Höhe des Wohnungsgeldzuschusses der hauptamtlichen, planmäßig angestellten Lehrpersonen bemißt sich nach den Vorschriften des Gesetzes über die Dienstbezüge der unmittelbaren Staatsbeamten (Preußisches Besoldungsgesetz), und zwar

a) in der Besoldungsgruppe 1 in der ersten bis dritten Dienstaltersstufe nach Tarifklasse IV, von der vierten Dienstaltersstufe an nach Tarifklasse III; wenn sie einen Besoldungszuschuß (§ 5) von jährlich mindestens 600 RM. beziehen, in allen Dienstaltersstufen nach Tarifklasse III;

b) in der Besoldungsgruppe 3 nach Tarifklasse IV, jedoch wenn sie eine ruhegehaltsfähige Stellenzulage (§ 2 Abs. 1) von jährlich 900 RM. beziehen, von der sechsten Dienstaltersstufe an oder
wenn sie einen Besoldungszuschuß (§ 5) von jährlich mehr als 800 RM. beziehen, von der achten Dienstaltersstufe an
nach Tarifklasse III;

c) in der Besoldungsgruppe 4 in der ersten bis dritten Dienstaltersstufe nach Tarifklasse V, von der vierten Dienstaltersstufe an nach Tarifklasse IV.

6. § 9 Abs. 1 erhält folgende Fassung:

(1) Nichtplanmäßige, vollbeschäftigte Lehrpersonen erhalten eine Grundvergütung nach folgenden Sätzen:

in der Besoldungsgruppe 3
im ersten und zweiten Anwärterdienstjahr jährlich . . . . 2500 RM.,
im dritten und vierten Anwärterdienstjahr jährlich . . . . 2800 RM.,
im fünften Anwärterdienstjahr jährlich 3100 RM.;

in der Besoldungsgruppe 4
im ersten und zweiten Anwärterdienstjahr jährlich . . . . 2000 RM.,
im dritten und vierten Anwärterdienstjahr jährlich . . . . 2300 RM.,
im fünften Anwärterdienstjahr jährlich 2600 RM.

Daneben erhalten sie den Wohnungsgeldzuschuß, den sie in der ersten Dienstaltersstufe der Besoldungsgruppe beziehen würden, in der sie beim regelmäßigen Verlauf ihrer Dienstlaufbahn zuerst planmäßig angestellt werden. Während der nichtplanmäßigen Beschäftigung erhalten Lehrpersonen, die in eine Stelle der Besoldungsgruppen 1 und 3 Ziffer 1 berufen werden, die vollen Bezüge der Stelle, die übrigen nur dann, wenn sie von einem Schulträger planmäßig angestellt sind (§ 18 Abs. 1) und in eine Stelle der gleichen Besoldungsgruppe von einem anderen Schulträger berufen werden. § 1 Abs. 1 Satz 2 und Abs. 3, § 2 Abs. 3 und 4, § 3 Abs. 2 dieses Gesetzes gelten sinngemäß.

7. § 15 Abs. 2 erhält folgende Fassung:

(2) Die Gemeinden (Gemeindeverbände) sind verpflichtet, an die Körperschaften des öffentlichen Rechtes, die innerhalb der Bezirke der Gemeinden (Gemeindeverbände) eine Berufsschule oder eine von der Schulaufsichtsbehörde als solche anerkannte Schule unterhalten, für jeden Pflichtschüler dieser Schulen die Hälfte des Betrags abzuführen, der nach den im Haushaltsplan veranschlagten Ausgaben auf den einzelnen Pflichtschüler der Berufsschule der Gemeinde (des Gemeindeverbandes) entfällt.

8. § 16 Abs. 2 erhält folgende Fassung:

(2) Im Falle der Erhebung von Schulbeiträgen sind zu ihrer Leistung verpflichtet:

a) die Gewerbetreibenden für ihre Betriebsstätten im Bezirk, soweit von ihnen nach Abs. 4a oder Abs. 6 Schulbeiträge erhoben werden können;

b) die nichtgewerbetreibenden Arbeitgeber, soweit die Jugendlichen der einzelnen bei ihnen beschäftigten Arbeiter- und Angestelltengruppen berufsschulpflichtig sind. Zu den nichtgewerbetreibenden Arbeitgebern gehören auch die Angehörigen der freien Berufe, die der Gewerbesteuerpflicht unterliegen.

9. § 16 Abs. 6 erhält folgende Fassung:

(6) Die Gemeinden (Gemeindeverbände) können für die Gewerbetreibenden eine andere als die im Abs. 4a für die Erhebung der Schulbeiträge vorgesehene Form durch Satzung bestimmen; dabei ist aber eine Mehrbelastung der Berufsschulpflichtige beschäftigenden Arbeitgeber nicht zulässig. Die Höhe der auf Grund der Satzung zu entrichtenden Schulbeiträge wird durch Beschluß der Gemeinde (des Gemeindeverbandes) festgesetzt. Die Satzung bedarf der Genehmigung des Bezirksausschusses.

10. § 16 Abs. 8 erhält folgende Fassung:

(8) Die Schulbeiträge sind Abgaben im Sinne des Kommunalabgabengesetzes vom 15. Juli 1893 (Gesetzsamml. S. 153) und des Kreis- und Provinzialabgabengesetzes vom 23. April 1906 (Gesetzsamml. S. 159);

insbesondere gilt § 70a sinngemäß. Die Abwälzung der Schulbeiträge auf die Jugendlichen oder deren gesetzliche Vertreter ist unzulässig.

11. § 18 Abs. 1 erhält folgende Fassung:

(1) Die Lehrpersonen werden von den Schulträgern für den Berufsschuldienst ihrer Bezirke planmäßig auf Lebenszeit unter Ausfertigung einer Ernennungsurkunde angestellt. Nichtplanmäßige vollbeschäftigte Lehrpersonen (§ 9) sind nur dann auf Lebenszeit einberufen, wenn ihnen dieses bei der Einberufung schriftlich mitgeteilt ist.

12. § 18 Abs. 5 erhält folgende Fassung:

(5) Für das Disziplinarverfahren, die Zurruhesetzung ohne Zustimmung der Lehrpersonen und die Hinausschiebung der Altersgrenze finden die für die unmittelbaren Staatsbeamten geltenden Bestimmungen Anwendung.

§ 2.

Es treten in Kraft:

a) die Vorschriften in Nr. 7 bis 12 mit Wirkung vom 1. April 1928,

b) die übrigen Vorschriften dieses Kapitels mit Wirkung vom 1. Oktober 1931 ab.[1]

Anmerkung.

1. Die Durchführungsbestimmungen hierzu enthalten die RdErl. des Ministers für Handel usw. vom 2. 10. 1931 (HMBl. S. 211), vom 3. 11. 1931 (HMBl. S. 223) und vom 27. 1. 1932 (HMBl. S. 17). Es wird auch auf „Die Bestimmungen für die gewerbliche Unterrichtsverwaltung in der Sparverordnung" von Dr. Günther, Ministerialrat im Ministerium für Handel und Gewerbe (Verlag v. J. Beltz, Berlin-Leipzig) hingewiesen.

Kapitel V.

Ausführungsbestimmungen.

Die Ausführungsbestimmungen zu diesem Teile erlassen die zuständigen Minister.

Zweiter Teil.

Sonstige Maßnahmen zur Sicherung der Haushalte.

Kapitel I.

Aufsteigen in den Dienstaltersstufen.[1]

1. Diese durch die Verordnung vom 12. 10. 1931 (GS. S. 221) wieder aufgehobene Bestimmung enthielt die sogenannte „Stillehaltung" d. h. die Beamten und Lehrpersonen sollten die Bezüge derjenigen Dienstaltersstufe nach der sie im September 1931 besoldet wurden, 2 Jahre länger erhalten, als in den geltenden Vorschriften vorgesehen ist. Der Wortlaut dieses Kapitels der SparVO. vom 12. 9. 1931 und die ebenfalls aufgehobenen Durchführungsbestimmungen dazu (vgl. auch die nachstehend abgedruckten Durchführungsbestimmungen III Abschn. I Abs. 2) sind als überholt hier nicht mehr abgedruckt.

Durchführungsbestimmungen III.

I. Durch die Verordnung vom 12. 10. 1931 zur Abänderung der Verordnung vom 12. 9. 1931 — GS. S. 221 — sind die Vorschriften in Kap. I des Zweiten Teils der SparVO. — Aufsteigen in den Dienstaltersstufen — mit Wirkung vom 1. 10. 1931 aufgehoben.

Zur Durchführung wird folgendes bestimmt:

Der RdErl. vom 17. 9. 1931 — Bes. 1016/17. 9. — (PrBesBl. S. 265ff.) ist wie folgt zu ändern:

1. Die Nr. 10 des Abschnitts II ist zu streichen.

2. In Nr. 12 des Abschnitts II ist der dritte Absatz zu streichen.

Im einzelnen wird hierzu bemerkt:

Zu 1: Die auf Grund der Nr. 10 erfolgten Kürzungen des BDA. der planmäßigen Beamten und des AnwDA. (Vergütungsdienstalters) der nichtplanmäßigen Beamten einschließlich der wissenschaftlichen Assistenten werden mit Wirkung vom 1. 10. 1931 aufgehoben. Das Aufrücken im Grundgehalt und in der Grundvergütung regelt sich nunmehr wieder nach dem bis zum 30. 9. 1931 maßgebend gewesenen BDA. und AnwDA. (Vergütungsdienstalter), soweit nicht auf Grund der Vorschriften des § 2 im Zweiten Teil Kap. II der SparVO.[1] eine Neufestsetzung des AnwDA. (Vergütungsdienstalters) zu erfolgen hat. Sofern den Beamten hiernach für den Monat Oktober 1931 höhere Dienstbezüge zustehen, sind die Mehrbeträge mit den am 21. Oktober d. J. fälligen Gehaltszahlungen in einer Summe nachzuzahlen. Soweit Nachzahlungen zu diesem Zeitpunkt nicht möglich sind, dürfen sie erst zusammen mit den am 1. 11. 1931 fälligen Dienstbezügen geleistet werden.

Zu 2: Die auf Grund der Vorschriften des § 2 im Zweiten Teil Kap. II der SparVO.[1] vorzunehmende Neufestsetzung des AnwDA. (Vergütungsdienstalters) regelt sich auch weiterhin nach den Vorschriften in Nr. 12 Abs. 1 und 2 des RdErl. vom 17. 9. 1931.[2] Die Höhe der zuständigen

Dienstbezüge ergibt sich unter Zugrundelegung der Grundvergütungssätze der neuen Anlage 3 zum PrBesG. (vgl. GS. S. 186 und — nach Monatssätzen umgerechnet — PrBesBl. 1931 S. 295). Die Bestimmungen über die Ausgleichszulage werden hierdurch nicht berührt. In denjenigen Fällen, in denen z. Zt. eine Ausgleichszulage gezahlt wird, ist jedoch umgehend zu prüfen, ob und inwieweit die Ausgleichszulage im Hinblick auf die Aufhebung der Vorschriften des Kap. I im Zweiten Teil der SparVO. auch weiterhin zu zahlen ist. Gegebenenfalls ist die Zahlung der Ausgleichszulage mit Wirkung vom 1. 10. 1931 wieder aufzuheben. So kann der Beamte im Beispiel Abs. 4 Nr. 25 Abschn. II des RdErl. v. 17. 9. 1931 jetzt keine Ausgleichszulage erhalten, weil er am 1. 10. 1931 an Stelle des Grundvergütungssatzes von 3000 Reichsmark nunmehr den Grundvergütungssatz von 3600 RM. erhält und damit die Voraussetzungen für die Gewährung einer Ausgleichszulage nicht mehr bestehen.

Durchführungsbestimmungen VI.

Zu Kap. I.

Nr. 8. Die Vorschrift im Kap. I „Aufsteigen in den Dienstaltersstufen" ist durch Verordnung vom 12. 10. 1931 — GS. S. 221 (RdErl. v. 15. 10. 1931, PrBesBl. S. 306) — mit Wirkung vom 1. Oktober 1931 aufgehoben. Soweit in der Zwischenzeit Versorgungsbezüge unter Zugrundelegung eines gekürzten Besoldungsdienstalters festgesetzt worden sind, ist zu prüfen, ob die Wiederaufhebung der Vorschrift beachtet ist. Nötigenfalls sind die Versorgungsbezüge neu festzusetzen.

Anmerkungen.

1. Hier S. 405. **2.** Hier S. 406.

Kapitel II.

Preußische Besoldungsvorschriften.

§ 1.

Kinderbeihilfen für Pflegekinder und Enkel gemäß Nr. 76 der Ausführungsbestimmungen zum Preußischen Besoldungsgesetz vom 17. Dezember 1927 — Gesetzsamml. S. 223 — (Preußische Besoldungsvorschriften) vom 30. März 1928/31. Dezember 1930 (Preuß. Besoldungsblatt 1931 S. 19) sind mit Wirkung vom 1. Oktober 1931 ab nicht mehr neu zu bewilligen.

Durchführungsbestimmungen I.

Zu Kap. II § 1.

Nr. 11. Die bis zum 30. 9. 1931 bewilligten Kinderbeihilfen für Pflegekinder und Enkel können im Rahmen der bisherigen Vorschriften[1] *weitergewährt werden.*[2] *Bis zum 30. 9. 1931 gestellte Anträge auf Gewährung von Kinderbeihilfen für Pflegekinder und Enkel sind noch nach Maßgabe der gegebenen Bestimmungen zu prüfen und zu entscheiden.*[3]

Durchführungsbestimmungen VI.

Zu Kap. II § 1.

Nr. 9. Die Änderung der Vorschrift für die Gewährung von Kinderbeihilfen für Pflegekinder und Enkel gilt in gleicher Weise für Versorgungsberechtigte.

Anmerkungen.

1. Nr. 76 PBV. und Rundschreiben des FinMin. vom 19. 9. 1928 — Bes. 10692b (PrBesBl. 1931 S. 69), hier abgedruckt S. 245.

2. Beziehen Pflegekinder oder Enkel im Alter von über 16 Jahren eigenes Einkommen von mindestens 30 RM. monatlich, so ist auch bei ihnen die Zahlung der Kinderbeihilfe mit dem 30. 9. 1931 einzustellen. Im übrigen regelt sich der Wegfall nach den Vorschriften des Besoldungsgesetzes (in der jetzt gültigen Fassung) und den PBV. Sofern hiernach der Wegfall nicht schon früher eintritt, ist gemäß Nr. 72 Abs. 2 — zu a — PBV. und Ziff. 17 der Richtlinien für die Neuregelung der Versorgungsbezüge vom 17. 12. 1927 (PrBesBl. 1931 S. 63ff.) — hier abgedruckt S. 110 — die Zahlung der Beihilfe — unbeschadet ihrer Mitberücksichtigung bei der Feststellung der Bezüge für das Gnadenvierteljahr — mit dem Tode des Beamten, Wartegeld- oder Ruhegehaltsempfängers einzustellen. Eine Weiterzahlung der Kinderbeihilfe für Pflegekinder und Enkel neben Witwen- oder sonstigen Hinterbliebenenbezügen ist nicht zulässig.

Solange hiernach die Weiterzahlung der Kinderbeihilfe für Pflegekinder oder Enkel über den 30. 9. 1931 hinaus erfolgen darf, bestimmt sich die Höhe des jeweils zahlbaren Betrags nach § 11 Abs. 2 PrBesG. (mit der Änderung durch § 4 der Zweiten Gehaltskürzungsverordnung — PrBesBl. 1931 S. 181ff., hier abgedruckt S. 303) in Verbindung mit Nr. 63 Abs. 2 PBV.

3. Nach dem 30. 9. 1931 gestellte Anträge sind nicht mehr vorzulegen.

Kap. II § 2.

(1) Die Bestimmungen in Nr. 99 und 100 der Ausführungsbestimmungen zum Preußischen Besoldungsgesetz vom 17. Dezember 1927 — Gesetzsamml. S. 223 — (Preußische Besoldungsvorschriften) vom 30. März 1928/31. Dezember 1930 (Preuß. Besoldungsblatt 1931 S. 19) werden mit Wirkung vom 1. Oktober 1931 außer Kraft gesetzt.[1 2]

(2) Bei der Festsetzung des Besoldungsdienstalters nach § 3 Abs. 2 des Preußischen Besoldungsgesetzes ist jedoch von einem Anwärterdienstalter auszugehen, das sich unter Anwendung

der Bestimmungen in Nr. 99 und 100 der Ausführungsbestimmungen ergibt.

(3) Abs. 1 gilt auch für die am 1. Oktober 1931 im Dienste befindlichen nichtplanmäßigen Beamten.[1]

Durchführungsbestimmungen I.

Zu Kap. II § 2.

Nr. 12. (1) Die Festsetzung des AnwDA. der nach dem 30. 9. 1931 endgültig in den Staatsdienst übernommenen nichtplanmäßigen Beamten (vgl. § 17 Abs. 1 PrBesG.) hat nur noch unter Außerachtlassung der Vorschriften in Nr. 99 und 100 PBV. zu erfolgen.[2] [3] *Erst bei der ersten planmäßigen Anstellung ist in Durchführung der Vorschrift des § 2 Abs. 2 im Zweiten Teil Kap. II der SparVO. festzustellen, welche Zeiträume bei Anwendung der Vorschriften in Nr. 99 u. 100 PBV. auf das AnwDA. anzurechnen sind, und das AnwDA. demgemäß festzusetzen.*

(2) Die Neufestsetzung des AnwDA. auf Grund des § 2 Abs. 3 im Zweiten Teil Kap. II der SparVO. ist sofort vorzunehmen. Die am 1. 10. 1931 fälligen Bezüge sind nur nach dem entsprechend gekürzten AnwDA. zur Zahlung anzuweisen.[1] [3]

Durchführungsbestimmungen VI.

Zu Kap. II § 2 (II 12 DB. und RdErl. vom 15. 10. 1931 — PrBesBl. S. 306 —).

Nr. 10. Die für die Festsetzung des Anwärterdienstalters getroffenen Bestimmungen finden für die Regelung der Dienstbezüge der Wartegeldempfänger, die nach § 8a Satz 2 der Wartegeldverordnung als nichtplanmäßige Beamte voll beschäftigt werden, keine Anwendung. Das für die Berechnung ihrer Bezüge maßgebende Dienstalter ist nach wie vor in der bisherigen Weise zu ermitteln (Nr. 2 Ziff. 4 und 5 Abs. 6 der Ausführungsvorschriften vom 2. 6. 1926 — PrBesBl. S. 67 —, I 21 (2) der Richtlinien vom 21. 1. 1928 — PrBesBl. 1931 S. 67 —, für die Justizverwaltung II A der AV. v. 9. 4. 1929 — JMBl. S. 114 —).

Anmerkungen.

1. Bei nichtplanmäßigen Beamten, die am 1. 10. 1931 im Dienst waren, und deren Anwärterdienstalter nach den Bestimmungen der Nr. 99 oder 100 PBV. berechnet war, ist also

a) das Anwärterdienstalter um die nach Nr. 99 oder 100 PBV. angerechnete Zeit zu verkürzen

und

b) nach dem so verkürzten Anwärterdienstalter die vom 1. 10. 1931 ab zuständige Grundvergütung nach den Sätzen der neuen Anlage 3 zum PrBesG. (Erster Teil Kap. I § 1 Nr. 6) — hier S. 391 — zu ermitteln.

Beispiele:

a) Gerichtsassessor (BesGr. A 2b).

AnwDA. am 30.9.1931 (s. Zt. bei Durchführung des PrBesGes. gemäß § 33 Abs. 1 a. a. O. um 2 Jahre verbessert): 5.1.1923. Mit Rücksicht auf die Außerkraftsetzung der Nr. 100 PBV. ist das AnwDA. um 2 Jahre 8 Monate, also auf den 5. 9. 1925 zu verkürzen (die s. Zt. nach § 33 Abs. 1 PrBesGes. vorgenommene Verbesserung bleibt bestehen). Der Assessor erhält hiernach und nach § 33 Abs. 2 PrBesGes. vom 1. 10. 1931 ab eine Grundvergütung in Höhe des Anfangsgrundgehalts (4400 RM.). Sofern der Assessor nicht schon vorher planmäßig angestellt wird, erhält er am (5. 9. 1925+5+4 Jahre*) =) 1. 9. 1934 eine Grundvergütung in Höhe der 2. Dienstaltersstufe des Grundgehalts der BesGr. A 2b (4900 RM.).

*) Vier Jahre (nicht zwei) deshalb, weil beim weiteren Aufrücken die Verbesserung im AnwDA. um 2 Jahre gemäß § 33 Abs. 1 PrBesGes. nach § 33 Abs. 2 Satz 1 außer Betracht bleibt.

b) Gerichtsassessor (BesGr. A 2b).

AnwDA. am 30. 9. 1931 (eine Verbesserung gemäß § 33 Abs. 1 PrBesGes. hat nicht stattgefunden) 12. 2. 1925. Infolge Außerkraftsetzung der Nr. 100 PBV. ist das AnwDA. um 2 Jahre 8 Monate, also auf den 12. 10. 1927 zu verkürzen. Der Assessor erhält also vom 1. 10. 1931 ab eine Grundvergütung von jährlich 4100 RM. Er steigt am 1. 10. 1932 in eine dem Mindestgrundgehalt entsprechende Grundvergütung von 4400 RM.; darüber hinaus findet ein Aufrücken in der Grundvergütung nicht statt.

2. Nur die Nr. 99 und 100 PBV. sind außer Kraft gesetzt. Anrechnungen auf Grund der Nr. 101 PBV. bleiben bestehen und können nach wie vor gewährt werden.

3. Das so festgestellte neue Diensteinkommen ist vom 1. 10. 1931 ab nach der 1. und 2. Gehaltskürzungsverordnung und vom 1. 1. 1932 ab nach der 1., 2. und 3. Gehaltskürzungsverordnung zu kürzen (vgl. Nr. 26 DB. I und Abschn. II Nr. 2 Abs. 2 des RdErl. vom 16. 12. 1931 — PrBesBl. S. 347 — hier abgedruckt S. 347).

Kapitel III.

Zulagen, Beförderungsstellen, Nebenvergütungen.

§ 1.

(1) Eine Zulage darf nur gewährt werden für Stellen, deren Amtsaufgaben sich durch ihre besondere Verantwortlichkeit oder Schwierigkeit wesentlich über die andern Stellen derselben Gruppen herausheben.[1] Die Zahl der durch das Preußische Besoldungsgesetz oder den Staatshaushaltsplan festgesetzten Zulagen der planmäßigen unmittelbaren

Staatsbeamten ist hiernach unter Anlegung des strengsten Maßstabs erneut nachzuprüfen. Nach diesen Grundsätzen ist auch die sachliche Notwendigkeit der übrigen Beförderungsstellen einer Nachprüfung zu unterziehen.

(2) Über die im Ersten Teile der Verordnung getroffenen Maßnahmen hinaus ist bis zum 30. September 1931 durch die Fachminister im Einvernehmen mit dem Finanzminister festzulegen, wieviel Stellenzulagen künftig[2] noch fortzufallen haben und wieviel sonstige Beförderungsstellen in Stellen mit einem niedrigeren Endgrundgehalt oder mit einer niedrigeren Stellenzulage künftig[2] noch umzuwandeln sind.

Anmerkungen.

1. Die Grundsätze entsprechen im wesentlichen dem bisherigen Verfahren.

2. Diese Maßnahmen wirken sich nur in der Zukunft aus. Die beim Inkrafttreten der Sparverordnung im Amte gewesenen Stelleninhaber behalten die bisherige Stellenzulage bzw. die Bezüge der Beförderungsgruppe.

Kap. III § 2.[1]

(1) Hat ein unmittelbarer Staatsbeamter oder eine unter das Volksschullehrer- oder Mittelschullehrer-Besoldungsgesetz fallende Lehrperson neben den Bezügen aus der hauptamtlichen Tätigkeit Geldbezüge, die aus einer Kasse des Reichs, eines anderen Landes, einer Gemeinde (eines Gemeindeverbandes), einer anderen Körperschaft des öffentlichen Rechtes oder von einer sonstigen nichtstaatlichen Stelle oder Einzelperson als Nebenvergütung[2] für eine unmittelbar oder mittelbar im öffentlichen Interesse[3] ausgeübte Tätigkeit gezahlt werden, so ist der Beamte oder die Lehrperson verpflichtet, diese Bezüge an die Staatskasse oder an die Landesschulkasse oder Landesmittelschulkasse abzuliefern,[4 5 6] soweit sie insgesamt 900 RM. im Jahre (75 RM. im Monat) zuzüglich 25 vom Hundert des darüber hinausgehenden Betrags übersteigen. Die Bezüge unterliegen der Ablieferungspflicht nicht, soweit sie zum Ersatz tatsächlicher Auslagen dienen[7] und der Einkommensteuerpflicht nicht unterworfen sind. Die Vorschrift des § 13 Abs. 3 des Preußischen Besoldungsgesetzes wird hierdurch nicht berührt.

(2) Abs. 1 gilt sinngemäß auch für die übrigen Lehrpersonen an den von den Gemeinden (Gemeindeverbänden) ganz oder zum Teil unterhaltenen Schulen.

Kap. III § 3.

Die Vorschriften im § 2 dieses Kapitels treten mit Wirkung vom 1. Oktober 1931 in Kraft.

Durchführungsbestimmungen I.

Zu Kap. III § 2.

Nr. 13. (1) Der Beamte oder die Lehrperson hat der vorgesetzten Dienstbehörde Art und Höhe der gemäß Kapitel III § 2 im Zweiten Teil der Verordnung ablieferungspflichtigen Geldbezüge alsbald anzuzeigen, soweit und sobald sie im Bruttobetrage 900 RM. im Jahre übersteigen; dabei sind gegebenenfalls die Bezüge anzugeben, die als Ersatz tatsächlicher Auslagen anerkannt und der Einkommensteuerpflicht nicht unterworfen sind. Auf Grund dieser Anzeige ist der Ablieferungsbetrag von der Behörde nach Maßgabe der folgenden Bestimmungen (Abs. 2 bis 7) festzustellen und von dem Beamten usw. einzuziehen. Veränderungen oder Neubewilligungen von Bezügen sind spätestens am Schlusse eines Vierteljahres anzuzeigen. Auf Erfordern hat der Beamte usw. seine Angaben glaubhaft zu machen.

(2) Der Ablieferungspflicht unterliegen nach den Vorschriften der Verordnung alle Geldbezüge, die für die Zeit vom 1. 10. 1931 ab gezahlt werden.

(3) Bei laufend gezahlten ablieferungspflichtigen Nebenvergütungen hat die Ablieferung tunlichst zu dem gleichen Zeitpunkt zu erfolgen, an dem die Vergütungen gezahlt werden. Bei Feststellung des Ablieferungsbetrages ist der Betrag von 900 RM. im Jahre entsprechend dem Zeitraum, für den die Zahlung der Nebenvergütungen erfolgt ist, anteilig zu berücksichtigen. Sind z. B. einem Beamten ablieferungspflichtige Nebenvergütungen von insgesamt 175 RM. in einem Monat zugeflossen, so verbleiben ihm hiervon ($^1/_{12}$ von 900 RM. =) 75 RM. zuzüglich 25 v. H. von dem Restbetrage von 100 RM. = 25 RM., zusammen also 100 RM. Der Restbetrag von (175—100 =) 75 RM. ist an die Staatskasse abzuliefern. Ergibt sich am Schlusse des Rechnungsjahres, daß dem Beamten Vergütungen von nicht mehr als 900 RM. zugeflossen sind, so sind die bereits abgelieferten Beträge dem Beamten zurückzuzahlen. Wird am Schlusse des Rechnungsjahres festgestellt, daß der nach dem Gesamtaufkommen zu berechnende Ablieferungsbetrag geringer ist, als die Summe der im Laufe des Rechnungsjahres abgelieferten Beträge, so ist der Unterschiedsbetrag dem Beamten zu erstatten.

(4) Soweit einmalig gezahlte Nebenvergütungen den Jahresbetrag von 900 RM. überschreiten, sind sie s o f o r t anzuzeigen und nach Maßgabe der Vorschrift in der Verordnung abzuliefern. Bei mehreren einmaligen

Nebenvergütungen ist jedoch der dem Beamten oder der Lehrperson verbleibende Betrag von 900 RM. im Laufe eines Jahres nur einmal zu berücksichtigen. Beispiel: Sind einem Beamten in einem Jahre an einmaligen Nebenvergütungen 1200 + 1000 = 2200 RM. zugeflossen, so verbleiben dem Beamten von dem ersten Betrage 900 RM., zuzüglich 25 v. H. von dem Restbetrage von 300 RM. = 75 RM., zusammen also 975 RM.; der Restbetrag von (1200—975 =) 225 RM. ist an die Staatskasse abzuliefern. Von dem zweiten Betrage von 1000 RM. verbleiben dem Beamten 25 v. H. = 250 RM., der Restbetrag von 750 RM. ist an die Staatskasse abzuliefern.

(5) Bei einmaligen Nebenvergütungen, die im Einzelfalle den Jahresbetrag von 900 RM. nicht überschreiten, ist die Summe des Aufkommens am Jahresschlusse festzustellen; danach ist der Ablieferungsbetrag zu berechnen. Wird der Betrag von 900 RM. im Laufe des Jahres überschritten, so ist sinngemäß nach Abs. 4 zu verfahren.

(6) Bezieht ein Beamter oder eine Lehrperson neben laufenden auch einmalige ablieferungspflichtige Nebenvergütungen, so ist unbeschadet der vorstehenden Bestimmungen (Abs. 3 bis 5) der Gesamtablieferungsbetrag am Jahresschlusse festzustellen. Dabei ist der dem Beamten usw. verbleibende Jahresbetrag von 900 RM. nur einmal zu berücksichtigen.

(7) Als Abrechnungsjahr gilt das Rechnungsjahr. Für die Zeit vom 1. 10. 1931 bis 31. 3. 1932 ist bei Berechnung der Ablieferungsbeträge der dem Beamten oder der Lehrperson verbleibende Betrag anteilig mit 450 RM. zu berücksichtigen.

(8) Die Bestimmungen über die Ablieferung eines 20%igen Kürzungsbetrages der nicht aus der Staatskasse fließenden Nebenvergütungen an die Staatskasse werden mit Wirkung vom 1. 10. 1931 aufgehoben — vgl. z. B. Abschn. A Abs. 3 und 4 des RdErl. des FM. v. 14. 3. 1931 — P. 2122 — (PrBesBl. S. 114) sowie die darauf sich beziehenden Vorschriften dieses Erlasses —.

(9) Die abzuliefernden Beträge sind bei den „verschiedenen" oder „sonstigen" planmäßigen Einnahmen unter einem besonderen Abschnitt „Abgeführte Nebenvergütungen" nachzuweisen.

(10) Soweit ergänzende Bestimmungen erforderlich werden, ergehen sie durch den Fachminister. Zweifelsfragen entscheidet der Fachminister im Einvernehmen mit dem Finanzminister.

Durchführungsbestimmungen VI.

Zu Kap. III § 2.

Nr. 11. (1) Nach II 13 Abs. 8 DB. sind die Bestimmungen des RdErl. v. 14. 3. 1931 — PrBesBl. S. 114 — über die Ablieferung von nicht aus der Staatskasse oder von einer sonstigen nichtstaatlichen Stelle gezahlten Nebenvergütungen an die Staatskasse mit Wirkung vom 1. Oktober 1931 ersetzt durch die Vorschriften im Kap. III § 2. Die Vorschriften im Kap. III § 2 gelten aber nur für die im aktiven Dienst befindlichen Beamten und Lehrpersonen. Eine Pflicht zur Ablieferung derartiger Nebenvergütungen besteht also nicht für Versorgungsberech-

tigte. Dagegen gilt — bis zum 31. Dezember 1931 — die im Abschn. A Abs. 2 des RdErl. v. 14. 3. 1931 angeordnete 20%ige Kürzung der aus der Staatskasse gezahlten Nebenvergütungen ebenso wie für die aktiven Beamten und Lehrpersonen auch für die Versorgungsberechtigten weiter, d. h. also dann, wenn die Versorgungsberechtigten im Staatsdienst eine Tätigkeit ausüben, die nach Art und Umfang auch einem aktiven Staatsbeamten neben den Obliegenheiten seines Hauptamtes zur nebenamtlichen oder nebengeschäftlichen Erledigung übertragen werden könnte und zu einer 20%igen Kürzung der dafür gewährten Vergütung bei dem aktiven Beamten führen würde.

(2) Vom 1. Januar 1932 ab regelt sich die Kürzung von Nebenvergütungen, die Versorgungsberechtigte neben Wartegeld, Übergangsgeld, Ruhegehalt usw. beziehen, nach Nr. 3 Abs. 1, 3 und 4 des RdErl. v. 16. 12. 1931 — PrBesBl. S. 350 —.[8] *Danach kommt für Versorgungsberechtigte auch fernerhin nur die Kürzung von Nebenvergütungen aus der Staatskasse in Frage. Von der Verpflichtung zur Ablieferung von nicht aus der Staatskasse oder von einer sonstigen nichtstaatlichen Stelle gezahlten Geldbezügen an die Staatskasse (Nr. 3 Abs. 2 und Nr. 9 des RdErl. v. 16. 12. 1931)*[8] *bleiben die Versorgungsberechtigten befreit.*

Anmerkungen.

1. § 2 ist ergänzt durch Kap. V der VO. vom 14. 3. 1932 (GS. S. 123). Diese Ergänzung ist mit den Durchführungsbestimmungen hier S. 498 und 535 abgedruckt.

2. Für eine Behandlung nach dieser Vorschrift kommen nur Nebenvergütungen in Frage, die aus einer Kasse des Reichs, eines anderen Landes als Preußen, einer Gemeinde (eines Gemeindeverbandes), einer sonstigen Körperschaft des öffentlichen Rechtes oder aus anderen nichtstaatlichen Quellen fließen.

3. **„Öffentliches Interesse"** im Sinne dieser Bestimmung ist nicht allein das unmittelbare Interesse des Reichs, eines Landes, einer Gemeinde (eines Gemeindeverbandes) oder einer sonstigen Körperschaft des öffentlichen Rechtes. Ein mittelbares „öffentliches Interesse" wird vielmehr auch angenommen, wenn das Interesse der Allgemeinheit oder weiter Volkskreise in Frage kommt, wie z. B. bei einer nebenamtlichen oder nebengeschäftlichen Tätigkeit von Beamten und Lehrpersonen im landwirtschaftlichen Genossenschaftswesen. „Öffentliches Interesse" im Sinne dieser Bestimmung ist also schlechthin das Gemeinwohl überhaupt im Gegensatz zu den Rechten oder dem Vorteil eines einzelnen.

4. Neben der Ablieferungspflicht auf Grund der Sparverordnung unterliegen die Nebenvergütungen den Bestimmungen der Gehaltskürzungsverordnungen (Beträge bis zu 900 RM. unterliegen nur den Bestimmungen der Gehaltskürzungsverordnungen).

Beispiel:

Ein Staatsbeamter in einem Orte der Ortsklasse A mit einem Gesamteinkommen an kürzungspflichtigen Bezügen von 5900 RM. erhält für eine im öffentlichen Interesse ausgeübte Tätigkeit von einer Gemeinde nach Abzug anerkannter tatsächlicher Auslagen eine Vergütung von jährlich 1200 RM.

davon kürzt die Gemeinde nach der Ersten, Zweiten und Dritten Gehaltskürzungsverordnung zusammen 20% . . . . =		240 RM.
bleiben		960 RM.
Nach der Sparverordnung verbleiben dem Beamten		
a)	900 RM.	
b) von dem Rest von 60 RM. 25% . . . =	15 RM.	915 RM.
also sind nach der Sparverordnung an die Staatskasse abzuliefern		45 RM.

5. Erhält der Beamte oder die Lehrperson die Nebenvergütung von einer nichtstaatlichen Stelle und wird sie nicht zugunsten der Kasse des Reichs, eines anderen Landes, einer Gemeinde (eines Gemeindeverbandes) oder einer sonstigen Körperschaft des öffentlichen Rechts nach den Gehaltskürzungsverordnungen gekürzt, so ist

a) der Kürzungsbetrag nach den Gehaltskürzungsverordnungen

und

b) der Ablieferungsbetrag nach der Sparverordnung an die Staatskasse abzuführen (vgl. Abschn. II Nr. 9 des RdErl. vom 16. 12. 1931 PrBesBl. S. 351, hier abgedruckt S. 353).

Beispiel:

Ein Staatsbeamter in einem Orte der Ortsklasse A mit einem Gesamteinkommen an kürzungspflichtigen Bezügen von 5900 RM. erhält für eine im öffentlichen Interesse ausgeübte Tätigkeit von nichtstaatlicher Stelle nach Abzug anerkannter tatsächlicher Auslagen eine Vergütung von jährlich . . . . 1200 RM.

Abzuführen an die Staatskasse nach der Ersten, Zweiten und Dritten Gehaltskürzungsverordnung zusammen 20% =		240 RM.
bleiben		960 RM.
Nach der Sparverordnung verbleiben dem Beamten		
a)	900 RM.	
b) von dem Rest von 60 RM. 25% . . . . =	15 RM.	915 RM.
also sind nach der Sparverordnung an die Staatskasse abzuliefern		45 RM.

Vgl. ferner die Beispiele S. 536/7 dieses Buches.

6. Derjenige Teil einer Nebenvergütung, den der Beamte an die preußische Staatskasse abzuliefern hat, wird im Einvernehmen mit dem Reichsminister der Finanzen der Besteuerung nach dem Einkommensteuergesetz nicht unterworfen (vgl. Abschn. II Nr. 9 Abs. 3 des RdErl. vom 16. 12. 1931 — PrBesBl. S. 352, hier abgedruckt S. 354).

7. und als solche anerkannt sind.

8. hier abgedruckt S. 345 ff.

Kapitel IV.

Lehrer an den wissenschaftlichen Hochschulen.

§ 1.

Lehrer an den wissenschaftlichen Hochschulen[1] treten mit dem auf die Vollendung des 68. Lebensjahres zunächst folgenden 1. April oder 1. Oktober kraft Gesetzes in den Ruhestand.[2] Auf sie findet das für die unmittelbaren Staatsbeamten jeweils geltende Versorgungsrecht Anwendung.[2]

§ 2.

Das Gesetz über die Altersgrenze der Hochschullehrer vom 29. März 1930 (Gesetzsamml. S. 45) wird aufgehoben.[3]

§ 3.

In den Schlußbemerkungen zu Anlage 1 des Preußischen Besoldungsgesetzes vom 17. Dezember 1927 (Gesetzsamml. S. 223) wird der Ziffer 4 im Abschnitt C. Nebenbezüge folgender Satz angefügt:

> Die gewährleistete Mindesteinnahme an Unterrichtsgebühren ist mit einem Betrage von 1000 RM. jährlich ruhegehaltsfähig.[4]

§ 4.

Die Bezüge der zum 1. Oktober 1931 oder zu einem früheren Zeitpunkte von ihren amtlichen Verpflichtungen entbundenen Hochschullehrer werden um 10 vom Hundert gekürzt.

§ 5.

Die Vorschriften dieses Kapitels treten mit Wirkung vom 1. Oktober 1931 in Kraft.

Durchführungsbestimmungen I.

Zu Kap. IV.

Nr. 14. (1) Für die Berechnung des Ruhegehalts der in den Ruhestand tretenden Hochschullehrer gelten die Vorschriften des § 10 des Zivilruhegehaltsgesetzes in der Fassung des § 29 Nr. 2 des Besoldungsgesetzes vom 17. 12. 1927 (GS. S. 223)[5]. Neben dem Grundgehalt, neben zur Ergänzung des Grundgehalts gemäß Schlußbemerkungen B Ziff. 3 zur Anlage 1 zum Besoldungsgesetz gewährten besonderen ruhegehaltsfähigen Zuschüssen und neben dem Wohnungsgeldzuschuß der Ortsklasse B ist als ruhegehaltsfähiger Nebenbezug gemäß § 3 dieses Kapitels die gewährleistete Mindesteinnahme an Unterrichtsgebühren mit einem Betrage von 1000 RM. in Ansatz zu bringen. Wegen der Höhe des Wohnungsgeldzuschusses für Ledige wird auf Nr. I 24 Abs. 2 der Richtlinien vom 21. 1. 1928 (PrBesBl. 1931 S. 67)[6] verwiesen. Die Verrechnung der Ruhegehaltsbezüge erfolgt bei dem allgemeinen Pensionsfonds (Kap. 60 Tit. 13 des Haushalts des Finanzministeriums), für die Bergverwaltung bei Kap. 72 f Tit. 13.

(2) Für die Berechnung des Witwen- und Waisengeldes sind die Bestimmungen der §§ 7 ff. des Hinterbliebenenfürsorgegesetzes in Verbindung mit § 10 des Zivilruhegehaltsgesetzes maßgebend. § 22 a des Hinterbliebenenfürsorgegesetzes hat vom 1. Oktober 1931 ab nur noch für Hinterbliebene derjenigen Hochschullehrer Geltung, die vor diesem Zeitpunkte von ihren amtlichen Verpflichtungen entbunden sind.

(3) Soweit auf Antrag im Einzelfall einem Hochschullehrer gemäß § 14 Abs. 2 des Hinterbliebenenfürsorgegesetzes in Verbindung mit § 19 des Zivilruhegehaltsgesetzes die Anrechnung gewisser Zeiten als ruhegehaltsfähige Dienstzeit für die Festsetzung des Witwen- und Waisengeldes in Aussicht gestellt ist, wird hiermit bestimmt, daß diese Inaussichtstellung auch für den Fall der Gewährung von Ruhegehalt gilt.

(4) Zu den Bezügen, die nach § 4 dieses Kapitels um 10 v. H. gekürzt werden, gehören das Grundgehalt, etwa bewilligte ruhegehaltsfähige oder nichtruhegehaltsfähige Zuschüsse zur Ergänzung des Grundgehalts, der Wohnungsgeldzuschuß und gegebenenfalls der örtliche Sonderzuschlag. Die durch die Erste und Zweite Gehaltskürzungsverordnung vorgeschriebenen Kürzungen sind an diesen Gehaltsteilen nach ihrer Kürzung gemäß § 4 dieses Kapitels vorzunehmen.

Anmerkungen.

1. Wissenschaftliche Hochschulen im Sinne dieser Bestimmung sind die im § 15 Abs. 2 PrBesG. (hier S. 85) aufgeführten Lehrinstitute.

2. Die Emeritierung von Hochschullehrern, d. h. ihre Entbindung von ihren amtlichen Verpflichtungen nach Erreichung der Altersgrenze unter Weiterbelassung ihres vollen Diensteinkommens, ist sonach seit dem 1. 10. 1931 nicht mehr zulässig. Damit sind die Hochschullehrer, abgesehen von der höheren Altersgrenze, den übrigen unmittelbaren Staatsbeamten versorgungsrechtlich gleichgestellt.

3. Der entscheidende § 1 dieses Gesetzes lautet: „Lehrer an den wissenschaftlichen Hochschulen werden mit dem auf die Vollendung des 68. Lebensjahres zunächst folgenden 1. April oder 1. Oktober kraft des Gesetzes von ihren amtlichen Verpflichtungen entbunden." Er trat an die Stelle von § 84 Ziff. 2 der Preußischen Personal-Abbauverordnung vom 8. 2. 1924 (Ges.Samml. S. 73), die die bereits durch Ges. v. 15. 12. 1920 (Ges.Samml. S. 621) auf 68 Jahre festgesetzte Altersgrenze der Hochschullehrer auf 65 Jahre herabsetzte.

4. In dieser Bestimmung ist ein Ausgleich für den Wegfall der Emeritierungsmöglichkeit zu sehen.

5. S. 115 dieses Buches.

6. S. S. 117. Zugrunde zu legen ist der Wohnungsgeldzuschuß der Ortsklasse B der nächstniedrigeren Tarifklasse.

Kapitel V.

Polizeibeamte.

§ 1.

Das Schutzpolizeibeamtengesetz vom 16. August 1922 (Gesetzsamml. S. 251) wird wie folgt geändert:

1. § 59 erhält folgenden Absatz 3:

   (3) Neben der einmaligen Übergangsbeihilfe wird die außerordentliche Zuwendung (Dienstprämie) nicht gewährt.

2. § 62 Abs. 3 erhält folgenden Satz 2:

   Als praktische Beschäftigung zum Zwecke der technischen Ausbildung gilt nicht die von den früheren Polizeiexekutivbeamten vor ihrer Einstellung in den Polizeidienst abgeleistete informatorische Beschäftigung.

Durchführungsbestimmungen V.

Zur vorläufigen Durchführung der Spar-VO. — Zweiter Teil Kap. V — wird folgendes bestimmt:

Zu § 1 Nr. 1.

Nr. 1. Die Ausf.-Best. v. 4. 6. 1928 zu § 59 SchBG. (VfdP. Nr. 11b) erhalten folg. Nr. 3:

Beamte des Pol.-Vollzugsdienstes, die vor dem 1. 4. 1922 in den Pol.-Vollzugsdienst (mit Ausnahme der Schutzpol.) eingetreten sind und die auf Grund von Verwaltungsanordnungen (RdErl. v. 20. 10. 1914, MBliV. S. 280) nach 18- oder 24jähriger Dienstzeit eine Anwartschaft (keinen Rechtsanspruch) auf die außerordentliche Zuwendung (Dienstprämie) hatten, erhalten diese nicht, wenn die Beamten in die Schutzpol. übergeführt worden sind, als kündbare Schutzpol.-Beamte bei ihrem Ausscheiden aus der Schutzpol. eine Versorgung (einschl. der einmaligen Übergangsbeihilfe) nach dem SchBG. erhalten haben und im Anschluß an die Entlassung wieder im anderweitigen Pol.-(Zivil-)Dienst, z. B. in der Kriminalpol., angestellt worden sind.

Beispiel: Einem Pol.-Beamten, der nach einer Militärdienstzeit von 8 Jahren am 1. 11. 1919 bei der früheren staatlichen Schutzmannschaft eingetreten, am 16. 5. 1922 als kündbarer Schutzpol.-Beamter in die Schutzpol. übergeführt, aus dieser am 31. 1. 1924 mit Versorgung nach dem SchBG. (einschl. der einmaligen Übergangsbeihilfe) ausgeschieden und am 1. 2. 1924 zur Kriminalpol. einberufen worden ist, steht bei Vollendung der 18jährigen Gesamtdienstzeit (31. 10. 1929) die außerordentliche Zuwendung (Dienstprämie) nicht zu.

Die Anwartschaft auf die außerordentliche Zuwendung (Dienstprämie) ist durch die Gewährung der Versorgung nach dem SchBG. (einschl. der einmaligen Übergangsbeihilfe) endgültig erloschen, also auch, wenn die einmalige Übergangsbeihilfe nach § 59 SchBG. vor dem 1. 9. 1924 mit den bis zu diesem Zeitpunkt zuständigen Sätzen gewährt, oder an deren Stelle eine Unterstützung nach dem RdErl. v. 24. 8. 1927 (MBliV. S. 870) bewilligt worden ist.

Zu § 1 Nr. 2.

Nr. 2. Zu § 62 SchBG. wird folgende Ausf.-Best. (vgl. VfdP. Nr. 11b) gegeben:

Als informatorische Beschäftigung im Sinne des § 62 Abs. 3 Satz 2 SchBG. gelten u. a. die von den früheren Pol.-Exekutivbeamten vor ihrer Einstellung in den Pol.-Dienst bei staatlichen oder kommunalen Pol.-Behörden, Amtsvorstehern usw. abgeleisteten Beschäftigungszeiten.

Beispiel: Ein Pol.-Offizier, der vor seiner Übernahme in die Schutzpol. der früheren staatlichen Pol. in Berlin zunächst als Pol.-Anwärter und dann als Pol.-Leutnant angehört hat, ist vor seiner Einstellung als Pol.-Anwärter bei der staatlichen Pol.-Verwaltung in Königsberg v. 2. 11. 1903 bis 2. 5. 1905 ohne Entgelt beschäftigt worden. Die Zeit dieser informatorischen Beschäftigung ist nicht ruhegehaltsfähig.

Kap. V § 2.

Das Polizeibeamtengesetz vom 31. Juli 1927 (Gesetzsamml. S. 151) wird wie folgt geändert:

1. Im § 28 erhält Abs. 1 Satz 2 folgende Fassung:

   Als Dienstunfall gilt grundsätzlich nur ein plötzliches, örtlich und zeitlich bestimmbares, einen Körperschaden verursachendes Ereignis, das in Ausübung oder infolge des Dienstes eingetreten ist.

2. § 28 Abs. 4 Satz 1 erhält folgende Fassung:

   Im Falle der Besserung der Erwerbsfähigkeit eines mit Unfallpension nach § 1 Abs. 2 des Unfallfürsorgegesetzes ausgeschiedenen Polizeivollzugsbeamten tritt eine Minderung der Unfallpension in entsprechendem Maße ein.

Durchführungsbestimmungen V.

Zu § 2.

Nr. 3. Die Ausf.-Best. Nr. 1 zu § 28 PBG. (VfdP. Nr. 11a) erhält folgende Fassung:

Dem Wesen des Unfalls entsprechend ist ein Dienstunfall ein auf äußerer Einwirkung beruhendes, körperlich schädigendes, plötzlich eintretendes, örtlich und zeitlich bestimmbares Ereignis. Unter dieser Voraussetzung gilt jede Beeinträchtigung der körperlichen Unversehrtheit als Dienstunfall. In diesem Rahmen fallen unter den Begriff „Dienstunfall" alle Körperschäden, die Polizeivollzugsbeamte in Ausübung oder infolge ihres Dienstes erleiden, ferner Erkrankungen, sofern die Gesundheitsschädigung auf ein in einem verhältnismäßig kurzen Zeitraum — also wenige Stunden oder höchstens einen Diensttag — eingeschlossenes Ereignis zurückzuführen ist.

Körperschäden, die Schutzpol.-Beamte bei Sportübungen erleiden, sind Dienstunfälle, wenn das Unfallereignis bei dienstlich ausgeschriebenen Sportwettkämpfen in größerem Rahmen (z. B. bei Austragung von Landesmeisterschaften) eingetreten ist. Bei Körperschäden aus Anlaß sonstiger Sportübungen kann dagegen ein Dienstunfall nur dann angenommen werden, wenn der betroffene Beamte im Interesse der Ausbildung zur Teilnahme dienstlich veranlaßt worden ist. Hierbei ist es gleichgültig, ob dies auf eigenen Wunsch mit Genehmigung des Bereitschafts- usw. Führers oder auf Grund von Ausschreibungen einer Dienststelle geschah.

Als Dienst im Sinne des § 28 Abs. 1 gilt auch die Zurücklegung des unmittelbaren Weges nach und von der Dienststelle.

Dienstunfälle sind nicht Erkrankungen, die auf eine Häufung kleinster Schädigungen innerhalb eines längeren Zeitraums oder auf allmählich fortwirkende schädliche Einflüsse zurückzuführen sind. Vgl. aber § 1 Abs. 2 des Zivilruhegehaltsges. v. 27. 3. 1872 (GS. S. 268).

Jeder Dienstunfall im Sinne des Abs. 1 ist gemäß § 8 Abs. 3 des Unfallfürsorgeges. v. 2. 6. 1902 (GS. S. 153) unter Mitwirkung des zuständigen beamteten Arztes (AB. 5 zu § 22 PBG., VfdP. Nr. 11a) unverzüglich zu untersuchen. Der staatliche Pol.-Verwalter (bei Pol.- und Landj.-Schulen der Schulleiter, bei der Landj. der Reg.-Präs.) hat nach Abschluß der Untersuchung in einem Schlußvermerk festzustellen, ob ein Dienstunfall im Sinne des Gesetzes angenommen wird. Hiervon ist dem Betroffenen schriftlich Kenntnis zu geben. Die Dienstunfallverhandlung (einschl. Anlagen) ist zu den Personalakten des Beamten zu nehmen. Darüber, ob die Voraussetzungen für die Gewährung einer Unfallversorgung gegeben sind, entscheidet bei Eintritt des Versorgungsfalles die die Versorgung feststellende Behörde.

Der Erl. d. MdJ. v. 12. 7. 1929 — II 4634/6 (nicht veröffentl.) wird hiermit aufgehoben.

Nr. 4. Der erste Satz der AB. 3 zu § 28 PBG. (VfdP. Nr. 11a) erhält folgende Fassung:

Bei einer Versorgung nach § 1 Abs. 2 des Unfallfürsorgeges. (GS.

1902 S. 153) hat der Reg.-Präs. den Grad der Erwerbsunfähigkeit festzustellen.

Nr. 5. Beim letzten Satz der AB. 5 zu § 28 PBG. (VfdP. Nr. 11a) ist der Punkt zu streichen und nachstehender Zusatz hinzuzufügen:

(vgl. § 1 Abs. 5 des Unfallfürsorgeges., GS. 1902 S. 153).

Kap. V § 3.

Der Minister des Innern wird ermächtigt, im Einvernehmen mit dem Finanzminister den im § 59 Abs. 2c des Polizeibeamtengesetzes vom 31. Juli 1927 (Gesetzsamml. S. 151) festgesetzten Zeitpunkt des 31. März 1933 hinauszuschieben, jedoch nicht über den 31. März 1938 hinaus.

Durchführungsbestimmungen V.

Zu § 3.

Nr. 6. Der in § 59 Abs. 2c des Pol.-Beamtenges. v. 31. 7. 1927 (GS. S. 151) auf den 31. 3. 1933 festgesetzte Zeitpunkt wird auf den 31. 3. 1938 hinausgeschoben.

Kap. V § 4.

(1) Die den Versorgungsanwärtern auf Grund der §§ 7 und 8 der Anstellungsgrundsätze in der Fassung vom 16. Juli 1930 (Reichsgesetzbl. I S. 234 und S. 517) im preußischen Staatsdienst nicht vorbehaltenen Beamtenstellen des unteren, Kanzlei- und einfachen mittleren Dienstes sind mit preußischen Schutzpolizeibeamten mit mehr als acht Dienstjahren und den aus der preußischen Schutzpolizei hervorgegangenen Versorgungsanwärtern mit der Maßgabe zu besetzen, daß nicht mehr als 10 vom Hundert aller Stellen mit Zivilanwärtern besetzt werden.

(2) Die Angestelltenstellen bei allen Staatsbehörden sind bis auf weiteres über den im § 72 der Anstellungsgrundsätze den Versorgungsanwärtern vorbehaltenen Stellenanteil hinaus mit den aus der preußischen Schutzpolizei hervorgegangenen Versorgungsanwärtern zu besetzen, und zwar Stellen der Art, wie sie in den Vergütungsgruppen III bis V des Reichsangestelltentarifvertrags vom 2. Mai 1924 (Preuß. Angestelltentarifvertrags vom 30. Juni 1924) aufgeführt sind,

mit mindestens 25 vom Hundert, entsprechende Stellen der Vergütungsgruppen VI und VII mit mindestens 33⅓ vom Hundert aller Stellen.

(3) Die Abs. 1 und 2 gelten auch für die entsprechenden Beamten- und Angestelltenstellen der Gemeinden und Gemeindeverbände.

(4) Ausnahmen können für die einzelnen Verwaltungen nach dem vorhandenen Bedürfnisse vom Fachminister im Einvernehmen mit dem Finanzminister, für die Gemeinden und Gemeindeverbände vom Minister des Innern im Einvernehmen mit dem Finanzminister zugelassen werden.

(5) Die für die Besetzung der Beamtenstellen des Polizeivollzugsdienstes des Staates, der Gemeinden und Gemeindeverbände geltenden Vorschriften werden hierdurch nicht berührt.

Durchführungsbestimmungen V.

Zu § 4.

Nr. 7. 1. Die Beamtenstellen im preußischen Staatsdienst sind sonach zu besetzen:

a) im Kanzleidienst (§ 7 der Anstellungsgrundsätze — AGr. —)
zu 75 v. H. mit Versorgungsanwärtern,
zu 15 v. H. abwechselnd mit preuß. Schutzpol.-Beamten mit mehr als 8 Dienstjahren und Versorgungsanwärtern aus der preuß. Schutzpol. und
zu 10 v. H. mit anderen Personen;

b) die Stellen des unteren Dienstes, deren Obliegenheiten nicht im wesentlichen in einfacheren Dienstverrichtungen bestehen, sowie die Stellen des einfachen mittleren Dienstes (§ 8 AGr.),
zu 50 v. H. mit Versorgungsanwärtern,
zu 10 v. H. mit Versorgungsanwärtern aus der preuß. Schutzpol.,
zu 30 v. H. mit preuß. Schutzpol.-Beamten mit mehr als 8 Dienstjahren und
zu 10 v. H. mit anderen Personen.

Als Nachweis der für die Einstellung in den preuß. Staatsdienst erforderlichen allgemeinen Bildung gilt das Zeugnis über die bestandene A I- bzw. B I-Prüfung der Pol.-Berufsschule.

2. Von den Beamtenstellen der Gemeinden und Gemeindeverbände sind sonach die oben zu 1 a und 1 b angegebenen Stellen zu besetzen:
zu 75 v. H. mit Versorgungsanwärtern,
zu 15 v. H. abwechselnd mit preuß. Schutzpol.-Beamten mit mehr als 8 Dienstjahren und mit Versorgungsanwärtern aus der preuß. Schutzpol.,
zu 10 v. H. mit anderen Personen.

Offene Stellen sind danach in nachstehender Reihenfolge zu besetzen:
3 Stellen mit Versorgungsanwärtern nach den AGr.,
1 Stelle mit einem preuß. Schutzpol.-Beamten mit mehr als 8 Dienstjahren,
3 Stellen mit Versorgungsanwärtern nach den AGr.,
1 Stelle mit einem Versorgungsanwärter aus der preuß. Schutzpol.,
3 Stellen mit Versorgungsanwärtern nach den AGr.,
1 Stelle mit einer anderen Person,
3 Stellen mit Versorgungsanwärtern nach den AGr.,
1 Stelle mit einem preuß. Schutzpol.-Beamten mit mehr als 8 Dienstjahren,
3 Stellen mit Versorgungsanwärtern nach den AGr.,
1 Stelle mit einer anderen Person
und so fort unter Wiederholung vorstehender Reihenfolge.

Die Stellen der Einheitslaufbahn, wo eine solche durch Zusammenfassung des einfachen und des gehobenen mittleren Dienstes gebildet ist, sind über den den Versorgungsanwärtern vorbehaltenen Stellenanteil hinaus zu besetzen:

zu 15 v. H. abwechselnd mit preuß. Schutzpol.-Beamten mit mehr als 8 Dienstjahren und mit Versorgungsanwärtern aus der preuß. Schutzpol.

Offene Stellen sind somit in nachstehender Reihenfolge zu besetzen:
1 Stelle mit 1 Versorgungsanwärter nach den AGr.,
1 Stelle mit 1 preuß. Schutzpol.-Beamten mit mehr als 8 Dienstjahren,
1 Stelle mit 1 Versorgungsanwärter nach den AGr.,
1 Stelle mit 1 anderen Person,
1 Stelle mit 1 Versorgungsanwärter nach den AGr.,
1 Stelle mit 1 anderen Person,
1 Stelle mit 1 Versorgungsanwärter nach den AGr.,
1 Stelle mit 1 anderen Person,
1 Stelle mit 1 Versorgungsanwärter nach den AGr.,
1 Stelle mit 1 Versorgungsanwärter aus der preuß. Schutzpol.,
1 Stelle mit 1 Versorgungsanwärter nach den AGr.,
1 Stelle mit 1 anderen Person,
1 Stelle mit 1 Versorgungsanwärter nach den AGr.,
1 Stelle mit 1 anderen Person,
1 Stelle mit 1 Versorgungsanwärter nach den AGr.,
1 Stelle mit 1 anderen Person,
1 Stelle mit 1 Versorgungsanwärter nach den AGr.,
1 Stelle mit 1 preuß. Schutzpol.-Beamten mit mehr als 8 Dienstjahren,
1 Stelle mit 1 Versorgungsanwärter nach den AGr.,
1 Stelle mit 1 anderen Person
und so fort unter Wiederholung vorstehender Reihenfolge.

Auf die nach der Spar-VO. den Schutzpol.-Beamten und den Versorgungsanwärtern aus der Schutzpol. neu vorbehaltenen Stellen findet die Vorschrift des § 66 AGr. keine Anwendung.

Als Nachweis der für die Einstellung in den Gemeindedienst erforderlichen allgemeinen Bildung gilt das Zeugnis über die bestandene A I- bzw. B I-Prüfung der Pol.-Berufsschule.

3. Anträge auf Ausnahmen sind durch die staatlichen Anstellungsbehörden dem zuständigen Fachminister vorzulegen.

Derartige Anträge der Gemeinden und Gemeindeverbände sind, soweit es sich um ganze Verwaltungszweige handelt, eingehend begründet dem MdJ. auf dem Dienstwege einzureichen. Hinsichtlich der Abweichung von der Reihenfolge bei der Besetzung der nach der Spar-VO. den Schutzpol.-Beamten und den Versorgungsanwärtern aus der Schutzpol. vorbehaltenen Stellen ist bei Beamtenstellen nach Nr. 23 der Ausf.-Anw. zu den AGr. für die Gemeinden (MBliV. 1931 S. 533), bei Angestelltenstellen nach Nr. 38 daselbst sinngemäß zu verfahren.

Es ist zulässig, eine freie Stelle im Gemeindedienst, die nach § 4 Abs. 3 Schutzpol.-Beamten und Versorgungsanwärtern aus der Schutzpol. vorbehalten ist, mit einem Gemeindepol.-Vollzugsbeamten zu besetzen.

4. Die kommunalen Aufsichtsbehörden haben die genaue Beobachtung dieser Bestimmungen bei der Anstellung von Gemeindebeamten und bei der Besetzung von Angestelltenstellen zu überwachen.

5. Die staatl. Anstellungsbehörden oder die von den zuständigen Ministern bezeichneten Zentralvormerkungsstellen sowie die Gemeinden und Gemeindeverbände haben die Bewerbungen von preuß. Schutzpol.-Beamten mit mehr als 8 DJ. und von Versorgungsanwärtern aus der preuß. Schutzpol. entgegenzunehmen und den Bewerber, sofern er die für die Laufbahn vorgeschriebenen Bedingungen erfüllt, vorzumerken. Vgl. aber Abs. 5 des § 4 (Zweiter Teil Kap. V) der Spar-VO.

6. Falls beim Freiwerden einer mit einem Schutzpol.-Beamten zu besetzenden Beamtenstelle ein Schutzpol.-Beamter nicht vorgemerkt ist, so ist das Freiwerden der Stelle unter Angabe der Anstellungsbedingungen und der den Bewerbungsgesuchen beizufügenden Unterlagen von den Anstellungsbehörden bis auf weiteres dem örtlich zuständigen Reg.-Präs. anzuzeigen.

Die Reg.-Präs. haben alsdann mit größter Beschleunigung sämtliche staatl. Pol.-Verwaltungen ihres Bezirks, nötigenfalls auch die der Nachbarbezirke, zu benachrichtigen. Eine Benachrichtigung der Nachbarbezirke ist stets notwendig, wenn der Bezirk selbst keine staatl. Pol.-Verwaltung hat oder wenn sich aus dem eigenen Bezirk Anwärter nicht melden. Die Pol.-Verwaltungen haben das Freiwerden der Stellen den Schutzpol.-Beamten bekanntzugeben.

Meldet sich kein Bewerber, so ist der Antrag zur Erledigung an die Vormerkungsstelle beim Pol.-Präs. in Potsdam zur weiteren Veranlassung abzugeben, die geeignete und bereite Bewerber benennen wird.

7. Ist beim Freiwerden einer mit einem Versorgungsanwärter aus der preuß. Schutzpol. zu besetzenden Beamten- oder Angestelltenstelle ein solcher nicht vorgemerkt, so ist ein Anwärter mit den unter 6. genannten Angaben bei der Vormerkungsstelle beim Pol.-Präs. in Potsdam anzufordern, die geeignete und bereite Anwärter benennen wird.

8. Schutzpol.-Beamte mit mehr als 8 Dienstjahren und Versorgungsanwärter aus der preuß. Schutzpol. haben sich bei den staatl. Behörden oder bei den Zentralvormerkungsstellen sowie bei den Gemeinden und Gemeindeverbänden um Vormerkung zu bewerben und die Bewerbung zum 1. 12. j. J. zu erneuern. Die Schutzpol.-Beamten haben diese Meldung auf dem Dienstwege vorzulegen.

9. Schutzpol.-Beamte mit mehr als 8 Dienstjahren werden zur Ableistung einer Probedienstleistung im Staats- und Gemeindedienst bis zu einem Jahre ohne Gehalt abgeordnet. Sie sind aus Fonds der Verwaltung zu besolden, in der sie Probedienst tun.

Kap. V § 5.

Von den Vorschriften dieses Kapitels treten in Kraft:

a) §§ 1, 3 und 4 mit Wirkung vom 1. Oktober 1931. § 1 gilt auch für Rechtsbeziehungen, die vor dem 1. Oktober 1931 entstanden sind.

b) § 2 mit Wirkung vom 1. Juli 1927.

Kapitel VI.

Lehrpersonen an Fachschulen.

§ 1.

Die Dienstbezüge der Lehrpersonen an den Fachschulen, die von den Gemeinden (Gemeindeverbänden) ganz oder zum Teil unterhalten werden, regeln sich nach Besoldungsordnungen oder Richtlinien, die von dem Minister für Handel und Gewerbe im Einvernehmen mit dem Finanzminister erlassen werden.

§ 2.

Für die Lehrpersonen an den von den Gemeinden (Gemeindeverbänden) unterhaltenen Fachschulen und höheren Fachschulen gelten die §§ 14 und 18 Abs. 1 und 5 des Gewerbe- und Handelslehrer-Besoldungsgesetzes vom 16. April 1928 (Gesetzsamml. S. 89) sinngemäß.

§ 3.

(1) Der Minister für Handel und Gewerbe kann im Einverständnis mit dem Finanzminister diejenigen Lehrpersonen an den Handwerker- und Kunstgewerbeschulen sowie ähnlichen

Fachschulen bestimmen, die auf Zeit oder Kündigung anzustellen sind, und Vorschriften über die Form der Anstellung und über die ihnen beim Ausscheiden zu zahlenden Abfindungen erlassen. Bereits bestehende Vorschriften gelten als auf Grund dieser Verordnung erlassen.

(2) Den Lehrpersonen müssen bei ihrer Anstellung die Zeit, für die sie angestellt werden, gegebenenfalls auch die Kündigungsbedingungen schriftlich mitgeteilt werden. Für die bereits auf Zeit oder Kündigung angestellten und die künftig so anzustellenden Lehrpersonen gelten Vorschriften, die über die Voraussetzungen der Anstellung auf Zeit oder Kündigung für Beamte anderer Art bestehen — zum Beispiel im § 9 des Gesetzes, betreffend die Anstellung und Versorgung der Kommunalbeamten, vom 30. Juli 1899 (Gesetzsamml. S. 141) — nicht.

§ 4.

Die Bestimmungen dieses Kapitels treten mit dem Tage der Verkündung der Verordnung in Kraft.

Anmerkung.

1. Durchführungsbestimmungen sind bisher nicht ergangen.

Kapitel VII.

Beförderungen und Versetzungen.

§ 1.

(1) Beförderungen[1 2] finden bis auf weiteres[3] nicht statt.

(2) Versetzungen dürfen nur vorgenommen werden, sofern die Besetzung einer Stelle bei den oberen Instanzen oder bei den leitenden oder Einzelstellen anderer Behörden dies erforderlich macht oder soweit durch Versetzungen Beamtenstellen eingespart werden.

(3) Ausnahmen sind nur zulässig, soweit ein dringendes dienstliches Bedürfnis hierfür vorliegt.

§ 2.

Die Vorschriften dieses Kapitels treten mit Wirkung vom 1. Oktober 1931 in Kraft.

Durchführungsbestimmungen I.

Zu Kap. VII § 1.

Nr. 17. (1) Die Bewilligung einer Zulage (Stellenzulage) ist als Beförderung anzusehen.

(2) Versetzungen anläßlich der ersten planmäßigen Anstellung von nichtplanmäßigen Beamten fallen nicht hierunter.

(3) Die einschränkende Vorschrift des § 1 Abs. 2 des Kap. VII findet auf Wartegeldempfänger, die zur vorübergehenden Beschäftigung oder zur Wiederanstellung einberufen werden, keine Anwendung.

Anmerkungen.

1. Die **erste Anstellung** eines nichtplanmäßigen Beamten oder Angestellten in einer Planstelle ist keine Beförderung.

2. Wegen der Volksschullehrer und der Lehrer an den öffentlichen mittleren Schulen vgl. den RdErl. des Min. für Wissenschaft usw. vom 11. 1. 1932 — U. III E Nr. 2188/31 usw. (Zentrbl. S. 43).

3. Die Beförderungssperre ist mit Wirkung vom 1. 4. 1932 aufgehoben (vgl. Kap. VI der Verordnung vom 14. 3. 1932 — GS. S. 123 — hier abgedruckt S. 499).

Kapitel VIII.

Beamteneigenschaft,[1] Versetzung in ein anderes Amt.

§ 1.

Das Beamtenverhältnis[1] im Staate, in einer Gemeinde (einem Gemeindeverband) oder einer sonstigen Körperschaft des öffentlichen Rechtes wird nur durch Aushändigung einer Urkunde begründet, in der die Worte „unter Berufung in das Beamtenverhältnis" enthalten sind. Die tatsächliche Übertragung einer mit obrigkeitlichen Funktionen verbundenen Tätigkeit allein begründet die Beamteneigenschaft nicht.

Durchführungsbestimmungen I.

Zu Kap. VIII § 1.

Nr. 18. Für die Begründung des Beamtenverhältnisses[1] ist nicht die Art der Tätigkeit maßgebend, sondern der auf die Begründung des Beamtenverhältnisses als eines öffentlich-rechtlichen Dienst- und Treueverhältnisses gerichtete Verwaltungsakt. Aus der Fassung der Urkunde muß sich unzweideutig ergeben, daß der Empfänger zum Beamten gemacht werden soll. Demgemäß ist jedem unmittelbaren und mittelbaren Beamten und jeder Lehrperson, auch dem nichtplanmäßigen und dem auf Widerruf, Kündigung oder Probe angestellten Beamten eine Urkunde (ein Berufungsschreiben) auszuhändigen, aus der einwandfrei unter

Benutzung der in der Notverordnung vorgesehenen Worte „unter Berufung in das Beamtenverhältnis" hervorgeht, daß der Empfänger zum Beamten gemacht werden soll.[2] *Hilfslehrer erhalten keine Urkunde und sind daher auch nicht Beamte.*

Anmerkungen.

1. Es fehlte bisher im preußischen Landesrecht an einer zweifelsfreien Umschreibung des Beamtenbegriffs. Die in der Praxis hieraus vielfach entstandenen Schwierigkeiten haben gezeigt, daß es notwendig ist, eine genaue Formvorschrift zu finden, um den Begriff des Beamten abzugrenzen. Auch die Reichsregierung hält eine entsprechende Regelung für dringend geboten. Sie hat am 2. 2. 1932 dem Reichsrat den Entwurf eines Gesetzes über die Begründung des Beamtenverhältnisses vorgelegt, der ebenfalls eine Bestimmung vorsieht, daß das Reichsbeamtenverhältnis durch Aushändigung einer Urkunde begründet wird, in der die Worte „unter Berufung in das Reichsbeamtenverhältnis" enthalten sind (Reichsratsdrucksache Nr. 14 Tagung 1932). Diese Vorlage enthält unter anderm folgende Begründung:

„An einer solchen (nämlich an einer Umschreibung des Beamtenbegriffs) fehlt es größtenteils auch im Landesrecht, und soweit das Landesrecht Vorschriften dieser Art enthält, wie z. B. das Preußische Kommunalbeamtenrecht, haben sich diese Vorschriften ohne die reichsrechtlichen Grundlagen, die der Entwurf schaffen will, als nicht ausreichend erwiesen.

Die Rechtsprechung hat versucht, die Lücke des Gesetzes, die durch das Fehlen einer ausreichenden Begriffsbestimmung des Beamten entstanden ist, auszufüllen. Sie ist dabei vom Betätigungsgebiete des Staates ausgegangen und hat den Satz aufgestellt, daß sogenannte Hoheitsfunktionen nur von Beamten ausgeübt werden können, und daß jeder, der mit solchen Aufgaben betraut ist oder, sei es auch nur vorübergehend, irgendwann einmal betraut war, dadurch Beamter geworden ist, auch wenn er weder nach dem Willen der Anstellungsbehörde noch nach seiner eigenen Auffassung Beamter werden sollte, sondern auf Privatdienstvertrag beschäftigt worden ist. Von diesem Grundsatz ausgehend, haben die Gerichte einer großen Anzahl von Personen Gehalt und Ruhegehalt zugesprochen unter Verurteilung des Fiskus zur Nachzahlung für die ganze Zeit, in der der Angestellte nicht mehr im öffentlichen Dienst stand, und in den weitaus meisten Fällen unter Zubilligung auf Lebenszeit, sogar unter Erstreckung der zuerkannten Rechte auf die Versorgung der Hinterbliebenen. Eine Anrechnung dessen, was der Angestellte in der Zwischenzeit durch andere Arbeit verdient hat, ist ausgeschlossen worden.

Die Rechtsauffassung der Gerichte ist in einer umfangreichen Literatur und von der Verwaltungsseite her nachdrücklich bekämpft, sie ist auch von den Gerichten selbst nicht völlig einheitlich vertreten worden. Am Grundsatz hat sich aber nichts geändert. Die Zahl der Klagen, die unter Berufung auf diesen Grundsatz erhoben werden, nimmt ständig zu. Immer mehr Personen, die im Reichs-, Landes- oder Kommunaldienst beschäftigt sind oder waren, machen geltend, daß sie, vor allem unter den besonderen Verhältnissen der Kriegs- und Nachkriegszeit, jetzt oder früher, auf längere oder auch nur auf kurze Zeit, ganz oder teilweise Arbeiten erledigt hätten, die man unter den Begriff der Hoheitsfunktionen bringen müsse. Dieser Begriff, der einer festen Abgrenzung nur schwer fähig ist, wird von den Gerichten meist weit ausgelegt. Unter Hoheitsfunktionen werden nicht nur Handlungen öffentlicher Gewalt, sondern auch öffentlicher Fürsorge verstanden. Es werden im weitesten Umfang alle irgendwie polizeilich gearteten Aufgaben einbezogen, z. B. die Tätigkeit von eingestellten Hilfspolizeibeamten, Nachtwächtern, Chausseewärtern, die mit gelegentlichen Überwachungsaufgaben betraut sind, ferner die Tätigkeit in den Stellen der Wohnungs- und Ernährungswirtschaft usw. Meist handelt es sich dabei um Personen, die die Voraussetzungen zum Eintritt in die Beamtenstellen nicht erfüllen, die sich nun aber trotz Fehlens körperlicher, geistiger, mitunter auch sittlicher Eignung unter Umgehung von Prüfungsbestimmungen usw. eine lebenslängliche, ja noch auf die Hinterbliebenen ausgedehnte Versorgung erstreiten und denen noch dazu Nachzahlungen in Höhe mittlerer Vermögen ganz unerwartet in den Schoß fallen. Diese Personen sind in viel günstigerer Lage als die Beamten selbst, die den vorgeschriebenen Weg zurücklegen müssen, vor allem als die auf Kündigung oder Widerruf angestellten Beamten. Staat und Gemeinden müssen solche Leistungen gewähren in einer Zeit, wo Ausgaben der dringlichsten Art auf das Notdürftigste eingeschränkt werden müssen. Besonders große Schwierigkeiten sind vor allem bei Gemeinden des vormals besetzten Gebiets entstanden, weil unter den Verhältnissen der Besatzungszeit dort vielfach Hilfskräfte für öffentliche Aufgaben verschiedener Art vorübergehend angenommen werden mußten.

Die wachsende Zahl der angestrengten Prozesse, die zunehmenden Notrufe der Länder, Gemeinden und kommunalen Spitzenverbände lassen erkennen, daß der Grundsatz der Rechtsprechung allmählich im Reichsgebiete bekannt wird und immer mehr Personen veranlaßt, sich zu erinnern, welche Vorteile sie sich aus irgendwelcher früheren Tätigkeit her durch ihn verschaffen können. Es ist nicht abzusehen, in welcher Zahl Klagen auf dieser Grundlage zu erwarten sind, wenn nicht auf dem Wege der Rechtsänderung klare Verhältnisse geschaffen werden. Die im einzelnen Falle zu gewährenden Bezüge bewegen sich meist zwischen 10000 und 100000 RM. Die Zahl der Personen, die im Laufe der Kriegs- und Nachkriegszeit mit Aufgaben beschäftigt gewesen sind, die bei weiter Ausdehnung unter den Begriff der Hoheitsfunktionen fallen, kann Hunderttausende betragen. Unter diesen Umständen können die völlig unfruchtbaren und innerlich ungerechtfertigten Lasten, die die öffentlichen Haushalte auf diese Weise treffen, die Milliarde übersteigen. Zu dem finanzpolitischen Bedenken, das sich daraus ergibt, kommen folgende weitere Bedenken: Die Unterbringung der Versorgungsanwärter wird gefährdet, wenn in so weitem Maße, wie es schon jetzt der Fall ist, durch Richterspruch unter Ausschaltung der Anstellungsbehörden und ohne Rücksicht auf die Anstellungsgrundsätze Personen zu Beamten gemacht werden. Schließlich ergeben sich außenpolitische Schwierigkeiten dadurch, daß internationale Vereinbarungen über die Zahl der Polizeikräfte nicht eingehalten werden können, wenn auf dem Wege des Richterspruchs diese Zahl vermehrt wird."

2. Da die Bestimmung nach § 4 dieses Kapitels erst mit Wirkung vom 1. 10. 1931 ab in Kraft tritt, besteht die Notwendigkeit zur Aushändigung der Urkunden nur hinsichtlich von Personen, die nach dem 30. 9. 1931 in das Beamtenverhältnis (auch als Hilfsbeamte ohne Stellenanwärtereigenschaft) einberufen werden. In die Einberufungsschreiben ist der Zusatz: „unter Berufung in das Beamtenverhältnis" einzufügen.

Über Bestallungen und Abschiedsurkunden bestimmt ein RdErl. vom 4. 3. 1932 (PrBesBl. S. 59) folgendes:

1. Nach § 1 (II. Kap. VIII) SparVO. — PrBesBl. S. 282 — wird das Beamtenverhältnis nur durch Aushändigung einer Urkunde begründet, in der die Worte „unter Berufung in das Beamtenverhältnis" enthalten sind.

Die Vorschrift soll Klarheit darüber schaffen, ob bei Übertragung von Amtsgeschäften ein Beamtenverhältnis begründet werden soll. Besteht ein solches schon, handelt es sich also nur um Übertragung eines anderen Amtes, z. B. durch Versetzung oder Beförderung, oder nur um die Einweisung eines bisher nichtplanmäßigen Beamten in eine Planstelle, so kommt die für die Begründung des Beamtenverhältnisses vorgeschriebene Form nicht in Betracht. Deshalb ist die in der SparVO. vorgesehene Form je nachdem, ob nach den geltenden Vorschriften die Übernahme in das Beamtenverhältnis bei der Einberufung in den Vorbereitungs- oder Probedienst, bei der endgültigen Übernahme in den Staatsdienst, bei der Ernennung zum nichtplanmäßigen Beamten oder bei der Übertragung einer Planstelle erfolgt, nur in der Berufung (dem Einberufungsschreiben), in der Erklärung der Übernahme, in der Ernennung zum nichtplanmäßigen oder planmäßigen Beamten zu verwenden.

Da Wartegeldempfänger Beamte sind, kommt, wenn ihnen wieder ein Amt übertragen wird, die für die Begründung des Beamtenverhältnisses vorgeschriebene Form nicht in Betracht. Sollen aber Ruhestandsbeamte oder entlassene Beamte wieder als Beamte angestellt werden, so muß, da ihr Beamtenverhältnis erloschen ist, der Wille der erneuten Begründung wieder bekundet werden.

Die Vorschrift der SparVO. hat keine rückwirkende Kraft, sie ist deshalb nur vom 1. Oktober 1931 ab anzuwenden. Ob vorher das Beamtenverhältnis begründet worden ist, richtet sich nach den bisher beobachteten Grundsätzen.

2. Es haben sich Weiterungen daraus ergeben, daß Beamte auf eigenen Antrag aus dem Staatsdienst entlassen wurden, ohne daß sie auf vermeintliche Ansprüche auf Gehalt, Ruhegehalt und Hinterbliebenenbezüge verzichtet hatten. Es wird ergebenst ersucht, Entlassungsanträgen nur zu entsprechen, wenn sie diesen Verzicht enthalten. In der Bewilligung der Entlassung ist zur besseren Klarheit auf den ausgesprochenen Verzicht hinzuweisen. Dagegen ist in der Abschiedsurkunde, die etwa dem ausscheidenden Beamten erteilt wird, ein entsprechender Zusatz entbehrlich.

Kap. VIII § 2.

Die Beamten, mit Ausnahme der richterlichen Beamten und der beamteten Professoren an den wissenschaftlichen

Hochschulen, und die Lehrpersonen sind verpflichtet, sofern ihre Planstelle in Wegfall kommt, jedes Amt, das ihrer Vorbildung entspricht, auch wenn es mit einem geringeren Diensteinkommen verbunden ist, unter gleichzeitiger Anweisung des neuen dienstlichen Wohnsitzes (§ 9 des Preußischen Besoldungsgesetzes vom 17. Dezember 1927 — Gesetzsamml. S. 223 —) wahrzunehmen. Ob im einzelnen Falle die Voraussetzungen zutreffen, entscheidet der zuständige Fachminister im Einvernehmen mit dem Finanzminister. Die Beamten und Lehrpersonen behalten ihre Amtsbezeichnung und das Diensteinkommen, das sie bezogen hätten, wenn sie in ihrer bisherigen Planstelle verblieben wären. Eine etwa mit der bisherigen Stelle verbundene Aufwand- oder Dienstaufwandentschädigung fällt fort.

Durchführungsbestimmungen I.

Zu Kap. VIII § 2.

Nr. 19. (1) Eine Planstelle kann nur durch den Haushalt oder eine andere gesetzliche Bestimmung in Wegfall kommen.

(2) Das Diensteinkommen umfaßt die gesamten Dienstbezüge der bisherigen Planstelle (auch die Dienstalterszulagen und Nebenbezüge, soweit sie ruhegehaltsfähig sind — vgl. § 1 des PrBesG. und Schlußbemerkung C zur Besoldungsordnung —) mit Ausnahme von Aufwand- und Dienstaufwandentschädigung, Vergütungen aus einem Nebenamt oder einer Nebenbeschäftigung.

(3) Der Beamte erhält die dem Diensteinkommen der bisherigen Stelle entsprechenden Reisekosten, Beschäftigungstagegelder und Wohnungsbeihilfen.

(4) Mit dieser Verwendung in einem andern Amt soll eine Beförderung in der Zukunft nicht ausgeschlossen sein, dagegen fällt die etwa mit der bisherigen Stelle verbundene Möglichkeit weg, im Wege der Beförderung aus der bisherigen Stelle in eine höhere Besoldungsgruppe zu gelangen.

Kap. VIII § 3.

(1) Leiter(-innen) und Lehrer(-innen) an öffentlichen Schulen können von der staatlichen Schulaufsichtsbehörde nach Anhörung der beteiligten Schulträger im Interesse des Dienstes versetzt werden.

(2) Die durch die Versetzung (Abs. 1) entstehenden Kosten, insbesondere Umzugskosten und Wohnungsbeihilfen, trägt der

Schulträger der Schule, an der der Lehrer bisher tätig war. § 33 Abs. 1 und 2 des Volksschullehrer-Besoldungsgesetzes vom 1. Mai 1928 (Gesetzsamml. S. 125) und § 16 des Mittelschullehrer-Besoldungsgesetzes vom 30. April 1928 (Gesetzsamml. S. 149) bleiben unberührt.

(3) Die gesetzlichen Bestimmungen über die Versetzung von Lehrern an öffentlichen Schulen bleiben bestehen.

Anmerkung zu § 2 und § 3.

1. Wegen der Volksschullehrer und der Lehrer an den öffentlichen mittleren Schulen vgl. den RdErl. des Min. für Wissenschaft usw. vom 11. 1. 1932 — U. III. E Nr. 2188/31 usw. — Zentrbl. S. 43.

Kap. VIII § 3a.[1]

Leiter(-innen) und Lehrer(-innen) an öffentlichen Volks-, mittleren und höheren Schulen, die das 60. Lebensjahr vollendet haben, können auf ihren Antrag von der staatlichen Schulaufsichtsbehörde ohne Nachweis der Dienstunfähigkeit in den Ruhestand versetzt werden. Ihr Ruhegehalt beträgt bis zu dem Tage, an welchem sie wegen Erreichung der Altersgrenze in den Ruhestand getreten wären, ohne Rücksicht auf die Länge der ruhegehaltsfähigen Dienstzeit 80 vom Hundert des zuletzt bezogenen ruhegehaltsfähigen Diensteinkommens. Von diesem Zeitpunkt errechnet sich das Ruhegehalt nach den allgemeinen Vorschriften; hierbei wird die bis zu diesem Zeitpunkt im Ruhestand verbrachte Zeit als ruhegehaltsfähige Dienstzeit angerechnet. Für die Berechnung des Witwen- und Waisengeldes gilt Satz 3 auch dann, wenn der Leiter (die Leiterin) oder Lehrer (die Lehrerin) vor dem im Satz 2 genannten Zeitpunkte gestorben ist.

Kap. VIII § 3b.[1]

(1) Die Besetzung und auftragsweise Verwaltung der Stelle eines gemäß § 3a Ausscheidenden oder einer anderen Stelle unterbleibt bis zu dem Zeitpunkte, zu welchem der Ausscheidende wegen Erreichung der Altersgrenze in den Ruhestand getreten wäre. Dafür treten während dieser Zeit Schulamtsbewerber(-innen) oder nicht in die Anwärterliste ein-

getragene Studienassessoren(-innen), die von der staatlichen Schulaufsichtsbehörde bezeichnet werden, in die Beschäftigung ein.

(2) Die Unterschiedsbeträge zwischen Gehalt und Ruhegehalt der gemäß § 3a Ausscheidenden sind an öffentlichen Volks- und mittleren Schulen zur Verstärkung der Mittel für Schulamtsbewerber(-innen), an öffentlichen höheren Schulen für die nach Abs. 1 Satz 2 beschäftigten Studienassessoren (-innen) zu verwenden. Als Unterschiedsbetrag gilt im Falle des Freiwerdens einer Beförderungsstelle nur der Unterschied zwischen Gehalt und Ruhegehalt eines Lehrers (einer Lehrerin) der Eingangsgruppe ohne Stellenzulage mit Höchstgehalt.

(3) Soweit Lehrer(-innen) an öffentlichen Volks- und öffentlichen mittleren Schulen gemäß § 3a ausscheiden, sind die Unterschiedsbeträge (Abs. 2) von der Landesschulkasse oder der Landesmittelschulkasse an die Staatskasse abzuführen; bei den öffentlichen höheren Schulen sind sie an der Anstalt selbst unmittelbar dem Studienassessor (der Studienassessorin) zuzuwenden.

Kap. VIII § 3c.[1]

(1) Verheiratete Leiterinnen und Lehrerinnen an öffentlichen Volks-, mittleren und höheren Schulen, die auf ihren Antrag von der staatlichen Schulaufsichtsbehörde aus dem öffentlichen Schuldienst entlassen werden, erhalten für die Dauer von zwei Jahren die Hälfte des ihnen am letzten Tage des Dienstes zustehenden Diensteinkommens.

(2) Das gleiche gilt, wenn der Antrag vor der Verheiratung gestellt wird und die Verheiratung innerhalb von drei Monaten nach der Entlassung stattfindet.

(3) Für diesen Fall (Abs. 1, 2) gilt für die Dauer von zwei Jahren § 3b sinngemäß.

Kap. VIII § 3d.[1]

(1) Die §§ 3a bis 3c gelten entsprechend für die Leiter (-innen) und Lehrer(-innen) an den übrigen öffentlichen Schulen.

(2) Die Versetzung in den Ruhestand nach § 3a und die Entlassung nach § 3c Abs. 1 verfügt die staatliche Schulaufsichtsbehörde.

Anmerkung.

1. Diese Bestimmungen sind durch die Verordnung vom 4. 11. 1931 (GS. S. 227) eingefügt und nach § 2 dieser Verordnung mit dem Tage der Verkündung (5. 11. 1931) in Kraft getreten. Mit der Ausführung der Verordnung vom 4. 11. 1931 sind die zuständigen Minister im Einvernehmen mit dem Finanzminister beauftragt. Vgl. auch den RdErl. des Min. für Wissenschaft usw. vom 23. 12. 1931 — U. III D 2 Nr. 4233 usw. — Zentrbl. 1932 S. 10 —.

Kap. VIII § 4.

Die Vorschriften dieses Kapitels treten mit Wirkung vom 1. Oktober 1931[1] in Kraft.

Anmerkung.

1. Mit Ausnahme der Vorschriften in den §§ 3a bis 3d (vgl. Anm. 1 zu § 3d).

Kapitel IX.

Beurlaubte Beamte.

(1) Aus dem Landes-, Gemeinde- oder öffentlichen Schuldienste beurlaubte unmittelbare oder mittelbare Staatsbeamte und Lehrpersonen, denen hinsichtlich ihrer Dienstbezüge Gleichstellung mit den nichtbeurlaubten Beamten zugesichert ist, können aus dieser Zusicherung vermögensrechtliche Ansprüche nur insoweit erheben, als sie seit dem 1. Dezember 1923 bei Gegenüberstellung ihrer sämtlichen Dienstbezüge mit denen der vergleichbaren nichtbeurlaubten Beamten und Lehrpersonen schlechter als diese gestanden haben oder stehen. Bei der Gegenüberstellung sind die allgemeinen wirtschaftlichen Umstände einschl. der steuerlichen Belastung sowie etwaige allgemeine Zuwendungen zu berücksichtigen, die die beurlaubten Beamten und Lehrpersonen erhalten haben. Die Gegenüberstellung der Bezüge hat sich auf die gesamte Zeit der Beurlaubung zu erstrecken.

(2) Den Zeitpunkt der Auszahlung der festgestellten Ansprüche bestimmt die Staatsregierung.

Kapitel X.

Ruhensvorschriften.

§ 1.

Im § 29a des Zivilruhegehaltsgesetzes vom 27. März 1872 (Gesetzsamml. S. 268) in der Fassung des Artikels V des Gesetzes vom 25. April 1896 (Gesetzsamml. S. 87) und des Artikels IV Nr. VII des Gesetzes vom 12. Juli 1923 (Gesetzsamml. S. 305) erhält Abs. 1 folgende Fassung:

Die in den §§ 27 Nr. 2, 28 bis 29 für den Fall der Verwendung eines Pensionärs im Reichs-, Staats- oder in einem sonstigen öffentlichen Dienste getroffenen Vorschriften finden auch auf diejenigen unter die Vorschriften des § 6 fallenden pensionierten Lehrer und Beamten Anwendung, deren Pension nicht aus der Staatskasse zu zahlen ist.

Durchführungsbestimmungen VI.

Zu Kap. X § 1.

Nr. 12. ***Bisher fanden die pensionsgesetzlichen Ruhensvorschriften auf diejenigen unter die Vorschrift des § 6 des Zivilruhegehaltsgesetzes fallenden pensionierten Lehrer und Beamten, deren Versorgungsbezüge nicht aus der Staatskasse zu zahlen sind, nur dann Anwendung, wenn sie im Dienste des zur Aufbringung der Versorgungsbezüge Verpflichteten wiederverwendet wurden. Durch § 1 sind auf Grund der in § 4 Abs. 1a aufgeführten reichsrechtlichen Vorschriften die Ruhensvorschriften auch auf den Fall der Wiederverwendung im Dienste eines nicht zur Aufbringung der Versorgungsbezüge Verpflichteten ausgedehnt worden.***

Kap. X § 2.

(1) Werden Wartegeld- und Ruhegehaltsempfänger der Gemeinden (Gemeindeverbände) und der sonstigen Körperschaften des öffentlichen Rechtes im Reichs- oder Staatsdienst, im Dienste von Gemeinden (Gemeindeverbänden) oder sonstigen Körperschaften des öffentlichen Rechtes oder in einem sonstigen öffentlichen Dienste verwendet, so werden ihre Versorgungsbezüge nach Maßgabe der im Artikel 2 der 9. Ergänzung des Reichsbesoldungsgesetzes vom 18. Juni 1923 (Reichsgesetzbl. I S. 385) vorgesehenen Kürzungsbestimmungen geregelt.

(2) Werden Hinterbliebene von Beamten, Wartegeld- und Ruhegehaltsempfängern der Gemeinden (Gemeindeverbände) und der sonstigen Körperschaften des öffentlichen Rechtes im Sinne des Abs. 1 verwendet, so werden ihre Versorgungsbezüge nach Maßgabe der im Artikel 3 der 9. Ergänzung des Reichsbesoldungsgesetzes vom 18. Juni 1923 in Verbindung mit Artikel 6 Abs. 4 des Reichsgesetzes über Einstellung des Personalabbaues und Änderung der Personal-Abbau-Verordnung vom 4. August 1925 (Reichsgesetzbl. I S. 181) vorgesehenen Kürzungsbestimmungen geregelt.

Durchführungsbestimmungen VI.

Zu Kap. X § 2.

Nr. 13. Die Vorschrift des § 2 in Verbindung mit § 4 Abs. 1a dient zur Behebung entstandener Zweifel und zur Klarstellung, daß durch die Generalklausel im Art. IX des Gesetzes vom 12. 7. 1923 (GS. S. 305) in Verbindung mit § 40 des Personal-Abbau-Abwicklungsgesetzes vom 25. 3. 1926 (GS. S. 105) vom 1. Januar 1924 ab auch die Ruhegehaltsempfänger der Gemeinden (Gemeindeverbände) und der sonstigen Körperschaften des öffentlichen Rechtes von den durch Art. IV des Gesetzes vom 12. 7. 1923 eingeführten erweiterten Ruhensvorschriften des Zivilruhegehaltsgesetzes erfaßt werden. Damit sind die Ruhensvorschriften in den Gemeindeverfassungsgesetzen und Statuten materiell den den reichsgesetzlichen Ruhensvorschriften in der 9. Ergänzung des Reichsbesoldungsgesetzes entsprechenden Vorschriften des Zivilruhegehaltsgesetzes vom 27. 3. 1872/27. 5. 1907 (GS. S. 268/S. 95) — §§ 27 bis 29 in der Fassung des § 29 Nr. 3 und 4 des Personal-Abbau-Abwicklungsgesetzes vom 25. 3. 1926 — in vollem Umfange angeglichen (vgl. hierzu II Nr. 13 der Ausführungsvorschriften vom 2. 6. 1926 — PrBesBl. S. 73 —). Von einer Rückforderung danach überzahlter Versorgungsbezüge für die Zeit bis zum 30. September 1931 ist gemäß § 4 Abs. 2 Abstand zu nehmen.

Nr. 14. Dasselbe gilt für Wartegeldempfänger der Gemeinden (Gemeindeverbände) und der sonstigen Körperschaften des öffentlichen Rechtes — §§ 10, 11 der Wartegeldverordnung vom 26. 2. 1919 (GS. S. 33) in der Fassung des § 28 Nr. 6 und 7 des Personal-Abbau-Abwicklungsgesetzes vom 25. 3. 1926 — und für die Hinterbliebenen von Beamten, Wartegeld- und Ruhegehaltsempfängern der Gemeinden (Gemeindeverbände) und der sonstigen Körperschaften des öffentlichen Rechtes — §§ 19, 19a und b des Hinterbliebenenfürsorgegesetzes vom 20. 5. 1882/27. 5. 1907 (GS. S. 298/S. 99) in der Fassung des § 86 Nr. 3 und 4 der Personal-Abbau-Verordnung vom 8. 2. 1924 (GS. S. 73) und des § 30 Nr. 4 und 5 des Personal-Abbau-Abwicklungsgesetzes vom 25. 3. 1926.

Kap. X § 3.

Die aus deutschen öffentlichen Kassen gezahlten Versorgungsbezüge der im öffentlichen Dienste oder im Dienste der französischen Grubenverwaltung im Saargebiet verwendeten Versorgungsberechtigten werden ebenso gekürzt, als wenn diese Versorgungsberechtigten im Deutschen Reiche außerhalb des Saargebiets im öffentlichen Dienste verwendet würden oder verwendet worden wären.

Durchführungsbestimmungen VI.

Zu Kap. X § 3.

Nr. 15. Wegen der Kürzung der Versorgungsbezüge der im Saargebiet verwendeten Versorgungsberechtigten wird auf Abschn. B Nr. 8 und 14 Abs. 2[1] verwiesen.

Anmerkung.

1. Hier S. 331 u. 336.

Kap. X § 4.

(1) Von den Vorschriften dieses Kapitels treten in Kraft:

a) §§ 1 und 2 gemäß Artikel 10 § 9 der Reichspersonal-Abbau-Verordnung vom 27. Oktober 1923 (Reichsgesetzbl. I S. 999) in Verbindung mit Artikel 18 a. a. O. und Artikel 7 Abs. 8 des Reichsgesetzes vom 4. August 1925 (Reichsgesetzbl. I S. 181) mit Wirkung vom 1. Januar 1924,

b) § 3 mit Wirkung vom 1. Oktober 1926.

(2) Rückzahlungen für die Zeit bis zum 30. September 1931 sind nicht zu leisten.

Kapitel XI.

Theater- und Orchesterunternehmungen.

(1) Die Bezüge der Beamten und Angestellten der Staatstheater einschließlich aller Zulagen und Nebenvergütungen werden vom 1. Oktober 1931 ab nach Besoldungsordnungen oder Richtsätzen, die von dem Fach- und Finanzminister zu erlassen sind,[1] neu geregelt. Die in diesen Besoldungsordnungen oder Richtsätzen bestimmten Beträge sind Höchstsätze. Entgegenstehende Bestimmungen und Verträge sind insoweit durch diese Verordnung abgeändert.

(2) Die Gemeinden (Gemeindeverbände) sind berechtigt und verpflichtet, spätestens vom 1. Oktober 1931 ab die Bezüge der Beamten und Angestellten ihrer Theater- und Orchesterunternehmungen neu zu regeln. Hierbei dürfen die Sätze, die in den staatlichen Bestimmungen vorgeschrieben sind, durch die neuen Bezüge einschließlich aller Zulagen und Nebenvergütungen nicht überschritten werden. Durch Richtsätze entsprechend Ziffer 1 kann angeordnet werden, in welchem Maße Gemeinden die staatlichen Sätze unterschreiten müssen.

(3) Vorstehende Bestimmungen gelten auch für künstlerische Unternehmungen, an denen der Staat oder die Gemeinde (der Gemeindeverband) mit mehr als 50 vom Hundert beteiligt ist, oder deren Zuschußbedarf vom Staate oder von einer Gemeinde (einem Gemeindeverbande) mittelbar oder unmittelbar mehr als zur Hälfte getragen wird. Werden die erforderlichen Maßnahmen von den gesetzlichen Vertretern der betreffenden Unternehmungen nicht unverzüglich in die Wege geleitet, so darf ein Zuschuß aus öffentlichen Mitteln nicht mehr gewährt werden.

(4) Theater- und Orchesterunternehmungen dürfen als gemeinnützig nur behandelt werden, wenn sie die vorstehenden Bestimmungen auf ihre Betriebe entsprechend anwenden. Bestehende Gemeinnützigkeitsanerkennungen sind in diesem Sinne zu überprüfen.

Anmerkung.

1. Die Durchführungsbestimmungen hierzu enthalten die RdErl. des Min. für Wissenschaft usw. und des FinMin. vom 30. 9. 1931 („Deutscher Reichsanzeiger und Preußischer Staatsanzeiger" Nr. 229 vom 1. 10. 1931) und vom 23. 12. 1931 („Deutscher Reichsanzeiger und Preußischer Staatsanzeiger" Nr. 300 vom 24. 12. 1931).

Kapitel XII.

Angestellte.

(1) Der Finanzminister wird ermächtigt, für die Angestellten bei der Preußischen Staatsverwaltung, soweit sie nicht unter Kapitel XI dieses Teiles fallen, den Bestimmungen des Ersten Teiles und des Zweiten Teiles in Kapitel I bis III, VII und VIII entsprechende Anordnungen zu treffen.[1]

(2) Die Verträge mit außerplanmäßigen Assistenten und Lektoren an den wissenschaftlichen Hochschulen können von dem zuständigen Fachminister entsprechend der Minderung der Bezüge der planmäßigen Assistenten abgeändert werden.

Anmerkung.

1. Die Durchführungsbestimmungen hierzu enthalten das Abkommen vom 4. 11. 1931 (PrBesBl. S. 317) und der RdErl. vom 5. 11. 1931 (Pr.-BesBl. S. 318).

Kapitel XIII.

Änderungen der Bestimmungen über die Reisekosten.

§ 1.

Das Gesetz über die Reisekosten der Staatsbeamten vom 3. Januar 1923 (Gesetzsamml. S. 3) wird wie folgt geändert:

1. Im § 4 Abs. 1 sind die Worte „und Versicherung" zu streichen.
2. § 4 Abs. 2 erhält folgende Fassung:

(2) Es sind den Beamten aller Stufen in der Regel nur die Auslagen für die Benutzung der zweiten Schiffs- oder dritten Wagenklasse zu erstatten. Jedoch sind für die einzelne Wegestrecke von mehr als 100 km die höheren Auslagen zu erstatten, falls

a) die Beamten der Stufen III und IV die erste Schiffs- oder zweite Wagenklasse und

b) die Beamten der Stufe V die erste Schiffs- oder erste Wagenklasse benutzt haben.

§ 2.

Die Vorschriften dieses Kapitels treten mit Wirkung vom 1. Oktober 1931 in Kraft.

Durchführungsbestimmungen I.

Zu Kap. XIII.

Nr. 24. (1) Die Änderungen der Bestimmungen über die Reisekosten, die nach dem Zweiten Teil Kap. XIII mit Wirkung vom 1. 10. 1931 eintreten, ziehen die entsprechenden Änderungen

a) der Reisekostenvorschriften für die Schutzpolizeibeamten vom 19. 5. 1925 — VfdP. Nr. 27 — (MBliV. S. 616),

b) der Reisekostenvorschriften für die Landjägerbeamten vom 17. 11. 1923 — VfdP. Nr. 17 — (MBliV. S. 1235) und
c) der sonstigen Verwaltungsvorschriften
nach sich.

(2) Die Ausführungsbestimmungen zu dem Gesetz über die Reisekosten der Staatsbeamten vom 17. 1. 1923 (Sonderbeilage zu Nr. 2 des FMBl. 1923) werden wie folgt geändert:
a) In Ziff. 44 (1) sind die Worte „und die Versicherung" zu streichen,
b) Ziff. 44 (5) erhält folgende Fassung:

Von den Beamten muß erwartet werden, daß sie bei Dienstreisen ihr Gepäck, soweit irgend möglich, in das Abteil nehmen. Nur wenn das Gepäck infolge längerer Dauer der Dienstreise oder bei einer Versetzungsreise einen größeren Umfang annimmt, oder wenn andere besondere Umstände es erfordern, werden die Kosten für die Gepäckbeförderung ersetzt, soweit das Gepäck Gegenstände enthalten hat, die für die Dienst- oder Versetzungsreise unbedingt notwendig waren. Die Gründe für die Aufgabe des Gepäcks sind in der Reisekostenrechnung darzulegen.

(3) Vom 1. 10. 1931 ab sind den vorübergehend auswärts beschäftigten und den versetzten Beamten für die täglichen Fahrten zwischen Wohnort und Dienstort die Auslagen, ggf. die Mehrauslagen für die Fahrkarte (Monats- oder Wochenkarte) allgemein nur für die Benutzung der dritten Eisenbahnwagenklasse zu erstatten. Die übrigen Bestimmungen des Rd.-Erl. vom 16. 3. 1929 (PrBesBl. S. 71) in Verbindung mit dem Runderlaß vom 14. 6. 1930 (PrBesBl. S. 63) bleiben unverändert.

Kapitel XIV.

Öffentlichrechtliche Religionsgesellschaften.

Die gesetzlichen Pfarrbesoldungszuschüsse an die öffentlichrechtlichen Religionsgesellschaften werden in dem Maße gekürzt, als die Anpassung der kirchlichen Besoldungs- und Versorgungsvorschriften für Geistliche, Beamte und Angestellte an die Grundsätze dieser Verordnung und an die versorgungsrechtlichen Vorschriften des Reichs für die Beamten des Reichs, der Länder, Gemeinden (Gemeindeverbände) und der Körperschaften des öffentlichen Rechtes eine Ersparnis erbringt oder erbringen würde.

Kapitel XV.

Sonstige landesrechtliche Regelungen.

§ 1.

Bei Berechnung des durchschnittlichen Kostensatzes gemäß § 2 des Schulgeldgesetzes vom 18. Juli 1930 (Gesetzsamml.

S. 202) bleibt die Ausgabeverminderung, die sich durch die Maßnahmen zur Sicherung der öffentlichen Haushalte ergibt, außer Betracht. Diese Vorschrift tritt mit Wirkung vom 1. Oktober 1931 in Kraft.

§ 2.

Alle landesrechtlichen und vertraglichen Regelungen, die den Vorschriften im Ersten Teile und im Zweiten Teile Kapitel I bis XIV entgegenstehen, gelten mit Wirkung vom 1. Oktober 1931 als den Bestimmungen im Ersten Teile und im Zweiten Teile Kapitel I bis XIV entsprechend geändert.

Kapitel XVI.

Ausführungsbestimmungen.

Die Ausführungsbestimmungen zu diesem Teile erlassen die zuständigen Minister.

Dritter Teil.

Ausgleichszulage.[1]

§ 1.

(1) Soweit die Gesamtbezüge eines im Dienste befindlichen[2][3] verheirateten[2] Beamten oder Angestellten mit einem Gesamtdiensteinkommen bis zu 15000 RM. jährlich durch diese Verordnung und durch die Erste und Zweite Gehaltskürzungsverordnung zusammen um mehr als 20 vom Hundert gesenkt werden, ist der Unterschiedsbetrag zwischen dem nach dieser Verordnung sowie der Ersten und Zweiten Gehaltskürzungsverordnung tatsächlich zuständigen Diensteinkommen und dem um 20 vom Hundert gekürzten Diensteinkommen als nichtruhegehaltsfähige Ausgleichszulage bis zu dem Zeitpunkte weiter zu gewähren, an dem der Unterschied durch Steigen[4] der Dienstbezüge ausgeglichen wird, jedoch nicht über den 30. September 1935 hinaus. Hierbei bleiben außer Anrechnung

a) neu zu gewährende Kinderbeihilfen,
b) Erhöhungen des Wohnungsgeldzuschusses insoweit, als sie

lediglich infolge der Hinaufsetzung eines Ortes in eine höhere Ortsklasse oder der Versetzung an einen Ort einer höheren Ortsklasse eintreten.

(2) Als Gesamtdiensteinkommen im Sinne des Abs. 1 und als Diensteinkommen, von dem vergleichsweise die Kürzung um 20 vom Hundert vorzunehmen ist, gilt das dem Beamten ohne Rücksicht auf die Kürzungen nach dieser Verordnung sowie der Ersten und Zweiten Gehaltskürzungsverordnung jeweils zustehende Diensteinkommen.

§ 2.

Die Ausführungsbestimmungen zu diesem Teile erläßt der Finanzminister.

Durchführungsbestimmungen I.

Zum Dritten Teil.

Nr. 25. (1) Als Senkung der Bezüge „durch diese Verordnung" gilt im Sinne dieser Vorschrift j e d e *Minderung des Diensteinkommens durch die SparVO.* g e g e n ü b e r d e m S t a n d e v o m 3 0. 9. 1 9 3 1, *z. B. die Verringerung der Bezüge durch Versetzung eines Beamten in eine andere Besoldungsgruppe oder durch Änderung der Grundgehaltssätze (Grundvergütungssätze), der Wegfall oder die Herabsetzung einer Zulage (Stellenzulage), die durch den Wegfall einer Zulage (Stellenzulage) etwa bedingte Minderung des Wohnungsgeldzuschusses, der Wegfall einer Kinderbeihilfe oder Kinderzulage auf Grund der Vorschrift im Ersten Teil Kap. I § 1 Nr. 2 der SparVO., (aber* n i c h t *die Nichtgewährung einer nach den bisher geltenden Vorschriften* n a c h *dem 30. 9. 1931 fälligen Dienstalterszulage und der Weiterbezug des mit der im September 1931 zuständigen Dienstaltersstufe verbundenen Tarifklasse des Wohnungsgeldzuschusses.)* [5]

(2) Zum Vergleich sind die Dienstbezüge gegenüberzustellen, und zwar

a) das o h n e R ü c k s i c h t *auf die Erste und Zweite GehaltskürzungsVO.* [6] *sowie die SparVO.* a m 3 0. 9. 1 9 3 1 *zuständige Diensteinkommen* g e k ü r z t u m 2 0 v. H.,

b) das u n t e r B e r ü c k s i c h t i g u n g *der Ersten und Zweiten GehaltskürzungsVO.* [7] *sowie der SparVO. jeweils zuständige Diensteinkommen.*

(3) Als Gesamtdiensteinkommen gelten die auf Grund der g e s e t z l i c h e n *Bestimmungen gewährten Bezüge,* [8] *ferner die örtlichen Sonderzuschläge und die Kinderzulagen für Kinder vom vollendeten 21. bis zum 24. Lebensjahr.* N e b e n v e r g ü t u n g e n, A u f w a n d e n t s c h ä d i g u n g e n u n d D i e n s t a u f w a n d e n t s c h ä d i g u n g e n s i n d k e i n D i e n s t e i n k o m m e n i m S i n n e d i e s e r B e s t i m m u n g; s i e s i n d

deshalb bei der Gegenüberstellung auf beiden Seiten nicht zu berücksichtigen.

(4) Beispiel:[9]

(5) In keinem Falle ist die Ausgleichszulage über den 30. 9. 1935 hinaus zu gewähren.

Durchführungsbestimmungen III.

II. (1) Zu Abschn. II Nr. 25 des RdErl. v. 17. 9. 1931 wird noch darauf hingewiesen, daß die Ausgleichszulage nur an Beamte, die bereits am 30. 9. 1931 verheiratet waren, zu zahlen ist. Die Ausgleichszulage kann auch, falls die sonstigen Voraussetzungen erfüllt sind, den am 30. 9. 1931 vorhandenen verwitweten Beamten gewährt werden, wenn sie im eigenen Hausstande für den vollen Unterhalt eines Kindes aufkommen, für das sie Kinderbeihilfe beziehen. Nr. 65 Abs. 8 PBV. gilt sinngemäß. Den verwitweten Beamten sind solche Beamten gleichzustellen, deren Ehe für nichtig erklärt oder geschieden worden ist.

(2) Bei der Prüfung, ob die Bezüge um mehr als 20 v. H. gesenkt sind, ist von den Bezügen auszugehen, die den Beamten am 30. 9. 1931 an ihrem dienstlichen Wohnsitz zugestanden hätten, wenn eine Herabsetzung der Bezüge (Besoldungskürzung und anderweitige Bemessung der Kinderbeihilfe) nicht eingetreten wäre.

(3) Hat sich der dienstliche Wohnsitz (z. B. infolge Versetzung) mit dem Beginn des 1. 10. 1931 geändert, so ist in der Gegenüberstellung der Beamte so zu behandeln, als wenn er auch am 1. 10. 1931 oder später noch an seinem bisherigen Dienstort verblieben wäre. Die hiernach für den 1. 10. 1931 ermittelte Ausgleichszulage ist so lange und insoweit zu zahlen, als sie nicht durch ein Steigen im Grundgehalt (in der Grundvergütung) oder durch Übertritt in eine andere Tarifklasse des Wohnungsgeldzuschusses ausgeglichen wird, längstens jedoch bis zum 30. 9. 1935. Der Übertritt in den Wohnungsgeldzuschuß einer anderen Ortsklasse (z. B. infolge Versetzung) oder Änderungen (Wegfall) des örtlichen Sonderzuschlags oder Änderungen in der Zahl der beihilfeberechtigten Kinder erfordern eine Neuberechnung der nach dem Stande vom 30. 9. 1931 ermittelten Ausgleichszulage nicht.

(4) Die Ausgleichszulage unterliegt nicht der Kürzung nach Maßgabe der Gehaltskürzungsverordnungen,[10] *wohl aber dem Steuerabzug.*

Durchführungsbestimmungen VI.

Zum Dritten Teil.

Nr. 16. Die nach dieser Vorschrift den im Dienste befindlichen verheirateten Beamten zu gewährende Ausgleichszulage ist nicht ruhegehaltsfähig. Wird der Beamte vor Ablauf der Bezugsdauer in den dauernden oder einstweiligen Ruhestand versetzt oder stirbt er während der Bezugsdauer unter Hinterlassung von versorgungsberechtigten Hinterbliebenen, so fällt die Ausgleichszulage weg. Sie darf in keiner Weise der Berechnung der Versorgungsbezüge zugrunde gelegt oder sonstwie neben den Versorgungsbezügen ganz oder teilweise weitergezahlt werden. Da-

gegen ist die Ausgleichszulage für den Fall der Gewährung von Gnadenvierteljahresbezügen in sinngemäßer Anwendung der Nr. 3 PBV. zu berücksichtigen.

Anmerkungen.

1. Die durch die Erste Preußische Sparverordnung getroffenen Maßnahmen waren durch die Notlage des Staates und der Gemeinden bedingt. Da manche dieser Regelungen von den betroffenen Beamten als schwere Belastung empfunden werden müssen, hat die Preußische Staatsregierung die größten Härten für eine Übergangszeit von 4 Jahren durch Einführung einer Ausgleichszulage, die im Reich nicht gewährt wird, im Rahmen des Möglichen gemildert. Die Vorschrift ist eine Ausnahmebestimmung. Kleine Unebenheiten, die sich bei der Durchführung unter Umständen für einzelne Beamte ergeben können (vgl. die Beispiele in Anm. 8), können nicht nochmals ausgeglichen werden, da die ganze Regelung bereits ein Härteausgleich ist.

2. Für die Gewährung der Ausgleichszulage kommen nur Beamte in Frage, die

1. am 30. 9. 1931 verheiratet waren (vgl. DB. III Abschn. II Abs. 1 vorstehend S. 440)

und

2. sich am 30. 9. 1931 im Dienste befunden haben.

Wegen der verwitweten und geschiedenen Beamten vgl. DB. III Abschn. II Abs. 1 vorstehend S. 440.

Als am 30. 9. 1931 im Dienste gewesen gelten nur die Beamten, die an diesem Tage die Eigenschaft eines planmäßigen oder nichtplanmäßigen Beamten besaßen, ferner auch Hilfsbeamte ohne Stellenanwärtereigenschaft. Die am 30. 9. 1931 vorhandenen Gerichtsassessoren gelten auch dann als an diesem Tag im Dienste gewesen, wenn sie am Stichtage einen Beschäftigungsauftrag nicht hatten. Da die Gewährung der Ausgleichszulage aber voraussetzt, daß die bisherigen Bezüge durch die Gehaltskürzungsverordnungen und durch die SparVO. gesenkt sind, können Gerichtsassessoren, die am 30. 9. 1931 ohne Beschäftigungsauftrag waren, mit der Ausgleichszulage nur dann bedacht werden, wenn sie bereits vor dem 1. 10. 1931 auf Grund eines Beschäftigungsauftrages Bezüge aus der Staatskasse erhalten haben; in Fällen anderweitiger entgeltlicher Beschäftigung im öffentlichen Dienst ist zu berichten. Beamte, die erst nach dem 30. 9. 1931 erstmals entgeltlich beschäftigt werden, kommen für die Gewährung der Ausgleichszulage nicht in Betracht.

3. Soweit Gerichtsassessoren, die am 30. 9. 1931 ohne Beschäftigungsauftrag waren, nach Anm. 2 bei der Gewährung der Ausgleichszulage zu berücksichtigen sind, ist von den Bezügen auszugehen, die ihnen am 30. 9. 1931 zugestanden hätten, wenn sie an diesem Tage einen Auftrag an ihrem dienstlichen Wohnsitz gehabt hätten.

4. Z. B. durch Aufrücken in eine höhere Dienstaltersstufe oder durch Beförderung.

5. Der eingeklammerte Satz ist durch die Wiederaufhebung der „Stillehaltung" (vgl. Anm. 1 zum Zweiten Teil Kap. I — hier S. 403) bedeutungslos geworden.

6. Also z. B. hier die **Kinderbeihilfe** für das 1. Kind mit 20 RM. monatlich (vgl. das Beispiel in nachst. Anm. 9).

7. Hier z. B. die **Kinderbeihilfe** für das 1. Kind nur mit 10 RM. monatlich (vgl. das Beispiel in nachst. Anm. 9).

8. Zu den „auf Grund der gesetzlichen Bestimmungen gewährten Bezügen" gehören auch die Kinderbeihilfen (vgl. § 1 Abs. 1 PrBesG. und die beiden vorstehenden Anmerkungen 6 und 7). Dies wird unter Umständen von einzelnen Beamten als eine gewisse Unebenheit empfunden. Ein weiterer Ausgleich ist jedoch nicht möglich (vgl. die nachstehenden Beispiele).

Beispiele:

A. Ein verheirateter Beamter mit 4 Kindern bezog am 30. 9. 1931 ein Diensteinkommen an Grundgehalt und Wohnungsgeldzuschuß von zusammen 6008 RM.

Für 4 Kinder sind als (ungekürzte) Kinderbeihilfen einzusetzen	1080 RM.
zusammen	7088 RM.
Davon sind 20 v. H.	1417,60 RM.

Dieser Beamte erhält also eine Ausgleichszulage, wenn sein Diensteinkommen auf Grund der SparVO. und der 1. und 2. Gehaltskürzungsverordnung um mehr als 1417,60 RM. gekürzt wird.

B. Ein verheirateter Beamter mit dem gleichen Diensteinkommen an Grundgehalt und Wohnungsgeldzuschuß aber ohne Kinderbeihilfe bezog

am 30. 9. 1931	6008 RM.
Davon 20 v. H. = ...	1201,60 RM.

Dieser Beamte erhält eine Ausgleichszulage, wenn sein Diensteinkommen auf Grund der SparVO. und der 1. und 2. Gehaltskürzungsverordnung um mehr als 1201,60 RM. gekürzt wird.

Die 20 v. H. müssen bei dem kinderlosen Beamten zu B einen geringeren Betrag ergeben, da er auch ein geringeres Gesamteinkommen hat als der Beamte zu A. In Fällen dieser Art sind also Überschneidungen insoweit möglich, daß von zwei Beamten mit gleichen Bezügen an Grundgehalt und Wohnungsgeldzuschuß und der gleichen effektiven Kürzung an diesen Bezugsteilen nur der kinderlose Beamte eine Ausgleichszulage erhält. Aber auch der Beamte mit den 4 Kindern ist gesichert, daß sein Gesamtdiensteinkommen, das allerdings nur infolge der Kinderbeihilfen höher ist, nicht um mehr als 20 v. H. gekürzt wird.

9. Das Beispiel ist überholt und hier nicht mehr abgedruckt. Zur weiteren Erläuterung über die Ausgleichszulage möge nachstehendes Beispiel dienen:

Beispiel:

Ein verheirateter Gerichtsassessor (2 Kinder) mit dem dienstlichen Wohnsitz an einem Orte der Ortsklasse A mit 5 v. H. örtlichem Sonderzuschlag war bis 15. 9. 1931 dort entgeltlich beschäftigt. Ab 1. 10. 1931 hat er einen Beschäftigungsauftrag am gleichen Ort.

Er hatte bisher ein AnwDA. vom 15. 6. 1925
das ab 1. 10. 1931 um . . . . 2 J. 8 Mon.
auf den 15. 2. 1928
verkürzt ist.

Es ergibt sich folgende Berechnung:

	Ungekürzte Dienstbezüge am	Gekürzte Dienstbezüge am			
	30. 9. 1931 RM	1. 10. 1931 RM	1. 1. 1932 RM	1. 2. 1932* RM	1. 2. 1932 RM
1	2	3	4	5	6
	ADA.: 15.6.1925	ADA.: 15.2.1928			
a) Grundvergütung . .	4400	3600	3600	4100	4100
b) örtl. Sonderzuschlag (5 v. H.)	220	180	180	205	205
c) Wohnungsgeldzuschuß (A)	1008	1008	1008	1008	1008
d) Summe a bis c . .	5628	4788	4788	5313	5313
e) Kinderbeihilfe (2 Kind.)	480	360	360	360	360
f) Insgesamt	6108	5148	5148	5673	5673
g) zu Sp. 2: ab 20 v. H.	1221,60	—	—	—	—
h) zu Sp. 3 u. 5: Gehaltskürzung . . . . . . (11 v. H. minus 30 RM. v. d. Summe unter d)	—	496,68	—	554,43	—
i) zu Sp. 4 u. 6: Gehaltskürzung . . . . . . (20 v. H. minus 30 RM. v. d. Summe unter d)	—	—	927,60	—	1032,60
k) bleiben	4886,40	4651,32	4220,40	5118,57	4640,40
l) Ausgleichszulage . .	—	235,08	235,08	—	—

*) zu Sp. 5. Ohne Berücksichtigung der 3. Gehaltskürzung, durch die die Ermäßigung oder der Wegfall der Ausgleichszulage nicht berührt wird. Die Berechnung in Sp. 5 dient nur der Feststellung, ob vom 1. 2. 1932 noch eine Ausgleichszulage zu zahlen ist. Die tatsächlich vom 1. 2. 1932 ab zuständigen Bezüge enthält Sp. 6.

10. Die Ausgleichszulage ist weder nach der 1. und 2. noch nach der 3. Gehaltskürzungsverordnung zu kürzen. Ihre Ermäßigung oder ihr Wegfall regelt sich nur nach den Vorschriften der SparVO. und den Ausführungsbestimmungen dazu. Durch die 3. Gehaltskürzungsverordnung wird sie nicht berührt (vgl. das Beispiel in Anm. 9 Spalte 5 und 6).

Daraus, daß die Ausgleichszulage nach der 3. Gehaltskürzungsverordnung nicht gekürzt wird, ergeben sich in der Praxis gewisse Überschneidungen, die sich jedoch nicht vermeiden lassen, es sei denn, daß man die Ausgleichszulage der Kürzungspflicht nach der 3. Gehaltskürzung unterwerfen wollte.

Beispiel:

Verheirateter Gerichtsassessor ohne Kinder in einem Orte der Ortsklasse A. Anwärterdienstalter 1. 6. 1927, das ab 1. 10. 1931 um 2 Jahre 8 Monate auf den 1. 2. 1930 verkürzt ist.

Es ergibt sich folgende Berechnung:

	Ungekürzte Dienstbezüge am 30. 9. 1931 RM	Gekürzte Dienstbezüge am 1. 10. 1931 RM	1. 1. 1932 RM	1. 2. 1932 a) RM	1. 2. 1932 b) RM
1	2	3	4	5	6
a) Grundvergütung . .	4200	3000	3000	3600	3600
b) Wohnungsgeldzuschuß	1008	1008	1008	1008	1008
c) Summe a + b . . .	5208	4008	4008	4608	4608
d) zu Sp. 2: ab 20 v. H.	1041,60	—	—	—	—
e) zu Sp. 3 u. 5: 1. und 2. Gehaltskürzung . (11 v. H. minus 30 RM. von der Summe zu c)	—	410,88	—	476,88	—
f) zu Sp. 4 u. 6: 1., 2. u. 3. Gehaltskürzung . (20 v. H. minus 30 RM. von der Summe c) .	—	—	771,60	—	891,60
g) bleiben	4166,40	3597,12	3236,40	4131,12	3716,40
h) Ausgleichszulage . .	—	569,28 c)	569,28 d)	35,28	35,28

a) zu Sp. 5: ohne Berücksichtigung der 3. Gehaltskürzungsverordnung. Die Berechnung ist erforderlich, um festzustellen, welche Ausgleichszulage vom 1. 2. 1932 ab zu zahlen ist. Die tatsächliche Zahlung vom 1. 2. 1932 ab ergibt Sp. 6.

b) zu Sp. 6: tatsächliche Zahlung vom 1. 2. 1932 ab unter Berücksichtigung auch der 3. Gehaltskürzungsverordnung. Das vom 1. 2. 1932 ab zuständige Gesamteinkommen ist um 54 RM. jährlich geringer als das Einkommen im Januar 1932, da die kürzungs**freie** Ausgleichszulage stark gesunken und die kürzungs**pflichtigen** Bezüge sich um 600 RM. erhöht haben. Ein weiterer Ausgleich ist hier nicht möglich, da der Beamte die Herabsetzung der kürzungspflichtigen Bezüge wie alle übrigen Beamten tragen muß, und da er immer noch besser steht als Beamte, die keine Ausgleichszulage erhalten, z. B. als ein gleichaltriger Gerichtsassessor, der am 2. 10. 1931 geheiratet hat. Aus dem Umstande, daß die Ausgleichszulage vorübergehend nicht gekürzt worden ist, können berechtigte Folgerungen auf Beibehaltung dieser Vergünstigung nicht hergeleitet werden.

c) zu Sp. 3: die Ausgleichszulage unterliegt nicht der Kürzung nach der 1. und 2. Gehaltskürzungsverordnung.

d) zu Sp. 4: die Ausgleichszulage bleibt unverändert, da sie weder durch die 1. und 2. noch durch die 3. Gehaltskürzungsverordnung berührt wird.

Schlußbestimmung zum Ersten bis Dritten Teile dieser Verordnung.

Mit Wirkung vom 1. Oktober 1931 sind die Bezüge der Beamten, Lehrpersonen und Angestellten nach den Vorschriften des Ersten bis Dritten Teiles dieser Verordnung neu festzusetzen,[1 2] soweit nicht in einzelnen Kapiteln ausdrücklich eine andere Regelung getroffen ist.

Durchführungsbestimmungen I.

Schlußbestimmungen.

Nr. 26. (1) Soweit im Preuß. Besoldungsgesetz bestimmt ist, daß Lehrpersonen die Bezüge der Lehrer und Lehrerinnen an den öffentlichen mittleren Schulen oder der Lehrerinnen an den Berufsschulen erhalten (wie z. B. in BesGr. A 4a 1. Abt. im Abschnitt Ministerium für Wissenschaft, Kunst und Volksbildung für die Oberschullehrer und Oberschullehrerinnen), sind die Bezüge mit Wirkung vom 1. 10. 1931 entsprechend den im Ersten Teil Kap. III und IV der SparVO. getroffenen Regelungen umzurechnen.

(2) Soweit die Bezüge der Beamten usw. auf Grund der SparVO. herabgesetzt werden (z. B. durch Wegfall oder Kürzung einer Zulage), sind die durch die Erste und Zweite Gehaltskürzungsverordnung vorgeschriebenen Kürzungen an den gesenkten Bezügen vorzunehmen.[2]

Beispiel: Oberregierungsrat im Endgehalt der BesGr. A 2 b: Bezüge am 30. 9. 1931 = 8400 + 1200 + 1080 (Wohnungsgeldzuschuß — Ortsklasse B) zus. 10680 RM. Bezüge am 1. 10. 1931 = 8400 + 800 + 1080 zus. 10280 RM. Kürzungspflichtig nach der Ersten und Zweiten Gehaltskürzungsverordnung sind 10280 RM.

(3) In Abänderung des RdErl. v. 16. 11. 1928 (PrBesBl. S. 314)[3] *Abschnitt C Nr. 2 erhalten mit Wirkung vom 1. 10. 1931 Beamte, die zur Probedienstleistung für Stellen der BesGr. A 5, A 6, A 7b, A 8 bis A 12 einberufen werden, als Versorgungsanwärter 75 v. H. des Anfangsgrundgehalts einschl. des örtlichen Sonderzuschlags und des zuständigen Wohnungsgeldzuschusses. Das gleiche gilt für die zur Probedienstleistung für Stellen der BesGr. A 5, A 6, A 7b, A 8 bis A 12 einberufenen Be-*

amten, die nicht versorgungsberechtigt sind, aber beim Beginn der Probedienstleistung bereits das 30. Lebensjahr vollendet haben (vgl. C 3 a. a. O.).[3] *Die übrigen Bestimmungen im Abschnitt C des RdErl. v. 16. 11. 1928 bleiben unberührt.*[4]

(4) Alle nach der SparVO. erforderlichen Maßnahmen sind unverzüglich zu treffen. Falls die Durchführung der Maßnahmen im einzelnen nicht rechtzeitig erfolgen kann, hat die anweisende Stelle durch eine entsprechende allgemeine Weisung an die zahlende Kasse dafür zu sorgen, daß Überzahlungen am 1. 10. 1931 unbedingt vermieden werden.

Anmerkungen.

1. Die Vorschriften der SparVO. gelten also sowohl für die am 1. 10. 1931 im Amte gewesenen als auch für die nach dem 1. 10. 1931 eingetretenen Beamten usw.

Vor dem 1. 10. 1931 anfallende **Gnadenvierteljahrsbezüge** (Stichtag ist der Todestag des Beamten) werden durch die in der SparVO. erfolgten Änderungen der Besoldungsordnungen auch insoweit nicht berührt, als die Gnadenvierteljahrsbezüge für einen Zeitraum gewährt werden, der über den 30. 9. 1931 hinausreicht, und zwar selbst dann nicht, wenn die Gnadenvierteljahrsbezüge in Teilbeträgen gezahlt sind (vgl. DB. VI Nr. 6 — hier S. 390.

2. Dies gilt auch für die durch die 3. Gehaltskürzungsverordnung vorgeschriebenen Kürzungen (vgl. Abschn. II Nr. 2 Abs. 2 des RdErl. vom 16. 12. 1931 — PrBesBl. S. 347 — hier abgedruckt S. 347).

3. Diese Regelung gilt auch für die vor dem 1. 10. 1931 zur Probedienstleistung einberufenen Beamten.

4. Der RdErl. vom 16. 11. 1928 ist in der jetzt gültigen Fassung auf S. 253 abgedruckt.

Vierter Teil.

Sonderbestimmungen für Gemeinden und Gemeindeverbände.

Vorbemerkung:

Hier ist es wegen der technischen Anordnung des Textes in der Durchführungsbestimmung vom 16. 9. 1931 nicht mehr möglich, die SparVO. zerlegt in einzelne Paragraphen mit den dazugehörigen Ausführungsbestimmungen abzudrucken. Es müssen daher — je für sich — zunächst der ganze 4. Teil der SparVO. und im Anschluß daran die Ausführungsbestimmungen abgedruckt werden. Die Bezifferung der einzelnen Absätze in den Durchführungsbestimmungen fehlt in den amtlichen Veröffentlichungen im MBliV.; sie ist vom Herausgeber vorgenommen, um das Auffinden der einzelnen Absätze in den Erlassen zu erleichtern.

Kapitel I.

Allgemeine Vorschriften.

§ 1.

(1) Die Verwaltungsorgane der Gemeinden und Gemeindeverbände sind berechtigt, alle Maßnahmen, die zum Ausgleich der Haushalte der Gemeinden (Gemeindeverbände) erforderlich sind, zu treffen.[1]

(2) Soweit bei den Personalausgaben vertragliche Vereinbarungen der Durchführung von Sparmaßnahmen entgegenstehen, können die Verträge — mit Ausnahme von Tarifverträgen — mit halbmonatlicher Frist gekündigt werden.[2 3]

(3) Die Bestimmungen des Abs. 2 finden entsprechende Anwendung auf diejenigen selbständigen Unternehmungen, an denen Gemeinden und Gemeindeverbände allein oder mit mehr als der Hälfte des Grundkapitals beteiligt sind, oder deren Zuschußbedarf von ihnen unmittelbar oder mittelbar zu mehr als der Hälfte getragen wird.

Anmerkungen.

1. Diese Bestimmung enthält keine Ermächtigung der Verwaltungsorgane, Gemeindebeamte unter Gewährung von Wartegeld in den einstweiligen Ruhestand zu versetzen.

2. Vgl. hierzu RdErl. des MdJ. vom 9. 10. 1931 — MBliV. S. 1014 — hier S. 532.

3. Wegen der Anwendbarkeit auf die **Gemeindepolizei-Beamten** bestimmt der RdErl. des MdJ. vom 2. 2. 1932 (MBliV. S. 115) folgendes:

„Zu Kap. I. Der § 1 (2) ermächtigt auch zur Kündigung solcher vertraglichen Vereinbarungen, die zwischen Gemeinden (Gemeindeverbänden) und Gemeindepol.-Beamten abgeschlossen sind, da er hinsichtlich des Kreises der betroffenen Beamten keine Einschränkung vorsieht. Siehe auch RdErl. vom 9. 10. 1931 (MBliV. S. 1014).

Wegen der Frage der Kündbarkeit der auf Grund der Übernahmebedingungen vom 16. 6. 1921 (MBliV. S. 210) abgeschlossenen Verträge wird ein weiterer RdErl. folgen."

Der RdErl. vom 9. 10. 1931 ist hier S. 532 abgedruckt.

§ 2.

(1) Gemäß § 17 Nr. 4 des Gesetzes über die Zuständigkeit der Verwaltungs- und Verwaltungsgerichtsbehörden vom

1. August 1883 (Gesetzsamml. S. 237) beschließt der Bezirksausschuß auch soweit, als bisher eine Zuständigkeit der Aufsichtsbehörde nicht gegeben war. Dasselbe gilt auch in bezug auf die übrigen Gemeinden und Gemeindeverbände. § 26 des Gesetzes, betr. Verbandsordnung für den Siedlungsverband Ruhrkohlenbezirk, vom 5. Mai 1920 (Gesetzsamml. S. 286) findet entsprechende Anwendung.

(2) § 33 Nr. 4 des Gesetzes über die Zuständigkeit der Verwaltungs- und Verwaltungsgerichtsbehörden vom 1. August 1883 (Gesetzsamml. S. 237) und die entsprechenden Vorschriften der Landgemeindeordnungen werden aufgehoben.

§ 3.

Die Vorschriften dieses Kapitels treten mit dem Tage der Verkündung der Verordnung in Kraft.

Kapitel II.

Dienstbezüge, Wartegelder, Ruhegehälter der Beamten der Gemeinden und Gemeindeverbände und Versorgung der Hinterbliebenen.

§ 1.

(1) Gemeinden und Gemeindeverbände im Sinne des Gesetzes, betreffend die Anstellung und Versorgung der Kommunalbeamten, vom 30. Juli 1899 (Gesetzsamml. S. 141) sind verpflichtet, die Dienstbezüge ihrer hauptamtlich angestellten Beamten,[1] das Wartegeld und Ruhegehalt[2] dieser Beamten und die Versorgung ihrer Hinterbliebenen[3] so zu regeln, daß die Regelung den für die Staatsbeamten geltenden Grundsätzen[4] entspricht und die Bezüge in keinem Falle höher liegen[5] als die Bezüge gleichzubewertender Staatsbeamten.[6] Soweit von den obersten Landesbehörden für die Festsetzung derartiger Bezüge Richtlinien[7] aufgestellt werden, dürfen die in diesen Richtlinien vorgesehenen Sätze nicht überschritten werden.

(2) Ergeben sich bei Anwendung der für die Staatsbeamten geltenden Grundsätze über die Regelung des Anwärterdienstalters oder Besoldungsdienstalters Härten, so kann das Ver-

waltungsorgan der Gemeinde (des Gemeindeverbandes) mit Genehmigung der Aufsichtsbehörde[8] ausnahmsweise das Anwärterdienstalter oder Besoldungsalter anderweit festsetzen.[9] Diese Vorschrift findet auch Anwendung, soweit das Anwärterdienstalter oder das Besoldungsdienstalter eines noch im Dienste befindlichen Beamten nach dem 1. April 1920[10] zum Ausgleich von Härten verbessert worden ist.

(3) Zu den Dienstbezügen im Sinne des Abs. 1 gehören alle Geldbezüge, die die Beamten mit Rücksicht auf ihre hauptamtliche oder nebenamtliche Dienstleistung erhalten, insbesondere auch Dienstaufwandgelder sowie Gewinn- und Umsatzanteile an werbenden Betrieben.[11]

(4) Die Vorschriften der Abs. 1 bis 3 finden auf die nach Gemeindebeschluß (Beschluß des Gemeindeverbandes) den Beamten gleichzuachtenden ständig Angestellten und Anwärter entsprechende Anwendung.[12]

Anmerkungen.

1. Vgl. DB. II Abschn. I Ziff. 1 und DB. IV Abs. 3.

2. Vgl. DB. II Abs. 17 und DB. IV Abs. 8 und 9.

3. Vgl. DB. II Abs. 17.

4. Vgl. DB. II Abs. 13 bis 15 und 17.

5. Vgl. DB. II Abs. 9.

6. Vgl. DB. II Abs. 13.

7. Bisher sind Richtlinien nur für die Bemessung der Bezüge der leitenden Beamten der Gemeinden und Provinzen aufgestellt (vgl. die Anlage zum Vierten Teil Kap. II der SparVO. — hier abgedruckt S. 478). Vgl. auch DB. II Abs. 16 und DB. IV Abs. 20 bis 23.

8. Vgl. DB. II Abs. 14.

9. Vgl. DB. II Abs. 14 und DB. IV Abs. 4 und 5.

10. Verbesserungen, die vor dem 1. 4. 1920 erfolgt sind, bedürfen nicht der Genehmigung.

11. Abs. 3 enthält keine abschließende Bestimmung des Begriffs der gemäß § 1 neuzuregelnden Dienstbezüge. Es fallen vielmehr auch sonstige Bezüge der Gemeindebeamten, z. B. Prämienzuschüsse zur Lebensversicherung und Naturalbezüge unter die Vorschriften des § 1 Abs. 1 und der §§ 2 und 3.

12. Vgl. DB. II Abs. 22 und 23 sowie DB. IV Abs. 7.

§ 2.

(1) Über die Regelung der Dienstbezüge, des Wartegeldes und Ruhegehalts und der Versorgung der Hinterbliebenen beschließt das Verwaltungsorgan[1] der Gemeinde (des Gemeindeverbandes). Änderungen der genannten Bezüge, ebenso Änderungen der Einreihung der Beamten in die Gruppen der Besoldungsordnung können durch Beschluß des Verwaltungsorgans[1] erfolgen. Dies gilt auch für die Polizeibeamten[2] der Gemeinden und Gemeindeverbände.

(2) Die Vorschriften des Abs. 1 finden auf den Kreisausschuß entsprechende Anwendung in den Fällen, in denen er die Dienstbezüge von Amts- und Gemeindebeamten festzusetzen hat. Aufsichtsbehörde im Sinne des § 1 Abs. 2, des § 2 Abs. 3, des § 3 Abs. 1 und des § 4 ist in diesen Fällen der Regierungspräsident.

(3) Beschlüsse über Änderungen[3] der Bezüge bedürfen der Genehmigung der Aufsichtsbehörde.[4] Die Genehmigung ist zu versagen, wenn die Beschlüsse den Grundsätzen des § 1 nicht entsprechen oder die Bezüge so weit herabsetzen, daß diese in einem augenfälligen Mißverhältnisse zu den Bezügen gleichzubewertender Staatsbeamten stehen würden. Die Entscheidung des Regierungspräsidenten als Aufsichtsbehörde erster und zweiter Instanz sowie die Entscheidung des Oberpräsidenten ist endgültig.

Anmerkungen.

1. Vgl. DB. II Abs. 42 und 43.

2. Vgl. auch Anm. 1 Abs. 3 zu DB. IV Abs. 3.

3. Dazu gehören auch die von den Verwaltungsorganen nach § 4 Abs. 1 beschlossenen Änderungen (vgl. DB. IV Abs. 10). Wenn in diesen Fällen etwa erforderliche weitergehende Festsetzungen nicht gleichzeitig mit der Genehmigung erfolgen können, ist jedenfalls der Teil der Besoldungsneuregelung, der dem Grundsatz des § 1 entspricht, vorab zu genehmigen (vgl. DB. IV Abs. 10 letzter Satz — hier S. 472).

§ 3.

(1) Besoldungsregelungen, die den Grundsätzen des § 1 nicht entsprechen, hat die Aufsichtsbehörde zu ändern.[1]

(2) Gegen die Festsetzung einer Änderung durch die Auf-

sichtsbehörde kann das Verwaltungsorgan der Gemeinde (des Gemeindeverbandes) binnen vier Wochen die Entscheidung des beim Preußischen Oberverwaltungsgericht gemäß Artikel VI des Änderungsgesetzes vom 24. März 1931 (Gesetzsamml. S. 25) nach den Vorschriften des Gesetzes, betreffend Errichtung eines Landesschiedsgerichts, vom 24. März 1922 (Gesetzsamml. S. 76) gebildeten Schiedsgerichts anrufen.[2]

(3) Die Anrufung des Schiedsgerichts hat keine aufschiebende Wirkung.

(4) Der Spruch des Schiedsgerichts schafft mit unmittelbarer Wirkung örtliches Besoldungsrecht.

Anmerkungen.

1. Vgl. Anm. 1 zu DB. II Abs. 19.

2. Vgl. auch die Vorschriften über das Verfahren vor dem Schiedsgericht für die Besoldung der Kommunalbeamten" vom 30. 5. 1931 MBliV. S. 707. Das Schiedsgericht hat seinen Sitz in Berlin (Geschäftsräume Berlin SW. 68, Schützenstr. 26).

§ 4.

(1) Das Verwaltungsorgan[1] der Gemeinde (des Gemeindeverbandes) ist verpflichtet, unverzüglich nach Inkrafttreten dieser Verordnung zu prüfen, ob die bestehende Besoldungsregelung den Grundsätzen des § 1 entspricht.[2] Ist dies nicht der Fall, so ist die erforderliche Änderung binnen vier Wochen nach Inkrafttreten dieser Verordnung zu beschließen und der Aufsichtsbehörde mitzuteilen. Wenn das Verwaltungsorgan eine Abänderung der bestehenden Vorschriften nicht für erforderlich hält, hat es innerhalb derselben Frist einen entsprechenden Beschluß zu fassen und der Aufsichtsbehörde mitzuteilen.

(2) Die Aufsichtsbehörde hat zu prüfen, ob die Besoldungsregelung den Grundsätzen des § 1 entspricht.[3] Ist dies der Fall, so hat sie dies festzustellen und dem Minister des Innern zu berichten. Im anderen Falle ist gemäß § 3 Abs. 1 zu verfahren.

Anmerkungen.

1. Vgl. DB. II Abs. 11, 42 und 43.

2. Vgl. DB. II Abs. 11, 13 bis 17 und 19.

3. Vgl. DB. II Abs. 12 und 19 sowie DB. IV Abs. 10 und 11.

§ 5.

(1) In den Fällen, in denen z. Zt. des Inkrafttretens dieser Verordnung ein Verlangen der Aufsichtsbehörde gestellt oder ein Verfahren vor der Beschlußbehörde oder dem Schiedsgericht (Artikel VI des Änderungsgesetzes vom 24. März 1931 — Gesetzsamml. S. 25 —) eingeleitet ist, gilt das Verlangen der Aufsichtsbehörde, oder soweit bereits eine Entscheidung der Beschlußbehörde erster Instanz ergangen ist, diese Entscheidung mit Wirkung vom 1. Oktober 1931 ab als Festsetzung.[1]

(2) Die vor den Beschlußbehörden bzw. dem Schiedsgerichte schwebenden Verfahren sind erledigt.

(3) § 3 Abs. 2 bis 4 findet mit der Maßgabe Anwendung, daß die Frist für die Anrufung des Schiedsgerichts mit dem Tage des Inkrafttretens dieser Verordnung beginnt.[1]

Anmerkung.

1. Vgl. DB. II Abs. 21 und DB. IV Abs. 12—14.

§ 6.

Für diejenigen Stelleninhaber, deren Grundgehalt[1 2] auf Grund der von den obersten Landesbehörden aufgestellten Richtlinien[1] (§ 1 Abs. 1) um mehr als 20 vom Hundert gekürzt wird, bleibt die Kürzung des Grundgehalts[2] bis zum 1. Oktober 1932 auf 20 vom Hundert beschränkt. Die restliche Kürzung ist auf die beiden folgenden Jahre gleichmäßig so zu verteilen, daß sie bis zum 1. Oktober 1934 in vollem Umfange durchgeführt ist.[3]

Anmerkungen.

1. Für die Beschränkung der Kürzung ist allein die Senkung des Grundgehalts auf Grund der Richtlinien aber ohne Berücksichtigung der Kürzungen auf Grund der Gehaltskürzungsverordnungen maßgebend. Eine Senkung der Gesamtbezüge um mehr als 20 v. H. ohne eine Senkung des Grundgehalts um mehr als 20 v. H. begründet nicht die Anwendung der Bestimmung im § 6.

2. **Grundgehalt** ist der nach der Besoldungsordnung als Grundgehalt zuständige Betrag ohne Berücksichtigung der drei Gehaltskürzungsverordnungen.

3. Vgl. DB. II Abs. 20 und DB. IV Abs. 15.

§ 7.

Die Vorschriften des Gesetzes, betreffend vorläufige Regelung verschiedener Punkte des Gemeindebeamtenrechts, vom 8. Juli 1920 (Gesetzsamml. S. 383), des § 43[1] des Preußischen Besoldungsgesetzes vom 17. Dezember 1927 (Gesetzsamml. S. 223), des Artikels VI[2] des Änderungsgesetzes vom 24. März 1931 (Gesetzsamml. S. 25) sowie die sonstigen, den vorstehenden Vorschriften widersprechenden Vorschriften treten außer Kraft. Der § 2 des Polizeibeamtengesetzes vom 31. Juli 1927 (Gesetzsamml. S. 151) bleibt unberührt.[3]

Anmerkungen.

1. Hier S. 142.
2. Vgl. die Anm. 1 zu § 43 S. 142.
3. Vgl. die Anm. 1 Abs. 3 zu DB. IV Abs. 3.

§ 8.

Die Vorschriften dieses Kapitels treten mit dem Tage der Verkündung der Verordnung in Kraft.

Kapitel III.

Ausführungsbestimmungen.

Die Ausführungsbestimmungen zu diesem Teile erlassen die zuständigen Minister.

Durchführungsbestimmungen II.

Durchführung der Preußischen Sparverordnung vom 12. 9. 1931 (GS. S. 179) in den Gemeinden und Gemeindeverbänden.

RdErl. d. MdI. u. d. FM. v. 16. 9. 1931 — IV St 1045 II u. I E 3150c. (MBliV. S. 895.)

(1) Die Preußische Sparverordnung v. 12. 9. 1931 (GS. S. 179) enthält auf Grund reichsrechtlicher Ermächtigung die Vorschriften, die dem Land Preußen und seinen Gemeinden und Gemeindeverbänden die Durchführung äußerster Sparmaßnahmen ermöglichen.

(2) Auch für die Gemeinden und Gemeindeverbände gilt es, in erster Linie aus eigener Kraft ihre notleidenden Finanzen zu bessern, ehe sie auf Hilfe von außen rechnen können. Auf keinen Fall wird eine solche Hilfe so stark sein können, daß sie die äußerste eigene Kraftanstrengung entbehrlich macht.

(3) Was die Einnahmeseite *betrifft, so werden die Gemeinden und Gemeindeverbände, soweit sie etwa bei einem unausgeglichenen Etat noch nicht von allen Einnahmemöglichkeiten Gebrauch gemacht haben sollten, insbesondere von denen, die die Notverordnungen des Reichspräsidenten v. 26. 7. und 1. 12. 1930*[1]*) ihnen erschlossen haben, dies jetzt unter allen Umständen tun müssen. Dabei wird die Anspannung der Bürgersteuer jedenfalls bis zum Dreifachen des Landessatzes nicht zu umgehen sein.*

(4) Das Hauptgewicht der gegenwärtigen Maßnahmen liegt auf der Ausgabenseite. *Dabei handelt es sich natürlich nicht um Ersparnisse im Sinne der Vermeidung* entbehrlicher *oder* überflüssiger *Ausgaben. Daß solche nicht mehr geleistet werden, ist selbstverständlich. Worum es geht, ist die Drosselung auch dringender, an und für sich unentbehrlicher Ausgaben. Zu solcher Drosselung haben sich die Gemeinden und Gemeindeverbände vielfach schon im Rechnungsjahre 1930 genötigt gesehen. Die Ersparnis hieraus, die sich ohne weiteres im Rechnungsjahre 1931 wiederholt, kann nach den Schätzungen des Statistischen Reichsamtes für Preußen auf 100—150 Mill. RM. beziffert werden. Für das Rechnungsjahr 1931 sind weitere starke Drosselungen z. T. schon bei der Etatsaufstellung, z. T. im Verlaufe des Rechnungsjahres vorgenommen worden. Gemessen an der Höhe des reinen Finanzbedarfs der Gesamtheit der Gemeinden und Gemeindeverbände und angesichts der außerordentlichen Not, die durch das ständige Wachsen der Arbeitslosigkeit und den Rückgang der Steuern weiter vergrößert wird, reichen aber die bisherigen Sparmaßnahmen bei weitem nicht aus.*

(5) Um die vorhandenen Fehlbeträge zu decken oder wenigstens wesentlich zu vermindern, bedürfen sämtliche Ausgaben, sowohl sächliche wie persönliche, sofort einer nochmaligen schärfsten Überprüfung. Für die drei großen Ausgabengebiete: die Personalausgaben, *das* Schulwesen *und* Wohlfahrtswesen *weisen wir bei den zu treffenden Sparmaßnahmen im einzelnen noch auf folgende Punkte besonders hin:*

I. Einschränkung der Personalausgaben.

1. Beamte.

a) Einstellungs- und Beförderungssperre.

(6) Ebenso wie andere Stellen der öffentlichen Verwaltung, werden auch die Gemeinden und Gemeindeverbände, falls ihre Etats nicht ausgeglichen sind, eine allgemeine Einstellungs- und Beförderungssperre verfügen müssen, die sich, wenn auch in vollem Maße erst allmählich, zum Teil doch schon im Laufe dieses Rechnungsjahres finanziell auswirken wird.

b) Revision der Besoldungen.

(7) Entscheidende Bedeutung kommt der richtigen Einstufung und Besoldung der Gemeindebeamten zu.

---

[1]) Vgl. RGBl. 1930 I S. 311 u. S. 517.

(8) Die in den letzten $1^1/_2$ Jahren durchgeführte Revision der Besoldungsordnungen der Gemeinden und Gemeindeverbände beruhte auf § 43 des Preuß. Besoldungsges.[1]; danach war eine Berücksichtigung der örtlichen Verhältnisse zulässig und ein Einschreiten nur dann geboten, wenn die staatlichen Grundsätze erheblich verletzt wurden; auch galten hierbei die leitenden Kommunalbeamten als nicht unmittelbar vergleichbar.

(9) In einer Zeit größter Not sind auch die bisher zulässig gewesenen Abweichungen mit der Notwendigkeit äußerster Sparsamkeit nicht mehr vereinbar. Der § 43 des Preuß. Besoldungsges. v. 17. 12. 1927[1] und der zu seiner Ergänzung ergangene Art. VI des Änderungsges. v. 24. 3. 1931[2] sind daher aufgehoben und durch die neuen Vorschriften des Kap. II des Vierten Teiles der Spar-VO. v. 12. 9. 1931 ersetzt. Im § 1 Abs. 1 a. a. O. wird für alle Gemeindebeamte zwingend vorgeschrieben, daß die Regelung ihrer Besoldung den für die Staatsbeamten geltenden Grundsätzen entsprechen muß und ihre Bezüge in keinem Falle höher liegen dürfen als die Bezüge gleichzubewertender Staatsbeamten.[3 4 5] Hiernach ist eine starre Begrenzung der Bezüge nach oben gegeben. Nach der anderen Richtung ist zwar die bisher vorhandene gesetzliche Schranke aufgehoben; einer Unterschreitung bleiben indessen auch in Zukunft insofern Grenzen gezogen, als durch die Herabsetzung der Bezüge kein augenfälliges Mißverhältnis eintreten darf.

Anmerkungen.

1. Hier S. 142; vgl. auch die Allgemeinen Vorbemerkungen zum Abschnitt C S. 264.

2. Vgl. die Anm. 1 zu § 43 PrBesG., S. 142.

3. Dies gilt auch für alle **Übergangsregelungen**, die für am 30. 9. 1927 im Amte gewesenen Stelleninhaber getroffen sind (vgl. auch Anm. 1 zu Abs. 13 DB. II).

4. Beachtung der staatlichen Grundsätze bedeutet aber z. B. nicht eine schematische Übertragung des Verhältnisses zwischen Eingangs- und Beförderungsstellen. Bei der Bemessung der Zahl der Beförderungsstellen (einschließlich der mit Zulagen ausgestatteten Stellen) sind allein die im Zweiten Teil Kap. III § 1 der SparVO. aufgestellten Grundsätze maßgebend (vgl. hier S. 407). Die organisatorischen Verhältnisse in einer Gemeinde können z. B. eine größere Zahl von gehobenen Stellen im schwierigen Bürodienst bedingen als in einer gleich großen Staatsverwaltung.

5. Zu diesen Grundsätzen gehört auch die Vorschrift des § 2 Kap. III im Dritten Teil der SparVO. Die Gemeindebeamten haben daher Nebenvergütungen, die sie nicht aus der Gemeindekasse erhalten, in dem im § 2 a. a. O. vorgesehenen Rahmen an die Gemeindekasse abzuliefern, soweit die Bezüge für eine unmittelbar oder mittelbar im öffentlichen Interesse ausgeübte Tätigkeit gezahlt werden (vgl. auch DB. IV Abs. 17).

(10) Infolge der veränderten Rechtsgrundlage ist eine sofortige neue Revision der Besoldungsordnungen notwendig.

(11) Die Prüfung der Besoldungsregelung ist gemäß § 4 unter Ausscheidung jeder Zuständigkeit der gemeindlichen Vertretungskörperschaften auf diesem Gebiete in die Hand des gemeindlichen Verwaltungsorgans (vgl. unten IV) gelegt. Das Verwaltungsorgan hat binnen 4 Wochen nach Inkrafttreten der Verordnung zu prüfen, ob die bestehende Regelung den Grundsätzen des § 1 entspricht, sie gegebenenfalls abzuändern und die Änderung der Aufsichtsbehörde anzuzeigen. Hält es eine Änderung nicht für erforderlich, so hat es hiervon der Aufsichtsbehörde Mitteilung zu machen.

(12) Die Aufsichtsbehörde ihrerseits hat sämtliche Besoldungsregelungen nochmals zu überprüfen und Verletzungen der Grundsätze des § 1 von sich aus zu beseitigen.

(13) Die Prüfung selbst hat sich nicht nur darauf zu erstrecken, ob die Besoldungsordnung[1] an sich in Ordnung ist, d. h. ob sie den staatlichen Besoldungsgrundsätzen in allen Punkten entspricht und die Höhe der Einstufungen die Besoldung der vergleichbaren unmittelbaren Staatsbeamten in keinem Falle übersteigt, sondern auch darauf, daß die einzelnen Beamten nicht in Stellen eingestuft sind oder Amtsbezeichnungen führen, die dem Inhalt und der Bedeutung des Amtes nicht entsprechen.[2]

Anmerkungen.

1. Die Besoldungsordnung der Gemeinde muß auch alle **Übergangsregelungen,** die für am 30. 9. 1927 im Amte gewesenen Stelleninhaber getroffen sind (vgl. Anm. 3 zu DB. II Abs. 9), enthalten. Derartige Regelungen dürfen bei gleichliegenden Verhältnissen in den Gemeinden nur insoweit vorgesehen werden, als die staatliche Besoldungsordnung in den Fußnoten zu den einzelnen Besoldungsgruppen für bestimmte Stelleninhaber ebenfalls eine Übergangsregelung trifft.

Soweit einzelne Beamte auf Grund besonderen Rechtstitels für ihre Person Anspruch auf höhere Bezüge haben, ist die notwendige besondere Regelung von den zuständigen Organen außerhalb der Besoldungsordnung zu beschließen, insbesondere soweit es sich um bestehende wohlerworbene Rechte handelt. Wohlerworbene Rechte dürfen jedoch nicht schon auf Grund der allgemeinen Auffassung, daß der Beamte ein wohlerworbenes Recht auf ziffernmäßig bestimmte Bezüge habe, anerkannt werden, sondern nur dann, wenn ein besonderer Rechtstitel z. B. eine rechtsverbindliche besondere Zusicherung durch die zuständigen Organe vorliegt. Es wird Aufgabe der Aufsichtsbehörden sein, sich von allen Regelungen auf Grund besonderen Rechtstitels Kenntnis zu verschaffen und unzulässige Besserstellungen einzelner Beamten zu verhindern.

2. Wie überhaupt für den Vergleich nie die Amtsbezeichnung maßgebend ist, sondern Inhalt und Bedeutung des Amtes gegebenenfalls unter Berücksichtigung der für das Amt erforderlichen Vorbildung und Ausbildung.

(14) Von besonderer Bedeutung ist die genaueste Beachtung der staatlichen Grundsätze über die Festsetzung des Anwärterdienstalters und Besoldungsdienstalters.[1] Eine von der allgemeinen Regelung ab-

weichende Festsetzung[1] *des Besoldungsdienstalters zur Beseitigung von Härten muß auf wirklich begründete, dringende Ausnahmefälle beschränkt bleiben.*[2] *Wir machen es den Aufsichtsbehörden zur besonderen Pflicht, bei Erteilung der erforderlichen Genehmigung zu einer anderweitigen Festsetzung, auch soweit sie sich auf zurückliegende Fälle bezieht, denselben strengen Maßstab anzuwenden, nach dem der Staat gegenüber den unmittelbaren Staatsbeamten verfährt.*[2]

Anmerkungen.

1. Bei der Beanstandung von Festsetzungen des Besoldungsdienstalters müssen 2 Fälle unterschieden werden:

a) Die Änderung der Festsetzung des Besoldungsdienstalters durch die Aufsichtsbehörde auf Grund des § 3 Abs. 1 Kap. II des Vierten Teils der SparVO., weil die allgemeinen staatlichen Grundsätze (§ 1 Abs. 1 a.a.O.) verletzt sind. In diesem Falle ist gegen die Anordnung der Aufsichtsbehörde eine Anrufung des Landesschiedsgerichts zulässig, das zu entscheiden hat, ob die im Preuß. Besoldungsgesetz und in den preußischen Besoldungsvorschriften fest umrissenen Grundsätze — z. B. die Überleitungsbestimmungen oder die Vorschriften über die Anrechnung von Militärdienstzeit — beachtet sind.

b) Die Versagung der Genehmigung eines Härteausgleichs bei einer Besoldungsdienstaltersfestsetzung durch die Aufsichtsbehörde (§ 1 Abs. 2 a. a. O.). Hier ist die Entscheidung der Aufsichtsbehörden wie in dem Verfahren nach § 2 Abs. 3 a. a. O. endgültig. Für eine Nachprüfung durch das Landesschiedsgericht ist kein Raum, da es sich um eine reine Ermessensfrage handelt.

2. Vgl. DB. IV Abs. 4 und 5 sowie in Anmerkung 1 und 2 dazu die näheren Ausführungen über den Härteausgleich.

(15) Bei der Prüfung der Besoldungsregelung ist ferner darauf zu achten, daß auch die in der jetzigen Spar-VO. für die unmittelbaren Staatsbeamten neu aufgestellten Grundsätze in den Gemeinden überall zur Durchführung kommen (wie z. B. das Verbleiben der Beamten um weitere 2 Jahre in derjenigen Dienstaltersstufe, nach der sie im September 1931 besoldet worden sind)[1]. *Sofern die Gemeinden nach ihrer geltenden Besoldungsordnung Stellenzulagen gewähren, dürfen diese entsprechend dem Vorgehen des Staates nur noch für solche Stellen aufrechterhalten bleiben, deren Amtsaufgaben durch ihre besondere Verantwortlichkeit oder Schwierigkeit wesentlich über die anderen Stellen derselben Gruppen herausgehoben sind.*[2] *Nach den gleichen Grundsätzen ist auch die sachliche Notwendigkeit der übrigen Beförderungsstellen einer Nachprüfung zu unterziehen.*[2] *Soweit Stellenzulagen für die unmittelbaren Staatsbeamten Kürzungen erfahren haben,*[3] *gilt dies auch für diejenigen Gemeindebeamten, deren Stellen mit den entsprechenden Stellen unmittelbarer Staatsbeamten vergleichbar sind. Falls die Gemeinden sogenannte Übergangszulagen für am 30. 9. 1927 im Amte gewesene Beamte wegen ihrer Zugehörigkeit zu*

bestimmten Besoldungsgruppen der alten Besoldungsordnung gewähren, bleibt die Streichung der Zulagen entsprechend den neuen für die unmittelbaren Staatsbeamten geltenden Grundsätzen[4] *zu prüfen.*

Anmerkungen.

1. Der eingeklammerte Halbsatz ist bedeutungslos geworden, da die sogenannte Stillehaltung durch die Verordnung vom 12. 10. 1931 (GS. S. 221) wieder aufgehoben ist (vgl. Anm. 1 zu Kap. I des Zweiten Teils der SparVO. S. 403).

Ein RdErl. des Ministers des Innern vom 26. 10. 1931 — IVa V 228 (MBliV. S. 1089) bestimmt hierzu:

„Durch die VO. zur Abänderung der VO. v. 12. 9. 1931 (SparVO.) v. 12. 10. 1931 (GS. S. 221) ist Kap. I des Zweiten Teils der SparVO., wonach das Aufsteigen der planmäßigen Beamten und Lehrpersonen in den Dienstaltersstufen für 2 Jahre ausgesetzt blieb, mit Wirkung vom 1. 10. 1931 aufgehoben worden. Beschlüsse der Verwaltungsorgane der Gemeinden und Gemeindeverbände, durch die dieser nunmehr aufgehobene Grundsatz des preuß. Besoldungsrechts in die gemeindliche Besoldungsregelung übernommen ist oder wird, entsprechen also nicht mehr den Grundsätzen im § 1 Kap. II des Vierten Teils der SparVO. und sind daher als dem jetzigen Rechtszustand widersprechend nicht auszuführen."

2. Vgl. Kap. III § 1 im Zweiten Teil der SparVO. und die Anmerkungen dazu (S. 407) sowie die Anm. 4 zu Abs. 9 DB. II (S. 455).

3. Vgl. Ersten Teil Kap. I § 1 Nr. 4 Abschn. A Ziff. 3 und 4 (S. 376) sowie DB. I Nr. 4 Abs. 3 (S. 384).

4. Vgl. Erster Teil Kap. I § 1 Nr. 4 Abschn. A Ziff. 3 bis 7 (S. 376) sowie DB. I Nr. 4 Abs. 2, 4 bis 6 (S. 377).

(16) Die Nachprüfung der Bezüge erstreckt sich nach der Verordnung auch auf die Bezüge der leitenden Gemeindebeamten. Für die Bemessung dieser Bezüge sind — wie dies bereits in Art. VI des Änderungsges. v. 24. 3. 1931 (GS. S. 25) vorgesehen war — Richtlinien[1] *aufgestellt worden. Welche Einstufung innerhalb des so gesteckten Rahmens angemessen ist, muß der Beurteilung des Einzelfalles überlassen bleiben.*[2] *In keinem Falle darf die obere Grenze der Richtlinien überschritten werden. Bei der Einreihung der einzelnen Gemeinden in die Gemeindegrößenklassen der Richtlinien ist die fortgeschriebene Einwohnerzahl zugrunde zu legen.*

Anmerkungen.

1. Vgl. Anlage zum Vierten Teil Kap. II der SparVO., hier abgedruckt S. 478.

2. Vgl. DB. IV Abs. 20 bis 23.

(17) Schließlich weisen wir noch darauf hin, daß die Vorschriften des § 1, Kap. II, Teil IV der Spar-VO. sich nicht nur auf die Bezüge der im Dienst befindlichen Beamten beziehen, sondern auch auf das

Wartegeld, Ruhegehalt und die Hinterbliebenenversorgung.[1] *Es darf also insbesondere bei den Altruhegehaltsempfängern und Altwartegeldempfängern (den zum 1. 10. 1927 oder zu einem früheren Zeitpunkt Ausgeschiedenen) und ihren Hinterbliebenen nicht über die Regelung der §§ 19, 20 des Preuß. Besoldungsges.*[2] *hinausgegangen werden. Die Gewährung der seit dem 1. 10. 1927 für die im Dienst befindlichen Beamten neu eingeführten Gehaltssätze an Wartegeldempfänger darf nur im Rahmen des § 27 des Preuß. Besoldungsges.*[3] *erfolgen.*

Anmerkungen.

1. Vgl. DB. IV Abs. 8 und 9.
2. S. 99 dieses Buches.
3. S. 113 dieses Buches.

(18) Alle Beschlüsse über Änderungen der Bezüge bedürfen der Genehmigung der Aufsichtsbehörde, die hierbei gemäß § 2 Abs. 3 Satz 2, Kap. II, Teil IV der Spar-VO. zu verfahren hat.

(19) Wir müssen erwarten, daß die vorgeschriebene Prüfung sowohl seitens der Verwaltungsorgane als auch seitens der Aufsichtsbehörden mit größter Sorgfalt und Beschleunigung durchgeführt wird. Nach ihrer Beendigung wird alsdann die Revision der Besoldungen grundsätzlich abgeschlossen sein[1] *und bei gewissenhafter Prüfung der Verwaltungsorgane und Aufsichtsbehörden die Feststellung ermöglichen, daß die Bezüge der Gemeindebeamten den Grundsätzen des § 1 entsprechen.*

Anmerkung.

1. Der § 3 Kap. II Vierter Teil der SparVO. ermächtigt die Aufsichtsbehörden unbeschränkt, Besoldungsregelungen, die den Grundsätzen des § 1 a. a. O. nicht entsprechen, zu ändern. Diese Befugnis besteht demnach auch in denjenigen Fällen, in denen die Aufsichtsbehörde selbst die Besoldungsregelung gemäß § 4 a. a. O. festgesetzt oder gemäß § 2 Abs. 3 a. a. O. genehmigt hat, und ist ihrer Natur nach unbefristet.

Dieses Recht, im Einzelfalle nachträglich Abhilfe zu schaffen, steht der in der Ausführungsanweisung in Aussicht genommenen generellen Feststellung, daß die Revision der Besoldungsordnungen durchgeführt und grundsätzlich abgeschlossen ist, nicht entgegen.

(20) Jede Änderung der Besoldung durch den Gemeindevorstand oder die Aufsichtsbehörde tritt unmittelbar und sofort in Kraft, und zwar auch mit Wirkung für die jeweiligen Stelleninhaber. Für die unter die Richtlinien fallenden Beamten, bei denen die Kürzungen besonders stark sind, sieht der § 6 zur Vermeidung äußerster Härten eine Milderung vor, wenn der durch die Anwendung der Richtlinien verursachte Unterschied zwischen dem alten und neuen Grundgehalt mehr als 20 v. H. des ersteren ausmacht.[1 2]

Anmerkungen.

1. Vgl. DB. IV Abs. 15, 26 und 27.

2. Wegen der Ausgleichszulage für die sonstigen Beamten vgl. DB. IV Abs. 16.

(21) Durch den § 5 werden die im Zeitpunkt des Inkrafttretens der Verordnung schwebenden Nachprüfungs- und Rechtsmittelverfahren erledigt.[1] *Die Möglichkeit der Anrufung des Schiedsgerichts für die Besoldung der Kommunalbeamten ist jedoch sowohl in diesen Fällen, als auch bei zukünftigen Änderungen gemeindlicher Besoldungsregelungen durch die Aufsichtsbehörden (§ 3) gewährleistet.*

Anmerkung.

1. Vgl. DB. IV Abs. 12 und 13.

2. Den Beamten gleichzuachtende ständig Angestellte.

(22) Die für die Gemeindebeamten geltenden Bestimmungen (I 1) finden auch auf die Dauerangestellten entsprechende Anwendung. Auch ihre Bezüge sind daher gemäß § 4 zu prüfen[1] *und erforderlichenfalls im Aufsichtswege zu ändern.*[1]

(23) Die im Rahmen der erforderlichen Rationalisierung und Organisationsänderung durchzuführenden Ersparnismaßnahmen berechtigen die Gemeinden auch zu einer Lösung des Vertragsverhältnisses gegenüber solchen Angestellten, denen nach den bestehenden Vereinbarungen nur aus einem wichtigen Grunde gekündigt werden kann. Wie in der Rechtsprechung bereits anerkannt ist (vgl. Urteile des Reichsarbeitsgerichts v. 31. 5. 1931, RAG. 57/1931, RBesBl. 1931 S. 79; v. 8. 3. 1930, RAG. 502/1929), sind derartige Maßnahmen als wichtiger Grund im Sinne der Verträge anzusehen.

Anmerkung.

1. Eine **Neuregelung für Dauerangestellte** tritt wie eine solche für Beamte unmittelbar und mit sofortiger Wirkung in Kraft (vgl. DB. II Abs. 20), ohne daß es einer Kündigung der einzelnen Anstellungsverträge bedarf.

3. Sonstige Angestellte und Arbeiter.

(24) Ebenso wie bei den Beamten wird auch eine Verminderung des Personalbestandes an Angestellten und Arbeitern durchgeführt werden müssen. Dabei wird nicht nur wie bei den Beamten der durch eine allgemeine Einstellungs- und Beförderungssperre eintretende natürliche Abgang und die Kürzung von Bezügen, sondern auch die Entlassung entbehrlicher Arbeitskräfte in Betracht kommen. Zu diesem Zwecke sind die Gemeinden grundsätzlich durch Abs. 2 Satz 2 der Verordnung des Reichspräsidenten zur Sicherung der Haushalte von Ländern und Gemeinden v. 24. 8. 1931 (RGBl. I S. 453)[1] *von der Innehaltung bestehender Verträge entbunden.*[2] *Auf Grund der reichsrechtlichen Ermächtigung werden sie durch § 1, Kap. I, Teil IV der Preußischen Spar-VO. insbesondere zur Kündigung aller Einzelverträge ermächtigt, und zwar sowohl zum Zwecke der Änderung der*

in ihnen enthaltenen, die Vergütungen und Löhne betreffenden Vereinbarungen, als auch mit dem Ziele der Entlassung entbehrlicher Kräfte. Die Kündigungsfrist beträgt einen halben Monat; entgegenstehende Kündigungsfristen sind hierdurch beseitigt.

Anmerkungen.

1. Hier abgedruckt S. 368.

2. Vgl. hierzu RdErl. des MdI. vom 9. 10. 1931 — MBliV. S. 1014 (hier S. 532).

(25) Kollektiv-(Tarif-) Verträge sind auf Grund ausdrücklicher Vorschrift der Verordnung (§ 1 Abs. 2, Kap. I, Teil IV) von vorstehenden Bestimmungen ausgenommen;[1] *wegen der Sondervorschriften für das Orchester- und Theaterpersonal vgl. PrBesBl. 1931 Nr. 38.*[2]

Anmerkungen.

1. Vgl. hierzu RdErl. des MdI. vom 9. 10. 1931 — MBliV. S. 1014 (hier S. 532).

2. Vgl. auch die RdErl. des Min. für Wissenschaft usw. und des FinMin. vom 30. 9. 1931 („Deutscher Reichsanzeiger und Preußischer Staatsanzeiger" Nr. 229 vom 1. 10. 1931) und vom 23. 12. 1931 („Deutscher Reichsanzeiger und Preußischer Staatsanzeiger" Nr. 300 vom 24. 12. 1931).

(26) Die von den Gemeinden und Gemeindeverbänden getroffene Regelung der Ruhelöhne und Ruherenten für ihre Angestellten und Arbeiter ist vielfach günstiger als die für die Staatsangestellten und -arbeiter getroffenen staatlichen Regelungen. Es wird dieserhalb auf das Abkommen v. 19. 10. 1928/30. 3. 1929, betr. zusätzliche Alters- und Hinterbliebenenversorgung für die Angestellten und angestelltenversicherungspflichtigen Arbeitnehmer bei der Preußischen Staatsverwaltung (PrBesBl. 1928 S. 283/1929 S. 69), und auf die Satzung der Zusatzversorgungsanstalt des Reichs und der Länder (PrBesBl. 1928 S. 289) verwiesen. Bei der Angleichung der gemeindlichen Regelungen an die diesbezüglichen Vorschriften des Staates wird insbesondere darauf zu achten sein, daß die Arbeitnehmer zur Beitragsleistung in Höhe eines Drittels verpflichtet sind, und daß die reichsgesetzlichen Renten zusammen mit dem Ruhelohn (der Ruherente) den für Beamte geltenden Pensionshundertsatz nicht überschreiten dürfen.

(27) Zur Herabminderung der Personalausgaben wird ferner allgemein eine Herabsetzung der Arbeitszeit vorzunehmen sein. Soweit durch eine derartige Maßnahme die dann verbleibende Arbeitsleistung unter das unbedingt erforderliche Maß herabgedrückt wird, ist den Gemeinden und Gemeindeverbänden die Möglichkeit zur Einstellung von Wohlfahrtserwerbslosen und damit zu einer Entlastung der Wohlfahrtsausgaben gegeben.

II. Einschränkung der Ausgaben für Lehrkräfte bei den verschiedenen Schularten.

1. Volksschulen.

(28) Erhebliche Ersparnisse treten auf diesem Gebiete bereits durch die in Teil I, Kap. II der Spar-VO.[1] *verfügte Herabsetzung der Besoldungen der Lehrpersonen ein, die sich nicht nur für den Staat, sondern anteilsmäßig auch für die Gemeinden auswirken. In welchem Ausmaße mit Rücksicht hierauf eine Herabsetzung der Beiträge zur Landesschulkasse möglich sein wird, läßt sich im Augenblick zahlenmäßig noch nicht angeben.*

Anmerkung.

1. S. 393 dieses Buches.

(29) Darüber hinaus werden wesentliche weitere Ersparnisse durch eine Herabminderung der zur Zeit vorhandenen Schulstellen erzielt werden. Noch im Laufe dieses Jahres werden eine große Zahl planmäßiger Schulstellen durch die Unterrichtsverwaltung eingespart werden. Diese Maßnahme wird ermöglicht werden durch eine erhebliche Heraufsetzung des Landesdurchschnitts der auf eine planmäßige Stelle entfallenden Schulkinderzahl, eine Herabsetzung des Unterrichtsbedarfs und eine stärkere Beanspruchung der Lehrpersonen. Die sich hieraus ergebende Ersparnis wirkt sich ebenfalls nicht nur für den Staat, sondern auch für die Gemeinden dadurch aus, daß für die im Einzelfall in Fortfall kommenden Lehrstellen Beiträge zur Landesschulkasse nicht mehr entrichtet zu werden brauchen. Die Ersparnis wird im nächsten Jahre besonders fühlbar sein, da sich hierdurch die Zahl der zur Zeit vorhandenen Mehrstellen, für die die Gemeinden wesentlich höhere Beiträge als für die Grundstellen zu entrichten haben, erheblich vermindern wird.

2. Höhere Schulen.

(30) Infolge einer Reihe organisatorischer Maßnahmen, wie z. B. Aufhebung und Zusammenlegung von Schulen, Verminderung der Zahl der Klassen, Änderung der Bestimmungen über Höchstbesuchszahlen und über Pflichtstunden, sind bereits seit Beginn dieses Schuljahres eine große Anzahl von Stellen fortgefallen. Darüber hinaus werden weitere Stellen eingespart werden durch Herabsetzung der Wochenstundenzahl für die Schüler und durch eine nochmalige Änderung der Bestimmungen über die Pflichtstunden der Lehrkräfte. Etwa $^3/_4$ *der hiernach zur Einsparung kommenden Stellen entfallen auf von Gemeinden und Gemeindeverbänden unterhaltene Anstalten mit der Wirkung, daß sich der von ihnen zu tragende Besoldungsaufwand entsprechend vermindert.*

3. Berufsschulen.

(31) Auch hier werden durch eine Einschränkung des Unterrichtsbedarfs und eine Erhöhung der Klassenfrequenz Einsparungen bei den personellen Ausgaben ermöglicht werden.

4. *Mittlere Schulen, ländliche Fortbildungsschulen und Fachschulen.*

(32) Beschlüssen der Unterhaltsträger auf Schließung von Schulen oder Einschränkung des Betriebes werden von den Staatsaufsichtsbehörden Schwierigkeiten nicht bereitet werden, sei es, daß die Unterhaltsträger auf Grund vertraglicher Bindung dem Staate gegenüber zur Führung des Schulbetriebes oder zu anderen Leistungen verpflichtet sind, sei es, daß gesetzlich die Schließung oder Einschränkung von Schulen der staatsaufsichtlichen Genehmigung unterliegt.

(33) Abgesehen von diesen generellen Ersparnismaßnahmen werden die einzelnen Schulträger je nach den örtlichen Verhältnissen weitere Ersparnismaßnahmen zu ergreifen haben, die sich namentlich in folgenden Richtungen zu bewegen haben werden:

a) Zusammenlegung gleichartiger Anstalten und schwacher Oberklassen;
b) Einschränkung von Hilfs- und Aufbauklassen;
c) Einschränkung des wahlfreien Unterrichts;
d) Kürzung der Vergütungen an beamtete Lehrpersonen für nebenamtliche Tätigkeit.

(34) Die Durchführung aller dieser Maßnahmen soll u. a. dadurch erleichtert werden, daß die freie Verwendbarkeit sämtlicher Lehrpersonen an den verschiedenen Schularten und ihre Versetzbarkeit von Gemeinde zu Gemeinde in §§ 2 und 3, Kap. VIII,[1] Teil II der Preuß. Spar-VO. sichergestellt worden ist. Dabei konnte im Interesse einer reibungslosen und schleunigen Durchführung derartiger Maßnahmen das Zustimmungsrecht der Schulträger, soweit es bisher bestand, nicht aufrechterhalten werden.

Anmerkung.

1. S. 427 dieses Buches.

III. Einschränkung der Wohlfahrtsausgaben.

(35) Es läßt sich bei aller Würdigung der politischen und sozialen Gesichtspunkte leider nicht umgehen, auch diesen die Gemeinden und Gemeindeverbände immer stärker belastenden Ausgabeposten zu kürzen. Daß dabei das notwendige Existenzminimum gewährleistet bleiben muß, ist selbstverständlich. Ähnlich wie es bei der Arbeitslosenversicherung und Krisenfürsorge geschehen ist, muß nunmehr auch bei den Wohlfahrtsausgaben, soweit dieses nicht bereits in der Zwischenzeit durchgeführt worden ist, eine Senkung des tatsächlichen Aufwandes und der Richtsätze durchgeführt werden, und zwar in folgender Weise:

(36) Die Richtsätze nach dem Stande vom 1. 7. 1930 sind mit Wirkung vom 1. 10. 1931 ab in dem Verhältnis zu senken, in dem der Lebenshaltungsindex vom März 1929 bis zum August 1931 gesunken ist. Sind bereits in der Zeit zwischen dem 1. 3. 1929 und dem 1. 7. 1930 Senkungen vorgenommen worden, so gilt als Ausgangspunkt für die Senkung der Richtsatz vor der ersten Senkung.

(37) Eine Verpflichtung, unter den Richtsatz vom 1. 9. 1926 zu senken, besteht nur, soweit der damalige Richtsatz über den Richtsätzen von Bezirksfürsorgeverbänden gleichen wirtschaftlichen Aufbaues lag. Waren dagegen die Richtsätze vom 1. 9. 1926 wesentlich niedriger als die Richtsätze von Bezirksfürsorgeverbänden gleichen wirtschaftlichen Aufbaues, so braucht die Senkung nur bis auf die Höhe dieser Sätze zu erfolgen.

(38) Die am 1. 9. 1926 geltenden Richtsätze eines Bezirksfürsorgeverbandes sind als niedriger als die von Bezirksfürsorgeverbänden gleichen wirtschaftlichen Aufbaues jedenfalls dann anzusehen, wenn sie infolge des Berichts auf den Erlaß des Ministers für Volkswohlfahrt v. 8. 9. 1926 — III E 2976/26 (nicht veröffentl.) von diesem beanstandet wurden. In diesem Falle braucht die Senkung nur bis auf die Höhe der mit der Beanstandung angestrebten Sätze zu erfolgen. Das gleiche gilt für Beanstandungen durch den Minister für Volkswohlfahrt, die auf die Berichte zu seinem Erlaß v. 9. 10. 1925 — III E 2997 II (VMBl. S. 415) erfolgten, soweit sie am 1. 9. 1926 noch nicht erledigt waren.

(39) Entsprechendes gilt für die Herabminderung des tatsächlichen Aufwandes je Unterstützungsempfänger.

(40) Soweit ein besonderer örtlicher Lebenshaltungsindex nicht einwandfrei ermittelt ist, ist auf den Reichsindex für die Gesamtlebenshaltungs- einschließlich Wohnungskosten zurückzugehen. Hiernach betrug der Index vom April 1929: 153,6; vom August 1931: 134,9. Die nach Vorstehendem vorzunehmende Senkung der Richtsätze und des Unterstützungsaufwandes hat danach rd. 12 v. H. zu betragen.

(41) Falls die Verwaltungsorgane der Bezirksfürsorgeverbände, denen durch die Verordnung vom 18. 8. 1931 (GS. S. 178) die Richtsatzfestsetzung übertragen ist, die vorgeschriebene Senkung nicht rechtzeitig vornehmen, sind die Regierungspräsidenten ermächtigt, die Senkung ihrerseits vorzunehmen. Die Anhörung der Vertreter der Hilfsbedürftigen (§ 18 Abs. 1 und 2 der Ausführungsverordnung zur Verordnung über die Fürsorgepflicht in der Fassung der Verordnung v. 31. 7. 1931, GS. S. 137) hat auch in diesen Fällen durch die Bezirksfürsorgeverbände vor deren Entschließung über die Senkung zu erfolgen.

IV. Schlußbestimmungen.

(42) Soweit zur Durchführung der vorstehend erörterten Sparmaßnahmen die Zuständigkeit der Gemeinden selbst in Betracht kommt, ist die Ermächtigung ausschließlich den Verwaltungsorganen erteilt worden. Hierunter sind die Gemeindevorstände (Magistrat; Bürgermeister in Städten mit Bürgermeisterverfassung; in Berlin der Oberbürgermeister; Gemeindevorstand in Landgemeinden; Bürgermeister in rheinischen und westfälischen Ämtern; Amtsvorsteher in Amtsbezirken; Verbandsvorsteher in Zweckverbänden; Kreisausschuß für Kreise; Provinzialausschuß bzw. Landesausschuß für Provinzial- (Bezirks-) Verbände; Verbandsausschuß des Siedlungsverbandes

Ruhrkohlenbezirk) zu verstehen. Jede Mitwirkung der Vertretungskörperschaften (Stadtverordnetenversammlung; Gemeindevertretung; Amtsvertretung; Amtsausschuß; Verbandsausschuß; Kreistag; Provinziallandtag bzw. Kommunallandtag; Verbandsversammlung des Siedlungsverbandes Ruhrkohlenbezirk) ist hierbei gesetzlich ausgeschlossen.

(43) Von dem Verantwortungsbewußtsein der hiernach mit der Durchführung dieser Ersparnismaßnahmen beauftragten Verwaltungsorgane wird die Bewährung der Selbstverwaltung in dem bevorstehenden schweren Winter wesentlich abhängen. Wir haben das feste Vertrauen zu den Verwaltungsorganen, daß sie alles daransetzen werden, mit der größten Beschleunigung die erforderlichen Sparmaßnahmen, so hart sie auch im Einzelfall erscheinen mögen, durchzuführen. Soweit sie sich dieser Pflicht nicht mit der nötigen Beschleunigung und in dem unbedingt von der harten Notwendigkeit der Zeit diktierten Ausmaße unterziehen sollten, werden die zuständigen Aufsichtsbehörden das Erforderliche gemäß § 3, Kap. IX, Teil II der Not-VO. v. 5. 6. 1931 (RGBl. I S. 279) zu veranlassen haben.

Durchführungsbestimmungen IV.

Dienstbezüge der Beamten und Angestellten der Gemeinden und Gemeindeverbände.

RdErl. d. MdI. u. d. FM. v. 12. 11. 1931 — IV a V 227 u. I E 3706c. (MBliV. S. 1153.)

A.

(1) Die Dritte VO. des Reichspräsidenten zur Sicherung von Wirtschaft und Finanzen usw. v. 6. 10. 1931 (RGBl. I S. 537ff.) enthält für die Festsetzung der Besoldung, der Ruhegehälter und Hinterbliebenenbezüge der Beamten der Gemeinden und Gemeindeverbände u. a. folgende wichtige Vorschriften:

1. Nach II Nr. 3 im Kap. II des Ersten Teils dürfen die Dienstbezüge eines Beamten oder Angestellten von Gemeinden und Gemeindeverbänden die Dienstbezüge eines Reichsministers nicht übersteigen.

2. Die VO. des Reichspräsidenten enthält ferner im Dritten Teil Kap. V, Abschn. I, für die Gemeinden unmittelbar bindende Vorschriften über die Neufestsetzung der Pensionen und Hinterbliebenenbezüge. Entsprechend diesen Vorschriften, haben nach § 17 a. a. O. die Gemeinden und Gemeindeverbände die Bezüge der Ruhegeld-(Wartegeld-)Empfänger und der Hinterbliebenen mit Wirkung vom 1. 1. 1932 neufestzusetzen. Im § 12 Abs. 2 a. a. O. ist insbesondere die Vorschrift enthalten, daß für Wahlbeamte der Gemeinden eine Steigerung des Ruhegeldes über 80 v. H. — unbeschadet der Vorschrift des § 3 a. a. O. — hinaus in keinem Falle stattfinden darf, eine Vorschrift, die entsprechend auch für ruhegeldähnliche Bezüge von Beamten gilt (§ 13 a. a. O.).

3. Auch die im Abschn. II, Kap. V des Dritten Teils vorgeschriebene Anrechnung von Arbeitseinkommen auf das Ruhegeld findet auf die Beamten und Angestellten der Gemeinden und Gemeindeverbände unmittelbar Anwendung.

4. Dagegen finden die im Fünften Teil, Kap. III der VO. enthaltenen Vorschriften über die Herabsetzung übermäßig hoher Dienstvergütungen gemäß § 8 a. a. O. auf die Beamten und Angestellten der Gemeinden und Gemeindeverbände keine Anwendung.

B.

(2) Die Vorschriften des Kap. II im Vierten Teil der Preuß. Spar-VO. v. 12. 9. 1931 (GS. S. 179) sowie die dazu erlassenen Durchf.-Best. v. 16. 9. 1931 (MBliV. S. 895)[1] *haben zu Zweifeln Anlaß gegeben, zu deren Behebung wir bei dieser Gelegenheit auf folgendes hinweisen:*

Anmerkung.

1. DB. II, hier S. 453.

Zu § 1.

a) Allgemeines.

(3) Der § 1 Abs. 1 Kap. II Vierter Teil der VO. verpflichtet die Gemeinden und Gemeindeverbände, die Bezüge sämtlicher Gemeindebeamten[1] *entsprechend den dort niedergelegten Grundsätzen zu regeln. Dabei ist es bedeutungslos, ob diese Bezüge bisher in der Besoldungsordnung für die Gemeindebeamten geregelt waren und ob sie unmittelbar aus Gemeindemitteln bezahlt werden.*

Anmerkung.

1. Und zwar gleichgültig, ob sie zur Zeit der Besoldungsneuregelung ein Amt inne haben oder nicht. Es sind also auch die Bezüge von Beamten ohne Amt nach § 1 zu regeln (z. B. von Beamten aus eingemeindeten Gemeinden, denen vom Rechtsnachfolger oder der zur Übernahme verpflichteten Gemeinde ein ständiges Amt nicht übertragen worden ist). Bei der Bewertung der Stelle dieser Beamten ist von dem Amt auszugehen, das sie zuletzt innegehabt haben.

Ausgenommen von der Regelung nach § 1 sind die Bezüge der Lehrpersonen an den öffentlichen Volks- und mittleren Schulen, an den Berufsschulen und an den städtischen höheren Schulen, für die besondere gesetzliche Regelungen hinsichtlich der Besoldung bestehen.

Wegen der Anwendbarkeit auf die **Gemeindepolizei-Beamten** bestimmt der RdErl. des MdJ. vom 2. 2. 1932 (MBliV. S. 115) folgendes:

„Zu Kap. II. Von den Bestimmungen dieses Kapitels gelten für Gemeindepol.-Beamte nur diejenigen des § 2 (1) und des § 7, letzter Satz, nicht aber die übrigen Vorschriften dieses Kapitels.

Für diese Beamten bleiben also hinsichtlich der Regelung der Dienstbezüge, des Wartegeldes und Ruhegehalts und der Versorgung der Hinterbliebenen sowie der Höhe der Bezüge die Bestimmungen des § 2 (1 u. 2) des Polizeibeamtengeſ. und die auf ihm beruhenden RdErl. v. 5. 1. 1928 (MBliV. S. 19) und vom 23. 7. 1929 (MBliV. S. 704) und in verfahrensrechtlicher Hinsicht die Bestimmung des § 2 (3) PBG. maßgebend. Unrichtige Bezüge der Pol.-Beamten können gemäß § 2 PBG. berichtigt werden.

Neu ist für die Gemeindepol.-Beamten lediglich die Bestimmung im Kap. II § 2 (1) der SparVO., daß über die Regelung der Bezüge das Verwaltungsorgan der Gemeinde (des Gemeindeverbandes) beschließt, und daß Änderungen der Bezüge, ebenso Änderungen der Einreihung der Beamten in die Gruppen der Besoldungsordnung durch Beschluß des Verwaltungsorgans erfolgen können."

b) Besoldungsdienstalter.

aa) Härteausgleich.

(4) Die Vorschrift des § 1 Abs. 2 Kap. II Vierter Teil der VO. gibt den Gemeinden und Gemeindeverbänden die Möglichkeit, Härten, die sich bei Anwendung der für die Staatsbeamten geltenden Grundsätze über die Regelung des Anwärterdienstalters und des Besoldungsdienstalters ergeben, durch eine anderweite Festsetzung auszugleichen.[1] *Jede anderweite Festsetzung dieser Art bedarf der Genehmigung der Aufsichtsbehörde.*

(5) Nach dem Wortlaut der genannten Vorschrift ist ein derartiger Härteausgleich nur in Ausnahmefällen zulässig. Demgemäß kann er nur im Einzelfalle in Frage kommen, sofern nach den besonderen Verhältnissen eine ausgleichsbedürftige Härte anerkannt werden kann.[2] *Dabei sind die staatlichen Grundsätze*[2] *für die Behandlung der Einzelfälle (z. B. Nr. 41—43 der Preuß. Besoldungsvorschriften)*[3] *zu beachten.*

bb) Festsetzung des Besoldungsdienstalters bei Herabstufungen.

(6) Werden Gemeindebeamte auf Grund der Vorschriften des Kap. II, Vierter Teil der VO. in eine niedrigere Besoldungsgruppe eingestuft, so ist das Besoldungsdienstalter nach den in dem RdErl. d. FM. v. 17. 9. 1931 auf S. 286ff. des PrBesBl.[4] *aufgestellten Grundsätzen festzusetzen.*[5]

Anmerkungen.

1. Eine anderweite Festsetzung des BDA. oder AnwDA. „zum Ausgleich von Härten" findet in folgenden Bestimmungen (Härtevorschriften) ihre Stütze:

A. Bei einer Verbesserung des BDA.

a) im § 3 Abs. 8 PrBesG. in Verbindung mit Nr. 41 bis 43 PBV.

b) im § 42 Abs. 2 PrBesG. in Verbindung mit Nr. 38 und 39 PBV.

B. Bei einer Verbesserung des AnwDA.
in Nr. 101 PBV.

2. Bei dem **Charakter des Härteausgleichs** als Billigkeitsregelung im Einzelfalle lassen sich naturgemäß Grundsätze, nach denen alle Fälle schlecht-

hin behandelt werden können, nicht aufstellen. Die nachstehenden Ausführungen können daher nur als Anhaltspunkte, insbesondere zur Wahrung einer möglichst gleichmäßigen Behandlung der Einzelfälle, dienen.

Allgemein ist zunächst Folgendes zu bemerken:

Alle Härtevorschriften (vgl. Anm. 1) sind Ausnahmebestimmungen, von denen lediglich in besonders gearteten Fällen Gebrauch gemacht werden soll. Sie sind also nur anzuwenden, sofern nach den besonderen Verhältnissen des Einzelfalles eine ausgleichsbedürftige Härte anerkannt werden kann. Es ist danach nicht zulässig, auf Grund dieser Härtevorschriften Allgemeinregelungen für ganze Beamtengruppen ohne Prüfung des Einzelfalles zu treffen, oder Kürzungen des BDA. oder AnwDA., die auf Grund gesetzlicher Vorschriften (z. B. auf Grund der Überleitungsbestimmungen zum PrBesG. von 1927) vorzunehmen sind — selbst nur im Einzelfalle — auszugleichen.

Alle Verbesserungen des BDA. oder AnwDA. dürfen — auch bei Beamten, die sich bereits in einer Beförderungsstelle befinden — nur auf das Besoldungs- oder Anwärterdienstalter in der normalmäßigen Eingangsstelle gewährt werden (also z. B. bei einem Amtmann der BesGr. A 3 b nur auf das BDA. der BesGr. A 4 b; vgl. auch das nachstehende Beispiel a insbesondere den Abs. 2).

Im Einzelfalle ist Folgendes zu beachten:

Durch die Vorschrift des § 3 Abs. 8, die in Nr. 41 bis 43 PBV. erläutert worden ist, ist die Möglichkeit gegeben, die Dienstzeit in einem anderen Zweige des Staatsdienstes, die Zeit im Dienste des Reiches, der Länder, im Gemeinde-, Kirchen- oder Schuldienst, die Tätigkeit eines Offiziers oder Deckoffiziers oder die Zeit praktischer Beschäftigung außerhalb des Staatsbeamtenverhältnisses zur Vermeidung von Härten auf das Besoldungsdienstalter anzurechnen. Sie findet insbesondere Anwendung bei der Festsetzung des BDA. von Beamten, die aus freien Berufen oder aus dem Angestelltenverhältnis in den Staatsdienst übernommen worden sind.

Für die Anrechnung kommt grundsätzlich nur eine Tätigkeit in Frage, die der Tätigkeit des Beamten in der Stelle, in der die Anstellung erfolgt, gleichwertig und förderlich gewesen ist (Nr. 41 PBV.). Es ist hierbei zu beachten, daß beide Voraussetzungen vorliegen müssen, d. h. sowohl die „Gleichwertigkeit" als auch die „Förderlichkeit". Ist nur eine Voraussetzung erfüllt (in der Praxis in den meisten Fällen die „Förderlichkeit"), so ist eine Anrechnung noch nicht begründet. Erfolgt die erste planmäßige Anstellung des Beamten nicht in der BesGr., in der sie bei regelmäßig verlaufender Dienstlaufbahn erfolgen würde (der sogenannten Eingangsstelle), sondern in einer Beförderungsgruppe, so ist zu prüfen, ob die anzurechnende Zeit der Tätigkeit des Beamten in der Eingangsstelle gleichwertig und förderlich war (vgl. auch Abs. 4 dieser Anm. und Abs. 2 des nachstehenden Beispiels a).

Beispiel a.

Ein Rechtsanwalt mit einer langjährigen Praxis wird zum Amtsgerichtsrat in BesGr. 2 b ernannt. Es bestehen keine Bedenken, die Rechtsanwaltstätigkeit als anrechnungsfähig im Sinne des § 3 Abs. 8 PrBesG. bzw. der

Nr. 41 PBV. zu bezeichnen, weil diese Tätigkeit zweifellos sowohl der Tätigkeit eines Amtsgerichtsrats gleichwertig als auch förderlich ist. Nach staatlichen Grundsätzen wird die Rechtsanwaltstätigkeit in der Regel mit der Hälfte, und zwar nicht unmittelbar auf das BDA. sondern nur auf das AnwDA. angerechnet (vgl. auch Nr. 42 PBV.). Nach dem sich danach ergebenden AnwDA. wird unter Hinzurechnen von 5 Jahren gem. § 3 Abs. 2 PrBesG. das endgültige BDA. ermittelt.

Ist dagegen der Rechtsanwalt sogleich zum MinRat in BesGr. A 1a ernannt worden, so kommt eine Anrechnung von Rechtsanwaltstätigkeit unmittelbar auf das BDA. als MinRat nicht in Frage, weil die Rechtsanwaltstätigkeit der Tätigkeit eines MinRats wohl förderlich aber nicht gleichwertig ist. Eine Anrechnung kann wie vorstehend nur über das AnwDA. auf das BDA. der Eingangsstelle — BesGr. A 2 b — erfolgen. Von dem hiernach für die BesGr. A 2 b ermittelten BDA. ausgehend ist das BDA. in BesGr. A 1a gem. § 3 Abs. 5 PrBesG. festzusetzen.

Beispiel b.

Ein nicht akademisch vorgebildeter Volksschullehrer ist aus dem Schuldienst ausgeschieden und hat sich mehrere Jahre in einem freien Beruf betätigt. Er wird als Schulrat in BesGr. A 2b angestellt. Er bittet um Anrechnung eines Teiles seiner Volksschuldienstzeit auf sein BDA. in Bes.-Gr. A 2b. Diesem Antrage kann nicht entsprochen werden, weil die Tätigkeit als Volksschullehrer der Tätigkeit eines Schulrats wohl förderlich, aber nicht gleichwertig ist.

Dienstzeiten, die nicht im Beamtenverhältnis verbracht sind, dürfen in der Regel nicht in vollem Umfange, sondern nur mit einem angemessenen Teil berücksichtigt werden (vgl. auch das vorstehende Beispiel a). Insbesondere ist die Zeit abzuziehen, die Beamte mit regelmäßiger Dienstlaufbahn im Vorbereitungsdienst oder als nichtplanmäßige Beamte zuzubringen haben (Nr. 42 PBV.).

Diese Vorschrift hat besondere Bedeutung bei der Festsetzung des BDA. von Beamten, die aus dem Angestelltenverhältnis in das Beamtenverhältnis übernommen werden. Wenn dabei ein Angestellter eine Verminderung seines Einkommens gegenüber seinen bisherigen Angestelltenbezügen erfährt, so vermag dieser Umstand eine Anwendung der Härtevorschriften nicht zu begründen.

Eine Anrechnung nach § 3 Abs. 8 PrBesG. darf nicht erfolgen, soweit sich dadurch für den betreffenden Beamten ein günstigeres BDA. ergeben würde, als es ein Beamter der regelmäßigen Laufbahn bei gleichem Alter und regelrechtem Aufstieg besitzt. Unter einem gleichen Alter ist hierbei ein gleiches Prüfungsdienstalter, von der letzten gleichen oder vergleichbaren vorgeschriebenen Dienstprüfung an gerechnet, oder, wenn dieser Vergleichsmaßstab versagt, ein gleiches Lebensalter zu verstehen (Nr. 43 PBV.).

Bei der Festsetzung des BDA. für Beamte, die aus freien Berufen übernommen werden, gilt insbesondere der Grundsatz, daß die zu gewährende Anrechnung den Zeitraum von 4 Jahren in der Regel nicht übersteigen darf.

Die Vorschrift im § 42 Abs. 2 PrBesG., die in den Nr. 38 und 39 PBV. erläutert ist, bietet die Handhabe, auch in den im § 3 Abs. 8 PrBesG. nicht genannten Fällen ausnahmsweise einen Härteausgleich zu gewähren, sofern die besondere Lage der Verhältnisse es geboten erscheinen läßt.

Als eine Härte, die eines außerordentlichen Ausgleichs im Sinne des § 42 Abs. 2 PrBesG. bedarf, ist in der Regel **nicht** anzusehen:

a) wenn eine Stelle nicht mit rückwirkender Kraft verliehen worden ist, obwohl es nach Nr. 14 PBV. zulässig gewesen wäre,
b) wenn ein dienstjüngerer Amtsgenosse — auch bei derselben Behörde — ein höheres Grundgehalt bezieht,
c) wenn in einer früher bekleideten Stelle oder in einer verlassenen Dienstlaufbahn eine günstigere Beförderung oder sonstige Vorteile hätten erreicht werden können,
d) wenn ein beförderter Beamte bis zu seinem Ausscheiden aus dem Amt, das Endgrundgehalt seiner Beförderungsgruppe nicht mehr erreicht.

Als Anhaltspunkt für den Umfang einer zu gewährenden BDA.-Verbesserung gilt in diesen Fällen in der Hauptsache das Lebensalter, in dem der Beamte die Höchstbezüge seiner normalen Eingangsgruppe erreichen würde. Das darf aber nicht schlechthin dazu führen, daß ein bestimmtes Lebensalter festgesetzt wird, nach dem die Einzelanträge behandelt werden. Das Lebensalter soll vielmehr lediglich einen Anhalt dafür bieten, daß eine gleichmäßige Behandlung von Einzelfällen bei gleichartigen Beamten nach Möglichkeit gewahrt wird.

Für die Gewährung eines Härteausgleichs zur Verbesserung des Anw.-DA. der nichtplanmäßigen Beamten gelten die gleichen Anhaltspunkte, wie sie vorstehend für das BDA. der planmäßigen Beamten aufgeführt sind (Nr. 101 PBV.).

3. S. 45 dieses Buches.

4. Hier abgedruckt S. 375.

5. Es ist zu unterscheiden zwischen Beamten, die beim Inkrafttreten der städtischen Besoldungsordnung 1927 — also in der Regel am 1. 10. 1927 — in die Besoldungsgruppe aus der sie jetzt herabgestuft werden, **übergeleitet** worden sind (§§ 30, 31 PrBesG., hier S. 119) und den Beamten, die nach dem 30. 9. 1927 in die Besoldungsgruppe aus der sie jetzt herabgestuft werden, **befördert** worden sind (§ 3 Abs. 5 und 6 PrBesG., hier S. 30). Im ersten Falle ist nach dem Grundsatz in Nr. 4 Abs. 1 A im zweiten Falle wie in Nr. 4 Abs. 1 B der DV. I (hier S. 375) zu verfahren.

c) Dauerangestellte.

(7) Aus § 1 Abs. 4 a. a. O. kann nicht etwa gefolgert werden, daß infolge der Streichung der in dem früheren § 43 Abs. 2 des Preuß. Besoldungsgesetzes enthaltenen Worte „mit Ausnahme des Ruhegehalts und des Witwen- und Waisengeldes" nunmehr eine Verpflichtung der Gemeinden und Gemeindeverbände bestünde, ihren Dauerangestellten Ruhegehalt und Hinterbliebenenversorgung zu gewähren. Der § 1 Abs. 4 enthält vielmehr nur das Gebot der entsprechenden Anwendung der

Vorschriften der Abs. 1—3. Eine solche ist nur dort möglich, wo den Angestellten durch Gemeindebeschluß (Beschluß des Gemeindeverbandes) Ruhegehalt und Hinterbliebenenversorgung zugebilligt ist.

d) Änderung des ruhegehaltsfähigen Diensteinkommens der bereits im Ruhestand befindlichen Beamten.

(8) Da nach dem für die Staatsbeamten geltenden pensionsrechtlichen Grundsatz der Berechnung des Ruhegehalts das zuletzt bezogene Diensteinkommen zugrunde zu legen ist und an diesem Grundsatz auch durch die Spar-VO. nichts geändert ist, so daß eine Umrechnung der Versorgungsbezüge für die bereits ausgeschiedenen Staatsbeamten auf Grund der in der Spar-VO. herabgesetzten Dienstbezüge nicht erfolgt, besteht auch keine Verpflichtung der Gemeinden (Gemeindeverbände), das zuletzt bezogene, die Berechnungsgrundlage des Ruhegehalts bildende Diensteinkommen der vor dem Inkrafttreten des Kap. II, Vierter Teil der Spar-VO. (14. 9. 1931) in den Ruhestand getretenen Beamten zu ändern und danach das Ruhegehalt usw. umzurechnen.[1] [2] *Soweit aber die Gemeinden (Gemeindeverbände) bisher bei der Berechnung des Ruhegehalts usw. der bereits ausgeschiedenen Beamten nach günstigeren Vorschriften verfahren sind, als sie für die unmittelbaren Staatsbeamten gelten (z. B. bei dem Wohnungsgeldzuschuß, bei der Neuregelung der Versorgungsbezüge zum 1. 10. 1927), sind die Gemeinden (Gemeindeverbände) zu einer Neuberechnung der Versorgungsbezüge nach den staatlichen Grundsätzen verpflichtet (vgl. RdErl. d. MdI. u. d. FM. v. 16. 9. 1931 — I 1 b Abs. 11, MBliV. S. 895, Dritter Teil Kap. V Abschn. I § 12 der Reichs-VO. v. 6. 10. 1931, RGBl. I S. 537).*[3]

(9) Die Vorschrift des § 65 östl. St.-O. und die entsprechenden Vorschriften der übrigen Gemeindeverfassungsgesetze sind durch Kap. II, Vierter Teil der Spar-VO. nicht berührt worden.

Anmerkungen.

1. Der § 1 Kap. II im Vierten Teil der SparVO. erfaßt aber das Ruhegehalt aller Beamten, die im Zeitpunkt des Inkrafttretens dieses Teils der SparVO. d. h. am 14. 9. 1931 noch im Amte waren. Danach ist auch für solche Beamte, die nach dem 14. 9. 1931 aber vor der Genehmigung der Besoldungsregelung durch die Aufsichtsbehörde in den Ruhestand getreten sind, eine Änderung des ruhegehaltsfähigen Diensteinkommens nach Maßgabe der abgeänderten Dienstbezüge zulässig und erforderlich. Die Abänderung wird mit dem Zeitpunkt der Zustellung der Genehmigung wirksam.

2. Die Frage, ob die Gemeinden berechtigt sind auf Grund des § 1 Kap. I im Vierten Teil der SparVO. auch das ruhegehaltsfähige Diensteinkommen von Beamten, die vor dem Tage des Inkrafttretens der SparVO., also vor dem 14. 9. 1931, ausgeschieden sind, herabzusetzen, ist im Hinblick auf den in DB. IV Abs. 8 genannten pensionsrechtlichen Grundsatz zweifelhaft, da die Gemeinden gemäß § 1 Kap. II a. a. O. verpflichtet sind, bei der Regelung der Bezüge ihrer Beamten die staatlichen Grundsätze zu beachten. Eine Genehmigung derartiger Beschlüsse durch die Aufsichtsbehörde gemäß § 2 Abs. 3 Kap. II a. a. O. kommt nicht in Betracht, weil es sich in diesen Fällen nicht um eine Änderung der Besoldungsregelung d. h. des objektiven Besoldungsrechts handelt, sondern um die Ausführung des bestehenden Besoldungsrechts im Einzelfalle. Falls pensionierte Beamte sich durch eine derartige Regelung beschwert fühlen, müssen sie den ordentlichen Rechtsweg beschreiten.

3. Die Bestimmungen der VO. VI über die Durchführung der versorgungsrechtlichen Vorschriften der SparVO. gelten ebenfalls entsprechend für die Beamten der Gemeinde und Gemeindeverbände (vgl. RdErl. des MdJ. vom 20. 1. 1932 — MBliV. S. 54 —).

Zu § 4.

a) Verhältnis des § 4 zu § 2 Abs. 3.

(10) Auch die von den Verwaltungsorganen nach § 4 Abs. 1 zu beschließenden Änderungen der Bezüge unterliegen der in § 2 Abs. 3 allgemein vorgeschriebenen Genehmigung der Aufsichtsbehörde, soweit diese nicht, weil sie zur Durchführung des Grundsatzes im § 1 Abs. 1 eine über den Beschluß des Verwaltungsorgans der Gemeinde hinausgehende Änderung für erforderlich hält, selbst Festsetzungen gemäß § 3 Abs. 1 trifft. Da die vom Verwaltungsorgan der Gemeinde beschlossenen Änderungen erst mit der Erteilung der Genehmigung wirksam werden, liegt es im Sinne der Spar-VO., daß die Aufsichtsbehörden nicht nur die erforderliche Prüfung mit größter Beschleunigung durchführen und die Genehmigung aussprechen, sondern auch in Fällen, in denen etwa erforderliche weitergehende Festsetzungen nicht gleichzeitig mit der Genehmigung erfolgen können, jedenfalls den Teil der Besoldungsneuregelung, der dem Grundsatz des § 1 entspricht, vorab genehmigen.

b) Berichterstattung.

(11) Die Prüfungen der Aufsichtsbehörde müssen so beschleunigt werden, daß die gem. § 4 Abs. 2 vorgeschriebenen Berichte spätestens bis zum 1. 1. 1932 vorliegen. Ein Vordruck für die Berichterstattung wird den Aufsichtsbehörden zugehen.

Zu § 5.

(12) Der § 5 Kap. II Vierter Teil der VO., der die auf Grund des § 43 des Preuß. Besoldungsges.[1] eingeleiteten und nicht rechtskräftig abgeschlossenen Verfahren beendet, hat die Bedeutung, daß eine Nachprüfung der Besoldungen derjenigen Beamten nicht mehr stattfindet, hinsichtlich deren ein Verlangen der Aufsichtsbehörde gestellt oder ein noch nicht rechtskräftiger Beschluß der Beschlußbehörde erster Instanz vorliegt. Auch in diesen Fällen sind jedoch die Festsetzungen gemäß § 4 insoweit abzuändern, als es sich um die Übernahme der in der Spar-VO. selbst neu aufgestellten staatlichen Besoldungsgrundsätze[2] in die gemeindliche Besoldungsregelung handelt.

(13) Nicht unter § 5 fallen Entscheidungen der Beschlußbehörden erster Instanz in dem nach § 64 der Städteordnung für die östlichen Provinzen und den entsprechenden Vorschriften der übrigen Städteordnungen vorgeschriebenen Genehmigungsverfahren. Schwebende Verfahren dieser Art werden praktisch ihre Erledigung dadurch finden, daß die Verwaltungsorgane der Gemeinden gemäß § 4 Abs. 1 neue Beschlüsse fassen müssen, die der Genehmigung der Aufsichtsbehörde unterliegen.

(14) Verlangen der Aufsichtsbehörden und nicht rechtskräftige Entscheidungen der Beschlußbehörden erster Instanz gelten vorbehaltlich einer Entscheidung des Schiedsgerichts (§ 3 Abs. 2) als örtliches Besoldungsrecht mit Wirkung vom 1. 10. 1931. Unberührt bleiben jedoch Anordnungen, durch die Verlangen der Aufsichtsbehörden gemäß § 53 LVG. schon vor dem 1. 10. 1931 durchgeführt worden sind.

Anmerkungen.

1. S. 142 dieses Buches.

2. Z. B. Senkung oder Wegfall von Zulagen (vgl. DB. II Abs. 15 — hier S. 457).

Zu § 6.

a) Härteausgleich für Beamte, für deren Bezüge Richtlinien aufgestellt sind.

(15) Die Vorschrift des § 6 stellt eine Sondervorschrift dar, die eine entsprechende Anwendung der Vorschrift des Dritten Teils[1] der VO. ausschließt.[2]

b) Ausgleichszulage für sonstige Beamte und Angestellte.

(16) Die Vorschrift des § 1 des Dritten Teils setzt voraus, daß die Bezüge durch die Verordnung selbst gesenkt werden. Sie ist nicht anwendbar in den Fällen, in denen die Kürzung erst auf Grund einer durch die Verordnung gegebenen Ermächtigung herbeigeführt wird. In diesen Fällen ist ohnehin die Möglichkeit gegeben, die Kürzung so einzurichten, daß für eine Übergangszeit besondere Härten vermieden werden. Wo dagegen die Kürzung auf Grund zwingender Vorschrift der Verordnung selbst stattfindet, ist eine solche Möglichkeit nicht gegeben; in diesem Falle liegt die Voraussetzung für die Anwendung des § 1 vor. Daraus folgt, daß für solche Fälle die Vorschrift des § 1 des Dritten Teils einen Grundsatz des staatlichen Besoldungsrechts darstellt, zu dessen entsprechender Übernahme die Gemeinden und Gemeindeverbände gemäß § 1 Abs. 1 Kap. II Vierter Teil der Spar-VO. verpflichtet sind. Danach findet die Vorschrift auf die in § 6 Kap. II im Vierten Teil nicht genannten Gemeindebeamten und die in § 1 Abs. 4 genannten ständig Angestellten und Anwärter Anwendung, soweit die Senkung der Bezüge eine Folge der Angleichungsvorschrift des § 1 Kap. II des Vierten Teils ist.[3]

Anmerkungen.

1. Betr. Ausgleichszulage.

2. Wegen des Härteausgleichs im Falle der Wiederwahl und der Pensionierung vgl. DB. IV Abs. 26 und 27.

3. Mit der Maßgabe, daß als Stichtag (für die Gegenüberstellung der Dienstbezüge, die Eheschließung usw.) an Stelle des 30. 9. 1931 (vgl. DB. I Nr. 25 — hier S. 439) der Tag vor dem Inkrafttreten der Neuregelung gilt.

Zu § 2 Kap. III Zweiter Teil der Spar-VO. i. V. mit § 13 des Preuß. Besoldungsges. (Nebenbezüge).

(17) Der § 2 a. a. O. bedeutet eine Ergänzung des § 13 des Preuß. Besoldungsges.,[1] der unter Berücksichtigung dieser Ergänzung als Besoldungsgrundsatz für die Gemeinden und Gemeindeverbände verbindlich ist. Daraus folgt, daß für die in § 13 Abs. 1 genannten Bezüge, soweit sie nicht aus der Gemeindekasse gezahlt werden, nunmehr Höchstgrenzen festgesetzt sind. Die Bezüge sind, soweit sie diese Höchstgrenzen übersteigen, an die Gemeindekasse abzuführen.[2]

(18) Nach der ausdrücklichen Vorschrift des § 2 Kap. III Zweiter Teil der Spar-VO. bleibt die Vorschrift des § 13 Abs. 3 des Preuß. Besoldungsges.[3] unberührt. Der Grundsatz des § 13 Abs. 3, demzufolge alle Bezüge, die einem Beamten im Zusammenhang mit seiner amtlichen Tätigkeit aus einer Tätigkeit im Vorstand, Aufsichtsrat, Verwaltungsrat oder einem sonstigen Organ einer Gesellschaft oder eines Unternehmens zufließen, anzuzeigen und an die Staatskasse abzuführen sind, gilt entsprechend für die Beamten der Gemeinden und Gemeindeverbände. Sie haben also grundsätzlich solche Bezüge an die Gemeindekasse abzuführen. Der Gemeinde steht es aber, ebenso wie dem Staate frei, den Beamten diese Bezüge als Ersatz für tatsächliche Aufwendungen und ausnahmsweise auch als besondere Vergütung ganz oder teilweise zu belassen.

(19) Alle diese Bezüge sind Dienstbezüge (§ 1 Abs. 3 Kap. II Vierter Teil der Spar-VO.). Beschlüsse über ihre Änderung bedürfen der Genehmigung (§ 2 Abs. 3 a. a. O.). Die vom Staatsministerium auf Grund des § 13 Abs. 3 des Preuß. Besoldungsges. für unmittelbare Staatsbeamte aufgestellten Grundsätze bieten sowohl für die Gemeinden hinsichtlich der Höhe der den Gemeindebeamten zu belassenden Bezüge als auch für die Aufsichtsbehörden bei der Erteilung der Genehmigung einen Anhalt. Eine besondere Regelung ist für die unter die Richtlinien fallenden Beamten in E der Richtlinien[4] enthalten.

Anmerkungen.

1. Hier S. 81.

2. Vgl. DB. I Nr. 13 (hier S. 409) und die Anm. 1 bis 7 zu § 2 Kap. III im Zweiten Teil der SparVO. hier S. 411.

3. Hier S. 81.

4. Hier S. 484.

Richtlinien.[1]

a) Einstufung der Gemeindebeamten innerhalb der in den Richtlinien gelassenen Spannen.

(20) Durch die für die einzelnen Größengruppen in den Richtlinien festgesetzten Spannen ist den Gemeinden und den Aufsichtsbehörden eine Berücksichtigung der örtlichen Verhältnisse (z. B. besondere Schwierigkeit der Verwaltung, besondere wirtschaftliche Aufgaben, Vororteigenschaft gegenüber Großstädten, Umfang von Kur- und Badebetrieb) offengelassen. Nicht zu berücksichtigen ist die Tatsache, daß die Wahl der leitenden Beamten auf Zeit erfolgt, da dieser Gesichtspunkt bereits bei der Aufstellung der Richtlinien berücksichtigt ist.

(21) Grundsätzlich können naturgemäß die oberen Sätze der einzelnen Spannen nicht ohne weiteres für Gemeinden, die an der unteren Grenze ihrer Größengruppe liegen, als angemessen angesehen werden. Die Einreihung in die Höchstsätze muß vielmehr auf die Fälle beschränkt bleiben, in denen die Gemeinde der oberen Grenze ihrer Größengruppe nahe steht oder die Stelle aus ganz besonderen Gründen eine Einstufung in diese Höchststufe rechtfertigt. Insoweit haben also Verwaltungsorgane und Aufsichtsbehörden die Angemessenheit, auch innerhalb der Richtlinien selbständig und selbstverantwortlich zu prüfen.[2]

(22) Die richtige Einstufung nach diesen Grundsätzen ist ebenso wie die Angemessenheit der Zahl[3] *der qualifizierten Stellen*[4] *für Stadträte bzw. Landesräte in den einzelnen Gemeinden und Provinzen von der Aufsichtsbehörde zu überwachen und gegebenenfalls durch Festsetzung gemäß § 3 a. a. O. herbeizuführen.*

(23) Die Zubilligung verschiedener Gruppen für leitende Gemeindebeamte in der ersten und in den folgenden Wahlperioden ist zulässig, soweit die innerhalb der Richtlinien für die einzelnen Gemeinden als angemessen zu erachtende Einstufung hierdurch auch für die folgenden Wahlperioden nicht überschritten wird.

Anmerkungen.

1. Hier S. 478.

2. Die Aufsichtsbehörde kann also auch die Einstufung abändern, wenn der Grundsatz des § 1 Abs. 1 im Kap. II des Vierten Teils der SparVO. dadurch verletzt ist, daß die Stelle innerhalb der in den Richtlinien zugelassenen Spanne zu hoch eingruppiert ist.

3. Der Grundsatz des § 1 Abs. 1 a. a. O. kann auch dadurch verletzt sein, daß die Bezüge einer qualifizierten Stelle einem Beamten zugebilligt sind, dessen Stelle nicht als herausgehoben (vgl. nachstehende Anm. 4 und die Richtlinien S. 478) gelten kann.

4. Qualifizierte Stellen im Sinne der Richtlinien sind solche Stellen, die gegenüber den sonstigen Stellen nach ihrem Amtsinhalt und ihrer Bedeutung (z. B. durch besondere Verantwortlichkeit oder Schwierigkeit) besonders hervorgehoben sind (vgl. auch die Richtlinien). Für ihre Höherstufung im Rahmen der Richtlinien muß auch ein sachliches Bedürfnis vorliegen.

b) Aufwandsentschädigungen.[1]

(24) Gemäß E III der Richtlinien[2] *dürfen Aufwandsentschädigungen auch an die Landeshauptleute und an diejenigen Bürgermeister gewährt werden, die nicht die Bezeichnung „Erster Bürgermeister“ führen. Nur die Gewährung von Aufwandsentschädigungen an Zweite Bürgermeister ist ausgeschlossen.*

Anmerkungen.

1. Wegen der Ausnahmefälle vgl. Anm. 3 zu E V der Richtlinien S. 485.
2. Hier S. 485.

c) Rückwirkungen der Verordnung auf den Anspruch auf Ruhegehalt im Falle der Wiederwahl.

(25) Der Grundsatz, daß Magistratsmitglieder im Falle einer Wiederwahl zu deren Ablehnung ohne Verlust des Pensionsanspruches berechtigt sind, wenn die Bedingungen für die zweite Wahlperiode ungünstiger sind als für die erste Wahlperiode, wird durch die VO. an sich nicht berührt. Derartige ungünstigere Bedingungen liegen jedoch dann nicht vor, wenn die für die zweite Wahlperiode festgesetzten Bezüge den auf Grund des Kap. II Vierter Teil der VO. gekürzten Bezügen und damit den Bezügen entsprechen, wie sie auf Grund der VO. jetzt auch für die erste Wahlperiode festzusetzen wären.

d) Härteausgleich im Falle der Wiederwahl.

(26) Fällt der Beginn der neuen Wahlperiode in den Zeitraum, in dem der Härteausgleich gemäß § 6 a. a. O. noch in Wirksamkeit ist, so entspricht es der Rechtslage und der Absicht der VO., den Härteausgleich auch den wiedergewählten Beamten bis zu seinem endgültigen Ablauf zukommen zu lassen. Demnach ist auch diesen Beamten bis zum 1. 10. 1934 jedenfalls dasjenige Grundgehalt zu gewähren, das sie beziehen würden, wenn ein Ablauf der Wahlperiode nicht erfolgt wäre.

e) Härteausgleich im Falle der Pensionierung.

(27) Treten Beamte in dem Zeitraum, in dem der Härteausgleich gemäß § 6 a. a. O. noch in Wirksamkeit ist, in den Ruhestand, so findet die genannte Vorschrift auf sie auch weiterhin entsprechende Anwendung, d. h. das ruhegehaltsfähige Diensteinkommen ist jeweils unter Zugrundelegung desjenigen Grundgehalts zu berechnen, daß der Beamte beziehen würde, wenn er sich noch im Amt befände.

C.

(28) Der erste Satz im § 2 Kap. VIII Zweiter Teil der Spar-VO.[1] *gilt als materieller Rechtssatz auch für alle Gemeindebeamten und Lehrpersonen an gemeindlichen öffentlichen Schulen. Die Durchführung, insbesondere die Entscheidung der Frage, ob das Amt der Vorbildung entspricht, obliegt gemäß § 1 Kap. I Vierter Teil*[2] *den Verwaltungsorganen*[3] *der Gemeinden und Gemeindeverbände.*

Anmerkungen.

1. Hier S. 427.
2. Hier S. 447.
3. Vgl. DV. II Abs. 42.

Fünfter Teil.

Gebührenabgabe der Notare.[1]

§ 1.

Die Notare sind verpflichtet, einen Teil der von ihnen für ihre Notariatsgeschäfte vereinnahmten Vergütung an die Staatskasse abzuliefern.

§ 2.[1]

(1) Der Anteil der Staatskasse beträgt,

soweit die vereinnahmte Vergütung im Einzelfalle 500 RM. übersteigt, aber nicht mehr als 1000 RM. beträgt, 5 vom Hundert des 500 RM. übersteigenden Betrags,

soweit sie 1000 RM. übersteigt, aber nicht mehr als 3000 RM. beträgt, außerdem 10 vom Hundert des 1000 RM. übersteigenden Betrags,

soweit sie 3000 RM. übersteigt, aber nicht mehr als 6000 RM. beträgt, außerdem 15 vom Hundert des 3000 RM. übersteigenden Betrags,

soweit sie 6000 RM. übersteigt, aber nicht mehr als 12000 RM. beträgt, außerdem 20 vom Hundert des 6000 RM. übersteigenden Betrags,

soweit sie 12000 RM. übersteigt, aber nicht mehr als 20000 RM. beträgt, außerdem 30 vom Hundert des 12000 RM. übersteigenden Betrags,

soweit sie 20000 RM. übersteigt, aber nicht mehr als 50000 RM. beträgt, außerdem 40 vom Hundert des 20000 RM. übersteigenden Betrags,

soweit sie 50000 RM. übersteigt, außerdem 50 vom Hundert des 50000 RM. übersteigenden Betrags.

(2) Pfennigbeträge sind auf volle 10 Reichspfennig aufzurunden.

(3) Zusatzgebühren, die nach den §§ 51 und 53 des Preußischen Gerichtskostengesetzes vom 28. Oktober 1922 (Gesetz-

samml. 1922 S. 363; 1923 S. 107, 556; 1925 S. 111) oder nach § 6 der Gebührenordnung für Notare vom 28. Oktober 1922 (Gesetzsamml. 1922 S. 404; 1923 S. 107, 556) erhoben werden, und die Wegegebühr des § 49 des Preußischen Gerichtskostengesetzes bleiben bei der Berechnung der Höhe des Anteils der Staatskasse außer Betracht.

Anmerkung.

1. Geändert durch Kap. VII der Verordnung vom 14. 3. 1932 (GS. S. 123).

§ 3.

(1) Auf die Einziehung der Abgabe finden die Vorschriften des Preußischen Gerichtskostengesetzes sinngemäß Anwendung.

(2) Der Landgerichtspräsident, in dessen Bezirke der Notar seinen Amtssitz hat, kann die vom Notar berechnete Abgabe von Amts wegen berichtigen.

(3) Gegen die Festsetzung des Landgerichtspräsidenten steht dem Notar die sofortige Beschwerde nach Maßgabe des § 25 Abs. 5 der Gebührenordnung für Notare zu.

§ 4.

Die Vorschriften dieses Teiles treten mit Wirkung vom 1. Oktober 1931 in Kraft. Die näheren Anordnungen zu ihrer Ausführung werden von dem Justizminister erlassen.

Berlin, den 12. September 1931.

(Siegel.) Das Preußische Staatsministerium.

Braun. Severing. Hirtsiefer. Steiger. Höpker-Aschoff. Schreiber. Schmidt. Grimme.

Anlage zum Vierten Teile Kapitel II der Sparverordnung.

Richtlinien für die Festsetzung der Bezüge von Gemeindebeamten.

A.

Stadtgemeinde Berlin.

I. Zentralverwaltung.

1. Oberbürgermeister. Das Grundgehalt darf den Betrag von 30000 RM. nicht übersteigen.

2. Bürgermeister und Stadtkämmerer. Das Grundgehalt ist höchstens nach dem Satze des Einzelgehalts B 4 (22000 RM.) festzusetzen.

3. Stadträte. Das Grundgehalt ist höchstens nach dem Satze des Einzelgehalts B 7 (16000 RM.) festzusetzen.

II. Bezirksämter.

1. Bürgermeister. Das Grundgehalt ist höchstens nach dem Satze des Einzelgehalts B 7 (16000 RM.) festzusetzen.

2. Stadträte als stellvertretende Bürgermeister. Das Grundgehalt ist höchstens nach dem Satze des Einzelgehalts B 9 (14000 RM.) festzusetzen.

3. Stadträte. Das Grundgehalt ist höchstens entsprechend der Besoldungsgruppe A 1 a (8400—12600 RM.) festzusetzen.

B.

Städte.

I. Städte von 400000 bis 1000000 Einwohner.

1. Oberbürgermeister. Das Grundgehalt ist nach den Sätzen der Einzelgehälter B 5 bis B 3 (18000—24000 RM.) festzusetzen.

2. Zweite Bürgermeister. (Erster Beigeordneter.) Das Grundgehalt ist nach den Sätzen der Einzelgehälter B 8 bis B 6 (15000—17000 RM.), regelmäßig aber zwei bis drei Gruppen unter dem Oberbürgermeister, festzusetzen.

3. Stadträte (Beigeordnete).

a) Normalstellen. Das Grundgehalt ist nach den Sätzen der Besoldungsgruppen A 1 c bis A 1 a $\frac{(6200\text{—}10600 \text{ RM.})}{(8400\text{—}12600 \text{ RM.})}$ festzusetzen.

b) Qualifizierte Stellen. Stellen, die gegenüber den sonstigen Stellen nach ihrem Amtsinhalt und ihrer Bedeutung besonders hervorgehoben sind (höchstens insgesamt 3 Stellen), können nach Maßgabe des sachlichen Bedürfnisses höher eingestuft werden. Die Einstufung darf jedoch den Satz des Einzelgehalts B 9 (14000 RM.) nicht übersteigen.

Die Einstufung des Kämmerers kann dort, wo es der Organisation der Gemeindeverwaltung entspricht, der des Zweiten Bürgermeisters (Ersten Beigeordneten) angeglichen werden.

II. Städte von 100000 bis 400000 Einwohner.

1. Oberbürgermeister. Das Grundgehalt ist nach den Sätzen der Einzelgehälter B 8 bis B 5 (15000—18000 RM.) festzusetzen.

2. Zweiter Bürgermeister (Erster Beigeordneter). Das Grundgehalt ist nach den Sätzen der Einzelgehälter B 10 bis B 9 (13000—14000 RM.), regelmäßig aber 2 bis 3 Gruppen unter dem Oberbürgermeister, festzusetzen.

3. Stadträte (Beigeordnete).

a) Normalstellen. Das Grundgehalt ist nach den Sätzen der Besoldungsgruppen A 2 b bis A 1 c $\frac{(4400\text{—}\ 8400\ \text{RM.})}{(6200\text{—}10600\ \text{RM.})}$ festzusetzen.

b) Qualifizierte Stellen. Stellen, die gegenüber den sonstigen Stellen nach ihrem Amtsinhalt und ihrer Bedeutung besonders hervorgehoben sind (in der Regel nicht mehr als 2), können nach Maßgabe des sachlichen Bedürfnisses höher eingestuft werden. Die Einstufung darf den Satz des Einzelgehalts B 10 (13000 RM.) nicht übersteigen und muß mindestens 1 Gruppe unter der des Zweiten Bürgermeisters liegen.

Die Einstufung des Kämmerers kann dort, wo es der Organisation der Gemeindeverwaltung entspricht, der des Zweiten Bürgermeisters (Ersten Beigeordneten) angeglichen werden.

III. Städte von 50000 bis 100000 Einwohner.

1. Oberbürgermeister. Das Grundgehalt ist nach den Sätzen der Besoldungsgruppen A 1 a bis B 8 $\frac{(8400\text{—}12600\ \text{RM.})}{(15000\ \text{RM.})}$ festzusetzen.

2. Zweiter Bürgermeister (Erster Beigeordneter). Das Grundgehalt ist nach den Sätzen der Besoldungsgruppen

A 1 c bis B 10 $\frac{(6200\text{—}10600 \text{ RM.})}{(13000 \text{ RM.})}$, regelmäßig aber 2 bis 3 Gruppen unter dem Oberbürgermeister, festzusetzen.

3. Stadträte (Beigeordnete).

a) Normalstellen. Das Grundgehalt ist höchstens entsprechend der Besoldungsgruppe A 2 b $\frac{(4400\text{—}8400 \text{ RM.},}{\text{Zulage bis } 1200 \text{ RM.})}$ festzusetzen.

b) Qualifizierte Stellen. Stellen, die gegenüber den sonstigen Stellen nach ihrem Amtsinhalt und ihrer Bedeutung besonders hervorgehoben sind (nicht mehr als 1 Stelle), können nach Maßgabe des sachlichen Bedürfnisses die Bezüge der Besoldungsgruppe A 1 c (6200—10600 RM.) erhalten. Die Einstufung muß jedoch mindestens 1 Gruppe unter der des Zweiten Bürgermeisters (Ersten Beigeordneten) liegen.

Die Einstufung des Kämmerers kann dort, wo es der Organisation der Gemeindeverwaltung entspricht, der des Zweiten Bürgermeisters (Ersten Beigeordneten) angeglichen werden.

IV. Städte von 30000 bis 50000 Einwohner und kreisfreie Städte.

1. Oberbürgermeister. Das Grundgehalt ist nach den Sätzen der Besoldungsgruppen A 1 c bis B 9 $\frac{(6200\text{—}10600 \text{ RM.})}{(14000 \text{ RM.})}$ festzusetzen.

2. Zweiter Bürgermeister (Erster Beigeordneter). Das Grundgehalt ist im Höchstfall entsprechend der Besoldungsgruppe A 1 c (6200—10600 RM.), regelmäßig aber 2 bis 3 Gruppen unter dem Oberbürgermeister, festzusetzen.

3. Stadträte.

a) Normalstellen. Das Grundgehalt ist höchstens entsprechend der Besoldungsgruppe A 2 b (ohne Zulagen) (4400—8400 RM.) festzusetzen.

b) Qualifizierte Stellen. Stellen, die gegenüber den sonstigen Stellen nach ihrem Amtsinhalt und ihrer Bedeutung besonders hervorgehoben sind, können nach Maßgabe des sachlichen Bedürfnisses die Bezüge der Besoldungsgruppe A 2 b (4400—8400 RM., / Zulage bis 1200 RM.) erhalten. Die Stelle des Kämmerers ist stets in die Zahl der qualifizierten Stellen einzurechnen.

V. Kreisangehörige Städte von 10000 bis 30000 Einwohner.

1. Bürgermeister. Das Grundgehalt ist nach den Sätzen der Besoldungsgruppen A 2 b bis A 1 a (4400—8400 RM.) / (8400—12600 RM.) festzusetzen.

2. Zweiter Bürgermeister (Erster Beigeordneter). Das Grundgehalt ist im Höchstfall entsprechend der Besoldungsgruppe A 2 b (4400—8400 RM., / Zulage bis 1200 RM.) festzusetzen.

3. Stadträte. Das Grundgehalt ist im Höchstfall entsprechend der Besoldungsgruppe A 2 b (ohne Zulagen) (4400—4800 RM.) festzusetzen.

VI. Städte von 2500 bis 10000 Einwohner.

Bürgermeister. Das Grundgehalt ist nach den Sätzen der Besoldungsgruppen A 4 b bis A 2 b (ohne Zulagen) (2800—5000 RM.) / (4400—8400 RM.) festzusetzen.

VII. Städte unter 2500 Einwohner.

Bürgermeister. Das Grundgehalt ist entsprechend der Besoldungsgruppe A 4 b (2800—5000 RM., / Zulage bis 700 RM.) festzusetzen. In Städten, die an der unteren Grenze liegen und einfache Verhältnisse aufweisen, kann unter die Sätze dieser Besoldungsgruppe herabgegangen werden.

C.

Ämter und Landgemeinden.

Besoldete Bürgermeister und Beigeordnete der Ämter in der Rheinprovinz und in Westfalen dürfen keine höhere Besoldung erhalten als die entsprechenden städtischen Beamten in den in Frage kommenden Größengruppen.

Das gleiche gilt für die hauptamtlichen besoldeten Gemeindevorstandsbeamten in Landgemeinden, soweit nach den Landgemeindeordnungen die Anstellung derartiger Beamten zulässig ist.

D.

Provinzen.

I. Provinzen mit mehr als 4 Millionen Einwohner.

1. Landeshauptmann. Das Grundgehalt ist nach den Sätzen der Einzelgehälter B 5 bis B 3 (18000—24000 RM.) festzusetzen.

2. Landesräte.

a) Normalstellen. Das Grundgehalt ist nach den Sätzen der Besoldungsgruppen A 1 c bis A 1 a $\frac{(6200\text{—}10600 \text{ RM.})}{(8400\text{—}12600 \text{ RM.})}$ festzusetzen.

b) Qualifizierte Stellen. Stellen, die gegenüber den sonstigen Stellen nach ihrem Amtsinhalt und ihrer Bedeutung besonders hervorgehoben sind (2 bis 4 Stellen), können nach Maßgabe des sachlichen Bedürfnisses höher eingestuft werden. Die Einstufung darf den Satz des Einzelgehalts B 9 (14000 RM.) und für den Ersten Landesrat den des Einzelgehalts B 8 (15000 RM.) nicht übersteigen.

c) Landesräte bei der Landesversicherungsanstalt. Das Grundgehalt ist im Höchstfall entsprechend der Besoldungsgruppe A 2b $\frac{(4400\text{—}8400 \text{ RM.},}{\text{Zulage bis } 1200 \text{ RM.})}$ festzusetzen. Außer dem Vorsitzenden und seinem Stellvertreter, deren Einstufung den Satz des Einzelgehalts B 9 (14000 RM.) nicht übersteigen darf, können bis zu 2 Landesratsstellen höher, wie zu Nr. 2a, eingestuft werden.

II. Provinzen mit weniger als 4 Millionen Einwohner.

1. Landeshauptmann. Das Grundgehalt ist nach den Sätzen der Einzelgehälter B 6 bis B 3 (17000—24000 RM.) festzusetzen.

2. Landesräte.

a) Normalstellen. Das Grundgehalt ist nach den Sätzen der Besoldungsgruppen A 2 b bis A 1 c $\frac{(4400\text{—}\ 8400\ \text{RM.})}{(6200\text{—}10600\ \text{RM.})}$ festzusetzen.

b) Qualifizierte Stellen. Stellen, die gegenüber den sonstigen Stellen nach ihrem Amtsinhalt und ihrer Bedeutung besonders hervorgehoben sind (2 bis 4 Stellen), können nach Maßgabe des sachlichen Bedürfnisses höher eingestuft werden. Die Einstufung darf den Satz des Einzelgehalts B 10 (13000 RM.) und für den Ersten Landesrat den des Einzelgehalts B 9 (14000 RM.) nicht übersteigen.

3. Landesräte bei der Landesversicherungsanstalt. Das Grundgehalt ist im Höchstfall entsprechend der Besoldungsgruppe A 2 b $\frac{(4400\text{—}8400\ \text{RM.},}{\text{Zulage bis }1200\ \text{RM.})}$ festzusetzen. Außer dem Vorsitzenden und seinem Stellvertreter, deren Einstufung den Satz des Einzelgehalts B 10 (13000 RM.) nicht übersteigen darf, können bis zu 2 Landesratsstellen höher, wie zu Nr. 2a, eingestuft werden.

E.

Zulagen, Aufwandentschädigungen und Nebenbezüge.

I.

Ruhegehaltsfähige Zulagen dürfen nur insoweit bewilligt werden, als sie zusammen mit dem Grundgehalte nicht das für die einzelnen Beamtenkategorien festgesetzte Höchstgrundgehalt übersteigen. Wo die staatliche Besoldungsordnung zu einzelnen Besoldungsgruppen ruhegehaltsfähige Zulagen vorsieht, können gleiche Zulagen zu den entsprechenden Besoldungsgruppen auch an die in den Richtlinien genannten Beamten gewährt werden, soweit nicht die Gewährung der Zulagen ausdrücklich ausgeschlossen ist.[1]

II.

Besondere nichtruhegehaltsfähige Zulagen dürfen den in den Richtlinien genannten Beamten nicht gewährt werden.

III.

Aufwandentschädigungen[2] dürfen nur den Oberbürgermeistern bzw. den Ersten Bürgermeistern,[2] den Amtsbürgermeistern und Gemeindevorstehern, sowie in der Stadtgemeinde Berlin dem Oberbürgermeister und den Bürgermeistern in der Zentralverwaltung gewährt werden.

Die den Oberbürgermeistern bzw. Ersten Bürgermeistern, Amtsbürgermeistern, Gemeindevorstehern und den Landeshauptleuten zufließenden Aufwandentschädigungen und Nebenbezüge für ein Nebenamt oder eine Nebenbeschäftigung sowie die Bezüge für ihre mit der amtlichen Tätigkeit im Zusammenhang stehende Tätigkeit im Vorstand, Aufsichtsrat oder einem sonstigen Organ einer Gesellschaft oder eines Unternehmens dürfen in den städtischen Größengruppen I und II sowie für die Landeshauptleute insgesamt den Betrag von 8000 RM., in den städtischen Größengruppen III und IV den Betrag von 4000 RM., in den folgenden Größengruppen den Betrag von 2000 RM. nicht übersteigen.

IV.

Die den sonstigen Gemeindevorstandsbeamten der Größengruppen I bis VII sowie den oberen Beamten der Provinzialverbände zufließenden Nebenbezüge dürfen in den städtischen Größengruppen I und II sowie für die oberen Provinzialbeamten den Betrag von 3200 RM., in den städtischen Größengruppen III bis VII den Betrag von 1200 RM. nicht übersteigen.

V.

In besonders begründeten Ausnahmefällen kann von den Richtlinien für die Nebenbezüge zu III und IV abgewichen werden.[3]

Anmerkungen.

1. Wie z. B. unter B V Ziff. 3 der Richtlinien.

2. **Aufwandentschädigungen** dürfen auch an Landeshauptleute und an diejenigen Bürgermeister gewährt werden, die nicht die Bezeichnung „Erster Bürgermeister" führen (vgl. DB. IV Abs. 24).

3. Wenn hier vorbehalten ist, daß in besonders begründeten Ausnahmefällen von den Richtlinien für die Nebenbezüge zu E III und E IV abgewichen werden kann, so ist dabei nur an solche Fälle gedacht, in denen über-

haupt Bezüge der genannten Art gewährt werden dürfen uud ausnahmsweise die für ihre Höhe bestimmten Grenzen überschritten werden sollen. Dagegen findet die Festsetzung von Aufwandentschädigungen an Magistratsmitglieder, für die derartige Entschädigungen nach E III ausgeschlossen sind, z. B. für Zweite Bürgermeister (vgl. DB. IV Abs. 24), auch in Ausnahmefällen in den Richtlinien keine Grundlage.

Im übrigen muß die Zulassung von Ausnahmen für Nebenbezüge, wie schon in dem Wortlaut der Richtlinien zum Ausdruck kommt, auf die allernotwendigsten Fälle beschränkt bleiben, da die Kommunalbeamten ebenso wie die Staatsbeamten verpflichtet sind, ihre volle Arbeitskraft für ihre hauptamtliche Tätigkeit zur Verfügung zu stellen.

Anlage zu DB. I.

Monatsbeträge der Dienstbezüge der nichtplanmäßigen unmittelbaren Staatsbeamten.

Die nichtplanmäßigen Beamten erhalten monatlich folgende Grundvergütungen:

Als unmittelbare Anwärter auf Planstellen der Besoldungsgruppe	*Im 1. und 2. Anwärterdienstjahr, Versorgungsanwärter im 1. Anwärterdienstjahr* RM.	*Im 3. und 4. Anwärterdienstjahr, Versorgungsanwärter im 2. und 3. Anwärterdienstjahr* RM.	*Im 5. Anwärterdienstjahr, Versorgungsanwärter im 4. Anwärterdienstjahr* RM.
A 2b	*250,—*	*300,—*	*341,67*
A 2d, A 3 und A 4a 2. Abtlg.	*208,34*	*241,67*	*275,—*
A 4a 1. Abtlg., A 4b, A 4c, A 4d, C 4 und C 5 . .	*166,67*	*191,67*	*216,67*
A 4e, A 5 und A 7a .	*141,67*	*162,50*	*180,—*
A 6, A 7b und A 8 . .	*125,—*	*140,—*	*154,17*
A 9, A 10a und A 10b	*108,34*	*116,67*	*125,—*
A 11 und A 12	*104,17*	*110,84*	*116,67*
Polizeianwärter	*95,—*	*—*	*—*

[1]) Anwärterinnen auf Stellen, die in der Besoldungsordnung mit einem †) bezeichnet sind, erhalten die Grundvergütung um 10 vom Hundert gekürzt.

[2]) Soweit und solange die Gesamtbezüge eines nichtplanmäßigen Beamten aus dem Stande der Versorgungsanwärter an Grundvergütung und Wohnungsgeldzuschuß niedriger sind als die Vergütung eines zur Probedienstleistung einberufenen Versorgungsanwärters der gleichen Laufbahn sind die Bezüge des nichtplanmäßigen Beamten in Höhe der Vergütung des zur Probedienstleistung einberufenen Versorgungsanwärters zu zahlen.

3. Zweite Sparverordnung.

Vom 23. Dez. 1931 (GS. S. 293) in der Fassung der Verordnung vom 3. März 1932 (GS. S. 107).

Auszugsweise.

Zweiter Teil.

Senkung der Personalkosten.

Versetzung in den einstweiligen Ruhestand.[1]

§ 28.

Auf Beamte, deren Stellen infolge der organisatorischen Maßnahmen des Ersten Teiles wegfallen, findet die Verordnung, betreffend die einstweilige Versetzung der unmittelbaren Staatsbeamten in den Ruhestand, vom 26. Februar 1919[2] (Gesetzsamml. S. 33) mit den zur Abänderung und Ergänzung dieser Verordnung ergangenen[3] und noch ergehenden gesetzlichen Vorschriften Anwendung, unbeschadet der Vorschriften des Artikels 104[4] der Reichsverfassung und des § 96 des Gesetzes, betreffend die Dienstvergehen der nichtrichterlichen Beamten, vom 21. Juli 1852[5] (Gesetzsamml. S. 465).

Anmerkungen.

1. Das Ges. v. 15. 12. 1920 — GS. S. 621 — betr. Einführung einer Altersgrenze in seiner jetzigen Fassung — s. S. 490 bei § 36 — findet auch auf Beamte Anwendung, die sich im einstweiligen Ruhestand befinden.

2. Der grundlegende § 1 Abs. 1 dieses Gesetzes, der bis heute unverändert geblieben ist, lautet:

„Unmittelbare Staatsbeamte, die in der Staatsverwaltung nicht weiter verwendet werden können, weil das von ihnen verwaltete Amt infolge einer Umbildung der Staatsbehörden aufhört, können unter Bewilligung des gesetzlichen Wartegeldes einstweilen in den Ruhestand versetzt werden."

Die Frage, ob ein Amt als solches aufhört, wenn die damit verbundene Stelle bei einer bestimmten Behörde infolge organisatorischer Maßnahmen wegfällt, ist umstritten. Um den sich aus dem Ersten Teil der zweiten Sparverordnung ergebenden, mit Stellenwegfall verbundenen, organisatorischen Maßnahmen die praktische Durchführbarkeit zu sichern, schafft der § 28 die beamtenrechtliche Grundlage für die Versetzung der nach

§§ 1—27 durch Stellenwegfall verfügbar werdenden Beamten, die nicht alsbald gemäß § 29 in freiwerdenden Planstellen unterzubringen sind, in den einstweiligen Ruhestand. — Diese Möglichkeit beschränkt sich auf den Kreis derjenigen Behörden und Beamten, der durch die organisatorischen Maßnahmen des Ersten Teiles betroffen wird, kann also nicht ohne weiteres verallgemeinert werden.

3. Gesetze v. 17. 12. 20 (GS. 1921 S. 135), v. 24. 11. 21 (GS. S. 553), v. 21. 11. 22 (GS. S. 431), v. 31. 12. 22 (GS. 1923 S. 1), v. 12. 5. 23 (GS. S. 167), v. 4. 7. 23 (GS. S. 301), v. 12. 7. 23 (GS. S. 305), v. 8. 2. 24 (GS. S. 73), v. 25. 3. 26 (GS. S. 105), v. 12. 4. 26 (GS. S. 133). — Ein Zusammendruck der in diesen Gesetzen enthaltenen Bestimmungen findet sich bei Fehtkötter: Die Gesetze und Verordnungen über die Versorgung der Preußischen Staatsbeamten und ihrer Hinterbliebenen (Berlin-Halensee, A. Steins Verlagsbuchhandlung 1927). — Neuere Abänderungsgesetze als die dort angegebenen sind nicht ergangen.

4. Der hier in Frage kommende Teil des Abs. 1 des Art. 104 lautet:
„Die Richter der ordentlichen Gerichtsbarkeit werden auf Lebenszeit ernannt. Sie können wider ihren Willen nur kraft richterlicher Entscheidung und nur aus den Gründen und unter den Formen, welche die Gesetze bestimmen, dauernd oder zeitweise ihres Amtes enthoben oder an eine andere Stelle oder in den Ruhestand versetzt werden."
Sonach bleiben die richterlichen Beamten von der Auswirkung des § 28 ausgenommen. — Die Beamten der Staatsanwaltschaft bei den Gerichten können bereits nach § 3 der V. v. 26. 2. 1919 jederzeit in den einstweiligen Ruhestand versetzt werden.

5. Danach findet die im § 87 Abs. 2 dieses Gesetzes im Interesse des Dienstes vorgesehene einstweilige Versetzung in den Ruhestand — und damit der § 28 — auf Universitätslehrer keine Anwendung. — Diese Bestimmung ist in die Beamtendienststrafordnung vom 27. 1. 32, § 116 in Verbindung mit § 107 (GS. S. 59), unverändert übernommen worden. Der ebenfalls übernommene Begriff „Universitätslehrer" deckt sich mit der im Besoldungsgesetz und an anderen Stellen gebrauchten Bezeichnung „Lehrer an wissenschaftlichen Hochschulen". Wissenschaftliche Hochschulen sind Universitäten, Technische, Landwirtschaftliche, Tierärztliche, Forstliche Hochschulen und die Bergakademie (s. PrBesG. § 15 Abs. 2, abgedruckt S. 85).

Wiederunterbringung der entbehrlich werdenden Beamten.

§ 29.

Freiwerdende Planstellen sollen — soweit sie besetzbar sind — mit den auf Grund der im Ersten Teile getroffenen Maßnahmen entbehrlich werdenden Beamten besetzt werden.

§ 29a.

(1) § 1 des Gesetzes über die Unterbringung der Leiter und Lehrer (Leiterinnen und Lehrerinnen) von staatlichen Lehrer- und Lehrerinnenbildungsanstalten vom 30. Januar 1926 (Gesetzsamml. S. 41)[1] wird mit der Maßgabe wieder in Kraft gesetzt, daß das genannte Gesetz auch auf die Direktoren und Lehrkräfte Pädagogischer Akademien Anwendung findet.

(2) Diese Bestimmung tritt mit dem Tage ihrer Verkündung in Kraft. Sie tritt am 31. März 1934 außer Kraft.

(3) Mit der Ausführung wird der Minister für Wissenschaft, Kunst und Volksbildung beauftragt.

Anmerkung.

1. Der § 1, der mit dem 31. März 1931 durch Zeitablauf außer Kraft getreten war, während die weiteren Paragraphen des Ges. in Geltung geblieben sind, bestimmte, daß die staatliche Schulaufsichtsbehörde Leitern und Lehrern der aufgelösten staatlichen Lehrerbildungsanstalten ihrer Vorbildung entsprechende freie Planstellen an öffentlichen Volksschulen, öffentlichen mittleren Schulen und nichtstaatlichen öffentlichen höheren Schulen unter bestimmten Voraussetzungen übertragen konnte. Die Ausdehnung dieser Vorschrift auf die Direktoren und Lehrer der pädagogischen Akademien erfolgt mit Rücksicht auf die in § 21 der 2. SparVO. (nicht mit abgedruckt) angeordnete Schließung einer größeren Anzahl dieser Anstalten.

Die §§ 2—5 des Ges. regeln die Bezüge der ehemaligen Lehrerbildner in ihren neuen Stellen und den Ersatz der den nichtstaatlichen Schulunterhaltungsträgern durch die Einstellung etwa entstehenden Mehrkosten.

Besitzstandwahrung.

§ 30.[1]

§ 38 des Preußischen Besoldungsgesetzes vom 17. Dezember 1927 (Gesetzsamml. S. 223), § 55 des Volksschullehrer-Besoldungsgesetzes vom 1. Mai 1928 (Gesetzsamml. S. 125), § 25 Abs. 2 des Mittelschullehrer-Besoldungsgesetzes vom 30. April 1928 (Gesetzsamml. S. 149) und § 20 Abs. 2 des Gewerbe- und Handelslehrer-Besoldungsgesetzes vom 16. April 1928 (Gesetzsamml. S. 89) werden mit Wirkung vom 1. Februar 1931 aufgehoben.

Anmerkung.

1. Vgl. hierzu die Anm. zu § 38 PrBesG. auf S. 138.

Zulagen für Regierungsbauräte.

§ 31.

Die einzelnen Regierungsbauräten[1] bewilligte Zulage von 600 RM. jährlich wird mit Wirkung vom 1. Januar 1932 auf 400 RM. jährlich herabgesetzt.

Anmerkung.

1. Es handelt sich hier um eine auf Grund des § 42 Abs. 2 PrBesG. ausnahmsweise bewilligte Zulage, die einzelnen Regierungsbauräten, die vor dem 1. Okt. 1927 Regierungs- und Bauräte gewesen und dann als Leiter größerer Bauämter in Lokalstellen versetzt worden waren, mit Rücksicht darauf verliehen worden ist, daß sie durch die Versetzung, die als Auszeichnung gedacht war, bei der Besoldungsregelung 1927 gegenüber jüngeren Kollegen einen Gehaltsnachteil erlitten haben. Nachdem durch die 1. SparVO. die Zulage für Regierungs- und Bauräte von 600 auf 400 RM. herabgesetzt ist, erschien es angemessen, auch diese Zulage entsprechend zu kürzen.

Dritter Teil.

I. Altersgrenze.

§ 36.[9]

Das Gesetz, betreffend Einführung einer Altersgrenze, vom 15. Dezember 1920 (Gesetzsamml. S. 621)[1] in der Fassung des Gesetzes vom 26. Mai 1923 (Gesetzsamml. S. 163),[2] der Verordnung vom 8. Februar 1924 (Gesetzsamml. S. 73)[3] und der Gesetze vom 15. Oktober 1924 (Gesetzsamml. S. 607)[4] und vom 29. März 1930[5] (Gesetzsamml. S. 45) wird wie folgt geändert:

1. Im § 1 Abs. 1[6] werden die Worte „und Volksschullehrer" gestrichen.
2. § 5[7] wird gestrichen.
3. § 6[8] erhält folgende Fassung:

   Das Gesetz findet auf Leiter (-innen) und Lehrer (-innen) an öffentlichen Schulen, auch soweit sie unmittelbare Staatsbeamte sind, mit der Maßgabe Anwendung, daß an Stelle des 65. Lebensjahrs (§ 1) das 62. Lebensjahr tritt.

Anmerkungen.

1. Die hier zu beachtenden Paragraphen des Gesetzes lauten:

„§ 1. Unmittelbare Staatsbeamte, soweit sie nicht richterliche Beamte oder Lehrer an den wissenschaftlichen Hochschulen sind, und Volksschullehrer treten mit dem auf die Vollendung des **65.** Lebensjahres zunächst folgenden 1. April oder 1. Oktober kraft Gesetzes in den Ruhestand.

§ 2. (1) Richterliche Beamte treten mit dem auf die Vollendung des **68.** Lebensjahres zunächst folgenden 1. April oder 1. Oktober kraft Gesetzes in den Ruhestand.

(2) Mit dem gleichen Zeitpunkte werden die Lehrer an den wissenschaftlichen Hochschulen von ihren amtlichen Verpflichtungen entbunden."

2. Ordnet das Inkrafttreten des Ges. v. 15. 12. 20 für die unmittelbaren Staatsbeamten und Volksschullehrer in der Provinz Oberschlesien an, die bis dahin gemäß § 7 (3) des Ges. v. 15. 12. 20 von der Einführung einer Altersgrenze ausgenommen waren.

3. § 84 der Preußischen Personal-Abbau-V. (Altersgrenzengesetz). Die Altersgrenze für die richterlichen Beamten und für die Lehrer an den wissenschaftlichen Hochschulen wird dadurch vom 68. auf das 65. Lebensjahr verlegt.

4. Hebt die Bestimmung des § 7 (2) des Ges. v. 15. 12. 20 auf, wonach die Beamten der evangelisch-kirchlichen Verwaltung von der Einführung einer Altersgrenze ausgenommen waren. — Nach der mit dem 1. 4. 1925 erfolgten Trennung zwischen kirchlicher und staatlicher Verwaltung ist durch Kirchenges. v. 5. 5. 27 (Kirchliches Ges. u. V.Bl. S. 21) für die Beamten der evangelisch-kirchlichen Verwaltung die Altersgrenze auf das 70. Lebensjahr festgesetzt worden. Für diejenigen Beamten, die nicht in die Kirchenverwaltung übergetreten und demgemäß in den einstweiligen Ruhestand versetzt worden sind, gilt als Altersgrenze das 65. Lebensjahr gemäß § 1 des Ges. v. 15. 12. 20.

5. Hebt die bei Anm. 3 erwähnte Bestimmung für die Lehrer an den wissenschaftlichen Hochschulen auf und setzt die Altersgrenze für sie wiederum auf das 68. Lebensjahr fest. — Nach § 1 des Kap. 4 des Zweiten Teils der Sparverordnung v. 12. 9. 31 findet vom 1. 10. 31 ab auf die Lehrer an den wissenschaftlichen Hochschulen mit Vollendung des 68. Lebensjahres das für die unmittelbaren Staatsbeamten jeweils geltende Versorgungsrecht Anwendung, es hat also an Stelle der bisherigen Entbindung von ihren amtlichen Verpflichtungen (unter Belassung ihres Diensteinkommens) der Übertritt in den Ruhestand (mit den den unmittelbaren Staatsbeamten zu gewährenden Versorgungsbezügen) zu erfolgen (s. S. 413).

6. Abgedruckt oben bei Anm. 1.

7. Enthält eine überholte Bestimmung des Begriffs „Volksschullehrer" im Sinne des Ges. vom 15. 12. 1920.

8. Alte Fassung (Ges. v. 15. 12. 1920 in Verbindung mit § 84 Ziff. 4 der V. v. 8. 2. 1924): „Das Gesetz findet auch Anwendung auf die Lehrer und

Lehrerinnen an den von Patronaten unterhaltenen höheren Schulen, und an den öffentlichen Mittelschulen." — Infolge der Neufassung des § 6 in Verbindung mit der Streichung der Worte „und Volksschullehrer" im § 1 Abs. 1 des Ges. werden somit sämtliche Lehrpersonen an sämtlichen öffentlichen Schulen (außer den wissenschaftlichen Hochschulen), die unmittelbare oder mittelbare Staatsbeamte sind, durch § 36 erfaßt.

9. Unter Berücksichtigung der in Anm. 1—8 gegebenen Erläuterungen ergibt sich aus § 36 für die preußischen Beamten hinsichtlich des zeitlichen Übertritts in den Ruhestand folgendes: Es treten kraft Gesetzes in den Ruhestand mit dem nächsten 1. April oder 1. Oktober nach Vollendung

des 62. Lebensjahres: sämtliche Lehrpersonen, die unmittelbare oder mittelbare Staatsbeamte sind, außer den Lehrern an den wissenschaftlichen Hochschulen;

des 65. Lebensjahres: sämtliche übrigen unmittelbaren Staatsbeamten einschl. der Richter;

des 68. Lebensjahres: die Lehrer an den wissenschaftlichen Hochschulen.

Nach § 8 des Ges. v. 15. 12. 20 kann das Staatsministerium auf Antrag des Fachministers für einen einzelnen Beamten die Wirkung der im § 1 dieses Ges. vorgeschriebenen Altersgrenze bis zu einem späteren Zeitpunkte, jedoch nicht über den Zeitpunkt hinaus, der nach § 1 maßgebend wäre, wenn dort die Altersgrenze auf das 68. Lebensjahr festgesetzt wäre, hinausschieben, wenn das Interesse des Staatsdienstes die Fortführung des Amtes durch ihn erfordert.

Auf richterliche Beamte findet diese Vorschrift keine Anwendung (§ 84 Ziff. 5 der V. v. 8. 2. 24).

Auf Staatsminister findet das Altersgrenzengesetz keine Anwendung (§ 7 d. Ges. v. 15. 12. 20).

§ 37.

Die im § 6 des Gesetzes, betreffend Einführung einer Altersgrenze, in der Fassung dieser Verordnung[1] bezeichneten Lehrpersonen, die am 1. Oktober 1931 das 62., aber noch nicht das 65. Lebensjahr vollendet haben, treten, unbeschadet des § 8 des Gesetzes, betreffend Einführung einer Altersgrenze, mit dem 1. April 1932 kraft Gesetzes in den Ruhestand.

Anmerkung.

1. Siehe S. 490.

II. Zurruhesetzung ohne Nachweis der Dienstunfähigkeit.

§ 38.[1]

Die Bestimmungen im Zweiten Teile Kapitel VIII § 3a der Sparverordnung vom 12. September 1931 (Gesetzsamml.

S. 179) in der Fassung der Verordnung vom 4. November 1931[2] (Gesetzsamml. S. 227) gelten sinngemäß für die unmittelbaren Staatsbeamten.

Anmerkungen.

1. Zu § 38 ist am 5. März 1932 folgender RdErl. des FinMin. und des MindJ. erschienen (PrBesBl. S. 60):

I.

Nach § 38 der Zweiten SparVO. v. 23. 12. 1931 — GS. S. 293 — in Verbindung mit Kap. VIII § 3a im Zweiten Teil der Ersten SparVO. in der Fassung der Verordnung v. 4. 11. 1931 — GS. S. 227 — können unmittelbare Staatsbeamte, die das 60. Lebensjahr vollendet haben, auf ihren Antrag ohne Nachweis der Dienstunfähigkeit in den Ruhestand versetzt werden. Ihr Ruhegehalt beträgt bis zu dem Tage, an welchem sie wegen Erreichung der Altersgrenze in den Ruhestand getreten wären — d. i. für die unter § 1 des Altersgrenzengesetzes in der Fassung des § 36 der Zweiten SparVO. fallenden Beamten bis zu dem auf die Vollendung des 65. Lebensjahres zunächst folgenden 1. April oder 1. Oktober —, ohne Rücksicht auf die Länge der ruhegehaltsfähigen Dienstzeit 80 v.H. des zuletzt bezogenen ruhegehaltsfähigen Diensteinkommens. Von diesem Zeitpunkt errechnet sich das Ruhegehalt nach den allgemeinen Vorschriften; hierbei wird die bis zu diesem Zeitpunkt im Ruhestande verbrachte Zeit als ruhegehaltsfähige Dienstzeit angerechnet. Für die Berechnung des Witwen- und Waisengeldes gelten die allgemeinen Vorschriften auch dann, wenn der Beamte vor dem in Satz 2 genannten Zeitpunkt gestorben ist; hierbei wird die Zeit, die der Beamte bis zum Todestage im Ruhestand verbracht hat, als ruhegehaltsfähige Dienstzeit angerechnet.

II.

Zur Durchführung dieser Vorschrift wird folgendes bestimmt:

1. Über Anträge auf Zurruhesetzung auf Grund des § 38 der Zweiten SparVO. entscheiden die Dienststellen, die auch sonst für die Pensionierung der die Entlassung aus dem Staatsdienste nachsuchenden Beamten zuständig sind. Die Genehmigung ist nur dann zu versagen, wenn ihrer Erteilung dienstliche Interessen entgegenstehen.

2. § 38 findet keine Anwendung

a) auf Beamte, die als dauernd dienstunfähig zu erachten und deshalb nach den allgemeinen Vorschriften in den Ruhestand zu versetzen sind,

b) auf Wartestandsbeamte.

3. a) Bei Aufstellung der Nachweisungen zur Anweisung der Versorgungsbezüge (Vordruck Nr. 4) ist, wenn nicht schon bis zum Zeitpunkt der Versetzung in den Ruhestand eine ruhegehaltsfähige Dienstzeit von 40 Jahren erreicht ist, unter die Summe der bis zum Tage der Zurruhesetzung nachgewiesenen Dienstzeit in Spalte 2 und 3 in roter Tinte die Zeit einzutragen, die der Beamte bis zu dem auf die Vollendung des 65. Lebensjahres zunächst folgenden 31. März oder 30. September im Ruhestande verbringen wird, und sodann die Gesamtsumme der ruhegehaltsfähigen

Dienstzeit zu ziehen. In Spalte 8 ist unter dem Betrage des vom Tage der Zurruhesetzung ab zustehenden Ruhegehalts handschriftlich oder durch Gummistempel der Vermerk aufzunehmen „ab 1. 4. 19 . . — oder 1. 10. 19 . . — (Datum, an dem der Beamte wegen Erreichung der Altersgrenze in den Ruhestand getreten wäre) . . . $/_{100}$ = ... (Betrag)".

b) In der Grundkarte ist die als ruhegehaltsfähige Dienstzeit anzurechnende Zeit im Ruhestande und der spätere nach den allgemeinen Vorschriften zuständige Hundertsatz besonders kenntlich zu machen, z. B. für einen Ruhegehaltsempfänger, geb. 2. 4. 1871, pensioniert gemäß § 38 der Zweiten SparVO. zum 1. 3. 1932 nach einer bis dahin zurückgelegten ruhegehaltsfähigen Dienstzeit von 32 Jahren 91 Tagen

„In Ruhestand versetzt z. 1. 3. 32 (§ 38 II. SpVO.) ruheg. Dienstzeit bis

	29. 2. 32	32 Jhr.	91 Tg.
Zeit i. Ruhestand bis	30. 9. 36	4 Jhr.	214 Tg.
	zus.:	36 Jhr.	305 Tg.

= $^{80}/_{100}$, ab 1. 10. 36 = $^{75}/_{100}$"

oder, wenn der Ruhegehaltsempfänger nur 29 Jahre 91 Tage (bis 29. 2. 32) + 4 Jahre 214 Tage (im Ruhestande) = 33 Jahre 305 Tage nachzuweisen hat,

„= $^{80}/_{100}$, ab 1. 10. 36 = $^{73}/_{100}$".

c) Im übrigen gelten die Durchführungsbestimmungen c zu B II Nr. 14 des RdErl. v. 19. 12. 1931 — PrBesBl. S. 369 — entsprechend.

d) Stirbt der Ruhegehaltsempfänger unter Hinterlassung von versorgungsberechtigten Hinterbliebenen vor dem Tage, an dem er wegen Erreichung der Altersgrenze in den Ruhestand getreten wäre, ist also die in der ursprünglichen Pensionsnachweisung festgesetzte Gesamtsumme der ruhegehaltsfähigen Dienstzeit nicht erreicht, so hat die Regelungsbehörde auf Grund der Merkmale in der Grundkarte die ruhegehaltsfähige Dienstzeit unter entsprechender Verkürzung der im Ruhestande verbrachten Zeit neu festzusetzen und durch Ausgabeanweisung (Formblatt Nr. 165) die veränderten Versorgungsbezüge anzuweisen.

4. Zur Feststellung der Auswirkung des § 38 der Zweiten SparVO. ist von den auf Grund dieser Vorschrift erfolgten und künftig erfolgenden Versetzungen in den Ruhestand bis auf weiteres dem Pensionsbüro des Finanzministeriums in Berlin C 2, Am Festungsgraben 1, mit folgenden Angaben Mitteilung zu machen:

a) Name und Amtsbezeichnung des Beamten,
b) Geburtsdatum,
c) Besoldungsgruppe und Dienstaltersstufe,
d) ruhegehaltsfähige Dienstzeit nach Jahren und Tagen im Zeitpunkt der Zurruhesetzung,
e) jährlicher Ruhegehaltsbetrag,
f) Tage der Zurruhesetzung.

2. Abgedruckt S. 429. Danach können seit dem 5. Nov. 1931 sämtliche unmittelbaren Staatsbeamten, die das 60. Lebensjahr vollendet haben, auf ihren Antrag ohne Nachweis der Dienstunfähigkeit in den Ruhestand versetzt werden.

4. Verordnung zur Ergänzung der Ersten und Zweiten Sparverordnung.

Vom 14. März 1932 (GS. S. 123).

Auszugsweise.

Auf Grund der Verordnungen des Reichspräsidenten vom 24. August 1931 (Reichsgesetzbl. I S. 453) und vom 6. Oktober 1931 Dritter Teil Kap. III § 2 (Reichsgesetzbl. I S. 537) wird folgendes verordnet:

Erster Teil.

Besoldungswesen und Beamtenrecht.

Kapitel I.[1]

Körperschaften des öffentlichen Rechtes.

§ 1.

(1) Die der Staatsaufsicht unterstehenden Körperschaften des öffentlichen Rechtes[2] sind verpflichtet, die Dienstbezüge ihrer Beamten und derjenigen Angestellten, deren Bezüge nicht in einem Tarifvertrag geregelt sind, so festzusetzen, daß sie nicht höher liegen als die Dienstbezüge der gleichzubewertenden Staatsbeamten. Die Bestimmung in § 11 Abs. 2 Kap. I des Zweiten Teiles der Verordnung des Reichspräsidenten vom 5. Juni 1931 (Reichsgesetzbl. I S. 279) in der Fassung der Verordnung des Reichspräsidenten vom 6. Oktober 1931 (Reichsgesetzbl. I S. 537) wird hierdurch nicht berührt.

(2) Zu den Dienstbezügen im Sinne des Abs. 1 gehören alle Geldbezüge und sonstigen Bezüge, die die Beamten und Angestellten mit Rücksicht auf ihre hauptamtliche und nebenamtliche Dienstleistung erhalten, insbesondere auch Dienstaufwandgelder, Wirtschaftsbeihilfen und Anteile am Umsatz. Die im § 7 Abs. 2 Kap. I des Zweiten Teiles der Verordnung des Reichspräsidenten vom 5. Juni 1931 (Reichsgesetzbl. I S. 279) in der Fassung der Verordnung des Reichspräsiden-

ten vom 6. Oktober 1931 (Reichsgesetzbl. I S. 537) vorgesehenen Gewinnbeteiligungen fallen nicht hierunter.

(3) Soweit von den zuständigen Ministern für die Festsetzung der Dienstbezüge Richtlinien aufgestellt werden, dürfen die in diesen Richtlinien vorgesehenen Sätze nicht überschritten werden.

§ 2.

(1) Eine nach § 1 notwendige Neufestsetzung der Dienstbezüge hat durch das für die Festsetzung der Besoldung der Beamten oder Angestellten zuständige Organ zu erfolgen. Der zuständige Minister oder die von ihm beauftragte Stelle kann hierfür auch ein anderes Organ der Körperschaft bestellen.

(2) Die Neufestsetzung hat binnen einer von der Aufsichtsbehörde zu bestimmenden Frist zu erfolgen.

§ 3.

Beschlüsse über Änderungen der im § 1 genannten Bezüge bedürfen der Genehmigung der Aufsichtsbehörde.

§ 4.

Die Aufsichtsbehörde ist berechtigt und verpflichtet, Besoldungsregelungen, die den im § 1 angegebenen Bestimmungen nicht entsprechen, zu ändern.

§ 5.

(1) Gegen die Änderung einer Besoldungsregelung durch die Aufsichtsbehörde kann die Körperschaft binnen 4 Wochen die Entscheidung des beim Preußischen Oberverwaltungsgericht gemäß Art. VI des Änderungsgesetzes vom 24. März 1931 (Gesetzsamml. S. 25) nach den Vorschriften des Gesetzes, betreffend Errichtung eines Landesschiedsgerichts, vom 24. März 1922 (Gesetzsamml. S. 76) gebildeten Schiedsgerichts anrufen.

(2) Die Anrufung des Schiedsgerichts hat keine aufschiebende Wirkung.

(3) Der Spruch des Schiedsgerichts schafft mit unmittelbarer Wirkung für die Körperschaft Besoldungsrecht.

§ 6.

Soweit Wartegeld, Ruhegehalt, ruhegehaltsähnliche Bezüge und Versorgung für Hinterbliebene gewährt werden, gelten die vorstehenden Bestimmungen entsprechend.

§ 7.

Die Aufsichtsbehörde ist berechtigt, die sonstigen Kosten der Verwaltung einer Körperschaft insoweit herabzusetzen, als dies mit den öffentlichen Interessen, denen die Körperschaft dient, zu vereinbaren ist.

§ 8.

Die Körperschaften sind verpflichtet, alljährlich einen Haushaltsplan aufzustellen und der Aufsichtsbehörde vorzulegen. Die Aufsichtsbehörde kann Ausnahmen hiervon zulassen.

§ 9.

Die Gewährung von Tagegeldern, Fahrkosten und Umzugsgeldern erfolgt nach einer von der Aufsichtsbehörde zu genehmigenden Ordnung.

§ 10.[3]

Auf Gemeinden und Gemeindeverbände finden die Vorschriften dieses Kapitels keine Anwendung.

§ 11.

(1) Die Ausführungsbestimmungen zu diesem Kapitel erläßt der zuständige Minister, soweit es sich um Besoldungsfragen handelt, im Einvernehmen mit dem Finanzminister.[4]

(4) Der zuständige Minister ist auch berechtigt, im Einvernehmen mit dem Finanzminister Ausnahmen von den Vorschriften dieses Kapitels zuzulassen.

Anmerkungen.

1. Das vorstehende Kapitel soll die gesetzliche Grundlage für die Aufsichtsbehörde schaffen, um diejenigen Körperschaften des öffentlichen Rechts, die die Vorschriften der Gehaltskürzungsverordnungen und der Sparverordnungen, insbesondere die Anordnungen über die Anpassung der Dienstbezüge ihrer Beamten an diejenigen gleichzubewertender Reichs- oder Staatsbeamten, nicht durchgeführt haben, zur Durchführung zu zwingen.

Das Kap. entspricht inhaltlich dem 4. Teil der SparVO. vom 12. 9. 1931 (s. S. 446). Die dort zu den einzelnen Paragraphen gegebenen Erläuterungen gelten sinngemäß auch hier.

2. Die hier in Betracht kommenden Körperschaften des öffentlichen Rechts decken sich nicht mit den Körperschaften des öffentlichen Rechts im Sinne der 2. GKV. (vgl. die Anm. zu § 8 auf S. 310).

3. Für Gemeinden und Gemeindeverbände gilt der 4. Teil der SparVO., siehe S. 446 ff.

4. Ausführungsbestimmungen sind bisher nicht erschienen.

Kapitel II.

Preußisches Besoldungsgesetz.

§ 17 Abs. 2 des Gesetzes über die Dienstbezüge der unmittelbaren Staatsbeamten (Preußisches Besoldungsgesetz) vom 17. Dezember 1927 (Gesetzsamml. S. 223)[1] wird wie folgt geändert:

1. Der erste Satz wird gestrichen.[2]
2. Der letzte Satz erhält folgende Fassung:[3]

   Die Zahl der in den Vorbereitungsdienst einzuberufenden Anwärter (Dienstanfänger) ist alljährlich von dem zuständigen Minister im Einvernehmen mit dem Finanzminister festzusetzen.

Anmerkungen.

1. Vgl. S. 88.

2. Der jetzt gestrichene Satz bestimmte, daß die Anwärterdienstzeit 5, bei Versorgungsanwärtern 4 Jahre nicht übersteigen soll. Die Streichung erfolgte, da mit Rücksicht auf die eingeleiteten Spar- und Abbaumaßnahmen eine Durchführung dieser Vorschrift z. Zt. und auch im Laufe der nächsten Jahre unmöglich erscheint. Auch im Reichsbesoldungsgesetz ist die entsprechende Vorschrift des § 16 Abs. 3 gestrichen.

3. Die Änderung erfolgte mit Rücksicht auf die Streichung des ersten Satzes.

Kapitel V.

Nebenvergütungen.

§ 1.

Im Zweiten Teil Kapitel III der Sparverordnung vom 12. September 1931 (Gesetzsamml. S. 179) wird § 2 wie folgt geändert:

1. Es ist folgender neuer Absatz 2 einzufügen:[1]
(2) Ausnahmen von den Bestimmungen im Abs. 1 Satz 1 können vom Fachminister im Einvernehmen mit dem Finanzminister zugelassen werden auf dem Gebiete der wissenschaftlich-gutachtlichen Tätigkeit, oder wenn die nach Durchführung der Kürzungen verbleibende Vergütung zu dem Aufwand an Zeit und Arbeitskraft und der mit der Nebentätigkeit verbundenen Verantwortung offensichtlich im Mißverhältnis steht.
2. Der bisherige Absatz 2 wird Absatz 3 und erhält folgende Fassung:
(3) Abs. 1 und 2 gelten sinngemäß usw. . . . wie bisher.

§ 2.

Die Vorschriften dieses Kapitels treten mit Wirkung vom 1. April 1932 in Kraft.

Anmerkung.

1. Vgl. hierzu den im Anhang abgedruckten RdErl. des FinMin. vom 19. März 1932, S. 535.

Kapitel VI.

Beförderungssperre.[1]

§ 1.

Im Zweiten Teil Kapitel VII der Sparverordnung vom 12. September 1931 (Gesetzsamml. S. 179) werden in der Überschrift die Worte „Beförderungen und" sowie der Abs. 1 gestrichen. Die bisherigen Abs. 2 und 3 werden Abs. 1 und 2.

§ 2.

Die Vorschrift dieses Kapitels tritt mit Wirkung vom 1. April 1932 in Kraft.

Anmerkung.

Vom 1. April 1932 fällt also die in der SparVO. vom 12. Sept. 1931 angeordnete Beförderungssperre weg.

Zweiter Teil.

Rechts- und Verwaltungspflege.

Kapitel XI.

Schiedsgericht für die Besoldung der Kommunalbeamten.

§ 1.

Der Präsident des Oberverwaltungsgerichts kann zu seinem Vertreter als Vorsitzenden des im § 3 Abs. 2 Kapitel II des Vierten Teiles der Verordnung vom 12. September 1931 (Gesetzsamml. S. 179) und im Kapitel I § 5 Abs. 1 dieser Verordnung bezeichneten Schiedsgerichts auch ein früheres, im Ruhestand befindliches Mitglied des Oberverwaltungsgerichts bestellen.

§ 2.

Die Vorschrift dieses Kapitels tritt mit Wirkung vom 1. Oktober 1931 in Kraft.

Siebenter Teil.

Schlußbestimmungen.

(1) Diese Verordnung tritt, soweit in den einzelnen Vorschriften nichts anderes bestimmt ist, mit dem Tage der Verkündung in Kraft.[1]

(2) Die Ausführungsbestimmungen[2] erlassen die zuständigen Minister und zwar, soweit vorstehend bestimmt, unter Beteiligung des Finanzministers.

Anmerkungen.

1. d. i. der 15. März 1932.
2. Ausführungsbestimmungen sind bisher nicht ergangen.

E.

Anhang.

1. Gesetz,

betreffend die Pensionierung der unmittelbaren Staatsbeamten, sowie der Lehrer und Beamten an den höheren Unterrichtsanstalten mit Ausschluß der Universitäten.

Vom 27. März 1872 (GS. S. 268) in der Fassung der dazu ergangenen Abänderungsgesetze und Verordnungen[1]).

§ 1.

Jeder unmittelbare Staatsbeamte, welcher sein Diensteinkommen aus der Staatskasse bezieht, erhält aus derselben eine lebenslängliche Pension, wenn er nach einer Dienstzeit von wenigstens 10 Jahren in Folge eines körperlichen Gebrechens oder wegen Schwäche seiner körperlichen oder geistigen Kräfte zu der Erfüllung seiner Amtspflichten dauernd unfähig ist, und deshalb in den Ruhestand versetzt wird.

Ist die Dienstunfähigkeit die Folge einer Krankheit, Verwundung oder sonstigen Beschädigung, welche der Beamte bei Ausübung des Dienstes oder aus Veranlassung desselben ohne eigene Verschuldung sich zugezogen hat, so tritt die Pensionsberechtigung auch bei kürzerer als zehnjähriger Dienstzeit ein.

Bei denjenigen Beamten, welche das 65. Lebensjahr vollendet haben, ist eingetretene Dienstunfähigkeit nicht Vorbedingung des Anspruchs auf Pension.

§ 2.

Die unter dem Vorbehalte des Widerrufs oder der Kündigung angestellten Beamten haben einen Anspruch auf Pension nach Maßgabe dieses Gesetzes nur dann, wenn sie eine in den Besoldungsetats aufgeführte Stelle bekleiden.

Es kann ihnen jedoch, wenn sie eine solche Stelle nicht bekleiden, bei ihrer Versetzung in den Ruhestand eine Pension bis auf Höhe der durch dieses Gesetz bestimmten Sätze bewilligt werden.

§ 3.

Die bei den Auseinandersetzungsbehörden beschäftigten Ökonomiekommissarien und Feldmesser, sowie die bei Landesmeliorationen beschäf-

---

[1]) Abänderungen sind erfolgt durch die Ges. und Verord. vom 31. März 1882 (GS. S. 133), 30. April 1884 (GS. S. 126), 20. März 1890 (GS. S. 43), 25. April 1896 (GS. S. 87), 31. März 1905 (GS. S. 177), 27. Mai 1907 (GS. S. 95), 17. Dez. 1920 (GS. 1921 S. 135), 21. Nov. 1922 (GS. S. 431), 12. Mai 1923 (GS. S. 167), 12. Juli 1923 (GS. S. 305), 8. Febr. 1924 (GS. S. 73), 13. Juni 1924 (GS. S. 547), 31. Dez. 1925 (GS. S. 177), 25. März 1926 (GS. S. 105), 12. April 1926 (GS. S. 133) und 17. Dez. 1927 (GS. S. 223).

tigten Wiesenbautechniker und Wiesenbaumeister haben nur insoweit einen Anspruch auf Pension, als ihnen ein solcher durch den Departementschef besonders beigelegt worden ist.

Wie vielen dieser Beamten und nach welchen Diensteinkommenssätzen die Pensionsberechtigung beigelegt werden darf, wird durch den Staatshaushalts-Etat bestimmt. Für jetzt bewendet es bei den hierüber durch Königliche Erlasse gegebenen Vorschriften.

§ 4.

Dieses Gesetz findet auch auf die Beamten der Landjägerei Anwendung.

§ 5.

Beamte, deren Zeit und Kräfte durch die ihnen übertragenen Geschäfte nur nebenbei in Anspruch genommen, oder welche ausdrücklich nur auf eine bestimmte Zeit oder für ein seiner Natur nach vorübergehendes Geschäft angenommen werden, erwerben keinen Anspruch auf Pension nach den Bestimmungen dieses Gesetzes.

Darüber, ob eine Dienststellung eine solche ist, daß sie die Zeit und Kräfte eines Beamten nur nebenbei in Anspruch nimmt, entscheidet mit Ausschluß des Rechtsweges die dem Beamten vorgesetzte Dienstbehörde.

§ 6.

Auf die Lehrer an den wissenschaftlichen Hochschulen ist dieses Gesetz nicht anwendbar.

Dagegen sind die Bestimmungen desselben anzuwenden auf alle Lehrer und Beamten an Gymnasien, Progymnasien, Realschulen, Schullehrer-Seminarien, Taubstummen- und Blindenanstalten, Kunst- und höheren Bürgerschulen. Wegen Aufbringung der Pension für die Lehrer und Beamten an denjenigen vorbezeichneten Schulen, welche nicht vom Staate allein zu unterhalten sind, bleiben die bestehenden Vorschriften, insbesondere die §§ 4 bis 9 und 16 bis 18 der Verordnung vom 28. Mai 1846 (Gesetzsamml. S. 214), mit der aus dem Wegfall der Pensionsbeiträge der unmittelbaren Staatsbeamten sich ergebenden Maßgabe in Kraft. Desgleichen finden die Vorschriften des § 13 der Verordnung auf die zur Zeit des Inkrafttretens des gegenwärtigen Gesetzes an den vom Staate allein zu unterhaltenden Unterrichtsanstalten angestellten Lehrer und Beamten auch ferner Anwendung. Im übrigen treten die Bestimmungen der Verordnung mit der Maßgabe außer Kraft, daß Zusicherungen einer Anrechnung von Dienstzeiten, soweit sie für die Betreffenden günstiger sind, in Geltung bleiben.

§ 7.

Wird außer dem im zweiten Absatz des § 1 bezeichneten Falle ein Beamter vor Vollendung des zehnten Dienstjahres dienstunfähig und deshalb in den Ruhestand versetzt, so kann demselben bei vorhandener Bedürftigkeit mit Königlicher Genehmigung eine Pension entweder auf bestimmte Zeit oder lebenslänglich bewilligt werden.

§ 8.

Die Pension beträgt, wenn die Versetzung in den Ruhestand nach vollendetem 10., jedoch vor vollendetem 11. Dienstjahr eintritt, 35/100 und steigt mit jedem weiter zurückgelegten Dienstjahre bis zum vollendeten fünfundzwanzigsten Dienstjahr um 2/100, und von da ab um 1/100 des in den §§ 10 und 11 bestimmten Diensteinkommens.

Über den Betrag von 80/100 dieses Einkommens hinaus findet eine Steigerung nicht statt.

In dem in § 1 Abs. 2 erwähnten Falle beträgt die Pension 35/100, in dem Falle des § 7 höchstens 35/100 des vorbezeichneten Diensteinkommens.

§ 9.

Der Monatsbetrag des Ruhegehalts ist auf durch 10 teilbare Markbeträge nach oben abzurunden.

§ 10.

Die Pension wird von dem auf Grund des Besoldungsgesetzes zuletzt bezogenen Diensteinkommen berechnet, soweit es aus Grundgehalt oder Grundvergütung, Wohnungsgeldzuschuß und den in der Besoldungsordnung vorgesehenen ruhegehaltsfähigen Zulagen besteht. Der Wohnungsgeldzuschuß wird mit dem ungekürzten Satze der Ortsklasse B angerechnet, und zwar auch dann, wenn der Beamte einen Wohnungsgeldzuschuß nicht oder nur teilweise bezogen hat. § 7 Abs. 1 des Besoldungsgesetzes gilt entsprechend.

Ruhegehaltsfähig sind ferner die in der Besoldungsordnung oder im Staatshaushaltsplan ausdrücklich als ruhegehaltsfähig bezeichneten Sondervergütungen und Nebenbezüge sowie die mit Nebenämtern oder Nebengeschäften verbundenen Vergütungen, wenn eine planmäßige Stelle als Nebenamt bleibend verliehen war. Andere Vergütungen und Nebenbezüge, insbesondere auch die Aufwandentschädigungen, und die Kinderbeihilfen sind nicht ruhegehaltsfähig.

Dienstbezüge, die ihrer Natur nach steigend und fallend sind, werden nach dem festgesetzten und in Ermangelung einer besonderen Festsetzung nach dem Durchschnitt der letzten drei Rechnungsjahre vor der Zurruhesetzung angerechnet.

§ 11.

Ein Beamter, welcher früher ein mit einem höheren Diensteinkommen verbundenes Amt bekleidet und dieses Einkommen wenigstens ein Jahr lang bezogen hat, erhält, sofern der Eintritt oder die Versetzung in ein Amt von geringerem Diensteinkommen nicht lediglich auf seinen im eigenen Interesse gestellten Antrag erfolgt oder als Strafe auf Grund des § 16 des Gesetzes, betreffend die Dienstvergehen der nichtrichterlichen Beamten usw., vom 21. Juli 1852 (Gesetzsamml. S. 465), oder des § 1 des Gesetzes, betreffend einige Abänderungen des Gesetzes über die Dienstvergehen der Richter vom 7. Mai 1851 usw., vom 22. März 1856 (Gesetzsamml. S. 201), gegen ihn verhängt ist, bei seiner Versetzung in den Ruhestand eine nach Maßgabe des früheren höheren Diensteinkommens unter Berücksichtigung der gesamten Dienstzeit berechnete Pension; jedoch soll die gesamte Pension das letzte pensionsberechtigte Diensteinkommen nicht übersteigen.

§ 12.

Die Pension für die einstweilen in den Ruhestand versetzten Beamten wird von dem zur Zeit ihrer einstweiligen Versetzung in den Ruhestand bezogenen ruhegehaltsfähigen (§ 10) Diensteinkommen berechnet. Soweit sie während einer vorübergehenden Beschäftigung als nichtplanmäßige Beamte gemäß § 8a Satz 2 der Verordnung, betreffend die einstweilige Versetzung der unmittelbaren Staatsbeamten in den Ruhestand, oder den entsprechenden Vorschriften des Reichs oder des Kommunalverbandes (§ 8 der Verordnung) ein höheres Diensteinkommen als vor der einstweiligen Versetzung in den Ruhestand bezogen haben, ist dieses höhere Diensteinkommen der Berechnung des Ruhegehalts zugrunde zu legen.

§ 13.

Die Dienstzeit wird vom Tage der Ableistung des Diensteides gerechnet. Kann jedoch ein Beamter nachweisen, daß seine Vereidigung erst nach dem Zeitpunkte seines Eintritts in den Staatsdienst stattgefunden hat, so wird die Dienstzeit von diesem Zeitpunkte an gerechnet.

§ 14.

Bei Berechnung der Dienstzeit kommt auch die Zeit in Anrechnung, während welcher ein Beamter:

1. im einstweiligen Ruhestand im Reichs- oder unmittelbaren Staatsdienst oder auf Anordnung des Staatsministeriums im Dienst eines preußischen Kommunalverbandes verwendet worden ist, oder
2. im Dienste des Norddeutschen Bundes oder des Deutschen Reichs sich befunden hat, oder
3. als anstellungsberechtigte ehemalige Militärperson nur vorläufig oder auf Probe im Zivildienste des Staats, des Norddeutschen Bundes oder des Deutschen Reichs beschäftigt worden ist, oder
4. eine praktische Beschäftigung außerhalb des Staatsdienstes ausübte, insofern und insoweit diese Beschäftigung vor Erlangung der Anstellung in einem unmittelbaren Staatsamte behufs der technischen Ausbildung in den Prüfungsvorschriften ausdrücklich angeordnet ist, oder
5. als Lehrer (§ 6 Absatz 2) der vorgeschriebenen praktischen Ausbildung sich unterzogen hat. Dabei wird ein vorschriftsmäßig zurückgelegtes Ausbildungsjahr stets zu zwölf vollen Monaten gerechnet, oder
6. bei der früheren staatlichen Sicherheits- und Abstimmungspolizei, bei der Grenzpolizei oder bei den früheren anerkannten Freiwilligenverbänden im Angestelltenverhältnisse tätig gewesen und entweder zum 1. Januar 1923 auf Grund des Gesetzes über die sofortige Bereitstellung von Mitteln zur Vermehrung und Ausgestaltung der staatlichen Grenzkommissariate vom 10. Januar 1923 (Gesetzsamml. S. 9) planmäßig angestellt oder bis zum 31. März 1925 in die Schutzpolizei übernommen worden ist.

§ 15.

Der Zivildienstzeit wird die Zeit des aktiven Militärdienstes hinzugerechnet.

§ 16.

Die Dienstzeit, welche vor dem Beginne des achtzehnten Lebensjahrs liegt, bleibt außer Berechnung.

Nur im Kriegsfalle wird die Militärdienstzeit vom Beginne des Krieges, beim Eintritt in den Militärdienst während des Krieges vom Tage des Eintritts ab gerechnet.

Als Kriegszeit gilt in dieser Beziehung die Zeit vom Tage einer angeordneten Mobilmachung, auf welche ein Krieg folgt, bis zum Tage der Demobilmachung.

§ 17.

Für jeden Krieg, an welchem ein Beamter im preußischen oder im Reichsheer oder in der preußischen oder Kaiserlichen Marine oder bei den Kaiserlichen Schutztruppen teilgenommen hat, wird demselben zu der wirklichen Dauer der Dienstzeit ein Jahr zugerechnet; jedoch ist für mehrere in ein Kalenderjahr fallende Kriege die Anrechnung nur eines Kriegsjahrs zulässig.

Wer als Teilnehmer an einem Kriege anzusehen ist, unter welchen Voraussetzungen bei Kriegen von längerer Dauer mehrere Kriegsjahre anzurechnen sind, welche militärische Unternehmung als ein Krieg im Sinne dieses Gesetzes anzusehen und welche Zeit als Kriegszeit zu rechnen ist, wenn keine Mobilmachung oder Demobilmachung stattgefunden hat, dafür ist die nach § 17 und § 7 der Reichsgesetze vom 31. Mai 1906 (Reichs-Gesetzbl. S. 565 und 593) in jedem Falle ergehende Bestimmung des Kaisers maßgebend.

Für die Vergangenheit bewendet es bei den hierüber durch Königliche oder Kaiserliche Erlasse gegebenen Bestimmungen.

§ 18.

Die Zeit
a) eines Festungsarrestes von einjähriger und längerer Dauer sowie
b) der Kriegsgefangenschaft

kann nur unter besonderen Umständen mit Königlicher Genehmigung angerechnet werden.

§ 19.

Mit Königlicher Genehmigung kann zukünftig nach Maßgabe der Bestimmungen in den §§ 13 bis 18 angerechnet werden:

1. die Zeit, während welcher ein Beamter
   a) sei es im In- oder Auslande als Sachwalter oder Notar fungiert, im Gemeinde-, Kirchen- oder Schuldienste, im ständischen Dienste, oder im Dienste einer landesherrlichen Haus- oder Hofverwaltung sich befunden, oder
   b) im Dienste eines fremden Staates gestanden hat;
2. die Zeit praktischer Beschäftigung außerhalb des Staatsdienstes, insofern und insoweit diese Beschäftigung vor Erlangung der Anstellung in einem unmittelbaren Staatsamte herkömmlich war;
3. die Zeit, während welcher ein Beamter vor seiner Anstellung ununterbrochen im privatrechtlichen Vertragsverhältnis eines Dienstverpflichteten dem Staate gegen unmittelbare Bezahlung aus der Staatskasse

Dienste geleistet hat, insofern er mit Aussicht auf dauernde Verwendung ständig und hauptsächlich mit den Dienstverrichtungen eines Beamten betraut gewesen ist und diese Beschäftigung zu seiner Anstellung geführt hat.

Die Anrechnung der unter 1 erwähnten Beschäftigung muß erfolgen bei denjenigen Beamten, welche mit den im Jahre 1866 erworbenen Landesteilen in den unmittelbaren Staatsdienst übernommen worden sind, sofern dieselben auf diese Anrechnung nach den bis dahin für sie maßgebenden Pensionsvorschriften einen Rechtsanspruch hatten.

§ 19a.

Bei der Berechnung der Dienstzeit eines in den Ruhestand zu versetzenden Lehrers an einer im § 6 Absatz 2 bezeichneten Unterrichtsanstalt oder einer staatlichen Präparandenanstalt muß mit der in dem § 29a bestimmten Maßgabe die gesamte Zeit angerechnet werden, während welcher der Lehrer innerhalb Preußens oder eines von Preußen erworbenen Landesteils im öffentlichen Schuldienst gestanden hat. Den in Ruhestand tretenden Schulaufsichtsbeamten im Hauptamt ist nach Maßgabe dieses Gesetzes die gesamte Zeit als Dienstzeit anzurechnen, während welcher sie innerhalb Preußens oder eines von Preußen erworbenen Landesteils im öffentlichen Schuldienst oder im Dienste als Pfarrer einer evangelischen Landeskirche oder der katholischen Kirche gestanden haben.

§ 20.

Zum Erweise der Dienstunfähigkeit eines seine Versetzung in den Ruhestand nachsuchenden Beamten ist die Erklärung der demselben unmittelbar vorgesetzten Dienstbehörde erforderlich, daß sie nach pflichtmäßigem Ermessen den Beamten für unfähig halte, seine Amtspflichten ferner zu erfüllen.

Inwieweit noch andere Beweismittel zu erfordern, oder der Erklärung der unmittelbar vorgesetzten Behörde entgegen für ausreichend zu erachten sind, hängt von dem Ermessen der über die Versetzung in den Ruhestand entscheidenden Behörde ab.

§ 21.

Die Bestimmung darüber, ob und zu welchem Zeitpunkte dem Antrage eines Beamten auf Versetzung in den Ruhestand stattzugeben ist, erfolgt durch den Departementschef.

Bei denjenigen Beamten, welche durch den König zu ihren Ämtern ernannt worden sind, ist die Genehmigung des Königs zur Versetzung in den Ruhestand erforderlich.

Für die Beamten derjenigen Kategorien, deren Anstellung durch eine dem Departementschef nachgeordnete Behörde erfolgt, kann der Departementschef letzterer oder der ihr vorgesetzten Behörde die Bestimmung über den Antrag auf Versetzung in den Ruhestand übertragen.

§ 22.

Die Entscheidung darüber, ob und welche Pension einem Beamten bei seiner Versetzung in den Ruhestand zusteht, erfolgt durch den Departementschef in Gemeinschaft mit dem Finanzminister.

Dieselben können die Befugnis zu dieser Entscheidung derjenigen dem Departementschef nachgeordneten Behörde übertragen, welcher die Bestimmung über die Versetzung des Beamten in den Ruhestand zusteht (§ 21 Abs. 3).

§ 23.

Die Beschreitung des Rechtsweges gegen die Entscheidung darüber, ob und welche Pension einem Beamten bei seiner Versetzung in den Ruhestand zu gewähren ist, steht dem Beamten offen, doch muß die Entscheidung des Departementschefs und des Finanzministers der Klage vorhergehen, und letztere sodann bei Verlust des Klagerechts innerhalb sechs Monaten, nachdem dem Beamten diese Entscheidung bekannt gemacht ist, erhoben werden. Der Verlust des Klagerechts tritt auch dann ein, wenn nicht von dem Beamten, über dessen Anspruch auf Pension die dem Departementschef nachgeordnete Behörde Entscheidung getroffen hat (§ 22 Absatz 2), gegen diese Entscheidung binnen gleicher Frist die Beschwerde an den Departementschef und den Finanzminister erhoben ist.

§ 24.

Die Versetzung in den Ruhestand tritt, sofern nicht auf den Antrag oder mit ausdrücklicher Zustimmung des Beamten ein früherer Zeitpunkt festgesetzt wird, mit dem Ablaufe des Vierteljahrs ein, welches auf den Monat folgt, in welchem dem Beamten die Entscheidung über seine Versetzung in den Ruhestand bekanntgemacht worden ist.

§ 25.

Die Pensionen werden für jedes Kalendervierteljahr im voraus in einer Summe gezahlt.

§ 26.

Das Recht auf den Bezug der Pension kann weder abgetreten noch verpfändet werden.

In Ansehung der Beschlagnahme der Pensionen bleiben die bestehenden Bestimmungen in Kraft.

§ 27.

Das Recht auf den Bezug der Pension ruht:

1. wenn ein Pensionär das Deutsche Indigenat verliert, bis zu etwaiger Wiedererlangung desselben;
2. wenn und solange ein Pensionär aus der Verwendung im Reichs-, Staats- oder in einem sonstigen öffentlichen Dienste ein Diensteinkommen bezieht, insoweit, als der Betrag dieses neuen Diensteinkommens unter Hinzurechnung der Pension den Betrag des von dem Beamten vor der Pensionierung bezogenen Diensteinkommens übersteigt.

Als Verwendung im Reichs-, Staats- oder in einem sonstigen öffentlichen Dienste im Sinne dieser Vorschrift gilt ohne Rücksicht auf die Art und Dauer der Beschäftigung jede Tätigkeit, für die eine Vergütung gewährt wird, die ganz oder zum Teile unmittelbar oder mittelbar aus öffentlichen Mitteln fließt. Auch die Beschäftigung im Kirchendienst und bei der Reichsbank gilt als Verwendung im sonstigen öffentlichen Dienste im Sinne dieser Vorschrift.

Bei Berechnung des früheren und des neuen Diensteinkommens sind die Aufwandentschädigungen, die jederzeit widerruflichen Zulagen für eine Tätigkeit bei bestimmten Behörden und die Auslandszulagen nicht in Ansatz zu bringen. Dagegen sind sowohl dem früheren und dem neuen Diensteinkommen als auch der Pension die daneben nach dem Familienstande zahlbaren Beihilfen und die zur Anpassung an die allgemeine und die örtliche Wirtschaftslage zur Zeit der Verwendung gewährten Zuschläge hinzuzurechnen. Nach Ortsklassen abgestufte Diensteinkommensteile sind in dem früheren Diensteinkommen mit den für den Ort der Verwendung maßgebenden Sätzen zu berücksichtigen.

§ 28.

Ein Pensionär, welcher in eine an sich zur Pension berechtigende Stellung des unmittelbaren Staatsdienstes wieder eingetreten ist (§ 27 Nr. 2), erwirbt für den Fall des Zurücktretens in den Ruhestand den Anspruch auf Gewährung einer nach Maßgabe seiner nunmehrigen verlängerten Dienstzeit und des in der neuen Stellung bezogenen Diensteinkommens berechneten Pension nur dann, wenn die neu hinzutretende Dienstzeit wenigstens ein Jahr betragen hat.

Neben einer hiernach neuberechneten Pension ist die alte Pension nur bis zur Erreichung desjenigen Pensionsbetrages zu zahlen, welcher sich für die Gesamtdienstzeit aus dem der Festsetzung der alten Pension zugrunde gelegten Diensteinkommen ergibt. § 27 Abs. 3 gilt entsprechend.

§ 28 a.

Erdient ein Pensionär außerhalb des unmittelbaren preußischen Staatsdienstes eine Pension im Reichs-, Staats- oder in einem sonstigen öffentlichen Dienste im Sinne des § 27 Abs. 2, so ist neben ihr die preußische Staatspension nur bis zur Erreichung des im § 28 Abs. 2 angegebenen Betrages zu zahlen. § 27 Abs. 3 gilt entsprechend.

§ 29.

Die Einziehung oder Kürzung der Pension auf Grund der Bestimmungen in den §§ 27 bis 28a tritt mit dem Ende des Monats ein, in welchem das eine solche Veränderung bedingende Ereignis sich zugetragen hat; tritt dieses Ereignis am ersten Tage eines Monats ein, so hört die Zahlung mit dem Beginne dieses Monats auf.

Die Wiedergewährung der Pension hebt mit dem Beginne des Monats an, in welchem das eine solche Veränderung bedingende Ereignis sich zugetragen hat.

§ 29 a.

Die in dem § 27 Nr. 2 sowie in den §§ 28 und 29 für den Fall des Wiedereintritts eines Pensionärs in den Reichs-, Staats- oder in einen sonstigen öffentlichen Dienst getroffenen Vorschriften finden auf diejenigen unter die Vorschriften des § 6 fallenden pensionierten Lehrer und Beamten, deren

Pension nicht aus der Staatskasse zu zahlen ist, nur dann sinngemäße Anwendung, wenn sie im Dienste der zur Aufbringung ihrer Pension ganz oder teilweise verpflichteten Gemeinde oder Stiftung oder des betreffenden Kommunalverbandes wieder angestellt oder beschäftigt werden.

Ist ein unter die Vorschriften des § 6 fallender Pensionär, dessen Pension nicht aus der Staatskasse zu zahlen ist, in ein zur Pension berechtigendes Amt des unmittelbaren Staatsdienstes oder an einer der im § 6 Absatz 2 bezeichneten Unterrichtsanstalten, deren Unterhaltung anderen, als den zur Aufbringung seiner Pension Verpflichteten obliegt, wieder eingetreten, so bleibt für den Fall des Zurücktretens in den Ruhestand bei der Entscheidung über eine ihm zu gewährende neue Pension die Dienstzeit vor seiner früheren Versetzung in den Ruhestand außer Anrechnung.

Diese Bestimmung findet auf diejenigen Pensionäre, deren Pension aus der Staatskasse zu zahlen ist, alsdann gleichfalls Anwendung, wenn sie in ein zu Pension berechtigendes Amt an einer der im § 6 Absatz 2 bezeichneten Unterrichtsanstalten, welche nicht vom Staate allein zu unterhalten sind, wieder eingetreten sind.

§ 30.

Sucht ein nicht richterlicher Beamter, welcher das fünfundsechzigste Lebensjahr vollendet hat, seine Versetzung in den Ruhestand nicht nach, so kann diese nach Anhörung des Beamten unter Beobachtung der Vorschriften der §§ 20 ff. dieses Gesetzes in der nämlichen Weise verfügt werden, wie wenn der Beamte seine Pensionierung selbst beantragt hätte.

Im übrigen behält es in Ansehung der unfreiwilligen Versetzung in den Ruhestand und des dabei stattfindenden Verfahrens bei den Bestimmungen in den §§ 56 bis 64 des Gesetzes, betreffend die Dienstvergehen der Richter und die unfreiwillige Versetzung derselben auf eine andere Stelle oder in den Ruhestand, vom 7. Mai 1851 (Gesetzsamml. S. 218) und in den §§ 88 bis 93 des Gesetzes, betreffend die Dienstvergehen der nichtrichterlichen Beamten, die Versetzung derselben auf eine andere Stelle oder in den Ruhestand, vom 21. Juli 1852 (Gesetzsamml. S. 465) sein Bewenden.

Wird hiernach gemäß § 90 des letzterwähnten Gesetzes von dem Rechtsmittel des Rekurses an das Staatsministerium Gebrauch gemacht, so läuft die sechsmonatliche Frist zur Anstellung der Klage wegen unrichtiger Festsetzung des Pensionsbetrages (§ 2 des Gesetzes, betreffend die Erweiterung des Rechtsweges, vom 24. Mai 1861, Gesetzsamml. S. 241) erst von dem Tage, an welchem dem Beamten die Entscheidung des Staatsministeriums bekannt gemacht ist.

Die Bestimmungen der §§ 88 bis 93 des Gesetzes vom 21. Juli 1852 (Gesetzsamml. S. 465) finden auch auf die Lehrer und Beamten derjenigen im § 6 Absatz 2 genannten Anstalten Anwendung, welche nicht vom Staate allein zu unterhalten sind.

§ 31.

Hinterläßt ein Pensionär eine Witwe oder eheliche oder legitimierte Nachkommen, so wird die Pension noch für die auf den Sterbemonat folgenden drei Monate (Gnadenvierteljahr) unter Anrechnung des vor dem Tode des Pensionärs fällig gewordenen Betrages gezahlt. Die Zahlung erfolgt im voraus in einer Summe.

An wen die Zahlung erfolgt, bestimmt die Provinzialbehörde, auf deren Etat die Pension übernommen war.

Die Zahlung kann auf Verfügung dieser Behörde auch dann stattfinden, wenn der Verstorbene Verwandte der aufsteigenden Linie, Geschwister, Geschwisterkinder oder Pflegekinder, deren Ernährer er ganz oder überwiegend gewesen ist, in Bedürftigkeit hinterläßt, oder wenn und soweit der Nachlaß nicht ausreicht, um die Kosten der letzten Krankheit und der Beerdigung zu decken.

§ 32.

Ist die nach Maßgabe dieses Gesetzes bemessene Pension geringer als die Pension, welche dem Beamten hätte gewährt werden müssen, wenn er am 31. März 1872 nach den bis dahin für ihn geltenden Bestimmungen pensioniert worden wäre, so wird diese letztere Pension an Stelle der ersteren bewilligt.

§ 33.

Den infolge der Aufhebung der Patrimonialgerichtsbarkeit aus dem Privatgerichtsdienst in den unmittelbaren Staatsdienst übernommenen oder bereits vor dieser Aufhebung in den unmittelbaren Staatsdienst übergegangenen Beamten wird die Zeit des Privatgerichtsdienstes nach Maßgabe der Bestimmungen des gegenwärtigen Gesetzes angerechnet.

Den vormals Schleswig-Holsteinischen Beamten wird die Zeit, welche sie als beeidigte Sekretäre oder Volontäre bei den Oberbeamten zugebracht haben, bei Feststellung ihrer Dienstzeit mit angerechnet.

§ 34.

Die Zeit, während welcher ein Beamter in den neu erworbenen Landesteilen oder ein mit einem solchen Landesteile übernommener Beamter auch in einem anderen Teile des Landes, welchem seine Heimat vor der Vereinigung mit Preußen angehört hat, im unmittelbaren Dienste der damaligen Landesherrschaft gestanden hat, wird in allen Fällen bei der Pensionierung nach Maßgabe des gegenwärtigen Gesetzes in Anrechnung gebracht.

§ 35.

Hinsichtlich der Hohenzollernschen, in den Preußischen Staatsdienst übernommenen Beamten bleiben die Bestimmungen unter Nr. 2 und 3 des Erlasses vom 26. August 1854 (Gesetzsamml. 1855 S. 33) in Kraft.

§ 36.

Zusicherungen, welche in bezug auf dereinstige Bewilligung von Pensionen an einzelne Beamte oder Kategorien von Beamten durch den König oder einen der Minister gemacht worden sind, bleiben in Kraft.

Doch finden auf Beamte, hinsichtlich deren durch Staatsverträge die Bewilligung von Pensionen nach den Grundsätzen fremdländischer Pensionsbestimmungen zugesichert worden ist, die Vorschriften des gegenwärtigen Gesetzes insoweit Anwendung, als sie für die Beamten günstiger sind.

§ 37.

Die im § 79 des Gesetzes, betreffend die Verfassung und Verwaltung der Städte und Flecken in der Provinz Schleswig-Holstein, vom 14. April 1869 (Gesetzsamml. S. 589) festgestellte Verpflichtung der Staatskasse zur anteiligen Übernahme der Pensionen städtischer Beamten wird durch das gegenwärtige Gesetz nicht berührt.

§ 38.

Das gegenwärtige Gesetz tritt mit dem 1. April 1872 in Kraft. Mit diesem Zeitpunkte treten, soweit nicht durch § 32 Ausnahmen bedingt werden, alle den Vorschriften dieses Gesetzes entgegenstehenden Bestimmungen, insbesondere das Pensionsreglement für die Zivil-Staatsdiener vom 30. April 1825 und die dasselbe ergänzenden, erläuternden und abändernden Bestimmungen außer Kraft. Wo in den bestehenden Gesetzen und Verordnungen auf dieselben Bezug genommen wird, kommen die Bestimmungen des gegenwärtigen Gesetzes zur Anwendung.

Anhang 2.

Verordnung,

betreffend die einstweilige Versetzung der unmittelbaren Staatsbeamten in den Ruhestand.

Vom 26. Februar 1919 (GS. S. 33) in der Fassung der dazu ergangenen Abänderungsgesetze und Verordnungen[1]).

§ 1.

Unmittelbare Staatsbeamte, die in der Staatsverwaltung nicht weiter verwendet werden können, weil das von ihnen verwaltete Amt infolge einer Umbildung der Staatsbehörden aufhört, können unter Bewilligung des gesetzlichen Wartegeldes einstweilen in den Ruhestand versetzt werden.

§ 2.

Die unter dem Vorbehalte des Widerrufs oder der Kündigung angestellten Beamten haben im Falle ihrer einstweiligen Versetzung in den Ruhestand einen Anspruch auf Wartegeld nur bis zu dem Zeitpunkte, für den der Widerruf oder die Kündigung frühestens zulässig wäre. Für die spätere Zeit kann ihnen ein Wartegeld bis zur Höhe des gesetzmäßigen Ruhegehaltsbetrags vom Verwaltungschef in Gemeinschaft mit dem Finanzminister bewilligt werden.

---

[1]) Abänderungen sind erfolgt durch die Ges. und Verord. vom 17. Dez. 1920 (GS. 1921 S. 135), vom 24. Nov. 1921 (GS. S. 553), vom 21. Nov. 1922 (GS. S. 431), 31. Dez. 1922 (GS. 1923 S. 1), 12. Mai 1923 (GS. S. 167), 4. Juli 1923 (GS. S. 301), 12. Juli 1923 (GS. S. 305), vom 8. Febr. 1924 (GS. S. 73), 25. März 1926 (GS. S. 105), 12. April 1926 (GS. S. 133) und 17. Dez. 1927 (GS. S. 223).

§ 3.

Außer dem Falle des § 1 können jederzeit einstweilig in den Ruhestand versetzt werden:

Unterstaatssekretäre;

Ministerialdirektoren;

Oberpräsidenten;

Regierungspräsidenten sowie der Vorsitzende der Ansiedlungskommission für Westpreußen und Posen;

Beamte der Staatsanwaltschaft bei den Gerichten;

Vorsteher staatlicher Polizeibehörden;

Landräte;

Gesandte und andere diplomatische Agenten;

die Beamten der Pressestelle beim Staatsministerium.

Im Interesse der Festigung der verfassungsmäßigen republikanischen Staatsform können ferner jederzeit einstweilen in den Ruhestand versetzt werden:

Ministerialdirigenten,

Oberpräsidialräte,

Oberregierungsräte bei den Regierungen als erste Vertreter der Regierungspräsidenten

und der

Oberregierungsrat als erster Vertreter des Polizeipräsidenten von Berlin.

Dabei ist es unerheblich, ob die betroffenen Beamten vor oder nach dem Inkrafttreten der Reichsverfassung angestellt worden sind.

§ 3 a.

Das Wartegeld beträgt 80 vom Hundert des der Berechnung des Ruhegehalts zugrunde zu legenden Diensteinkommens. Hat der Beamte zur Zeit seiner einstweiligen Versetzung in den Ruhestand eine ruhegehaltsfähige Dienstzeit von 25 Jahren noch nicht zurückgelegt, so wird das Wartegeld für jedes volle oder angefangene Jahr, das dem Beamten an der Dienstzeit von 25 Jahren fehlt, um je 2 vom Hundert des ruhegehaltsfähigen Diensteinkommens geringer bemessen; das Wartegeld beträgt jedoch wenigstens 50 vom Hundert dieses Diensteinkommens.

Das Wartegeld beträgt in keinem Falle mehr als 80 vom Hundert des der Berechnung des Ruhegehalts zugrunde zu legenden Diensteinkommens eines Beamten aus der letzten Dienstaltersstufe der Besoldungsgruppe A 1 a. Hat der Beamte indessen zur Zeit seiner einstweiligen Versetzung in den Ruhestand bereits ein höheres Ruhegehalt erdient, so erhält er ein Wartegeld in Höhe des zu diesem Zeitpunkte erdienten Ruhegehalts.

§ 4.

Der Monatsbetrag des Wartegeldes ist auf durch 10 teilbare Markbeträge nach oben abzurunden.

§ 5.

Die Zahlung des Wartegeldes erfolgt im voraus in derselben Weise, in der bis dahin das Gehalt gezahlt worden ist. Die Gehaltszahlung hört auf und die Zahlung des Wartegeldes beginnt mit dem Ablaufe des Vierteljahrs, welches auf den Monat folgt, in welchem dem Beamten die Entscheidung über seine einstweilige Versetzung in den Ruhestand bekannt gemacht worden ist. Vom Zeitpunkte der einstweiligen Versetzung in den Ruhestand bis zum Beginne der Zahlung des Wartegeldes stehen dem Beamten die zur Bestreitung von Dienstaufwandkosten gewährten Einkünfte nicht zu und von den zur Bestreitung von Repräsentationskosten gewährten kommen 20 vom Hundert in Abzug.

§ 6.

Die einstweilen in den Ruhestand versetzten Beamten, die sich vorher in einer planmäßigen Stelle befunden haben, sind bei Verlust des Wartegeldes zur Annahme eines ihnen übertragenen Amtes im unmittelbaren Staatsdienste verpflichtet, das ihrer Berufsbildung entspricht und mit mindestens gleichem Range und gleichem planmäßigen Diensteinkommen wie das vorher von ihnen bekleidete verbunden ist. Beamte, die sich vor der einstweiligen Versetzung in den Ruhestand in einer außerplanmäßigen Stelle befunden haben, sind bei Verlust des Wartegeldes unter denselben Voraussetzungen zur Annahme eines ihnen übertragenen Amtes im unmittelbaren Staatsdienste verpflichtet, auch wenn das Amt nur mit einem außerplanmäßigen Diensteinkommen verbunden ist.

Bei der Vergleichung des früheren und des neuen Diensteinkommens sind der Wohnungsgeldzuschuß oder der Ortszuschlag sowie eine etwa gewährte freie Dienstwohnung oder Mietentschädigung unberücksichtigt zu lassen. Das neue Diensteinkommen ist nicht deswegen als geringer anzusehen, weil die Gelegenheit zur Verwaltung von Nebenämtern nicht wieder gewährt wird oder weil die für Dienstunkosten besonders ausgesetzten Einnahmen mit diesen Unkosten selbst fortfallen.

Wartegeldempfänger sollen bei der Wiederbesetzung erledigter Stellen, für die sie sich eignen, vorzugsweise berücksichtigt werden.

§ 7.

Die einstweilen in den Ruhestand versetzten Beamten haben sich bei Verlust des Wartegeldes nach Anordnung des Verwaltungschefs auch der vorübergehenden Wahrnehmung solcher Ämter im unmittelbaren Staatsdienste zu unterziehen, die ihren Fähigkeiten und bisherigen Verhältnissen entsprechen.

§ 8.

Die einstweilen in den Ruhestand versetzten Beamten sind bei Verlust des Wartegeldes auch zur Annahme oder vorübergehenden Wahrnehmung eines Amtes im Reichsdienst unter denselben Voraussetzungen verpflichtet, unter denen sie ein Amt im unmittelbaren Staatsdienste nach § 6 übernehmen oder nach § 7 vorübergehend wahrnehmen müssen. Zur vorübergehenden Wahrnehmung eines solchen Amtes sind sie jedoch nur dann verpflichtet, wenn ihnen die im § 8 a genannten Bezüge gewährleistet werden.

Durch Beschluß der Preußischen Regierung (Staatsministerium) kann für bestimmte Beamtengruppen angeordnet werden, daß die Vorschrift im Abs. 1 auch für den Dienst in einem preußischen Kommunalverbande gilt.

§ 8a.

Die einstweilen in den Ruhestand versetzten Beamten erhalten während der Dauer der vorübergehenden Beschäftigung im unmittelbaren Staatsdienste den vollen Betrag ihres ruhegehaltsfähigen Diensteinkommens. Sofern sie laut schriftlicher Eröffnung des Verwaltungschefs als nichtplanmäßige Beamte voll beschäftigt werden, erhalten sie nach Maßgabe des Beamten-Diensteinkommensgesetzes die Bezüge eines im Dienste befindlichen Beamten derjenigen Besoldungsgruppe, der sie zuletzt angehört haben. Erfolgt die Beschäftigung außerhalb ihres Wohnorts, so erhalten sie für die Reise zum Antritt der Beschäftigung und für die Rückreise nach Beendigung der Beschäftigung Reisekosten nach den Vorschriften für Versetzungsreisen; außerdem können ihnen Entschädigungen nach näherer Bestimmung des Finanzministers gewährt werden.

§ 8b.

Scheiden einstweilen in den Ruhestand versetzte Beamte aus einer vorübergehenden Beschäftigung als nichtplanmäßige Beamte wieder aus, in der sie gemäß § 8a Satz 2 oder den entsprechenden Vorschriften des Reichs oder des Kommunalverbandes (§ 8) ein höheres Diensteinkommen als vor der einstweiligen Versetzung in den Ruhestand bezogen haben, so ist das Wartegeld, unbeschadet der Vorschrift des § 3a Abs. 2, unter Berücksichtigung inzwischen etwa erreichter Dienstalterszulagen und der verlängerten ruhegehaltsfähigen Dienstzeit neu festzusetzen.

§ 9.

Das Recht auf den Bezug des Wartegeldes hört auf:

1. wenn der Beamte mit einem dem früher von ihm bezogenen Diensteinkommen mindestens gleichen Diensteinkommen (§ 6 Abs. 2) in einem Amte wieder angestellt wird, zu dessen Übernahme er nach § 6 oder § 8 verpflichtet ist;
2. wenn der Beamte die preußische Staatsangehörigkeit verliert;
3. wenn der Beamte ohne Genehmigung der Preußischen Regierung (Staatsministerium) seinen Wohnsitz außerhalb des Deutschen Reichs nimmt;
4. wenn der Beamte aus dem Staatsdienst ausscheidet;
5. wenn der Beamte gemäß §§ 6, 7 oder 8 des Wartegeldes für verlustig erklärt wird.

§ 10.

Das Recht auf den Bezug des Wartegeldes ruht, sofern es nicht nach § 9 Nr. 1 aufhört, wenn und solange der einstweilen in den Ruhestand versetzte Beamte infolge einer Verwendung im Reichs-, Staats- oder in einem sonstigen öffentlichen Dienste im Sinne des § 27 Abs. 2 des Zivilruhegehaltsgesetzes ein Diensteinkommen bezieht insoweit, als der Betrag dieses neues

Diensteinkommens unter Hinzurechnung des Wartegeldes den Betrag des von dem Beamten vor der einstweiligen Versetzung in den Ruhestand bezogenen Diensteinkommens übersteigt. Für die Berechnung des früheren und des neuen Diensteinkommens gilt § 27 Abs. 3 des Zivilruhegehaltsgesetzes entsprechend.

Hat der einstweilen in den Ruhestand versetzte Beamte während einer vorübergehenden Beschäftigung als nichtplanmäßiger Beamter gemäß § 8a Satz 2 oder den entsprechenden Vorschriften des Reichs oder des Kommunalverbandes (§ 8) ein höheres Diensteinkommen als vor der einstweiligen Versetzung in den Ruhestand bezogen, so tritt dieses an die Stelle des vor der einstweiligen Versetzung in den Ruhestand bezogenen Diensteinkommens.

§ 11.

Bei einer Wiederanstellung oder Wiederbeschäftigung, zu denen der Beamte nach den §§ 6 bis 8 verpflichtet ist, tritt die Einziehung oder Kürzung des Wartegeldes auf Grund der Bestimmungen in den §§ 9 und 10 mit dem Tage ein, von dem ab das Diensteinkommen bezogen wird. Die Wiedergewährung des Wartegeldes erfolgt mit dem Ablaufe des Tages, für den noch Dienstbezüge gezahlt worden sind.

Bei einer sonstigen Wiederanstellung oder Wiederbeschäftigung tritt die Einziehung oder Kürzung des Wartegeldes mit dem Ende des Monats ein, in welchem das eine solche Veränderung bedingende Ereignis sich zugetragen hat; tritt dieses Ereignis am ersten Tage eines Monats ein, so hört die Zahlung mit dem Beginne dieses Monats auf. Die Wiedergewährung des Wartegeldes hebt mit dem Beginne des Monats an, in welchem das eine solche Veränderung bedingende Ereignis sich zugetragen hat.

§ 12.

Die einstweilige Versetzung in den Ruhestand erfolgt in den Fällen des § 1 durch den Verwaltungschef, in den Fällen des § 3 durch die Preußische Regierung (Staatsministerium).

Die Festsetzung des Wartegeldes erfolgt durch den Verwaltungschef in Gemeinschaft mit dem Finanzminister. Sie können diese den zur Versetzung in den dauernden Ruhestand zuständigen Behörden übertragen.

Der Verlust des Wartegeldes nach §§ 6 bis 8 wird durch den Verwaltungschef ausgesprochen.

§ 13.

Unmittelbare Staatsbeamte, die nach Vollendung des zehnten Dienstjahrs bis zum 31. Dezember 1920 infolge der Umgestaltung des Staatswesens ihre Versetzung in den Ruhestand nachsuchen, sind in den Ruhestand zu versetzen, ohne daß eingetretene Dienstunfähigkeit oder die Vollendung des fünfundsechzigsten Lebensjahrs Vorbedingung des Anspruchs auf Ruhegehalt ist.

Auf die unter dem Vorbehalte des Widerrufs oder der Kündigung angestellten Beamten, die eine planmäßige Stelle nicht bekleiden, findet diese Vorschrift keine Anwendung.

§ 14.

Dieses Gesetz findet auch auf die Beamten der Landjägerei Anwendung; dagegen findet es keine Anwendung auf die bewaffneten und uniformierten Beamten der der Verwaltung des Innern unterstehenden Schutzpolizei.

Es findet, abgesehen von § 13, keine Anwendung auf diejenigen Beamten, die unter das Gesetz, betreffend die Dienstvergehen der Richter und die unfreiwillige Versetzung derselben auf eine andere Stelle oder in den Ruhestand, vom 7. Mai 1851 (Gesetzsamml. S. 218) fallen.

§ 15.

Die Königlichen Erlasse vom 14. Juni 1848, betreffend die Bewilligung von Wartegeldern an disponible Beamte (Gesetzsamml. S. 153) und vom 24. Oktober 1848 wegen einer Modifikation der Verordnung vom 14. Juni 1848, betreffend die Bewilligung von Wartegeldern an disponible Beamte (Gesetzsamml. S. 338) werden aufgehoben. Wo in gesetzlichen oder anderen Vorschriften auf die hiernach aufgehobenen Bestimmungen Bezug genommen ist, treten die Bestimmungen dieses Gesetzes an ihre Stelle.

§ 87 Ziffer 2 des Gesetzes, betreffend die Dienstvergehen der nichtrichterlichen Beamten usw., vom 21. Juni 1852 (Gesetzsamml. S. 465) erhält folgende Fassung:

2. Einstweilige Versetzung in den Ruhestand.

§ 16.

Dieses Gesetz tritt mit seiner Verkündung in Kraft.

Die bereits einstweilig in den Ruhestand versetzten Beamten unterliegen für die Zeit nach Inkrafttreten des Gesetzes seinen Bestimmungen ebenfalls. Vorher festgesetzte Wartegelder sind neu festzusetzen.

Anhang 3.

Runderlaß des Ministers des Innern vom 28. 8. 1928, betreffend Bestimmungen über die Festsetzung des BDA. der Polizeivollzugsbeamten (II 4300/44) (Pr.BesBl. S. 264).

Auf Grund des § 3 Abs. 1 letzter Satz des PrBesG. v. 17. 12. 1927 (GS. S. 223) wird im Einvernehmen mit dem Herrn Finanzminister bestimmt:

I. A. Kündbare Schutzpolizeibeamte u. Pol.- u. Landjägeroffiziere.

1. a) Das BDA. der Pol.-Wachtmeister mit weniger als 4 Dienstjahren (Gr. A 10 c 3) beginnt mit dem Ersten des Monats, in dem die Beamten zu diesem Dienstgrade befördert werden.

b) Nach Vollendung des 4. Dienstjahres (einschl. Anwärterdienstzeit) rücken die Pol.-Wachtmeister in die BesGr. A 10 c 2 auf. Das BDA. ist auf den Ersten des Monats festzusetzen, in dem die Beamten in diese BesGr. einrücken.

2. Bei der Beförderung von Pol.-Wachtmeistern (SB.) zu Pol.-Leutnants ist die 7 Jahre übersteigende Dienstzeit (einschl. Anwärterdienstzeit) auf das BDA. als Pol.-Leutnant anzurechnen. Wirkt § 3 Abs. 5 des Pr.-BesG. v. 17. 12. 1927 günstiger, so ist hiernach zu verfahren.
3. Im übrigen ist bei Beförderungen das BDA. nach § 3 Abs. 5 und 6 a. a. O. festzusetzen.

B. Unkündbare Schutzpolizeibeamte.

1. Bei der Beförderung von Pol.-Oberwachtmeistern zu Pol.-Hauptwachtmeistern (aus Anlaß der unkündbaren Anstellung) erhalten die Beamten in der Gr. A 7 b ein BDA. von 8 Jahren.
2. Werden kündbare Pol.-Hauptwachtmeister unkündbar angestellt, so ist ihnen, sofern sie nicht bereits ein günstigeres BDA. haben, ebenfalls ein solches von 8 Jahren zu gewähren.
3. Beim Übertritt aus der BesGr. A 6 in die BesGr. A 5 wird das BDA. um höchstens 8 Jahre gekürzt.

C. Beamte des Vollzugsdienstes der Landjägerei (mit Ausnahme der Landjägeroffiziere).

1. Versorgungsanwärter sind bei ihrer planmäßigen Anstellung als Oberlandjäger in den Gehaltssatz von 2400 RM. der BesGr. A 7 b einzuweisen. Das BDA. ist dementsprechend festzusetzen. Eine Anrechnung von Dienstzeiten nach § 3 Abs. 3 des PrBesG. v. 17. 12. 1927 findet daneben nicht statt.
2. Die auf Grund des § 14 des PBG. v. 31. 7. 1927 (GS. S. 151) in den Dienst der Landjägerei übertretenden Polizeiwachtmeister (SB.) erhalten bei ihrer planmäßigen Anstellung als Oberlandjäger gemäß Ziff. 75 der Bestimmungen für die Übernahme von Schutzpolizeibeamten in die Landjägerei (V. f. d. P. Nr. 30) ein BDA. von 8 Jahren. Sofern kündbare Pol.-Hauptwachtmeister bereits ein günstigeres BDA. in der Gr. A 7 b haben, behalten sie dieses.
3. Abschnitt B Ziff. 3 gilt auch hier.

D. Beamte des Vollzugsdienstes der Kriminalpolizei.

1. Versorgungsanwärter sind bei ihrer planmäßigen Anstellung als Krim.-Assistenten in den Gehaltssatz von 2400 RM. der BesGr. A 7 b einzuweisen. Das BDA. ist dementsprechend festzusetzen. Eine Anrechnung von Dienstzeiten nach § 3 Abs. 3 des PrBesG. v. 17. 12. 1927 findet dagegen nicht statt.
2. Ziff. C 2 gilt auch hinsichtlich der in die Kriminalpolizei übertretenden Pol.-Wachtmeister (SB.) bei ihrer planmäßigen Anstellung als Krim.-Assistenten.
3. Das BDA. der Anwärter aus freien Berufen ist nach § 3 des Preuß. Besoldungsgesetzes v. 17. 12. 1927 festzusetzen.
4. Abschnitt B Ziff. 3 gilt auch hier.

5. Bei der Beförderung von Krim.-Kommissaren (Kriminaloberkommissaren) zu Krim.-Polizeiräten ist das BDA. um höchstens 10 Jahre zu kürzen. Bei der Beförderung von Krim.-Polizeiräten zu Krim.-Direktoren ist das sich nach § 3 (5) a. a. O. ergebende BDA. um 2 Jahre zu verbessern.
6. Im übrigen ist nach § 3 Abs. 5 zu verfahren.

E. Zu B 1 u. 2, C 2 u. D 2.

Eine Anrechnung von Dienstzeit auf Grund des § 3 (3) des PrBesG. v. 17. 12. 1927 findet neben der Gewährung eines BDA. von 8 Jahren nicht statt.

F. Zu Ziff. 1 der Schlußbemerkungen zu Anl. 3 zur BesOrdg. des PrBesG. v. 17. 12. 1927 (GS. S. 223).

Diese Bestimmung ist auch anzuwenden, wenn ausnahmsweise Polizeiwachtmeister (Dienstgrad) und kündbare Polizeihauptwachtmeister in andere Dienstzweige der staatlichen Polizei übernommen werden. Den als Pol.-Wachtmeister (Dienstgrad) übernommenen Beamten sind nach ihrer endgültigen Übernahme, also nicht während der Probedienstzeit, die Bezüge der BesGr. A 10 c 1 zu gewähren. Das BDA. in dieser BesGr. ist auf den Ersten des Monats festzusetzen, in dem die endgültige Übernahme erfolgt ist.

II. Änderung und Ergänzung der Überleitungsbestimmungen für die Vollzugsbeamten der Polizei und Landjägerei (PrBesBl. 1927 S. 237).

1. Zu BesGr. A 4 c (Untergruppe).

Ergibt sich eine günstigere Regelung, wenn das BDA. auf den Ersten des Monats, in dem die Beförderung zum Pol.-Leutnant oder zum Leutnant in der Wehrmacht erfolgt ist, festgesetzt und die bis zu diesem Zeitpunkt abgeleistete Gesamtdienstzeit, soweit sie 7 Jahre übersteigt, angerechnet wird, so ist für Pol.-Leutnants und -Oberleutnants hiernach zu verfahren.

2. Zu BesGr. A 7 b.

Die Bestimmung ist durch folgende zu ersetzen:

Das BDA. der am 30. 9. 1927 vorhandenen Oberlandjäger, Kriminalassistenten und unkündbar angestellten Polizeihauptwachtmeister ist in der BesGr. A 7 b so festzusetzen, als ob sie vom Tage ihrer Anstellung ab als solche ein BDA. von 8 Jahren erhalten hätten. Sofern diese Beamten vor ihrer planmäßigen Anstellung (als Oberlandjäger, Polizeihauptwachtmeister und Krim.-Ass.) Landjäger, Polizei- oder Kriminalbetriebsassistenten, unkündbar angestellte Pol.-Oberwachtmeister und, soweit die Zeit vor dem 1. 4. 1920 in Frage kommt, Schutzmann (Pol.-Wachtmeister — s. Erl. v. 3. 2. 1919 II b 515, nicht veröffentlicht) oder Gendarm waren, ist die Anrechnung von 8 Jahren von dem Tage der Anstellung in diesen Dienstgraden ab zu rechnen, wobei eine Durchgruppierung von der alten BesGr. A 4 nach A 5 nicht stattfindet.

Diese Regelung gilt jedoch nur, sofern die Beamten am Tage der planmäßigen Anstellung in der alten BesGr. A 4 oder, sofern die erste planmäßige Anstellung in der alten BesGr. A 5 erfolgt ist, in dieser Gruppe eine Gesamtdienstzeit von 12 Jahren abgeleistet hatten. Ist die Anstellung vor Vollendung einer 12jährigen Gesamtdienstzeit erfolgt, so ist das BDA. so festzusetzen, daß die Beamten mit dem Beginn des 13. Dienstjahres in die 5. Stufe der BesGr. 7 b (alte BesGr. A 5) einrücken.

Verbesserungen des BDA. gem. Ziff. 65ff. der PBV. v. 15. 7. 1925 bleiben neben der vorstehenden Regelung bestehen.

Dagegen sind Verbesserungen des BDA., die auf Grund der Härtebestimmungen vorgenommen worden sind, um die durch vorstehende Regelung neu hinzutretenden Verbesserungen zu kürzen.

In gleicher Weise ist hinsichtlich der ehemaligen kommunalen Polizeivollzugsbeamten zu verfahren, die anläßlich der Verstaatlichung kommunaler Polizeiverwaltungen oder infolge Abtretung von Gebieten bis zum 30. 9. 1927 in den Staatsdienst übernommen worden sind, sofern sich hiernach ein günstigeres BDA. als nach den Erlassen vom 16. 6. 1921 — II A 72[13] — und vom 2. 9. 1927 (MBliV. S. 892) ergibt. Wegen der vergleichbaren Dienstgrade wird auf den Erlaß v. 20. 5. 1922 II D 982 (MBliV. S. 502) verwiesen.

Beispiel:

Militärdienstzeit vom 1. 10. 1913 bis 30. 9. 1919, Probedienstleistung in der kommunalen Polizei vom 1. 10. 1919 bis 30. 9. 1920. Am 1. 10. 1920 als kommunaler Pol.-Betriebsassistent angestellt (BDA. 1. 10. 1920). Am 1. 4. 1924 infolge Verstaatlichung der kommunalen Pol.-Verwaltung in den Staatsdienst (BesGr. A 4) übernommen. BDA. auf Grund des Erl. v. 16. 6. 1921 — II A 72[13] = 1. 4. 18.

Neuberechnung des BDA.

Beginn des 13. Dienstjahres = 1. 10. 1925. Hierauf 8 Jahre anzurechnen = 1. 10. 1917. Mithin BDA. in Gr. A 7 b = 1. 10. 1917. Da dieses BDA. günstiger als das bisherige (1. 4. 1918) ist, erhält der Beamte dieses BDA.

Diese Bestimmungen gelten als Sonderbestimmungen i. S. der Nr. 109 der AusfBestim. zum PrBesG.

3. Zu BesGr. A 10 c 1.

Als Abs. 3 tritt hinzu:

Pol.-Oberwachtmeister, die am 30. 9. 1927 eine Gesamtdienstzeit von wenigstens 9 Jahren abgeleistet haben, erhalten ein BDA. von mindestens 2 Jahren.

Als Abs. 4 tritt hinzu:

Die Beförderung zum Pol.-Gefängnisoberwachtmeister steht der Beförderung zum Pol.-Oberwachtmeister gleich.

4. Zu BesGr. A 10 c 2.

Pol.-Wachtmeister mit mehr als vier Dienstjahren, die am 30. 9. 1927 eine Gesamtdienstzeit von wenigstens 6 Jahren abgeleistet haben, erhalten ein BDA. von mindestens 2 Jahren.

III. Allgemein.

1. Anwendung des § 32 des PrBesG. vom 17. 12. 1927.
In der BesGr. A 7 b kommt eine Verbesserung des BDA. auf Grund dieser Bestimmung mit Rücksicht auf Abschnitt II Ziff. 2 nicht in Frage.
Im übrigen ist § 32 auf die Pol.-Vollzugsbeamten mit Ausnahme der Polizei- und Landjägeroffiziere anzuwenden.
2. Als Gesamtdienstzeit im Sinne vorstehender Bestimmungen gelten außer der Schutzpolizeidienstzeit die im § 102 des Schutzpolizeibeamtengesetzes vom 16. 8. 1922 und in den dazu ergangenen AusfBestim. bezeichneten Dienstzeiten sowie die Dienstzeit in der Ersatzpolizei des Ruhrgebiets.
3. Die Bestimmungen treten mit Wirkung vom 1. 10. 1927 ab in Kraft. Sie finden keine Anwendung auf die zum 1. 10. 1927 mit Versorgungsgebührnissen ausgeschiedenen Polizeivollzugsbeamten.
4. Alle entgegenstehenden Bestimmungen werden aufgehoben.

Anhang 4.

Runderlaß des Ministers für Wissenschaft, Kunst und Volksbildung, zugleich im Namen des Finanzministers vom 1. 10. 1928, betreffend Sonderbesoldungsvorschriften für öffentliche höhere Schulen (SBV.) (PrBesBl. S. 275). In der Fassung des RdErl. vom 10. Okt. 1931 (PrBesBl. S. 307).

In Ausführung des Gesetzes über die Dienstbezüge der unmittelbaren Staatsbeamten (Preuß. Besoldungsgesetz vom 17. 12. 1927 GS. S. 223) und in Ergänzung der Preuß. Besoldungsvorschriften vom 30. 3. 1928 (PrBesBl. S. 151 ff.) wird für die öffentlichen höheren Schulen mit Wirkung vom 1. Oktober 1927 ab folgendes bestimmt:

A. Oberschullehrer(-innen).

I. Überleitungsbestimmungen.

(1) Die am 1. Oktober 1927 im Amt befindlichen und vorher planmäßig angestellten Oberschullehrer mit den Bezügen der alten Besoldungsgruppe A 8 behalten ihr bisheriges Besoldungsdienstalter (BDA.), im günstigsten Falle ein solches von 16 Jahren. Die Verkürzung des BDA. darf jedoch vier Jahre nicht übersteigen und nicht verhindern, daß der Lehrer spätestens zwei Jahre vor Erreichen der Altersgrenze das Endgrundgehalt erhält.

(2) Oberschullehrer mit den Bezügen der alten Besoldungsgruppe A 9 erhalten ein um vier Jahre verbessertes BDA.

(3) Oberschullehrer mit den Bezügen der alten Besoldungsgruppe A 10 erhalten ein um acht Jahre verbessertes BDA. (§ 31 Abs. 2 PrBesG. und § 25 MBG.).

II. Lehramtskandidaten(-innen).

(1) Lehramtskandidaten, die nicht aus dem Volks- oder mittleren Schuldienst hervorgegangen sind, sondern nur die für die Anstellung als Oberschullehrer(-in) vorgeschriebene Lehramtsprüfung

a) für Mittelschulen,
b) für Lyzeen, mittlere und höhere Mädchenschulen,
c) als Zeichenlehrer(-in),
d) als Musiklehrer(-in),
e) als Turnlehrer(-in),
f) als Handarbeits- und Hauswirtschaftslehrerin,
g) als Gewerbelehrerin,
h) als Jugendleiterin

abgelegt und die Befähigung zur Anstellung als Oberschullehrer(-in) erlangt haben, erhalten im Falle ihrer vollen Beschäftigung während der ersten fünf Anwärterdienstjahre eine Grundvergütung nach folgenden Sätzen:

während des ersten und zweiten Anwärterdienstjahres .	2500 RM.
während des dritten und vierten Anwärterdienstjahres .	2900 RM.
im fünften Anwärterdienstjahre	3300 RM.

Das Anwärterdienstalter (VDA. genannt) beginnt mit dem Tage, von dem ab der Anwärter nach erlangter Befähigung zur Anstellung als Oberschullehrer(-in) endgültig in den Staatsdienst übernommen ist (§ 17 Abs. 1 PrBesG.).

(2) Absatz 1 gilt auch für die am 30. Sept. 1927 im Dienst befindlichen Lehramtskandidaten. Bei Nachprüfung des Anwärterdienstalters (VDA.) sind die Bestimmungen im § 33 Abs. 1 und 2 PrBesG. und Nr. 110 PBV. zu berücksichtigen.

III. Auftragsweise Beschäftigung von Mittelschullehrern(-innen).

An öffentlichen mittleren Schulen fest angestellte Lehrer, die aus ihrer Planstelle beurlaubt und auftragsweise an einer höheren Schule beschäftigt werden, erhalten die Dienstbezüge als planmäßige Mittelschullehrer weiter.

IV. Auftragsweise Beschäftigung von Volksschullehrern(-innen).

Volksschullehrer, die eine der zur Anstellung als Oberschullehrer an höheren Schulen vorgeschriebenen Lehramtsprüfungen (vgl. A II 1) abgelegt haben und auftragsweise an einer höheren Schule beschäftigt werden, erhalten eine Grundvergütung in Höhe von 80 v. H. desjenigen Grundgehalts, das sie beziehen würden, wenn sie an der höheren Schule als Oberschullehrer endgültig angestellt wären. Für die Berechnung dieses Grundgehalts ist davon auszugehen, daß der Beginn des VDA. auf den Tag festzusetzen wäre, an dem diese Lehrer eine anrechnungsfähige Dienstzeit von fünf Jahren — gerechnet frühestens vom 21. Lebensjahre ab — im öffentlichen Schuldienst zurückgelegt haben. Der Mindestbetrag der Grundvergütung beträgt 80 v. H. des Anfangsgrundgehalts (von 3600 RM.) gleich 2880 RM. jährlich.

V. Beschäftigung von einstweilig angestellten Lehrern(-innen) und Schulamtsbewerbern(-innen).

(1) Einstweilig angestellte Lehrer und Schulamtsbewerber, die mindestens eine der unter A II 1 genannten Prüfungen abgelegt haben und an höheren Schulen beschäftigt werden, werden, sobald sie die Befähigung zur Anstellung als Oberschullehrer erlangt haben, wie die in A II 1 aufgeführten Lehramtskandidaten behandelt.

(2) Schulamtsbewerber, die keine der unter A II 1 genannten Prüfungen abgelegt haben, oder die zwar die Prüfung abgelegt, aber die Befähigung zur Anstellung als Oberschullehrer noch nicht erhalten haben und vorübergehend an höheren Schulen beschäftigt werden, erhalten die Dienstbezüge, die ihnen bei der auftragsweisen Beschäftigung im Volksschuldienst zustehen würden (Anlage 3 PrBesG. — Gruppe A 4b —, § 15 und § 17 Abs. 2 PrBesG.).

(3) Das Vergütungsdienstalter beginnt mit dem Tage des Eintritts in den öffentlichen Schuldienst, frühestens aber vom Beginn des 21. Lebensjahres ab (§ 20 VBG.).

VI. Übertritt aus dem Volks- oder mittleren Schuldienst in Oberschullehrer(-innen)-Stellen.

Tritt ein im Volksschuldienst oder mittleren Schuldienst endgültig angestellter Lehrer, der eine zur Anstellung an der höheren Schule berechtigende Prüfung (A II 1) abgelegt hat, in eine Oberschullehrerstelle an einer höheren Schule über, so wird das BDA., das nach VBG. und MBG. nicht vor Zurücklegung einer anrechnungsfähigen Dienstzeit von fünf Jahren — gerechnet frühestens vom 21. Lebensjahre ab — festgesetzt werden darf, nicht geändert. Bei Unterbrechungen wird das BDA. entsprechend gekürzt. Beurlaubung zum Zwecke des Studiums zur Erwerbung einer weiteren Lehrbefähigung gilt nicht als Unterbrechung.

VII. Schlußvorschrift.

Die diesen Vorschriften entgegenstehenden Bestimmungen, insbesondere die Erlasse über Verleihung von Aufrückestellen und Festsetzung eines Aufrückungsdienstalters, über die Fußnote 2 zur alten Besoldungsgruppe A 8 werden aufgehoben. In den noch gültig bleibenden Bestimmungen ist an Stelle der alten Besoldungsgruppen A 8, 9 oder 10 des BDEG. vom 17. 12. 1920 die Gruppe A 4a 1 (MBG.) des neuen PrBesG. vom 17. 12. 1927 zu setzen.

B. Studienräte(-innen), die aus dem Volksschuldienst usw. hervorgegangen sind.

(1) Bei der Anstellung von festangestellten Volks-, Mittel- oder Oberschullehrern, die die Prüfung für das Lehramt an höheren Schulen (Wissenschaftliche und Pädagogische Prüfung) abgelegt haben, in einer Stelle der Gruppe A 2b wird die im öffentlichen Volks-, mittleren oder höheren Schuldienst zugebrachte Dienstzeit nach Vollendung des vorgeschriebenen Diäta-

riats, soweit sie acht Jahre übersteigt, auf das BDA. in Gruppe A 2b angerechnet.

(2) Scheiden die unter Abs. 1 genannten Lehrer aus ihrer bisherigen Stelle endgültig aus und treten zu den Anwärtern der Gruppe A 2b über, so erhalten sie für die Dauer dieser Beschäftigung eine Grundvergütung nach einem besonderen AnwDA., das dem späteren, bei der Anstellung als Studienrat festzusetzenden BDA. in der Gruppe A 2b (Abs. 1) entsprechen würde.

Hinzu tritt die nach Nr. 100 PBV. anzurechnende Zeit.

(3) Werden die unter Abs. 1 genannten Lehrer aus ihrer bisherigen Stelle beurlaubt und auftragsweise in einer Stelle der Gruppe A 2b beschäftigt, so beziehen sie ihre Dienstbezüge als planmäßige Volks-, Mittel- oder Oberschullehrer weiter.

(4) Die bisherigen entgegenstehenden Bestimmungen, insbesondere der RdErl. des MfWKuV. v. 17. 2. 1925 — U II 4570/24 — (ZblUV. S. 73) Ziff. 2—4 und der Erl. des MfWKuV. v. 24. 1. 1923 — U II 58 —, werden aufgehoben.

C. Geistliche.

(1) Bei der Anstellung von Geistlichen in einer Stelle der Gruppe A 2b ist die in dem geistlichen Amt nach der Ordination oder Priesterweihe sowie die im öffentlichen Schuldienst zugebrachte Dienstzeit, soweit sie fünf Jahre übersteigt, auf das BDA. in Gruppe A 2b anzurechnen. Ziff. 100 PBV. findet entsprechende Anwendung; für die Dauer des Studiums, der Vorbereitungs- und Prüfungszeit gelten die Erlasse des MfWKuV. vom 14. 2. 1923 — U II 138 — und vom 16. 2. 1925 — U II 3871 I, II, G II — weiter.

(2) Werden Geistliche, die die Prüfung für das höhere Lehramt (Wissenschaftliche und Pädagogische Prüfung) abgelegt haben, im höheren Schuldienst auftragsweise in einer Stelle der Gruppe A 2b beschäftigt, so erhalten sie für die Dauer dieser Beschäftigung eine Grundvergütung nach einem besonderen Anwärterdienstalter (BDA. genannt), das vom Tag der erlangten Befähigung (Ernennung zum Studienassessor) ab rechnet (§ 17 Abs. 1); vgl. auch Erl. des MfWKuV. v. 16. 2. 1925 — U II 4609 — Ziff. 2 u. 3 (ZblUV. S. 72).

Nr. 100 PBV. und der Erl. des MfWKuV. vom 12. 9. 1921 — U II 1033 — (ZblUV. S. 373) finden entsprechende Anwendung.

(3) Geistliche, die die erste Prüfung für das höhere Lehramt (Wissenschaftliche Prüfung) noch nicht abgelegt haben und an höheren Schulen in einer Stelle der Gruppe A 2b vorübergehend beschäftigt werden, erhalten eine Grundvergütung, die gemäß Nr. 82 Abs. 2 PBV. auf 3000 RM. jährlich festgesetzt wird. § 38 PrBesG. findet entsprechende Anwendung.

(4) Die bisherigen entgegenstehenden Bestimmungen, insbesondere die Erl. des MfWKuV. v. 27. 3. 1923 — U II 637 I/II, U III, G I, G II, A — und vom 16. 2. 1925 U II 4609 — (ZblUV. S. 72) Ziff. 4 bis 5, werden aufgehoben.

D. Studienassessoren(-innen).

(1) Für die Bezüge der nicht in die Anwärterliste aufgenommenen Studienassessoren gilt auf Grund der Nr. 82 Abs. 2 PBV. § 11 Abs. 3 Satz 1 der Ordnung der Anwärter für das Lehramt an höheren Schulen vom 24. April 1924 (ZblUV. S. 151 ff.) auch künftig.

(2) Auf die am 30. September 1927 im Dienste befindlichen Studienassessoren findet § 33 Abs. 1 und 2 PrBesG. und Nr. 110 PBV. Anwendung. Das um zwei Jahre verbesserte AnwDA. (VDA.) ist in Zukunft stets als „verb. AnwDA." (Verb. VDA.) zu bezeichnen.

(3) Für die Anrechnung von Studium, Prüfungs- und Vorbereitungszeit gelten auf Grund der Nr. 100 PBV. die RdErl. des MfWKuV. vom 12. 9. 1921 — U II 1033 — (ZblUV. S. 373) und vom 1. 11. 1927 — U II 22771 II — (ZblUV. 1928 S. 21) auch künftig.

E. Berücksichtigung sonstiger Dienstzeit.

(1) Bei der Übernahme eines planmäßigen akademisch oder nicht akademisch gebildeten Lehrers eines der anderen Länder in den preußischen höheren Schuldienst wird das VDA. so berechnet, als wenn der Lehrer nach Ablegung der vorgeschriebenen Prüfungen sogleich in den höheren Schuldienst Preußens eingetreten wäre. Der in dem anderen Lande abgeleistete Schuldienst in gleichwertigen Stellen wird der Dienstzeit im preußischen Schuldienst gleichgeachtet.

(2) Bei der vorläufigen oder endgültigen Übernahme von nicht planmäßigen akademisch oder nicht akademisch gebildeten Lehrern eines der anderen Länder in den preußischen höheren Schuldienst ist, falls die sonstigen Voraussetzungen für die Übernahme in den preußischen Schuldienst gegeben sind, bei Festsetzung des Vergütungsdienstalters Ziff. 1 sinngemäß anzuwenden.

(3) Den akademisch gebildeten Lehrern an höheren Schulen kann die im preußischen oder außerpreußischen Universitätsdienst sowie die im außerpreußischen Schulaufsichts- oder Kirchendienst zugebrachte Zeit, ferner der ausländische Dienst, der, wenn er im Inlande geleistet wäre, angerechnet würde, und der nach erlangter Anstellungsfähigkeit bzw. nach Ernennung zum Studienassessor geleistete Dienst an deutschen Auslandsschulen, soweit der Lehrer nicht für diesen Dienst beurlaubt ist, und an inländischen öffentlichen nicht höheren Schulen, deren Lehrpläne über die Ziele der Volksschule hinausgehen, sowie an Privatschulen, die für die Beurlaubung den öffentlichen höheren Schulen gleichgestellt sind (Erl. des MfWKuV. vom 17. 1. 1926 — U II 18 894/25 — ZblUV. S. 43), ganz oder zum Teil auf das VDA. angerechnet werden.

(4) Den nicht akademisch gebildeten Lehrern an höheren Schulen kann außer der Dienstzeit nach Ziff. E 3 die im außerpreußischen öffentlichen Schuldienst zugebrachte Zeit ganz oder zum Teil auf das VDA. angerechnet werden.

(5) Eine Anrechnung früherer Dienstzeit darf nur erfolgen, soweit der Lehrer dadurch nicht günstiger stehen würde als ein Lehrer der regelmäßigen Laufbahn des gleichen Alters und mit regelrechtem Aufstieg (Nr. 43 PBV.).

(6) Das Provinzialschulkollegium kann nach Absatz 3—5 bis zu zwei Jahren selbständig anrechnen, darüber hinaus nur mit Zustimmung des Fachministers.

(7) In den unter Abschnitt E Absatz 1—4 nicht geregelten Fällen der Berücksichtigung sonstiger Dienstzeit ist die Entscheidung des MfWKuV. einzuholen, die der Zustimmung des Finanzministers bedarf.

F. Allgemeine Bestimmungen.

(1) Dem öffentlichen Schuldienst ist der Dienst an einer Privatschule, die für die Beurlaubung den öffentlichen höheren Schulen gleichgestellt ist, gleichzuachten (vgl. Erl. des MfWKuV. v. 17. 1. 1926 — U II 18894/25 — ZblUV. S. 43).

(2) Wird ein vor dem 1. April 1920 angestellter Lehrer von einer nichtstaatlichen Schule an eine staatliche oder unter Staatsverwaltung stehende Schule übernommen, so ist das BDA. nach staatlichen Grundsätzen umzurechnen.

(3) Bei der späteren Nachprüfung oder Festsetzung des BDA. der alten Eingangsgruppe und des Anwärterdienstalters der vor dem 1. Oktober 1927 im Dienst befindlichen Beamten sind die vor diesem Zeitpunkt ergangenen Bestimmungen anzuwenden, soweit nicht in diesem Erlaß eine abweichende Regelung getroffen ist.

(4) Die in vorstehenden Bestimmungen aufgeführten nichtplanmäßigen Beamten erhalten neben der zuständigen Grundvergütung einen Wohnungsgeldzuschuß, den sie bei endgültiger Anstellung zu beanspruchen hätten.

(5) Lehrerinnen und Lehramtskandidatinnen erhalten das Grundgehalt bzw. die Grundvergütung um 10 v. H. gekürzt.

(6) In allen durch diese Sonderbesoldungsvorschriften geregelten Fällen haben die Provinzialschulkollegien selbständig zu entscheiden, sofern nichts anderes bestimmt ist. In nicht geregelten Fällen (z. B. bei der Festsetzung des BDA. oder AnwDA. wieder beschäftigter Wartegeldempfänger oder entlassener Beamten) ist die Entscheidung des MfWKuV. einzuholen. Der RdErl. des MfWKuV. vom 10. 1. 1924 — U II 852/22, U II W, A — (Ziff. 1, 2 und 4) wird hierdurch nicht berührt; Ziff. 3 und 5 dieses Erlasses werden aufgehoben.

(7) Die in Einzelfällen in letzter Zeit getroffenen Entscheidungen sind nach vorstehenden Grundsätzen nachzuprüfen und gegebenenfalls zu berichtigen. Eine Nachprüfung des einmal festgesetzten BDA. eines Lehrers durch das Provinzialschulkollegium auf Grund dieser Sonderbesoldungsvorschriften findet dagegen nur auf Antrag statt.

(8) Wegen Zahlung der Vergütungen an die im Vorbereitungsdienst und Probejahr stehenden Studienreferendare und Lehramtskandidaten, die an höheren Schulen ausnahmsweise voll beschäftigt werden, wird besondere Regelung erfolgen. Bis zu diesem Zeitpunkt regelt sich ihre Vergütung nach Ziff. 14 des RdErl. des FinMin. vom 10. 12. 1927 (PrBesBl. S. 162).

(9) Sollte vor Eingang des RdErl. des MfWKuV. vom 9. 7. 1928 — A 883 — (RdErl. des FinMin. v. 16. 6. 1928 — Bes. 6571 b — PrBesBl. S. 221) eine Berechnung über die Festsetzung des Anwärter- und Besoldungs-

dienstalters der Lehrer nach früheren Vordrucken erfolgt sein, so behält es hierbei bis auf weiteres sein Bewenden. Sofern eine Umrechnung bisher überhaupt noch nicht vorgenommen ist, ist weitere Verfügung über die Form der Vordrucke abzuwarten.

(10) Diese Sonderbesoldungsvorschriften werden im Zentralblatt für die gesamte Unterrichtsverwaltung und im Preußischen Besoldungsblatt abgedruckt.

Anhang 5a.

Runderlaß des Ministers des Innern und des Finanzministers betreffend Auswirkung der 1. Gehaltskürzungsverordnung auf die Gemeinden und Körperschaften des öffentlichen Rechtes vom 17. Dez. 1930 (MinBliV. S. 1209).

A. Gemeinden und Gemeindeverbände.

I. Beamte.

Auf Grund der im § 4 Abs. 1 und 2 des Zweiten Teils Kap. II der VO. des Reichspräsidenten zur Sicherung von Wirtschaft und Finanzen vom 1. 12. 1930 (RGBl. I S. 517 ff.) erteilten reichsgesetzlichen Ermächtigung hat das Preuß. Staatsministerium durch § 2 seiner VO. über Gehaltskürzung vom 13. 12. 1930 (GS. S. 291) die Dienst- und Versorgungsbezüge der Beamten der Gemeinden und Gemeindeverbände mit unmittelbarer Wirkung nach den Vorschriften des § 1 der VO., also um 6 v. H. gekürzt. Was im Sinne dieser Vorschrift unter die Dienst- und Versorgungsbezüge fällt, ist im § 1 Abs. 2 bis 4 der VO. ausdrücklich geregelt. Die Kürzung erfolgt erstmalig von den für den Monat Februar zuständigen Bezügen. Die Verwaltungsorgane der Gemeinden und Gemeindeverbände sind hiernach gesetzlich verpflichtet, die 6 v. H.-Kürzung der Dienst- und Versorgungsbezüge ihrer Beamten vorzunehmen, ohne daß es hierzu noch einer Beschlußfassung der Vertretungskörperschaften bedarf. Die nach § 2 in Verbindung mit § 1 der VO. des Preuß. Staatsministeriums angeordnete 6 v. H.-Kürzung der Bezüge erfolgt unbeschadet einer etwa gemäß § 43 des Preuß. Besoldungsges.[1]) vorgenommenen Änderung der Besoldung; sie ist rein rechnerisch von den jeweils zur Auszahlung gelangenden Bezügen zu berechnen. Wo durch zeitliches Zusammentreffen einer Herabsetzung der Bezüge auf Grund des § 43 mit der 6 v. H.-Kürzung in Einzelfällen besondere Härten entstehen, kann von den Aufsichtsbehörden den Gemeinden und Gemeindeverbänden anheimgegeben werden, die neben der ab 1. 2. 1931 sofort in voller Höhe eintretenden 6 v. H.-Kürzung stattfindende zusätzliche Kürzung erst nach und nach vorzunehmen, dergestalt, daß die vollständige Auswirkung erst am Ende eines längeren Zeitraums eintritt, der aber spätestens mit dem Ablauf des Rechnungsjahres 1931 enden muß.

[1]) Vgl. GS. 1927 S. 223.

Die Kürzung erfolgt zugunsten der Kasse der betreffenden Gemeinde (Gemeindeverbandes), auch soweit die Bezüge nicht aus der Gemeindekasse gezahlt werden[2]).

II. Angestellte.

§ 5 im Zweiten Teil Kap. II der VO. des Reichspräsidenten v. 1. 12. 1930 gibt Reich, Ländern und Gemeinden, Gemeindeverbänden und den sonstigen Körperschaften des öffentlichen Rechts sowie den ihnen in § 6 daselbst gleichgestellten juristischen Personen des öffentlichen und privaten Rechts das Recht, Tarif- und Einzelanstellungsverträge mit monatlicher Frist zum 31. 1. 1931 zum Zwecke einer der Kürzung der Beamtenbezüge entsprechenden Kürzung der Angestelltenbezüge zu kündigen. Der Preuß. Staat wird von diesem Kündigungsrecht Gebrauch machen (vgl. RdErl. über Angestelltenbezüge v. 13. 12. 1930, PrBesBl. S. 164).

§ 2 Abs. 2 der VO. des Preuß. Staatsministeriums v. 13. 12. 1930 (GS. S. 291) verpflichtet die Gemeinden und Gemeindeverbände, auch ihrerseits von diesem Kündigungsrecht Gebrauch zu machen, um eine dem § 1 der bezeichneten VO. entsprechende Kürzung der Angestelltenbezüge herbeizuführen. Auf Grund dieser gesetzlichen Verpflichtung haben die Verwaltungsorgane der Gemeinden und Gemeindeverbände die Kündigung vorzunehmen, ohne daß auch hier ein besonderer Beschluß erforderlich wäre.

Auch für die im § 6 Kap. II Teil 2 der VO. des Reichspräsidenten bezeichneten juristischen Personen des Privatrechts, also insbesondere für die Unternehmungen, deren Gesellschaftskapital sich mit mehr als der Hälfte im Eigentum von Gemeinden und Gemeindeverbänden befindet, gilt das durch § 5 der VO. des Reichspräsidenten geschaffene Kündigungsrecht. Es wird erwartet, daß die Gemeinden und Gemeindeverbände in den Verwaltungsorganen derartiger Gesellschaften gleichfalls die Kündigung der Verträge zwecks Neuregelung der Bezüge veranlassen.

Da die Kündigung nur zum 31. 1. 1931, und zwar mit monatlicher Frist, erfolgen kann, müssen die Kündigungen sofort noch im Dezember 1930 erfolgen. Bei Schwerbeschädigten bedarf es der Zustimmung der Hauptfürsorgestelle zur Kündigung nicht, da die Kündigung zum Zwecke der Kürzung der Dienstbezüge auch dann möglich ist, wenn sie nach dem Gesetz überhaupt nicht zulässig wäre. Das Entsprechende gilt für die Kündigung von Betriebsratsmitgliedern und Obmännern (vgl. hierzu RdErl. über Angestelltenbezüge v. 13. 12. 1930, PrBesBl. S. 164).

Obwohl das Recht und die Pflicht zur Kündigung nur zum Zwecke einer der 6 v. H.-Kürzung der Beamtengehälter entsprechenden Kürzung der Bezüge der Angestellten gegeben ist, wird doch von Gemeinden und Gemeindeverbänden die Gelegenheit benutzt werden können, bei leitenden Angestellten mit besonders hohen Bezügen auf eine weitergehende Herabsetzung dieser Bezüge im Wege der Vereinbarung hinzuwirken. Das gilt

---

[2]) Teil A Abschnitt I Abs. 2 gilt nicht für die Kürzungen an den Gehältern der Beamten und Angestellten der Sparkassen. Hierzu vgl. RdErl. des MindJ. vom 13. Febr. 1932 — IV b 494 I/II.

nicht nur für Angestellte der Gemeinden und Gemeindeverbände selbst, sondern auch für Angestellte solcher Unternehmungen, auf die Gemeinden und Gemeindeverbände einen entscheidenden Einfluß haben. Bei den vom Preuß. Staat beeinflußten Unternehmungen sind die Bezüge nach folgenden Richtlinien gekürzt worden:

1. a) Gesamtbezüge über 50000 RM. jährlich um 20 v. H. des Gesamtbetrages,
   b) Gesamtbezüge über 25000 bis 50000 RM. jährlich um 10 v. H. des Gesamtbetrages,
   c) Gesamtbezüge von 25000 RM. und darunter um 6 v. H.
2. Zu den Gesamtbezügen im Sinne dieser Richtlinien gehören alle Einnahmen, die aus einer Tätigkeit bei dem Unternehmen und den damit zusammenhängenden Nebenbeschäftigungen fließen. Es gehören nicht dazu Leistungen zur Alters-, Hinterbliebenen- oder Unfallfürsorge u. ä.
3. Durch die Kürzung soll niemand schlechter gestellt werden, als er stehen würde, wenn er die Höchstbezüge der nächstniedrigen Kürzungsstaffel, Ziff. 1 a bis c, erhielte.

B. Sonstige Körperschaften des öffentlichen Rechts.

Den Gemeinden und Gemeindeverbänden sind in § 2 Abs. 2 und § 3 der VO. des Preuß. Staatsministeriums v. 13. 12. 1930 (GS. S. 291) die der Aufsicht des Landes unterstehenden Körperschaften des öffentlichen Rechts sowie die Anstalten, Vereine und Stiftungen des öffentlichen Rechts gleichgestellt. Die Ober- und Regierungs-Präs. werden daher ersucht, die zum Bereich des Ministeriums des Innern gehörigen, der Staatsaufsicht unterstehenden Körperschaften, Anstalten, Vereine und Stiftungen des öffentlichen Rechts auf die Befolgung des vorstehenden RdErl. besonders hinzuweisen.

Anhang 5b.

Runderlaß des Ministers des Innern und des Finanzministers betreffend Auswirkung der 2. Gehaltskürzungsverordnung auf die Gemeinden und Körperschaften des öffentlichen Rechts vom 18. Juni 1931 (MBliV. S. 625).

A. Gemeinden und Gemeindeverbände.

I. Beamte. Die erste Gehaltskürzung erfolgte auf Grund der VO. des Preuß. Staatsministeriums v. 13. 12. 1930 (GS. S. 291), die in Verfolg einer in der VO. des Reichspräsidenten v. 1. 12. 1930 (RGBl. I S. 517) erteilten reichsgesetzlichen Ermächtigung erging. Die Zweite VO. des Reichspräsidenten zur Sicherung von Wirtschaft und Finanzen v. 5. 6. 1931 (RGBl. I S. 279) hat im II. Teil Kap. I § 7 selbst mit unmittelbarer Wirkung die Gehälter der Beamten der Länder und auch der Gemeinden und Gemeindeverbände gekürzt. Die Verwaltungsorgane der Gemeinden und

Gemeindeverbände sind daher kraft Reichsgesetz verpflichtet, die Zahlung von Dienst- und Versorgungsbezügen an ihre Beamten in der in Kap. I des II. Teils der VO. des Reichspräsidenten v. 5. 6. 1931 vorgesehenen Weise zu kürzen. Es bedarf hierzu weder einer landesgesetzlichen Anordnung noch einer Beschlußfassung der Vertretungskörperschaften. Der Kürzung unterliegen alle für die Zeit vom 1. 7. 1931 ab zustehenden kürzungspflichtigen Bezüge, ohne Rücksicht auf den Zeitpunkt der Auszahlung. Über die Durchführung dieser zweiten Gehaltskürzung bei unmittelbaren Staatsbeamten hat der FM., im Namen des Ministerpräsidenten und sämtlicher Staatsminister durch RdErl. v. 13. 6. 1931 (PrBesBl. S. 181) die erforderlichen Anordnungen erlassen, die für die Gemeinden und Gemeindeverbände sinngemäße Anwendung finden. Im übrigen ist A I des RdErl. über Gehaltskürzung v. 17. 12. 1930 (MBliV. S. 1209) entsprechend anzuwenden.

II. Angestellte. Auch die Bezüge der Angestellten sind durch die VO. des Reichspräsidenten v. 5. 6. 1931 für Reich, Länder, Gemeinden und Gemeindeverbände mit unmittelbarer Rechtswirkung gekürzt. Auch zu dieser Kürzung sind die Verwaltungsorgane der Gemeinden und Gemeindeverbände reichsgesetzlich verpflichtet. Es bedarf auch hierzu weder einer Beschlußfassung der Vertretungskörperschaften noch einer Vereinbarung mit den Angestellten. Insoweit findet also kraft Reichsrecht eine Änderung der im übrigen unberührt bleibenden Tarif- und Einzelanstellungsverträge statt. Dies gilt nicht für Angestellte in Betrieben, deren Bezüge bei der Verkündung der VO. des Reichspräsidenten v. 5. 6. 1931 in einem einheitlichen Tarifvertrage mit denen der Arbeitnehmer privater Betriebe geregelt sind (§ 7 Abs. 1 Satz 2 Kap. I im II. Teil der VO.). Die Kürzung erfolgt entsprechend den für die Kürzung der Beamtengehälter geltenden Vorschriften. Die Kürzung der Bezüge tritt zu der aus Anlaß der ersten Gehaltskürzung der Beamten erfolgten Kürzung hinzu; sie wird also an den Bezügen vorgenommen, die den Angestellten ohne Rücksicht auf jene Kürzung zustehen würden. Dies gilt auch dann, wenn die erste Kürzung über 6 v. H. hinausgegangen ist. Der FM. hat über die Durchführung der zweiten Gehaltskürzungs-VO. im RdErl. v. 13. 6. 1931 — Lo 3718b II (PrBesBl. S. 200) zugleich im Namen des Ministerpräsidenten und aller Staatsminister Anordnungen erlassen, die für die Kürzung der Bezüge der Angestellten bei den Gemeinden und Gemeindeverbänden Anwendung finden. Die in Nr. 5 dieses RdErl. angekündigte weitere Weisung hinsichtlich der PAT.-Angestellten wird in einer der nächsten Nummern des PrBesBl. veröffentlicht werden.

B. Sonstige Körperschaften des öffentlichen Rechts.

Die Vorschriften über die Kürzung der Beamtengehälter und der Bezüge der Angestellten gelten nach § 7 Kap. I im Zweiten Teil der VO. des Reichspräsidenten v. 5. 6. 1931 wie für die Gemeinden und Gemeindeverbände, so auch für die sonstigen Körperschaften des öffentlichen Rechts. Zu den Körperschaften des öffentlichen Rechts im Sinne des Kap. I gehören nach § 8 auch die Anstalten, Vereine und Stiftungen des öffentlichen Rechts, die Verbände von Körperschaften des öffentlichen Rechts, die Unternehmungen, deren Gesellschaftskapital sich mit mehr als der Hälfte im Eigentum von Körperschaften des öffentlichen Rechts befindet, und die Vereinigungen und Einrichtungen, deren Einkünfte mit mehr als der Hälfte von solchen Unternehmungen oder von Körperschaften des öffentlichen Rechts herrühren. Die Ober- und Reg.-Präs. werden ersucht, die zum Bereich des MdJ. gehörenden, der Staatsaufsicht unterstehenden Körperschaften des öffentlichen Rechts auf die Befolgung der VO. des Reichspräsidenten v. 5. 6. 1931 und des vorstehenden RdErl. besonders hinzuweisen.

Anhang 5c.

Runderlaß des Ministers des Innern und des Finanzministers betreffend Auswirkung der 3. Gehaltskürzungsverordnung auf die Gemeinden und Körperschaften des öffentlichen Rechts vom 23. Dez. 1931 (MBliV. S. 1286).

Die Vierte VO. des Reichspräsidenten zur Sicherung von Wirtschaft und Finanzen usw. v. 8. 12. 1931 (RGBl. I S. 699) enthält im Siebenten Teil Kap. VI eine dritte Kürzung der Gehälter und Löhne.

A. Gemeinden und Gemeindeverbände.

I. Beamte und Angestellte.

Die dritte Kürzung der Bezüge der Beamten und Angestellten erfolgt, wie es bei der zweiten Kürzung geschehen war, durch die VO. des Reichspräsidenten selbst mit unmittelbarer Wirkung für die Beamten und Angestellten der Länder und Gemeinden und Gemeindeverbände. Die Rechtslage ist also die gleiche wie nach dem RdErl. v. 18. 6. 1931 (MBliV. S. 625). Dieser RdErl. sowie die von dem FM. erlassenen Bestimmungen zur Durchführung der dritten Gehaltskürzung bei den unmittelbaren Staatsbeamten — RdErl. v. 16. 12. 1931 (PrBesBl. S. 347) — finden sinngemäß Anwendung.

Die dritte Kürzung der Bezüge tritt zu der ersten und zweiten Kürzung hinzu. Sie beträgt ohne Staffelung 9 v. H. und wird an den Bezügen vorgenommen, die den Bezugsberechtigten ohne Rücksicht auf jene Kürzungen zustehen würden.

Der dritten Kürzung unterliegen ebenso wie den früheren Kürzungen auch die auf Grund der PrSpar-VO.[1]) herabgesetzten Bezüge von Beamten und Dauerangestellten.

Die auf Grund des Dritten Teils der Spar-VO. gewährte Ausgleichszulage wird durch die Dritte Gehaltskürzungs-VO. nicht berührt. Ihre Ermäßigung oder ihr Wegfall regelt sich nach den Vorschriften der Spar-VO. und den Ausf.-Best. dazu[1]).

---

[1]) Vgl. GS. 1931 S. 179; MBliV. 1931 S. 895, 1014, 1153.

Die Ausgleichszulage (vorstehender Abs.) selbst unterliegt nicht der Kürzung nach der Dritten Gehaltskürzungs-VO. Die Kürzung ist also an den Bezügen vorzunehmen, die dem Bezugsberechtigten nach der Spar-VO. ohne Berücksichtigung der Ausgleichszulage und der Kürzungen nach der Ersten und Zweiten Gehaltskürzungs-VO. zustehen würden und die nicht von der Kürzung ausgenommen (§ 1 Abs. 4 Kap. VI im Siebenten Teil der VO. des Reichspräsidenten v. 8. 12. 1931).

Auch die nach § 7 Abs. 4 Kap. I des Zweiten Teils der Zweiten VO. des Reichspräsidenten v. 5. 6. 1931 in der Fassung des Kap. II des Ersten Teils der Dritten VO. des Reichspräsidenten v. 6. 10. 1931 (RGBl. I S. 279 u. 537) herabgesetzten Löhne sonstiger Angestellten unterliegen der Kürzung. Das gilt nicht für Angestellte in Betrieben, deren Löhne oder Gehälter bei Verkündung der Vierten VO. des Reichspräsidenten in einem einheitlichen Tarifvertrag mit denen der Arbeitnehmer privater Betriebe geregelt sind. Über die Herabsetzung der Lohn- und Gehaltssätze dieser Angestellten sind besondere Vorschriften im Sechsten Teil der Vierten VO. des Reichspräsidenten gegeben.

II. Arbeiter.

Anders als die früheren Gehaltskürzungsverordnungen kürzt die Vierte VO. des Reichspräsidenten im Siebenten Teil Kap. VI § 6 in Verbindung mit § 8 Abs. 1 auch die Löhne der Arbeiter der Länder, Gemeinden und Gemeindeverbände um 10 v. H. mit unmittelbarer Wirkung, also ohne daß es einer Beschlußfassung der Verwaltungsorgane hierüber bedürfte. Dies gilt nicht für Arbeiter in Betrieben, deren Löhne bei der Verkündung der Vierten VO. des Reichspräsidenten in einem einheitlichen Tarifvertrag mit denen der Arbeitnehmer privater Betriebe geregelt sind. Für diese gilt gleichfalls der Sechste Teil der Vierten VO. des Reichspräsidenten. Das Nähere über die 10 v. H.-Kürzung enthält der § 6 a. a. O. Die Kürzung erfolgt auch dann, wenn die Löhne der Arbeiter bereits auf Grund des § 7 Abs. 4 Kap. I im Zweiten Teil der VO. des Reichspräsidenten v. 5. 6. 1931 (RGBl. I S. 279) herabgesetzt sind.

B. Sonstige Körperschaften des öffentlichen Rechts.

Die Vorschriften über die Kürzung der Bezüge der Beamten und Angestellten und Arbeiterlöhne gelten nach § 8 Abs. 1 Kap. VI im Siebenten Teil der Vierten VO. des Reichspräsidenten v. 8. 12. 1931 auch für die Körperschaften des öffentlichen Rechts. Bezüglich der Körperschaften des öffentlichen Rechts vergleiche auch § 9 daselbst.

Die Ober- und Reg.-Präs. werden ersucht, die zum Bereich des MdJ. gehörenden, der Staatsaufsicht unterstehenden Körperschaften des öffentlichen Rechts auf die Befolgung der VO. des Reichspräsidenten v. 8. 12. 1931 und des vorstehenden RdErl. besonders hinzuweisen.

Anhang 6.

Auslegung des § 1 Abs. 2 Kap. I Vierter Teil der Preuß. Sparverordnung (Kündigung von Anstellungsverträgen).

RdErl. d. MdJ. v. 9. 10. 1931 — IV a I 706 — MBliV. S. 1014.

Nach der VO. des Reichspräsidenten v. 24. 8. 1931 (RGBl. I S. 453) können die Landesregierungen bestimmen, daß und in welcher Weise die Personalausgaben und andere Ausgaben der Gemeinden (Gemeindeverbände) herabgesetzt werden. Verpflichtungen aus Verträgen bleiben hierbei unberührt, soweit es sich nicht um Personalausgaben handelt. Bei Herabsetzung der Personalausgaben sind nach dieser reichsrechtlichen Ermächtigung nur Verträge, also nur das, was Gegenstand freier vertraglicher Vereinbarung sein kann, veränderbar, nicht auch Gesetze, die eine abweichende vertragliche Regelung ausschließen. Soweit also in besonderen Gesetzen Kündigungsschutzvorschriften enthalten sind, z. B. in dem Ges. über die Beschäftigung Schwerbeschädigter i. d. Fass. v. 12. 1. 1923 (RGBl. I S. 57) und dem Ges. über die Fristen für die Kündigung von Angestellten v. 9. 7. 1926 (RGBl. I S. 399), bleiben diese unberührt.

Die Preuß. Spar-VO. hat im § 1 Abs. 2 Kap. I Vierter Teil darüber hinaus ausdrücklich die Tarifverträge ausgenommen.

Diesen gesetzlichen Vorschriften entspricht der RdErl. über die Durchführung der Preuß. Spar-VO. in den Gemeinden und Gemeindeverbänden v. 16. 9. 1931 (MBliV. S. 895), der unter I Nr. 3 sagt, daß die Gemeinden durch die VO. des Reichspräsidenten v. 24. 8. 1931 von der Innehaltung bestehender Verträge entbunden und zur Kündigung der Einzelverträge ermächtigt sind, daß aber Kollektiv-(Tarif-)Verträge von diesen Bestimmungen ausgenommen sind.

Was hiernach geschützt ist, bleibt nicht nur dem äußeren, sondern auch dem inneren Bestande nach geschützt. Ebensowenig wie Kollektiv-(Tarif-) Verträge unmittelbar verletzt werden dürfen, dürfen es Einzelverträge, soweit ihre Bestimmungen auf einer bindenden gesetzlichen Vorschrift oder einer durch Kollektiv-(Tarif-)Vertrag getroffenen Vereinbarung beruhen. Daher können Einzelverträge, soweit der vereinbarte Lohn auf Tarifvertrag beruht, zum Zwecke der Veränderung des Lohns nicht, zum Zwecke der Entlassung nur mit den tariflich vorgesehenen Fristen oder, falls bindende gesetzliche Fristen für die Kündigung bestehen, nur unter Innehaltung dieser gesetzlichen Fristen gekündigt werden.

Anhang 7.

Runderlaß des Finanzministers namens des Preußischen Staatsministeriums vom 19. November 1931, betreffend vorläufige Durchführung der Neuregelung der Versorgungsbezüge zum 1. Januar 1932 (PrBesBl. S. 325).

(Auszugsweise.)

Die durch Kap. V Abschn. I § 17 im Dritten Teil der Reichsverordnung vom 6. 10. 1931 — RGBl. I S. 546 — mit Wirkung vom 1. 1. 1932 angeordnete Neufestsetzung der bis zu diesem Tage festgesetzten Versorgungsbezüge der Beamten und Lehrpersonen und ihrer Hinterbliebenen ist von den Regelungsbehörden (s. IIa des RdErl. vom 21. 1. 1928 — PrBesBl. 1931 S. 68 —) nach folgenden Richtlinien sofort in Angriff zu nehmen und so beschleunigt durchzuführen, daß den zahlenden Kassen die Anweisung über die hiernach vom 1. 1. 1932 ab zustehenden Bezüge rechtzeitig erteilt wird.

I. (1) Bei allen am 1. 10. 1866 oder früher geborenen Ruhegehaltsempfängern — einschließlich des Polizeivollzugsdienstes —, die ein Ruhegehalt von mehr als 75 v. H. beziehen, ist das Ruhegehalt auf 75 v. H. ihres bisherigen der Berechnung des Ruhegehalts zugrunde liegenden Diensteinkommens herabzusetzen.

(2) Liegt der Berechnung eines Witwen- und Waisengeldes ein Ruhegehalt von mehr als 75 v. H. zugrunde, so ist ohne Rücksicht auf das Lebensalter des Verstorbenen das Witwen- und Waisengeld aus einem auf 75 v. H. herabgesetzten Ruhegehalt zu berechnen. Hierbei ist der neue Satz des Höchstwitwengeldes (Abs. 3) zu beachten.

(3) Das Höchstwitwengeld beträgt vom 1. 1. 1932 ab 47 v. H. des ruhegehaltsfähigen Diensteinkommens aus der Besoldungsgruppe B 7 der festen Gehälter = 8196,80 RM. jährlich. In den Fällen, in denen das bisherige Witwengeld diesen Betrag überschreitet, ist eine Neufestsetzung — gegebenenfalls auch nach Abs. 2 — vorzunehmen. Der Betrag des Mindestwitwengeldes ist unverändert geblieben.

(4) Ein örtlicher Sonderzuschlag ist entsprechend der Herabsetzung des Vomhundertsatzes nach Abs. 1 bis 3 neu festzusetzen. Wegen der Berechnung des örtlichen Sonderzuschlages wird auf die Beispiele im Preußischen Besoldungsblatt 1931 S. 75 verwiesen. Das Beispiel für das Höchstwitwengeld ändert sich gemäß Abs. 3 wie folgt:

Höchstwitwengeld	8196,80 RM.
3 v. H. örtl. Sonderzuschlag vom Grundgehalt der Gruppe B 7 (16000) = 480 RM., hiervon 47 v. H.	225,60 RM.
zusammen	8422,40 RM.

(5) Abs. 1 bis 4 finden entsprechende Anwendung auf ruhegehalts-, witwen- und waisengeldähnliche Bezüge, denen ein Ruhegehaltssatz von mehr als 75 v. H. zugrunde liegt und die in voller oder teilweiser Höhe des sich danach ergebenden Betrages gezahlt werden (beispielsweise laufende Unterstützungen an strafweise entlassene Beamte, Abfindungsrenten, laufende Zuschüsse zum Ruhegehalt und zum Witwen- und Waisengeld, laufende Zuwendungen und laufende Unterstützungen aus dem Verfügungsfonds der Staatsregierung Kap. 39 Tit. 17, an verdrängte mittelbare Staatsbeamte usw. aus Kap. 49 Tit. 54, an verdrängte Volksschullehrer usw. aus Kap. 182 Tit. 80).

II. Die auf Grund der Ermächtigung des § 34 Abs. 2 PrBesG. 1927 getroffene Bestimmung, daß der Jahresbetrag des Wartegeldes, Ruhegehalts, Witwen- und Waisengeldes auf volle durch 3 teilbare Reichsmarkbeträge aufzurunden ist, ist vom 1. 1. 1932 ab nicht mehr anzuwenden. Wartegelder, Ruhegehälter, Witwen- und Waisengelder, Versorgungsbezüge nach dem Unfallfürsorgegesetz, Übergangsgelder, Übergangsgebührnisse, Fürsorgebezüge usw. sind, wenn sich bei der Berechnung des Jahresbetrags Bruchteile eines Reichspfennigs ergeben, auf einen vollen Reichspfennig aufzurunden. Für die Aufrundung des Monatsbetrags findet wie schon bisher Nr. 112 PBV. Anwendung.

III. Vor dem 1. 1. 1932 anfallende Gnadenvierteljahrsbezüge (Stichtag ist der Todestag des Wartegeld- oder Ruhegehaltsempfängers) werden durch die vorstehenden Bestimmungen auch insoweit nicht berührt, als sie für die Zeit nach dem 31. 12. 1931 zustehen.

IV.
V. } pp.

VI. (1) An den nach vorstehenden Richtlinien neu festgesetzten Bezügen sind die allgemeinen Kürzungen auf Grund der Gehaltskürzungsverordnungen vorzunehmen.

(2) Von der Veränderung der Bezüge haben die Regelungsbehörden den Versorgungsberechtigten als Drucksache (Größe Din A 6 Papier 6 a, Briefumschläge ggf. mit Adrema-Maschine bedruckt) kurz Kenntnis zu geben, z. B.: „Ab 1. 1. 1932 betragen die monatl. Bezüge durch Wegfall der Aufrundung des Jahresbetrags .... RM. ... Rpf." oder „Ruhegehalt, bisher 79 v. H., beträgt ab 1. 1. 1932 75 v. H. = ... RM. ... Rpf. monatl. Aufrundung des Jahresbetrags auf durch 3 teilbaren Reichsmarkbetrag findet nicht mehr statt".

(3) Die neuen Beträge sind in die Grundkarte oder in die an Stelle der Grundkarte geführte Grundliste (Kataster, Kartenblatt) einzutragen und mit den übrigen laufenden Bezügen durch Formblatt Nr. 164, 165, 157, 160 (Ausgabeanweisung über veränderte Versorgungsbezüge der Ruhegehaltsempfänger usw. — vgl. RdErl. d. ORK. v. 21. 2. 1929, PrBesBl. S. 59) zahlbar zu machen. Hierbei sind Einlagebogen nicht zu verwenden. In den Formblättern ist die Kürzung auf Grund der Gehaltskürzungsverordnungen in der für die Besatzungszulage vorgesehenen Spalte unter der Bezeichnung „Ab: K" zu vermerken. Bei Ruhegehaltsempfängern, die ein Ruhegehalt von mehr als 75 v. H. des ruhegehaltsfähigen Diensteinkommens beziehen, ist außerdem einzutragen in Spalte 2 unter dem neu einzufügenden Buchstaben e das Geburtsdatum und — abgesehen von den bereits ab 1. 1. 1932 gemäß I Abs. 1 neu zu regelnden Fällen — in Spalte 18 der auf die Vollendung des 65. Lebensjahres folgende 1. April oder 1. Oktober mit dem in Frage kommenden Kalenderjahr und das von diesem Tage ab zustehende Ruhegehalt. Beispiel für einen Ruhegehaltsempfänger, geboren 19. 11. 1869, pensioniert 1. 10. 1929, 40 Dienstjahre: „Ab 1. 4. 1935 beträgt das Ruhegehalt 75 v. H. des Diensteink. Sp. 4 = ... RM. ... Rpf.".

(4) Die zahlenden Kassen haben die mitgeteilten Veränderungen in die Ruhegehaltsrechnung oder in das an Stelle der Ruhegehaltsrechnung geführte Sollbuch einzutragen, das Geburtsdatum bei jedem Ruhegehaltsempfänger in Spalte 2 unter der Zeile „Familienstand", die Kürzung auf

Grund der Gehaltskürzungsverordnungen, soweit hierfür eine besondere Spalte noch nicht vorgesehen ist, in Spalte „Besatzungszulage", die Herabsetzung des Ruhegehalts von einem zukünftigen Zeitpunkt ab in der am Schluß des Abs. 3 angegebenen Weise in Spalte „Angabe der Zahlungsdauer usw.".

VII. (1) Zur Erleichterung der Umrechnungen sind die auf Grund der Vorschriften der §§ 19, 20 des PrBesG. 1927 gefertigten Tafeln (vgl. II d des RdErl. vom 21. 1. 1928 — PrBesBl. 1931 S. 68 —) neu aufgestellt. Die Tafeln sind also für die Mehrzahl der Versorgungsberechtigten nämlich für die zu oder vor dem 1. 10. 1927 ausgeschiedenen Beamten und Lehrpersonen und für ihre Hinterbliebenen benutzbar. Für die nach dem 1. 10. 1927 ausgeschiedenen Beamten und Lehrpersonen und für ihre Hinterbliebenen sind die Versorgungsbezüge nach den vorgeschriebenen Richtlinien selbständig neu festzusetzen.

(2) Die Tafeln enthalten die nach der neuen Abrundungsvorschrift zustehenden Jahres- und Monatsbeträge des Ruhegehalts und Witwengeldes. Für Ruhegehaltsempfänger, denen ein Ruhegehalt von mehr als 75 v. H. gezahlt wird, und vom 1. 1. 1932 oder von einem späteren Zeitpunkt ab ein Ruhegehalt von nur 75 v. H. zusteht, ist von dem in Frage kommenden Zeitpunkt ab anstatt der bei 36 bis 40 vollen Dienstjahren angegebenen Beträge der bei 35 vollen Dienstjahren eingetragene Betrag zuständig. Die Tafeln sind auch für Wartegeldempfänger mit einer ruhegehaltsfähigen Dienstzeit von 18 und mehr Jahren benutzbar. Hierbei ist zu beachten, daß das Höchstwartegeld 11232 RM. jährlich beträgt.

(3) Die Tafeln werden den in Frage kommenden Dienststellen der Staatsverwaltung übersandt. Ein sparsam zu bemessender Mehrbedarf kann bei der Registratur I D des Finanzministeriums angefordert werden. Die in den Tafeln enthaltenen Angaben brauchen durch den feststellenden Beamten nicht nachgeprüft zu werden.

Anhang 8.

Runderlaß des Finanzministers vom 19. März 1932 betreff. Ablieferung von Nebenvergütungen (PrBesBl. S. 77).[1]

Zu Kap. V des 1. Teils der Verordnung zur Ergänzung der Ersten und Zweiten Sparverordnung vom 14. März 1932 (GS. S. 123) wird folgendes bestimmt:

1. Die Ausnahmen gelten nur für die Ablieferung von Nebenvergütungen, die durch Kap. III § 2 des Zweiten Teils der SparVO. vom 12. 9. 1931 vorgeschrieben ist, d. h. für Nebenvergütungen, die aus einer Kasse des Reichs, eines anderen Landes, einer Gemeinde (eines Gemeindeverbandes), einer anderen Körperschaft des öffentlichen Rechtes oder von einer sonstigen

[1]) Abgedruckt ist nur der Abschn. B des Erl. Im Abschnitt A sind lediglich die Vorschriften des Kap. V des Ersten Teils der VO. vom 14. März 1932 — hier abgedruckt S. 498 — wiedergegeben.

nichtstaatlichen Stelle oder Einzelperson für eine unmittelbar oder mittelbar im öffentlichen Interesse ausgeübte Tätigkeit gezahlt werden und ablieferungspflichtig sind, soweit sie insgesamt 900 RM. im Jahre (75 RM. im Monat) zuzüglich 25% des darüber hinausgehenden Betrags übersteigen.

2. Die Höhe des im Ausnahmefall von der Ablieferung freizulassenden Betrages bestimmt der Fachminister im Einvernehmen mit dem Finanzminister.

3. Unter die Ausnahmebestimmungen fallen gegebenenfalls nur Geldbezüge, die für eine nach dem 31. 3. 1932 ausgeübte Tätigkeit gezahlt werden.

4. Die Vorschriften der Ersten, Zweiten und Dritten Gehaltskürzungsverordnung und der dazu ergangenen Durchführungsbestimmungen bleiben durch diese Ausnahmebestimmungen unberührt, d. h. die Ausnahmen gelten nicht für diejenige Kürzung oder Ablieferung von Nebenvergütungen, die nach den GehaltskürzungsVO. in Höhe des vorgeschriebenen Hundertsatzes vorzunehmen ist (vgl. Nr. 3 und Nr. 9 der Durchfbest. zur Dritten GehaltskürzungsVO. — RdErl. v. 16. 12. 1931 — PrBesBl. S. 347 —).

5. Beispiel a): Ein Staatsbeamter erhält im Monat April d. J. für eine im öffentlichen Interesse ausgeübte Tätigkeit von nichtstaatlicher Stelle, z. B. einer Kasse des Reichs, nach Abzug tatsächlicher Auslagen (Dienstaufwand) eine Nebenvergütung von . . . . 125,— RM.

Angenommen, die von der Reichskasse nach der Ersten, Zweiten und Dritten Gehaltskürzungsverordnung vorgenommene Kürzung beträgt 21% = ...	26,25 RM.
So verbleibt ein Geldbezug von	98,75 RM.
Hiervon verbleiben dem Beamten nach Kapitel III § 2 des Zweiten Teils der SparVO. vom 12. 9. 1931 75,— RM. und v. d. Rest v. 23,75 RM. 25% = 5,94 RM. zus.	80,94 RM.
Der Beamte hätte also nach der SparVO. an die Staatskasse abzuliefern	17,81 RM.

Würde gemäß Kap. V des Ersten Teils der Verordnung vom 14. März 1932 von dem Fachminister im Einvernehmen mit dem Finanzminister eine Ausnahme soweit zugelassen, daß dem Beamten der Betrag von 98,75 RM. verbleibt, weil die nach Durchführung der Kürzungen verbleibende Vergütung von 80, 94 RM. zu der mit der Nebentätigkeit verbundenen Verantwortung offensichtlich im Mißverhältnis stehen würde, so wäre von der Ablieferung des Betrages von 17,81 RM. an die Staatskasse abzusehen.

Beispiel b): Ein Staatsbeamter hat im Monat Mai d. J. von nichtstaatlichen Stellen, z. B. einer Gemeinde und einer anderen Körperschaft des öffentlichen Rechts, nach Abzug tatsächlicher Auslagen (Dienstaufwand) Nebenvergütungen von zusammen . . . . . . 250,— RM.

Angenommen, die von den zahlenden Kassen nach der Ersten, Zweiten und Dritten GehaltskürzungsVO. vorgenommene Kürzung beträgt 21% = ...	52,50 RM.
So verbleibt ein Geldbetrag von	197,50 RM.

Würde gemäß Kap. V des Ersten Teils der VO. vom 14. 3. 1932 eine Ausnahme zugelassen für eine für ein wissenschaftliches Gutachten gezahlte Vergütung in Höhe von 100,— RM.

So bleiben . . . . 97,50 RM.

Hiervon verbleiben dem Beamten nach Kap. III § 2 des Zweiten Teils der SparVO. vom 12. 9. 1931 75,— RM. und v. d. Rest v. 22,50 RM. 25% = 5,63 RM. zus. 80,63 RM.

Somit hat der Beamte nach der SparVO. an die Staatskasse abzuliefern . . . . 16,87 RM.

Beispiel c): Ein Staatsbeamter hat im Monat April d. J. von einer nichtstaatlichen Stelle, die nicht eine Kasse des Reichs, eines Landes, einer Gemeinde oder einer sonstigen Körperschaft des öffentlichen Rechts ist, z. B. eine Rundfunkgesellschaft, für seine im öffentlichen Interesse ausgeübte Tätigkeit im Überwachungsausschuß der Rundfunkgesellschaft, nach Abzug tatsächlicher Auslagen (Dienstaufwand) eine Nebenvergütung von . . . . 200,— RM.

Angenommen, die Ablieferung an die Staatskasse nach der Ersten, Zweiten und Dritten GehaltskürzungsVO. (vgl. Nr. 9 Abs. 2 der Durchfbest. zur Dritten GehaltskürzungsVO. — RdErl. v. 16. 12. 1931 — PrBes.-Bl. S. 347) beträgt 21% = ... 42,— RM.

So verbleibt ein Geldbezug von . . . . 158,— RM.

Würde eine Ausnahme gemäß Kap. V des Ersten Teils der Verordnung v. 14. 3. 1932 nicht zugelassen, so verbleiben von diesem Geldbezug dem Beamten nach Kap. III § 2d 2. Teil der SparVO. vom 12. 9. 1931 75,— RM. u. v. d. Rest v. 83,— RM. 25% = 20,75 RM. zus. 95,75 RM.

Der Beamte hat also fernerhin an die Staatskasse abzuliefern 62,25 RM.

Hat also ein Beamter oder eine Lehrperson wie im vorstehenden Beispiel einen Geldbezug, der nicht aus einer Kasse des Reichs, einer Gemeinde usw. fließt, aber sowohl nach den drei GehaltskürzungsVO. als auch nach der Ersten SparVO. und den zu diesen Verordnungen ergangenen Durchfbest. ablieferungspflichtig ist, so ist von der vorgesetzten Dienstbehörde auf Grund der Anzeige des Beamten zunächst der Betrag festzustellen, der nach der Ersten, Zweiten und Dritten GehaltskürzungsVO. an die Staatskasse abzuliefern ist. Alsdann ist zu prüfen, ob und inwieweit der nach der Durchführung der allgemeinen Kürzung verbleibende Restbetrag der weiteren Ablieferungspflicht nach der Ersten SparVO. vom 12. 9. 1931 in der jetzigen Fassung unterliegt (Freigrenze 900 RM. im Jahre — 75 RM. monatlich — + 25% des Mehrbetrages).

Anhang 9.

Kürzung der Bezüge der Gemeindebeamten auf Grund des Kap. II Vierter Teil der Preuß. Spar=VO.

RdErl. d. MdJ. v. 22. 1. 1932 — IV a V 27.
(MinBliV. S. 56.)

Die Entscheidung des Reichsgerichts v. 10. 7. 1931 — III 149/30 (RGZ. Bd. 134 S. 1) hat zu Erörterungen Anlaß gegeben, in denen die Verfassungswidrigkeit von Vorschriften des Kap. II Vierter Teil der Preuß. Spar=VO. v. 12. 9. 1931 (GS. S. 179) jedenfalls insoweit behauptet worden ist, als in ihrer Durchführung die Bezüge von Stelleninhabern gekürzt worden sind. Daraus ist gefolgert worden, daß nunmehr den Gemeindebeamten ohne weiteres diejenigen Bezüge gezahlt werden müßten, die ihnen vor der Kürzung auf Grund der Preuß. Spar=VO. zustanden.

Diese Auffassung ist unzutreffend. Die genannte Entscheidung des Reichsgerichts schafft zunächst formell nur Recht zwischen den Parteien. Materiell bejaht sie die Frage, ob ein landesgesetzlicher Vorbehalt, demzufolge eine Herabsetzung von Beamtenbezügen durch einfaches Gesetz erfolgen kann, mit der Verfassung in Einklang steht. Dabei wird in der Urteilsbegründung ausdrücklich festgestellt, daß Besoldungsrechte, die unter dem Vorbehalt ihrer Abänderung verliehen worden sind, nach ihrem Inhalt nur als beschränkte erworben seien und daß nur ein uneingeschränkt gewährtes Gehalt als einmal erworbener, subjektiver, öffentlich=rechtlicher Anspruch in voller Höhe ein wohlerworbenes Recht darstellen könne. Dagegen ist die für die Gesamtheit der Kommunalbeamten entscheidende Frage, ob ihre Bezüge unter dem Vorbehalt der Abänderbarkeit oder uneingeschränkt bestehen, in der Entscheidung des Reichsgerichts nicht erörtert. Diese Frage wird indessen in einem bei dem Staatsgerichtshof für das Deutsche Reich anhängigen Verfahren über die Verfassungsmäßigkeit einer Reihe von Vorschriften der Preuß. Spar=VO. zur Entscheidung gelangen. Je nach Ausfall der Entscheidung des Staatsgerichtshofes werden unverzüglich Weisungen ergehen.

Bis dahin wird zu der Frage der Kürzung der Bezüge der Stelleninhaber auf Grund der Spar=VO. folgende Rechtsauffassung vertreten:

Schon nach dem Rechtszustande vor Inkrafttreten der Spar=VO. waren die Gemeinden und Gemeindeverbände verpflichtet, in ihre Besoldungsregelungen eine Vorschrift des Inhalts aufzunehmen, daß die durch die Besoldungsordnung geregelten Dienstbezüge, Wartegelder, Ruhegehälter, Übergangsgebührnisse und Hinterbliebenenbezüge, ebenso die Einreihung der Beamten in die Gruppen der Besoldungsordnung durch Gemeindebeschluß (Ortssatzung) (Beschluß der Amtsvertretung, des Amtsausschusses, Beschluß des Kreistags, des Provinziallandtags) abgeändert werden können (vgl. RdErl. v. 1. 3. 1922, MBliV. S. 213; RdErl. v. 27. 12. 1929, MBliV. 1930 S. 19). Die Spar=VO. selbst schreibt in § 2

Abs. 1 Kap. II des Vierten Teils mit Wirkung für sämtliche Gemeindebeamten die Abänderbarkeit ihrer Bezüge generell vor.

Dieser Vorbehalt der Abänderbarkeit ermöglicht eine Herabsetzung der Bezüge der Stelleninhaber jedenfalls dann, wenn diese nach Inkrafttreten des Änderungsvorbehalts zur Anstellung gelangt sind. Das gleiche muß aber, wie aus den Entscheidungen des Reichsgerichts v. 10. 7. 1931 und v. 17. 3. 1931 (RGZ. Bd. 132 S. 122) zu folgern ist, auch für solche Stelleninhaber gelten, die entweder vor Inkrafttreten des Änderungsvorbehalts angestellt worden sind oder deren Besoldungsregelung sonst unter Außerachtlassung dieses Vorbehalts erfolgt ist. Die Bezüge dieser Beamten standen bereits früher unter dem im § 3 des Ges. v. 8. 7. 1920 (GS. S. 383) und in § 43 des Preuß. Besoldungsges. v. 17. 12. 1927 (GS. S. 223) vorgesehenen Vorbehalt der Änderung durch die Aufsichtsbehörden auch insoweit, als diese mit Wirkung für alle Gemeindebeamten die Unterstellung der Bezüge unter den Vorbehalt der Änderung durch die Gemeinde herbeiführen konnten. Die Besoldungsrechte sämtlicher Gemeindebeamten sind also insoweit nach ihrem Inhalt nur als beschränkte entstanden und können, nachdem an Stelle des Einzeleingriffs der Aufsichtsbehörden nunmehr in § 2 Abs. 1 Kap. II Vierter Teil der Spar-VO. die generelle Abänderbarkeit dieser Bezüge vorgeschrieben ist, durch die Verwaltungsorgane der Gemeinden oder die Aufsichtsbehörden geändert werden.

Sachregister.

Vorbemerkung:

§ = § des PrBesG.
Nr. = Nr. der Ausführungsbestimmungen.
RNr. = Nr. der Richtlinien für Neuregelung der Versorgungsbezüge.
S. = Seite.
Zahl in Klammer hinter § = Absatz des betr. §.

A.

E.

F.

G.

L.

T.

U.

V.

FSC
www.fsc.org
MIX
Papier | Fördert
gute Waldnutzung
FSC® C083411

Kolibri 360 GmbH
Ferdinand-Jühlke-Straße 7
99095 Erfurt, Deutschland
produktsicherheit@kolibri360.de